EUROPA-FACHBUCHREIHE
für wirtschaftliche Bildung

Büro 2.1

Kaufmann/Kauffrau für Büromanagement

Informationsband

1. Ausbildungsjahr

Bartnik Debus Keiser Kramer Schneider Scholz Schulte Steininger-Niederleitner

VERLAG EUROPA-LEHRMITTEL
Nourney, Vollmer GmbH & Co. KG
Düsselberger Straße 23
42781 Haan-Gruiten

Europa-Nr.: 75741

Verfasser

Dorothea Bartnik, 68782 Brühl
Martin Debus, 45659 Recklinghausen
Dr. Gerd Keiser, 45897 Gelsenkirchen
Holger Kramer, 40764 Langenfeld
Alexander Schneider, 76857 Eußerthal
Annika Scholz, 45665 Recklinghausen
Dr. Walter Schulte, 45659 Recklinghausen
Monika Steininger-Niederleitner, 93049 Regensburg

Verlagslektorat

Anke Hahn

1. Auflage 2014

Druck 5 4 3 2 1

Alle Drucke derselben Auflage sind parallel einsetzbar, da sie bis auf die Behebung von Druckfehlern untereinander unverändert sind.

ISBN 978-3-8085-7574-1

Umschlaggestaltung, Satz: Grafische Produktionen Jürgen Neumann, 97222 Rimpar
Umschlagfoto: ©Csaba Peterdi–shutterstock.com
Druck: Stürtz GmbH, 97080 Würzburg

Vorwort

Das vorliegende Unterrichtswerk ist ein neu konzipiertes Lehr- und Lernbuch für den neugeordneten Ausbildungsberuf **„Kaufmann/Kauffrau für Büromanagement“**. Der **Informationsband** ist Bestandteil des umfassenden Europa-Programms **Büro 2.1**. Dieses Programm wurde zur Entwicklung einer beruflichen Handlungskompetenz für die Bearbeitung von Geschäfts- und Büroprozessen in den kaufmännischen Abteilungen von Unternehmen der verschiedensten Wirtschaftsbereiche oder im öffentlichen Dienst erstellt.

Büro 2.1 ist als modernes Komplettprogramm konzipiert. Es folgt konsequent dem kompetenzorientierten Rahmenlehrplan nach dem **Lernfeldkonzept**. Die Unterrichtswerke des Programms (**Informationsbände** und **Arbeitshefte mit Lernsituationen** für jede Jahrgangsstufe jeweils mit **Lehrerlösungen**, **Informationsverarbeitung** in Excel, Word und PowerPoint, **Lernspiele** und **Prüfungsvorbereitung**) sind aufeinander abgestimmt. Sie sind gezielt an einer Didaktik ausgerichtet, die **Handlungsorientierung** betont und Lernende zu **selbstständigem Planen**, **Durchführen**, **Kontrollieren und Beurteilen** von Arbeitsaufgaben unter Berücksichtigung aller Kompetenzdimensionen führt. Dabei wird die berufliche Wirklichkeit als Ganzes mit ihren ökonomischen, ökologischen, rechtlichen und sozialen Aspekten erfasst.

Das Konzept von **Büro 2.1**, das handlungs- und fachsystematische Strukturen miteinander verschränkt, deckt alle Anforderungen des Ausbildungsberufes von der fachlichen Aufgabenerfüllung bis hin zu einem reflektierten Verständnis von Handeln in beruflichen Zusammenhängen ab. Ein Vorschlag für eine **kompetenzorientierte didaktische Jahresplanung** unterstützt die Arbeit im Bildungsgang.

Der **Informationsband** 1. Ausbildungsjahr umfasst die **Lernfelder 1 - 4** des Rahmenlehrplans:

Lernfeld 1: Die eigene Rolle im Betrieb mitgestalten und den Betrieb präsentieren

Lernfeld 2: Büroprozesse gestalten und Arbeitsvorgänge organisieren

Lernfeld 3: Aufträge bearbeiten

Lernfeld 4: Sachgüter und Dienstleistungen beschaffen und Verträge schließen.

Die Inhalte entsprechen konsequent den **Aufgabenprofilen des modernen Büromanagements**. Die Informationen sind schülergerecht, klar, übersichtlich, verständlich aufbereitet und werden anschaulich in zahlreichen Beispielen, Tabellen, Struktogrammen und kurzen, präzisen Zusammenfassungen präsentiert. **Aufgabenblöcke** zu jedem Lernfeld ergänzen die informativen Darstellungen. Die ausdrückliche Einbeziehung kommunikativer Aspekte (**Fachsprache** und **Fremdsprache als integrative Bestandteile**) sowie der **Informationsverarbeitung im Anwendungszusammenhang** unterstützt die Entwicklung einer ganzheitlichen, prozessorientierten Handlungskompetenz.

Die systematisierenden Sachdarstellungen stellen zudem die zur Bewältigung der **Lernsituationen** von **Büro 2.1** notwendigen **Wissensbestände** vollständig bereit; sie greifen aber auch verallgemeinernd über die Situationsbezüge hinaus, z. B. durch zahlreiche Hinweise auf Gesetzestexte.

Ihr Feedback ist uns wichtig!

Wenn Sie mithelfen möchten, dieses Buch für die kommenden Auflagen noch weiter zu optimieren, schreiben Sie uns unter *lektorat@europa-lehrmittel.de*.

Das Autorenteam freut sich auf Anregung und Unterstützung durch Kritik und wünscht erfolgreiches Arbeiten mit dem neuen Lehrwerk.

Frühjahr 2014 Autoren und Verlag

Die eigene Rolle im Betrieb mitgestalten und den Betrieb präsentieren

1 – Die eigene Ausbildung aktiv mitgestalten

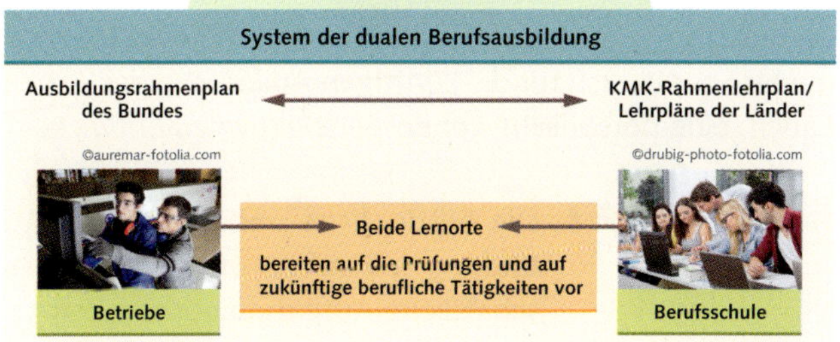

2 – Sich über Grundlagen wirtschaftlichen Handelns Klarheit verschaffen

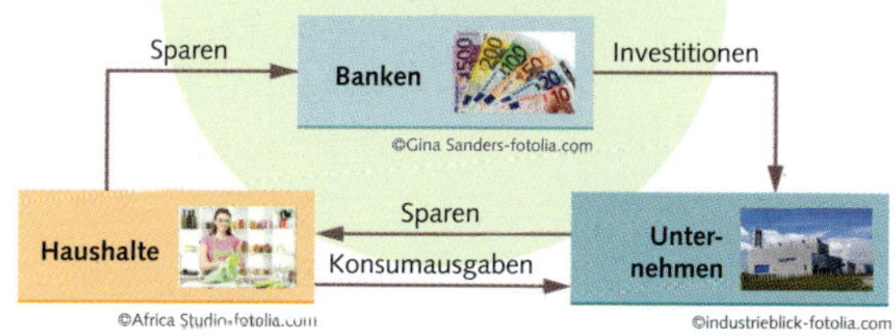

Das werden Sie hier lernen …

5 – Präsentationen vorbereiten, durchführen und nachbereiten

4 – Die Organisationsstruktur der Betriebe darstellen

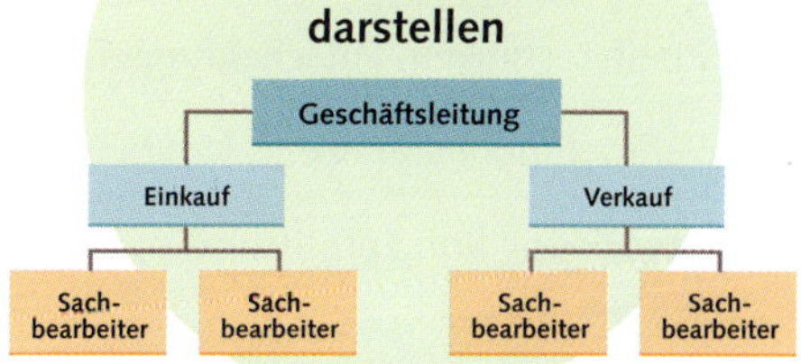

3 – Den betrieblichen Leistungsprozess beschreiben

Die eigene Rolle im Betrieb mitgestalten und den Betrieb präsentieren

1 Die eigene Ausbildung aktiv mitgestalten

1.1 Ziele der Berufsausbildung

Die Wirtschaftsordnung der Bundesrepublik Deutschland gibt jedem die Möglichkeit, frei über seine Berufsausbildung und über seine Berufstätigkeit zu entscheiden. Die Wahl einer Berufsausbildung ist ein erster Schritt, sich für die künftigen Ansprüche des Arbeitsmarktes zu qualifizieren, aber auch, eine persönliche Lebensperspektive zu entwickeln.

§§§

§ 1 BBiG

(3) Die Berufsausbildung hat die für die Ausübung einer qualifizierten Tätigkeit in einer sich wandelnden Arbeitswelt notwendigen beruflichen Fertigkeiten, Kenntnisse und Fähigkeiten (berufliche Handlungsfähigkeit) in einem geordneten Ausbildungsgang zu vermitteln. Sie hat ferner den Erwerb der erforderlichen Berufserfahrungen zu ermöglichen.

Die **betriebliche** und **schulische Ausbildung** soll auf berufliche und gesellschaftliche Aufgaben vorbereiten.

So führen neue Herausforderungen auf dem Arbeitsmarkt dazu, dass sich der berufliche Alltag der **„Kaufleute für Büromanagement"** ständig ändert.

Dabei wird der Arbeitsmarkt insbesondere geprägt durch Innovationen und Veränderungen im Bereich neuer Technologien, betrieblichen Anforderungen z. B. bei Kunden- und Lieferantenbeziehungen einschließlich des Logistikbereiches und der fortschreitenden Internationalisierung der Wirtschaftsbeziehungen.

Merke

Ziel der Ausbildung: Handlungsfähigkeit des Auszubildenden!

Diese Lage auf dem Arbeitsmarkt erfordert, dass der Auszubildende während seiner Ausbildung eine **umfassende Handlungskompetenz** in den Dimensionen von Fachkompetenz, Sozialkompetenz und Selbstkompetenz erwirbt.

berufliche Handlungskompetenz		
Fachkompetenz	**Sozialkompetenz**	**Selbstkompetenz**
= Bereitschaft und Fähigkeit, auf der Grundlage fachlichen Wissens und Könnens Aufgaben und Probleme zielorientiert, sachgerecht, methodengeleitet und selbstständig zu lösen und das Ergebnis zu beurteilen.	= Bereitschaft und Fähigkeit, soziale Beziehungen zu leben und zu gestalten, Zuwendungen und Spannungen zu erfassen, zu verstehen sowie sich mit anderen rational und verantwortungsbewusst auseinander zu setzen.	= Bereitschaft und Fähigkeit, als individuelle Persönlichkeit die Entwicklungschancen, Anforderungen und Einschränkungen in Familie, Beruf und öffentlichem Leben zu klären, zu durchdenken …
Beispiele: Fachwissen, Fachsprache, PC-Kenntnisse …	**Beispiele:** Teamfähigkeit, Kooperationsbereitschaft, Fairness, Kritikfähigkeit …	**Beispiele:** Zuverlässigkeit, Verantwortungsbewusstsein, Sorgfalt, Einsatzfreude, Pflichtbewusstsein …

Methodenkompetenz, kommunikative Kompetenz und **Lernkompetenz** sind immanenter Bestandteil der drei Dimensionen.	
• Methodenkompetenz	z. B. Arbeitstechniken, Entscheidungen treffen, Informationen verarbeiten
• kommunikative Kompetenz	z. B. Wahrnehmungsfähigkeit, Umgang mit Meinungsverschiedenheiten
• Lernkompetenz	z. B. Entwicklung von Lerntechniken und Lernstrategien, lebenslanges Lernen

1.2 System der dualen Berufsausbildung

Grundlage einer einheitlich geordneten Berufsausbildung für die Bundesrepublik Deutschland ist das **Berufsbildungsgesetz (BBiG)**. Es sieht unter anderem vor, dass die Berufsausbildung in den beiden **Lernorten Betrieb** und **Berufsschule** stattfindet.

Merke

Als duale Ausbildung bezeichnet man die parallele Ausbildung in Betrieb und Berufsschule.

§§§

§ 2 BBiG

Lernorte der Berufsbildung

Berufsbildung wird durchgeführt

- in Betrieben der Wirtschaft ...
- in berufsbildenden Schulen ...
- in sonstigen Berufsbildungseinrichtungen ...

System der dualen Berufsausbildung

Ausbildungsrahmenplan des Bundes ⟷ **KMK-Rahmenlehrplan/ Lehrpläne der Länder**

©auremar-fotolia.com

Betriebe

Beide Lernorte bereiten auf die Prüfungen und auf zukünftige berufliche Tätigkeiten vor.

©drubig-photo-fotolia.com

Berufsschule

Im **Betrieb** wird praktisch und berufsbezogen nach den Vorgaben des Ausbildungsrahmenplans auf Grundlage der für diesen Beruf geltenden **Ausbildungsordnung** gearbeitet.

In der **Berufsschule** wird überwiegend theoretisch, berufsbezogen und bereichsübergreifend nach den **Lehrplänen der Bundesländer** unterrichtet. Grundlage dieser Lehrpläne ist der von der Konferenz der Kultusminister erarbeitete Rahmenlehrplan **(KMK-Rahmenlehrplan)**.

Merke

Betrieb und Berufsschule sind zur **Zusammenarbeit** verpflichtet!

Die duale Berufsausbildung erfordert eine **enge Zusammenarbeit zwischen Betrieb und Berufsschule**. Aus dieser Verpflichtung ergibt sich die Beachtung folgender Punkte:

- Tariflich vereinbarter Urlaub soll grundsätzlich während der Schulferien gewährt werden.
- Maßnahmen überbetrieblicher Ausbildung bedürfen der besonderen Genehmigung durch die Schulaufsicht bzw. die Schulleitung.
- Auf Beurlaubung aus betrieblichen Gründen gibt es grundsätzlich keinen Rechtsanspruch.
- Krankmeldungen für die Zeit des Berufsschulbesuchs sind an den Betrieb und an die Berufsschule zu richten.
- Schulische Fehlzeiten sind dem Betrieb zur Kenntnis zu bringen.
- Zeugnisse sind vom Ausbildenden zu unterzeichnen.

©XtravaganT-fotolia.com

http://www.bmbf.de

1.3 Berufsbildungsgesetz als Grundlage der Berufsausbildung

Die Berufsausbildung in Deutschland wird insbesondere durch das **Berufsbildungsgesetz** geregelt. Es bildet die Grundlage für die betriebliche Ausbildung und stellt eine Orientierungshilfe für die **Ausbildungsbetriebe**, für die zuständigen **Kammern** sowie für die **Berufsschulen** dar. Es wird ergänzt durch weitere bedeutende Rechtsgrundlagen wie z. B. das Jugenarbeitsschutzgesetz, das Arbeitszeitgesetz, das Arbeitsschutzgesetz, das Mutterschutzgesetz und Tarifverträge.

Merke

Kaufmännischer Auszubildender ist, wer in einem kaufmännischen Betrieb zur Erlernung kaufmännischer Tätigkeiten angestellt ist.

§ 4 f. BBiG

Mit dem Abschluss des Berufsausbildungsvertrages sind Sie kaufmännische Auszubildende. Im Berufsbildungsgesetz sind die grundsätzlichen Inhalte der Ausbildung festgelegt. § 4 regelt die Anerkennung der Ausbildung, und § 5 bildet die Grundlage für die Inhalte der betrieblichen Ausbildung.

Die **Ausbildungsordnung** legt demnach für den jeweiligen Beruf folgende Inhalte fest:

§ 5 BBiG

Bezeichnung des Ausbildungsberufes	Kaufmann/Kauffrau für Büromanagement
Ausbildungsdauer	3 Jahre
Ausbildungsberufsbild	Gegenstand der Berufsausbildung (Fertigkeiten, Kenntnisse und Fähigkeiten)
Ausbildungsrahmenplan	Fertigkeiten, Kenntnisse und Fähigkeiten nach sachlicher und zeitlicher Gliederung
Ausbildungsplan	Gestaltung der betrieblichen Ausbildung nach den Vorgaben des Ausbildungsrahmenplans
Berichtsheft	Berichtsheft in Form eines Ausbildungsnachweises
Prüfungen	gestreckte Prüfung

Die Summe dieser Regelungen soll den Erwerb beruflicher Handlungsfähigkeit in der Ausbildung sichern.

Die für die Ausübung einer qualifizierten beruflichen Tätigkeit mindestens zu vermittelnden Fertigkeiten sind rechtsverbindlich im **Ausbildungsberufsbild** angegeben und im **Ausbildungsrahmenplan** zeitlich und sachlich näher bestimmt.

Nach diesen Vorgaben und den betrieblich-organisatorischen Gegebenheiten hat Ihr Ausbildungsbetrieb Ihren **Ausbildungsplan** zu bestimmen.

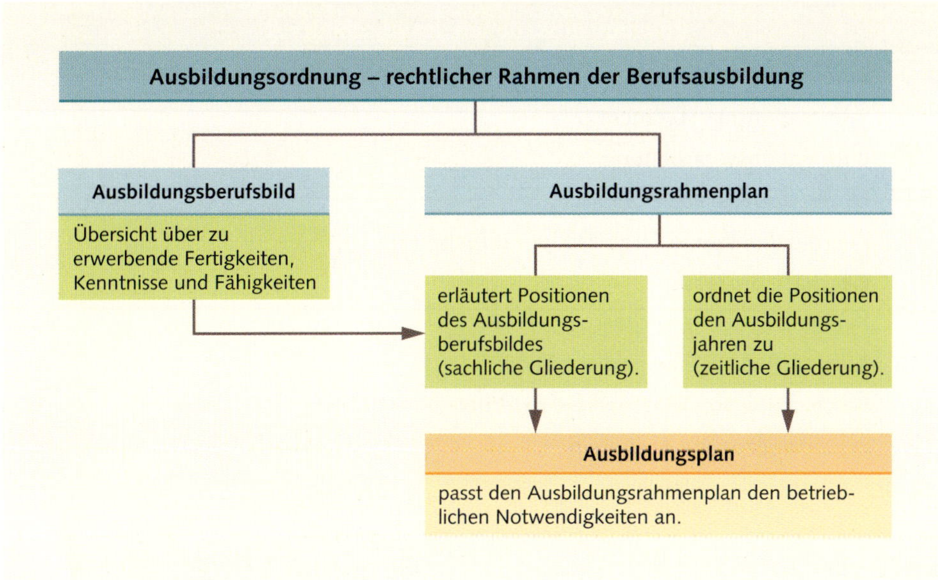

1.3.1 Ausbildungsberufsbild

©Jan Engel-fotolia.com

Zum 01. August 2014 wurden die ehemaligen Ausbildungsberufe „Bürokaufmann/-frau“, „Kaufmann/-frau für Bürokommunikation“ und „Fachangestellte für Bürokommunikation im öffentlichen Dienst“ in einer neuen Ausbildungsordnung zusammengeführt. Die Tätigkeiten im neuen Ausbildungsberuf **„Kaufmann/-frau für Büromanagement“** erstrecken sich auf alle kaufmännischen Aufgaben und Probleme in Betrieben unterschiedlicher Wirtschaftszweige, Branchen und Größen. Damit ist er ein sogenannter Querschnittsberuf.

Die moderne Struktur des Ausbildungsberufsbildes sieht einen Aufbau in **Kern**- (Pflichtqualifikationen) und **Wahlqualifikationen** mit Differenzierungsmöglichkeiten vor.

Die Berufsausbildung gliedert sich in folgende Abschnitte:

Abschnitt A	Abschnitt B	Abschnitt C
Berufsprofilgebende Fertigkeiten, Kenntnisse und Fähigkeiten	Weitere und vertiefende berufsprofilgebende Fertigkeiten, Kenntnisse und Fähigkeiten in zwei Wahlqualifikationen à fünf Monate	Integrative Fertigkeiten, Kenntnisse und Fähigkeiten

Abschnitt A
= Kernqualifikationen!

Abschnitt B
= Wahlqualifikationen!

Abschnitt C
= Kernqualifikationen!

Merke

Für die Ausbildung sind aus einer vorgegebenen Auswahlliste **zwei** Wahlqualifikationen zu wählen und im Ausbildungsvertrag festzulegen.

Pflichtqualifikationen des Abschnitts A	
1	**Büroprozesse:**
1.1	Informationsmanagement
1.2	Informationsverarbeitung
1.3	Bürowirtschaftliche Abläufe
1.4	Koordinations- und Organisationsaufgaben
2	**Geschäftsprozesse:**
2.1	Kundenbeziehungsprozesse
2.2	Auftragsbearbeitung und Nachbereitung
2.3	Beschaffung von Material und externen Dienstleistungen
2.4	Personalbezogene Aufgaben
2.5	Kaufmännische Steuerung

Wahlqualifikationen des Abschnitts B	
1.	Auftragssteuerung und -koordination
2.	Kaufmännische Steuerung und Kontrolle
3.	Kaufmännische Abläufe in kleineren und mittleren Unternehmungen
4.	Einkauf und Logistik
5.	Personalwirtschaft
6.	Marketing und Vertrieb
7.	Assistenz und Sekretariat
8.	Öffentlichkeitsarbeit und Veranstaltungsmanagement
9.	Verwaltung und Recht
10.	Öffentliche Finanzwirtschaft

Pflichtqualifikationen des Abschnitts C	
1.	Ausbildungsbetrieb
2.	Arbeitsorganisation
3.	Information, Kommunikation, Kooperation

1.3.2 Ausbildungsrahmenplan

Jeder der im Ausbildungsberufsbild aufgeführten Positionen wird im **Ausbildungsrahmenplan** durch Aufzählung einzelner Tätigkeiten näher beschrieben (**sachliche Gliederung**) und den einzelnen Ausbildungsjahren zugeordnet (**zeitliche Gliederung**). Grundsätzlich gilt, dass die zu vermittelnden Fertigkeiten, Kenntnisse und Fähigkeiten sich in den einzelnen Ausbildungsjahren wiederholen und ein wachsendes Maß an Selbstständigkeit verlangen. Die folgende Übersicht zeigt ein Beispiel aus dem Ausbildungsrahmenplan:

Beispiel

Abschnitt A: Berufsprofilgebende Fertigkeiten, Kenntnisse und Fähigkeiten

Lfd. Nr.	Teil des Ausbildungsberufsbildes	Zu vermittelnde Fertigkeiten, Kenntnisse und Fähigkeiten
1	Büroprozesse (§ 4 Absatz 2 Abschnitt A Nummer 1)	
1.1	Informationsmanagement (§ 4 Absatz 2 Abschnitt A Nummer 1.1)	a) betriebliche Kommunikationssysteme auswählen und anwenden b) Grundfunktionen des Betriebssystems anwenden c) Nutzen des Einsatzes von elektronischen Dokumentenmanagementsystemen aufzeigen d) Nutzen und Risiken von Online-Anwendungen aufzeigen e) Wege der Informationsbeschaffung beherrschen f) Maßnahmen zur Datensicherung und Datenpflege veranlassen

Abschnitt B: Weitere berufsprofilgebende Fertigkeiten, Kenntnisse und Fähigkeiten in zwei Wahlqualifikationen von jeweils fünf Monaten

Lfd. Nr.	Teil des Ausbildungsberufsbildes	Zu vermittelnde Fertigkeiten, Kenntnisse und Fähigkeiten
1	Auftragssteuerung und -koordination (§ 4 Absatz 2 Abschnitt B Nummer 1)	
1.1	Auftragsinitiierung (§ 4 Absatz 2 Abschnitt B Nummer 1.1)	a) Kunden produktspezifisch und kaufmännisch beraten b) Angebotsgrundlagen und -alternativen mit dem Kunden entwickeln c) ergänzenden Service anbieten d) Kalkulationsdaten für Angebote einholen e) Angebote erstellen f) Auftragseingang prüfen, Auftrag bestätigen

Abschnitt C: Integrative Fertigkeiten, Kenntnisse und Fähigkeiten

Lfd. Nr.	Teil des Ausbildungsberufsbildes	Zu vermittelnde Fertigkeiten, Kenntnisse und Fähigkeiten
1	Ausbildungsbetrieb (§ 4 Absatz 2 Abschnitt C Nummer 1)	
1.1	Stellung, Rechtsform und Organisationsstruktur (§ 4 Absatz 2 Abschnitt C Nummer 1.1)	a) Zielsetzung, Aufgaben und Stellung des Ausbildungsbetriebs im gesamtwirtschaftlichen und gesamtgesellschaftlichen Zusammenhang beschreiben b) Rechtsform des Ausbildungsbetriebs erläutern c) organisatorischen Aufbau des Ausbildungsbetriebs mit seinen Aufgaben und Zuständigkeiten erläutern und Zusammenwirken der einzelnen Funktionsbereiche erklären d) Zusammenarbeit des Ausbildungsbetriebs mit Wirtschaftsorganisationen, Behörden, Verbänden und Gewerkschaften beschreiben

1.3.3 Ausbildungsplan

Der betriebliche Ausbildungsplan soll z. B. folgende **Mindestinhalte** enthalten:

- Umsetzung und Konkretisierung der Berufsbildpositionen des Ausbildungsrahmenplanes,
- Beschreibung des Arbeitsplatzes im ausbildenden Betrieb (ggf. Hinweise zu einem Ausbildungsverbund oder zu einer überbetrieblichen Einrichtung),
- Vermittlung der Ausbildungsinhalte in zeitlicher Hinsicht,
- Benennung von Ausbildern.

1.3.4 Berichtsheft

§ 14 BBiG

§ 43 BBiG

Nach den Vorgaben des Berufsbildungsgesetzes, der Ausbildungsverordnungen sowie der IHK-Prüfungsordnungen besteht für Auszubildende die Verpflichtung, Ausbildungsnachweise (Berichtshefte) regelmäßig zu führen. Diese müssen folgenden Anforderungen entsprechen:

- Die Ausbildungsnachweise sind grundsätzlich wochenweise zu führen.
- Sie enthalten stichwortartig die Ausbildungstätigkeiten, betriebliche Unterweisungen, Unterricht und Schulungen sowie die Inhalte des Berufsschulunterrichts.
- Die Richtigkeit und Vollständigkeit der Angaben ist durch die Unterschrift der Ausbildungspartner zu bestätigen.

Tipp

Führen Sie Ihr **Berichtsheft** von Anfang an gewissenhaft, sauber und vollständig!

Die Ausbildungsnachweise sind nach Aufforderung durch die Kammer bzw. den Prüfungsausschuss rechtzeitig vor bzw. spätestens zur Abschlussprüfung vorzulegen.

Merke

Versäumnisse im Führen der Ausbildungsnachweise können zum Ausschluss von der Prüfung und zur Aberkennung der Prüfung führen!

1.3.5 Prüfungsanforderungen

Das Prüfungsverfahren ist vollständig neu geregelt. Die klassische Prüfung in Form einer Zwischen- und Abschlussprüfung wird abgelöst durch eine **gestreckte Prüfung** mit zwei bereits in die Endnote einfließenden Teilabschlussprüfungen. Darüber hinaus können leistungsstarke Auszubildende auf Antrag eine Zusatzqualifikation erwerben.

Teil 1	Teil 2	Zusatzqualifikation
Mitte der Ausbildung	Ende der Ausbildung	Ende der Ausbildung auf Antrag

Teil 1

Prüfungsfach	Gewichtung	Prüfungszeit	Inhalte
Informations-technisches Büromanagement Nach 18 Monaten auf der Basis der ersten 15 Monate	25 %	120 Minuten schriftlich	1. Der Prüfling soll nachweisen, dass er im Rahmen eines ganzheitlichen Arbeitsauftrages Büro- und Beschaffungsprozesse organisieren und kundenorientiert bearbeiten kann. Dabei soll er nachweisen, dass er unter Anwendung von Textverarbeitung sowie Tabellenkalkulation recherchieren, dokumentieren und kalkulieren kann; 2. der Prüfling soll berufstypische Aufgaben schriftlich computergestützt bearbeiten.

Teil 2

Prüfungsfach	Gewichtung	Prüfungszeit	Inhalte
Kunden-beziehungs-prozesse	30 %	150 Minuten schriftlich	1. Der Prüfling soll nachweisen, dass er komplexe Arbeitsaufträge handlungsorientiert bearbeiten kann. Dabei soll er zeigen, dass er Aufträge kundenorientiert abwickeln, personalbezogene Aufgaben wahrnehmen und Instrumente der kaufmännischen Steuerung fallbezogen einsetzen kann; 2. der Prüfling soll berufstypische Aufgaben schriftlich bearbeiten.
Wirtschafts- und Sozialkunde	10 %	60 Minuten schriftlich	1. Der Prüfling soll nachweisen, dass er allgemeine wirtschaftliche und gesellschaftliche Zusammenhänge der Berufs- und Arbeitswelt darstellen und beurteilen kann; 2. der Prüfling soll fallbezogene Aufgaben schriftlich bearbeiten.
Fachaufgabe in der Wahlqualifikation 2 Varianten: (siehe unten) • Prüfungsaufgabe durch Prüfungsausschuss • Report	35 %	Fallbezogenes Fachgespräch 20 Minuten	Der Prüfling soll nachweisen, dass er • berufstypische Aufgabenstellungen erfassen, Probleme und Vorgehensweisen erörtern sowie Lösungswege entwickeln und begründen, • kunden- und serviceorientiert handeln, • betriebspraktische Aufgaben unter Berücksichtigung wirtschaftlicher, ökologischer und rechtlicher Zusammenhänge planen, durchführen und auswerten sowie • Kommunikations- und Kooperationsbedingungen berücksichtigen kann.

Zur Durchführung sind zwei Varianten des fallbezogenen Fachgesprächs möglich:

Variante 1: Prüfungsaufgabe durch Prüfungsausschuss	Variante 2: Report
Der Prüfling soll eine von zwei ihm vom Prüfungsausschuss zur Wahl gestellten praxisbezogenen Aufgaben bearbeiten und Lösungswege entwickeln; dem Prüfling ist eine Vorbereitungszeit von 20 Minuten einzuräumen. Das Fachgespräch soll die Dauer von 20 Minuten nicht überschreiten und wird mit einer Darstellung durch den Prüfling eingeleitet.	Der Prüfling soll für jede der beiden gewählten Wahlqualifikationen einen höchstens dreiseitigen Report über die Durchführung einer betrieblichen Fachaufgabe erstellen. Die Reporte werden nicht bewertet. Sie sind dem Prüfungsausschuss am ersten Tag von Teil 2 der Abschlussprüfung zuzuleiten. Aus den beiden betrieblichen Fachaufgaben wählt der Prüfungsausschuss **eine** Aufgabe als Grundlage für das Fachgespräch aus.

■ Zusatzqualifikation

Nicht in Teil 2 gewählte Wahlqualifikationen können als Zusatzqualifikation im Rahmen der Abschlussprüfung auf Antrag gesondert geprüft werden. Für das Prüfungsverfahren gelten die Regelungen zur Fachaufgabe.

1.4 Weitere Grundlagen des Ausbildungsverhältnisses

Die Rahmenbedingungen für die Berufsausbildung bilden das **Berufsbildungsgesetz** und die **Berufsausbildungsverordnung**. Das Berufsbildungsgesetz schreibt den Abschluss eines Ausbildungsvertrages vor.

§§§

§ 10 BBiG
Wer andere Personen zur Berufsausbildung einstellt (Ausbildende), hat mit den Auszubildenden einen Berufsausbildungsvertrag zu schließen.

Darüber hinaus gibt es weitere **Schutzgesetze**, insbesondere das Jugendarbeitsschutzgesetz, die bei der individuellen Ausgestaltung des Arbeitsvertrages zu beachten sind.

1.4.1 Ausbildungsvertrag

§ 34 BBiG

§ 43 BBiG

Der Ausbildungsvertrag ist eine **schriftliche Vereinbarung** zwischen dem Ausbildenden und dem Auszubildenden. Ist der Auszubildende noch keine 18 Jahre alt (nicht volljährig), so ist der Vertrag auch von dem gesetzlichen Vertreter (Eltern oder Vormund) zu unterzeichnen. Die Vereinbarungen sind in das **Verzeichnis der Berufsausbildungsverhältnisse** bei der zuständigen Stelle, Industrie- und Handelskammer (IHK) bzw. Handwerkskammer (HWK), einzutragen.

©seen-fotolia.com

Die Eintragung ist Voraussetzung für die Zulassung zur Prüfung.

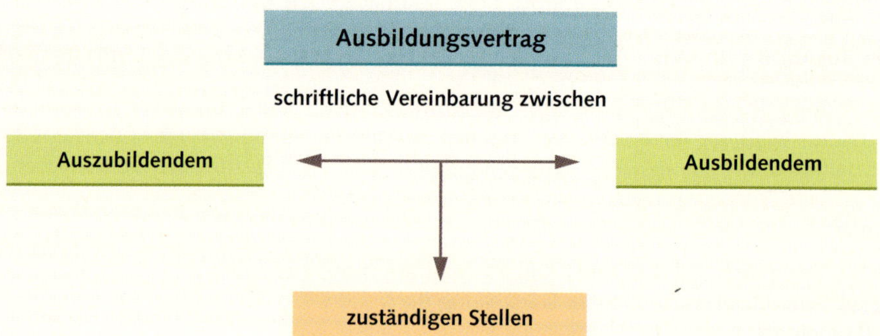

Nach § 11 BBiG muss der Ausbildungsvertrag u. a. folgende Mindestanforderungen enthalten:

Mindestanforderungen	Erklärungen
Art, sachliche und zeitliche Gliederung sowie Ziel der Berufsausbildung	z. B. Ausbildungsberuf, Fachrichtung, Hinweise auf Ausbildungsordnung und Ausbildungsplan
Beginn und Dauer der Berufsausbildung	Dauer gemäß Ausbildungsordnung unter Berücksichtigung von Anerkennung und Verkürzung
Ausbildungsmaßnahmen außerhalb der Ausbildungsstätte	z. B. außerbetriebliche Maßnahmen wie Seminare, Lehrgänge und Schulungen
Dauer der regelmäßigen täglichen Ausbildungszeit	Regelungen durch Arbeitsrecht, Tarifverträge und Jugendarbeitsschutzgesetz
Dauer der Probezeit	Probezeit mindestens 1 Monat bis maximal 4 Monate
Zahlung und Höhe der Vergütung	Regelung durch tarifliche und gesetzliche Bestimmungen (z. B. Tarifvertrag)
Dauer des Urlaubs	Regelung durch tarifliche und gesetzliche Bestimmungen (z. B. JArbSchG)
Kündigungsvoraussetzungen	Bedingungen für eine Kündigung während und nach der Probezeit
Hinweise auf die Tarifverträge, Betriebs- oder Dienstvereinbarungen	Hinweise auf branchen- und betriebsspezifische Vereinbarungen

Aus dem Abschluss des Ausbildungsvertrags ergeben sich Pflichten von Ausbildendem und Auszubildendem.

Der Ausbildungsvertrag verpflichtet	
den **Ausbildenden** u. a. zur	den **Auszubildenden** u. a. zur
• qualifizierten Ausbildung (planmäßig, zeitlich und sachlich gegliedert) • Fürsorge • Vergütung • Freistellung für den Berufsschulunterricht • Freistellung für Prüfungen • Bereitstellung von Arbeitsmitteln • Ausstellung eines Zeugnisses.	• Lernpflicht • Einhaltung der Betriebsordnung • Bewahrung von Betriebsgeheimnissen • Befolgung von Anweisungen • Führen von Ausbildungsnachweisen (Berichtsheft) • Teilnahme an Ausbildungsmaßnahmen • Teilnahme am Berufsschulunterricht.

©fotodo-fotolia.com

Beachte:
Ärztliche Untersuchung für jugendliche Auszubildende nach Jugendarbeitsschutzgesetz!

§§§

§ 20 BBiG

Probezeit
Das Berufsausbildungsverhältnis beginnt mit der Probezeit. Sie muss mindestens einen Monat und darf höchstens vier Monate betragen.

Probezeit

Die **Probezeit** von einem Monat bis zu vier Monaten dient dem gegenseitigen Kennenlernen und soll dem Auszubildenden und dem Ausbildungsbetrieb Auskunft darüber geben, ob die Voraussetzungen für eine erfolgversprechende Ausbildung gegeben sind. Auszubildender und Betrieb haben deshalb das Recht und die Pflicht, diese Voraussetzungen festzustellen und gewissenhaft zu prüfen, ob eine Fortsetzung des Ausbildungsverhältnisses sinnvoll ist. Eine begründete Aussage setzt voraus, dass der Auszubildende berufsbezogen eingesetzt wird und auch Rückmeldungen über seine Eignung erhält.

Eine **Verlängerung der Probezeit** ist möglich, wenn die Ausbildung (z. B. wegen einer Erkrankung) länger als ein Drittel der Probezeit unterbrochen wird.

Kündigung

Der Ausbildungsvertrag kann in folgenden Fällen gekündigt werden:

Kündigung

- **während der Probezeit**
  Der Vertrag kann jederzeit ohne Einhaltung einer Frist und ohne Angabe von Gründen von jedem der Partner gekündigt werden.
- **nach der Probezeit**
  - **fristlos**
    Beide Vertragspartner können aufgrund von schwerwiegenden Vorfällen fristlos unter Angabe von Gründen kündigen.
  - **ordentlich**
    Der Auszubildende kann bei Aufgabe der Ausbildung oder Berufswechsel mit einer Frist von vier Wochen kündigen. Der Kündigungsgrund ist anzugeben.

Merke

Jede Kündigung muss schriftlich erfolgen!

Beendigung und Verkürzung oder Verlängerung des Ausbildungsverhältnisses

Zur **Beendigung des Ausbildungsverhältnisses** sieht das Berufsbildungsgesetz vor:

§ 21 BBiG

(1) Das Berufsausbildungsverhältnis endet mit dem Ablauf der Ausbildungszeit.

(2) Besteht der Auszubildende vor Ablauf der Ausbildungszeit die Abschlussprüfung, so endet das Berufsausbildungsverhältnis mit Bestehen der Abschlussprüfung.

(3) Besteht der Auszubildende die Abschlussprüfung nicht, so verlängert sich das Berufsausbildungsverhältnis auf seinen Wunsch hin bis zur nächstmöglichen Wiederholungsprüfung, höchstens um ein Jahr.

Merke

§ 24 BBiG

Wird der Auszubildende im Anschluss an die Ausbildung ohne weitere Vereinbarungen beschäftigt, so wird ein Arbeitsverhältnis auf unbestimmte Zeit begründet.

Unter bestimmten Voraussetzungen ist eine **Verkürzung der Ausbildungsdauer** möglich. Es handelt sich um Kann-Regelungen, die Gestaltungsmöglichkeiten der Ausbildungspartner beinhalten.

Wenn

- der Abschluss allgemeiner oder
- vollzeitschulischer beruflicher Bildungsgänge,
- berufliche Vorerfahrungen bzw.
- gute Leistungen in Betrieb und Schule

eine Verkürzung der Ausbildung nahelegen bzw. erfordern, so ist ein **Antrag** an die **zuständige Kammer** zu richten, die nach der jeweiligen Landesverordnung über den Antrag entscheidet.

Eine **Verlängerung der Ausbildungszeit** kann der Auszubildende beantragen, wenn die Verlängerung (z. B. wegen einer längeren Erkrankung oder Unterbrechung der betrieblichen Ausbildung) erforderlich ist, um das Ausbildungsziel zu erreichen.

1.4.2 Jugendarbeitsschutzgesetz

§ 1 JArbSchG

§ 15 BBiG

Das Jugendarbeitsschutzgesetz gilt für die Beschäftigung von Personen, die noch nicht 18 Jahre alt sind. Arbeitsbefreiungen für den Besuch der Berufsschule gelten auch für berufsschulpflichtige Auszubildende, die über 18 Jahre alt sind und bei Eintritt in die Berufsausbildung das 21. Lebensjahr noch nicht vollendet hatten. Für die Berechnung der Beschäftigungszeiten gelten im Einzelnen folgende Regelungen:

§ 4 JArbSchG	Arbeitszeit	Tägliche Arbeitszeit ist die Zeit vom Beginn bis zum Ende der täglichen Beschäftigung ohne Ruhepausen.
§ 8 JArbSchG	Dauer der Arbeitszeit	• Jugendliche dürfen nicht mehr als acht Stunden täglich und nicht mehr als 40 Stunden wöchentlich beschäftigt werden. • Wenn an einzelnen Werktagen die Arbeitszeit auf weniger als acht Stunden verkürzt ist, können Jugendliche an den übrigen Werktagen derselben Woche achteinhalb Stunden beschäftigt werden.
§ 9 JArbSchG	Berufsschule	Der Arbeitgeber hat den Jugendlichen für die Teilnahme am Berufsschulunterricht freizustellen. Er darf den Jugendlichen nicht beschäftigen • vor einem vor 9 Uhr beginnenden Unterricht, dies gilt auch für Personen, die über 18 Jahre alt und noch berufsschulpflichtig sind. • an einem Berufsschultag mit mehr als fünf Unterrichtsstunden von mindestens je 45 Minuten, einmal in der Woche. Auf die Arbeitszeit werden angerechnet: • Berufsschultage mit 8 Stunden, • die Unterrichtszeit einschließlich der Pausen.
§ 11 JArbSchG	Ruhepausen	Jugendlichen müssen im Voraus feststehende Ruhepausen ... gewährt werden. Die Ruhepausen müssen mindestens betragen • 30 Minuten bei einer Arbeitszeit von mehr als viereinhalb bis zu sechs Stunden, • 60 Minuten bei einer Arbeitszeit von mehr als 6 Stunden. Als Ruhepause gilt nur eine Arbeitsunterbrechung von mindestens 15 Minuten. Die Ruhepausen müssen in angemessener zeitlicher Lage gewährt werden, frühestens eine Stunde nach Beginn und spätestens eine Stunde vor Ende der Arbeitszeit. Länger als viereinhalb Stunden hintereinander dürfen Jugendliche nicht ohne Ruhepause beschäftigt werden.
§ 15 JArbSchG	5-Tage-Woche	Jugendliche dürfen nur an fünf Tagen in der Woche beschäftigt werden.
§ 32 JArbSchG	Erstuntersuchung	Ein Jugendlicher, der in das Berufsleben eintritt, darf nur beschäftigt werden, wenn • er innerhalb der letzten vierzehn Monate von einem Arzt untersucht worden ist (Erstuntersuchung) und • dem Arbeitgeber eine von diesem Arzt ausgestellte Bescheinigung vorliegt.
§ 33 JArbSchG	Erste Nachuntersuchung	Ein Jahr nach Aufnahme der ersten Beschäftigung hat sich der Arbeitgeber die Bescheinigung eines Arztes darüber vorlegen zu lassen, dass der Jugendliche nachuntersucht worden ist (erste Nachuntersuchung). Die Nachuntersuchung darf nicht länger als drei Monate zurückliegen.

Weitere Regelungen für die Anrechnung der Berufsschulzeit auf die betriebliche Ausbildungszeit:

- Der Ausbilder ist verpflichtet, auch die **Pausen** in der Berufsschule und die **Wegezeiten** zwischen Berufsschule und Betrieb auf die Arbeitszeit anzurechnen.
- **Erwachsene Auszubildende** können unter Beachtung von § 9 JArbSchG an jedem Tag nach bzw. vor der Berufsschule im Rahmen der betriebsüblichen Arbeitszeiten im Betrieb ausgebildet werden. Folgende Regelungen sind zu beachten (Bundesarbeitsgericht 2001).

Merke

Liegt der Berufsschulunterricht **innerhalb** der betrieblichen Ausbildungszeit, wird er voll auf die betriebliche Ausbildungszeit angerechnet.

Beispiel

Die betriebsübliche Ausbildungszeit liegt an allen Werktagen zwischen 7:30 Uhr und 17:00 Uhr Der Berufsschulunterricht beginnt an zwei Wochentagen jeweils um 8:00 Uhr.

Merke

Liegt der Berufsschulunterricht **außerhalb** der betrieblichen Ausbildungszeit, wird er nicht auf die betriebliche Ausbildungszeit angerechnet.

Beispiel

Die betriebsübliche Ausbildungszeit findet bei Friseuren von dienstags bis samstags statt, der Berufsschulunterricht ist montags. Die gesetzliche Höchstarbeitszeit von 48 Stunden/Woche darf aber in keinem Fall überschritten werden.

Arbeitszeitregelungen für Erwachsene sind im **Arbeitszeitgesetz** (ArbZG) geregelt, z. B.:

ArbZG § 3: Arbeitszeit der Arbeitnehmer

Die werktägliche Arbeitszeit der Arbeitnehmer darf acht Stunden nicht überschreiten. Sie kann auf bis zu zehn Stunden nur verlängert werden, wenn innerhalb von sechs Kalendermonaten oder innerhalb von 24 Wochen im Durchschnitt acht Stunden werktäglich nicht überschritten werden.

ArbZG § 4: Ruhepausen

Die Arbeit ist durch im Voraus feststehende Ruhepausen von mindestens 30 Minuten bei einer Arbeitszeit von mehr als sechs bis zu neun Stunden und 45 Minuten bei einer Arbeitszeit von mehr als neun Stunden insgesamt zu unterbrechen. Die Ruhepausen nach Satz 1 können in Zeitabschnitte von jeweils mindestens 15 Minuten aufgeteilt werden. Länger als sechs Stunden hintereinander dürfen Arbeitnehmer nicht ohne Ruhepause beschäftigt werden.

ArbZG § 5: Ruhezeit

(1) Die Arbeitnehmer müssen nach Beendigung der täglichen Arbeitszeit eine ununterbrochene Ruhezeit von mindestens elf Stunden haben.

1.4.3 Interessenvertreter der Auszubildenden und Beratungshilfen

Die Ausbildung wird durch eine Vielzahl von Rechtsvorschriften in Betrieb und Schule geregelt. Sollte es dennoch zu **Meinungsverschiedenheiten** oder **Konflikten** kommen, so gibt es unterschiedliche Institutionen/Einrichtungen, die dafür sorgen, dass die ausbildungsrechtlichen Ansprüche durchgesetzt werden.

Institution	Erklärungen
Industrie- und Handelskammer, Handwerkskammer	Die Kammern sorgen nach den Vorgaben des **Berufsbildungsgesetzes** für die ordnungsgemäße Durchführung der betrieblichen Ausbildung. Sie prüfen die betrieblichen Voraussetzungen für eine erfolgreiche Ausbildung, betreuen und beraten die Betriebe, z. B. gehen Ausbildungsberater regelmäßig in die Betriebe. Die Kammern sind Ansprechpartner für die Auszubildenden in rechtlichen Fragen und vermitteln in Konflikten. Sie führen die Prüfungen durch, bieten Zusatzqualifikationen an, organisieren Auslandsaufenthalte u. v. a. m.
Betriebsrat	Der Betriebsrat hat nach den Regelungen des **Betriebsverfassungsgesetzes** (BetrVG) Mitwirkungs- und Mitbestimmungsrechte für alle Mitarbeiter. Die Mitwirkung umfasst insbesondere Informations- und Beratungsrechte in wirtschaftlichen und personellen Angelegenheiten (z. B. Förderung der Berufsausbildung).
Jugend- und Auszubildendenvertretung	Die Jugend- und Auszubildendenvertretung ist kein selbstständiges Organ, sondern dem Betriebsrat nachgeordnet. Sie vertritt die Interessen der Auszubildenden bei der **Überwachung** und **Einhaltung** der **Vorschriften** (z. B. Verpflichtung des Ausbildenden zu qualifizierter Ausbildung). Sie geben Anregungen (z. B. eine „Azubi-Stunde" in der Woche) und Beschwerden an den Betriebsrat weiter.
Gewerkschaften	Gewerkschaften treten für die **wirtschaftlichen** und **sozialen Interessen** ihrer Mitglieder ein. Sie schützen Auszubildende z. B. vor Ausbeutung oder ungerechtfertigter Entlassung.
Gewerbeaufsichtsämter	Die Gewerbeaufsichtsämter überwachen die **Arbeitszeiten** und **Tätigkeiten** von Jugendlichen (Aufsicht über die Einhaltung des Jugendarbeitsschutzgesetzes).
Berufsgenossenschaften	Die Berufsgenossenschaften haben die Aufgabe, für die Durchführung des **Arbeitsschutzes** durch den Arbeitgeber zu sorgen. Dazu zählt insbesondere die Einhaltung der **Unfallverhütungsvorschriften**.
Schülervertretung (SV)	Die SV vertritt die **Interessen** der Auszubildenden in der **Berufsschule**. Insbesondere bei schulischen Konflikten ist auch der SV-Verbindungslehrer ansprechbar.
ausbildungsbegleitende Hilfen (abH)	Ausbildungsbegleitende Hilfen **fördern kostenfrei** und **individuell** im Auftrag der Bundesagentur für Arbeit Auszubildende, die Unterstützung benötigen (z. B. Nachhilfeunterricht, Prüfungsvorbereitung).

Ein besonderer Beratungsbedarf ist gegeben, wenn eine drohende **Insolvenz des Ausbildungsbetriebs** oder die Einstellung des Geschäftsbetriebes die Ausbildung gefährdet. Auzubildende haben in diesem Fall grundsätzlich die Möglichkeit einer Kündigung. Andernfalls sollten sie zunächst ihre Arbeitskraft weiter anbieten und die Berufsschule besuchen und auf keinen Fall einem Verzicht auf die Zahlung der Ausbildungsvergütung zustimmen, um einen Anspruch auf Insolvenzgeld sowie auf Kranken- und Rentenversicherung aufrecht zu erhalten.

Eine Meldung an die **Argentur für Arbeit** ist erforderlich. Für die Weiterführung der Ausbildung sollten Betroffene Kontakt mit der **Berufsschule** und insbesondere mit der zuständigen **Kammer** aufnehmen, die in der Regel bei der Suche nach einem neuen Ausbildungsplatz hilfreich mitwirken und individuell die Auswirkungen auf das Prüfungsverfahren abwägen.

Tipp

Bei Insolvenz des Ausbildungsbetriebs:

- **Kein Verzicht** auf Ausbildungsvergütung!
- Agentur für Arbeit, Berufsschule und zuständige Kammer **informieren**!

1.4.4 Tarifvertrag

Bei der Gestaltung von Arbeitsverträgen/Ausbildungsverträgen sind insbesondere wesentliche Regelungen von Tarifverträgen zu beachten. Tarifverträge werden nach den Vorschriften des Tarifvertragsgesetzes (TVG) typischerweise von den **Tarifvertragsparteien** in eigener Verantwortung (**Tarifautonomie**) abgeschlossen. Die Tarifparteien sind auf der Seite der Arbeitgeber die **Arbeitgebervereinigungen/Arbeitgeberverbände** und auf der Arbeitnehmerseite die **Gewerkschaften**. In Ausnahmefällen können auch einzelne Arbeitgeber Vertragspartei sein.

§§§

§ 1 TVG

Inhalt und Form des Tarifvertrages

Der Tarifvertrag regelt die Rechte und Pflichten der Tarifvertragsparteien …

Ein Tarifvertrag regelt die **Rechte** und **Pflichten** der **Tarifvertragsparteien**, z. B.

- Art und Höhe der Entlohnung/Ausbildungsvergütung,
- Arbeitszeiten,
- Dauer des Jahresurlaubs,
- sonstige soziale Leistungen wie Urlaubsgeld.

Von den **Tarifbestimmungen** darf nur zugunsten der Arbeitnehmer abgewichen werden (**Günstigkeitsprinzip**). An die Regelungen von Tarifverträgen sind grundsätzlich nur die Mitglieder der Vertragsparteien gebunden. Häufig orientieren sich jedoch nicht tarifgebundene Unternehmen an den einschlägigen Tarifverträgen. Die Anwendung von tarifvertraglichen Regelungen kann auch **einzelvertraglich** zwischen Arbeitgeber und Arbeitnehmer vereinbart werden. Auf Antrag einer der Tarifvertragsparteien können bestimmte Tarifverträge vom Bundesministerium für Arbeit und Soziales oder vom jeweiligen Landesarbeitsministerium für allgemein verbindlich erklärt werden. Mit der **Allgemeinverbindlichkeitserklärung** werden auch die nicht tarifgebundenen Arbeitgeber und Arbeitnehmer an die jeweiligen Rechtsnormen gebunden.

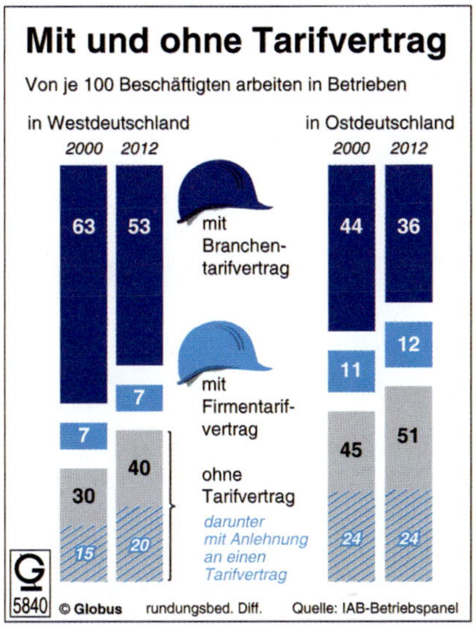

Im Hinblick auf die unterschiedlichen Regelungen in Tarifverträgen unterscheidet man insbesondere **Manteltarifverträge** (Rahmentarifverträge) und **Entgelttarifverträge** (Lohn- und Gehaltstarifverträge), nach dem Geltungsbereich auch Verbands- bzw. Flächen- und Firmentarifverträge.

Tarifverträge	Regelungen (Beispiele)
Der **Manteltarifvertrag** regelt die grundsätzlichen Arbeitsbedingungen. Er wird in der Regel für eine längere Dauer abgeschlossen (z. B. drei Jahre).	• Arbeitszeit • Zuschläge für Mehrarbeit • Urlaub • Probezeit und Kündigungsfristen
Entgelttarifverträge werden unterschieden in **Lohn- und Gehaltstarifverträge** mit häufig jährlichen Laufzeiten und	Lohn- und Gehaltstarifverträge • Löhne, Gehälter • Urlaubsgeld • Sonderzahlungen
in **Lohn- und Gehaltsrahmentarifverträge** mit etwa drei Jahren Laufzeit.	Lohn- und Gehaltsrahmentarifverträge • Einordnung von Tätigkeiten in Lohnarten und Lohngruppen

1.4.5 Förderung der Berufsausbildung und Wege zur weiteren Qualifizierung

Förderung der Berufsausbildung

www.arbeitsagentur.de

Entwicklungen auf dem Ausbildungsmarkt und wirtschaftlicher Strukturwandel mit steigendem Qualifikationsniveau erfordern erhebliche Anstrengungen auf allen politischen und gesellschaftlichen Ebenen, um Jugendlichen eine berufliche Perspektive zu geben. Eine **Förderung** zusätzlicher **betrieblicher Ausbildungskapazitäten** wird u. a. durch folgende Maßnahmen angestrebt:

- vereinfachte fachliche Anerkennung von Ausbildern durch die Kammern;
- Unterstützung der Betriebe durch die Möglichkeit einer Verbundausbildung, d. h., spezialisierte Betriebe, die nicht alle Ausbildungsinhalte vermitteln können, führen die Ausbildung gemeinsam mit anderen Betrieben durch;
- Hilfen beim Übergang von der Schule in den Beruf durch z. B. Beratung, Praktika, Kompetenzcheck;
- partnerschaftliche Ausbildung, d. h., die Ausbildung findet bei einem Bildungsträger und in einem Partner- bzw. Praktikumsbetrieb statt;
- neue Wege bei Ausbildung und Qualifizierung für »unversorgte« Ausbildungsbewerber: z. B. besondere vollzeitschulische Ausbildungsgänge an den Berufsschulen;
- Flexibilisierung des Berufsschulunterrichts: z. B. nur noch ein Berufsschultag im zweiten und dritten Ausbildungsjahr;
- Ausbau von zweijährigen Ausbildungsberufen;
- Verkürzungsmöglichkeiten von Ausbildungszeiten: z. B. durch Anrechnungen von schulischen Qualifikationen auf die Ausbildung.

■ Wege zur weiteren Qualifizierung

Die fortschreitende technische Entwicklung in den Bereichen der Informations- und Kommunikationstechnologien sowie die fortschreitende Internationalisierung der Wirtschaftsbeziehungen werden neben anderen Änderungen immer neue Anforderungen an die beruflichen Tätigkeiten stellen. Ergänzende berufliche Qualifizierungen und eine dauernde Weiterbildung werden daher unumgänglich sein.

Schon **während der Ausbildung** können u. a. folgende Weiterbildungsangebote wahrgenommen werden:

- Wahlangebote der Berufsschule: Fremdsprachenzertifikate, Datenverarbeitungsqualifikationen, Erwerb der Fachhochschulreife, ggf. Stütz- und Förderkurse
- Angebote/Zusatzqualifikationen anderer Träger: z. B. IHK/Handwerkskammer (Europa-Assistent/-in), Volkshochschulen, Bildungsträger, Berufsverbände.

Im **Anschluss an die Ausbildung** bieten sich die folgenden Möglichkeiten der Weiterqualifizierung:

- Fachschulen/Fachakademien der Berufsschulen,
- Kammern und freie Träger der Weiterbildung,
- unter bestimmten Bedingungen auch ohne Hochschulreife ein Studium an Hochschulen für beruflich Qualifizierte.

Informationen über das vielfältige Weiterbildungsangebot erhalten Sie an Ihren Berufsschulen, bei der zuständigen Kammer (z. B. IHK/HWK) und unter anderem bei der Bundesagentur für Arbeit.

www.arbeitsagentur.de

1.5 Zusammenfassung und Aufgaben

Zusammenfassung

System der dualen Berufsausbildung

Betriebe und Berufsschule bereiten **gemeinsam** auf die Prüfungen und auf zukünftige berufliche Tätigkeiten vor.

Ausbildungsberufsbild: Übersicht über zu erwerbende Fertigkeiten, Kenntnisse und Fähigkeiten.

Ausbildungsrahmenplan: sachliche und zeitliche Gliederung der Positionen des Ausbildungsberufsbildes

Ausbildungsplan: passt den Ausbildungsrahmenplan den betrieblichen Notwendigkeiten an

Berichtsheft: ist regelmäßig zu führen und zur Abschlussprüfung vorzulegen.

Prüfungen

gestreckte Prüfung:

Teil 1: Nach 18 Monaten findet eine Prüfung im Fach **„Informationstechnisches Management"** statt.

Teil 2: Am Ende der Ausbildung stehen ein schriftlicher Prüfungsteil in den Fächern **„Kundenbeziehungsprozesse"** und **„Wirtschafts- und Sozialkunde"** und ein mündlicher Prüfungsteil **(Fachaufgabe in der Wahlqualifikation)** an.

Eine **Zusatzqualifikation** am Ende der Ausbildung ist für leistungsstarke Auszubildende auf Antrag möglich.

Weitere Grundlagen des Ausbildungsverhältnisses

Ausbildungsvertrag: schriftliche Vereinbarung zwischen Auszubildendem und Ausbildendem; Eintragung ins Verzeichnis der Berufsausbildungsverhältnisse bei der zuständigen Stelle.

Probezeit: ein bis vier Monate

Beendigung des Ausbildungsverhältnisses:

- **innerhalb der Probezeit** jederzeit ohne Angabe von Gründen
- **nach der Probezeit** nur bei schwerwiegenden Vorfällen oder Aufgabe der Ausbildung

Ausbildungsrechtliche Regelungen und Interessenvertreter der Auszubildenden

Jugendarbeitsschutzgesetz gilt für Personen, die noch keine 18 Jahre alt sind (Regelungen u. a. zu Arbeitszeit, Berufsschule, Ruhepausen).

Manteltarifvertrag regelt die grundsätzlichen Arbeitsbedingungen und wird in der Regel für eine längere Dauer abgeschlossen (z. B. drei Jahre).

Lohn- und Gehaltstarifverträge mit häufig jährlichen Laufzeiten regeln u. a. Löhne, Gehälter, Urlaubsgeld, Sonderzahlungen.

Interessenvertreter der Auszubildenden: Industrie- und Handelskammer, Handwerkskammer, Betriebsrat, Jugend- und Auszubildendenvertretung, Gewerkschaften, Gewerbeaufsichtsämter, Berufsgenossenschaften, Schülervertretung (SV)

Förderung der Ausbildung und Wege zur weiteren Qualifizierung

Förderung zusätzlicher betrieblicher Ausbildungskapazitäten: z. B. Verbundausbildung, vollzeitschulische Ausbildungsgänge, Flexibilisierung von Berufsschulunterricht u. a. m.

Weiterbildungsangebote während der Ausbildung: z. B. Kurse zum Erwerb von Zertifikaten in der Berufsschule

Weiterbildungsangebote nach der Ausbildung: z. B. Fachschulen/Fachakademien der Berufsschulen, Kurse bei Kammern und freien Trägern der Weiterbildung, Studium an Hochschulen für beruflich Qualifizierte (u. U. auch ohne Hochschulreife)

Aufgaben

1. Prüfen Sie folgende Aussagen auf ihre Richtigkeit. Die Antwort ist jeweils zu begründen.

   (1) Lern- und Leistungsbereitschaft sind notwendige fachliche Kompetenzen, die von Auszubildenden erwartet werden.

   (2) Ein Ausbildungsvertrag kann schriftlich, mündlich und durch schlüssiges Handeln zustande kommen.

   (3) Die Vorgaben des Ausbildungsrahmenplans können im Ausbildungsplan den betrieblichen Gegebenheiten angepasst werden.

   (4) Die Probezeit, festgelegt im Berufsbildungsgesetz (BBiG), ist eine lästige Pflicht. Sinn dieser Regelung ist lediglich, beiden Seiten eine Kündigung des Ausbildungsverhältnisses zu erleichtern.

   (5) Nach Ablauf der Probezeit kann nur noch der Auszubildende kündigen.

   (6) Die Inhalte der Prüfungen beziehen sich allein auf die im Ausbildungsrahmenplan genannten Fertigkeiten, Kenntnisse und Fähigkeiten.

   (7) Nach dem Jugendarbeitsschutzgesetz gilt das Recht auf Freistellung für den Berufsschulunterricht auch für Auszubildende, die über 18 Jahre alt und berufsschulpflichtig sind.

   (8) Für die Vorbereitung auf die Abschlussprüfung ist nur die Berufsschule zuständig.

   (9) Das Berufsausbildungsverhältnis endet spätestens mit Ablauf der Ausbildungszeit.

   (10) Für eine erfolgreiche Berufsausübung ist Weiterbildung unerlässlich.

2. Beschreiben Sie Ihren individuellen Ausbildungsplan.

3. Erstellen Sie eine Auflistung der Ihnen bekannten Rechtsgrundlagen, welche für die Berufsausbildung bedeutsam sind.

4. Beschreiben Sie das Aufgabenprofil und die Arbeitsgebiete von Kaufleuten für Büromanagement.

5. Finden Sie Beispiele für Fertigkeiten, Kenntnisse und Fähigkeiten der Berufsbildpositionen A, B und C.

6. Bereiten Sie einen Kurzvortrag zum Thema »Ziele und rechtliche Grundlagen der Berufsausbildung« vor.

7. Erstellen Sie eine Übersicht über Beratungsmöglichkeiten, Fördermaßnahmen und Angebote zur weiteren Qualifizierung
   - an Ihrer Schule
   - im Ausbildungsbetrieb
   - durch andere Einrichtungen.

8. Erkunden Sie Möglichkeiten des Hochschulzugangs für beruflich Qualifizierte.

2 Sich über Grundlagen wirtschaftlichen Handelns Klarheit verschaffen

2.1 Bedürfnisse

Der Fachbegriff **Bedürfnisse** bezeichnet Wünsche, die erfüllt werden sollen. Dabei ist grundsätzlich davon auszugehen, dass die Menge der Bedürfnisse unbegrenzt ist.

Merke

Ein **Bedürfnis** ist das Empfinden eines Mangels, der beseitigt werden soll.

Bedürfnisse können nach unterschiedlichen Gesichtspunkten eingeteilt und genauer gekennzeichnet werden.

Kategorie	Einteilung	Beispiele
Dringlichkeit	**Existenzbedürfnisse** dienen zur Sicherung des Überlebens.	Essen, Trinken
	Zivilisationsbedürfnisse bedeuten, in einer bestimmten Gesellschaft entsprechend den üblichen Lebensstandards zu leben.	Theater besuchen, Musik hören
	Luxusbedürfnisse bedeuten, in einem sich von den üblichen Standards weit abhebenden »exklusiven« Stil zu leben.	exklusives Ledersofa
Fassbarkeit	**Materielle Bedürfnisse** können durch Sachgüter zufriedengestellt werden.	Kleidung, Auto
	Immaterielle Bedürfnisse sind nicht gegenständlich fassbar und haben keinen konkreten Bezug zu Gütern.	Anerkennung, Sicherheit, Rechte
Träger der Bedürfnisbefriedigung/ Art der Bedürfnisbefriedigung	**Individualbedürfnisse** Jeder Einzelne gilt grundsätzlich als verantwortlich für die Befriedigung.	Essen, Wohnen
	Kollektivbedürfnisse Die Gemeinschaft wird für die Befriedigung verantwortlich gemacht.	Sicherheit, Bildung

Aufgrund der Vielfalt der Bedürfnisse ist es sinnvoll, durch eine Einteilung eine gewisse Übersichtlichkeit zu schaffen. Dennoch ist die Einteilung auch problematisch und nicht immer trennscharf vorzunehmen. So ändert sie sich mit dem Alter des Menschen, mit der Zivilisation, in der er lebt, mit den Mitteln, die ihm zur Bedürfnisbefriedigung zur Verfügung stehen, und mit der Situation, in der sich die Person befindet.

Eine weitere Vereinfachung stellt deshalb der Versuch dar, die Bedürfnisvielfalt in folgende Gegenüberstellung einzuteilen:

Primärbedürfnisse	Sekundärbedürfnisse
müssen unbedingt befriedigt werden, Essen, Schlafen, Wohnen usw.	können aufgrund des Einkommens, des sozialen Umfeldes usw. zusätzlich befriedigt werden, repräsentative Wohnungseinrichtung, modebewusste Kleidung usw.

In dieser Gegenüberstellung kommt bereits zum Ausdruck, dass sich der Mensch im Prozess der Bedürfnisbefriedigung wahrscheinlich und sinnvollerweise an einer **Rangordnung** bzw. Reihenfolge orientiert. Dabei kann unterstellt werden, dass er die vorhandenen Mittel (z. B. Einkommen) zunächst für – nach seiner Einschätzung – besonders wichtige Bedürfnisse einsetzt, und sich erst dann, wenn noch weitere Mittel zur Verfügung stehen, auf die nächsthöheren Bedürfniskategorien zubewegt.

Nach diesem Prinzip ist auch **MASLOW** vorgegangen, der aus dieser Rangordnung eine **Bedürfnispyramide** entwickelt hat. Dabei unterstellt er, dass die nächsthöhere Bedürfnisstufe erst dann in den Blick gerät, wenn die vorhergehende Stufe der Pyramide – zumindest überwiegend – befriedigt worden ist. Aber auch hier bleibt zu beachten, dass diese Rangordnung nicht allgemeingültig erstellt werden kann. Sie wird vielmehr für verschiedene Menschen unterschiedlich ausfallen können und auch bei einem einzelnen Menschen nicht zu jeder Zeit und in jeder Lebenslage gleich sein.

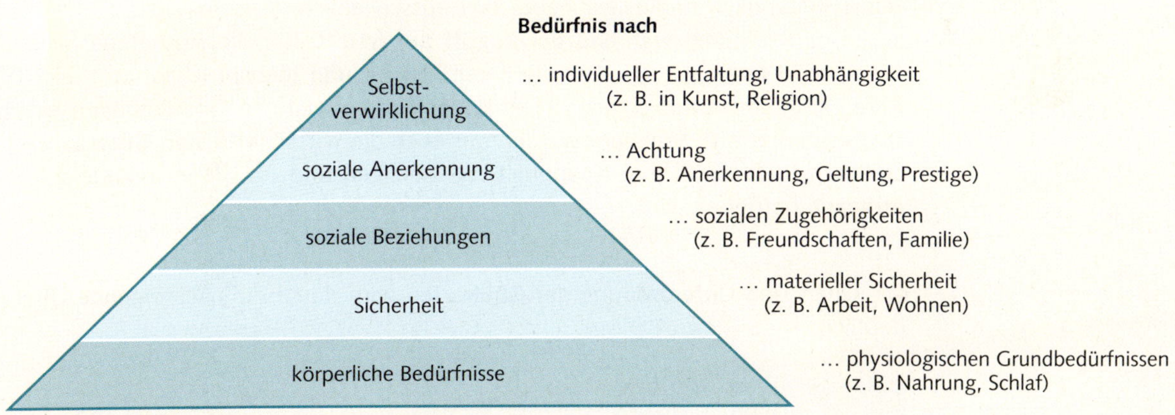

Bedürfnispyramide nach Maslow

Werden Bedürfnisse konkretisiert, d. h., richten sie sich auf bestimmte Güter, so entsteht ein Bedarf: Das **Mangelgefühl** Hunger führt zu einem **Bedürfnis** zu essen; wird festgelegt, was gegessen werden soll, so ist ein **Bedarf** an Nahrungsmitteln bestimmt. In einer Geldwirtschaft ist allerdings nur der Bedarf unmittelbar wirtschaftlich wirksam, für den auch die finanziellen Mittel (Kaufkraft) zur Verfügung stehen. Kommt jetzt noch der Kaufentschluss hinzu, so wird in einer Marktwirtschaft aus dem Bedarf die **Nachfrage**. Wenn ein entsprechendes Angebot gegeben ist, kommt es zum **Kauf**.

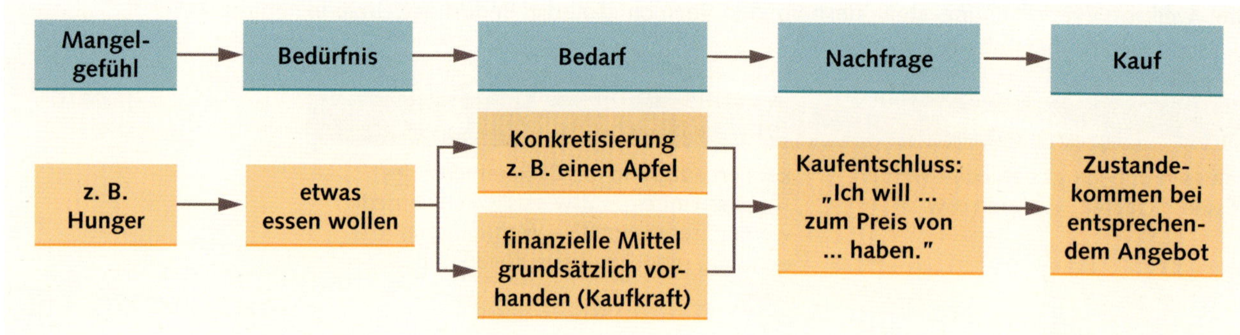

2.2 Güter

Güter dienen uns als Mittel zur Bedürfnisbefriedigung. Zunächst können grundsätzlich freie Güter und wirtschaftliche Güter unterschieden werden.

Freie Güter	Wirtschaftliche Güter
• sind ohne Kosten • sind jederzeit verfügbar • haben keinen Preis.	• sind knapp • haben einen Bereitstellungsaufwand • sind mit Kosten verbunden • werden auf Märkten gehandelt • haben einen Preis.

Selbstverständlich finden wir heute fast ausschließlich wirtschaftliche Güter zur Bedürfnisbefriedigung, während der Zugriff auf freie Güter die Ausnahme bleibt. Die Auseinandersetzung z. B. über die Bereitstellung und Inanspruchnahme freier Güter wäre ein interessantes eigenes Thema, das für die weiteren Überlegungen hier aber auszuklammern ist. Vielmehr werden nur noch die **wirtschaftlichen Güter** betrachtet, die ihren Preis durch ihre Knappheit rechtfertigen und für die in irgendeiner Weise Aufwand betrieben wird.

Die Über- und Unterordnung der Güterarten wird durch die nachfolgende Übersicht deutlich:

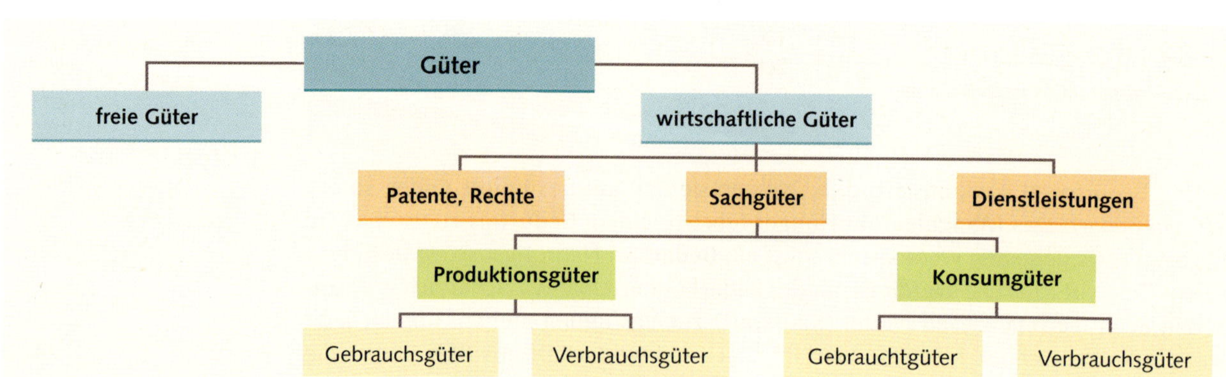

Die in der Übersicht dargestellten Güter können nach den folgenden Merkmalen genauer unterschieden werden.

Unterscheidungs-kriterium	Arten	Erläuterungen	Beispiele
Erscheinungs-formen der Güter	materielle Güter	Sachgüter wie dingliche Gegenstände und Waren	Auto, Handtuch
	immaterielle Güter	Dienstleistungen: Sie unterscheiden sich von Sachgütern dadurch, dass sie nicht lagerfähig sind, sondern unmittelbar zur Nutzung bereit-stehen.	Leistungen eines Friseurs, eines Anwaltes
		Rechte	Nutzung von Räumen (gegen Mietzahlung)
		Patente und Lizenzen	Recht an der Herstellung eines Produktes, Weiter-gabe dieses Rechtes (Lizenz)
Verwendung in privaten Haushalten oder Betrieben	Konsumgüter	Sie werden in privaten Haushalten verwen-det, unabhängig davon, wie langlebig oder wertvoll sie für die Versorgung des Haus-haltes sind.	Möbel, Kartoffeln
	Produktionsgüter	Sie werden in Betrieben eingesetzt, um andere Güter zu produzieren.	Maschinen, Brennstoffe
Nutzungsdauer	Gebrauchsgüter	Es erfolgt eine mehrmalige, längerfristige Nutzung.	Möbel, Maschinen
	Verbrauchsgüter	Es findet eine kurzfristige, in der Regel nur einmalige Nutzung statt.	Kartoffeln, Brennstoffe

Güter lassen sich auch nach ihrer Beziehung zueinander gruppieren.

Unterscheidungs-kriterium	Arten	Erläuterungen	Beispiele
Unterscheid-barkeit	homogene Güter	gleichartige Güter: Aufgrund dessen verfügen sie tendenziell über einen „Einheitspreis“.	Eier, Mehl, Benzin (jeweils vom gleichen Typ)
	heterogene Güter	verschiedenartige Güter: Häufig wird die Verschiedenartigkeit mit dem Ziel höherer Preise bewusst herbeigeführt.	PKW, T-Shirts (unterschiedlicher Marken)
Güter-beziehungen	komplementäre Güter	sich im Verbrauch oder in der Produktion ergänzende Güter	Auto – Benzin
	substitutive Güter	sich gegenseitig ersetzende Güter	Apfelsaft – Orangensaft, Butter – Margarine
Wertigkeit der Güter	superiore Güter	höherwertige Güter, die über den Grundbedarf hinausgehen	Ledercouch, Schmuck
	inferiore Güter	geringwertige Güter, die ausschließlich den Grundbedarf befriedigen können	Kartoffeln, einfacher Holzstuhl

2.3 Wirtschaften

2.3.1 Definition

©XtravaganT-fotolia.com

Wir alle haben täglich mit Wirtschaft zu tun: Wir arbeiten und beziehen Einkommen, wir kaufen und geben Geld aus oder sparen vielleicht. Dementsprechend haben wir auch alle eine mehr oder weniger klare Vorstellung davon, was **Wirtschaften** heißt. Unter Fachleuten (hier: Ökonomen) ist es üblich und zweckmäßig, zur reibungslosen Verständigung möglichst genaue Begriffsbestimmungen (Definitionen) zu vereinbaren. Allerdings besteht auch unter Ökonomen keine völlige Einigkeit - und damit auch keine einheitliche Definition von »Wirtschaften«.

Das ist zurückzuführen zum einen auf unterschiedliche Wissenschaftsverständnisse und Lehrmeinungen, zum anderen darauf, dass die Vielzahl der möglichen Untersuchungsaspekte sich kaum in einer einzigen Definition angemessen einfangen lässt.

Merke

Ein Definitionsvorschlag:

Wirtschaften heißt ein planvolles menschliches Handeln, das durch rationales (vernünftiges) Entscheiden über knappe Mittel zur Befriedigung von Bedürfnissen (Wünschen) führen soll.

2.3.2 Elemente des Wirtschaftens

Als wesentliche Elemente des Wirtschaftens lassen sich damit die folgenden Grundphänomene benennen:

- **Knappheit der Mittel** (wirtschaftliche Güter),
- **unbegrenzte Bedürfnisse** der Wirtschaftssubjekte,
- **Notwendigkeit von Wahlentscheidungen** durch die Wirtschaftssubjekte.

Im Rahmen dieser Wahlentscheidungen wird sich das Wirtschaftssubjekt, ausgehend von seinen prinzipiell **unbegrenzten Bedürfnissen**, an seinen **Einkommensverhältnissen** sowie den **Güterpreisen** orientieren. Die Güterpreise bringen dabei die Knappheit der jeweiligen Güter zum Ausdruck.

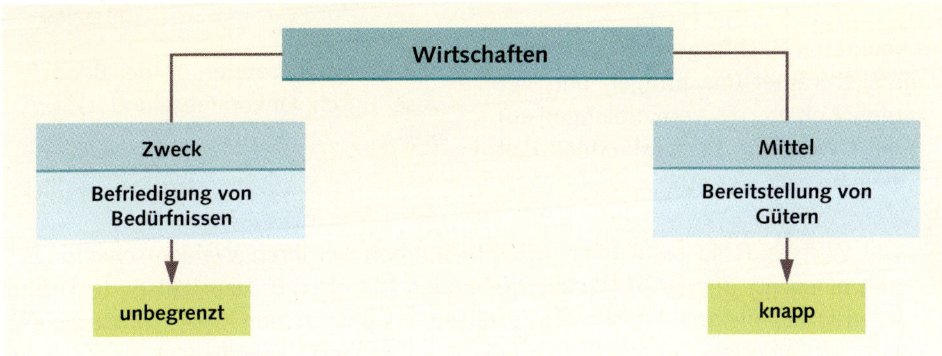

Werden die **Bedürfnisse** nun in Beziehung zu **Einkommen** und **Güterpreisen** gesetzt, reduzieren sich die unbegrenzten Bedürfnisse auf einen konkreten **Bedarf**.

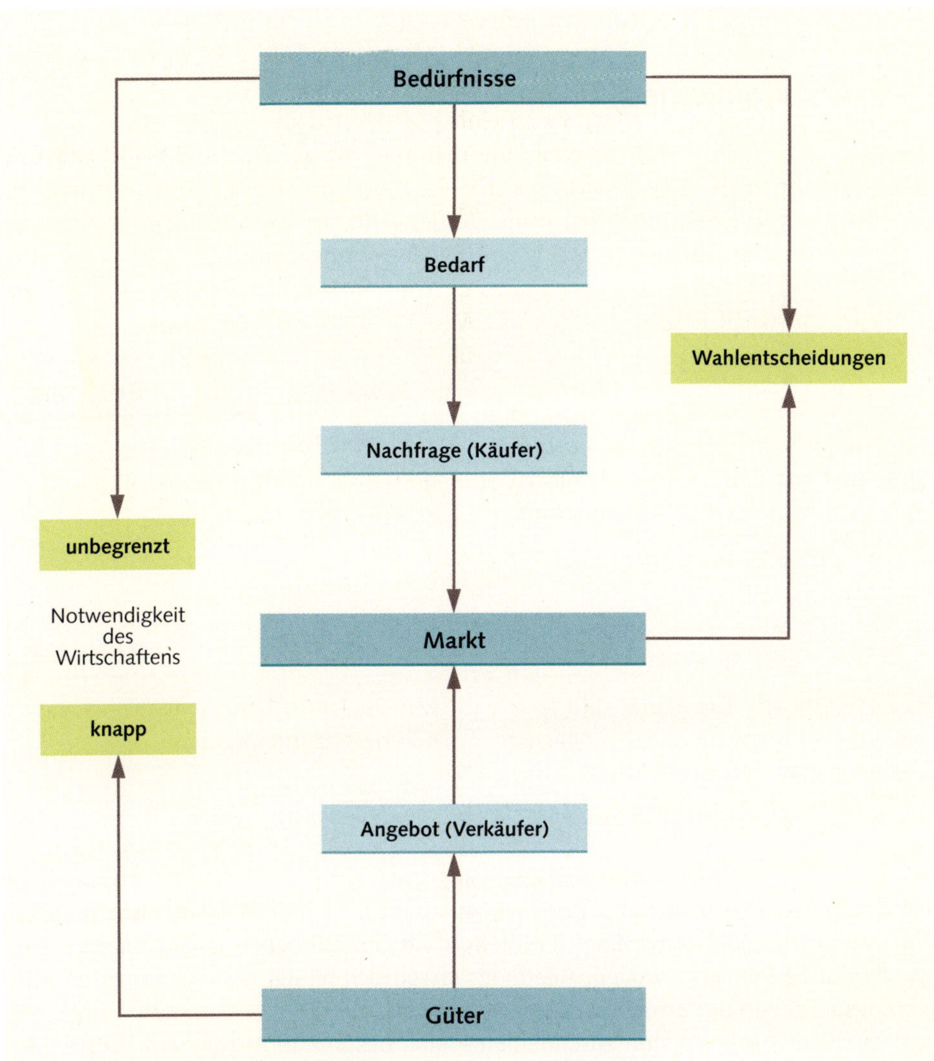

Haushaltsbudget

Preise der Güter

Zur **konkreten Nachfrage** wird der Bedarf, wenn sich Käufer (Nachfrager) und Verkäufer (Anbieter) in Verhandlungen auf einen **Preis** für ein bestimmtes Gut einigen.

Merke

Bedarf = Konkretisierung der Bedürfnisse durch Einkommen und Güterpreise

Die Wirtschaftssubjekte (hier: Käufer) nehmen bei ihren Wahlentscheidungen also einerseits die zur Verfügung stehenden Mittel (z. B. Haushaltsbudget) und andererseits die mit Preisen ausgestatteten Güter in den Blick. In dieser Entscheidungssituation steht folglich wieder der Gegensatz zwischen „Knappheit der Mittel" und „unbegrenzte Menge der Bedürfnisse" im Vordergrund.

2.3.3 Ökonomisches Prinzip

Wenn wir unterstellen, dass sowohl Unternehmen als auch private Haushalte und öffentliche Haushalte (Staat) wirtschaftlich vernünftige Entscheidungen treffen, die auch das Ziel verfolgen, möglichst keine Verschwendung vorzunehmen, um »gut zu wirtschaften«, lässt sich dies in zwei Möglichkeiten formulieren:

Merke

Minimalprinzip: Das Ziel ist festgelegt, und man will es mit möglichst geringem Mitteleinsatz verwirklichen.

Beispiel

Mit dem Pkw nach München fahren und dabei möglichst wenig Benzin verbrauchen.

Merke

Maximalprinzip: Die Mittel sind festgelegt, und man will damit möglichst viel erreichen.

Beispiel

Mit 20 Litern Benzin möglichst viele Kilometer zurücklegen.

Eine Kombination von Maximal- und Minimalprinzip ist grundsätzlich nicht möglich: Man kann nicht gleichzeitig einen Weltrekord im Gewichtheben aufstellen und seine Eiweißzufuhr minimieren wollen. Allerdings lassen sich häufig Maximierungs- in Minimierungsaufgaben umformen und umgekehrt: z. B. aus einer bestimmten Menge von Stoff möglichst viele Westen zuschneiden – eine bestimmte Anzahl von Westen aus möglichst wenig Stoff zuschneiden.

Ökonomisches Prinzip

als Minimalprinzip		als Maximalprinzip	
gegeben: Ziel →	**gesucht: geringster Mitteleinsatz**	**gegeben: Mittel** →	**gesucht: größter Erfolg**
Mit dem PKW nach München fahren …	… und dabei möglichst wenig Benzin verbrauchen.	Mit 20 Litern Benzin …	… möglichst viele Kilometer zurücklegen.

2.4 Produktion

2.4.1 Wirtschaftliche Produktion und Produktivität

©Sergbob-fotolia.com

Die **Herstellung** und **Bereitstellung wirtschaftlicher Güter** betrifft zunächst – gemäß der vorangegangenen Güterübersicht – materielle und immaterielle Konsumgüter (z. B. Shampoo und Haarschnitt), aber auch materielle Produktionsgüter (z. B. Schere und Föhn des Friseurs). Zu denken ist allerdings auch an immaterielle Produktionsgüter wie z. B. ein patentiertes Produktionsverfahren oder die Qualifikationen, die bei Mitarbeitern über die Teilnahme am Produktionsprozess entstehen. Dies alles könnte man als erwünschten Güterausstoß (»**Output**«) bezeichnen.

Die menschliche Regie beim wirtschaftlichen Produktionsprozess zeigt sich darin, dass eine planvolle Kombination von Einsatzgütern **(»Input«)** erfolgt.

Das Verhältnis von Güterausstoß (»Output«) zu Gütereinsatz (»Input«) gilt als Maßstab für die Produktivität:

Merke

$$\text{Produktivität} = \frac{\text{Produktionsergebnis (Output)}}{\text{Arbeitseinsatz (Input)}}$$

Wirtschaftliche Produktion bedeutet die Herstellung und Bereitstellung von wirtschaftlichen Gütern durch Kombination von Einsatzgütern (Input).

2.4.2 Produktionsfaktoren

Im Produktionsprozess eingesetzte Güter bezeichnet man als **Produktionsgüter** bzw. **Produktionsmittel**. Die Vielfalt dieser Einsatzgüter wird üblicherweise auf wenige grundlegende **(Produktions-)Faktoren** zurückgeführt. Diese gehen – so die gängige Auffassung – beim Einsatz nicht selbst in die produzierten Güter ein; sie bleiben als Produktionsfaktoren zur produktiven Nutzung über längere Zeiträume erhalten.

Merke

Als volkswirtschaftliche **Produktionsfaktoren** unterscheidet man traditionell:
- Boden (Natur);
- menschliche Arbeit;
- (Real-)Kapital (Hilfsmittel).

Boden (Natur) und menschliche **Arbeit** gelten als **ursprüngliche** (originäre) **Produktionsfaktoren**. Aus diesen wurde als dritter Faktor das (Real-)**Kapital** im Sinne von erstellten Hilfsmitteln (produzierten Produktionsmitteln wie Werkzeuge, Maschinen) geschaffen. Dieser dritte Produktionsfaktor wird deshalb auch als **abgeleiteter (derivativer) Faktor** bezeichnet.

Die Beziehungen der drei Produktionsfaktoren können demnach folgendermaßen dargestellt werden:

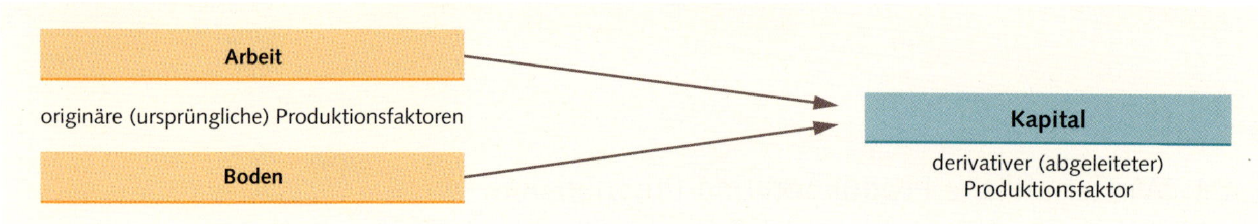

Die folgende Darstellung zeigt den Zusammenhang von Gütereinsatz und Güterausstoß:

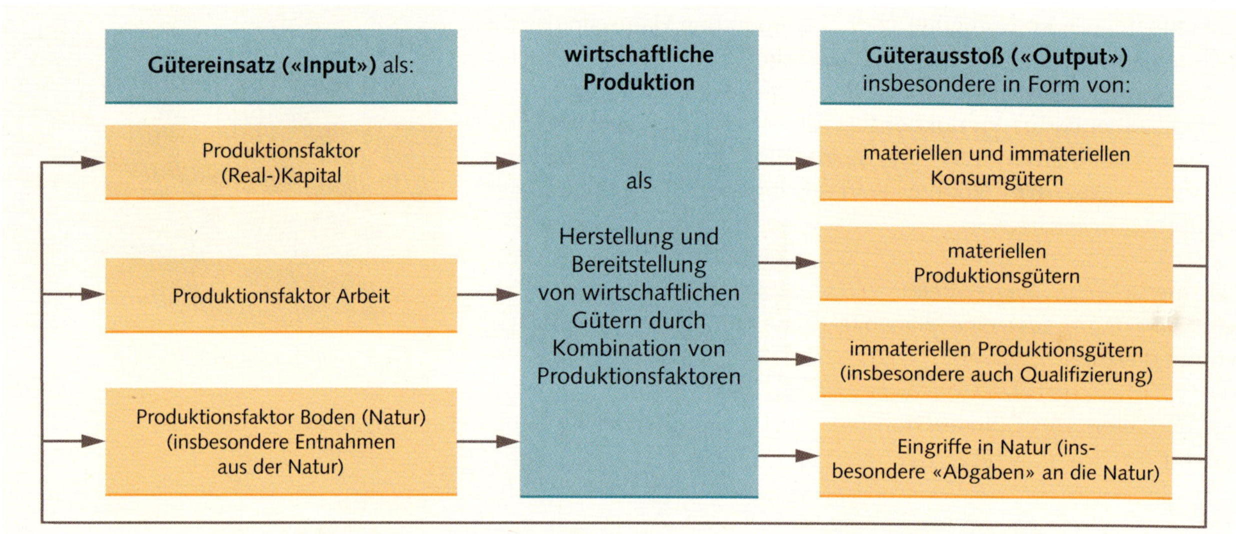

Bei der Befassung mit Produktionsfaktoren steht immer auch die Frage nach dem **Entgelt für das Zur-Verfügung-Stellen** im Raum. Wer Boden für die Nutzung (das »Ziehen von Früchten«) zur Verfügung stellt, kann dafür grundsätzlich **Pacht** verlangen; er bezieht damit eine »Bodenrente«. Wer Kapital zur Verfügung stellt, kann **Zinsen** fordern (z. B. der Vermieter eines Bürohauses – in altmodischer Sprache – einen »Mietzins«). Für Erwerbsarbeit erwartet man **Lohn**.

Der Produktionsfaktor Boden (Natur)

Die für uns heute eher befremdlich wirkende Engführung von Natur auf den Begriff »Boden« lässt sich nur historisch erklären. Sie entstammt einer Auseinandersetzung um die wirtschaftliche Bedeutung der Landwirtschaft im 18. Jahrhundert. Im Mittelpunkt stand der **Anbauboden**.

Im Laufe der wirtschaftlichen Entwicklung (Industrialisierung, Wandlung zur Dienstleistungsgesellschaft) wurde der Boden dann auch und gerade als **Abbauboden** und als **Standortboden** in den Blick genommen.

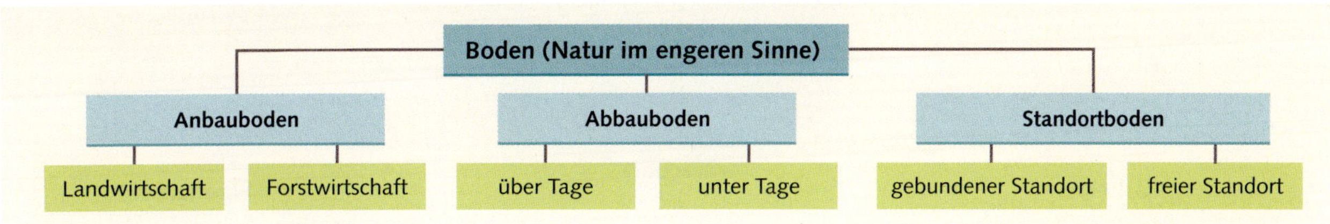

■ Der Produktionsfaktor Arbeit

Der Produktionsfaktor **Arbeit** umfasst grundsätzlich jegliche menschliche Arbeit, die für den Prozess der Produktionsherstellung zur Verfügung steht und auf das Ziel gerichtet ist, Einkommen für die individuelle Bedarfsdeckung zu erzielen.

Erwerbsarbeit umfasst **entgeltliche, selbstständige** oder **unselbstständige** Tätigkeit, die auf die Herstellung und Bereitstellung von Sachgütern und Dienstleistungen gerichtet ist. Das Entgelt für Erwerbsarbeit wird üblicherweise zusammenfassend als Lohn bezeichnet.

Gängige Unterscheidungsmöglichkeiten für Erwerbsarbeit sind z. B.

nach dem Grad der Selbstständigkeit:	selbstständige oder unselbstständige Tätigkeit
nach der Beanspruchung von Fähigkeiten:	(vorrangig) körperliche oder geistige Arbeit
nach dem Grad an erforderlichen Qualifikationen:	gering qualifiziert bis hoch qualifiziert
nach den damit verbundenen Entscheidungsmöglichkeiten:	leitend (dispositiv) oder ausführend (exekutiv)
nach der Einbeziehung in Sozialversicherungspflicht:	sozialversicherungspflichtig oder nicht sozialversicherungspflichtig

Es bereitet durchaus große Schwierigkeiten, den gesamten Umfang der tatsächlichen Erwerbsarbeit einer Volkswirtschaft zu erfassen. So weicht ein Teil der Erwerbstätigen in die **Schattenwirtschaft** aus, indem sich die Arbeitsleistung und das zugehörige Entgelt der Belastungen durch Steuern und Sozialabgaben entzieht. Wesentlichster Teil der Schattenwirtschaft ist die sogenannte „Schwarzarbeit“.

Im **offiziellen Arbeitssektor** können deshalb nur die zur Verfügung stehenden Arbeitsmarktdaten erfasst werden. So kann in der Statistik der Bundesanstalt für Arbeit nur die Zahl der gemeldeten Erwerbstätigen sowie der registrierten Arbeitslosen verarbeitet werden. Demgegenüber werden in einem **inoffiziellen Sektor** Arbeitskräfte tätig sein, die nicht angemeldeten Tätigkeiten nachgehen (z. B. Schwarzarbeit). Diese beiden Arbeitsmarktsektoren überlappen sich dort, wo „**soziale Dienste**“ einerseits feste Bestandteile der Erwerbsarbeit sind, andererseits aber auch als ehrenamtliche Tätigkeiten unentgeltliche Beiträge leisten (z. B. Telefonseelsorge, Pflege innerhalb der Familie).

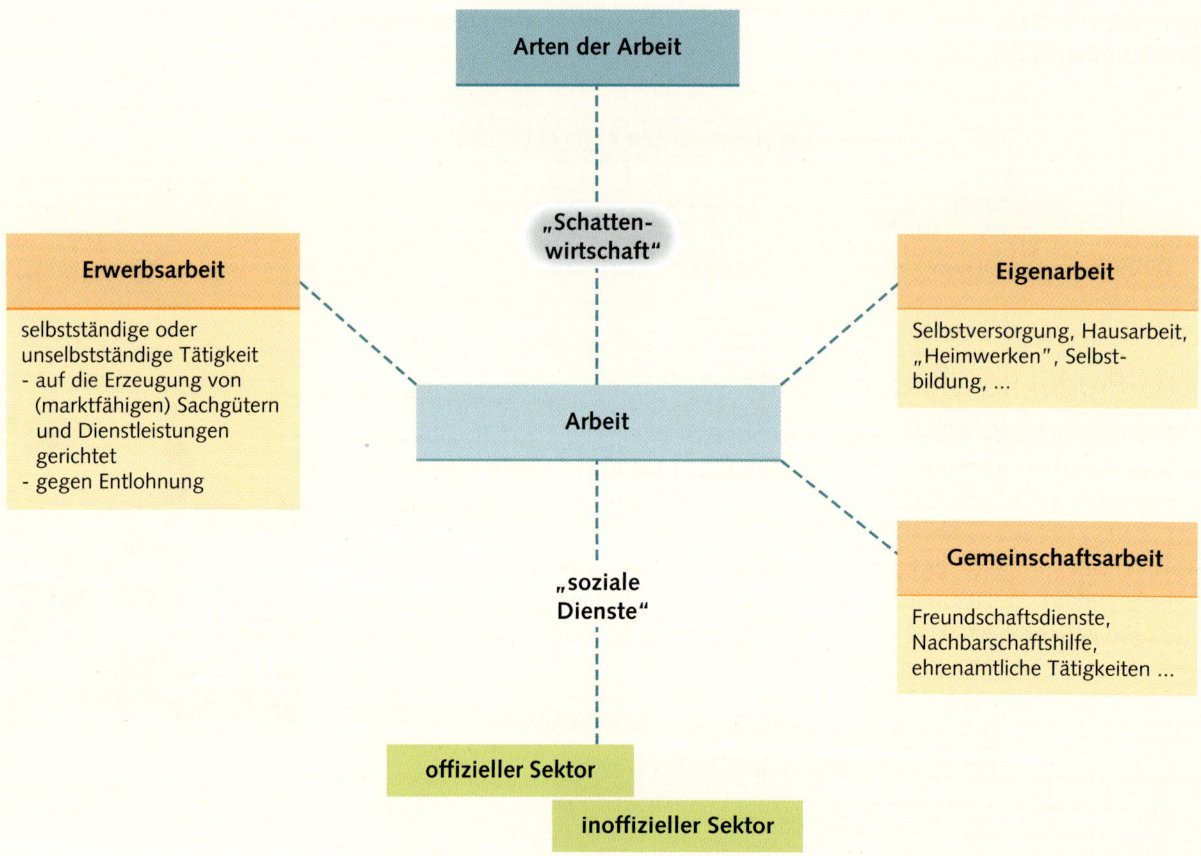

Arbeit = menschliche Tätigkeit, die für den Prozess der Produktionsherstellung zur Verfügung steht und auf das Ziel gerichtet ist, Einkommen für die individuelle Bedarfsdeckung zu erzielen.

■ Der Produktionsfaktor Kapital

Umgangssprachlich ist der Begriff **Kapital** zumeist gleichbedeutend mit Geld. In der Fachsprache wird dagegen zumindest unterschieden zwischen **Geldkapital** (Finanzkapital) und **Sachkapital** (Realkapital). Im Zusammenhang »produktiver Leistung« steht dabei (zunächst) das Sachkapital im Vordergrund.

Sachkapital umfasst dabei herkömmlich insbesondere materielle Güter, die hergestellt worden sind, um damit andere Güter zu produzieren (»produzierte Produktionsmittel« wie Werkzeuge, Maschinen, Fabrikhallen). Aber auch Vorräte der Unternehmen und z. B. das Straßennetz – als öffentliches Gut – zählen dazu. Seit einiger Zeit ist eine Ausweitung auch auf immaterielle Produktionsgüter (z. B. Patente und Lizenzen, Software) durchaus üblich.

In einer modernen (Geld-)Wirtschaft verläuft der Prozess der Kapitalbildung in mehreren Schritten:

Merke

- Es wird **Geldkapital** gebildet, indem Einkommen nicht für den Konsum verwendet, sondern gespart werden.
- **Geldkapital** kann investiert werden, z. B. umgewandelt werden in **Sachkapital**.
- Der Investor muss nicht selbst gespart haben; er kann sich das Geldkapital in Form von Krediten beschaffen; die Kreditgeber müssen wiederum nicht unbedingt selbst gespart haben – das Geld kann aus dem Geldschöpfungsprozess des »Bankensystems« stammen.

Wer Kapital zur Verfügung stellt, kann eine Verzinsung erwarten, entweder über die Gutschrift des vereinbarten Zinssatzes oder über die Beteiligung am Gewinn der Unternehmung.

©Eisenhans-fctolia.com

Merke

$$\text{Rentabilität (\%)} = \frac{\text{Gewinn} \cdot 100}{\text{eingesetztes Kapital}}$$

So kann die erwartete bzw. erreichte Rentabilität sowohl für private Investoren wie für Betriebe ein sinnvolles Kriterium sein, um sich zwischen den Alternativen „klassische Geldanlage" bei Kreditinstituten (z. B. Kauf von Wertpapieren) und „eigentliche Investition" (z. B. in Sachkapital) zu entscheiden.

2.4.3 Betriebswirtschaftliche Produktionsfaktoren

In der Betriebswirtschaftslehre (BWL) werden üblicherweise **vier Produktionsfaktoren** ausgewiesen, die anders abgegrenzt sind als die volkswirtschaftlichen.

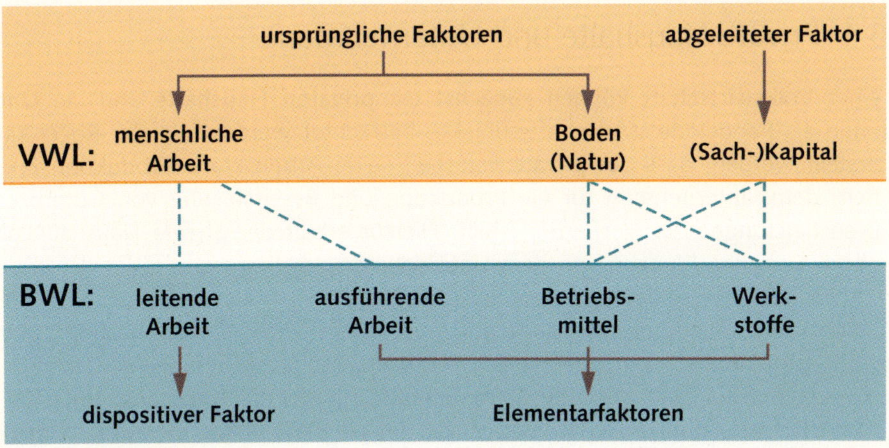

- Die menschliche Arbeit wird aufgespalten in **ausführende** und **leitende Arbeit**; letztere hat für die Kombination der Elementarfaktoren zu sorgen.
- Boden (Natur) ist kein selbstständiger Produktionsfaktor, sondern geht in anderen auf: insbesondere in **Werkstoffen** als Rohstoffe (z. B. Holz), Hilfsstoffe (z. B. Leim, Lack) oder Betriebsstoffe (z. B. Strom/Energie) – und über deren Verwendung auch in produzierten **Betriebsmitteln**.
- Sachkapital ist investiert in **Werkstoffen** (z. B. Rohstofflager) und **Betriebsmitteln** (z. B. Werkshalle, Maschinen).

Ein Unternehmer wird in der Regel versuchen, die für ihn kostengünstigste Kombination der Produktionsfaktoren vorzunehmen. Häufig kann das Einsatzverhältnis der Produktionsfaktoren in gewissen Grenzen verändert werden (Substitution). Dabei müssen allerdings technische Gegebenheiten (z. B. Produktionsverfahren) und gesellschaftliche Vorgaben (z. B. Arbeitszeitregelungen, Arbeitsschutz, Entsorgungsrichtlinien) berücksichtigt werden.

Beispiel

- Eine Steigerung der Lohnkosten kann z. B. dazu führen, dass einzelwirtschaftlich die Anschaffung arbeitssparender Maschinen vorteilhaft wird (kapitalintensivere Produktion).
- Staatliche Umweltschutzvorschriften (z. B. zur Entsorgung) können ein bestimmtes Produktionsverfahren so verteuern, dass eine Umstellung des Verfahrens kostengünstiger wird.

Im ersten Fall sind Entlassungen allerdings nur dann betriebswirtschaftlich rational, wenn der eigene Beitrag zu den Kosten der Arbeitslosigkeit vergleichsweise gering ist. Im zweiten Fall ist nicht ohne Weiteres auszuschließen, dass sich ein Ausnutzen von „Grenzwerten" oder sogar deren Überschreitung einzelwirtschaftlich „rechnet". Dies sind typische Probleme, die bei öffentlichen Gütern auftauchen.

2.5 Der einfache Wirtschaftskreislauf

2.5.1 Private Haushalte und Unternehmen

In einer Volkswirtschaft können zunächst die **privaten Haushalte** und die **Unternehmen** als handelnde Wirtschaftssubjekte betrachtet werden. In der Regel kann unterstellt werden, dass der private Haushalt seine Arbeitskraft (Produktionsfaktor Arbeit) dem Unternehmen für die Produktion und Bereitstellung von Gütern und Dienstleistungen zur Verfügung stellt. Hierfür erhält der private Haushalt Lohn- bzw. Gehaltszahlungen von dem Unternehmen. Im Gegenzug tätigt der private Haushalt von seinen erzielten Einkommen Konsumausgaben für Güter und Dienstleistungen, die er wiederum von einem Unternehmen bezieht. Dieser Zusammenhang kann auch unter der Annahme getroffen werden, dass alle privaten Haushalte und alle Unternehmen mit der Bereitstellung von Gütern und Dienstleistungen zusammengefasst (aggregiert) werden. Haushalte stellen demnach also den **Produktionsfaktor Arbeit** zur Verfügung, erhalten von dem

Unternehmen dafür das **Faktoreinkommen (Lohn/Gehalt)**, private Haushalte tätigen **Konsumausgaben**, dafür erhalten sie **Konsumgüter** von den Unternehmen.

Diese systematische Beziehung wird üblicherweise wie folgt dargestellt:

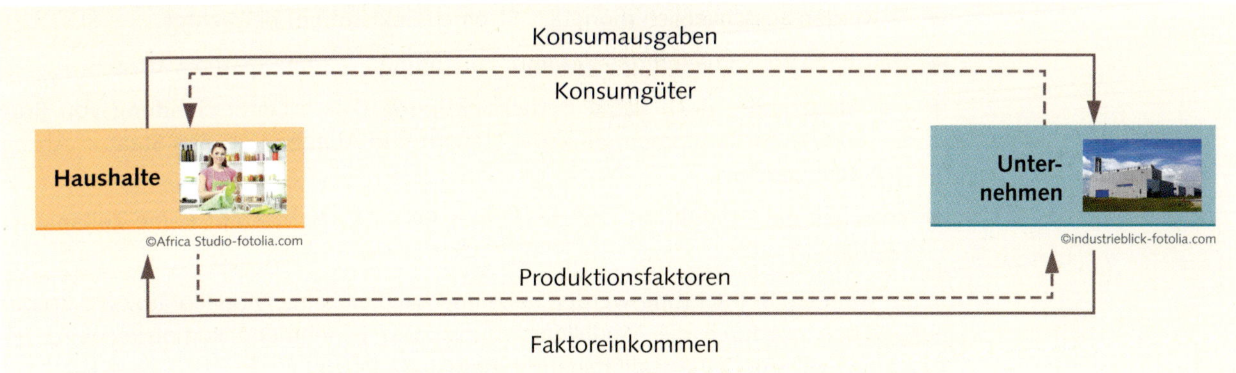

Als Kreislaufströme werden in diesem ersten Modell nur Beziehungen zwischen privaten Haushalten einerseits und Unternehmen andererseits dargestellt.

Diese Zusammenfassung (Aggregation) macht das Kreislaufmodell übersichtlich. Allerdings »verschwinden« dadurch die vielfältigen wirtschaftlichen Beziehungen zwischen den einzelnen Betrieben innerhalb des Sektors Unternehmen (innersektorale Verflechtungen im Sinne von wechselseitigen Vorleistungen). Entsprechendes gilt für die privaten Haushalte.

Beispiel

Im Modell nicht zu sehen ist z. B.: Herr Müller kauft von Frau Schmidt einen gebrauchten PC.

2.5.2 Einfache Modelldarstellung

In der bisherigen Modelldarstellung stehen den Geldströmen (Konsumausgaben und Faktoreinkommen) noch Güter- und Faktorströme gegenüber (Konsumgüter, Produktionsfaktoren).

In einer weiteren Vereinfachung des Modells wird unterstellt, dass jedem Realstrom (Güter und Produktionsfaktoren) der wertmäßig entsprechende Geldstrom entgegenläuft.

Nach dieser Unterstellung kann deshalb aus Vereinfachungsgründen auch die Vereinbarung getroffen werden, dass in der Darstellung eines Wirtschaftskreislaufes immer **lediglich** die **Geldströme** abgebildet werden. Die dahinterliegenden Realströme werden vernachlässigt. Die Umsetzung dieser Annahme führt dann zu der folgenden Modelldarstellung:

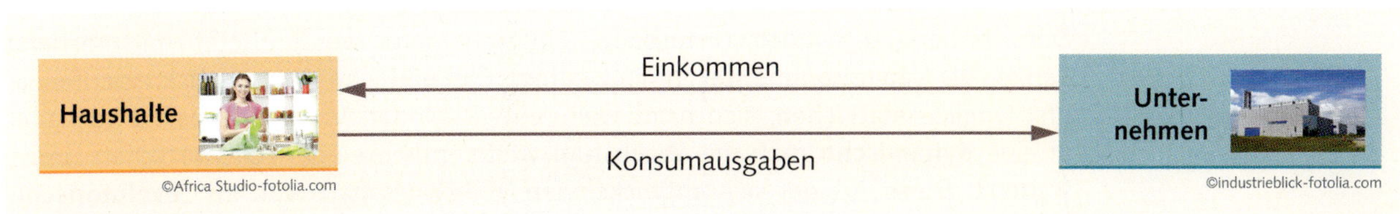

Dieses Modell wird als **einfacher Wirtschaftskreislauf** bezeichnet, in dem die Grundbeziehungen einer Volkswirtschaft schematisch verdeutlicht werden.

Bei genauerer Betrachtung beinhaltet das Modell eine Reihe bedeutsamer Modellannahmen **(Modellprämissen)**:

- Es werden ausschließlich **monetäre Ströme** (Geldströme) betrachtet.
- Haushalte konsumieren das **gesamte Einkommen** (damit: Sparen = 0).
- Der **Staat** findet noch **keine Berücksichtigung** (keine Unterscheidung von Brutto- und Nettoeinkommen, da keine Steuern und Abgaben an den Staat in Abzug gebracht werden).
- Zwischen der **Produktion** und dem **Konsum** der Güter besteht **keine Zeitspanne** (Zeitbedarf = 0).

In der weiteren Betrachtung werden nach und nach einzelne Modellprämissen wieder aufgegeben, wodurch die Modelldarstellung zwar zunehmend komplexer wird, zugleich dadurch aber eine realitätsnähere Abbildung gelingt.

2.6 Erweiterter Wirtschaftskreislauf

2.6.1 Banken im „evolutorischen" Wirtschaftskreislauf

Merke

Der **Konsumverzicht** besteht darin, dass nicht das gesamte Einkommen für Konsumzwecke ausgegeben wird (wie bisher unterstellt), sondern ein Teil des Einkommens zurückgelegt wird (Sparen), um dann ggf. eine größere Anschaffung zu tätigen.

Konsumverzicht

In einem ersten Erweiterungsschritt wird die Annahme aufgegeben, dass die Haushalte das gesamte Einkommen konsumieren (vgl. Modellprämissen). Hierdurch wird aber zugleich unterstellt, dass die privaten Haushalte als Konsumenten einen bestimmten Konsumverzicht üben, da sie nun nicht mehr alle Einkommen für Konsum ausgeben.

Merke

Von den **Banken** können diese gesparten Geldeinheiten als Investitionen an die Unternehmen weitergegeben werden, die hierdurch den Produktionsfaktor Kapital erweitern bzw. modernisieren können.

Anlage des Gesparten

Die Rücklagen werden in der Regel nicht bar aufbewahrt, sondern bei Banken (Kapitalsammelstellen) hinterlegt.

©electriceye-fotolia.com

Dem bisherigen Modell (Haushalte, Unternehmen) werden jetzt entsprechend Banken als Kapitalsammelstellen hinzugefügt. Der einfache Wirtschaftskreislauf einer ursprünglich **statischen**, sich nicht weiterentwickelnden Volkswirtschaft wird damit in eine **dynamische**, sich mit Wachstum weiterentwickelnde Volkswirtschaft umgewandelt. Diese Art der sich entwickelnden Volkswirtschaft wird als **„evolutorische" Volkswirtschaft** bezeichnet.

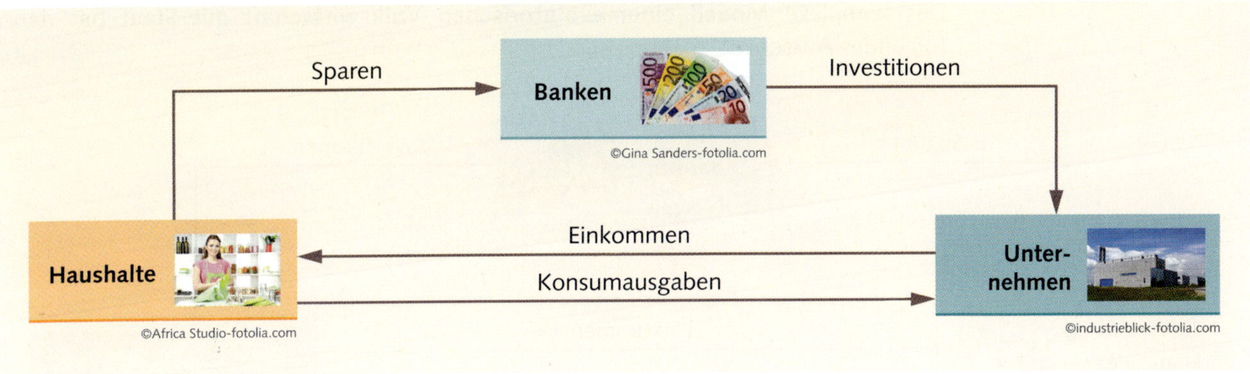

2.6.2 Staat im Wirtschaftskreislauf

In den bisherigen Überlegungen wird davon ausgegangen, dass die privaten Haushalte die gesamten Einkommen (Löhne und Gehälter) entweder konsumieren oder sparen können. Diese Annahme ist insoweit unrealistisch, als lediglich das **verfügbare Einkommen** konsumiert bzw. gespart werden kann. Bislang ist aber unterstellt worden, dass das Bruttoeinkommen dem verfügbaren Nettoeinkommen entspricht. Diese Modellannahme wird nun aufgegeben und damit das Modell des Wirtschaftskreislaufes nochmals erweitert.

Von den Einkommenszahlungen der Unternehmen werden die Anteile für die **Steuern** sowie die **Sozialversicherungen** abgezogen bzw. einbehalten.

Hier wird nun angenommen, dass diese einbehaltenen Zahlungen an den Staat fließen. Da auch die Unternehmen Steuern an den Staat zahlen (z. B. Gewerbesteuern), weist ein Zahlungsstrom von den Unternehmen zum Staat.

Die Einnahmen verwendet der Staat selbst wieder für Zahlungen an die privaten Haushalte und die Unternehmen.

Dabei ist zu unterscheiden, ob es sich hierbei um Zahlungen mit oder ohne Gegenleistungen handelt. Zahlungen ohne Gegenleistungen werden als **Transferzahlungen (Sozialleistungen/Subventionen)** bezeichnet.

Zahlungsströme	Beispiele
Transferzahlungen des Staates an Haushalte (Sozialleistungen)	Kindergeld, Wohngeld, Hartz IV-Zahlungen
Zahlungen des Staates an Haushalte **mit Gegenleistungen**	Personalausgaben für Angestellte und Beamte
Transferleistungen des Staates an Unternehmen (Subventionen)	Hilfen für die Landwirtschaft, Unterstützung für den Kohlebergbau
Zahlungen des Staates an Unternehmen **mit Gegenleistungen** (Konsumausgaben des Staates)	Straßenbau, Schulmöbel

Das komplexe **Modell einer evolutorischen Volkswirtschaft mit Staat** hat dann folgendes Aussehen:

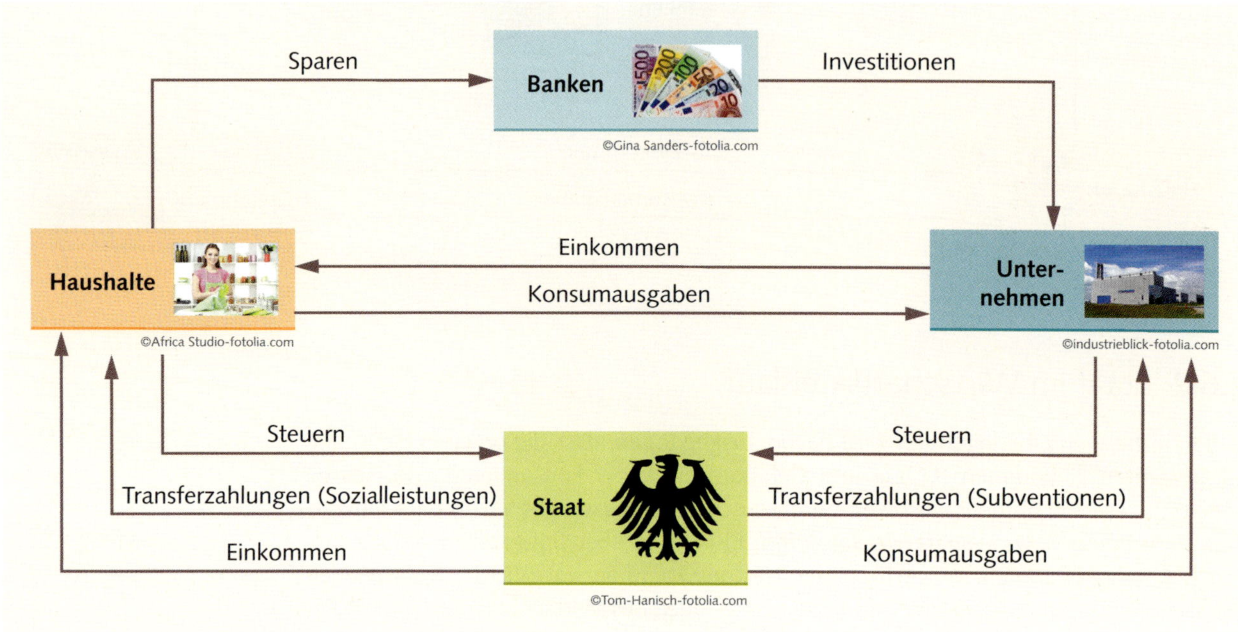

2.6.3 Ausland („Übrige Welt") im Wirtschaftskreislauf

©stockWERK-fotolia.com

Um die Modelldarstellung des Wirtschaftskreislaufes der komplexen Realität weiter anzupassen und dadurch die Volkswirtschaft in allen ihren Verknüpfungen darzustellen, ist es erforderlich, als letzte Prämisse aufzugeben, dass die Volkswirtschaft ausschließlich in inländischen Beziehungen abläuft.

Realistisch ist es, dass eine Volkswirtschaft in internationale Verflechtungen eingebunden ist. Hierzu werden die folgenden **Annahmen** getroffen:

- Alle **Ausfuhren** von Gütern und Dienstleistungen werden als **Exporte** bezeichnet und führen gleichzeitig zu einem Zufluss an Geldeinheiten in das Inland.
- Alle **Einfuhren** an Gütern und Dienstleistungen werden als **Importe** bezeichnet und führen zu einem Abfluss an Geldeinheiten.
- Die **Importe und Exporte** werden ausschließlich über die Unternehmen abgewickelt.
- Da in dem Modell des Wirtschaftskreislaufes immer nur Geldströme dargestellt werden, zeigt der Geldstrom des Güter- und Dienstleistungsexportes vom Ausland zu den inländischen Unternehmen und der Geldstrom des Güter- und Dienstleistungsimportes von den Unternehmen zum Ausland.

Das komplexe **Modell einer offenen, evolutorischen Volkswirtschaft mit Staat** hat dann folgendes Aussehen:

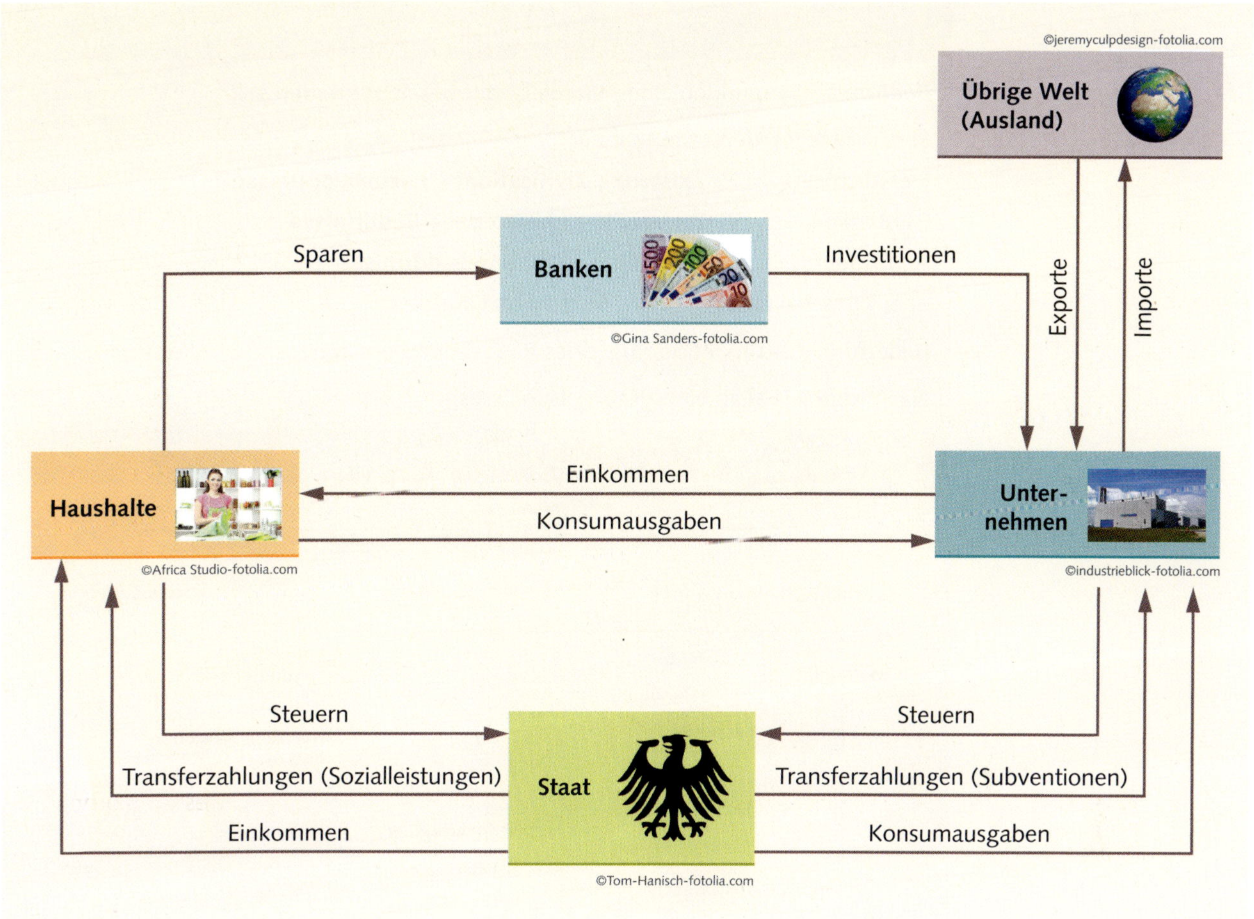

Die Exporte in Beziehung gesetzt zu den Importen stellen den **Außenbeitrag** einer Volkswirtschaft dar. Für den Außenbeitrag sind grundsätzlich drei Situationen vorstellbar:

- **Exporte = Importe**: Der Außenbeitrag ist **ausgeglichen**. In der Summe werden gleich viele Geldeinheiten der Volkswirtschaft zufließen wie abfließen.
- **Exporte > Importe**: Hier handelt es sich um einen **Exportüberschuss**. In dieser Situation fließen mehr Waren aus der Volkswirtschaft ins Ausland ab als hereinfließen. Dadurch vergrößert sich die inländische Geldmenge. Wirtschaftlich wird sich hieraus in der Regel eine stärkere Beschäftigung (sinkende Arbeitslosigkeit) und eine Tendenz zu Preissteigerungen ergeben (Inflation).
- **Exporte < Importe**: In dieser Situation sprechen wir von einem **Importüberschuss**. Hierbei ergibt sich ein stärkerer Warenzufluss und ein größerer Geldmengenabfluss. Die inländische Geldmenge sinkt. Als Folge könnte deshalb die Beschäftigung sinken (steigende Arbeitslosigkeit) und eine zunehmende Preisstabilität eintreten.

2.7 Zusammenfassung und Aufgaben

Zusammenfassung

Bedürfnisse

Bedürfnis = Empfinden eines Mangels, der beseitigt werden soll.

Bedürfnisse werden unterteilt nach:

Dringlichkeit:	**Existenz-, Zivilisations-, Luxusbedürfnisse**
Fassbarkeit:	**materielle-, immaterielle Bedürfnisse**
Art/Träger:	**Individual-, Kollektivbedürfnisse**
oder pauschal nach:	**Primär-, Sekundärbedürfnisse**

Bedarf: Konkretisierung eines Bedürfnisses entsprechend der Kaufkraft

Nachfrage: Fällen eines Kaufentschlusses

Güter

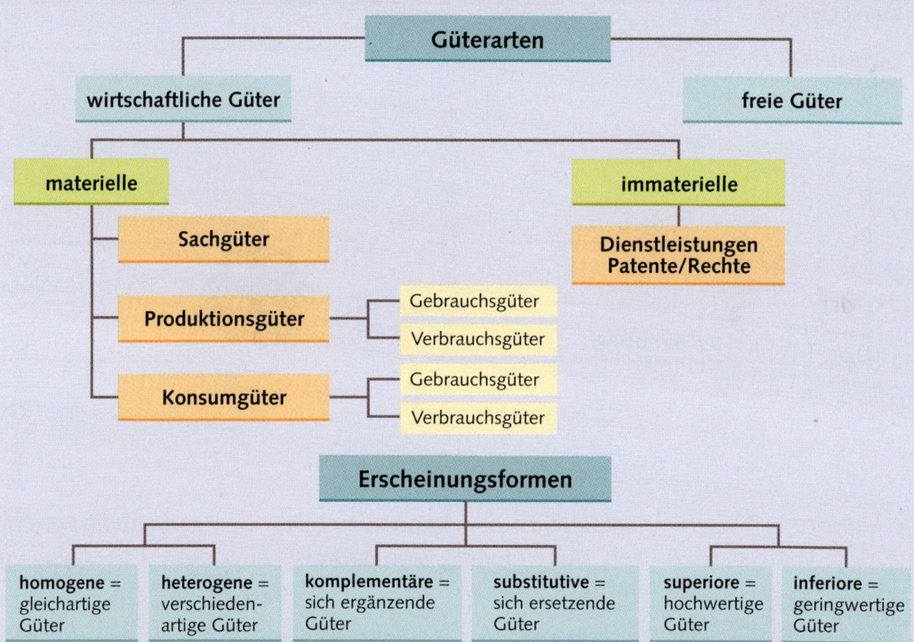

Wirtschaften

Die **Notwendigkeit des Wirtschaftens** ergibt sich durch die **Unbegrenztheit** der Bedürfnisse und der **Knappheit** der Güter. Wirtschaftssubjekte treffen im Rahmen des Wirtschaftens **Wahlentscheidungen**.

Das **ökonomische Prinzip** ist als Maximal- und Minimalprinzip umsetzbar.
Maximalprinzip: Mit gegebenen Mitteln möglichst viel erreichen.
Minimalprinzip: Bestimmte Ziele mit möglichst geringen Mitteln erreichen.

Produktivität misst das Verhältnis von Output zu Input (z. B. Stück/Stunde).

Produktionsfaktoren

Der Produktionsfaktor **Arbeit** umfasst grundsätzlich jede Form menschlicher Arbeit und wird vor allem nach **selbstständiger** Arbeit und **unselbstständiger** Arbeit unterschieden.

Der Produktionsfaktor **Boden** erscheint als **Anbauboden** (Land-/Forstwirtschaft), **Abbauboden** (Bergbau) und **Standortboden** (Standortflächen).

Der **Produktionsfaktor Kapital** ergibt sich aus produzierten Gütern (Produktionsmitteln) und wird als derivativer (abgeleiteter) Faktor aus den Produktionsfaktoren Boden und Arbeit verstanden.

Betriebswirtschaftliche Produktionsfaktoren: Arbeit (leitende, ausführende), Betriebsmittel, Werkstoffe

Wirtschaftskreislauf

Im Wirtschaftskreislauf werden **ausschließlich monetäre Ströme** (Geldströme) dargestellt.

Der **einfache Wirtschaftskreislauf** (Haushalte, Unternehmen) ist dadurch gekennzeichnet, dass alle Einkommen konsumiert werden. Diese Volkswirtschaft kann sich nicht weiterentwickeln (statische Wirtschaft).

Der einfache Wirtschaftskreislauf (Haushalte, Unternehmen) wird durch Sparen (= Konsumverzicht) und Investitionen (Anlage des Gesparten) zu einem **erweiterten Wirtschafskreislauf** einer evolutorischen Volkswirtschaft weiterentwickelt, in der Wachstum möglich ist.

Um das Modell realitätsnäher zu machen, wird der **Staat** mit Steuereinnahmen, Transferzahlungen, Konsumausgaben und Einkommen in den Wirtschaftskreislauf eingefügt.

Um den Wirtschaftskreislauf einer **offenen Volkswirtschaft** abzubilden, werden **Exporte** (Ausfuhren) und **Importe** (Einfuhren) hinzugefügt.

Aufgaben

1. Prüfen Sie die nachfolgenden Aussagen auf ihre Richtigkeit. Die Antwort ist jeweils zu begründen.

(1) Die Rangordnung der Bedürfnisse eines Menschen bleibt immer gleich.

(2) In der Bedürfnishierarchie von Maslow steht an höchster Stelle die Selbstverwirklichung.

(3) Mit zunehmendem Wohlstand in einer Gesellschaft nimmt die Anzahl der knappen Güter ab.

(4) Dienstleistungen werden in Gebrauchs- und Verbrauchsgüter eingeteilt.

(5) Wenn ein Hersteller sein Produkt sowohl als Markenartikel als auch als „No-Name-Produkt" verkauft, so handelt es sich um ein homogenes Gut.

(6) Substitutive Güter können sich wechselseitig ersetzen.

(7) Die Produktionsfaktoren Boden (Natur) und Arbeit gelten als „ursprünglich", der Produktionsfaktor Kapital als „abgeleitet".

(8) Das Minimalprinzip liegt vor, wenn für gegebene Konsumausgaben möglichst preiswert eingekauft werden soll.

(9) Man sollte sich bemühen, gleichzeitig nach dem Minimal- und nach dem Maximalprinzip zu handeln.

(10) Wirtschaften ist erforderlich, da unbegrenzte Bedürfnisse auf knappe Güter treffen.

2. Grenzen Sie die Begriffe Bedürfnis, Bedarf, Nachfrage gegeneinander ab.

3. Welche Güterbeziehung besteht zwischen:

- Taxi und Bus im Nahverkehr,
- Katalysatoren und bleifreiem Benzin,
- Benzin und Heizöl,
- Autos und Straßen,
- Bleistift und Lippenstift?

4. Ökonomisches Prinzip

Begründen Sie, warum die Formulierung „mit geringstmöglichen Mitteln den größtmöglichen Erfolg erreichen" nicht dem ökonomischen Prinzip als Minimal- oder Maximalprinzip entsprechen kann.

5. a) Beschreiben Sie die volkswirtschaftlichen Produktionsfaktoren.

b) Stellen Sie den Zusammenhang von Gütereinsatz, Kombination von Produktionsfaktoren und Güterausstoß dar.

c) Erläutern Sie, warum es Schwierigkeiten bereitet, den gesamten Umfang der tatsächlichen Erwerbsarbeit einer Volkswirtschaft zu erfassen.

6. Inwieweit ist Konsumverzicht als wesentliche Voraussetzung von Investitionen anzusehen?

7. Nehmen Sie zu folgenden Aussagen begründet Stellung:

(1) Sowohl Geldströme als auch Realströme werden in einem Wirtschaftskreislauf abgebildet.

(2) Wenn die Annahme aufgegeben wird, dass die privaten Haushalte die gesamten Einnahmen konsumieren, ergibt sich die Möglichkeit von Investitionen.

(3) Subventionen sind staatliche Transferleistungen ohne Gegenleistungen der Empfänger.

(4) Im Wirtschaftskreislauf einer „evolutorischen" Volkswirtschaft wird angenommen, dass die privaten Haushalte alle Einkommen konsumieren.

(5) In einer offenen Volkswirtschaft werden die Exporte und Importe als Geldströme hinzugefügt, sodass die Importe von den Unternehmungen ins Ausland laufen.

3 Den betrieblichen Leistungsprozess beschreiben

©DOC RABE Media-fotolia.com

Kaufleute für Büromanagement sind qualifiziert für Büro- und Geschäftsprozesse in unterschiedlichen Wirtschaftszweigen, Branchen und Betriebsgrößen. Die Vielzahl der Betriebe beteiligt sich in unterschiedlichster Weise an der bedarfsgerechten Versorgung der Wirtschaftssubjekte. Sachgüter werden hergestellt und verteilt, Dienstleistungen werden bereitgestellt, damit Bedürfnisse befriedigt werden können.

3.1 Leistungsprozesse in Dienst- und Sachleistungsbetrieben

Während **Sachleistungsbetriebe** materielle Güter produzieren, stellen **Dienstleistungsbetriebe** ihre Leistungen als immaterielle Güter auf allen Stufen des Wirtschaftsprozesses zur Verfügung. In einer Volkswirtschaft, deren Märkte sich ständig ausdehnen und deren Zweige sich immer weiter spezialisieren, stellen sie die notwendigen Verbindungen her. Nach vorherrschender Auffassung gehören zum Dienstleistungssektor alle Bereiche außerhalb der eigentlichen Warenproduktion, so z. B. **alle Formen des Handels**, **Banken**, **Versicherungen** und **Transportunternehmen** sowie sonstige **gewerbliche Serviceleistungen** (z. B. Zeitarbeitsfirmen) bis hin zu **personenbezogenen Dienstleistungen** (z. B. Ärzte) und **sozialen Einrichtungen**. Auch die **öffentliche Verwaltung** beteiligt sich mit einer Vielzahl von Dienstleistungen an der Versorgung der Bürger.

3.1.1 Dienstleistungsbetriebe

■ Handelsbetriebe

Zu den Dienstleistungsbetrieben gehören insbesondere die **Handelsbetriebe** (z. B Groß- und Einzelhandel). Gerade in unserer hochentwickelten Industriegesellschaft mit einem ständig wachsenden Warenangebot und dem Anstieg des privaten Verbrauchs gewinnt der **warenverteilende Sektor** eine immer größere Bedeutung.

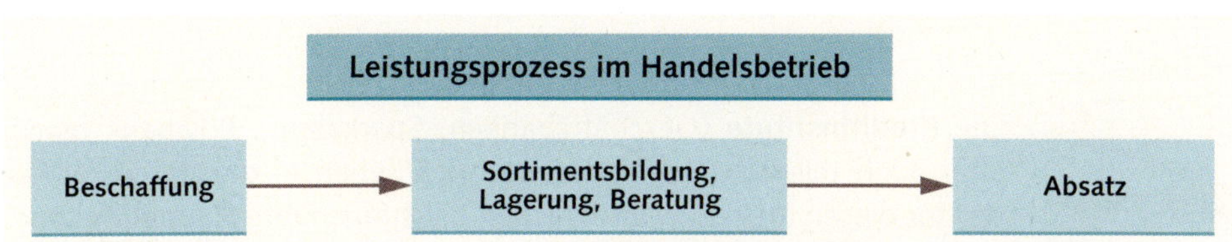

Hauptaufgabe des Handels ist es, die **Herstellung** von Produkten für einen anonymen Markt **mit dem Verbrauch** zu **verbinden**. Daraus ergeben sich verschiedene Funktionen des Handels.

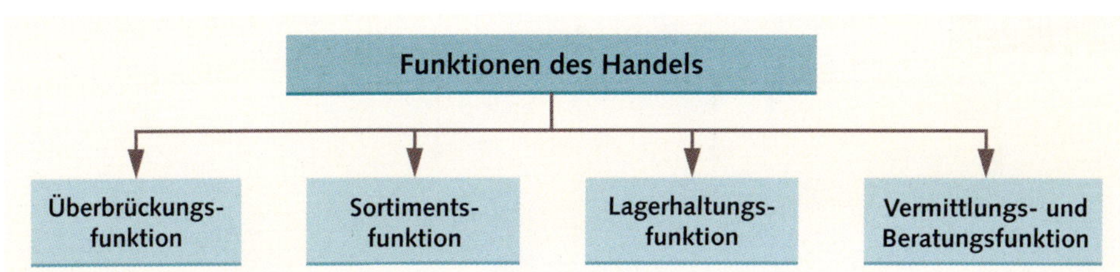

Überbrückungsfunktion	Die Herstellung von Produkten und ihr Verbrauch stimmen in der Regel **zeitlich** und **räumlich** nicht überein. Der Handelsbetrieb überbrückt die räumliche Entfernung z. B. zwischen Hersteller und Endverbraucher (**Raumüberbrückung**) und stellt die gewünschte Ware dem Verbraucher zum Bedarfszeitpunkt zur Verfügung (**Zeitüberbrückung**).
Sortimentsfunktion	Der Handelsbetrieb wählt aus einer Fülle von **Erzeugnissen** unterschiedlicher **Art**, **Qualität** und **Ausführung**, die in großen Mengen vom Hersteller für einen anonymen Markt produziert werden, für seine Kundschaft ein absetzbares Sortiment aus. Je nach Branche (z. B. Getränke), Betriebsform (z. B. Discounter) und Kundenkreis entscheidet der Händler über seine **Sortimentsstruktur** (z. B. breites und flaches Sortiment mit vielen Warengruppen und relativ geringer Auswahl innerhalb der jeweiligen Warengruppe).
Lagerhaltungsfunktion	Zum Zwecke der **Überbrückung** und **Sortimentsbildung** ist eine **Lagerhaltung** erforderlich, damit der Verbraucher in der Lage ist, seinen Bedarf unmittelbar und bequem in der gewünschten Menge und Auswahl zu decken. Stufen des Handels (z. B. Großhandel) sowie Transportsysteme (z. B. Apotheken-Schnellbelieferung) spielen hier eine wichtige Rolle.
Vermittlungs- und Beratungsfunktion	Der Handelsbetrieb tritt als **Vermittler** zwischen **Hersteller** und **Verbraucher** auf. Aufgrund seiner Marktübersicht und Marktstellung informiert er die Produzenten und berät die Verbraucher. Er sorgt mit dafür, dass Güter erzeugt werden, die auch tatsächlich abgesetzt werden können.

Banken und Versicherungen

Wie bereits im volkswirtschaftlichen Modell des Wirtschaftskreislaufs und in dem betriebswirtschaftlichen Funktionsmodell dargestellt wurde, bedingen die vielfältigen güterwirtschaftlichen Beziehungen einen funktionierenden **Geldkreislauf**.

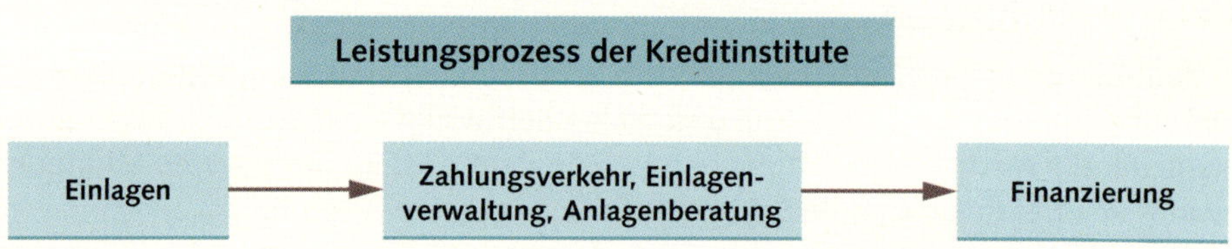

©Dan Race-fotolia.com

Die **Kreditinstitute** (Geschäftsbanken, Sparkassen, Postbank usw.), aber auch teilweise die **Versicherungen** sehen in der Bereitstellung der für diesen Prozess erforderlichen Leistungen ihre Hauptaufgaben.

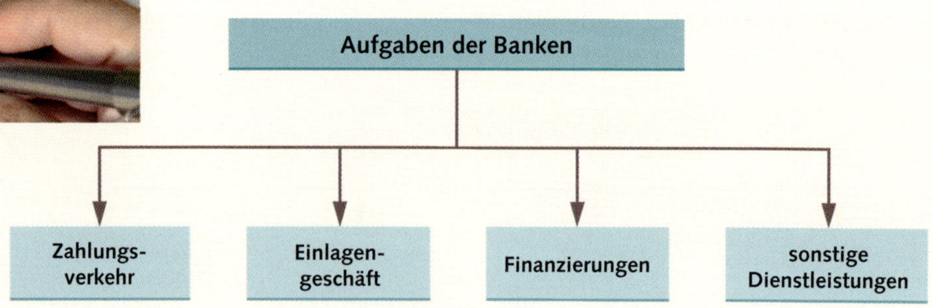

Zahlungsverkehr	Die Banken sind die wichtigsten Träger des **halbbaren** und **bargeldlosen Zahlungsverkehrs** und beschaffen erforderliche in- und ausländische Zahlungsmittel für den **Barzahlungsverkehr**.
Einlagengeschäft	Sie **sammeln** von Haushalten und Unternehmen zeitlich befristete **Einlagen** (Sichteinlagen, Termineinlagen, Spareinlagen) und verzinsen sie in der Regel.
Finanzierungen	Die angesammelten Finanzmittel können wiederum den Haushalten als Geld und Unternehmen als **Kapital** zu **Finanzierungszwecken** zur Verfügung gestellt werden.
sonstige Dienstleistungen	Kreditinstitute führen auch **Wertpapiergeschäfte** durch. Dazu gehören neben dem Kauf und Verkauf von Wertpapieren auch deren Verwahrung und Verwaltung sowie eine fachkundige **Anlagenberatung**. Darüber hinaus übernehmen Kreditinstitute auch sonstige Dienstleistungen wie z. B. die Vermittlung von **Bausparverträgen, Versicherungen, Kreditkarten**.

Versicherungen sammeln Kapital durch die Erhebung von Beiträgen (Prämien) als Preis für den gewährten Versicherungsschutz. Das Risiko eines Versicherungsschadens wird dabei auf die gesamte Versicherungsgemeinschaft verteilt, um die Versicherungsleistung bei Auftreten eines einzelnen Schadens sicherzustellen.

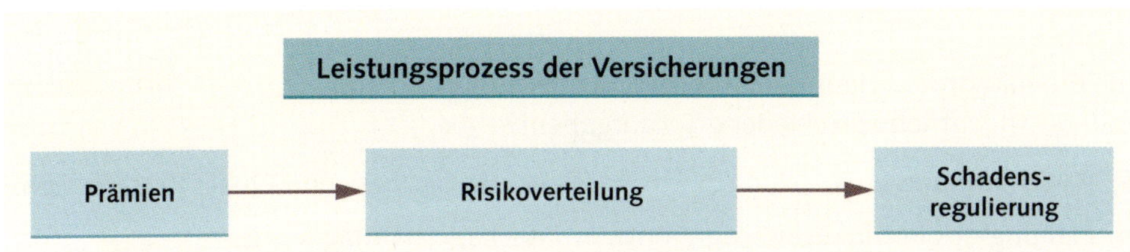

■ Verkehrsbetriebe

Verkehrsbetriebe führen den **Transport** von **Personen** und **Gütern** durch. Hauptaufgabe der Verkehrsbetriebe ist es, Personen und Güter zum richtigen Zeitpunkt an den richtigen Ort zu transportieren.

©Franck Boston-fotolia.com

Neben der Durchführung des Warentransports umfassen die Dienstleistungen der Verkehrsbetriebe insbesondere Beratungstätigkeiten über Transportmöglichkeiten und Vermittlung von Frachtverträgen.

■ Öffentliche Verwaltung

Die öffentliche Verwaltung ist einerseits mit ihren **Behörden** (z. B. Kreisverwaltung) zuständig für die weisungsgebundene Ausführung von Rechtsvorschriften, andererseits nimmt sie Aufgaben, die in der Regel von privaten Betrieben nicht angeboten werden, durch ihre **öffentlichen Betriebe** (z. B. Stadtwerke) wahr. Die Preise für ihre Dienstleistungen sind deshalb nicht marktorientiert und nicht immer kostendeckend.

©Schlierner-fotolia.com

Ihr Leistungsspektrum ist vielschichtig und betrifft die verschiedensten Lebensbereiche der Bürger: z. B. **Gesundheitswesen** (Krankenhäuser), **Hygiene-Schutz** (Kanalisation, Müllabfuhr), **Ernergieversorgung** (Gas, Wasser, Elektrizität).

3.1.2 Sachleistungsbetriebe

Die Verarbeitung von Roh-, Hilfs- und Betriebsstoffen sowie vorgefertigten Teilen zu Gebrauchs- und Verbrauchsgütern ist die zentrale Aufgabe der Sachleistungsbetriebe. Sachleistungsbetriebe werden unterteilt in

- **Industriebetriebe** und
- **Handwerksbetriebe**.

Industriebetriebe sind eher **groß**, **kapitalintensiv** und verfügen über eine **maschinelle** bzw. **automatische Fertigung** (z. B. Fahrzeugbau).

Handwerksbetriebe sind eher **klein**, **personalintensiv** und fertigen **manuell** (z. B. Schreinerei).

Im Produktionsbetrieb werden die betriebswirtschaftlichen Produktionsfaktoren (Arbeit, Betriebsmittel und Werkstoffe) zur Erstellung materieller Produkte möglichst wirtschaftlich miteinander kombiniert. Durch diese Fertigung (Produktion im engeren Sinne) unterscheidet sich der Sachleistungsbetrieb grundlegend vom Dienstleistungsbetrieb.

Zur Produktion als Hauptaufgabe des Sachleistungsbetriebes kommen insbesondere im Industriebetrieb verschiedene Teilaufgaben:

- Forschung und Entwicklung,
- Planung des Produktionsprogramms,
- Fertigungsplanung,
- Fertigungs- und Qualitätskontrollen,
- Lagerhaltung.

Leistungserstellung im Industriebetrieb

Im Industriebetrieb unterscheidet man unterschiedliche **Fertigungsverfahren** und unterschiedliche **Organisationsformen der Fertigung**.

Fertigungsverfahren

Fertigungsverfahren	Merkmale/Beispiele
Einzelfertigung	Herstellung eines Produktes einmalig nach den Wünschen der Auftraggeber: z. B. Schiffe, Brücken, individuelle Häuser, Spezialmaschinen.

Fertigungsverfahren	Merkmale/Beispiele
Mehrfachfertigung als	
Serienfertigung	Herstellung von **mehreren gleichartigen Produkten**; nach Erreichen einer bestimmten Stückzahl wird eine neue Serie aufgelegt, die eine Umrüstung der Produktionsanlagen erfordert: z. B. Autos, Möbel, elektronische Geräte.
Sortenfertigung	Herstellung von **Produkten**, die sich aufgrund des verwendeten Materials und ihrer Herstellung nur **unwesentlich unterscheiden**: z. B. Bekleidung aus unterschiedlichen Stoffen, Werkzeuge in unterschiedlichen Größen.
Massenfertigung	Herstellung des **gleichen Produktes** (einfache Massenfertigung) bzw. **verschiedener Produkte** (mehrfache Massenfertigung), die einander sehr **ähnlich** sind, auf gleichen Produktionsanlagen in sehr großen Stückzahlen: z. B. Elektrizität, Gas, Wasser, Schwefelsäure, Flaschen, Bleistifte, Schokolade.

Organisationsformen der Fertigung

Der Fertigungsablauf erfordert eine rationelle Organisation der räumlichen Anordnung der Betriebsmittel, der Zuordnung der Arbeitsplätze sowie der Gestaltung des Fertigungsdurchlaufs. Dabei unterscheidet man verschiedene Organisationsformen:

Organisationsformen der Fertigung	Merkmale/Beispiele
Werkstattfertigung	Zusammenfassung von Maschinen und Arbeitsplätzen mit gleichartigen Arbeitsverrichtungen in einer fertigungstechnischen Einheit (Werkstatt). Eignung insbesondere für Einzelfertigung, häufig auch für Klein- und Gruppenfertigung.
Fließfertigung	Anordnung der Maschinen und Arbeitsplätze nach dem Fertigungsablauf (z. B. Automobilherstellung).
Gruppenfertigung	Kombination der Werkstatt- und Fließfertigung: Maschinen und Arbeitsplätze werden verschiedenen Fertigungsabschnitten zugeordnet.

©industrieblick-fotolia.com

Leistungserstellung im Handwerksbetrieb

Im Gegensatz zu Industriebetrieben haben sich **Handwerksbetriebe** auf individuelle Arbeiten für einzelne Auftraggeber spezialisiert. Neben meist **manuellen Leistungen** in der Be- und Verarbeitung werden auch **Reparaturarbeiten** ausgeführt. In vielen Fällen gehören zusätzlich Dienstleistungen von der Planung bis zur Beratung zum Leistungsspektrum.

3.2 Ziele der Unternehmung

Zielbündel
- wirtschaftliche Ziele
- soziale Ziele
- ökologische Ziele

Die Erhaltung der Unternehmung ist grundsätzlich ihr oberstes wirtschaftliches Ziel. Dies schlägt sich in der Zielsetzung nieder, einen längerfristigen Gewinn zu erwirtschaften. Die **Gewinnerzielung** gilt als zentrales Kriterium für Markterfolg. Das Gewinnziel der Unternehmung findet seine Ausgestaltung in vielfältigen – auch kurzfristigen – wirtschaftlichen Zielsetzungen: z. B. **Umsatzsteigerung**, **Zahlungsfähigkeit**, **Wettbewerbsfähigkeit** und **Wachstum**.

Die Realisierung der **wirtschaftlichen** Ziele kann allerdings nur unter Beachtung der innerbetrieblichen und außerbetrieblichen Bedingungen gewährleistet werden. So sind die Interessen und Ansprüche der Arbeitnehmer durch Festlegung **sozialer** Ziele zu berücksichtigen und das Streben nach einer umweltorientierten Unternehmensführung ist in **ökologischen** Zielsetzungen zu formulieren.

Wirtschaftliche Ziele

Zur Beurteilung des wirtschaftlichen Erfolges werden in der Regel Maßstäbe herangezogen, mit deren Hilfe das Erreichen der gesetzten Ziele gemessen werden kann. Solche Maßstäbe sind z. B. **Produktivität**, **Wirtschaftlichkeit**, **Rentabilität** und **Liquidität**.

Merke

Die **Produktivität** misst die Beziehung zwischen dem erzielten Ergebnis (Output) und den eingesetzten Mitteln (Input) in realen Größen.

$$\textbf{z. B. Arbeitsproduktivität} = \frac{\text{Produktionsergebnis (z. B. Stück)}}{\text{Arbeitseinsatz (z. B. Stunden)}}$$

Die **Wirtschaftlichkeit** gibt an, welche Leistung (z. B. in Form von Umsatzerlösen) sich pro eingesetztem Euro Kosten ergeben hat.

$$\textbf{Wirtschaftlichkeit} = \frac{\text{Leistung (EUR)}}{\text{Kosten (EUR)}}$$

Rentabilität drückt aus, mit welchem Prozentsatz sich das eingesetzte Kapital verzinst hat.

$$\textbf{z. B. Eigenkapitalrentabilität} = \frac{\text{Gewinn} \cdot 100}{\text{Eigenkapital}}$$

Liquidität ist die Fähigkeit, den fälligen Zahlungsverpflichtungen stets nachkommen zu können.

$$\textbf{z. B. Barliquidität} = \frac{\text{flüssige Mittel} \cdot 100}{\text{kurzfristige Verbindlichkeiten}}$$

©Marco2811-fotolia.com

Soziale Ziele

Soziale Ziele berücksichtigen vor allem die **Interessen** und **Ansprüche** der **Arbeitnehmer**. Beispiele sind **Sicherung der Arbeitsplätze**, **menschenwürdige Arbeitsbedingungen**, **gerechte Entlohnung**, **Mitbestimmung**. Diese konkurrieren häufig mit wirtschaftlichen Zielen (Zielkonflikt). Sie müssen – auch in Abhängigkeit von äußeren Bedingungen (z. B. Konjunktur) – konkretisiert und immer wieder überprüft werden.

■ Ökologische Ziele

Bewusstseinswandel und Sachzwänge sowie ständig verschärfte gesetzliche Auflagen bewirken eine wachsende Aufmerksamkeit für den **Schutz der Umwelt**, z. B. Reinhaltung von Luft und Gewässern, Schonung von Ressourcen und Recycling von Wertstoffen in den Betrieben.

Ein vorausschauendes, innovatives betriebliches **Umweltkonzept** schließt den Ertrag keinesfalls aus. Umweltschutz muss sich an ganzheitlichen Lösungen von der Produktentwicklung bis zum Recycling orientieren. Dies bedeutet eine Abkehr von einer Unternehmenspolitik des Durchlaufs von Stoffen zu einer **Politik der Wiederverwertung**. Das hat Auswirkungen auf die gesamte Unternehmenskonzeption von dem unternehmerischen Zielsystem bis zur tatsächlichen Umsetzung in den einzelnen Funktionsbereichen der Unternehmung.

Merke

Die Unternehmung der Zukunft wird nicht nur an der Qualität ihrer Leistungen und Produkte, sondern auch an den **Maßstäben** einer **ökologischen Betriebsführung** gemessen.

Heute verstehen es schon viele Unternehmen, die Erfordernisse des Umweltschutzes mit den Zielen ihres Unternehmens zu vereinbaren – und mehr noch: Einige profitieren sogar davon.

Insbesondere große Unternehmen haben sogenannte **Corporate-Responsibility-Konzepte** entwickelt, um transparent zu machen, inwieweit sie ihrer umfassenden unternehmerischen Verantwortung z. B. im Hinblick auf Umwelt, Gesellschaft und Mitarbeiter nachkommen.

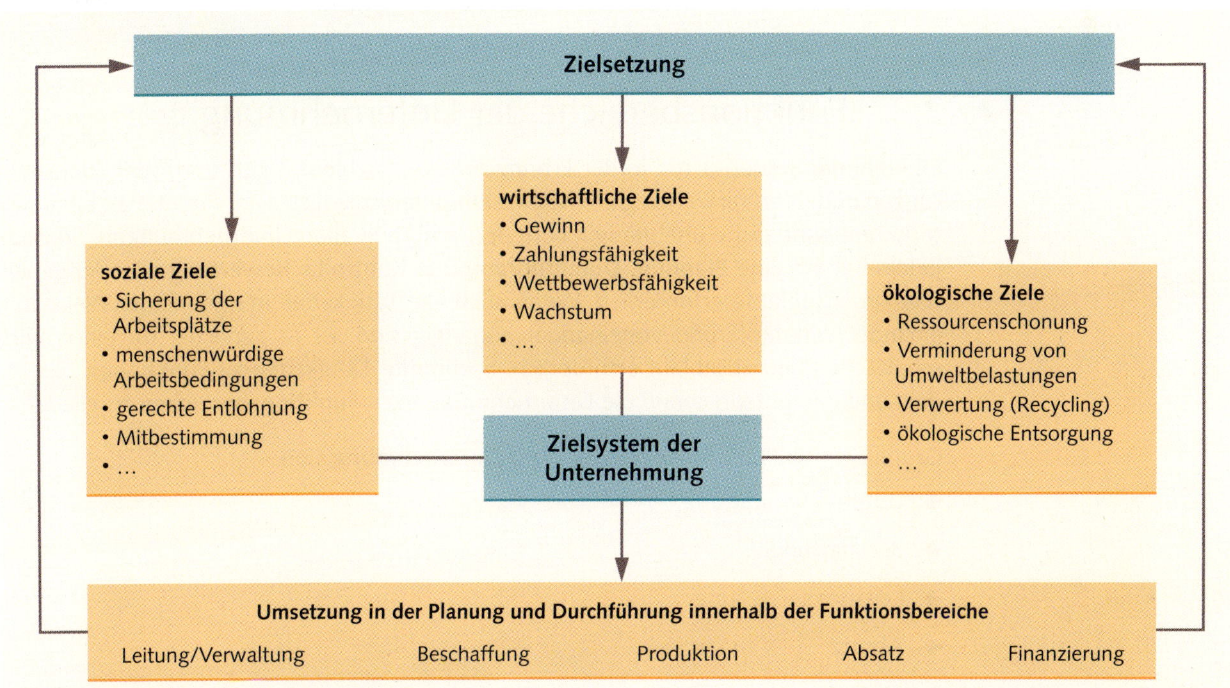

Zielharmonie, Zielkonflikt, Zielindifferenz

Wirtschaftliche, soziale und ökologische Ziele sind miteinander vernetzt.

Ergänzen sich die Ziele, so liegt **Zielharmonie** vor.

Beispiel

Verbesserungen der Beschaffungsorganisation im Bereich der Transportwege, der Transportträger und der Lagerhaltung führen zu Kostensenkung und Schonung der Umwelt.

Behindern oder schließen sich die Ziele gegenseitig aus, so liegt ein **Zielkonflikt** vor.

Beispiel

Der Wunsch nach z. B. Gehaltserhöhung, verbessertem Kündigungsschutz, Reduzierung der Arbeitszeit bei vollem Lohnausgleich kann bei abflauender Konjunktur die Wirtschaftslage einer Unternehmung gefährden.

Von **Zielindifferenz** spricht man, wenn die Verfolgung bestimmter Ziele sich gegenseitig nicht beeinflusst.

Beispiel

In der Finanzbuchhaltung sollen Kosten gesenkt werden und Werbeausgaben werden erhöht.

3.3 Funktionsbereiche der Unternehmung

Obwohl die Betriebsarten in der Erbringung von Sachleistungen und/oder Dienstleistungen und ihrer Verwertung am Markt sehr unterschiedlich sind, findet man bestimmte Aufgabenbereiche unabhängig vom Betriebstyp in allen Unternehmungen. So ist in jedem Betrieb eine **Planung**, **Durchführung** und **Kontrolle/Bewertung** aller Aufgaben und Arbeitsabläufe erforderlich. Wenn auch alle Tätigkeiten in irgendeiner Weise miteinander verknüpft und voneinander abhängig sind, ist es zunächst für einen wirtschaftlichen Betriebsablauf erforderlich, bestimmte Tätigkeiten zu Funktionen zu bündeln und dementsprechend die Unternehmung nach **Funktionsbereichen** zu gliedern.

Grundlegende **Funktionsbereiche einer Unternehmung** sind:

- Leitung/Verwaltung,
- Beschaffung,
- Leistungserstellung,
- Absatz,
- Finanzierung.

Leitung/Verwaltung

Die **Leitungsaufgabe** umfasst Entscheidungen zur **Steuerung**, **Koordination** und **Überwachung** des **Zusammenwirkens aller Grundfunktionen**.

Sie ist verantwortlich für die verbindliche Festlegung der **Unternehmensziele**, die **Planung** des betrieblichen Geschehens sowie deren **Durchsetzung** und **Kontrolle**.

In der **Koordination der betrieblichen Funktionsbereiche** wird die Unternehmensleitung von der **Verwaltung** unterstützt. Diese ist insbesondere für die Aufbereitung von Daten des Rechnungswesens für betriebliche Entscheidungen verantwortlich.

Auch das **Personalwesen** kann zu den Aufgaben der Verwaltung gerechnet werden. Konkrete Aufgaben des betrieblichen Personalwesens ergeben sich aus der Bereitstellung, dem Einsatz und der Betreuung der Mitarbeiter.

Zu den Aufgabengebieten des Personalwesens gehören insbesondere:
- Personalbedarfsplanung
- Personalbeschaffung und -einsatz
- Personalentwicklung und -betreuung
- Personalfreisetzung und
- Personalorganisation.

Beschaffung

Die **Beschaffung** im weitesten Sinn ist verantwortlich für die **Bereitstellung** der betriebswirtschaftlichen **Produktionsfaktoren**. Dazu zählen:

- Betriebsmittel (z. B. Maschinen, Werkzeuge, Büroausstattung) ebenso wie der
- Produktionsfaktor Arbeit, der neben den zu beschaffenden eigenen Arbeitskräften auch fremdbezogene Dienstleistungen umfasst.

Im engeren Sinn beschäftigt sich der Beschaffungsbereich aber mit dem **Einkauf** insbesondere **von Materialien**: Roh-, Hilfs- und Betriebsstoffen sowie Teilen bzw. Handelswaren.

Leistungserstellung

Die **Leistungserstellung** hat die Aufgabe, die **betrieblichen Produktionsfaktoren** so zu kombinieren, dass die gewünschte Leistung (z. B. ein Produkt) entsteht. Zu den Aufgabengebieten gehören insbesondere:

- Produktionsprogramm- und Fertigungsplanung
- Produktionsdurchführung und -kontrolle
- Lagerung von unfertigen und fertigen Produkten.

In einem weiteren Sinn umfasst die Leistungserstellung nicht nur die Herstellung von Sachgütern, sondern auch die **Bereitstellung von Dienstleistungen**.

Absatz

Der **Absatz** hat die Aufgabe, Produktion und Beschaffung marktbezogen zu lenken und für die **Verwertung von** erstellten oder zu erstellenden **Leistungen** bzw. gegebenenfalls von fremdbezogenen Handelswaren **am Markt** zu sorgen. Zu seinen Aufgaben gehören u. a.:

- Produkt-, Sortiments- und Servicepolitik
- Preispolitik
- Kommunikationspolitik
- Distributionspolitik.

Die **Marktforschung** liefert die dazu notwendigen Informationen.

Finanzierung

Aufgabe der **Finanzierung** ist es, die Unternehmung ständig mit ausreichendem Geldkapital zu versorgen. Daneben gehört es auch zu den Aufgaben der Finanzierung, für kurzzeitig frei werdende Gelder Anlagemöglichkeiten zu suchen.

Zusammenwirken der Funktionsbereiche

Die Funktionsbereiche einer Unternehmung sind eng miteinander verknüpft, sie stehen in einer wechselseitigen Abhängigkeit zueinander. Entscheidungen in einem Funktionsbereich wirken sich immer auch auf die anderen Funktionsbereiche der Unternehmung aus. Die optimale Verwirklichung der Unternehmensziele verlangt deshalb eine **Abstimmung aller Bereiche** der Unternehmung zu einer Gesamtstrategie.

Beispiel

Die Anfrage eines Kunden wird geprüft z. B. hinsichtlich der Produktionsmöglichkeiten, der Beschaffung und des Einsatzes von Produktionsfaktoren, der Lagerung von Materialien und Fertigteilen sowie der Kalkulation des Preises und Terminierung der Zahlungseingänge. Ein Angebot wird daraufhin erteilt.

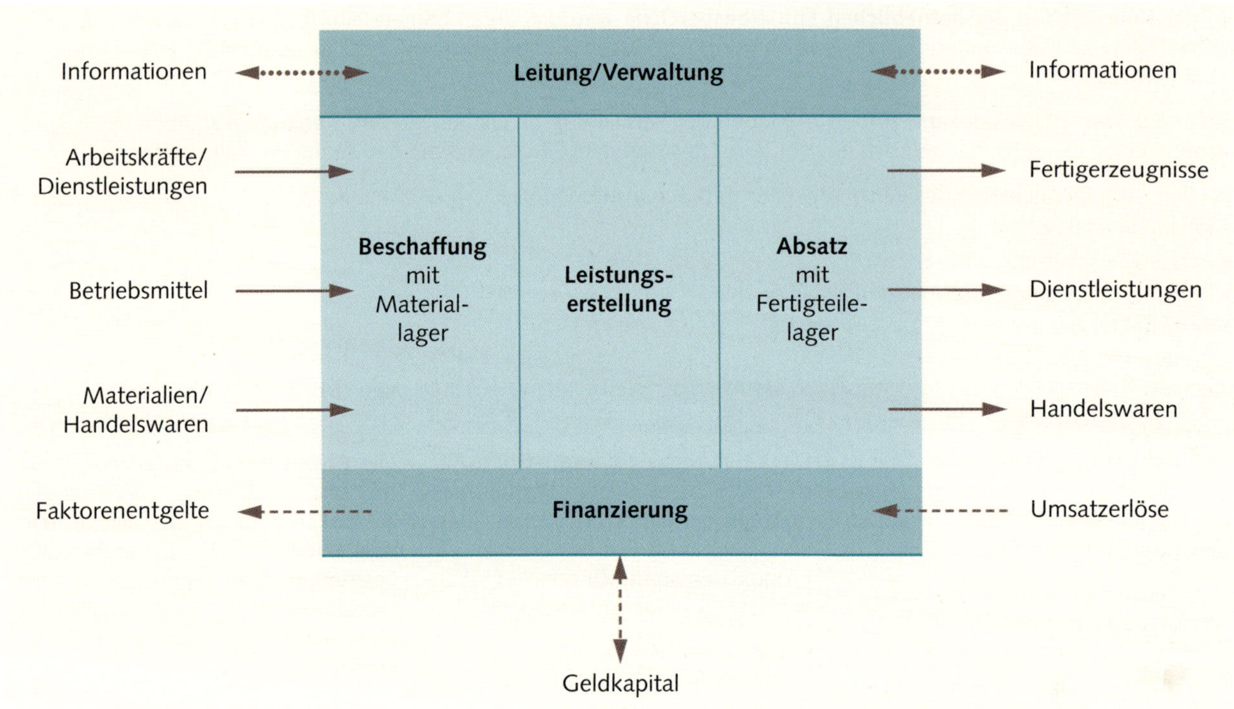

3.4 Betrieb und natürliche Umwelt

Die **Vermeidung** bzw. **Reduzierung** von **Umweltbelastungen** durch Umweltverschmutzungen, Ressourcenverknappung und Klimaänderungen erfordern ein **Umweltmanagement** für einen nachhaltigen Schutz der menschlichen Lebensgrundlagen.

EMAS (Eco Management and Audit Scheme) der Europäischen Union ist das weltweit anspruchsvollste System für **nachhaltiges Umweltmanagement**. Es bietet Organisationen die Möglichkeit, sich freiwillig an dem EG-weiten System für Umweltmanagement und Umweltbetriebsprüfung zu beteiligen. Der Begriff »Audit« (Prüfung von Qualitätsmerkmalen) weist darauf hin, dass es sich um eine **systematische umwelttechnische** und **umweltgerechte** Betriebsprüfung handelt. Diese wird regelmäßig von unabhängigen, staatlich autorisierten Umweltgutachtern durchgeführt; die »Umweltleistungen« werden in einer »Umwelterklärung« veröffentlicht. Mit der Zertifizierung gemäß **Öko-Audit** verpflichten sich die Teilnehmer zu einer kontinuierlichen Verbesserung ihrer Umweltschutzleistungen.

Betriebliches Umweltmanagement umfasst eine Fülle von möglichen Umweltschutzmaßnahmen in allen Funktionsbereichen der Unternehmung.

Umweltschutz und Beschaffung	• Umweltverträglichkeitsprüfung der bezogenen Materialien, z. B. hinsichtlich ihrer ökologischen Folgen bei der Herstellung, Nutzung und Beseitigung; • Anlegen ökologischer Maßstäbe bei der Lieferantenauswahl; • Ersetzen von umweltschädlichen Einsatzfaktoren, Handelswaren oder Energien durch umweltfreundliche Alternativprodukte; • Verbesserung der Beschaffungsorganisation im Bereich der Transportwege, der Transportträger und der Lagerhaltung.
Umweltschutz und Leistungserstellung	• Berücksichtigung zukünftiger ökologischer Rahmenbedingungen einschließlich gesetzlicher Bestimmungen bei aktuellen Investitionsentscheidungen; • Ersatz traditioneller Herstellungsmöglichkeiten durch neue, ökologisch vorteilhafte Fertigungsverfahren; • Einbeziehung fertigungstechnischer Einrichtungen, die zu einer Verringerung des betriebsbedingten Verbrauchs von Wasser, Energie und sonstigen Einsatzstoffen führen sowie Abfall, Schadstoffe und Lärm reduzieren; • Abfallbeseitigung, Wertstoffrückgewinnung, Luftreinhaltung durch nachsorgende Umweltschutzanlagen soweit vorsorgende Umweltschutztechnologien noch nicht hinreichend verfügbar sind; • Einstellung der Produktion von umweltschädlichen Erzeugnissen und Entwicklung umweltfreundlicher Produkte; • Verlängerung der Lebensdauer der Produkte.
Umweltschutz und Absatz	• umweltfreundliche Produktgestaltung (einschließlich Verpackung); • Informationen für umweltfreundliche Produktnutzung im Ge- und Verbrauch sowie in der Entsorgung; • Verwendung von Umweltzeichen für umweltfreundliche und recyclingfähige Produkte; • umweltbezogene Preisgestaltung (Berücksichtigung der Umweltbelastung in der Preiskalkulation, Erhebung einer Entsorgungsgebühr beim Verkauf einer Ware); • ökologisch orientierte Absatzwerbung und Öffentlichkeitsarbeit durch entsprechende Umweltschutzinformationspolitik oder Zusammenarbeit mit Verbraucher- und Umweltschutzorganisationen; • Gestaltung einer ökologisch orientierten Absatzorganisation (insbesondere Verkehrskonzepte und Rücknahmesysteme).

3.5 Standort des Betriebes

3.5.1 Standortwahl

Der **Standort** einer Unternehmung ist der Ort, an dem die **betriebliche Leistung erstellt** und **abgesetzt** wird (z. B. Produktionsstätten, Büros, Lager, Verkaufsläden). Wenn auch Unternehmen häufig dort entstehen, wo der Gründer ansässig ist, sollte jeder Unternehmer beachten, dass die Wahl des richtigen Standortes für die Erreichung seiner betrieblichen Ziele von entscheidender Bedeutung sein kann. Standortentscheidungen der Gründungsphase, die aktuellen Anforderungen nicht mehr entsprechen, führen häufig unter Berücksichtigung der besonderen Voraussetzungen vor Ort (z. B. Veränderung der Verkehrsanbindung) und der Unternehmensstrukturen (z. B. Unternehmenserweiterungen) zu **Standortverlagerungen**.

©Torbz-fotolia.com

Je nach Art der Unternehmung ist die Bedeutung der Standortfaktoren unterschiedlich zu gewichten. Für ein Handelsunternehmen ist insbesondere die **Absatz-** und **Verkehrsorientierung** von Bedeutung. Ein Autohersteller ist z. B. auf die **Erreichbarkeit** durch **Zulieferer**, **geeignete Gewerbeflächen** und genügend **qualifizierte Arbeitskräfte** besonders angewiesen.

Merke

Mit der **Wahl des Standortes** legt ein Unternehmen langfristig die Erfolgschancen für die Erreichung seiner Unternehmensziele fest.

3.5.2 Standortfaktoren

Da die Wahl des Standortes von so großer Bedeutung für die Unternehmung ist, müssen bei der Entscheiung für einen Standort zahlreiche Standortfaktoren geprüft werden. Sie lassen sich nach unterschiedlichen Kriterien systematisieren:

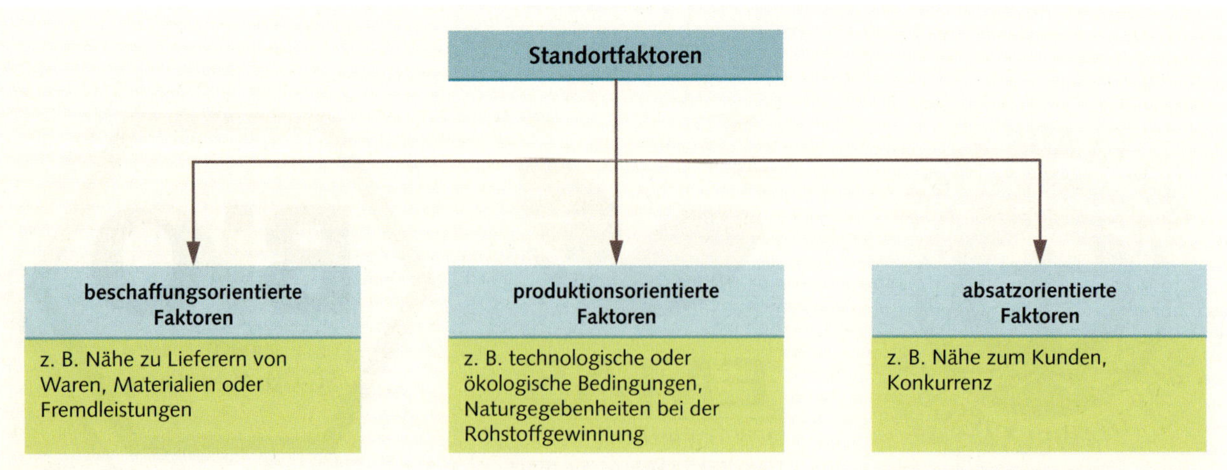

Hinsichtlich des Standortes sind je nach Unternehmensart immer wieder die richtigen Fragen zu stellen bzw. bei sich ändernden Bedingungen neu zu stellen. Zu den bestimmenden **Standortfaktoren** (auch als **harte Faktoren** bezeichnet) im Einzelnen zählen z. B.:

Markt/Kunden

- Erreicht man am Standort genügend Kunden?
- Wie viel potenzielle Kunden gibt es in der Umgebung?
- Ist man auf Laufkundschaft angewiesen?

Diese Fragen sind insbesondere für den Einzelhandel von Bedeutung.

Beispiel

Ein Apotheker sucht in der Hauptgeschäftsstraße einer Großstadt ein Ladenlokal.

Konkurrenz

- Welche Konkurrenz befindet sich am Standort?
- Welches Sortiment bietet die Konkurrenz an?
- Welche Preisstrategie verfolgt die Konkurrenz?
- Welche weiteren Serviceleistungen bietet die Konkurrenz an?

Beispiel

Eine Easy-Apo am Marktplatz wird als Selbstbediener-Apotheke für alle Artikel, die offen zugänglich sind, betrieben.

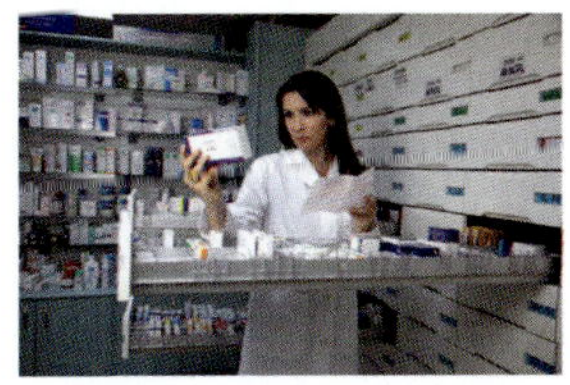

©Federico Marsicano-fotolia.com

Arbeitskräfte

- Gibt es genügend motivierte Arbeitskräfte?
- Werden Fach- oder Führungskräfte benötigt?
- Passt das Lohnniveau zum eigenen Unternehmen?
- Welche Möglichkeiten der Weiter- bzw. Fortbildung können dem Personal geboten werden?

Beispiel

Ein Architekturbüro sucht Mitarbeiter, die die neu eingeführte bauteilorientierte 3D CAD Software beherrschen.

©JiSIGN-fotolia.com

Lage

- Ist ein zentraler Standort erforderlich?
- Ist die Infrastruktur auf die individuellen Bedürfnisse zugeschnitten?
- Gibt es freie Gewerbeflächen? Sind die Räumlichkeiten geeignet?
- Gibt es Bebauungs- und Nutzungsvorschriften für Gebäude- und Grundstücke?
- Wie hoch ist der Freizeitwert der Umgebung?

Beispiel

Die Kreativfabrik „Design 2.0" plant einen Umzug in die Werkstatträume des Wissenschaftsparks der Stadt. Im Wissenschaftspark befindet sich ein Zentrum mit einem Design-Forum für Firmen, mit Designshops und Ausstellungen. Das Zentrum ist eine Pilgerstätte für Architektur-, Kunst- und Designliebhaber.

Verkehrsanbindung

- Ist die Verkehrsanbindung für Mitarbeiter, Kunden und Lieferanten geeignet?
  - Existiert ein gutes ÖPNV-Netz?
  - Wie hoch ist das Verkehrsaufkommen auf den Anfahrtswegen?
  - Gibt es genügend Parkplätze?
  - Ist eine Anbindung an die Bahn oder einen Flughafen erforderlich?

©eliasbilly-fotolia.com

Beispiel

Die Arbeitsagentur in Hamburg plant, das Jobcenter aus der Innenstadt in einen Randbezirk zu verlegen. Das neue Jobcenter hat eine U-Bahn-Anbindung und verfügt über einen eigenen Parkplatz.

Kosten

- Wie hoch sind die Kosten für den Erwerb oder die Miete/Pacht?
- Welcher Gewerbesteuersatz fällt an?
- Welche Kosten fallen für die Einrichtung, Umbauten und Ausstattung an?
- Gibt es besondere Auflagen für die Entsorgung?
- Wie entwickeln sich die Energiekosten?
- Können Fördermittel beantragt werden?

Beispiel

Dem Standort D droht Schaden

Die steigenden Strompreise machen nicht nur den privaten Haushalten immer mehr zu schaffen, sondern auch den Industrieunternehmen. Laut einer Studie des Instituts der deutschen Wirtschaft Köln (IW) schadet diese Entwicklung dem Industriestandort Deutschland.

Institut der deutschen Wirtschaft, Pressemeldung vom 28.08.2013

Neben den aufgeführten Standortfaktoren existieren eine Fülle weiterer Einflussgrößen auf die Standortentscheidung. Zu berücksichtigen sind das **Wirtschaftsklima** einer Stadt/Region, die Verfügbarkeit von **Einrichtungen der Telekommunikation** sowie die eher weichen Faktoren wie die **sozialen** und **politischen Bedingungen**, die **Umweltqualität**, das **Image**, **Traditionen** u. v. a. m.

Die wichtigsten Standortfaktoren für Unternehmen der Region Leipzig/Halle. (Quelle: HWK/IHK zu Leipzig)

Während die eher **harten Faktoren** in konkreten Zahlen bewertet werden können, sind die eher **weichen Faktoren** nur sehr schwer messbar. Ihre Wertschätzung beruht häufig auf subjektiven Einschätzungen.

Standortfaktoren stehen in der Regel in Konkurrenz zueinander.

Beispiel

Die Kosten für den Erwerb von Gewerbeflächen, Gewerbesteuersatz und öffentliche Fördermittel erweisen sich als günstig, das Image und das Wirtschaftsklima der Region werden aber unterdurchschnittlich eingeschätzt.

3.6 Zusammenfassung und Aufgaben

Zusammenfassung

Leistungsprozesse in Dienst- und Sachleistungsbetrieben

Betriebe werden nach dem betrieblichen Leistungsprozess in **Dienstleistungs-** und **Sachleistungsbetriebe** eingeteilt.

Zu den **Dienstleistungsbetrieben** zählen:

- **Handelsbetriebe** (Beschaffung, Sortimentsbildung, Absatz),
- **Banken und Versicherungen** (Einlagen, Zahlungsverkehr, Finanzierung, sonstige Dienstleistungen)
- **Verkehrsbetriebe** (Transport von Personen und Gütern)

Dienstleistungen werden auch durch **Behörden** und **Betriebe der öffentlichen Verwaltung** erbracht.

Zu den **Sachleistungsbetrieben** gehören **Industriebetriebe** und **Handwerksbetriebe**.

Fertigungsverfahren

Fertigungsverfahren im Industriebetrieb unterscheidet man nach der Anzahl der Produkte in **Einzelfertigung** und **Mehrfachfertigung**.

Zur **Mehrfachfertigung** zählen **Serienfertigung**, **Sortenfertigung** und **Massenfertigung**.

Nach den **Organisationsformen der Fertigung** unterscheidet man **Werkstattfertigung**, **Fließfertigung** und **Gruppenfertigung**.

Ziele der Unternehmung

wirtschaftliche Ziele: z. B. Gewinn, Zahlungsfähigkeit, Wettbewerbsfähigkeit, Wachstum

soziale Ziele: z. B. Sicherung der Arbeitsplätze, menschenwürdige Arbeitsbedingungen, gerechte Entlohnung, Mitbestimmung

ökologische Ziele: z. B. Ressourcenschonung, Verminderung von Umweltbelastung, Recycling, umweltverträgliche Entsorgung

Zielbeziehungen

Zielharmonie: Die Ziele ergänzen sich.

Zielkonflikt: Die Ziele schließen sich gegenseitig aus.

Zieldifferenz: Die Ziele beeinflussen sich gegenseitig nicht.

Funktionsbereiche der Unternehmung

Leitung/Verwaltung: Steuerung, Koordination und Überwachung; Festlegung der Unternehmensziele, Durchführung und Kontrolle; Unterstützung durch Verwaltung einschließlich Personalwesen und Buchhaltung

Beschaffung: Bereitstellung der Produktionsfaktoren: Arbeitskräfte, Betriebsmittel, Einkauf von Werkstoffen/Materialien bzw. Handelswaren

Leistungserstellung: Produktionsprogramm- und Fertigungsplanung, Produktionsdurchführung und -kontrolle, Lagerung von unfertigen und fertigen Produkten

Absatz: Verwertung der Leistung bzw. von Handelswaren mit Hilfe von Produkt-, Sortiments- und Servicepolitik, Preispolitik, Kommunikationspolitik und Distributionspolitik

Finanzierung: Versorgung mit ausreichendem Geldkapital; Anlage von Geldern

Standort

Standort: Ort, an dem die betriebliche Leistung erstellt und abgesetzt wird

Standortfaktoren: Markt/Kunden, Konkurrenz, Arbeitskräfte, Lage, Verkehrsanbindung, Kosten, Wirtschaftsklima, Telekommunikation, soziale und politische Bedingungen, Umweltqualität, Image, Traditionen...

Aufgaben

1. Prüfen Sie die folgenden Aussagen auf ihre Richtigkeit. Die Antwort ist jeweils zu begründen.

(1) Banken und Versicherungen gehören zu den Dienstleistungsbetrieben, das Handwerk ist ein Sachleistungsbetrieb.

(2) Dienstleistungen zur Versorgung der Bürger kann die öffentliche Verwaltung nicht bereitstellen.

(3) Jede Unternehmung lässt sich in folgende Funktionsbereiche gliedern: Beschaffung, Leistungserstellung und Absatz.

(4) Unter der Überbrückungsfunktion des Handels versteht man ausschließlich die Überwindung der räumlichen Entfernung von Herstellung und Verbrauch.

(5) Der Kapitalmarkt steht für die Abwicklung der betrieblichen Zahlungsvorgänge zur Verfügung.

(6) Zur Mehrfachfertigung gehören die Serien- und Sortenfertigung.

(7) Die Fließfertigung ist besonders für die Großserienfertigung geeignet.

(8) Die betriebswirtschaftlichen Produktionsfaktoren sind die Arbeitsleistungen und Betriebsmittel, die in der Fertigung eingesetzt werden.

(9) Maßstäbe zur Beurteilung des wirtschaftlichen Erfolgs einer Unternehmung sind die Rentabilität und die Liquidität.

(10) Zielindifferenz bedeutet, dass das Erreichen bestimmter Ziele sich gegenseitig ausschließt.

(11) Bei der Verfolgung wirtschaftlicher und ökologischer Ziele besteht immer ein Zielkonflikt.

(12) Den Ort, an dem die betriebliche Leistung erstellt wird, bezeichnet man als Standort.

(13) In der Regel dominieren die beschaffungsorientierten Standortfaktoren.

2. Beschreiben Sie die Funktionsbereiche Ihres Ausbildungsbetriebs.

3. Erläutern Sie an einem Beispiel, inwieweit die Bedingungen des Absatzmarktes die betrieblichen Pläne und Entscheidungen in allen Funktionsbereichen beeinflussen.

4. Schildern Sie für ein typisches Produkt Ihres Ausbildungsbetriebs den Arbeitsablauf von der Kundenbestellung bis zum Rechnungsausgleich.

5. Machen Sie deutlich, welche Erwartungen Mitarbeiter an ihren Betrieb haben können.

6. Erläutern Sie an Beispielen Maßnahmen einer ökologisch orientierten Unternehmenspolitik.

7. Stellen Sie den Leistungsprozess Ihres Ausbildungsbetriebs dar.

8. Die Kühne & Ortmann OHG ist ein mittelständiges Unternehmen in der Elektroindustrie. Spezialisiert hat man sich auf die Montage von Schalterkästen. Für diesen Bereich legt die Abteilung Rechnungswesen der Kühne & Ortmann OHG für den Monat November folgende Zahlen vor:

Absatzmenge	Verkaufspreis	Gesamtkosten	Eigenkapital
1 250 Stück	360,00 EUR/Stk.	432 750,00 EUR	230 000,00 EUR

a) Berechnen Sie den Umsatz, den Gewinn und die Eigenkapitalrentabilität.

b) Berechnen Sie die Wirtschaftlichkeit und interpretieren Sie Ihr Ergebnis.

c) Schlagen Sie zwei Möglichkeiten vor, die Wirtschaftlichkeit zu verbessern.

9. Das XXL Fahrradcenter bietet auf einer Fläche von 6000 m^2 ein großes Sortiment rund ums Fahrrad: eine gigantische Auswahl an Fahrrädern, Fahrradzubehör, Fahrradbekleidung, Fahrradteilen, Fitness- und Heimsportgeräten von Standard bis High-End. Der Einzelhändler beabsichtigt, in der benachbarten Stadt im Ruhrgebiet eine Filiale zu errichten. Überlegen Sie, welche Standortfaktoren für die Neugründung der Filiale eine entscheidende Rolle spielen.

4 Die Organisationsstruktur der Betriebe darstellen

4.1 Grundbegriffe und Grundsätze der betrieblichen Organisation

Organisation
= dauerhafte Regelungen

©scusi-fotolia.com

Die Erreichung und Sicherung der betrieblichen Ziele erfordert ein optimales Zusammenwirken u. a. von Mitarbeitern und Sachmitteln.

Es ist Aufgabe der **Organisation**, auf Dauer angelegte Regelungen zu schaffen, die die betrieblichen Abläufe zielorientiert steuern. Wiederkehrende Aufgaben können so zeitsparend, rationell und kostengünstig erledigt werden.

Beispiel

Die Abteilungsleitung „Einkauf" vertritt grundsätzlich die Abteilungsleitung „Lager" bei Abwesenheit.

Improvisation
= provisorische Regelungen

Im Gegensatz dazu bezeichnet die **Improvisation** die Regelung von vorübergehenden, ungeplanten oder unerwarteten Fällen.

Beispiel

Der Auslieferungsfahrer ist plötzlich erkrankt. Ein Mitarbeiter im Verkauf „Kleinmöbel" wird auf der morgendlichen Besprechung mit der Vertretung beauftragt.

Disposition
= fallweise Regelungen

In vielen Fällen müssen auch im Rahmen einer Dauerregelung einmalige Entscheidungen getroffen werden, um sich flexibel einer bestimmten Situation anzupassen. Eine solche fallweise Regelung wird **Disposition** genannt.

Beispiel

Im Lager ist heute eine umfangreiche Lieferung eingetroffen. Wie üblich erhält ein Mitarbeiter aus dem Verkauf den Auftrag, im Lager auszuhelfen.

Merke

Die Organisationsstruktur unterscheidet **unterschiedliche Organisationsgrade** (Organisation, Improvisation, Disposition) die zur Erreichung der betrieblichen Ziele aufgabenbezogen miteinander zu verbinden sind.

Organisation, Improvisation und Disposition sind gleichermaßen Bestandteil der Organisationsstruktur. Sie ergänzen einander,

- sorgen für Stabilität und Flexibilität,
- vermeiden Über- und Unterorganisation und
- dienen der Wirtschaftlichkeit und Zweckmäßigkeit sowie Klarheit.

Im Rahmen der betrieblichen Organisation unterscheidet man die zwei Teilbereiche **Aufbau**- und **Ablauforganisation**. Die **Aufbauorganisation** schafft die Organisationsstruktur durch die Bildung organisatorischer Einheiten (z. B. Abteilungen) und Hierarchieebenen. Die **Ablauforganisation** beschreibt die Aufgabenerledigung durch die beteiligten Mitarbeiter und Sachmittel.

4.1.1 Aufbauorganisation

Die Aufbauorganisation bildet das hierarchische Gerüst einer Unternehmung (Über- bzw. Unterordnung). Eine optimale Gliederung und Ordnung im Aufbau wird durch Aufspaltung der Gesamtaufgabe in sinnvolle Haupt- und Teilaufgaben und anschließender Bündelung von zusammengehörenden Teilaufgaben zu Stellen herbeigeführt. Den Stellen und Abteilungen werden Zuständigkeiten und Verantwortung sowie Leitungsbefugnisse übertragen.

Merke

Eine **Stelle** ist die kleinste Organisationseinheit in einer Unternehmung.

Stellen und Abteilungen werden durch **Aufgabenanalyse** und **Aufgabensynthese** gebildet.

Merke

Durch Zusammenfassung von Stellen entstehen **Abteilungen**.

Analyse
Auflösung, Zergliederung eines Ganzen in seine Teile

Synthese
Zusammenfügung gleichartiger Teile

Merke

Stellen, die weisungsbefugt sind, werden als **Instanzen** bezeichnet.

Stellenbildung

Nach Ermittlung der **Teilaufgaben** durch die Aufgabenanalyse werden in der Aufgabensynthese Teilaufgaben, die dem normalen Leistungsvermögen eines Mitarbeiters (Stelleninhabers) entsprechen, nach sachlichen Gesichtspunkten **zu einer Stelle gebündelt**.

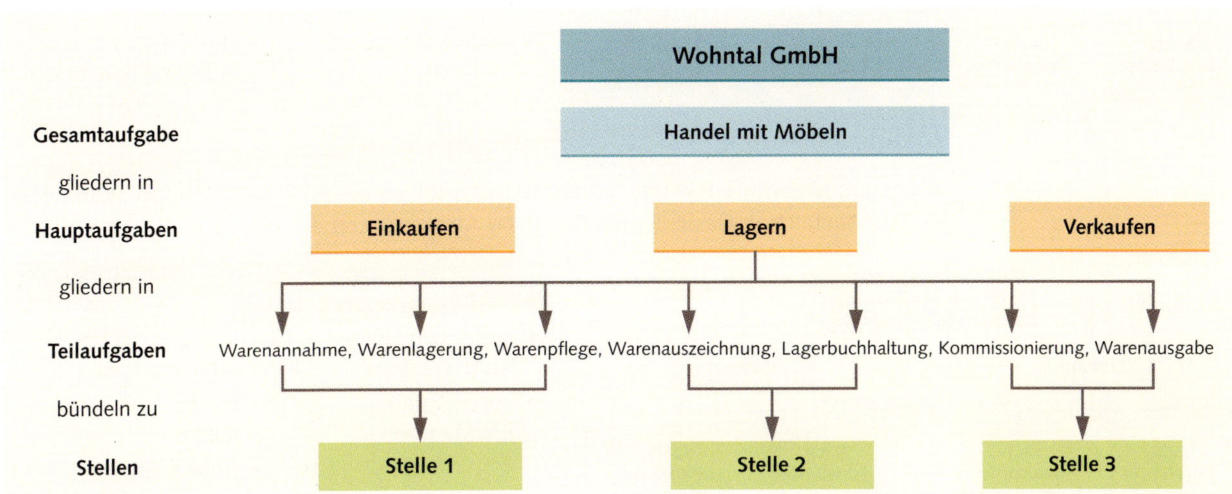

Abteilungsbildung

Abteilungen entstehen durch die **Zusammenfassung von mehreren Stellen** zu überschaubaren Bereichen unter einer einheitlichen Leitung. Die Abteilungsbildung kann nach unterschiedlichen Gesichtspunkten, die auch bei der Aufgabenanalyse zugrunde gelegt werden können, vorgenommen werden:

Abteilungsbildung nach

Funktion/Verrichtung:	z. B. Einkaufen, Lagern, Verkaufen
Objekten/Produkten:	z. B. Küchen, Wohnzimmer-, Schlafzimmer-, Kindermöbel
Personen:	z. B. dispositive (leitende) Arbeit, ausführende Arbeit
Phasen:	z. B. Planung, Durchführung, Kontrolle (z. B. der Produktion)

Leitungssysteme

Die Organisationsstruktur einer Unternehmung mit Entscheidungs- und Weisungsbefugnissen (Instanzenaufbau) wird grafisch in **Organigrammen** dargestellt. Dabei sind zu unterscheiden:

- **Linienstellen**, die **mit Weisungsbefugnis** vertikal in die Betriebshierarchie eingebunden sind.
- **Stabsstellen**, die horizontal **ohne Weisungsbefugnis** einem Aufgabenträger zugeordnet sind.

Einliniensystem

Bei einem **Einliniensystem** bekommt jede Stelle nur von der unmittelbar vorgesetzten Stelle Anweisungen.

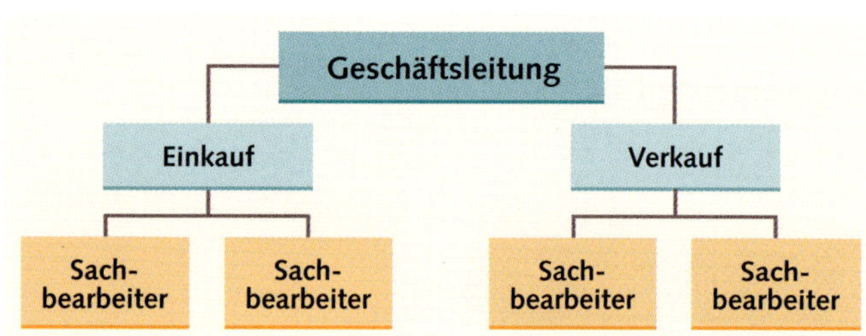

Vorteile	Nachteile
• übersichtlicher Aufbau • klarer Dienstweg • keine Kompetenzprobleme	• starre Organisation • lange Kommunikationswege • starke Belastung der Entscheidungsträger

Mehrliniensystem

Bei einem **Mehrliniensystem** hat der Mitarbeiter verschiedene Vorgesetzte, von denen er nach sachlichen Gesichtspunkten seine Anweisungen erhält.

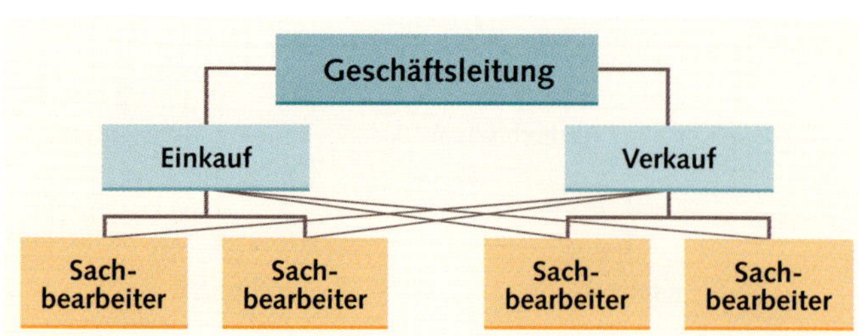

Vorteile	Nachteile
• Spezialwissen der Vorgesetzten • kurze Kommunikationswege	• Kompetenzüberschneidungen • hoher Koordinationsaufwand • Anordnungskonflikte

Stabliniensystem

Im **Stabliniensystem** beraten und unterstützen Stabsstellen mit ihrem Spezialwissen (z. B. Rechtswesen, Statistik) die Linienstellen. Stabsstellen haben jedoch **keine Weisungsbefugnis**.

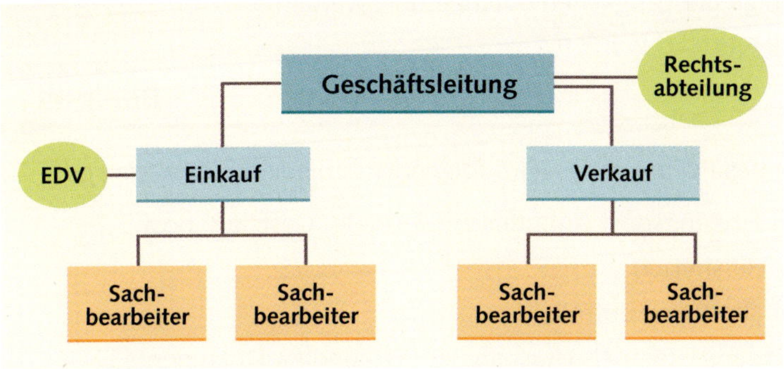

Vorteile	Nachteile
• Entlastung der Instanzen • Nutzung von Fachwissen • bessere Entscheidungen	• hohe Kosten • Akzeptanzprobleme • Trennung von Entscheidung und Entscheidungsvorbereitung

Mischformen

In größeren Unternehmungen sind einfache Liniensysteme nicht geeignet, die komplexen Organsisationsstrukturen und Entscheidungslinien umzusetzen. Als Mischformen sind die Spartenorganisation und die Matrixorganisation bekannt. In der **Spartenorganisation** gliedert man das Unternehmen nach Produkten/Produktgruppen (Sparten). Die Spartenorganisation ist eine Form des Einliniensystems, bei der jede Produktgruppe als eigenständiger Geschäftsbereich mit jeweils eigenen Abteilungen geführt wird. Das Strukturprinzip einer **Matrixorganisation** ist eine Kombination von Funktionen und Produkten; dabei wird die Leitungsfunktion auf zwei gleichberechtigte Instanzen verteilt. So bestimmen z. B. über den Einkauf von Produkt A gemeinsam der entsprechende Einkäufer und der jeweilige Produktmanager.

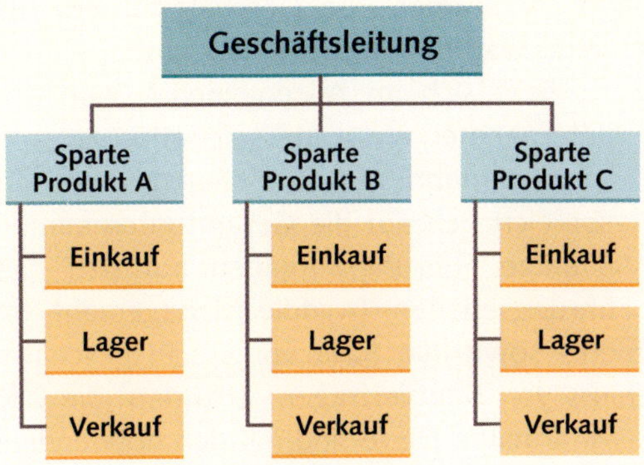

Spartenorganisation

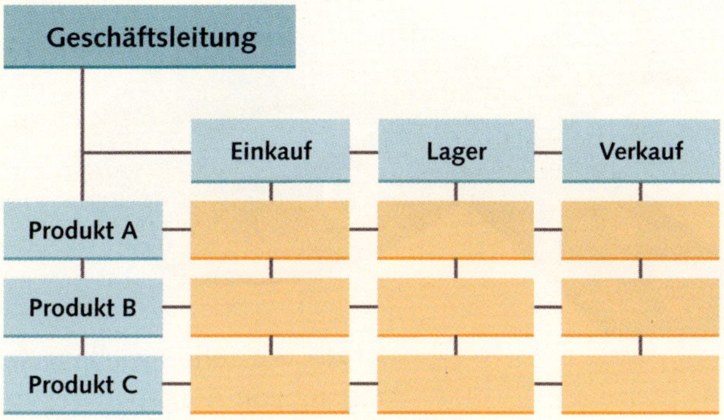

Matrixorganisation

4.1.2 Ablauforganisation

Die Ablauforganisation befasst sich mit der **Strukturierung von Arbeits-/Geschäftsprozessen**. Die Erledigung von wiederkehrenden Aufgaben im Betrieb wird unter inhaltlichen, räumlichen und zeitlichen Aspekten beschrieben. Ziel der Ablauforganisation ist die effiziente, zweckmäßige und wirtschaftliche Gestaltung der Arbeitsabläufe.

Die **Ablauforganisation** legt u. a. fest,

- welche Arbeitsschritte vorgenommen werden,
- wo diese Arbeiten erledigt werden,
- welche Organisationseinheiten zuständig sind,
- in welcher Reihenfolge die Tätigkeiten durchgeführt werden,
- welche Hilfsmittel eingesetzt werden.

Beispiel

Für die Bearbeitung des Posteingangs wird folgender Arbeitsablauf festgelegt.

1. Grobsortieren der Eingangspost (Irrläufer, Privatbriefe, Geschäftspost ...)
2. Öffnen der Post (Hilfsmittel)
3. Entnahme der Inhalte (Leerkontrolle)
4. Anbringen des Eingangsstempels (Ausnahmen: Urkunden, Dokumente, Verträge)
5. Eintragen ins Posteingangsbuch
6. Verteilen der Post (Fächer, Verteilermappen, Bote)

4.2 Entscheidungsbefugnisse von Mitarbeitern

Die Unternehmensleitung hat grundsätzlich das Recht und die Verantwortung, Entscheidungen zur Führung des Unternehmens zu treffen (**Geschäftsführungsbefugnis**) und Rechtsgeschäfte mit Dritten abzuschließen (**Vertretungsbefugnis**). Je nach Rechtsform der Unternehmung wird diese Führungsaufgabe vom Eigentümer, von Geschäftsführern oder Vorstandsmitgliedern wahrgenommen. Die Unternehmensleitung i. e. S. bezieht sich im Allgemeinen - zumindest in größeren Unternehmen - nur auf solche Instanzen an der Spitze der Unternehmung (Top-Management), deren Wirkungsbereich sich auf die Gesamtunternehmung erstreckt. Vielfältige Führungsaufgaben auf den nachgeordneten Führungsebenen (Middle-Management und Lower-Management) sowie die Fülle von Rechtsgeschäften auf der Ausführungsebene (z. B. Abschluss von Kaufverträgen) erfordern die Übertragung von Aufgaben auf kompetente Mitarbeiter. Diese sind mit den notwendigen **Vollmachten** auszustatten.

§§ 48 ff. HGB

Der Umfang einer Vollmacht kann vom Vollmachtgeber grundsätzlich frei bestimmt werden. Für die besonderen Erfordernisse der handelsrechtlichen Stellvertretung in der betrieblichen Praxis regelt das Handelsgesetzbuch zwei Arten von Vollmachten: **Prokura** und **Handlungsvollmacht**. Hinsichtlich des Umfangs der Handlungsvollmacht ist zu unterscheiden: **Allgemeine Handlungsvollmacht**, **Artvollmacht** und **Einzelvollmacht**.

4.2.1 Prokura

Die Prokura ist die **weitestgehende handelsrechtliche Vollmacht mit gesetzlich festgelegtem Umfang**. Sie kann nur von dem Inhaber des Handelsgeschäftes oder seinem Vertreter durch ausdrückliche Erklärung erteilt werden und ist zur Eintragung in das Handelsregister anzumelden.

§§ 48 f. HGB

Der Umfang der Prokura wird vom Gesetz jedoch eingeschränkt.

Merke

Die **Prokura** ermächtigt zu allen Arten von gerichtlichen und außergerichtlichen Geschäften und Rechtshandlungen, die der Betrieb **irgendeines** Handelsgewerbes mit sich bringt.

nur mit besonderer Befugnis erlaubte Handlungen	gesetzlich ausgeschlossene Handlungen
• Veräußerung von Grundstücken • Belastung von Grundstücken	• Unterschreiben von Bilanzen und Steuererklärungen • Anmeldungen von Eintragungen ins Handelsregister • Aufnahme von Gesellschaftern • Erteilung von Prokura • Beantragung des Insolvenzverfahrens • Verkauf der Unternehmung

Eine weitere Beschränkung der Prokura ist im **Außenverhältnis** (also Dritten gegenüber) unwirksam. Die Prokura wird wirksam, sobald sie ins Handelsregister eingetragen wurde oder ein Dritter davon Kenntnis erlangt hat.

Im **Innenverhältnis** können jedoch weitere Beschränkungen hinsichtlich der selbstständigen Ausübung vereinbart werden. Entsprechend unterscheidet man folgende Arten der Prokura:

Arten der Prokura		
Einzelprokura	**Gesamtprokura**	**Filialprokura**
Der Prokurist ist ermächtigt, alle Rechtsgeschäfte allein vorzunehmen.	Rechtsgeschäfte können nur von mehreren Prokuristen gemeinschaftlich vorgenommen werden.	Die Vollmacht ist auf eine bestimmte Filiale/Niederlassung beschränkt.

Eine Beschränkung als Filialprokura ist Dritten gegenüber ausnahmsweise wirksam, wenn die Niederlassungen unter verschiedenen Firmen betrieben werden.

§ 50 HGB

Die Prokura wird im Geschäftsverkehr durch einen die Vollmacht andeutenden Zusatz zur Unterschrift deutlich gemacht: „**ppa.**" (per procura). Die Prokura erlischt durch

- Widerruf,
- Aufhebung des Dienstverhältnisses,
- Auflösung des Unternehmens,
- Tod des Bevollmächtigten (nicht jedoch durch den Tod des Inhabers).

Das Erlöschen der Prokura muss ins Handelsregister eingetragen werden.

4.2.2 Handlungsvollmacht

Merke

Die allgemeine Handlungsvollmacht ermächtigt zu allen Arten von Geschäften und Rechtshandlungen, die der Betrieb eines derartigen Handelsgewerbes gewöhnlich mit sich bringt.

§ 54 HGB

Jede andere im Betrieb eines Handelsgewerbes erteilte Vollmacht, die keine Prokura ist, wird als **Handlungsvollmacht** bezeichnet. Die Erteilung kann förmlich (durch ausdrückliche mündliche oder schriftliche Äußerung) oder formlos (durch konkludentes Handeln) erfolgen und ist nicht in das Handelsregister einzutragen.

Auch der Umfang der Handlungsvollmacht wird vom Gesetz näher umschrieben. Zur Durchführung folgender Rechtsgeschäfte ist der Handlungsbevollmächtigte nur ermächtigt, wenn ihm eine solche Befugnis ausdrücklich erteilt ist:

nur mit besonderer Befugnis erlaubte Handlungen
• Veräußerung oder Belastung von Grundstücken • Eingehen von Wechselverbindlichkeiten • Aufnahme von Darlehen • Führen von Gerichtsprozessen.

Die Handlungsvollmacht kann – im Gegensatz zur Prokura – auch Dritten gegenüber beschränkt werden. Der Dritte muss die **Beschränkung** gegen sich gelten lassen, wenn er sie kannte oder kennen musste.

Der Umfang der Handlungsvollmacht kann beliebig den Bedürfnissen des betreffenden Handelsgewerbes angepasst werden. Entsprechend unterscheidet man:

Arten der Handlungsvollmacht		
allgemeine Handlungsvollmacht oder **Generalhandlungsvollmacht**	**Arthandlungsvollmacht** oder **Teilvollmacht**	**Einzelvollmacht** oder **Spezialhandlungsvollmacht**
Ermächtigung zur Vornahme aller gewöhnlichen/branchenüblichen Rechtsgeschäfte	Ermächtigung zur Vornahme wiederkehrender Rechtsgeschäfte einer bestimmten Art/üblicher Geschäfte eines Arbeitsgebiets	Ermächtigung zur Vornahme eines bestimmten einzelnen Rechtsgeschäftes/einmalige Vornahme

Die Handlungsvollmacht wird im Geschäftsverkehr durch einen die Vollmacht andeutenden Zusatz zur Unterschrift deutlich gemacht: **„i. V."** (in Vertretung), **„i. A."** (im Auftrag).

Die Handlungsvollmacht erlischt durch
- Widerruf oder
- mit Ende des Geschäftsbetriebes.

Handlungsvollmacht

Hiermit erteilen wir, die Wohntal GmbH, Frau Franziska Leidholz mit sofortiger Wirkung Handlungsvollmacht für Tätigkeiten in der Abteilung Einkauf in unserem Unternehmen.

Die Handlungsvollmacht ist auf die in der Abteilung Einkauf auf regelmäßig vorkommende Geschäfte beschränkt.

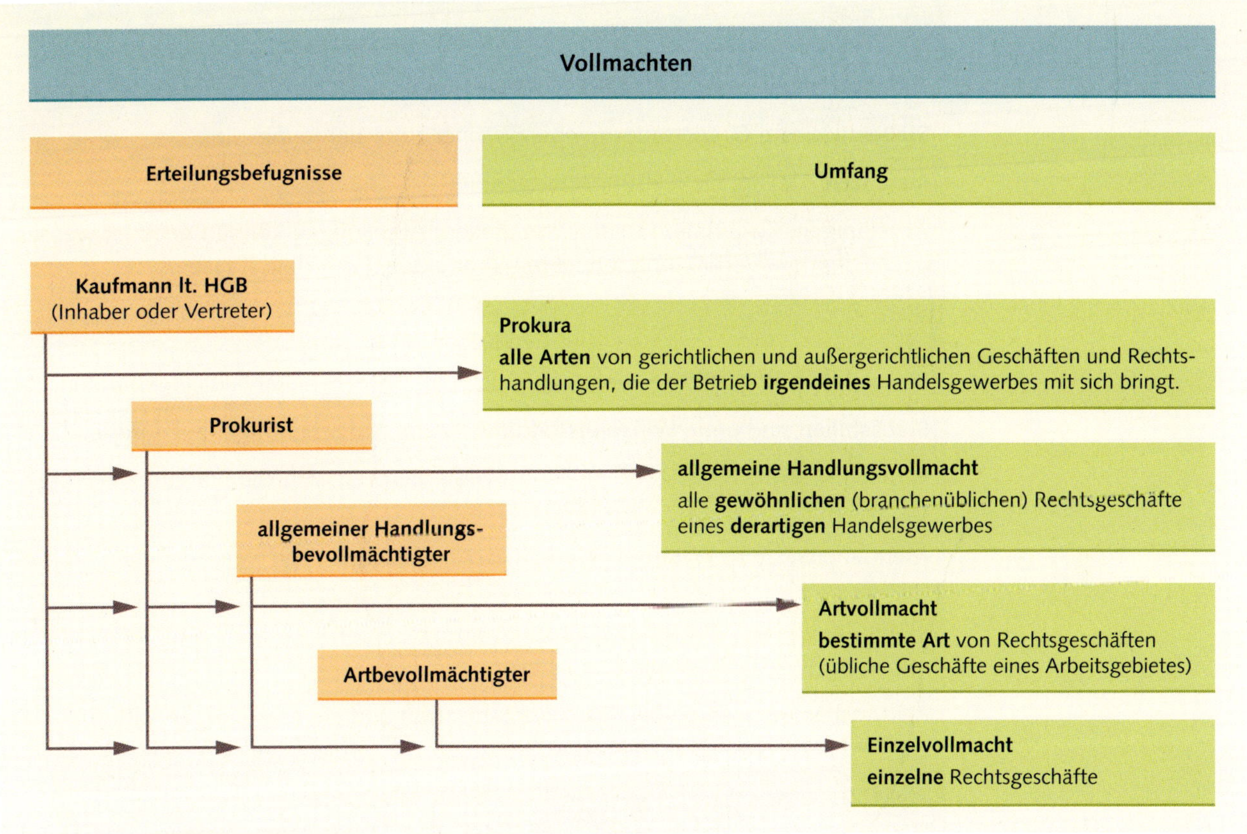

4.3 Zusammenfassung und Aufgaben

Zusammenfassung

Grundbegriffe und Grundsätze der betrieblichen Organisation

Betriebliche **Organisation** bedeutet, dauerhafte Regelungen zu schaffen, die zielorientiert die betrieblichen Abläufe steuern.

Improvisation: Regelungen von vorübergehenden, ungeplanten oder unerwarteten Fällen

Disposition: fallweise Regelung

Grundsätze der Organisation: Stabilität und Flexibilität, Vermeidung von Über- und Unterorganisation, Wirtschaftlichkeit und Zweckmäßigkeit, Klarheit

Bereiche der Organisation

Die **Aufbauorganisation** schafft eine Organisationsstruktur durch die Bildung organisatorischer Einheiten (Stellen, Abteilungen) und Hierarchieebenen (Leitungssysteme).

Die **Ablauforganisation** beschreibt die Aufgabenerledigung und strukturiert dadurch Arbeits- bzw. Geschäftsprozesse.

Stellen und Abteilungen

Aufgabenanalyse und **Aufgabensynthese** führen zu Stellen- und Abteilungsbildung.

Stellen: kleinste Organisationseinheit in einer Unternehmung

Instanzen: Stellen, die weisungsbefugt sind

Abteilungen: Zusammenfassung von Stellen; Abteilungen können gebildet werden nach Funktion/Verrichtung, Objekten/Produkten, Personen, Phasen.

Leitungssysteme

Linienstellen sind **mit Weisungsbefugnis** in die Betriebshierarchie eingebunden.

Stabsstellen sind **ohne Weisungsbefugnis** einem Aufgabenträger zugeordnet.

Einliniensystem: Jede Stelle erhält Anweisungen nur von der unmittelbar vorgesetzten Stelle.

Mehrliniensystem: Mitarbeiter erhalten Anweisungen von verschiedenen Vorgesetzten.

Stabliniensystem: Stabsstellen ohne Weisungsbefugnis beraten und unterstützen mit ihrem Spezialwissen die Linienstellen.

Als Mischformen gelten die **Spartenorganisation** und die **Matrixorganisation**.

Vollmachten

Das Handelsgesetzbuch regelt zwei Arten von Vollmachten: **Prokura und Handlungsvollmacht.**

Prokura ist die weitestgehende handelsrechtliche Vollmacht mit gesetzlich festgelegtem Umfang.

allgemeine Handlungsvollmacht: Ermächtigung zur Vornahme aller gewöhnlichen/branchenüblichen Rechtsgeschäfte

Artvollmacht: Ermächtigung zur Vornahme wiederkehrender Rechtsgeschäfte einer bestimmten Art/üblicher Geschäfte eines Arbeitsgebiets

Einzelvollmacht: Ermächtigung zur Vornahme eines bestimmten, einzelnen Rechtsgeschäftes/einmalige Vornahme

Aufgaben

1. Prüfen Sie die folgenden Aussagen auf ihre Richtigkeit. Die Antwort ist jeweils zu begründen.

(1) Aufgabe der Organisation ist es, auf Dauer angelegte Regelungen zu schaffen, die zielorientiert die betrieblichen Abläufe steuern.

(2) Die Regelung von vorübergehenden, ungeplanten oder unerwarteten Fällen wird als Disposition bezeichnet.

(3) Eine Abteilung ist die kleinste Organisationseinheit in einer Unternehmung.

(4) Instanzen und Stabsstellen sind niemals weisungsbefugt.

(5) Durch die Aufgabensynthese ermittelt man die Teilaufgaben in einer Unternehmung.

(6) Bei einem Einliniensystem bekommt jede Stelle nur von der unmittelbar vorgesetzten Stelle Anweisungen.

(7) Im Mehrliniensystem sind die Vorgesetzen zur Kommunikation untereinander verpflichtet.

(8) Stabliniensysteme nutzen zur Verbesserung von Entscheidungen den Rat von Experten.

(9) Sparten- und Matrixorganisation eignen sich besonders für kleine Handwerksbetriebe.

(10) Der Prokurist darf Bilanzen und Steuererklärungen unterschreiben.

(11) Gesamtprokura bedeutet, dass Rechtsgeschäfte nur von mehreren Prokuristen gemeinschaftlich vorgenommen werden können.

(12) Mit einer Einzelvollmacht können regelmäßig wiederkehrende Rechtsgeschäfte abgeschlossen werden.

2. Erläutern Sie die Grundsätze der Organisation.

3. Unterscheiden Sie Aufbau- und Ablauforganisation.

4. Erläutern Sie die Bildung von Stellen durch Aufgabenanalyse und Aufgabensynthese anhand eines Beispiels aus Ihrem Ausbildungsbetrieb.

5. Beschreiben Sie die bekannten Leitungssysteme und erklären Sie jeweils Vor- und Nachteile.

6. Erstellen Sie ein Organigramm Ihres Ausbildungsbetriebs.

7. In der Ablauforganisation wird u. a. die Reihenfolge von Arbeitsschritten festgelegt. Skizzieren Sie die Arbeitsschritte beim Postausgang.

9. Welche Rechtsgeschäfte sind dem Prokuristen gesetzlich verboten?

10. Unterscheiden Sie: Generalhandlungsvollmacht, Arthandlungsvollmacht und Spezialhandlungsvollmacht.

11. Stellen Sie fest, wann die Erteilung der Prokura Dritten gegenüber wirksam wird.

12. Klären Sie, welche Bedeutung die Beschränkung auf eine Gesamtprokura für das Außen- und Innenverhältnis hat.

5 Exkurs: Den eigenen Betrieb präsentieren – Präsentationen vorbereiten, durchführen und nachbereiten

5.1 Informationen und Informationsquellen suchen und bewerten

Um den eigenen Betrieb angemessen präsentieren zu können, müssen die hierzu erforderlichen Informationen beschafft werden. Aufgrund der häufig eher im Überfluss vorhandenen Informationen ist hierbei vorab eine genauere Überlegung notwendig, um einerseits wirtschaftlich, also mit dem angemessenen Aufwand vorzugehen, zugleich aber auch zeitnah an die richtigen Informationen zu kommen. Zu bedenken ist auch, dass die beschafften Informationen auf die jeweilige Zielgruppe zugeschnitten werden müssen und in angemessener Form präsentiert werden sollen.

5.1.1 Informationsbeschaffungsstrategie

Für die zielgerichtete und planvolle Vorgehensweise ist zunächst der konkrete **Informationsbedarf** festzulegen. Es ist zu klären, für welche Zielgruppe welche Informationen mit welcher Zielsetzung beschafft werden sollen. Im Zusammenhang der Präsentation des eigenen Betriebes geht es darum,

- die anderen Auszubildenden über den Betrieb zu informieren und
- zu belegen, dass der eigene Betrieb richtig erkundet werden konnte.

Danach sind die in einem vertretbaren Zeitumfang zu erkundenden Informationen zu bestimmen.

Anders gesagt: Um sich bei der Informationsbeschaffung nicht zu verzetteln, sollte vorab festgelegt werden, welche Informationen benötigt werden.

Grundsätzlich kommen hierzu vor allem die folgenden Quellen in Frage:

- **Internet** (eigene Homepage und Fremddarstellungen),
- **Presseberichte** über den eigenen Betrieb,
- **Prospekte** des Ausbildungsunternehmens,
- **Expertenbefragung** (z. B. Ausbildungsleiter, Mitglied der Unternehmensleitung),
- eigene **Umfragen**.

Insbesondere durch das **Internet** stehen heute sehr viele Informationen zur Verfügung. Diese enorme Informationsvielfalt birgt die Gefahr, dass das Wichtige von dem Unwichtigen, das Aktuelle von dem Veralteten, das Glaubwürdige von dem Unglaubwürdigen zunächst mühsam getrennt werden muss. Dabei muss dann nicht nur die jeweilige Information untersucht werden, auch die Informationsquelle ist einzuschätzen. Außerdem führt die Informationsvielfalt unter Umständen zu einem sehr hohen Zeitaufwand, der kaum noch im Verhältnis zu den erzielten Ergebnissen steht.

Damit bezogen auf den eigentlichen Informationszweck die richtigen Informationen zusammengestellt werden können, sind die gesammelten Informationen zu **bewerten** und dann **gezielt auszuwählen**. Deshalb spricht man auch von einer **selektiven Informationsbeschaffungsstrategie**. Die erforderlichen und geeigneten Informationsinhalte müssen aus den Gesamtinformationen herausgelöst werden.

Merke

Eine planvolle **Informationsbeschaffungsstrategie** umfasst:

- Zielgruppe und Zielsetzung festlegen,
- benötigte Informationen identifizieren,
- Informationsquellen auswählen,
- zusammengestellte Informationen bewerten,
- Informationen für konkrete Zielsetzungen in angemessenem Umfang auswählen.

5.1.2 Elaborationsstrategie

Die Informationsrecherche führt bei dem Informanten in der Regel zu einer Anhäufung neuer, vielfach bislang unbekannter Informationen. Damit diese gesammelten Informationen mit den bisherigen eigenen Erkenntnissen in einen sinnvollen Zusammenhang gebracht und für die Präsentation gegenüber anderen aufbereitet werden können, ist eine entsprechende eigenständige Bearbeitung der Informationen erforderlich. Dieser Vorgang wird auch als **Elaborationsstrategie** bezeichnet. Dabei werden aus den zusammengestellten Informationen

- **Querverbindungen** zwischen bereits vorher Bekanntem und Neuem hergestellt,
- logische **Schlussfolgerungen** gezogen,
- **Formulierungen** in eigene Worten gefasst,
- **Medien** festgelegt, mit denen die Informationen präsentiert werden sollen.

Im Hinblick auf die Präsentation des eigenen Betriebes im schulischen Zusammenhang ist bei der Elaborationsstrategie besonders darauf zu achten, dass eine **eigenständige Präsentation** entsteht, die

- bereits vorhandene Informationen **individuell** (sachgerecht und zielgruppenadäquat) zusammenstellt und
- in eine **allgemein verständliche Sprache** „übersetzt".

Darüber hinaus sollten alle präsentierten Informationen vom Präsentierenden selbst so gut verstanden worden sein, dass er **Rückfragen** der Zuhörer selbstständig und sicher beantworten kann.

Die ausgewählten Informationen können dabei z. B. folgendermaßen umgesetzt werden:

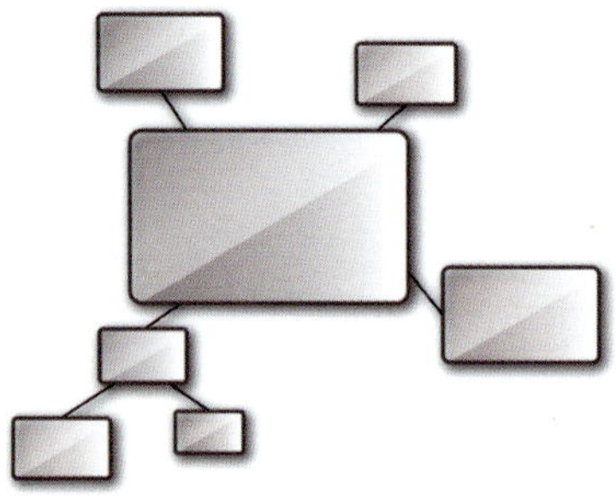

©JiSIGN-fotolia.com

Beispiel

- PowerPoint-Präsentation,
- Mind-Map,
- Plakat,
- Videopräsentation.

Merke

Elaboration der Informationen: Umsetzung der ausgewählten Informationen in eigene Sprache und mit eigenständig gestalteten Medien.

5.2 Eine geeignete Präsentationsform wählen

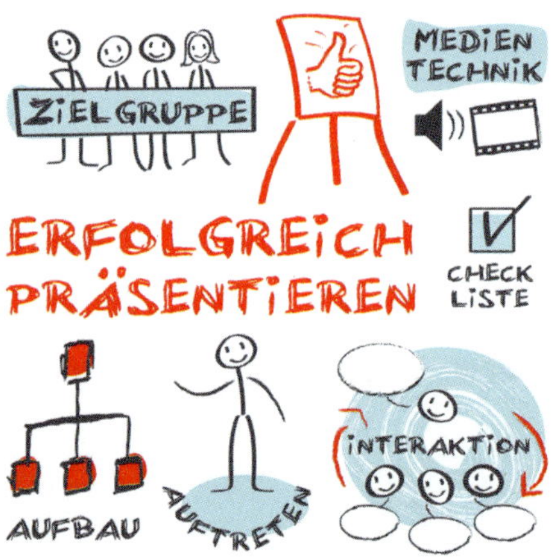

©Trueffelpix-fotolia.com

Während Ihrer Ausbildung im Betrieb und in der Schule sowie bei Ihrer späteren Tätigkeit im Beruf erhalten Sie häufig den Arbeitsauftrag, Ihre Ergebnisse (z. B. eines Arbeitsprojektes oder eines Unterrichtsprojektes) zu präsentieren. Im Rahmen des Berufsschulunterrichts ist die Lernsituation „Den eigenen Betrieb präsentieren" zu bearbeiten. Sie haben sich unter Berücksichtigung der Ihnen bekannten Strategien Informationen zur Darstellung Ihres Betriebes beschafft und diese bewertet. Sie kennen den Aufbau des Betriebes, seine Stellung in der Gesamtwirtschaft, das Leistungsspektrum und seine Ziele.

Falls der Arbeitsauftrag zur Präsentation sehr allgemein und offen formuliert ist, werden Sie zuerst einige Vorüberlegungen anstellen.

- ➔ Vor **welchem Publikum** wird die Präsentation gehalten (z. B. Lerngruppe, neue Auszubildende)? Welches ist der **Präsentationsanlass** (z. B. Ausbildungsmesse)?
- ➔ Wie viel **Präsentationszeit** steht zur Verfügung?
- ➔ Welche **Inhalte** sollen präsentiert werden?
- ➔ Welche **Medien** stehen zur Verfügung? Welche **Form** der Präsentation ist geeignet (z. B. gesprochener Kurzvortrag mit oder ohne Einsatz von Medien)?
- ➔ Wie sind **Aufbau** und **Gliederung** zu gestalten (z. B. Gestaltung des Einstiegs)?
- ➔ Welche **Präsentationsregeln** sind zu beachten, damit die Aufmerksamkeit des Publikums erreicht wird?

Ein weiterer Aspekt, der bereits bei Ihren Vorüberlegungen eine Rolle spielen sollte, betrifft die **Bewertung** Ihrer Präsentation.

5.2.1 Präsentationsformen

Merke

Die gewählte **Präsentationsform** soll geeignet sein, die erarbeiteten Inhalte in der vorgegebenen Zeit sachgerecht, verständlich, anschaulich und interessant zu übermitteln.

©Rudie-fotolia.com

Dazu können prinzipiell ein **Vortrag** bzw. ein **Referat**, ein **Plakat**, eine **Broschüre** oder ein **Rollenspiel** zweckmäßig sein. Häufig werden aber Medien genutzt, die durch die Möglichkeiten der Visualisierung (z. B. Bilder, Zeichnungen) zu einem besseren Verständnis führen und als Gedächtnisstütze wirken. Der Einsatz von Medien sollte jedoch mit Bedacht gewählt werden. Es geht nicht um die Darstellung einer reinen Technikkompetenz, sondern um den sachgerechten zielorientierten Einsatz von Medien. Die soundsovielte **PowerPoint-Präsentation** erweckt vielleicht nicht mehr die Bedürfnisse und Interessen des Publikums.

■ Ausgewählte Präsentationsmedien

Wandtafel/White Board

... bis zu 30 Personen

Die Wandtafel bzw. das White Board ist (in Schulen) fast immer verfügbar, einfach zu handhaben und ermöglicht eine **dynamische Entwicklung von Sachverhalten**. Das Löschen und Korrigieren ist jederzeit möglich. Sie ist geeignet für farbige Darstellungen von Schrift und Skizzen bei entsprechender Qualität der Handschrift. Nach vollständiger Nutzung ist die Tafel wieder zu säubern, die Tafelbilder müssen abgeschrieben werden, ggf. ist eine fotografische Sicherung möglich. Die feste Montage der Tafel erfordert eine bestimmte Sitzordnung. Die Gleichzeitigkeit von Tafelanschrieb und Sprechen erschwert die Kommunikation mit dem Publikum.

Flipchart

... bis zu 30 Personen

Das Flipchart ist ein Block mit großen Papierbögen, der zur Präsentation auf einem Ständer mit einer Klemmvorrichtung angebracht wird. Flipcharts sind einfach in der Handhabung, transportierbar und flexibel aufstellbar. Es besteht die Möglichkeit zur **Entwicklung von Sachzusammenhängen während des Vortrags** und zur Aufnahme von spontanen Beiträgen. Flipchartbögen können vorbereitet werden und Ergänzungen sind leicht möglich. Erstellte Charts lassen sich gut verwahren und bei Bedarf wiederverwenden. Für die Darstellungen gibt es eine Fülle von Hilfsmitteln wie Klebepunkte, Moderationskarten, bunte Stifte u. a. m. Flipcharts eignen sich aufgrund der Größe und begrenzten Lesbarkeit eher für kleine Gruppen.

©fotomek-fotolia.com

Moderationswand/Pinwand

... bis zu 30 Personen

Die Moderationswand/Pinwand ist i. d. R. eine Stellwand, die in verschiedensten Ausführungen eingesetzt werden kann (z. B. Hochformat, Querformat, Wand-Pinwand, klappbare Pinwand, Magnettafel). Ein Moderationskoffer mit unterschiedlichen Materialien (z. B. Plakate, Karten, Wolken, Pushpins/Nadeln, Stifte, Klebstoff) wird häufig genutzt, um die **Ergebnisse einer Teamarbeit zu entwickeln und darzustellen** und eine Präsentation vorzubereiten. Ergänzungen und Änderungen sind während eines Vortrags leicht möglich. Je nach Ausführung kann die Moderationswand mehr oder weniger leicht transportiert und flexibel genutzt werden.

... bis zu 200 Personen

Overheadprojektor/Tageslichtprojektor

Der Overheadprojektor gehört seit vielen Jahren zu der Standardausstattung in Schulen und Seminarräumen. Er projeziert eine beschreibbare, transparente Folie auf eine Leinwand oder weiße Fläche. Dabei müssen der Projektionsabstand und die Schärfe eingestellt werden. Der Projektor ist relativ einfach zu bedienen und zu transportieren, ermöglicht Blickkontakt zum Publikum und ist für größere Räume geeignet. Allerdings entsteht bei zu starkem oder ungünstigem Lichteinfall ein Verdunkelungsproblem. Die Folien können **mit eigener Handschrift** (spezielle Folienstifte: permanent oder wasserlöslich) oder **als Kopien vorbereitet** und **mit Bildern und Grafiken** ergänzt werden. Dabei ist zu beachten, dass nur wenige gut strukturierte Informationen in hinreichend großer Schrift präsentiert werden. Hinzufügungen sind während der Präsentation möglich, beeinträchtigen jedoch den Blickkontakt zum Publikum. Die vorbereiteten Folien können wiederverwendet werden.

©Matthew Cole-fotolia.com

... jede Gruppengröße

PC/Notebook/Beamer

Präsentationen in der Kombination von PC/Notebook und Beamer haben sich als wichtigstes Präsentationsmedium etabliert. Der mit dem PC/Notebook verbundene Beamer zeigt auf der Projektionsfläche die Präsentation, die mit einer Software, z. B. PowerPoint, erstellt wurde. PowerPoint ist weit verbreitet und hat sich auch in Schulen und Betrieben durchgesetzt. Die Präsentationen werden in einer **Datei gespeichert**, die **immer wieder verwendet** und problemlos **verändert** werden kann. Mit dem Programm ist eine Präsentation mit Texten, Bildern, Grafiken, Diagrammen, Filmausschnitten, Hintergrundbildern sowie mit vielen Effekten und Animationen relativ leicht zu erstellen. Das Programm bietet selbst eine Fülle von Vorlagen für die vielfältige Gestaltung der Folien. Dabei besteht aber leicht die Gefahr einer Überfrachtung von Stilelementen, Animationen und Effekten. Die Beachtung von Präsentationsregeln ist für eine gute PowerPoint-Präsentation unerlässlich.

©Dmitry Goygel-Sokol-fotolia.com

5.2.2 Präsentationsregeln

Aufgabe einer guten Präsentation ist es, eine Kommunikation mit der **Zielgruppe** herzustellen, ihre Interessen und Bedürfnisse zu berücksichtigen, sachlich zu informieren, zu motivieren und zu überzeugen. Entscheidend dafür sind eine klare Struktur, ein logischer Aufbau, eine angemessene Visualisierung sowie der überzeugende Vortrag.

Aufbau und Struktur

Der grundlegende Aufbau einer Präsentation besteht immer aus A = Anfang/Einleitung, H = Hauptteil und A = Abschluss (AHA-Prinzip).

Merke

AHA-Prinzip: A = Anfang/Einleitung, H = Hauptteil und A = Abschluss

Einleitung

Der richtige Einstieg in die Präsentation ist wichtig, um Aufmerksamkeit zu erwecken, zu motivieren, Interesse hervorzurufen und zum Thema hinzuführen. Eine **positive Stimmung** zu Beginn einer Präsentation schafft Akzeptanz, gibt Sicherheit, baut Lampenfieber ab und ist mitentscheidend für den Erfolg. Neben einem ernsten, sachlichen Beginn mit einer **Begrüßung** und direkter **Vorstellung des Themas** gibt es je nach Anlass vielfältige Möglichkeiten für einen gelungenen wirkungsvollen Einstieg.

Tipps

- Beginnen Sie mit einer **aktuellen Nachricht** oder mit einem besonderen Ereignis.
- Kündigen Sie eine **Neuheit** an.
- Eröffnen Sie mit einem **Zitat**, Sprichwort oder Aphorismus.
- Starten Sie einen **humorvollen Beginn** durch Erzählen einer Anekdote oder einer witzigen Begebenheit (Vorsicht! Wirkung vorher testen!).
- Führen Sie durch **Illustrationen**, Karikaturen oder Sketche zum Thema.
- Stellen Sie eine sachliche oder provozierende **Leitfrage**.
- **Begrüßen** Sie Ihr Publikum als fachkompetente Zielgruppe.

Der Einstieg in eine Präsentation sollte möglichst kurz sein, um die Spannung und Erwartungshaltung aus der Eröffnung dynamisch in den Hauptteil zu überführen.

Hauptteil

Im Hauptteil der Präsentation wird das **eigentliche Präsentationsthema** ausführlich dargestellt. Eine Erfolg versprechende Struktur erfordert eine deutliche und nachvollziehbare Gliederung der Inhalte und einen logischen Aufbau (z. B. von der Beschreibung der Ist-Situation über die Nennung von Zielen und Problemen bis zu Lösungsvorschlägen). Der Adressat muss die **Kernbotschaft** wahrnehmen und den roten Faden stets erkennen können. Dazu sind folgende Tipps zu beachten:

Merke

Der **rote Faden** muss stets erkennbar sein.

Tipps

- Ihre **Gliederung** muss klar, zielführend und in sich logisch sein.
- Halten Sie die **Anzahl der Gliederungspunkte möglichst gering** bzw. übersichtlich.
- Wählen Sie nur Informationen, die für die Zielgruppe **bedeutsam** sind.
- **Wiederholen** Sie Kerninhalte.
- **Verstärken** Sie Kernaussagen mit einer geeigneten Visualisierung.
- Lassen Sie Unwichtiges unbedingt weg (**keine Folienschlachten!**).
- Stellen Sie den **Nutzen** für die Adressaten heraus.
- Stellen Sie Sachverhalte möglichst **einfach** dar. (KISS: Keep it short and simple!)
- Wählen Sie pro Gliederungspunkt **nur einen Sachverhalt** (Weniger ist mehr!).
- Halten Sie unbedingt den **Zeitrahmen** ein.

Schluss

Der Schlussteil rundet die Präsentation ab. Empfehlenswert ist eine **kurze Zusammenfassung** (keine Wiederholung!) der Kernaussagen, um diese beim Zuhörer nochmals zu verstärken. Es können Schlussfolgerungen gezogen werden mit Hinweisen auf offene Fragen und einem Ausblick auf konkrete Maßnahmen, die nun zu ergreifen sind. Gegebenenfalls fordert man das Publikum auf, Fragen zu stellen, oder man eröffnet eine Diskussion. Der Dank für die Aufmerksamkeit und die Verabschiedung gehören selbstverständlich zum Schluss der Präsentation dazu. Die Schlussfloskel „Danke für Ihre Aufmerksamkeit" ist zwar allgemein üblich, aber nicht sehr professionell.

©cirquedesprit-fotolia.com

Tipp

Ein **originelles Ende** der Präsentation bleibt beim Publikum am meisten im Gedächtnis (z. B. Cartoon, Zitat).

■ Visualisierung

Merke

Sparsamkeit bei Texten und Effekten!

Der Einsatz von Präsentationsprogrammen bietet eine Fülle von Möglichkeiten zur Visualisierung mit **Texten, Farben, Hervorhebungen, Grafiken, Bildern, Cliparts, Animationen, Geräuschen** u. v. a. m. Voreingestellte Layouts und Design-Vorlagen unterstützen die Gestaltung der Folien. Zur Grundregel jeder Visualisierung gehört es jedoch, sparsam mit Texten und Effekten umzugehen. Eine Visualisierung muss immer zweckgebunden sein und darf die Aufmerksamkeit des Publikums nicht ablenken. Ein schlichtes und klar gestaltetes Foliendesign ist deutlich besser geeignet, den inhaltlichen Aussagen zu folgen und diese zu verstehen, als ein Übermaß an visuellen Elementen (keine fliegenden Buchstaben, keine nervenden Sounds!).

©XtravanT-fotolia.com

Merke

Visualisierung ist kein Selbstzweck!

Entscheidend ist die **Lesbarkeit**!

©Flixelpix-fotolia.com

Tipps

- Wählen Sie für alle Vorlagen ein **einheitliches Layout**.
- Schaffen Sie eine **Ordnung** durch Anordnung von Zusammengehörigem (Schaffen von Sinnblöcken durch Zeichen, Rahmungen, Farbunterlegungen usw.).
- Erstellen Sie für jede Folie eine **prägnante Titelbezeichnung** als Überschrift oder Unterschrift oder in der Mitte stehend.
- Vermeiden Sie textlastige Folien. (Das Publikum soll sich nicht mit Lesen beschäftigen; **ganze Sätze sind ein „No-Go"**!).
- Langweilen Sie nicht mit ständigen **Bulletpoint-Aufzählungen**.
- Wählen Sie zur besseren Lesbarkeit eine einfache **serifenlose Schrift**.
- Nutzen Sie **einheitliche Schriftarten**, -größen und -farben für die jeweiligen Gliederungsebenen.
- Achten Sie auf **lesbare Schriftgrößen**.

- Verwenden Sie **kontrastreiche Farben** (Kontrast zur Hintergrundfarbe), ohne bunt zu werden.
- Setzen Sie **Farben funktionsbezogen** ein: Gleiche Farbe signalisiert gleiche Bedeutung.
- Arrangieren Sie **Text-Bild-Kombinationen**. Beide Gehirnhälften werden angesprochen und erhöhen somit die Informationsaufnahme: Die linke Gehirnhälfte speichert begriffliche Informationen, die rechte Gehirnhälfte verarbeitet bildhafte Eindrücke.
- Bild schlägt Wort: Gestalten Sie aussagekräftig, aber zweckmäßig und **sparsam mit Bildern**, Fotos, Diagrammen, Grafiken, Tabellen, Demos, Cliparts.
- **Überfordern** Sie das Publikum nicht mit visuellen Elementen, die zusätzlichen Erklärungsbedarf hervorrufen.
- **Testen Sie Ihre Präsentation.**

©vladgrin-fotolia.com

Vortrag

Die beste Visualisierung ist ohne einen gelungenen Vortrag nicht viel wert. Visualisierung und Vortrag müssen zueinander passen, die Zielgruppe ist adressatengerecht (z. B. Fachpublikum) anzusprechen. Ungeübte sind häufig nervös und haben die Befürchtung, den Text zu vergessen oder sich zu verhaspeln und beim Publikum nicht anzukommen. Eine **intensive Vorbereitung**, eine **präzise Planung** und ein **mehrmaliges Üben** sind deshalb für ein sicheres Auftreten unerlässlich. Neben einer ansprechenden sprachlichen Vortragstechnik sind auch die Körpersprache, die auch ein Ausdruck für die eigene Selbstsicherheit ist, und das Outfit für den Erfolg eines Vortrags nicht zu unterschätzen. Die folgenden Empfehlungen sind Anregungen für die Gestaltung eines guten Vortrags.

Merke

Bereiten Sie Ihren Vortrag gut vor!

Tipps

- Bereiten Sie Ihren Vortrag mit einem **Manuskript** vor (z. B. Stichworte auf Karteikarten).
- Halten Sie **Blickkontakt** zum Publikum. Reden Sie nicht zur Leinwand, zum Laptop oder zum Manuskript.
- Lernen Sie die ersten 2-3 Sätze **auswendig**.
- Sprechen Sie möglichst **frei**.
- Sprechen Sie **langsam** und **deutlich**, machen Sie Pausen.
- Vermeiden Sie lange Sätze und Füllsel (**„äähm", „hm"**).
- Tragen Sie **akzentuiert** vor (keine monotone Sprechweise).
- Achten Sie auf Ihre **Körperhaltung**. Zappeln Sie nicht und vermeiden Sie übertriebene Gesten. Stecken Sie die Hände nicht in die Hosentaschen!
- Vermeiden Sie es, **Inhalte der Folien** vorzulesen.
- **Verdecken** Sie nicht die Projektionsfläche.
- Halten Sie die **Zeitvorgaben** ein.

©Jenner-fotolia.com

5.3 Präsentationen bewerten

Selbstverständlich werden Präsentationen durch die **Zuhörerschaft bewertet** – immer! Eine erste, spontane Bewertung geschieht quasi automatisch: Wir können gar nicht verhindern, dass wir einen (wenn auch zunächst nur diffusen) Eindruck gewinnen, ob uns die Präsentation gefallen hat oder nicht. Je nachdem, in welchem Zusammenhang die Präsentation stattgefunden hat, wird es aber Sinn machen, sie nicht nur intuitiv, sondern ausdrücklich (z. B. mittels Fragebogen) zu evaluieren. So lässt sich aus erster Hand erfahren, wie die Zielgruppe die Präsentation wahrgenommen hat, worin die Stärken der Präsentation lagen, aber auch, welchen **Verbesserungsbedarf** die Zuhörer gesehen haben.

Wenn eine Präsentation besonders wichtig ist, z. B. weil Vorgesetzte unter den Zuhörern weilen werden, empfiehlt sich ein **Probevortrag** mit anschließender Evaluation, um Zwischenbilanz ziehen und Optimierungen vornehmen zu können.

Längerfristiges Ziel ist es, Selbst- und Fremdbild abzugleichen und allmählich immer sicherer darin zu werden, schon beim Erstellen der Präsentation die wahrscheinliche Reaktion der Zuhörer/innen vorwegnehmen und berücksichtigen zu können.

5.3.1 Bewertungsmethoden

Um Präsentationen explizit zu bewerten, gibt es unterschiedliche **Evaluationsinstrumente**. Welches davon geeignet scheint, ist situativ zu entscheiden und u. a. abhängig von der zur Verfügung stehenden Zeit. Üblich sind z. B. für die **schriftliche Evaluation**:

■ Kartenabfrage

Jeder Zuhörer erhält zwei Karteikarten, eine für **positive Eindrücke**, die andere für **negative Eindrücke**. Auf jede Karte wird nur ein Aspekt notiert. Das hat zwei Vorteile: Die Zuhörer konzentrieren sich auf wesentliche Kritik, und man selbst wird von der Masse an Kritik nicht erschlagen. Wenn die Auswertung öffentlich stattfinden soll, können die Karten z. B. an eine Pinnwand geheftet, sortiert (geclustert) und besprochen werden.

■ Bewertungsbogen

Ein Bewertungsbogen gibt einen **differenzierteren Einblick** in die **Stärken** und **Schwächen** einer Präsentation. Er kann ganz unterschiedlich angelegt sein und z. B. offene Fragen, Ergänzungsfragen oder Ankreuzfragen enthalten. Weil die Auswertung schnell und leicht durchzuführen ist, beschränken sich viele Bewertungsbögen auf Ankreuzfragen: Festgelegte Kriterien werden mittels einer Skala bewertet. Im Berufsalltag ist es wahrscheinlich, dass ein vorgefertigter Bewertungsbogen eingesetzt wird, der also ohne Beteiligung der Zuhörerschaft entstanden ist. Im Kontext Schule kann gemeinsam mit der Zielgruppe überlegt werden, was den Zuhörern wichtig ist. Konsens ist wohl, dass man alle drei Bereiche evaluieren sollte, die bei Präsentationen eine Rolle spielen: **Inhalt**, **Körpersprache/Sprache**, **Optik der Medien**.

Als tendenziell allgemeingültige Kriterien gelten:

- für den **Inhalt**: z. B. sachliche Richtigkeit, Verständlichkeit, Konzentration auf das Wesentliche;
- für die **persönliche Darbietung**: z. B. Auftreten (Körpersprache), Sprechweise;
- für die **optische Darbietung**: z. B. Lesbarkeit, Anschaulichkeit.

Um aussagefähige Ergebnisse zu erhalten, wird man sinnvollerweise bei der Festlegung der Kriterien eine auf die eigenen Bedürfnisse zugeschnittene **Auswahl treffen** und **Schwerpunkte** setzen müssen. Unter anderem ist also festzulegen, ob die o. g. drei Teilbereiche gleich oder unterschiedlich stark gewichtet werden sollen. Nicht zuletzt auch, damit die Zuhörer den Bogen während bzw. in kurzer Zeit nach der Präsentation ausfüllen können, sollte der Bogen (auf nicht mehr als einer Seite) konzentriert die wesentlichen Kriterien abfragen.

Bei der **Festlegung der Skala** wird häufig auf eine an Schulnoten angelehnte Einteilung von 1 (**sehr gut**) bis 6 (**ungenügend**) zurückgegriffen. Denkbar ist auch eine schlichtere Einteilung z. B. in „**trifft zu - trifft teilweise zu - trifft nicht zu**". Zu überlegen ist aber in jedem Fall, ob man der sog. „**Tendenz zur Mitte**" durch die Wahl der Skalierung entgegenwirken will. Immer wenn eine Skala eine ungerade Anzahl an Ausprägungen enthält, weist sie zwangsläufig eine Mitte auf, und Menschen neigen dazu, diese Mitte anzukreuzen, weil es sie davon befreit, sich auf die eher positive oder eher negative Seite festzulegen. Möglicherweise führen Skalierungen ohne Mitte also zu einer besseren Aussagefähigkeit.

©Winne-fotolia.com

■ Blitzlicht

Für eine spontane, ausschließlich **mündliche Evaluation** bietet sich das **Blitzlicht** an: Jeder Zuhörer gibt in einem oder ggf. zwei Sätzen eine Antwort auf eine zuvor festgelegt Frage, z. B. „Was hat Ihnen an der Präsentation besonders gut gefallen?" oder „Was hätten Sie sich anders gewünscht?". Kennzeichen des „Blitzlichtes" ist, dass die Äußerungen nicht kommentiert oder diskutiert werden. Das Blitzlicht braucht nicht weiterbearbeitet zu werden, sondern bleibt als Momentaufnahme so stehen. Damit ist es ein unaufwändiges Instrument, das eine sehr schnelle, allerdings meist wenig detaillierte Rückmeldung liefert.

5.3.2 Bewertungsregeln

Die Notwendigkeit einer ehrlichen Rückmeldung durch die Zuhörer leuchtet ein. Gleichwohl fühlen sich „die Evaluierten" häufig unwohl in ihrer Rolle, weil sie herabwürdigende Kritik befürchten, die sie als verletzend empfänden. Um das möglichst auszuschließen, sollten in der Gruppe vorab Regeln für das Feedback vereinbart werden.

■ Feedback geben

Tipp

Positives benennen!

Jeder Vortrag hat Stärken! Diese **Stärken benennen** zu müssen hat gleich mehrere **positive Wirkungen**: Die Zuhörer konzentrieren sich nicht ausschließlich auf die Schwächen des Vortrags, sondern sind gezwungen, gut Gelungenes aktiv wahrzunehmen.

Zusätzlich erfährt der Feedback-Nehmer eine Würdigung seiner Leistung. Sich anerkannt zu fühlen, schafft Sicherheit. Ohne diese Grundlage wird man wenig Offenheit für negative Kritik erwarten dürfen.

Tipp

Klarstellen, dass man seine individuelle Sicht der Dinge wiedergibt!

Dazu eignen sich insbesondere Ich-Botschaften, z. B. „Ich fand...; Mir hat gefallen...; Aus meiner Sicht hat etwas gestört, dass...; Ich hätte gerne noch mehr erfahren über..."

Tipp

Ehrlich, aber nicht verletzend sein!

Das entsprechende Motto sollte lauten: **„Ich meine, was ich sage. Aber ich muss nicht alles sagen, was ich meine.“** Jede Präsentation (und jeder Präsentierende) hat Schwächen. Aber fast jeder reagiert auf negative Kritik empfindlich. Dieses Dilemma lässt sich am ehesten lösen, indem man ausdrücklich eine **Sache und nicht die Person** kritisiert, z. B. „Die langen Sätze auf den ersten Folien haben mir nicht so gut gefallen. In der Zeit, in der ich sie gelesen habe, konnte ich dem Vortrag gar nicht zuhören. Das hat mich gestört, weil ich das Thema eigentlich interessant finde.“ Auch hierbei punkten **Ich-Botschaften**. Du-Botschaften (z. B. „Du hast viel zu viel auf eine Folie gepackt.“) werden schnell als Angriff auf die eigene Persönlichkeit gewertet, auch, wenn es „gar nicht so gemeint war“.

Tipp

Konstruktiv sein, Verbesserungsvorschläge mitliefern!

Wenn man sich darauf einigt, dass mit jeder negativen Kritik ein (erster) konkreter Verbesserungsvorschlag zu unterbreiten ist, fällt es i. d. R. leichter, die Kritik anzunehmen. Günstig ist das allerdings auch, weil weniger „wahllos gemeckert“ werden kann.

Tipp

Zuhören!

■ Feedback annehmen

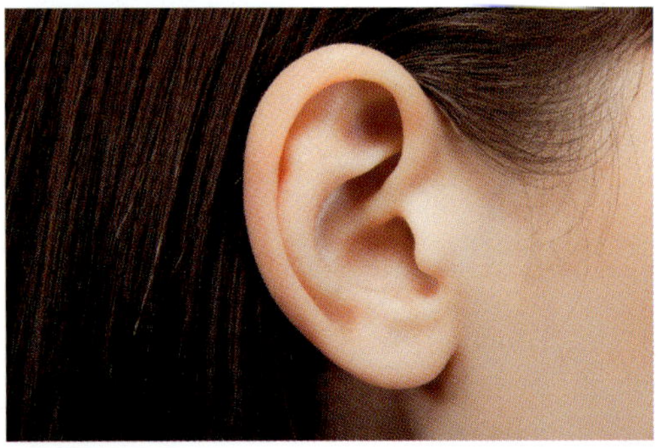

Fast jeder Präsentierende besitzt (häufig schon während des Vortrags) selbst ein Gefühl dafür, welche Teile der Präsentation warum gut oder auch weniger gut ankommen. Die **Rückmeldung** durch ein **Feedback** kann dennoch sehr hilfreich sein, weil die eigene Reflexion in einigen Punkten vielleicht zu kritisch, gelegentlich aber auch zu unkritisch ausfällt: Die Nervosität, die uns selbst beim Vortrag sehr präsent war, hat möglicherweise niemand von außen annähernd so deutlich bemerkt - oder einfach niemanden gestört. Denkbar ist aber ebenso: Die wesentlichen Erkenntnisse der präsentierten Thematik am Schluss noch einmal zusammenzufassen schien uns unnötig, weil der Stoff ja leicht verständlich war; die Zuhörer geben uns aber ein ganz anderes Feedback; ihnen hätte die Zusammenfassung zum Schluss Sicherheit verliehen, das Wesentliche erfasst und verstanden zu haben.

Merke

Der eigene Eindruck (die **Selbstevaluation**) ist wichtig, und die Eindrücke der Zuhörer (der **Fremdevaluation**) ernst zu nehmen, kann uns nur bereichern!

Ausreden lassen ist nicht nur ein **Gebot der Höflichkeit**, sondern auch deshalb angeraten, weil niemand vorher wissen kann, was genau der andere sagen möchte. Außerdem gewinnt man so Zeit, das Gehörte auch gedanklich zu verarbeiten.

Tipp

Ausreden lassen!

Wer ein Feedback einholt, sollte wissen wollen, wie er **von anderen** wahrgenommen wird! Ist nicht wirklich klar, was der andere meint, können Nachfragen hilfreich sein. Ziel eines Feedbacks ist es damit keinesfalls, im Nachhinein die Wahrnehmung der Zuhörer durch Rechtfertigungsversuche verändern zu wollen.

Tipp

Nachfragen, aber nicht rechtfertigen!

Ein gelungenes Feedback wird viele Facetten für **Optimierungsmöglichkeiten** eröffnen. Das spricht zunächst nicht gegen die Präsentation, sondern für die Qualität des Feedbacks. Zu entscheiden ist dann, welche der kritisierten Aspekte zukünftig verbessert werden sollen. Dabei wird man sich z. B. daran orientieren, wie häufig ein Aspekt kritisiert wurde, welche Wichtigkeit man selbst der Kritik zuschreibt, und nicht zuletzt, wie groß man die Chance einschätzt, etwas tatsächlich verändern zu können.

Tipp

Bedeutsames auswählen!

Merke

Letztlich sollte klar sein: Ein **Feedback** ist ein **Angebot**, etwas darüber zu erfahren, inwieweit man seine Zielgruppe erreicht hat. Also nichts anderes als eine **Chance** dazuzulernen!

5.4 Ein Handout zur Präsentation erstellen

Zu Ihrem Vortrag gehört in der Regel auch ein Handout (hand-out: Handreichung, Handzettel, Tischvorlage) mit einem systematischen Überblick über die Inhalte der Präsentation. Handouts werden häufig vor dem Vortrag ausgehändigt, um den Zuhörern das Verständnis zu erleichtern. Sie begleiten die Präsentation, ersparen die Mitschrift, sollten aber Platz für individuelle Notizen lassen. Sie können das Handout auch erst nach dem Vortrag aushändigen, damit die Aufmerksamkeit der Zuhörer nicht durch Lesen abgelenkt wird. Das sollte jedoch vor dem Vortrag angekündigt werden, damit niemand unnötig mitschreibt. Die Frage, wann das Handout ausgeteilt werden soll, ist immer neu zu beantworten: Dürfen die Teilnehmer auf keinen Fall vorauslesen oder sind z. B. Notizen unerlässlich, um den Überblick zu wahren?

Das Handout dient auch dazu, dass sich Ihre Zuhörer nach längerer Zeit an Ihren Vortrag erinnern und die Thematik noch einmal nachvollziehen können. Es muss deshalb selbsterklärend, d. h. auch ohne den Vortrag verständlich sein.

Merke

Ein **Handout** hilft Ihnen selbst, Klarheit und Struktur für Ihren Vortrag zu bekommen.

Ein gutes Handout ist aber keine bloße Wiederholung des Vortrags, sondern eine knappe Zusammenfassung der Präsentation. Es sind deshalb nur die zentralen Leitgedanken, Informationen und Zusammenhänge, die für das Verständnis Ihres Themas wichtig sind, darzustellen.

Eine vorangestellte Gliederung trägt zur Orientierung bei und lässt den roten Faden erkennen. Aus Gründen der Platzersparnis kann man zwar auf die separate Darstellung der Gliederungspunkte verzichten, sie müssen dann aber im Text deutlich voneinander abgegrenzt werden, z. B. durch entsprechende Nummerierungen. Der Umfang des Handouts ist möglichst knapp zu halten. Bei Vorträgen bis zu 10 Minuten reichen häufig 1 - 2 DIN A4 Seiten (1 Doppelseite) aus.

Die Berücksichtigung der folgenden Tipps für die Erstellung von Handouts verspricht ein gutes Ergebnis:

Tipps für ein gutes Handout

Zum Inhalt:

- Bezeichnen Sie das Handout mit Ihrem Thema und dem Titel Ihres Vortrags. Geben Sie auch das Datum an.
- Überladen Sie das Handout nicht mit Informationen; nur die wesentlichen Inhalte des Vortrags sind wichtig.
- Vermeiden Sie lange Sätze, und nutzen Sie Stichworte an geeigneter Stelle.
- Bilden Sie Themenblöcke, die Sie optisch voneinander abgrenzen.
- Es ist wichtig, die Gliederungsebenen zu beachten, gleichwertige Informationen gehören auf die gleiche Gliederungsebene.

Zur Optik:

- Gestalten Sie das Handout ansprechend und übersichtlich, z. B mit Aufzählungen, Listen, Tabellen, Grafiken, Abbildungen.
- Achten Sie auf eine gute Qualität von Fotos, Screenshots und Scans.
- Fügen Sie bei mehreren Seiten Seitenzahlen ein.

Sonstiges:

- Vergessen Sie nicht, alle Quellen anzugeben.
- Stellen Sie ausreichend Exemplare zur Verfügung.

Büroprozesse gestalten und Arbeitsvorgänge organisieren

©Picture-Factory-fotolia.com

Das werden Sie hier lernen …

1 - Gestaltung der Arbeitsumgebung

2 - Gesundheitsgefahren erkennen und Strategien zur Bewältigung entwickeln

©fotomek-fotolia.com

3 - Arbeitsprozesse effizient und aktiv gestalten

©fotomek-fotolia.com

4 - Termine im Büro organisieren

©Detlef-fotolia.com

5 - Sitzungen und Besprechungen durchführen und nachbereiten

6 - Informationswege im Unternehmen kennen und nutzen

©Klaus Eppele-fotolia.com

7 - Schriftstücke und Dokumente verwalten

©Carmen Steiner-fotolia.com

8 - Kommunikationsfähigkeit im Arbeitsalltag weiterentwickeln

©fotomek-fotolia.com

1 Gestaltung der Arbeitsumgebung

Die Gestaltung der Arbeitsumgebung ist für ein Unternehmen keine einfache und schnell zu treffende Entscheidung. Arbeitsabläufe und Aufgaben unterscheiden sich in jedem Unternehmen und daher muss eine individuelle Anpassung der Arbeitsumgebung auf jedes Unternehmen erfolgen. Aspekte wie die passende Büroform, gesetzliche Vorschriften, Ergonomie und Ökologie und andere Einflussfaktoren im Büro sind wichtige Gesichtspunkte, die beachtet und stetig überprüft werden müssen. Die ausgewählte Büroform könnte in der Zukunft nicht mehr passend sein, da sich in den vergangenen Jahren die Arbeitsabläufe im Büro durch den vermehrten Einsatz von digitaler Medien grundlegend verändert haben. Bei der Wahl der geeigneten Arbeitsumgebung müssen diese Veränderungen neben den oben genannten Aspekten, die in diesem Kapitel erörtert werden, berücksichtigt werden.

Merke

Durch die geeignete Wahl der Arbeitsumgebung stellt der Unternehmer die Weichen für ein gut funktionierendes Büro.

Tipp

LF13

Die Auswahl einer geeigneten Arbeitsumgebung kann von einer Projektgruppe gemeinsam erarbeitet werden.

1.1 Die verschiedenen Büroformen

Die Raumgestaltung ist abhängig vom vorhandenen Raumangebot, dem wirtschaftlichen Vorhaben des Unternehmens und den Interessen der beschäftigten Personen. Zum einen muss der vorhandene Raum wirtschaftlich, effizient und sinnvoll für das Unternehmen genutzt werden und zum anderen möchten die Beschäftigten einen angenehm gestalteten Arbeitsplatz vorfinden, um effektiv arbeiten zu können.

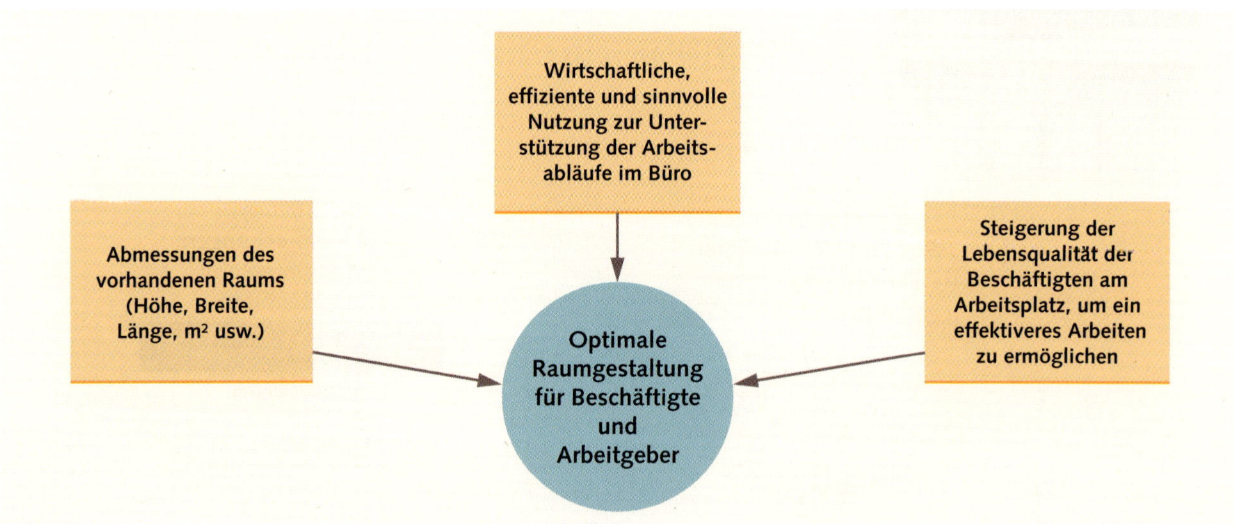

Um diesen Anforderungen gerecht zu werden, gibt es verschiedene Büroformen, die Vor- und Nachteile besitzen. Nachfolgend sind die gängigsten aufgelistet:

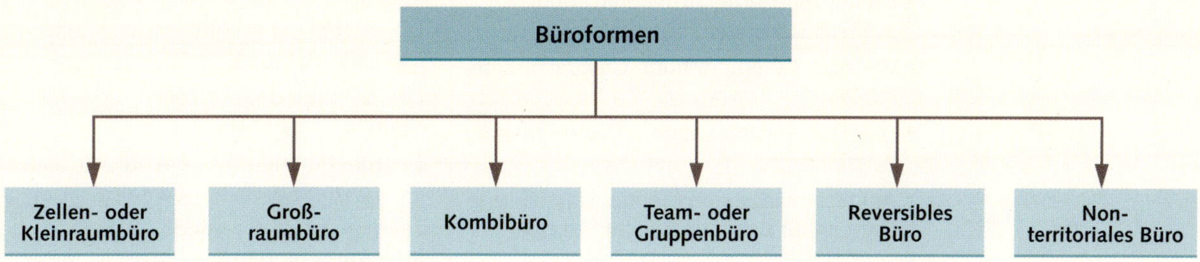

1.1.1 Zellen- oder Kleinraumbüro

Ein Zellen- oder Kleinraumbüro kann je nach Größe und Einrichtung von **bis zu vier Personen** genutzt werden und ist seit Jahren die verbreitetste Büroform in Deutschland. Die einzelnen Zellen- oder Kleinraumbüros sind an **einem Flur** angeordnet. Dieses Büro ist in der Regel mit allen notwendigen Arbeitsmaterialen und technischen Geräten (Computer, Telefon, Drucker usw.) ausgestattet, um ein unabhängiges Arbeiten zu ermöglichen. Die in solch einer Büroform tätigen Personen sind vom übrigen Unternehmensbetrieb räumlich abgetrennt. Die **Kommunikation** mit anderen Kollegen erfolgt über das Telefon, E-Mail usw. Je nach Rangordnung bzw. Tätigkeitsfeld eines Mitarbeiters wird dieser in einem Ein- oder Mehrpersonenraum untergebracht.

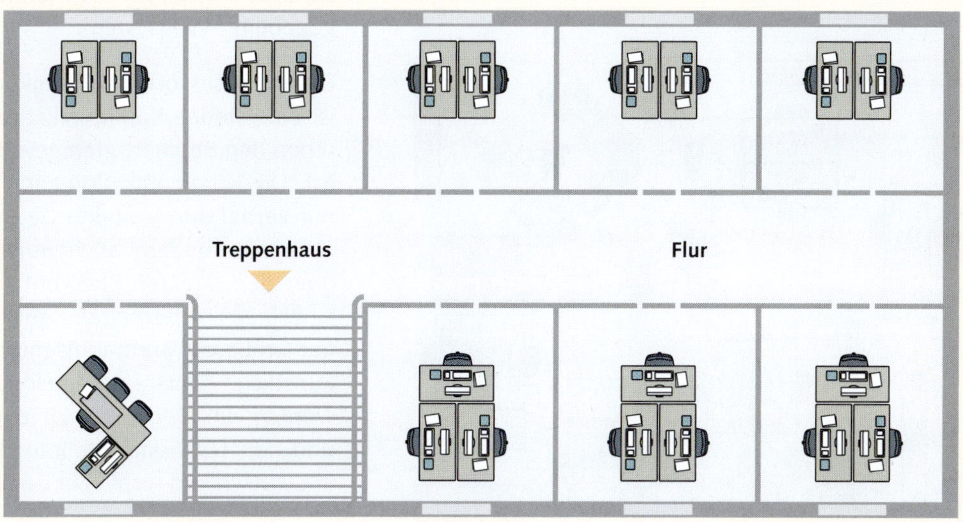

Zweibündige Anlage eines Zellen- oder Kleinraumbüros

©fotomek-fotolia.com

Zellen- oder Kleinraumbüro	
Vorteile	**Nachteile**
• Eine gute Kommunikation zwischen den Personen ist möglich. • Ein konzentriertes Arbeiten ist ohne größere Störungen möglich. • Vertrauliche und diskrete Gespräche sind möglich. • Die Produktivität steigt mit abnehmender Personenzahl. • Außeneinwirkungen (Sonneneinstrahlung, Temperatur usw.) sind besser regelbar. • Vertretungen können schneller koordiniert und durchgeführt werden. • Individuelle Gestaltungsmöglichkeiten der einzelnen Zellen- oder Kleinraumbüros sind möglich.	• Die Kommunikation mit Personen, die nicht im Zellen- oder Kleinraumbüro arbeiten, ist erschwert. • Es entsteht ein erhöhter Kostenfaktor für das Unternehmen. • Die Platznutzung für Zellen- oder Kleinraumbüros ist hoch. • Bei zunehmender Personendichte leidet die Konzentrationsfähigkeit des Einzelnen. • Teamarbeit ist nur mit den Personen im Raum gut, darüber hinaus ist diese erschwert. • Der Informationsfluss zu Mitarbeitern anderer Abteilungen ist gering.

1.1.2 Großraumbüro

©lightpixel-fotolia.com

Das Großraumbüro hat eine **Grundfläche** von mehreren hundert Quadratmetern und beinhaltet **mindestens 25 Arbeitsplätze**. Die Teilung des Raums erfolgt nicht mit Wänden bis zur Raumdecke, sondern es werden lediglich Stellwände, Schränke, Regale und Pflanzen verwendet, bei denen man meist die Möglichkeit hat, im Stehen über sie hinwegblicken zu können. Mittels dieser Trennmöglichkeiten ist eine schnelle Umgestaltung des Großraumbüros möglich und zusätzlich können je nach Bedarf auch Räume im Raum eingerichtet werden, die komplett abgeschirmt und störungsfrei sind. Zum einzelnen Arbeitsplatz gelangt man ohne vorgegebenes Wegsystem.

Durch dieses **offene Raumkonzept** ist eine stetige Kommunikation zwischen den Beschäftigten gewährleistet. Die Kommunikation kann nicht nur **verbal** durch direkte Gespräche erfolgen, sondern auch **nonverbal** über den direkten Blickkontakt der einzelnen Mitarbeiter. Aufgrund der Größe des Büroraums muss eine künstliche Klimatisierung eingesetzt werden. Im Gegensatz zu England und den USA sind Großraumbüros in Deutschland nicht sehr verbreitet.

Großraumbüro	
Vorteile	**Nachteile**
• schnelle und flexible Gestaltungsmöglichkeiten • schnellerer und intensiverer Kommunikationsaustausch • schnellere Koordination und Durchführung von Vertretungen • effektive und effiziente Raumausnutzung • geringe Flächenkosten	• Störungen durch erhöhten Lärmpegel (Telefon, Durchgangsverkehr, Gespräche von Kollegen usw.) • keine Privatsphäre für die Mitarbeiter • wenige Möglichkeiten zu diskreten Gesprächen • erhöhtes Konfliktpotenzial zwischen den Mitarbeitern • Beschränkung der Kommunikation nicht nur auf das Wesentliche (Überkommunikation) • höherer Krankenstand bei den Mitarbeitern • hohe Kosten durch ständige Klimatisierung

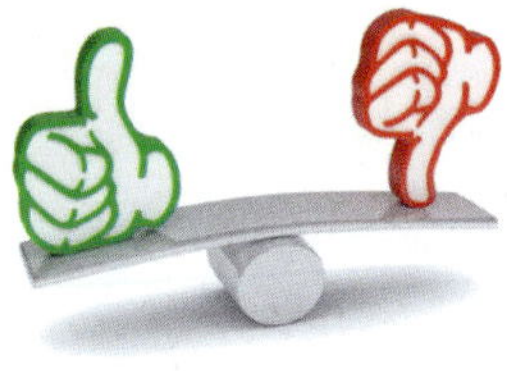

LERNFELD 2

1.1.3 Kombibüro

Wie die Bezeichnung schon zum Ausdruck bringt, ist ein Kombibüro die **Kombination von Zellen-** oder **Kleinraumbüros** und **Großraumbüros**. Dieser Zusammenschluss der beiden Formen kombiniert die Vorteile beider Bürotypen und vermeidet gleichzeitig deren Nachteile. Das Kombibüro ist meistens nur mit Einzelarbeitsplätzen ausgestattet, die an den Außenwänden des Gebäudes platziert sind. Dadurch kann natürliches Licht zum angenehmen Arbeiten genutzt werden. Die einzelnen Büros sind durch transparente Wände getrennt und können bei Bedarf zum ungestörten Arbeiten geschlossen werden.

Inmitten der Einzelbüros findet man zentral den Gemeinschaftsbereich. Dieser Bereich dient zum einen als Kommunikationszentrale für alle Beschäftigten und zum anderen finden Arbeitsmittel (z. B. Telefaxgerät, Kopierer, Literatur) und Einrichtungen (z. B. Besprechungszone, Besucherempfang, Pausenecke), die gemeinsam genutzt werden können, ihren Platz.

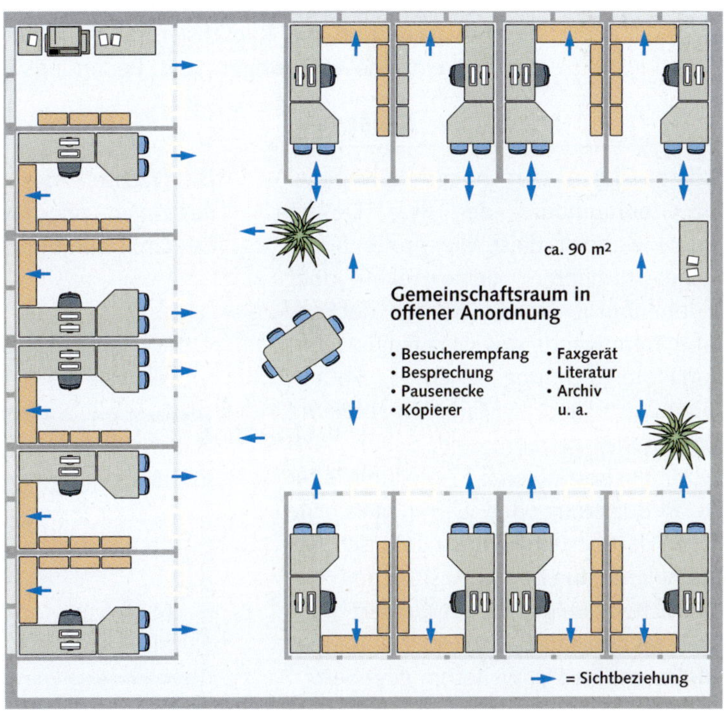

©fotomek-fotolia.com

Kombibüro	
Vorteile	**Nachteile**
• Ein ungestörtes und konzentriertes Arbeiten im Einzelbüro ist möglich. • Die Teamarbeit lässt sich im Gemeinschaftsbereich leicht verwirklichen. • Die Kommunikation lässt sich auf das Wesentliche beschränken und es entsteht keine Überkommunikation. • Die Privatsphäre für Mitarbeiter ist gegeben. • Vertrauliche und diskrete Gespräche sind möglich. • Die Außeneinwirkungen (Sonneneinstrahlung, Temperatur usw.) sind von jedem Mitarbeiter individuell regelbar. • Eine individuelle Gestaltungsmöglichkeit der Einzelbüros ist möglich.	• Es entsteht ein erhöhter Kostenfaktor für das Unternehmen. • Der Platzbedarf für Einzelbüros ist hoch. • Die Flexibilität ist geringer als bei einem Großraumbüro.

1.1.4 Team- oder Gruppenbüro

©lightpixel-fotolia.com

Das Team- oder Gruppenbüro ist die **Weiterentwicklung des Großraumbüros**. Mit dieser Form sollen die Nachteile des Großraumbüros minimiert und die Vorteile genutzt werden. Beim Team- oder Gruppenbüro werden **maximal 25 Arbeitsplätze** im Stil eines Großraumbüros eingerichtet. Dies bedeutet, dass wieder eine offene Unterteilung der einzelnen Arbeitsplätze mit Stellwänden, Schränken, Regalen und Pflanzen, wie im Großraumbüro, vorgenommen werden kann. Bei der Einrichtung des Team- oder Gruppenbüros werden Fensterfronten integriert, um das natürliche Licht und die Klimatisierung auszunutzen. Diese Form eignet sich besonders für einzelne Abteilungen (z. B. Rechnungswesen, Personalabteilung, Einkauf, Marketing).

Beispiel

Bedingt durch den hohen Lärmpegel im Großraumbüro der Blue Design GmbH wandelt diese die große Bürofläche in mehrere kleine Team- oder Gruppenbüros um. Es werden deckenhohe Trennwände aus Glas eingezogen, damit die Rechnungswesen-, Einkaufs-, Verkaufs- und Marketingabteilung voneinander getrennt sind. Schon nach kurzer Zeit bestätigen die Abteilungsleiter die Reduzierung des Lärmpegels. Sie stellen darüber hinaus fest, dass sich das Raumklima durch die Ausnutzung der natürlichen Belüftung verbessert hat. Die Kommunikation und Flexibilität eines Großraumbüros ist weiterhin gegeben.

Merke

Die Nachteile des Team- oder Gruppenbüros entsprechen dem des Zellen- oder Kleinraumbüros. Die Vorteile entsprechen dem des Großraumbüros.

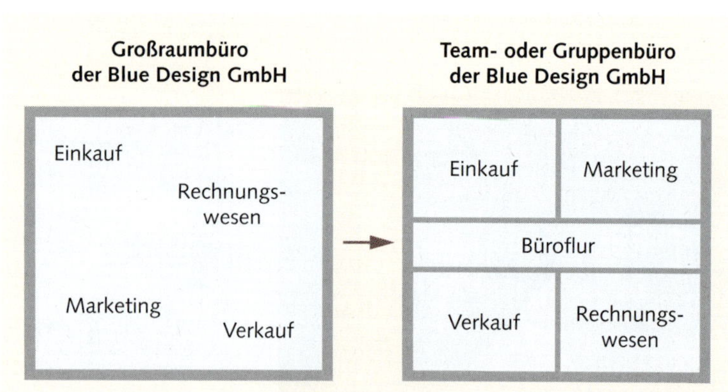

1.1.5 Reversibles Büro

©tournee-fotolia.com

In der heutigen schnelllebigen Zeit ist die Flexibilität von Unternehmen ein wichtiger Faktor. Anforderungen – technischer oder organisatorischer Natur – an ein Unternehmen können sich schnell verändern. Dies bedingt eventuell auch einer Veränderung der vorhandenen Büroform und des Büroablaufes.

Die Bedeutung des Wortes „reversibel" lautet: „rückgängig machen, umkehrbar oder wiederherstellbar". Genau dies spiegelt sich auch in einem reversiblen Büro wider. Als Grundlage für diese Büroform muss ein Gebäude bzw. ein großer Raum vorgefunden werden, der schnell und flexibel in ein Zellen- oder Kleinraumbüro, ein Kombibüro oder ein Team- oder Gruppenbüro mit lärmdämmenden Trennwänden umgestaltet werden kann. Es muss jedoch bei der Anschaffung von Büroeinrichtungsgegenständen auf die Mobilität geachtet werden, was mit höheren Kosten für das Unternehmen verbunden ist.

Durch die **hohe Flexibilität** kann man diese Büroform als die zukunftstrachtigste bezeichnen.

1.1.6 Non-territoriales Büro

©by-studio-fotolia.com

Diese Büroart stellt **keinen eigenen Büroaufbau** dar und wird synonym auch als Desksharing, Shared Desk oder Flexible Office bezeichnet. Jede vorgestellte Büroart kann als non-territoriales Büro genutzt werden. Das Grundkonzept ist, dass die Mitarbeiter **keinen fest zugeordneten Arbeitsplatz** haben. Je nach Aufgabenbereich und Belegung der Arbeitsplätze kann sich der Mitarbeiter den passenden und benötigten Arbeitsplatz oder Besprechungsraum auswählen. Diese Mehrfachbelegung der Arbeitsplätze kann in Unternehmen mit flexiblen Arbeitszeiten, Teilzeitarbeit, Außendienstmitarbeitern, Vertriebsmitarbeitern usw. gut genutzt werden. Die geschäftlichen und persönlichen Unterlagen des Mitarbeiters werden in abschließbaren Rollcontainern, Schränken usw. untergebracht, die bei Bedarf zum jeweiligen Arbeitsplatz mitgenommen werden können.

Beispiel

Die Blue Design GmbH hat neue Aufträge erhalten. Der Geschäftsführer Matthias Blau wird zwölf neue Mitarbeiter einstellen müssen, um die Aufträge termingerecht bearbeiten zu können. Da die vorhandene Bürofläche und die Arbeitsplätze komplett ausgenutzt werden, analysiert Matthias Blau die vorherrschende Belegung der Arbeitsplätze. Dadurch ermittelt er, dass von den 20 Vertriebsmitarbeitern nur drei bis sechs gleichzeitig im Unternehmen sein müssen. Des Weiteren sind von den acht Teilzeitmitarbeitern nur maximal fünf gleichzeitig im Unternehmen tätig.

Aufgrund dieser Informationen beschließt er, das non-territoriale Büro einzuführen, um somit den neuen Mitarbeitern einen Arbeitsplatz bieten zu können, ohne weitere Büroflächen anmieten zu müssen.

©fotomek-fotolia.com

1.2 Wichtige Vorschriften für die Arbeitsumgebung

Die Arbeitsumgebung in einem Betrieb zu gestalten, ist eine wichtige Aufgabe für einen Unternehmer. Die Vorschriften für die Gestaltung einer Arbeitsumgebung findet man in Gesetzen, Verordnungen, Vorschriften, staatlichen Regeln und Richtlinien.

Wichtige Vorschriften für die Gestaltung einer Arbeitsumgebung

Gesetze	Verordnung und Vorschriften	Richtlinien und staatliche Regeln
• Arbeitsschutzgesetz (ArbSchG) • Arbeitssicherheitsgesetz (ASiG) • Produktsicherheitsgesetz (ProdSG) • Gesetz über die elektromagnetische Verträglichkeit von Betriebsmitteln (EMVG)	• Arbeitsstättenverordnung (ArbStättV) • Betriebssicherheitsverordnung (BetrSichV) • Bildschirmarbeitsverordnung (BildscharbV) • Unfallverhütungsvorschriften (UVV)	• Arbeitsschutzrahmenrichtlinie • Arbeitsstättenrichtlinie • Bildschirmrichtlinie • Richtlinie über die elektromagnetische Verträglichkeit • Technische Regeln für Arbeitsstätten

Nachfolgend wird im Einzelnen auf das Arbeitsschutzgesetz, auf die Arbeitsstättenverordnung, auf die technischen Regeln für Arbeitsstätten, auf die Bildschirmarbeitsverordnung und auf die Unfallverhütungsvorschriften näher eingegangen.

Arbeitsschutzgesetz

Das Arbeitsschutzgesetz (ArbSchG) ist die **Rechtsgrundlage** für den Arbeits- und Gesundheitsschutz in allen Unternehmen. Dieses Gesetz trat am 21. August 1996 in Kraft und setzte die EU-Richtlinien zum Arbeitsschutz um. Auf dieses Gesetz wird in den einzelnen Verordnungen und Normen immer wieder zurückgegriffen.

Das ArbSchG regelt die Rechte und Pflichten der Arbeitgeber und der Beschäftigten. Durch dieses Gesetz soll die Sicherheit und der Gesundheitsschutz der Beschäftigten gewährleistet und verbessert werden.

Die allgemeinen Grundsätze des Arbeitsschutzes finden sich in der folgenden Norm wieder:

§§§

§ 2 ArbSchG

Der Arbeitgeber hat bei Maßnahmen des Arbeitsschutzes von folgenden allgemeinen Grundsätzen auszugehen:

1. Die Arbeit ist so zu gestalten, dass eine Gefährdung für Leben und Gesundheit möglichst vermieden und die verbleibende Gefährdung möglichst gering gehalten wird;
2. Gefahren sind an ihrer Quelle zu bekämpfen;
3. bei den Maßnahmen sind der Stand von Technik, Arbeitsmedizin und Hygiene sowie sonstige gesicherte arbeitswissenschaftliche Erkenntnisse zu berücksichtigen;

4. Maßnahmen sind mit dem Ziel zu planen, Technik, Arbeitsorganisation, sonstige Arbeitsbedingungen, soziale Beziehungen und Einfluss der Umwelt auf den Arbeitsplatz sachgerecht zu verknüpfen;
5. individuelle Schutzmaßnahmen sind nachrangig zu anderen Maßnahmen;
6. spezielle Gefahren für besonders schutzbedürftige Beschäftigtengruppen sind zu berücksichtigen;
7. den Beschäftigten sind geeignete Anweisungen zu erteilen;
8. mittelbar oder unmittelbar geschlechtsspezifisch wirkende Regelungen sind nur zulässig, wenn dies aus biologischen Gründen zwingend geboten ist.

Arbeitsstättenverordnung und technische Regeln für Arbeitsstätten

©lightpixel-fotolia.com

Die Arbeitsstättenverordnung (ArbStättV) gibt **Zielvorgaben an die Betreibung von Arbeitsstätten** und wird konkretisiert durch die Technischen Regeln für Arbeitsstätten (ASR). In den ASR finden sich ausformulierte Maßnahmen hierzu. Weiterhin dienen diese als Hilfe zur Gestaltung des Arbeitsraums.

Inhalte der ASR sind z. B.:

- ASR A1.2 Raumabmessungen und Bewegungsflächen,
- ASR A1.6 Fenster, Oberlichter, lichtdurchlässige Wände,
- ASR A1.8 Verkehrswege,
- ASR V3a.2 Barrierefreie Gestaltung von Arbeitsstätten,
- ASR A3.4 Beleuchtung,
- ASR A3.5 Raumtemperatur,
- ASR A3.6 Lüftung,
- ASR A4.2 Pausen- und Bereitschaftsräume.

Beispiel zum Inhalt der ASR A1.2 Raumabmessungen und Bewegungsflächen

Als **Richtwert des Flächenbedarfs** bei der Gestaltung von Büroräumen gibt die ASR A 1.2 Raumabmessungen und Bewegungsflächen für die verschiedenen Büroformen je Arbeitsplatz an.

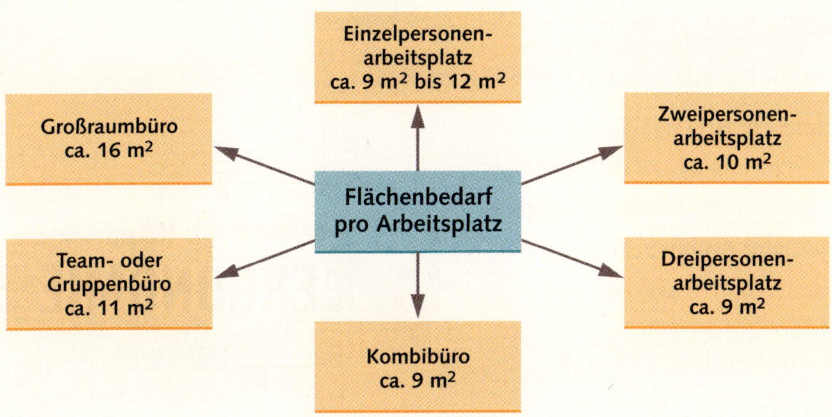

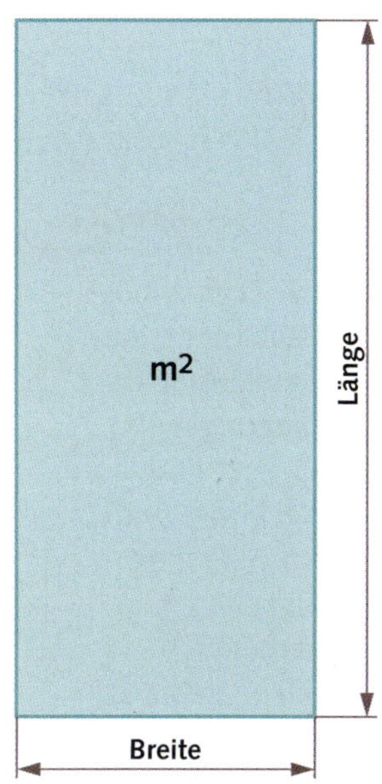

Bildschirmarbeitsverordnung

§ 5 ArbSchG

©arturaliev-fotolia.com

Die Bildschirmarbeitsverordnung (BildscharbV) ist die geltende Norm für die **Sicherheit und den Gesundheitsschutz bei der Arbeit an Bildschirmgeräten**. Durch die Verordnung vom 4. Dezember 1996 muss jeder Arbeitgeber die Arbeitsbedingungen in Verbindung mit § 5 ArbSchG sowie die Sicherheits- und Gesundheitsbedingungen regelmäßig ermitteln und beurteilen. Die Organisation der Arbeitsplätze muss gewährleisten, dass die tägliche Arbeit an Bildschirmgeräten regelmäßig durch andere Tätigkeiten oder Pausen unterbrochen werden kann, um die Belastungen der Beschäftigten zu senken.

Detaillierte Anforderungen an Bildschirmgeräte und Tastaturen, sonstige Arbeitsmittel, Arbeitsumgebung und das Zusammenwirken von Mensch und Arbeitsmittel werden im Anhang der BildscharbV erläutert.

Unfallverhütungsvorschriften

Die Unfallverhütungsvorschriften (UVV) der Berufsgenossenschaften **ergänzen und konkretisieren vorhandene Gesetze und Verordnungen**. Der Geltungsbereich erstreckt sich auf alle Unternehmen und gesetzlich unfallversicherte Personen. Die Regelungen dienen dem Gesundheitsschutz der Beschäftigten und zeigen auf, welche Einwirkungen und gesundheitlichen Gefahren am Arbeitsplatz vorherrschen und wie man in der täglichen Büropraxis präventiv dagegen vorgehen kann.

1.3 Ergonomische und ökologische Arbeitsumgebung

1.3.1 Ergonomische Arbeitsumgebung

Der Begriff „Ergonomie" setzt sich zum einen aus den griechischen Wörtern „ergon", was so viel bedeutet wie „Arbeit", und „nomos", was so viel bedeutet wie „Gesetz" bzw. „Regel", zusammen.

Der Nutzen einer ergonomischen Arbeitsumgebung kommt nicht nur den Beschäftigten zugute, sondern auch indirekt dem Arbeitgeber.

Merke

Unter **Ergonomie** versteht man, dass optimale Arbeitsbedingungen (z. B. Arbeitsabläufe, Umgebung) und die psychischen Fähigkeiten der Mitarbeiter in Einklang gebracht werden.

Vorteile für Beschäftigten und Arbeitgeber sind z. B.:

- optimierte Arbeitsabläufe,
- Verringerung des Krankenstandes,
- Steigerung der Leistungsfähigkeit,
- niedrigere Arbeitsbelastung,
- besseres Betriebsklima,
- größere Zufriedenheit bei der Arbeit.

©fotodo-fotolia.com

■ Ergonomie am Arbeitsplatz

Aufgrund der Tatsache, dass die meiste Arbeitszeit in der täglichen Büropraxis sitzend am Computer verbracht wird und dies zu vielen gesundheitlichen Beschwerden führt, hat das richtige Sitzen, verbunden mit dem Stellplatz des Monitors, der Tastatur und der Maus, am Arbeitsplatz eine große Bedeutung.

① Der **Monitorabstand** sollte ungefähr 50 cm bis 60 cm vom Kopf betragen.

② Die **oberste Zeilenreihe** des Monitors sollte sich leicht unterhalb der Augenhöhe befinden.

③ Die **Stuhlhöhe** sollte so gewählt werden, dass sich die Beine und Arme in einem rechten Winkel befinden.

④ Die **Tischhöhe** sollte 72 cm betragen oder so angepasst werden, dass sich Maus und Tastatur auf einer Höhe mit Ellenbogen und Handflächen befinden.

⑤ Die **Füße** sollten eine feste Auflage zum Fußboden haben; auch ein Fußhocker ist eine gute Möglichkeit.

Eigenschaften moderner Bürostühle

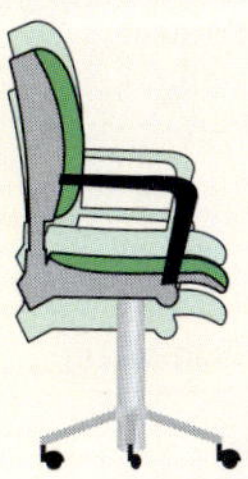
Verstellen der Sitzhöhe

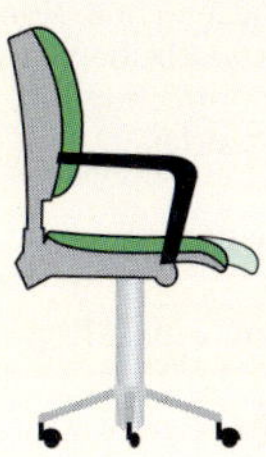
Verstellen der Sitztiefe durch Verschieben der Sitzfläche. Die Sitzgeometrie bleibt erhalten, der Schwerpunkt des Sitzenden ist immer im Drehpunkt des Stuhls.

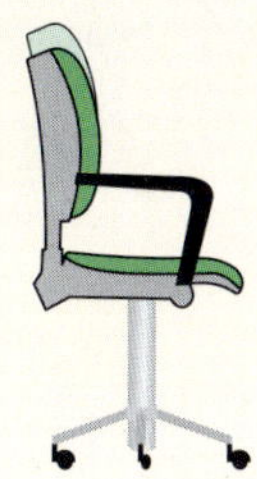
Verstellen der Rückenlehnenhöhe. Der Lendenwirbelbereich wird richtig unterstützt.

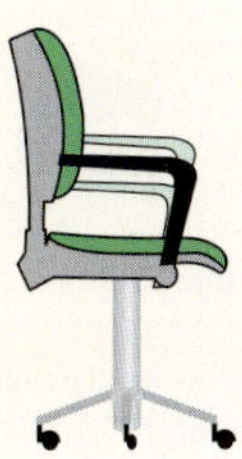
Einstellen der Armlehnenhöhe. Der Schulter- und Nackenbereich ist dadurch fast optimal entlastet.

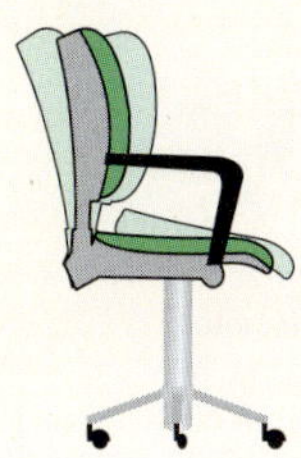
Fließender Bewegungsablauf zwischen vorgeneigter, mittlerer und hinterer Sitzposition. Offener Sitzwinkel von mehr als 90 °. Individuelle Gewichtseinstellung.

Zum ergonomischen Sitzen gehört ein moderner **Bürostuhl** mit variablen Einstellmöglichkeiten für die individuelle Anpassung an den jeweiligen Benutzer.

Der moderne Bürostuhl sollte folgende Eigenschaften besitzen:

- ➔ verstellbare Sitzhöhe und Sitztiefe,
- ➔ verstellbare Rückenlehne und Armlehnen,
- ➔ neigbare Rückenlehne,
- ➔ individuelle Gewichtseinstellung.

Wichtig ist, dass der Bürostuhl richtig für den Arbeitsplatz und vor allem für den Schreibtisch eingestellt werden kann.

Die **Arbeitsmittel** sollten auf dem Schreibtisch so verteilt werden, dass der Arbeitnehmer jedes benötigte Arbeitswerkzeug (Tastatur, Maus, Akten, Stifte, Papier usw.) mit dem individuellen **Radius** seiner Arme erreichen kann.

Die **Tastatur** ist das bedeutendste Eingabegerät für den Computer. Diese sollte unter ergonomischen Gesichtspunkten ausgewählt werden. Wichtige Anforderungen an diese sind:

- matte, nicht spiegelnde Oberfläche,
- variable Neigungseinstellung,
- getrennte Einheit vom Computer,
- ausreichend Platz zur Auflage der Hände,
- sich vom Untergrund abhebende Beschriftung.

Das richtige Sitzen am Arbeitsplatz darf nicht unterschätzt werden. Die nachfolgende Übersicht verdeutlicht falsches und richtiges Sitzen.

Falsches und richtiges Sitzen am Arbeitsplatz

- Sitzhöhe zu hoch
- Sitzhöhe nicht ausgenutzt
- keine Abstützung der Lendenwirbelsäule durch die Rückenlehne

- Sitzfläche nicht ausgenutzt
- Sitzhöhe zu hoch
- Rückenlehne zu hoch
- keine Abstützung der Lendenwirbelsäule durch die Rückenlehne

- keine Abstützung der Lendenwirbelsäule durch die Rückenlehne. Rundrücken belastet Bandscheiben einseitig. Folge: schwere Beeinträchtigung, z. B. Bandscheibenvorfall
- Sitzhöhe zu hoch
- Sitzfläche nicht ausgenutzt

- Rückenlehne zu hoch und nicht dynamisch eingestellt
- Sitzhöhe zu niedrig
- Sitzfläche nicht ausgenutzt

Sitzhöhe einstellen

- Sitzhöhe richtig einstellen Unterarme parallel mit Tisch fläche und Oberschenkel im Winkel von 90°
- Sitzfläche voll ausnutzen
- Rückenlehne exakt einstellen

Sitzfläche ausnutzen

- Sitzfläche voll ausnutzen. Die anatomisch geformte Sitzfläche muss ganz ausgenutzt werden, damit die Rückenlehne stützen kann
- Sitzhöhe richtig einstellen
- Rückenlehne exakt einstellen

Rückenlehne einstellen

- Lehnenhöhe exakt einstellen. Höhe der Rückenlehne so einstellen, dass auch bei wechselnder Ober körperhaltung der Lendenwirbelbereich gestützt ist
- Sitzhöhe richtig einstellen
- Sitzfläche voll ausnutzen

Dynamisch sitzen

- Dynamisch sitzen. Dynamische Rückenlehne frei benutzbar; passt sich den unterschiedlichen Sitzhaltungen an, stützt die Lendenwirbelsäule
- Sitzhöhe richtig einstellen
- Sitzfläche voll ausnutzen

1.3.2 Ökologische Arbeitsumgebung

Neben der Ergonomie am Arbeitsplatz sollte auch der **ökologische Aspekt** im Büro berücksichtigt werden. Keineswegs stehen wirtschaftliche Gesichtspunkte gegen den ressourcenschonenden Einsatz von Einrichtungsgegenständen oder Betriebsmitteln. Nachhaltiger Gebrauch von Ressourcen beginnt schon beim Erwerb.

Nachhaltiger und ökologischer Wegweiser für den Einkauf:

- Auswahl von langlebigen Produkten,
- schadstoffarme Herstellung,
- keine bis geringe Emissionen beim Gebrauch,
- lange Lebensdauer,
- geringer Energieverbrauch,
- Reparierbarkeit,
- Wiederverwendbarkeit und Fähigkeit zum Recycling.

©Stauke-fotolia.com

Verschiedene **Label** dienen der Orientierung zur ökologischen Nutzung und Herstellung.

Beschreibung	Label
Der **Blaue Engel** ist wohl das bekannteste Umweltzeichen und dient als Wegweiser für den Einkauf. Produkte werden mit diesem Label ausgezeichnet, wenn z. B. keine bedenklichen Schadstoffe verwendet werden. Zusätzlich lässt sich schnell an der Unterschrift erkennen, welche Schwerpunkte dieses Produkt berücksichtigt: schützt die Umwelt und die Gesundheit, schützt das Klima, schützt die Ressourcen und schützt das Wasser.	© RAL GmbH
Des **TCO-Prüfsiegel** bringt zum Ausdruck, dass ökologische, soziale und wirtschaftliche Belange bei IT-Produkten und deren Produktion berücksichtigt werden. Die zertifizierten Produkte erfüllen z. B. Kriterien in Bezug auf Arbeitssicherheit, Ergonomie, Emission, Produktlebensdauer, Recycling.	© TCO Development
Das Siegel **Geprüfte Sicherheit** (GS-Zeichen) wird von einer staatlichen Prüfstelle (z. B. TÜV, VDE) vergeben. Es kennzeichnet Produkte, die die gesetzlichen Anforderungen nach dem Produktsicherheitsgesetz erfüllen. Durch dieses Zeichen ist der Käufer sicher, dass er schadstoffarme, bruchsichere und elektrisch einwandfreie Produkte erwirbt.	
Das **QUALITY OFFICE**-Label ist ein Qualitätszeichen, das alle Kriterien einer zeitgemäßen Büroeinrichtung berücksichtigt. Durch dieses Label werden Funktion, Ergonomie und Ökologie bescheinigt. Alle Produkte, die dieses Zeichen tragen, haben grundsätzlich auch das GS-Zeichen.	© Qualitätsforum Büroeinrichtungen

1.4 Einflussfaktoren einer effizienten Arbeitsumgebung

©fotomek-fotolia.com

Bei der Gestaltung des Arbeitsplatzes spielen **Beleuchtung**, **Akustik**, **Farben** und **Temperatur** eine wichtige Rolle. Sie beeinflussen in hohem Maß die Konzentrationsfähigkeit und damit die Leistungsfähigkeit und bestimmen nicht zuletzt das Maß an Arbeitszufriedenheit.

1.4.1 Farben in der Arbeitsumgebung

Farben nehmen Einfluss auf die Menschen in ihrer Umgebung. Gerade im Büro sollten die Farben passend ausgewählt werden. Somit kann eine passende Farbe im Büro einen eventuell bestehenden Raumnachteil (z. B. lange und schmale Räume, niedrige Decken) ausgleichen, um die Atmosphäre zu verbessern.

©virtua73-fotolia.com

Beispiel

Matthias Blau, Geschäftsführer der Blue Design GmbH, muss für seinen neuen Mitarbeiter Ben Schneider ein Büro einrichten. Da zurzeit nur noch ein kleines Büro mit niedrigen Decken leer steht, möchte er es durch die richtige Farbwahl größer wirken lassen. Beim Malermeister Klecks erkundigt er sich, welche Farben am besten für das Vorhaben geeignet sind. Herr Klecks erläutert Matthias Blau, dass niedrige Räume durch weiße bzw. helle Decken größer wirken. Mit einer dunklen Farbe an der Decke würde der Raum gedrückt wirken. Matthias Blau gibt dem Malermeister Klecks den Auftrag, das Büro zu gestalten und erkundigt sich, welche Wirkungen und Beziehungen andere Farben im Büro haben.

Farbe	Wirkung	Beziehung zum Büro
Blau	entspannend, beruhigend, kühlend, harmonisch	hilft bei der Bewältigung von Tagesstress, wirkt regenerativ, schafft Distanz
Gelb	sonnig, warm, hell, inspirierend, offen	regt die Kommunikation an, unterstützt kreative Prozesse
Grün	aktivierend, beruhigend, entspannend, sauber	unterstützt Ausdauer, Hilfsbereitschaft und Zufriedenheit
Rot	aktiv, kraftvoll, vital, leidenschaftlich, erregend	stimulierende und aktivierende Wirkung, unterstützt Aggressionen
Orange	warm, anregend, motivierend, aufbauend, gesund,	regt die Kommunikation und Geselligkeit an, energieschöpfend
Violett	kreativ, phantasievoll, modisch, unkonventionell, spirituell	regt die Kreativität an, wirkt regenerativ, unterstützt das Verantwortungsbewusstsein
Weiß	rein, sauber, unschuldig, hell, neutral, unendlich	lässt Raum für kreative Prozesse und neue Ideen, lässt das Büro größer wirken
Schwarz	sachlich, modern, seriös, nobel, elegant, formell	lässt das Büro enger wirken, kann bedrückend wirken

Merke

Farben unterstützen unterschiedliche Arbeits- und Geschäftsprozesse. Je nach Wirkung auf die Beschäftigten oder auf den Raum muss die passende Farbwahl getroffen werden.

1.4.2 Akustik im Büro

Geräusche umgeben uns ständig. Manche nehmen wir bewusst, andere unbewusst wahr. Im Büro ist eine Geräuschkulisse allgegenwärtig und kann schlecht oder gar nicht abgestellt werden.

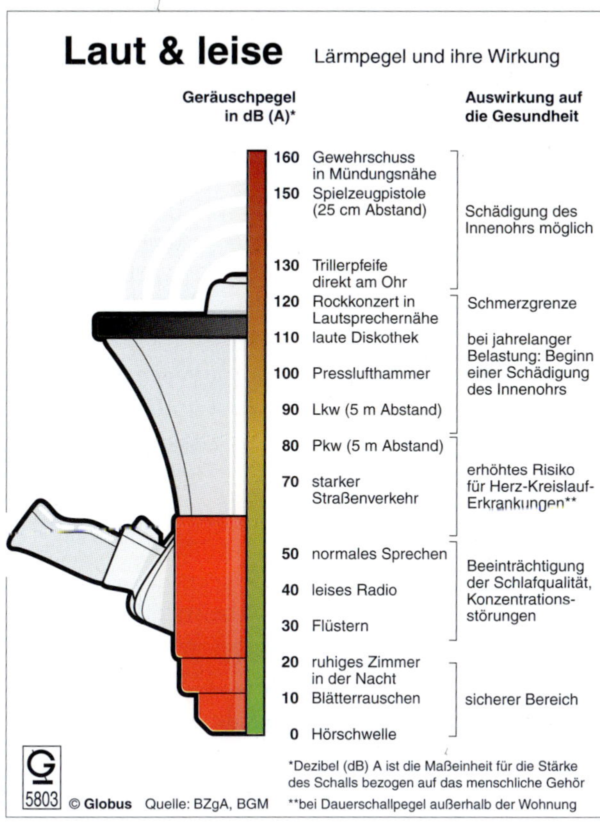

Geräusche im Büro entstehen z. B. durch:

- Telefone, Faxgeräte,
- Computer, Drucker, Tastaturen,
- Gespräche von Kollegen,
- Lüftung, Klimaanlage,
- Radio,
- Straßenverkehr.

In der Arbeitsstättenverordnung wird im Anhang 3.7 ausgeführt, dass der **Schalldruck** im Büro so niedrig wie möglich zu halten ist. Dieser ist soweit zu reduzieren, dass keine gesundheitlichen Folgen für die Beschäftigten entstehen.

Wenn man bedenkt, dass normales Sprechen einen Geräuschpegel von 50 Dezibel verursacht und dies schon zu Konzentrationsstörungen sowie zur Beeinflussung der Leistungsfähigkeit der Beschäftigten führen kann, ist eine völlig störungsfreie Tätigkeit im Büro nur schwer möglich.

Ziel ist es, den Lärm soweit wie möglich zu reduzieren und zu verhindern. Dabei muss zum einen auf die Raumbeschaffenheit und zum anderen auf technische Möglichkeiten geachtet werden.

©Amir Kaljikovic-fotolia.com

Tipp

Möglichkeiten zur Lärmminderung im Büro:

- Einbau von Schallabschirmung zu anderen Arbeitsplätzen
- Anbringung schalldämmender Decken- und Wandverkleidungen
- Verlegung von schalldämmenden Fußbodenmaterialien
- Einbau schallisolierter Fenster
- Auswahl ruhiger technischer Geräte
- Auslagerung geräuschintensiver technischer Geräte in einen seperaten Raum

LERNFELD 2

1.4.3 Licht im Büro

Büroarbeitsplätze müssen für eine effektive Arbeit gut ausgeleuchtet sein. Tageslicht ist in den Arbeitsräumen einer künstlichen Lichtquelle vorzuziehen. Die technischen Regel für Arbeitsstätten (ASR) A3.4 spezifiziert, dass Arbeitsräume mindestens zu 2 % bei Fenstern und zu 4 % bei Dachoberlichtern mit Tageslicht versorgt werden müssen. Die richtige **Farbwahl** der Räume unterstützt die Ausnutzung des Tageslichts zusätzlich. Jedoch sollten störende **Blendungen** oder **Reflexionen** von Sonneneinstrahlungen vermieden werden. Dies kann z. B. durch Jalousien und Rollos erfolgen. Durch eine parallele Anordnung der Computerbildschirme zu den Fenstern wird die Blendung weitestgehend vermieden.

©Rudie-fotolia.com

Wenn das natürliche Licht nicht ausreicht, muss auf künstliche Lichtquellen zurückgegriffen werden. Um einen Maßstab zu haben, wird das Lichtvorkommen im jeweiligen Raum in „Lux" gemessen. Diese Maßeinheit gibt die Beleuchtungsstärke an.

Die Arbeitsstätte sollte mindestens folgende Werte aufweisen:

Ort	→	Mindestwert in Lux
Archive	→	200
Pausenräume/Kantinen	→	200
Kopier- und Ablageräume	→	300
Empfangstheke	→	300
Büroräume/Arbeitsbereiche	→	500
Zeichenbereiche	→	750

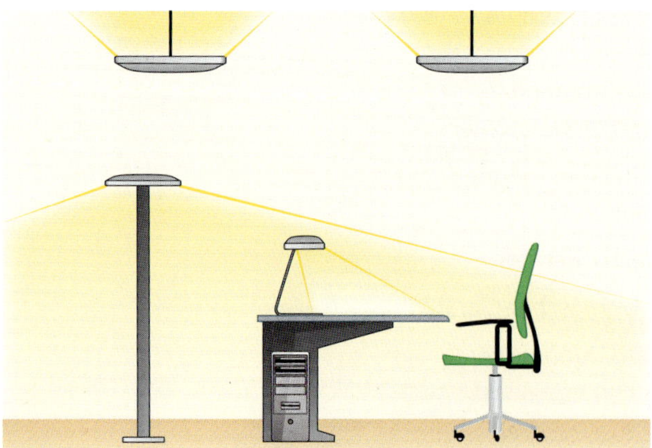

Wenn ein Rückgriff auf künstliche Lichtquellen (Direktbeleuchtung und Indirektbeleuchtung) notwendig ist, muss auf **blendfreie** und **flimmerfreie Leuchten** zurückgegriffen werden. Zusätzlich können durch **Zweikomponentenbeleuchtungen** tageslichtähnliche Verhältnisse geschaffen werden. Mit der ersten Komponente dieser Beleuchtungsform wird an der Decke durch indirektes Licht eine Grundhelligkeit erreicht, und mit der zweiten Komponente in Form von Stehlampen oder Tischleuchten wird die geforderte und gewünschte Helligkeit erreicht. Zusätzlich kann der Unternehmer dadurch Energiekosten einsparen, da die zweite Komponente nur bei Bedarf eingeschaltet werden muss.

1.4.4 Temperatur und Luft in der Arbeitsumgebung

Die klimatischen Bedingungen in einem Raum, insbesondere im Büroraum, haben großen Einfluss auf das Wohlbefinden und die Gesundheit eines Menschen. Eine angenehme Raumtemperatur liegt zwischen 21 °C bis 22 °C (Grad Celsius).

Die Mindestwerte der Raumtemperatur für Arbeitsräume richten sich nach den Technischen Regeln für Arbeitsstätten (ASR) A3.5 und besagen:

Körperhaltung	Arbeitsbelastung		
	leichte Arbeiten (Hand- und Armarbeit) im ruhigen Stehen und Sitzen mit gelegentlichem Gehen	**mittelschwere Arbeit** (Hand-, Arm- und Beinarbeit) im Sitzen, Gehen und Stehen	**schwere Arbeit** (Hand-, Arm- und Beinarbeit) im Stehen oder Gehen
Sitzen	20 °C	19 °C	–
Stehen und Gehen	19 °C	17 °C	12 °C

Die Temperatur im Büro darf **26 °C nicht übersteigen**. Wenn Außentemperaturen über 26 °C zu verzeichnen sind, muss der Arbeitgeber dafür Sorge tragen, dass die Arbeitsumgebung durch geeignete **Sonnenschutzmaßnahmen** wieder eine angenehme Lufttemperatur erreicht. Geeignete **Sonnenschutzmaßnahmen** können in diesem Zusammenhang sein:

- Rollos und/oder Jalousien einbauen
- Gleitzeit einführen,
- Getränke bereitstellen,
- unbenutzte elektrische Geräte ausschalten,
- in den Morgenstunden lüften,
- Bekleidungsregeln lockern,
- Klimageräte einschalten,
- Lüftungseinrichtungen nutzen.

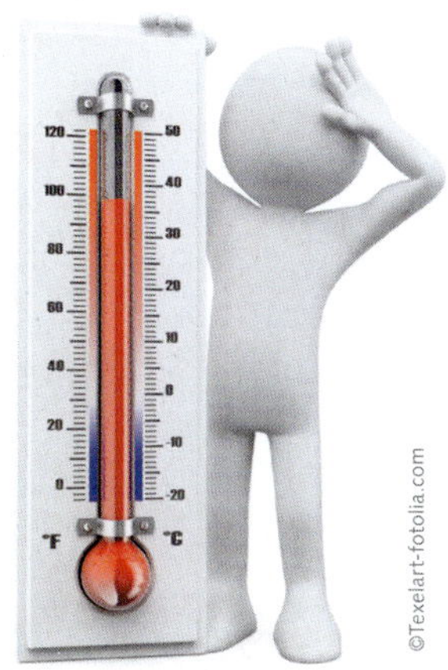

Neben der Temperatur spielt die **relative Luftfeuchtigkeit** im Büro eine bedeutende Rolle für das Wohlbefinden am Arbeitsplatz. Luftfeuchtigkeit kann mithilfe eines Hydrometers gemessen werden und sollte in Büroräumen ungefähr zwischen 40 % und 60 % liegen. Eine einfache, jedoch auch effektive Möglichkeit, die Luftfeuchtigkeit zu beeinflussen, ist das richtige Lüften. Richtiges Lüften kann durch **Stoßlüftung** erfolgen. Stoßlüftung wird durchgeführt, indem man kurzfristig für drei bis zehn Minuten Fenster und Türen komplett öffnet und dabei einen Durchzug erzeugt. Die Technischen Regeln für Arbeitsstätten (ASR) A3.6 empfehlen, dass alle 60 Minuten in Büroräumen und alle 20 Minuten in Besprechungsräumen eine Stoßlüftung erfolgen sollte. Des Weiteren soll je nach Jahreszeit und Bedarf mit der Mindestdauer wie folgt variiert werden:

- im Sommer mindestens zehn Minuten,
- im Frühling bzw. Herbst mindestens fünf Minuten,
- im Winter mindestens drei Minuten.

Merke

Stoßlüften ist eine wirksame Methode zur Regulierung der relativen Luftfeuchtigkeit. Kippen der Fenster reicht nicht aus.

1.5 Zusammenfassung und Aufgaben

Zusammenfassung

Die verschiedenen Büroformen

Die **optimale Raumgestaltung** lässt sich durch die Beachtung von wirtschaftlichen Gesichtspunkten, der Abmessung des Raums und der Lebensqualität der Beschäftigten ermitteln.

Die gängigsten **Büroformen** sind Zellen- oder Kleinraumbüro, Großraumbüro, Kombibüro, Team- oder Gruppenbüro, Reversibles Büro und Non-territoriales Büro.

Zellen- oder **Kleinraumbüros** sind mit allen notwendigen Arbeitsmaterialien ausgestattet und werden von bis zu vier Personen genutzt.

Je nach Rangordnung bzw. Tätigkeitsfeld wird ein Mitarbeiter in einem Ein- oder **Mehrpersonenraumbüro** untergebracht.

Großraumbüros haben mindestens 25 Arbeitsplätze und eine Grundfläche von mehreren hundert Quadratmetern.

Die **Raumteilung im Großraumbüro** erfolgt durch Stellwände, Schränke, Regale und Pflanzen. Somit ist eine unproblematische Umgestaltung des Büros jederzeit gegeben.

Das **Kombibüro** ist eine Kombination aus dem Zellen- oder Kleinraumbüro und dem Großraumbüro. Es nutzt die Vorteile und vermeidet die Nachteile beider Büroformen.

Die Weiterentwicklung des Großraumbüros ist das **Team- oder Gruppenbüro**, das mit maximal 25 Arbeitsplätzen ausgestattet ist.

Die **Ausstattung** des **Team-** oder **Gruppenbüros** entspricht dem des Großraumbüros.

Das **Reversible Büro** kann schnell durch flexible deckenhohe Trennwände in alle Büroformen umgestaltet werden.

Das **non-territoriale Büro** ist strenggenommen keine eigenständige Büroform. Hierbei werden keine festen Arbeitsplätze für die einzelnen Mitarbeiter eingerichtet, sondern von diesen ja nach Bedarf und Verfügbarkeit genutzt.

Wichtige Vorschriften zur Arbeitsumgebung

Für die **Gestaltung einer Arbeitsumgebung** gibt es Gesetze, Verordnungen, Vorschriften, staatliche Regeln und Richtlinien, die eingehalten werden müssen.

Das **Arbeitsschutzgesetz** regelt die Rechte und Pflichten des Arbeitgebers und der Beschäftigten und ist die rechtliche Grundlage für den Arbeits- und Gesundheitsschutz.

In den **Regeln für Arbeitsstätten** sind Maßnahmen zur Gestaltung des Arbeitsraums formuliert.

Die **Raumabmessung** muss je nach Büroform 9 m² – 16 m² nach den Regeln für Arbeitsstätten betragen.

Die **Bildschirmarbeitsverordnung** legt fest, dass die Arbeitsplätze so zu gestalten sind, dass die Arbeit am Bildschirm regelmäßig durch andere Tätigkeiten unterbrochen werden kann.

Die **Unfallverhütungsvorschriften** ergänzen und konkretisieren vorhandene Gesetze und Verordnungen.

Ergonomische und ökologische Arbeitsumgebung

Das **ergonomische Sitzen** unterstützt die Leistungsfähigkeit des Beschäftigten und wirkt präventiv gegen gesundheitliche Beschwerden.

Der **nachhaltige** und der **ökologische Umgang** mit den endlichen **Ressourcen** schützt die Ökologie.

Farben können Büroformen durch die richtige Wahl positiv beeinflussen.

Durch den Erwerb ruhiger technischer Geräte, schalldämmender Materialien usw. wird die **Lautstärke** im Raum minimiert.

In Abhängigkeit vom Büroraum und der Arbeitsaufgabe müssen Mindestwerte für die **Beleuchtung** eingehalten werden.

Die **Raumtemperatur** im Büro sollte zwischen 21 °C bis 22 °C liegen und hat großen Einfluss auf das Wohlbefinden und die Gesundheit eines Menschen.

Kurzfristiges Stoßlüften (drei bis zehn Minuten) ist eine wirksame Methode zur Regulierung der relativen Luftfeuchtigkeit.

LERNFELD 2

Aufgaben

1. Prüfen und erläutern Sie folgende Aussagen auf ihre Richtigkeit.
   (1) Bei der Gestaltung der Arbeitsumgebung muss der Arbeitgeber nur seine wirtschaftlichen Interessen beachten.
   (2) Das Großraumbüro beinhaltet alle Vorteile des Zellen- oder Kleinraumbüros.
   (3) Im Zellen- oder Kleinraumbüro erhält ein Mitarbeiter je nach Rangordnung einen Ein- oder Mehrpersonenraum.
   (4) Das Großraumbüro wird in der Regel ab 20 Arbeitsplätzen verwendet.
   (5) Die Nachteile des Großraumbüros kann keine andere Büroform vermeiden.
   (6) Das non-territoriale Büro ist keine eigenständige Büroform.
   (7) Das reversible Büro ist die zukunftsträchtigste Büroform.
2. Erstellen Sie eine Übersicht über die wichtigsten Gesetze, Verordnungen und Vorschriften für die Gestaltung einer Arbeitsumgebung.
3. Erläutern Sie die Bedeutung des Arbeitsschutzgesetzes.
4. Erläutern Sie die Bedeutung der Technischen Regeln für Arbeitsstätten.
5. Erstellen Sie einen kurzen Vortrag zur Raumabmessung und zur Bewegungsfläche für Büroräume. Nutzen Sie hier auch die ASR A1.2.
6. Erläutern Sie die Ergonomie am PC-Arbeitsplatz.
7. Erläutern Sie die Bedeutung des Labels „Blauer Engel".
8. Nennen Sie fünf Geräuschquellen im Büro.

2 Gesundheitsgefahren erkennen und Strategien zur Bewältigung entwickeln

©fotomek-fotolia.com

Unter Wohlbefinden am Arbeitsplatz soll keineswegs nur die **körperliche Gesundheit** eines Menschen verstanden werden. Vielmehr umschließt dieser Begriff auch die **psychische Verfassung** eines Menschen. Nicht nur die Sicherheit am Arbeitsplatz muss gewährleistet sein, um eine gesundheitliche Gefährdung der Mitarbeiter zu vermeiden, sondern auch **psychosoziale Einflüsse** (Stress, Gewalt, sexuelle Belästigungen usw.) müssen vermieden werden. Für einen Beschäftigten ist es wichtig, dass der Beruf im Einklang mit seinem Privatleben steht und eine Balance vorhanden ist.

2.1 Auslöser und Folgen von Gesundheitsgefahren im Büro

Auslöser für Gesundheitsgefahren im Büro sind **technische Gegebenheiten** (z. B. Missachtung der Unfallverhütungsvorschriften), **organisatorische Strukturen** (Arbeitsplatzgestaltung, Umgebungseinflüsse usw.), aber auch **menschliche Einflüsse**. Sie können zu Arbeitsunfällen (mangelnde Arbeitssicherheit) und **psychischen und physischen Krankheiten** führen. Dabei nehmen die physischen und psychischen Belastungen immer mehr an Bedeutung zu.

Folgen für die Arbeitnehmer und Arbeitgebern sind u. a.:

- geringere Leistungsfähigkeit,
- erhöhter Krankenstand,
- schlechtes Arbeitsklima,
- Kundenverluste,
- schlechter Arbeitsmitteleinsatz,
- Terminverschiebungen,
- erhöhtes Arbeitspensum,
- Überstunden,
- erhöhte Fehlerrate,
- steigendes Verletzungsrisiko,
- Produktionsausfall,
- Kostensteigerung.

©fotomek-fotolia.com

Merke

Nur eine gemeinsame Gestaltung der Arbeitsumgebung durch Arbeitgeber und Arbeitnehmer, die aktiv und präventiv vorgehen, bekämpft und schaltet Gesundheitsgefahren aus.

2.2 Arbeitssicherheit im Büro fördern

Im Büro besteht in der Regel ein innerer Zusammenhang zwischen der Sicherheit am Arbeitsplatz und dem eigentlichen **Unfall**. Oft sind Unfälle im Büro auf den menschlichen Faktor zurückzuführen. Wenn alle Beteiligten gewisse Regeln und Maßnahmen beachten, können viele Arbeitsunfälle vermieden werden. Dazu bedarf es einer Disziplin im eigenen Handeln und auch eines wachsamen Auges, um Gefahren zu erkennen.

Unfallverhütungsvorschriften (UVV) der Berufsgenossenschaft

Gefahren im Büro		Regeln und Maßnahmen
Hindernisse in Durchgangswegen, versperrte Bewegungsflächen, lose verlegte Kabel	→	Gegenstände (Ordner, Unterlagen, Taschen, Verteilersteckdosen usw.) nicht auf den Boden bzw. Bewegungsflächen lagern, ordnungsgemäße Deponierung von Gegenständen in die bestehenden Ordnungssysteme (Regale, Schreibtisch, Schubladen usw.), um Stolperfallen zu vermeiden.
unebene, abgenutzte und glatte Böden	→	Böden mit Belägen ausstatten, die Unebenheiten ausgleichen oder die rutschunempfindlich sind.
nasse und verschmutze Flächen	→	Fußmatten präventiv im Eingangsbereich einsetzen, Warnschilder bei nassen Bereichen aufstellen umgehend für eine Reinigung sorgen.
offene Schubladen an Regalsystemen, Türen von Schränken, Schubladen von Schreibtischen usw.	→	nach dem Gebrauch von Regalen, Schränken, Schreibtischen usw. diese wieder verschließen, um Verletzungen zu vermeiden
falsche Arbeitshilfen zum Erreichen von Ordnern oder Unterlagen	→	geeignete Arbeitshilfen zum Erreichen von Ordnern und Akten (Leiter, Aufstiegshilfe usw.) verwenden
scharfe Kanten im Büro	→	wachsam und behutsam durch das Büro gehen, scharfe Kanten, wenn möglich, schon beim Kauf vermeiden oder mit Hilfsmitteln entschärfen oder abrunden
Hektik und Rennen im Büro	→	nicht im Büro herumrennen, um Zeit einzusparen, langsam in öffentlichen Bereichen gehen und Zusammenstöße mit Kollegen vermeiden
Stromschläge durch unerlaubte oder defekte technische Geräte	→	technische Geräte regelmäßig prüfen lassen, defekte Geräte vom Stromkreislauf trennen und private Geräte vor dem Gebrauch im Büro anmelden und testen lassen.

©iko-fotolia.com

©WoGi-fotolia.com

©Maxim_Kazmin-fotolia.com

©vege-fotolia.com

2.3 Psychische und physische Gesundheitsgefahren erkennen

2.3.1 Stress im Büro

Der Begriff **„Stress"** bedeutet im Englischen **Druck** oder **Anspannung**, der/die durch äußere Einflüsse hervorgerufen wird. Äußere Einflüsse im Büro können insbesondere sein:

- erhöhtes Arbeitspensum,
- Überstunden, Zeitdruck,
- Angst über den Verlust des Arbeitsplatzes,
- Konflikte mit Kollegen oder Vorgesetzten,
- nicht ordnungsgemäß funktionierende Technik, die das Arbeiten blockiert,
- gesundheitliche Beeinträchtigungen zum Ausführen der Arbeit,
- negative Vorkommnisse im Büro, die die Mitarbeiter enttäuschen oder verärgern,
- längere Unterbrechungen.

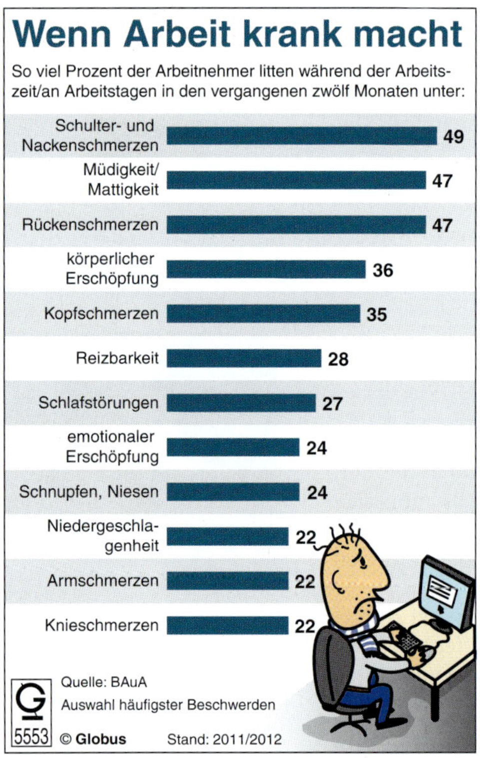

Die **Folge** sind psychische und physische Reaktionen, die zur Bewältigung der Arbeiten förderlich sein können, aber meistens eine negative körperliche und geistige Belastung mit sich bringen. Diese negativen Reaktionen können sein:

- Verzicht auf wichtige Pausen,
- Konzentrationsschwäche,
- Erschöpfungsgefühl, Motivationsmangel,
- gereizte Stimmung und gereiztes Verhalten,
- fehlerhafte Arbeit, ineffiziente Planung von Arbeiten,
- erhöhter Blutdruck,
- Depressionen, Kopfschmerzen,
- Schlafprobleme, Ängste, Atemprobleme.

Grundsätzlich ist jeder ab und an einem gewissen Stress am Arbeitsplatz ausgesetzt. Wichtig ist dabei, die äußeren Einflüsse richtig zu verarbeiten, sprich, den erhöhten Arbeitsaufwand oder solche Einflüsse zu bewältigen. Wenn eine Bewältigung nicht möglich ist, beginnt die Überforderung und es kann keine Erholung mehr für die Betroffenen eintreten. Hilfreich kann hier die Verwendung einer Zeitmanagement-Methode sein, um die zur Verfügung stehende Zeit effektiv zu nutzen und den Arbeitsalltag effektiv zu gestalten.

Tipp

Zum Bewältigen von erhöhtem Arbeitsaufwand und zur Einteilung von Arbeiten empfiehlt es sich, eine Methode des Zeitmanagements zu nutzen.

2.3.2 Burnout-Syndrom

©GIZGRAPHICS-fotolia.com

Das Burnout-Syndrom ist ein **Befindlichkeitssyndrom** und keine anerkannte Krankheit. Der Begriff „Burnout" umschreibt den Zustand eines Menschen, der sich in seinem Beruf ausgebrannt, ausgelaugt, müde und lustlos fühlt. Die Arbeit wird zur Belastung und in seiner Tätigkeit fühlt er sich überfordert und überlastet. Die Effektivität und Effizienz seiner Tätigkeiten und Aufgaben nehmen ab. In der Regel werden in diesem Prozess soziale Kontakte abgebrochen, Hobbys und Freizeitaktivitäten werden nicht mehr nachgegangen und aufgegeben. Der Betroffene zieht sich nach und nach von der Außenwelt zurück und gelangt zum Nullpunkt ohne jegliche Lebensmotivation. Bei den schlimmsten Fällen ist ein erhöhtes Suizidrisiko zu verzeichnen.

Die **Ursachen** für ein Burnout-Syndrom sind vielfältig und können parallel auftreten. Einige exemplarische Ursachen sind:

- geringes positives Feedback,
- hohe Erwartungen an sich selbst,
- schlechte Arbeitsorganisation,
- Probleme und Konflikte,
- schlechte Rahmenbedingungen,
- Berufs- und Privatleben nicht abgegrenzt,
- geringer Verdienst,
- Frust, Angst,
- Stress, Arbeitsbelastung,
- Zeitdruck bei der Arbeit,
- schlechtes Arbeitsklima,
- keine Unterstützung,
- schlechte Teamarbeit,
- Versagensgefühle,
- Überlastung,
- Erschöpfung.

©Trueffelpix-fotolia.com

Grundsätzlicher Verlauf des Burnout-Syndroms

1. Phase	←	Die Betroffenen gehen übermotiviert an die Arbeit, setzen sich zu große Ziele, nehmen sich zu viel vor und können die an sich selbst gestellten Maßstäbe schwer realisieren.
2. Phase	←	Verzicht auf Freizeit und Privatleben; in der verbliebenden Freizeit kann der Betroffene nicht von der Arbeit loslassen. In dieser Phase kann es auch zum Konsum von entspannenden Suchtmitteln z. B. Alkohol oder Medikamenten kommen.
3. Phase	←	Die anhaltende Arbeitsbelastung und der Arbeitseinsatz führen zu Müdigkeit und Erschöpfung des Betroffenen. Das Arbeitsengagement wird zurückgenommen und die Anerkennung im Unternehmen sinkt.
4. Phase	←	Bei anhaltendem Verlauf sinkt die geistige Leistungsfähigkeit, Freizeitaktivitäten werden nicht mehr nachgegangen, private Kontakte werden abgebrochen, körperliche Beschwerden setzen ein und die Einnahme von Suchtmitteln steigt an.
5. Phase	←	Steigende Gleichgültigkeit und Desinteresse, kompletter Motivationsverlust und Verzweiflung.

■ Vorbeugende Maßnahmen gegen Burnout

Es ist schwierig, sich gegen Burnout zu schützen. Jedoch ist es wichtig, Maßnahmen zu kennen und einzusetzen sowie sich die Problematik des Burnout-Syndroms bewusst zu machen.

Maßnahmen gegen Burnout können sein:

- ➔ Verteilung der Arbeit,
- ➔ Organisation des Tagesablaufs,
- ➔ eigene Grenzen kennen,
- ➔ Weiterbildung,
- ➔ Privatleben und Berufsleben,
- ➔ Erfahrungsaustausch,
- ➔ Schaffen angenehmer Bedingungen,
- ➔ Analyse der eigenen Arbeit,
- ➔ regelmäßige Pausen,
- ➔ aktive Nutznung der Freizeitgestaltung.

2.3.3 Mobbing am Arbeitsplatz

Mobbing ist eine Form der **Konflikteskalation** und daher eine **Gewaltform**, die ihren Ursprung in einer ausführenden Person hat. Gewalt gegenüber Menschen im beruflichen Umfeld ist meist psychischer Natur. Der Begriff **Mobbing** wurde aus dem englischen „to mob" abgeleitet. Dies bedeutet so viel wie „anpöbeln, bedrängen und angreifen". Die allgemein anerkannte Definition von Mobbing besagt, dass eine Person über einen längeren Zeitraum hinweg von einer oder mehreren Personen belästigt, drangsaliert oder ausgegrenzt wird.

Mobbing geschieht häufig in sogenannten **Zwangsgemeinschaften**. Diese findet man meistens in der Berufswelt. Diese Gebilde können nicht ohne Weiteres oder ohne weitere Einschnitte für ein Individuum verlassen werden. Mobbing kann durch mehrere Formen zum Ausdruck kommen. Die Mobbingmöglichkeiten im beruflichen Umfeld lassen sich in drei Bereiche unterteilen.

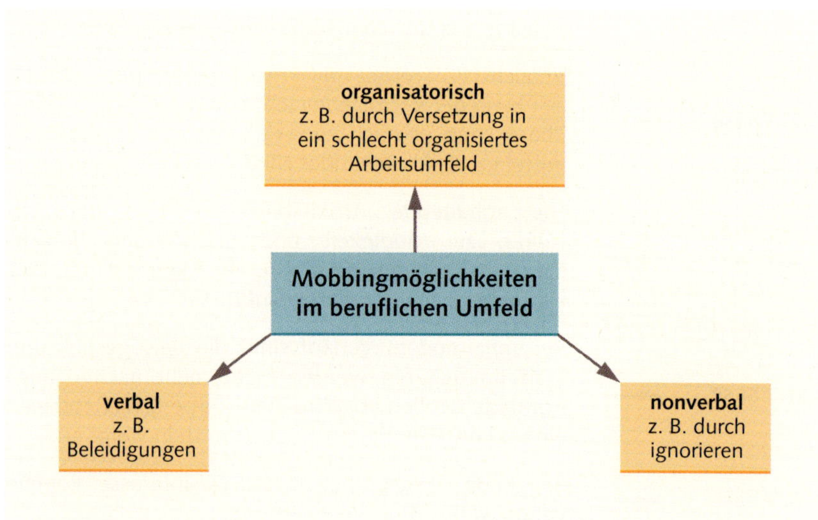

Eine gesetzliche Verankerung wie in Frankreich, Spanien oder Schweden existiert in Deutschland nicht. Dennoch ist Mobbing arbeitsrechtlich **verboten** und der jeweilige Arbeitgeber muss seiner **Fürsorgepflicht** gegenüber seinen Arbeitnehmern nachkommen. Dabei sind die Persönlichkeitsrechte in Art. 1 und Art. 2 Grundgesetz und die Gleichbehandlungspflicht in Art. 3 Grundgesetz zu beachten und zu schützen. Daneben können auch einzelne Handlungen nach dem Strafgesetzbuch (StGB) strafrechtlich verfolgt werden. Sollte ein Mobbingvorfall stattfinden, sollte man sich unbedingt professionellen Rat (z. B. Betriebsrat, Rechtsanwalt, Beratungsstellen) einholen.

2.4 Maßnahmen zur Erhaltung und Förderung der Gesundheit

Maßnahmen zur Erhaltung und Förderung der Gesundheit psychischer und physischer Natur sind nicht nur Sache des jeweiligen Beschäftigten, vielmehr kann der Arbeitgeber auch Maßnahmen und Rahmenbedingen schaffen und bieten.

Grundsätzlich sollte der Beschäftigte auf ein ausgewogenes und ausgeglichenes Privat- und Berufsleben (**Work-Life-Balance**) achten. Dies bedeutet, dass ein Gleichgewicht zwischen den verschiedenen Lebensbereichen gefunden werden sollte. Der Arbeitgeber kann hier unterstützend und fördernd einwirken. Zusätzlich zieht dieser indirekt Vorteile aus einem ausgeglichenen und leistungsfähigen Mitarbeiter.

Maßnahmen des Arbeitgebers für die Erhaltung und Förderung der Gesundheit:

- Fort- und Weiterbildungen anbieten,
- Arbeitsbelastung verteilen,
- Büroausstattung,
- Arbeitssicherheit beachten,
- klare Hierarchien und Kompetenzen,
- flexible Arbeitszeiten,
- Serviceleistungen für Familien,
- ergonomische Arbeitsplätze bereitstellen,
- regelmäßige Entwicklungsgespräche,
- Austausch defekter Büroausstattung,
- effiziente Arbeitsbedingungen schaffen,
- Freiräume schaffen,
- Sensibilisierung von Führungskräften,
- offenes Ohr für alle Beschäftigten.

Maßnahmen des Beschäftigten für die Erhaltung und Förderung der Gesundheit:

- bewusste Pausen zum Abschalten einhalten,
- Treppen laufen statt Aufzug fahren,
- während der Arbeit auch mal aufstehen,
- Sitzposition ab und an wechseln,
- ausreichend trinken (mind. 1,5 Liter),
- Arbeitspläne und Tagespläne erstellen,
- Strategien gegen Stress entwickeln,
- Bewegungspausen durchführen,
- Mahlzeiten einnehmen,
- effektives Zeitmanagement nutzen,
- zu Hause frühstücken,
- realistische Ziele setzen,
- Sport treiben,
- Entspannungsphasen nutzen.

Merke

Die Gesundheit am Arbeitsplatz sollte aktiv durch Arbeitgeber und Arbeitnehmer gestaltet werden. Beide Seiten tragen zu Erhaltung und Förderung der Gesundheit bei.

2.5 Zusammenfassung und Aufgaben

Zusammenfassung

Auslöser und Folgen von Gesundheitsgefahren im Büro

Wohlbefinden am Arbeitsplatz subsumiert die **körperliche** und **psychische Gesundheit** eines Mitarbeiters.

Gesundheitsgefahren im **Büro** können durch technische Gegebenheiten, organisatorische Strukturen und menschliche Einflüsse entstehen.

Folgen von Gesundheitsgefahren für die Beschäftigten und Arbeitgeber sind:

- geringere Leistungsfähigkeit,
- erhöhter Krankenstand,
- schlechtes Arbeitsklima,
- Kundenverluste,
- schlechter Arbeitsmitteleinsatz,
- Terminverschiebungen,
- erhöhtes Arbeitspensum,
- Überstunden,
- erhöhte Fehlerrate,
- steigendes Verletzungsrisiko,
- Produktionsausfall,
- Kostensteigerung.

Gefahren im Büro

Regeln und Maßnahmen fördern die **Arbeitssicherheit** im Büro und beugen Unfällen vor.

Gefahren im Büro sind:

- Hindernisse in Durchgangswegen, versperrte Bewegungsflächen, lose verlegte Kabel,
- unebene, abgenutzte und glatte Böden,
- nasse und verschmutze Flächen,
- offene Schubladen an Regalsystemen, Türen von Schränken, Schubladen von Schreibtischen usw.,
- falsche Arbeitshilfen zum Erreichen von Ordnern oder Unterlagen,
- scharfe Kanten im Büro,
- Hektik und Rennen im Büro,
- Stromschläge durch unerlaubte oder defekte technische Geräte.

Psychische und physische Gesundheitsgefahren

Psychische Gesundheitsgefahren im Büro können **Stress**, **Burnout-Syndrom** und **Mobbing** sein.

Stress wird durch ein erhöhtes Arbeitspensum, Überstunden, Angst über den Verlust des Arbeitsplatzes, Konflikte mit Kollegen oder Vorgesetzten, Technik, die nicht funktioniert, gesundheitliche Beeinträchtigungen und negative Vorkommnisse im Büro gefördert.

Zur Bewältigung von erhöhtem Arbeitsaufwand und zur Einteilung von Arbeiten empfiehlt es sich eine **Methode des Zeitmanagements** zu nutzen.

Begriff **Burnout** umschreibt den Zustand eines Menschen, der sich in seinem Beruf ausgebrannt, ausgelaugt, müde und lustlos fühlt. Die Arbeit wird zur Belastung und in seiner Tätigkeit fühlt er sich überfordert und überlastet. Die Effektivität und Effizienz seiner Tätigkeiten und Aufgaben nehmen ab.

Ursachen, die zum **Burnout** führen können sind:

- geringes positives Feedback,
- hohe Erwartungen an sich selbst,
- schlechte Arbeitsorganisation,
- Probleme und Konflikte,
- schlechte Rahmenbedingungen,
- Berufs- und Privatleben nicht abgegrenzt,
- geringer Verdienst,
- Frust, Angst,
- Stress, Arbeitsbelastung,
- Zeitdruck bei der Arbeit,
- schlechtes Arbeitsklima,
- keine Unterstützung,
- schlechte Teamarbeit,
- Versagensgefühle,
- Überlastung,
- Erschöpfung.

Der grundsätzliche **Verlauf des Burnout-Syndroms** lässt sich in fünf Phasen einteilen.

Maßnahmen gegen Burnout können sein: Verteilung der Arbeit, Erfahrungsaustausch, Organisation des Tagesablaufs, angenehme Bedingungen schaffen, eigene Grenzen kennen, Analyse der eigenen Arbeit, Weiterbildung, regelmäßige Pausen, Privatleben und Berufsleben trennen und Freizeitgestaltung aktiv nutzen.

Mobbing ist eine Form der Konflikteskalation und umschreibt, dass eine Person über einen längeren Zeitraum hinweg von einer oder mehreren Personen belästigt, drangsaliert oder ausgegrenzt wird.

Mobbing im beruflichen Umfeld kann **verbal**, **nonverbal** und **organisatorisch** geschehen.

Eine **gesetzliche Verankerung** von **Mobbing** existiert in Deutschland nicht. Dennoch können einzelne Handlungen nach dem Strafgesetzbuch (StGB) strafrechtlich verfolgt werden.

Maßnahmen zur Erhaltung und Förderung der Gesundheit

Maßnahmen des **Arbeitsgebers** für die **Erhaltung** und **Förderung** der **Gesundheit**:

- Fort- und Weiterbildungen anbieten,
- Arbeitsbelastung verteilen,
- Büroausstattung warten lassen,
- Arbeitssicherheit beachten,
- klare Hierarchien und Kompetenzen schaffen,
- flexible Arbeitszeiten einführen,
- Serviceleistungen für Familien anbieten,
- ergonomische Arbeitsplätze bereitstellen,
- regelmäßige Entwicklungsgespräche führen,
- Austausch defekter Büroausstattung vornehmen,
- effiziente Arbeitsbedingungen schaffen,
- Freiräume schaffen,
- Führungskräfte sensibilisieren,
- offenes Ohr für alle Beschäftigten.

Maßnahmen des **Beschäftigten** für die **Erhaltung** und **Förderung** der **Gesundheit**:

- bewusste Pausen zum Abschalten,
- Treppen laufen statt Aufzug fahren,
- während der Arbeit auch mal aufstehen,
- Sitzposition ab und an wechseln,
- ausreichend trinken,
- Arbeitspläne und Tagespläne erstellen,
- Strategien gegen Stress entwickeln,
- Bewegungspausen durchführen,
- Mahlzeiten einnehmen,
- effektives Zeitmanagement,
- zu Hause frühstücken,
- realistische Ziele setzen,
- Sport treiben,
- Entspannungsphasen nutzen.

Work-Life-Balance umschreibt das Gleichgewicht zwischen dem Privat- und Berufsleben.

Die **Gesundheit am Arbeitsplatz** sollte aktiv durch **Arbeitgeber** und **Arbeitnehmer** gestaltet werden. Beide Seiten tragen zu Erhaltung und Förderung der Gesundheit bei.

Aufgaben

1. Prüfen und erläutern Sie folgende Aussagen auf ihre Richtigkeit.

(1) Wohlbefinden am Arbeitsplatz umschreibt die körperliche Gesundheit eines Menschen.

(2) Die drei häufigsten Beschwerden von Arbeitnehmern sind Schulter- und Nackenschmerzen, Müdigkeit und Rückenschmerzen.

(3) Ordner oder Taschen können in den Bewegungsflächen abgestellt werden und beeinträchtigen nicht die Arbeitssicherheit.

(4) Nach dem Gebrauch von Regalen, Schränken, Schreibtischen usw. sollen diese wieder verschlossen werden, um Verletzungen zu vermeiden.

(5) Stühle können ohne Bedenken zum Erreichen von Ordnern in den oberen Regalfächern verwendet werden.

(6) Technische Geräte müssen nur bei der Inbetriebnahme geprüft werden.

(7) Das Burnout-Syndrom ist keine anerkannte Krankheit.

(8) Mobbing am Arbeitsplatz kann nur durch verbale Äußerungen oder organisatorisch erfolgen.

(9) Die Gesundheit am Arbeitsplatz kann nur durch den jeweiligen Beschäftigten selbst gefördert werden.

2. Nennen Sie fünf Folgen von Gesundheitsgefahren für Arbeitnehmer oder Arbeitgeber.

3. Erläutern Sie vier potenzielle Gefahren der Arbeitssicherheit im Büro und beschreiben Sie Maßnahmen gegen diese Unfallrisiken.

4. Erläutern Sie den grundsätzlichen Verlauf des Burnout-Syndroms.

5. Erläutern Sie vorbeugende Maßnahmen gegen Burnout.

6. Erläutern Sie, warum Mobbing meistens in der Berufswelt zu finden ist.

7. Erläutern Sie, wie in Deutschland gegen Mobbing gesetzlich vorgegangen werden kann.

8. Erläutern Sie, was man unter Work-Life-Balance versteht.

3 Arbeitsprozesse effizient und aktiv gestalten

©fotomek-fotolia.com

Jeder kennt den Umstand, dass man Aufgaben erledigen wollte und nur noch wenig Arbeitszeit zur Verfügung steht. Umso wichtiger ist es, die vorhandene Zeit effektiv zu nutzen und zu gestalten. Manche Aufgaben und Tätigkeiten haben einen höheren Stellenwert als andere und müssen daher zeitnah oder sogar am gleichen Arbeitstag erledigt werden. Ältere Kollegen gestalten ihre Arbeitszeit meist durch ihre eigenen Erfahrungen unbewusst und setzen Prioritäten, um die anfallenden Aufgaben abzuarbeiten. Diese unbewusste Handlung wird als **Zeitmanagement** verstanden.

3.1 Zeitmanagement bei bürowirtschaftlichen Abläufen

Die richtige Zeiteinteilung ist von jedem Menschen selbst abhängig. Jeder hat andere Arbeitsgewohnheiten bzw. Routinen entwickelt. Des Weiteren geht jeder mit Stresssituationen, größerem Arbeitsaufwand oder Umwelteinflüssen unterschiedlich um.

Allgemein beinhaltet jedes funktionierende Zeitmanagement einzelne Schritte, die aneinander anknüpfen und nacheinander ablaufen. Nachfolgend wird der grundsätzliche **Ablauf** dargestellt.

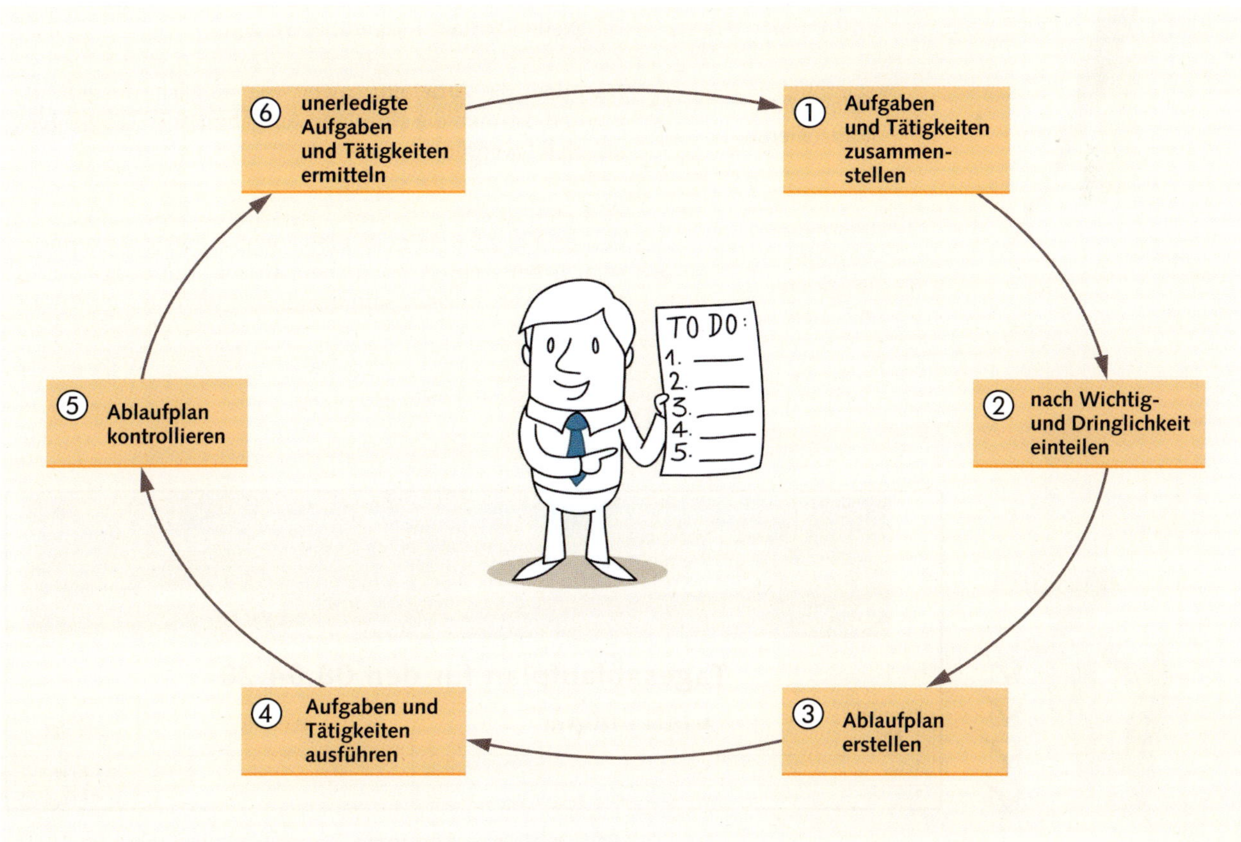

©Rudie-fotolia.com

LERNFELD 2

Arbeitsschritte des Zeitmanagements

In den einzelnen Arbeitsschritten erfolgt jeweils die Tätigkeit des Mitarbeiters.

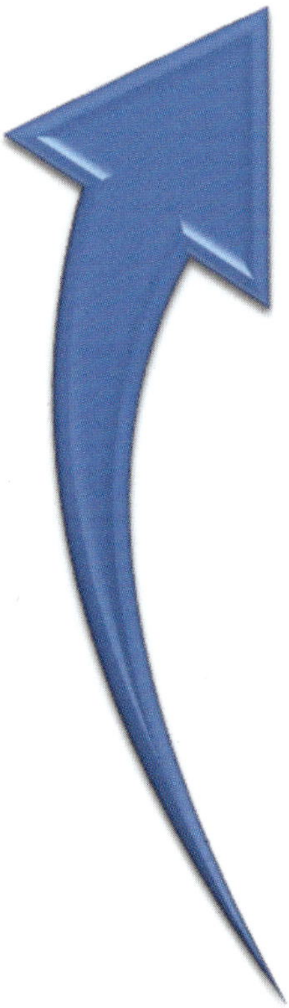

Arbeitsschritt		Tätigkeit
① Aufgaben und Tätigkeiten zusammenstellen	→	In diesem Arbeitsschritt werden die zu erledigten Tätigkeiten und Aufgaben zusammengestellt. Diese Informationen werden in Terminplänen, Terminmappen, Arbeitsmappen, eigenen Notizen usw. ermittelt.
② nach Wichtigkeit und Dringlichkeit einteilen	→	Wenn alle Aufgaben und Tätigkeiten zusammengestellt sind, werden diese nach Wichtigkeit und Dringlichkeit eingeteilt. Ausschlaggebend für die Einteilung sind Termine, Fristen, Anweisungen, Zeitpläne usw.
③ Ablaufplan erstellen	→	Nachdem eine Rangordnung vorgenommen wurde, kann ein Ablaufplan erstellt werden. Solch ein Plan sollte möglichst mit einer entsprechenden Software, z. B. Word oder Excel, angefertigt werden, um noch nachträgliche Änderungen oder Ergänzungen vornehmen zu können. Zusätzlich sollte ein Zeitpuffer berücksichtigt werden.
④ Aufgaben und Tätigkeiten ausführen	→	Dieser Punkt erfordert das Fachwissen und die Kompetenz des jeweiligen Mitarbeiters, damit die Aufgaben und Tätigkeiten korrekt ausgeführt werden.
⑤ Ablaufplan kontrollieren	→	Nachdem die Arbeiten, soweit wie möglich, ausgeführt wurden, können die einzelnen Aufgaben oder Tätigkeiten abgehakt werden.
⑥ unerledigte Aufgaben und Tätigkeiten ermitteln	→	Es kommt immer vor, dass Tätigkeiten nicht erledigt wurden oder nicht erledigt werden konnten. Faktoren können sein: Arbeitszeit ist verstrichen, Urlaub, Rückfragen usw. Unerledigtes muss zusammengestellt werden, um es abzuarbeiten.

Tagesablaufplan für den 08.04.20..

Priorität Nr.	Aufgabe / Tätigkeit	Hinweis	Erledigt
1.			Ja ❑ Nein❑
2.			Ja ❑ Nein❑

Beispiel für eine Checkliste „Tagesablaufplan" nach Prioritäten

3.2 Methoden des Zeitmanagements

Methoden des Zeitmanagements sind hilfreich bei der Zeitplanung und Zeiteinteilung sowie zum leichteren Setzen von Prioritäten. Ziele aller Zeitmanagement-Methoden sind, eine bessere, effizientere und stressfreiere Zeiteinteilung zu erreichen.

3.2.1 Pareto-Prinzip

Das Pareto-Prinzip wurde nach dem italienischen Ökonomen und Soziologen *Vilfredo Pareto* benannt. Dieser stellte fest, dass 80 % der italienischen Bevölkerung 20 % des gesamten Vermögens von Italien besitzen.

Im Umkehrschluss heißt dies, dass 20 % der italienischen Bevölkerung 80 % des gesamten Vermögens von Italien besitzen. Nach dieser Erkenntnis wurde die **80-zu-20-Regel** definiert.

Abgeleitet auf das Zeitmanagement und auf die Klassifizierung der Tätigkeiten und Aufgaben bedeutet dies, dass **20 % der eingesetzten Arbeitszeit bereits 80 % des Arbeitserfolgs erbringen**. Beim Pareto-Prinzip müssen die Arbeiten und Tätigkeiten ausfindig gemacht werden, die die 80 % des Arbeitserfolgs ausmachen. Nach der Einordnung sollten genau diese bedeutsamen Arbeiten und Tätigkeiten vorrangig ausgeführt werden. Dies soll aber keineswegs bedeuten, dass die anderen Arbeiten und Tätigkeiten auf der Strecke bleiben. Vielmehr müssen diese mit einer geringeren Priorität erledigt oder delegiert werden.

Merke

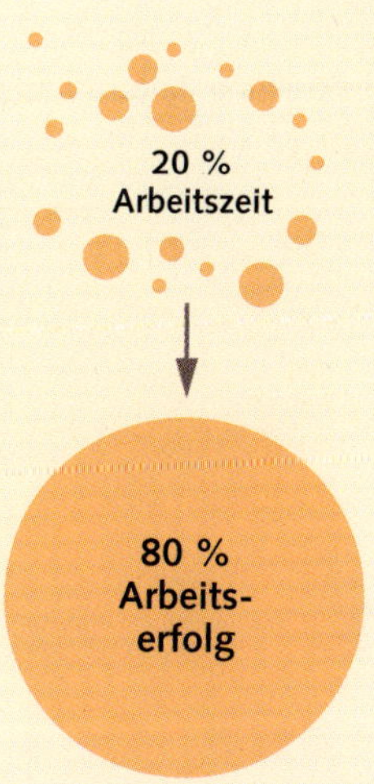

3.2.2 ABC-Analyse

Die ABC-Analyse teilt die anstehenden Aufgaben und Tätigkeiten nach ihrer **Wichtigkeit** ein. Sie unterscheidet zwischen **A-**, **B-** und **C-Aufgaben**.

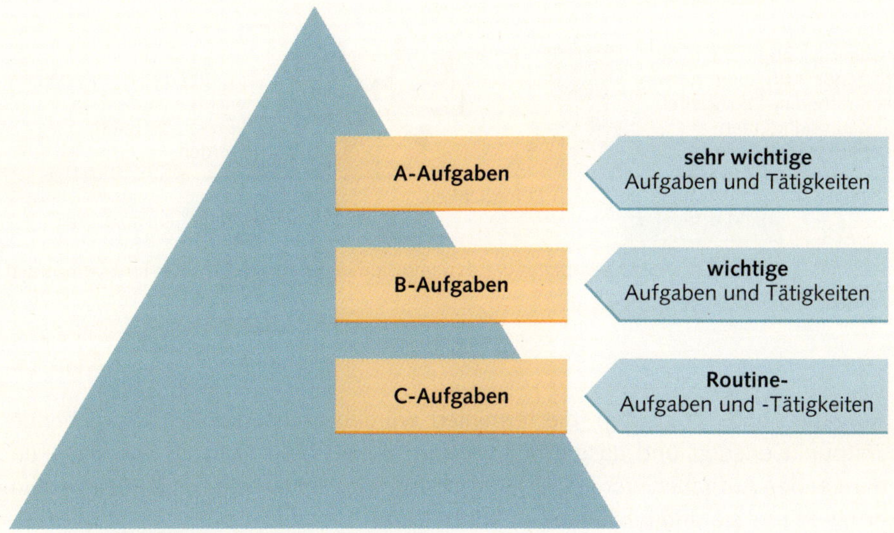

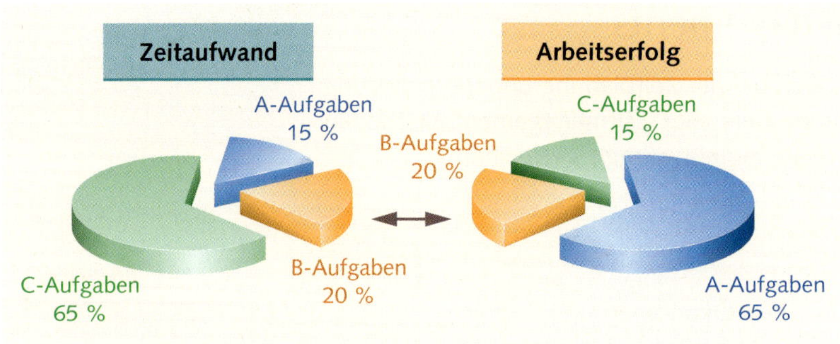

Gegenüberstellung Zeitaufwand und Arbeitserfolg bei der ABC-Analyse

Wie schon beim Pareto-Prinzip ist der Zeitbedarf bei A-Aufgaben gering und diese Aufgaben und Tätigkeiten tragen zum Arbeitserfolg am meisten bei. Bei B-Aufgaben sind der Zeitaufwand und der Ertrag ausgewogen. Bei C-Aufgaben wird viel Zeit benötigt und diese Aufgaben und Tätigkeiten tragen zum Arbeitserfolg nur einen geringeren Beitrag bei.

3.2.3 Eisenhower Prinzip

Wie die ABC-Analyse ordnet das Eisenhower-Prinzip die offenen Arbeiten in Kategorien ein. Das Prinzip wurde nach dem 34. US-Präsidenten und General Dwight David Eisenhower benannt, der dieses Prinzip praktizierte und selbst gelehrt hatte. Zunächst werden die Aufgaben und Tätigkeiten in **wichtige und dringende Aufgaben** unterteilt und dann wiederum in insgesamt vier Kategorien eingeordnet. Nach dieser Einteilung der Aufgaben und Tätigkeiten können die Aufgaben abgearbeitet werden.

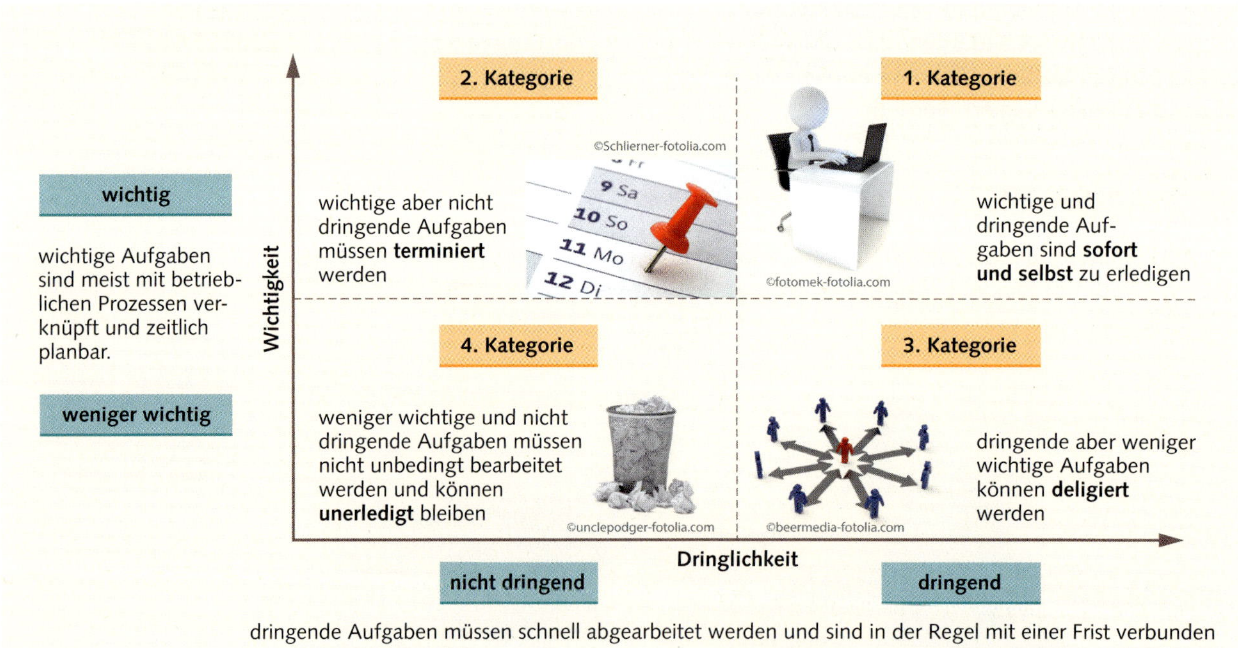

Merke

Aufgaben und Tätigkeiten, die terminiert wurden, müssen zum entsprechenden Zeitpunkt erledigt und ausgeführt werden, damit diese nicht zu wichtigen und dringenden Aufgaben werden. Bei delegierten Tätigkeiten sollte eine Rückmeldung erfolgen und sie sind bei Bedarf zu kontrollieren.

3.2.4 SMART-Methode

Die SMART-Methode hat ihren Ursprung im Projektmanagement. Dennoch kann diese auch für reguläre Aufgaben und Tätigkeiten im Büro verwendet werden. Sie teilt die Arbeiten nicht nur in einen Zeitplan ein, sondern verlangt vielmehr eine klare Spezifizierung der zu erreichenden Ziele, um diese messbar und überprüfbar zu machen. Dabei muss auch ein klarer Termin gesetzt werden, aber keinesfalls sollen Ziele unrealistisch sein oder zu Demotivation führen.

©fotomek-fotolia.com

- **S – Spezifisch:** Jede Aufgabe und Tätigkeit soll so präzise und eindeutig wie möglich formuliert werden.
- **M – Messbar:** Ziele müssen messbar sein, um sie prüfbar zu machen und um die Motivation zu fördern.
- **A – Attraktiv:** Vom Bearbeiter sollen die Ziele akzeptiert werden und es soll attraktiv sein, diese auszuführen.
- **R – Realistisch:** Ziele sollen erreichbar und möglich sein. Auf keinen Fall sollten diese zu einer Überforderung führen.
- **T – Terminierbar:** Jede ausformulierte Aufgabe oder Tätigkeit muss mit einem klaren Termin verbunden werden.

3.2.5 ALPEN-Methode

Die ALPEN-Methode ist eine einfache und schnell durchführbare Methode zur Zeiteinplanung, die aber dennoch effektiv ist. In der Regel dient sie der Tagesplanerstellung und nimmt wenig Arbeitszeit in Anspruch.

- **A** – **Aufgaben** in Checklisten, To-do-Listen oder Tagesablaufplänen notieren
- **L** – **Länge** und Zeitaufwand für die Tätigkeit und die Aufgabe realistisch einschätzen
- **P** – **Pufferzeiten** für die jeweilige Arbeit einplanen, um unvorhergesehene Probleme zu berücksichtigen
- **E** – **Entscheidungen** treffen, um die jeweiligen Tätigkeiten und Aufgaben in Prioritäten einzuteilen oder zu delegieren
- **N** – **Nachkontrolle** der Arbeiten, um nicht bearbeitete Aufgaben neu zu verteilen

In der ersten Phase der ALPEN-Methode müssen Pläne mit einzelnen Aufgaben und Tätigkeiten zusammengestellt werden. In der zweiten Phase müssen die Arbeiten mit einer realistischen Zeiteinschätzung für die Bearbeitung versehen werden. In der dritten Phase wird je nach Aufgabe jeweils ein Zeitpuffer zugeordnet, um Störungen oder unvorhergesehene Probleme zu berücksichtigen. In der vierten Phase werden Prioritäten vergeben, Tätigkeiten delegiert oder Aufgaben komplett ausgesondert.

Die letzte Phase erfolgt nach der Abarbeitung der Aufgaben und Erledigung der Tätigkeiten. Es werden die einzelnen Ausführungen kontrolliert und unbearbeitete Aufgaben ermittelt. Diese können für neue Tagespläne vorgemerkt oder durch veränderte Gegebenheiten angepasst oder komplett ausgesondert werden.

Tipp

Welche Methode für das persönliche Zeitmanagement die beste Wahl ist, kann man nur selbst herausfinden. Es empfiehlt sich alle Methoden in der täglichen Arbeit einzusetzen und sich dann für eine der Methoden zu entscheiden.

3.3 Mögliche Störungen, Zeitdiebe und Zeitfallen bei Arbeitsprozessen erkennen

Jeder noch so gute Zeitplan oder jede Einteilung der Arbeit hilft nur bedingt beim Erfüllen der gesetzten Ziele. In der täglichen Büropraxis gibt es zum einen Einflüsse von außen, die man schwer beeinflussen kann und zum anderen Zeitdiebe oder Zeitfallen, die man selbst mehr oder weniger verursacht oder bewirkt hat.

Einige **Störungen**, **Zeitdiebe** und **Zeitfallen** sind:

- Ziele zu ungenau oder falsch gesetzt,
- Prioritäten nicht richtig festgelegt,
- Unterbrechungen durch Telefonate,
- Ablenkung, Lärm, private Gespräche usw.,
- keine Organisation der Aufgaben,
- Unterlagen nicht richtig abgelegt,
- Konzentrationsschwäche durch Übermüdung,
- Ungeduld, Hast, Unvermögen usw.,
- zu großes Arbeitspensum,
- unwichtige Informationen stören die Arbeit,
- Unterbrechung durch unangemeldete Personen,
- fehlende Selbstdisziplin,
- Aufgaben wurden nicht zu Ende gebracht.

3.4 Techniken des Selbstmanagements kennenlernen

Das Einteilung von Arbeiten bzw. die Organisation von Aufgaben und Tätigkeiten ist ein wichtiger Prozess. Dennoch bedarf es einer Analyse des Selbstmanagements, um seine eigene Kompetenz und Entwicklung weiter voranzutreiben und die Effizienz zu steigern.

Unabdingbar ist es, den eigens erstellten Arbeitsplan bzw. Tagesplan zu kontrollieren. Dabei reicht es nicht aus, nur die nicht erledigten Aufgaben und Tätigkeiten zu ermitteln. Vielmehr ist es bedeutsam herauszufinden, warum diese nicht bearbeitet werden konnten. Dies kann u. a. an den bereits genannten Zeitdieben oder Zeitfallen liegen. Wichtig ist es, diese Zeitdiebe oder Zeitfallen ausfindig zu machen und in zukünftigen Planungen zu berücksichtigen.

©Gina Sanders-fotolia.com

3.4.1 Selbstkontrolle durch Selbstbeobachtung im Büro

Selbstbeobachtung ist eine Technik zur **Selbstkontrolle**. Mit dieser Technik sollen Arbeitsabläufe und die eigenen offenen oder verdeckten Verhaltensweisen erkannt werden. Grundsätzlich soll die Selbstkontrolle den Ist- mit dem Sollzustand vergleichen und die Effektivität der Arbeit nachhaltig verbessern.

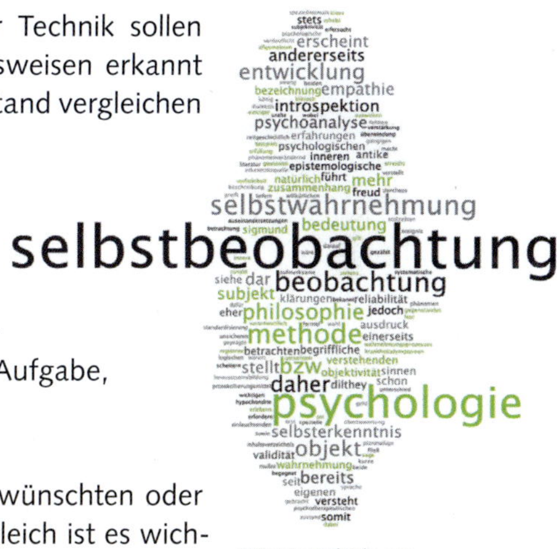

©XtravaganT-fotolia.com

Die **Dokumentation** des Ist-Zustandes sollte umfassen:

- Art der Tätigkeit,
- tatsächlicher Zeitaufwand,
- Grund für die Nichtbearbeitung,
- Uhrzeit der Bearbeitung,
- Außeneinwirkungen,
- Methode der Ausführung,
- Nutzen der Tätigkeit und Aufgabe,
- Zustand des Bearbeiters.

Nach der Dokumentation des Ist-Zustandes muss dieser mit dem gewünschten oder vorher festgelegten Soll-Zustand verglichen werden. Bei diesem Vergleich ist es wichtig, die Abweichungen festzustellen und dann die Gründe des Abweichens zu analysieren. Je genauer die Aufzeichnungen und Dokumentationen sind, umso größer kann die Selbsterkenntnis für den Betroffenen sein.

Durch die Selbstbeobachtung können folgende **Erkenntnisse** gewonnen werden:

- organisatorische Mängel werden aufgedeckt,
- Bearbeitungszeiten sind zu lang,
- fehlerhafte Arbeitsabläufe werden erkannt,
- Störfaktoren können ermittelt werden.

Durch die Analyse können nicht nur Mängel ermittelt werden, sondern es kann zu Lösungsansätzen oder neuen Ideen für die zukünftige Bearbeitung kommen.

3.4.2 Zeitprotokoll als Analyseinstrument nutzen

Ein **Zeitprotokoll** dient dazu, die verwendete **Arbeitszeit** für einzelne Arbeiten **transparent** zu machen. Zunächst muss eine **Bestandsaufnahme** oder auch **Ist-Analyse** durchgeführt werden. Solch eine Bestandsaufnahme kann einen Tag oder mehrere Tage umfassen. Es empfiehlt sich, diese an mehreren Tagen durchzuführen, um Vergleichswerte zu erhalten. Diese Bestandsaufnahme muss die Uhrzeit, die Aufgabe oder Tätigkeit, den Zeitaufwand und eventuelle Vorkommnisse enthalten.

Bestandsaufnahme / Ist-Analyse

Uhrzeit	Aufgabe / Tätigkeit	Zeitaufwand	Vorkommnisse

Beispiel für einen Bestandsaufnahme/Ist-Analyse

Nach der Ist-Analyse können nun Aufgaben und Tätigkeiten ermittelt werden, die einen hohen oder niedrigen Zeitaufwand haben. Dabei ist es wichtig, sich auch die notierten Vorkommnisse anzusehen. Vielmals lassen sich dadurch Zeitdiebe und Zeitfallen erkennen. Zusätzlich können alle Arbeiten mit einer **Gewichtung** versehen werden, ob diese bedeutsam und wichtig sind oder weniger wichtig. Dabei kann man auf das Eisenhower-Prinzip zurückgreifen und diese mit den einzelnen vier Kategorien beschriften. Somit lassen sich schnell die Aufgaben und Tätigkeiten ermitteln, die eine größere oder geringere Bedeutungen haben. Im nächsten Schritt der Analyse müssen **Strategien** oder **Lösungen** gefunden werden, die zu einer Zeiteinsparung führen. Ob diese Erfolg haben, zeigt sich wiederum in der täglichen Büropaxis. Als Kontrolle kann wiederrum eine Bestandsaufnahme durchgeführt werden, um Veränderungen zu ermitteln.

3.5 Zusammenfassung und Aufgaben

Zusammenfassung

Zeitmanagement bei bürowirtschaftlichen Abläufen

Die **Arbeitszeit** im Büro ist ein vergängliches Gut und muss effektiv genutzt und gestaltet werden.

Ein funktionierendes **Zeitmanagement** beinhaltet folgende Schritte, die aneinander anknüpfen:

- Aufgaben und Tätigkeiten zusammenstellen,
- nach Wichtig- und Dringlichkeit einteilen,
- Ablaufplan erstellen,
- Aufgaben und Tätigkeiten ausführen,
- Ablaufplan kontrollieren,
- unerledigte Aufgaben und Tätigkeiten ermitteln.

Methoden des Zeitmanagements

Das **Pareto-Prinzip** besagt, dass 20 % der eingesetzten Arbeitszeit bereits 80 % des Arbeitserfolgs erbringen.

Beim Pareto-Prinzip müssen die Arbeiten und Tätigkeiten ausfindig gemacht werden, die die 80 % des Arbeitserfolgs ausmachen, damit diese vorrangig erledigt und ausgeführt werden.

Die Arbeiten, die nur 20 % des Arbeitserfolgs ausmachen, müssen mit einer geringeren Priorität erledigt oder delegiert werden.

Die **ABC-Analyse** teilt die Aufgaben und Tätigkeiten, die nach Ihrer Wichtigkeit erledigt und ausgeführt werden müssen ein. Sie unterscheidet zwischen:

- ➔ A-Aufgaben – sehr wichtige Aufgaben und Tätigkeiten
- ➔ B-Aufgaben – wichtige Aufgaben und Tätigkeiten
- ➔ C-Aufgaben – Routine-Aufgaben und -Tätigkeiten

Zeitbedarf der einzelnen Aufgaben bei der ABC-Analyse sind:

➔ A-Aufgaben - 15 % ➔ B-Aufgaben - 20 % ➔ C-Aufgaben - 65 %

Arbeitserfolg der einzelnen Aufgaben bei der ABC-Analyse sind:

➔ A-Aufgaben - 65 % ➔ B-Aufgaben - 20 % ➔ C-Aufgaben - 15 %

Beim **Eisenhower-Prinzip** gibt es wichtige und dringende Aufgaben. Wichtige Aufgaben sind meist mit betrieblichen Prozessen verknüpft und sind zeitlich planbar; dringende Aufgaben müssen schnell abgearbeitet werden und sind in der Regel mit einer Frist verbunden.

Das **Eisenhower-Prinzip** ordnet die offenen Arbeiten in vier Kategorien ein:

- ➔ 1. Kat. – wichtige und dringende Aufgaben sind sofort und selbst zu erledigen
- ➔ 2. Kat. – wichtige aber nicht dringende Aufgaben müssen terminiert werden
- ➔ 3. Kat. – dringende aber weniger wichtige Aufgaben können delegiert werden
- ➔ 4. Kat. – weniger wichtige und nicht dringende Aufgaben müssen nicht unbedingt bearbeitet werden und können unerledigt bleiben

Die **SMART-Methode** teilt die Arbeiten nicht nur in einen Zeitplan ein, sondern verlangt vielmehr eine klare Spezifizierung der zu erreichenden Ziele, um diese messbar und überprüfbar zu machen. Dabei muss auch ein klarer Termin gesetzt werden, aber keinesfalls sollen Ziele unrealistisch sein oder zu Demotivation führen.

SMART bedeutet:

- **S**pezifisch – Jede Aufgabe und Tätigkeit soll so präzise und eindeutig wie möglich formuliert werden.
- **M**essbar – Ziele müssen messbar sein, um sie prüfbar zu machen und um die Motivation zu fördern.
- **A**ttraktiv – Vom Bearbeiter sollen die Ziele akzeptiert werden und es soll attraktiv sein, diese auszuführen.
- **R**ealistisch – Ziele sollen erreichbar und möglich sein. Auf keinen Fall sollten diese zu einer Überforderung führen.
- **T**erminierbar – Jede ausformulierte Aufgabe oder Tätigkeit muss mit einem klaren Termin verbunden werden.

In der ersten Phasen der **ALPEN-Methode** müssen Pläne mit einzelnen Aufgaben und Tätigkeiten zusammengestellt werden. In der zweiten Phase müssen die Arbeiten mit einer realistischen Zeiteinschätzung für die Bearbeitung versehen werden. In der dritten Phase wird je nach Aufgabe jeweils ein Zeitpuffer zugeordnet, um Störungen oder unvorhergesehene Probleme zu berücksichtigen. In der vierten Phase werden Prioritäten vergeben, Tätigkeiten delegiert oder Aufgaben komplett ausgesondert. In der fünften Phase werden die einzelnen Ausführungen kontrolliert und unbearbeitete Aufgaben ermittelt.

Störungen, Zeitdiebe und Zeitfallen bei Arbeitsprozessen

In der täglichen Büropraxis gibt es zum einen Ereignisse von außen, die man schwer beeinflussen kann, und zum anderen Zeitdiebe oder Zeitfallen, die man selbst mehr oder weniger verursacht hat.

Techniken des Selbstmanagements

Ein **Zeitprotokolle** ist eine Bestandsaufnahme und dient als Analyseinstrument, um die verwendete Arbeitszeit für einzelne Arbeiten transparent zu machen. Dadurch lassen sich Zeitdiebe und Zeitfallen erkennen.

Aufgaben

1. Prüfen und erläutern Sie folgende Aussagen auf ihre Richtigkeit.

(1) Die Arbeitszeit effektiv zu nutzen, erlernt man in der Ausbildung.

(2) Die zu erledigenden Aufgaben und Tätigkeiten müssen zur Einteilung der Arbeitszeit anhand von Terminplänen, Terminmappen, Arbeitsmappen und eigenen Notizen zusammengestellt werden.

(3) Bei der Ausführung von Arbeiten kommt es nur auf die Schnelligkeit des Bearbeiters an.

(4) Das Pareto-Prinzip besagt, dass 80 % Arbeitszeit erforderlich ist, um 20 % Arbeitserfolg zu erreichen.

(5) Die ALPEN-Methode ist eine einfache und schnell durchführbare Methode zur Zeiteinplanung, die dennoch effektiv ist.

(6) Bei der Erstellung von Ablaufplänen sollen Prioritäten bei den einzelnen Aufgaben und Tätigkeiten vergeben werden.

2. Nennen und erläutern Sie die einzelnen Schritte, die jedes funktionierende Zeitmanagement hat.
3. Erstellen Sie in Word oder Excel einen Tagesablaufplan für Ihr Unternehmen.
4. Erläutern Sie, welche Aufgaben und Tätigkeiten beim Pareto-Prinzip als erstes erledigt und durchgeführt werden sollen.
5. Erläutern Sie die Einteilung der Aufgaben bei der ABC-Analyse.
6. Welcher Zusammenhang besteht beim Pareto-Prinzip und der ABC-Analyse?
7. Erläutern Sie die Einteilung der Aufgaben beim Eisenhower-Prinzip.
8. Erläutern Sie die einzelnen Stufen der SMART-Methode.
9. Erläutern Sie den Ablauf der ALPEN-Methode.
10. Nennen Sie sechs Zeitdiebe und Zeitfallen.

4 Termine im Büro organisieren

Bei der täglichen Büroarbeit ist eine gute und präzise Organisation gefragt. Nicht nur beim Ablauf von Tätigkeiten und Aufgaben, sondern auch bei der sinnvollen Planung von Terminen.

4.1 Terminarten

Allgemein bedeutet ein Termin einen Zeitpunkt, der mit einem Datum oder sogar mit einer Uhrzeit verbunden und festgelegt ist. Zu diesem Zeitpunkt soll ein Ereignis oder ein gewünschtes Ergebnis eintreten. Termine im Büro bedeuten nicht nur Besprechungen oder Gesprächstermine.

Weitere **Termine** im Büro können z. B. sein:

- Wiedervorlagetermin,
- Bestelltermin,
- Skontotermin,
- Kündigungstermin,
- Urlaubstermin,
- Ausschreibungstermin,
- Weiterbildungstermin,
- Projekttermin,
- Reparaturtermin,
- Lieferungstermin,
- Zahlungstermin,
- Antworttermin,
- Messetermin,
- Einstellungstermin,
- Gesprächstermin,
- Abgabetermin,
- Garantietermin,
- Produktionstermin.

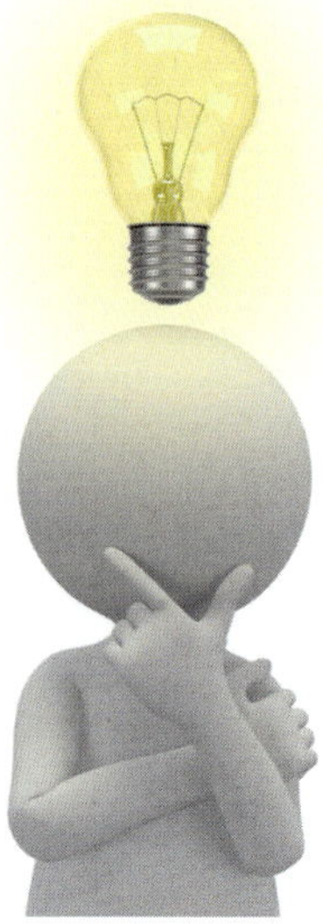

Tipp

Bevor man einen Termin festlegt, sollte man sich darüber im Klaren sein, um welchen Termin es sich handelt. Dabei können folgende Leitfragen behilflich sein:

- Warum soll der Termin stattfinden?
- Welcher Personenkreis nimmt an dem Termin teil?
- Zu welchem Datum und zu welcher Uhrzeit soll der Termin stattfinden?
- An welchem Ort soll der Termin stattfinden?
- Welcher Zeitrahmen wird für den Termin benötigt?
- Welches Ergebnis wird angestrebt?
- Werden Medien, Unterlagen usw. für den Termin benötigt?

Termine lassen sich einteilen in **feste Termine**, die sich regelmäßig wiederholen und in **bewegliche Termine**, die mit den festen Terminen abgestimmt werden müssen.

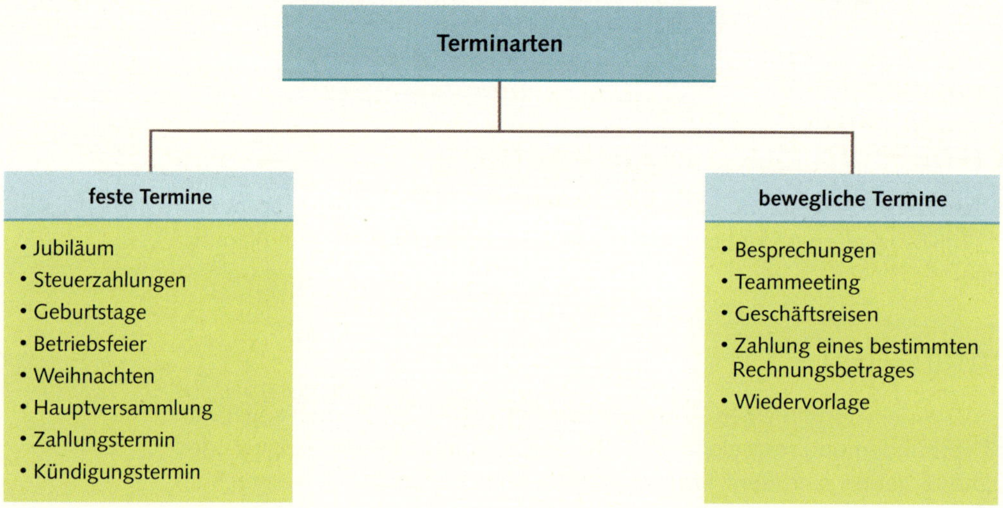

4.2 Koordinieren und überwachen von Terminen

Auch beim Überwachen und Koordinieren von Terminen werden feste und bewegliche Termine unterschiedlich berücksichtigt. Da sich feste Termine in der Regel wiederholen, können diese längerfristig in den **Terminplänen** berücksichtigt werden. Bewegliche Termine hingegen werden kurzfristig geplant und vereinbart und müssen mit den bereits vorhandenen festen Terminen in Einklang gebracht werden. Diese sollten unmittelbar nach der Vereinbarung eingetragen bzw. fixiert werden, damit es bei weiteren Terminanfragen zu keiner Überschneidung kommt.

4.2.1 Koordinieren von Terminen

©fotomek-fotolia.com

Ein Abstimmprozess von Terminen ist schwierig, z. B. wenn der Vorgesetzte einen **Terminkalender** hat und Termine von ihm selbst sowie von einer weiteren Person geplant und festgelegt werden. Häufig kommt es mit klassisch geführten Terminkalendern zu **Überschneidungen** oder der **Abstimmprozess** nimmt erhöhten Zeitaufwand in Anspruch.

Probleme in der Organisation entstehen bei:

- falsch eingetragenen oder vergessenen Terminen.
- Doppelbelegung von Terminen,
- falsch eingetrager Termindauer,
- Terminen, die nicht wahrgenommen werden können.

Durch den Einsatz von **digitalen Terminkalendern**, die sich ständig aktualisieren und somit auf dem neusten Stand sind, können solche Probleme vermieden werden. Durch diese Terminkoordination wird die Professionalität in einem Unternehmen gefördert und demzufolge werden Probleme in der Organisation weitestgehend vermieden. Freiräume werden erkannt und können mit kurzfristigen oder unangemeldeten Terminen in die Tagesplanung integriert werden. Für die Nutzer der digitalen Terminkalender entsteht eine höhere Flexibilität bei der Terminverwaltung.

©Detlef -fotolia.com

Neben dem digitalen Terminkalender gibt es noch weitere Hilfsmittel für die Terminfixierung. Diese können sein:

Art	Erläuterung
klassische Papierkalender	in Papierform geführter Kalender, z. B. Tisch-, Wand-, Buchkalender
Terminmappen	Mappe mit gekennzeichneten Trennblättern von 1 bis 31 für den laufenden Monat
Planungstafeln	Großes Kalenderformat für Wände, um Visualisierungen deutlich zu machen
Terminkarteien	Karteikasten im DIN-A4 Format, der durch Trennblätter in Monate und Tage eingeteilt ist
Terminliste	Papierliste zum Eintragen von Terminen

Tipp

Vor der letztendlichen Festlegung eines Termins müssen folgende Fragen geklärt sein:

- Ist jeder Terminteilnehmer für die Zeit verfügbar?
- Welcher Zeitraum muss für den Termin geblockt werden?
- Wird für den Termin eventuell ein Zeitpuffer benötigt?
- Ist ein Zeitfenster zum nächsten Termin offenzuhalten?
- Welche Anreisezeit wird bei dem Termin benötigt?
- Wird eine Übernachtung benötigt? Wenn ja, sind noch Unterkünfte verfügbar?
- Stehen private Termine entgegen?

4.2.2 Überwachung von Terminen

Nicht nur die Koordination von Terminen hat eine große Bedeutung im Büro. Vielmehr ist die stetige Überwachung von Terminen unabdingbar für eine gute und effiziente Terminplanung.

Der Überwachungsgrund bei einem Termin kann unterschiedlich sein und muss differenziert je nach Termin/Ereignis bearbeitet werden.

©fotomek-fotolia.com

Termin/Ereignis		Überwachungsgrund
Besprechung, Meeting	→	Unterlagen, Raum, teilnehmende Personen usw. verfügbar und vorhanden
Geschäftsreise	→	Reise- und Transferunterlagen, Hotel usw. verfügbar und vorhanden
Wiedervorlage	→	Antwortschreiben oder Rückmeldung eingegangen, Überwachung eines Sachverhaltes usw.
Zahlungszeitpunkt	→	Geldbetrag pünktlich überwiesen
Projektende	→	Projektergebnis erreicht

Zusätzlich kann bei der Überwachung eine Auswertung des Termins/Ereignisses vorgenommen werden, um die zukünftige Terminierung und Planung zu verbessern.

©fotomek-fotolia.com

Termin/Ereignis		Überwachungsgrund
Besprechung, Meeting	→	Wurden die Ziele und Ergebnisse erreicht? Waren alle Teilnehmer anwesend? War die geplante Zeit ausreichend?
Geschäftsreise	→	Waren alle Unterlagen vollständig? Waren die Hoteleigenschaften zufriedenstellend? War der Reisezeitraum ausreichend geplant?
Wiedervorlage	→	Konnte der Wiedervorlagegrund abgearbeitet werden? Warum ist ein neuer Termin notwendig?
Zahlungszeitpunkt	→	Sind weitere Geschäftsbeziehungen mit dem Kunden gewünscht? Muss der Kunde in die Rechtsabteilung abgegeben werden?
Projektende	→	Warum ist eine Abweichung vorhanden? War die Terminfixierung sinnvoll oder ist diese zu berichtigen?

4.3 Erstellen von Terminplänen

Termine müssen frühzeitig vorbereitet und eventuell dazugehörige Unterlagen bereitgestellt werden. Dies kann durch die Erstellung eines täglichen **Terminablaufplans** erfolgen. Durch solch eine **To-Do-Liste** kann man die täglichen Aufgaben übersichtlich darstellen und anschließend abarbeiten, überwachen und bei Bedarf auch verschieben.

Sinnvollerweise sollte diese Vorbereitung mindestens einen oder zwei Tage vor den eigentlichen Terminen erfolgen. Jedoch nicht zu früh, damit eventuelle Verschiebungen oder Änderungen nicht unberücksichtigt bleiben. Bei der Planung können zusätzlich Prioritäten bei den zu erledigenden Aufgaben gesetzt werden.

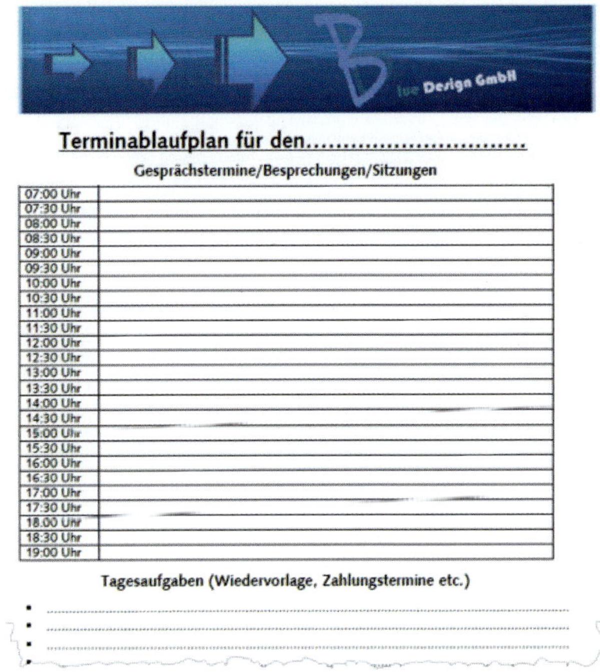

Terminablaufplan für den..............................

Gesprächstermine/Besprechungen/Sitzungen

07:00 Uhr	
07:30 Uhr	
08:00 Uhr	
08:30 Uhr	
09:00 Uhr	
09:30 Uhr	
10:00 Uhr	
10:30 Uhr	
11:00 Uhr	
11:30 Uhr	
12:00 Uhr	
12:30 Uhr	
13:00 Uhr	
13:30 Uhr	
14:00 Uhr	
14:30 Uhr	
15:00 Uhr	
15:30 Uhr	
16:00 Uhr	
16:30 Uhr	
17:00 Uhr	
17:30 Uhr	
18:00 Uhr	
18:30 Uhr	
19:00 Uhr	

Tagesaufgaben (Wiedervorlage, Zahlungstermine etc.)

- ....
- ....
- ....

Merke

Durch eine frühzeitige Planung können Probleme erkannt und schon im Vorfeld aus dem Weg geräumt werden.

4.4 Elektronischer Terminkalender

Mit einer entsprechenden Software für die Terminplanung lassen sich viele Kriterien einer effektiven Terminplanung umsetzen. Solch eine Standardsoftware unterstützt die Terminplanung und die Erstellung von Terminplänen.

Verschiedene Programme wie z. B. Lotus Notes oder Outlook bieten Gesamtlösungen an und integrieren in ihrer Software einen Kalender, ein Terminverwaltungswerkzeug und eine E-Mail-Funktion. Daneben bieten diese Gesamtlösungen die Möglichkeit, gemeinsame Kalender für mehrere Beschäftigte (Teams, Gruppen usw.) einzurichten oder auch nur bestimmten Personen Zugriffsrechte zu gewähren.

Beispiel

Geschäftsführer Matthias Blau hat seinen persönlichen digitalen Terminkalender für seine Sekretärin Roswita Bentz freigegeben. Somit kann Frau Bentz jederzeit von ihrem Computer auf seinen Kalender zugreifen und Termine verwalten. Dadurch muss sie nicht ständig Herrn Blau bei seiner Arbeit unterbrechen.

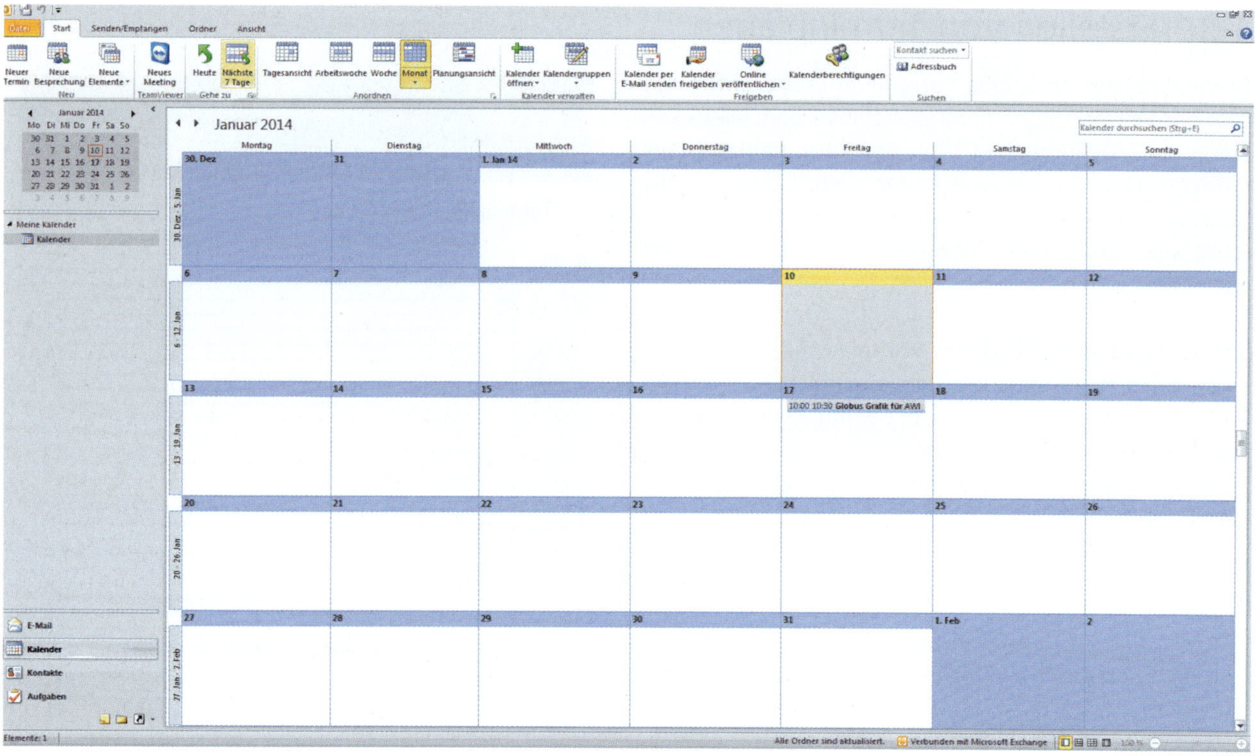

Beispiel einer Standardsoftware mit E-Mail, Termin und Kalenderfunktion

Neben der Vernetzung von digitalen Terminkalendern und der E-Mail-Funktion bieten diese Softwareprodukte in der Regel folgende weitere **Funktionen**:

- Kontakte erstellen und verwalten,
- Termine und Terminserien am Computer eintragen und verwalten,
- Tagesaufgaben eintragen und verwalten,
- Tages-, Arbeitswochen-, Wochen-, Monats- und Planungsansicht,
- Einladungen zu Terminen, Ereignissen, Meetings usw. per E-Mail versenden,
- Erinnerungsfunktion durch akustische Signale,
- Ausdruck der Termine im Tages-, Wochen- oder Monatsformat,
- Ausdruck von Tagesablaufplänen mit Tagesaufgaben,
- Verwaltung und Zugriff mit ständigem mobilem Abgleich per Smartphone.

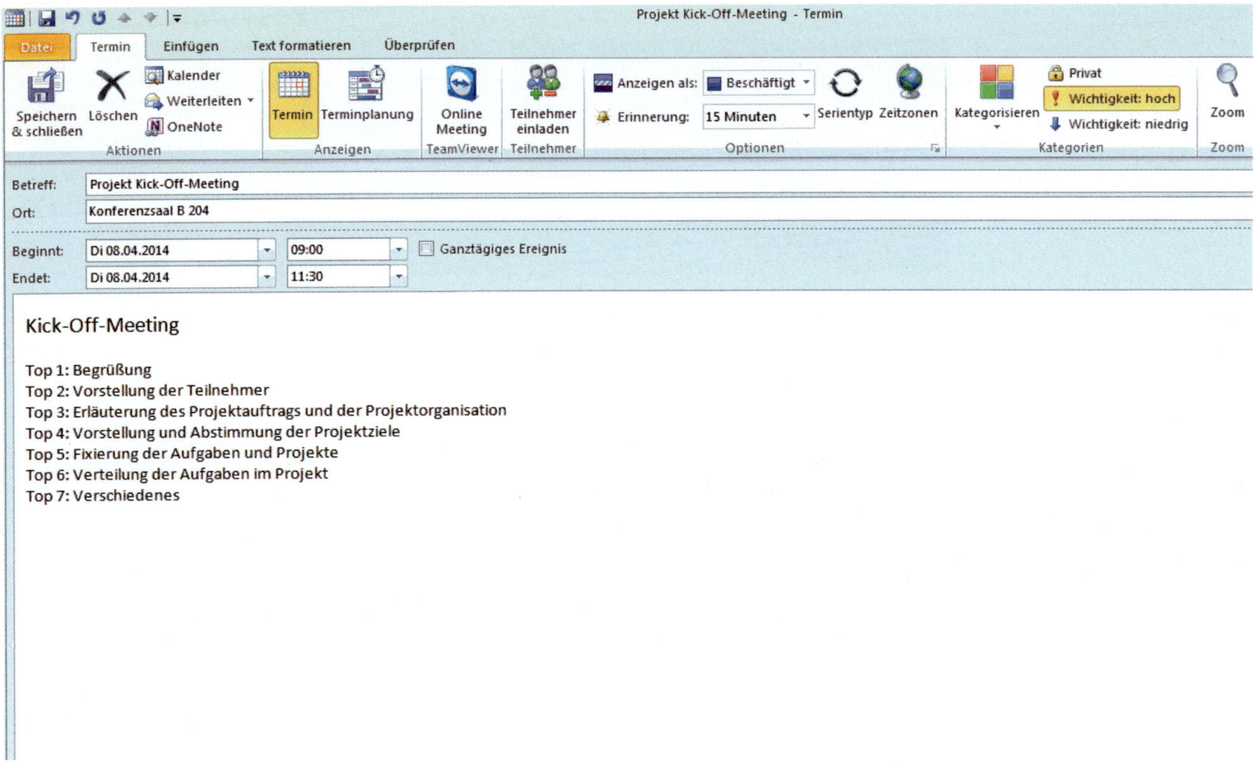

Beispiel für einen Termineintrag

©Maksim Kabakou-fotolia.com

Der Einsatz einer solchen Software ist aber nur dann produktiv, wenn es in jeder Situation genutzt wird. Allerdings ist der größte Kritikpunkt von solchen elektronischen Gesamtlösungen die Datensicherheit.

4.5 Zusammenfassung und Aufgaben

Zusammenfassung

Terminarten und Terminfestlegung

Ein **Termin** ist ein Zeitpunkt, der in einem Datum oder sogar mit einer Uhrzeit festgelegt ist.

Leitfragen zur **Terminfestlegung:**

- Warum soll der Termin stattfinden?
- Welcher Personenkreis nimmt an dem Termin teil?
- Zu welchem Datum und welcher Uhrzeit soll der Termin stattfinden?
- An welchem Ort soll der Termin stattfinden?

Zusammenfassung

Terminarten und Terminfestlegung

- Welcher Zeitrahmen wird für den Termin benötigt?
- Welches Ergebnis wird angestrebt?
- Werden Medien, Unterlagen usw. für den Termin benötigt?

Koordinieren und überwachen von Terminen

Termine lassen sich unterscheiden in **feste** und **bewegliche Termine**.

Feste Termine wiederholen sich in der Regel und können längerfristig geplant werden; bewegliche Termine werden hingegen kurzfristig geplant.

Organisationsprobleme können durch falsch eingetragene oder vergessene Termine, Doppelvergabe eines Terminzeitraums, falsche Termindauer oder durch nicht eingehaltene Termine entstehen.

Hilfsmittel zur **Terminfixierung**:

- klassische Papierkalender, (Tisch-, Wand-, Buchkalender usw.),
- Terminmappen,
- Planungstafeln,
- Terminkarteien,
- Terminliste,
- digitaler Terminkalender.

Digitale Terminkalender aktualisieren sich ständig und sind somit auf dem neuesten Stand.

Die Überwachung von Terminen ist notwendig, um organisatorische Vorüberlegungen durchzuführen oder Unterlagen und Materialien bereitzustellen.

Eine Auswertung kann bei der Überwachung ausgeführt werden, um die künftigen Terminierungen und Planungen zu verbessern.

Terminpläne

Terminablaufpläne beinhalten für einen bestimmten Beschäftigten die Tagestermine und Tagesaufgaben.

Eine **Standardsoftware** für **Termine** unterstützt die Terminplanung und die Erstellung von Terminplänen.

Digitale Lösungen bieten folgende Funktionen:

- E-Mail-Funktion,
- Kontakte erstellen und verwalten,
- Termine und Terminserien am Computer eintragen und verwalten,
- Tagesaufgaben eintragen und verwalten,
- Tages-, Arbeitswochen-, Wochen-, Monats- und Planungsansicht,
- Einladungen zu Terminen, Ereignissen, Meetings usw. per E-Mail versenden,
- Erinnerungsfunktion durch akustische Signale,
- Ausdruck der Termine im Tages-, Wochen- oder Monatsformat,
- Ausdruck von Tagesablaufsplänen mit Tagesaufgaben,
- Vernetzung von digitalen Terminkalendern,
- Verwaltung und Zugriff mit ständigem mobilem Abgleich per Smartphone.

Aufgaben

1. Prüfen und erläutern Sie folgende Aussagen auf ihre Richtigkeit.
   (1) Termine im Büro sind nur Besprechungen oder Gesprächstermine.
   (2) Um einen Termin zu vereinbaren genügt es, wenn man mit den Terminteilnehmern einen gemeinsamen Zeitpunkt vereinbart, an dem alle verfügbar sind.
   (3) Bewegliche Termine müssen mit den festen Terminen abgestimmt werden.
   (4) Bei der Erstellung eines Terminablaufplans müssen nur die Termine eingetragen werden, die zu einer bestimmten Uhrzeit stattfinden.
2. Bereiten Sie einen Vortrag vor, bei dem Sie die Bedeutung der Terminüberwachung und der Terminauswertung vorstellen.
3. Erstellen Sie einen Terminablaufplan mit einem Textverarbeitungsprogramm.
4. Erläutern Sie fünf Vorteile einer Standardsoftware für die Terminplanung.
5. Erläutern Sie, wann eine elektronische Lösung sinnvoll ist und nennen Sie dabei den größten Kritikpunkt.

5 Sitzungen und Besprechungen durchführen und nachbereiten

Allgemein versteht man unter einer **Veranstaltung** ein geplantes Ereignis, an dem eine vorher bestimmbare Gruppe von Personen mit einer vorgegebene Zeit und einem vorgegebenen Ziel teilnimmt. Zwei Unterformen von Veranstaltungsarten sind **Sitzungen** und **Besprechungen**. Diese Arten von Veranstaltungen nehmen in der täglichen Büropraxis einen beträchtlichen Arbeitszeitanteil in Anspruch. Nicht nur eine gute Vorbereitung gehört zu den wichtigsten Aufgaben der Organisation, sondern es müssen auch bei der Durchführung und Nachbereitung verschiedene Punkte für ein gutes Gelingen beachtet werden.

LF12

Veranstaltungen

Sitzungen
- weniger Teilnehmer
- formeller Rahmen
- Meinungs- und Informationsaustausch zu einem vorgegebenen Thema
- Versendung der Einladungen mit den dazugehörigen Tagesordnungspunken

Besprechungen
- kurzfristiges Zusammentreffen
- weniger formell geplant als eine Sitzung
- kein offenes Thema
- gezielte Fragen und Probleme werden geklärt
- geringer Zeitaufwand bei der Planung notwendig

5.1 Vorbereitung von Sitzungen und Besprechungen

Die Vorbereitung einer Sitzung ist im Grunde die gleiche wie die Vorbereitung einer Besprechung, lediglich die zeitliche Vorlaufzeit zum eigentlichen Termin ist bei einer Besprechung kürzer und muss berücksichtigt werden. Es empfiehlt sich, die Vorbereitung in zwei Schritten durchzuführen. Der erste Schritt ist die **Einladung** mit den dazugehörenden Abstimmungsprozessen und der zweite Schritt ist die **Vorbereitung** vor dem eigentlichen Termin.

■ 1. Schritt

Bevor zu einer Sitzung oder Besprechung eingeladen werden kann, müssen viele Rahmenbedingungen im Vorfeld beachtet werden. Es empfiehlt sich, eine **Checkliste** zu erstellen und je nach Bedarf zu erweitern oder zu verbessern.

Vor dem Versand der Einladungen müssen folgende **Rahmenbedingungen** zwingend beachtet werden:

- ➔ Ist der Termin (Tag, Uhrzeit usw.) für jede teilnehmende Person möglich?
- ➔ Sind die Themen festgelegt und können als Tagesordnung fixiert werden?
- ➔ Welcher Raum (Bestuhlung, Tische, Lichteinflüsse usw.) ist geeignet?
- ➔ Kann eine Belegung bzw. Reservierung der Räumlichkeiten erfolgen?
- ➔ Welche Medien (Laptop, Beamer, Flipchart, Stifte usw.) müssen beschafft oder reserviert werden?

Beispiel

Der Geschäftsführer Matthias Blau beauftragt den Auszubildenden Ulf Henning eine Tagesordnung für die Sitzung, die in fünf Wochen stattfinden soll, zu erstellen. Herr Blau erläutert Ulf, dass jeder Abteilungsleiter eingeladen wird. Das Thema der Sitzung ist die Festlegung der weiteren Werbemaßnahmen. Zusätzlich möchte er in der Sitzung die bisherigen Ergebnisse erläutern, neue Ideen vorstellen und die besten davon besprechen. Anschließend soll ein Zeitplan festlegt werden.

Blue Design GmbH

Tagesordnung

TOP 1: Begrüßung der Teilnehmer

TOP 2: Ergebnisse der bisherigen Werbemaßnahmen

TOP 3: Vorstellung von weiteren Werbemaßnahmen

TOP 4: Beschließen der zukünftigen Werbemaßnahmen

TOP 5: Fixierung der Zeitplanung

TOP 6: Verteilung der Aufgaben

TOP 7: Verschiedenes

Tipp

Die einzelnen Tagesordnungspunkte sollten, wenn möglich, als angestrebte Zustände bzw. gewünschte Ergebnisse formuliert werden.

Nachdem die grundlegenden Rahmenbedingungen beachtet, der Termin festgelegt und Einladungen mit der dazugehörigen Tagesordnung versendet wurden, ist die Vorbereitung keineswegs abgeschlossen. Vielmehr müssen jetzt weitere Vorbereitungen vor dem eigentlichen Termin getroffen werden.

©peshkova-fotolia.com

■ 2. Schritt

Im zweiten Schritt, der Vorbereitung für die Besprechung und Sitzung, sollten folgende Arbeiten berücksichtigt werden:

- Rückmeldungen (Zusagen und Absagen) dokumentieren,
- Unterlagen für die Sitzung zusammenstellen und bei Bedarf den Teilnehmern zusenden (Reihenfolge gemäß der Tagesordnungspunkte beachten),
- Bestuhlung und Arbeitstische in den gebuchten Räumlichkeiten überprüfen und gegebenenfalls neu anordnen,
- Medien auf Funktionalität und Kompatibilität überprüfen und bereitstellen,
- gegebenenfalls Getränke oder Imbiss für die Veranstaltung und für die Pause bestellen,
- Anwesenheitsliste und eventuell Namensschilder erstellen,
- Schild „Bitte nicht stören" zum Aushang am Raum vorbereiten.

Tipp

Die Einladungen mit Tagesordnungspunkten und eventuelle Unterlagen für die Veranstaltung können auch digital per E-Mail versendet werden.

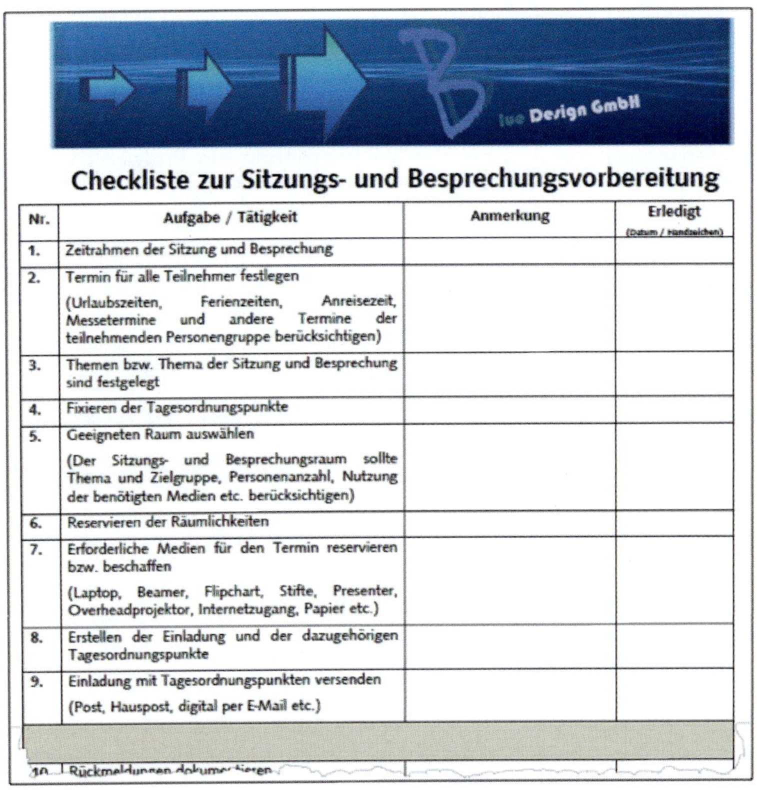

lue Design GmbH

Checkliste zur Sitzungs- und Besprechungsvorbereitung

Nr.	Aufgabe / Tätigkeit	Anmerkung	Erledigt (Datum / Handzeichen)
1.	Zeitrahmen der Sitzung und Besprechung		
2.	Termin für alle Teilnehmer festlegen (Urlaubszeiten, Ferienzeiten, Anreisezeit, Messetermine und andere Termine der teilnehmenden Personengruppe berücksichtigen)		
3.	Themen bzw. Thema der Sitzung und Besprechung sind festgelegt		
4.	Fixieren der Tagesordnungspunkte		
5.	Geeigneten Raum auswählen (Der Sitzungs- und Besprechungsraum sollte Thema und Zielgruppe, Personenanzahl, Nutzung der benötigten Medien etc. berücksichtigen)		
6.	Reservieren der Räumlichkeiten		
7.	Erforderliche Medien für den Termin reservieren bzw. beschaffen (Laptop, Beamer, Flipchart, Stifte, Presenter, Overheadprojektor, Internetzugang, Papier etc.)		
8.	Erstellen der Einladung und der dazugehörigen Tagesordnungspunkte		
9.	Einladung mit Tagesordnungspunkten versenden (Post, Hauspost, digital per E-Mail etc.)		
10.	Rückmeldungen dokumentieren		

Beispiel für eine Checkliste zur Sitzungs- und Besprechungsvorbereitung

©Orlando Florin Rosu-fotolia.com

Merke

Vorbereitungen für eine Sitzung oder Besprechung sollten immer frühzeitig getroffen und abgeschlossen werden. Somit bleibt noch genügend Zeit, um eventuelle Probleme lösen zu können.

5.2 Durchführung von Sitzungen und Besprechungen

©fotomek-fotolia.com

Bevor die Teilnehmer am Tag der Sitzung oder Besprechung in Empfang genommen werden, sollten die Vorbereitungen noch einmal kontrolliert werden. Somit lassen sich überflüssige Fehler frühzeitig vermeiden.

Man sollte sich insbesondere vergewissern, ob:

- der Raum vorbereitet ist,
- die Medien zur Verfügung stehen und funktionieren,
- Unterlagen für die Veranstaltung in ausreichender Menge vorhanden sind,
- Getränke und Imbiss bereitstehen,
- die Anwesenheitsliste und eventuelle Namensschilder vorhanden sind,
- eine Beschilderung zum Veranstaltungsort notwendig ist.

Trotz einer akribisch genauen Vorbereitung kann es bei jeder Sitzung oder Besprechung zu unvorhergesehenen Vorkommnissen kommen. Natürlich ist es schwer sich auf solche Situationen vorzubereiten, aber man kann sich bereits im Vorfeld Gedanken darüber machen und eventuell Vorkehrungen treffen. Unkonventionelle und kreative Lösungen sind in solchen Situationen angeraten und erwünscht. Entscheidend ist, dass die gewünschten Ziele bzw. Ergebnisse erreicht werden können. Flexibilitäts- und Improvisationstalent sind genau in diesen Situationen gefragt und es sollten verschiedene Lösungsmöglichkeiten in Betracht gezogen werden.

©Jürgen Priewe-fotolia.com

Zusätzlich sollte man sich während der Sitzung oder Besprechung **Notizen** anfertigen, um bei der Nachbereitung ein **Protokoll** verfassen zu können. Je nach Protokollart müssen die Aufzeichnungen in unterschiedlichem Umfang erstellt werden. Es empfiehlt sich jedoch die Aufzeichnungen ausführlich anzufertigen, um später detaillierte Informationen über die Veranstaltung liefern zu können.

5.3 Nachbereitung von Sitzungen und Besprechungen

©jd-photodesign-fotolia.com

Die Nachbereitung einer Sitzung oder Besprechung ist ein wichtiger Faktor für weitere Veranstaltungen. Abweichungen vom Sollzustand werden deutlich und somit kann für weitere Veranstaltungen genau auf diese ungewünschten Abweichungen geachtet werden. Darüber hinaus empfiehlt es sich auch ein **Feedback** (Fragebogen, Interviews usw.) von den Teilnehmern einzufordern, um Kritikpunkte der Veranstaltung zur Verbesserung nachfolgender Veranstaltungen zu nutzen.

Des Weiteren ist ein **Protokoll** zum einen für die Dokumentation der Ergebnisse der Sitzung und Besprechung wichtig, zum anderen dient es darüber hinaus als Grundlage für Folgeveranstaltungen. Allgemein hält ein Protokoll für eine Sitzung oder Besprechung fest, was beim jeweiligen Tagesordnungspunkt besprochen oder beschlossen wurde.

Jedes Protokoll enthält:

- Datum und Ort der Veranstaltung,
- Teilnehmer und abwesende Personen,
- eventuell ein Verzeichnis von Anlagen,
- Unterschrift des Vorsitzenden und des Protokollführers.
- Beginn und Ende der Veranstaltung,
- Tagesordnungspunkte,
- Beschlüsse der Veranstaltung,

Grundsätzlich lassen sich zwei Protokolltypen für Sitzungen und Besprechungen unterscheiden.

Häufig verwendete Protokolltypen für Sitzungen und Besprechungen

Ergebnisprotokoll	Verlaufsprotokoll
• Gestaltung meistens im Präsens • Zusammenfassung der Redebeiträge und Beschlüsse • keine Dokumentation, welche Person was geäußert hat	• Gestaltung meistens im Präsens • Redebeiträge der einzelnen Teilnehmer in indirekter Rede • genaues Dokumentieren, welche Person was geäußert hat

Protokolle garantieren, dass sich Personen, die nicht teilgenommen haben, einen Überblick verschaffen können. Das **Verlaufsprotokoll** ist eine Erweiterung des **Ergebnisprotokolls**. Bei dieser Form werden einzelnen Äußerungen genau zugeordnet. Somit lässt sich zusätzlich erkennen, welche Person welche Äußerungen, Argumente usw. vorgetragen hat.

Blue Design GmbH

Protokoll

Thema	
Datum / Uhrzeit	
Veranstaltungsort	
Leiter / Vorsitzender	
anwesende Teilnehmer	
abwesende Teilnehmer	
Protokollführer	

Beispiel für einen Protokollkopf mit den wichtigsten Inhalten

5.4 Kommunikation im Rahmen von Sitzungen und Besprechungen in einer fremden Sprache

©Rudie-fotolia.com

Während der gesamten Vorbereitung, Durchführung und Nachbereitung kann es immer wieder zu Situationen kommen, bei denen fremdsprachige Teilnehmer Fragen oder Rückfragen haben. Zum einen kann es sich nur um einfache Fragen handeln, die schnell beantwortet werden können. Zum anderen müssen auch Sitzungs- und Besprechungsprotokolle übersetzt werden. Um einen professionellen Eindruck zu hinterlassen, müssen diese fehlerfrei und zügig erstellt werden.

Nachfolgend werden wichtige Fragen und einfache Auskünfte in deutscher und englischer Sprache gegenübergestellt, die als Hilfe für die tägliche Büroarbeit und zur Vorbereitung eingesetzt werden können.

Fragen und einfache Auskünfte für Sitzungen und Besprechungen	
Deutsch	**Englisch**
Sitzung	meeting; session
Besprechung	meeting; discussion
Ich möchte Sie zur Sitzung am 04.08. um 09:00 Uhr einladen.	I would like to invite you to our meeting on 4 August at 9.00 a.m.
Vielen Dank für Ihre Rückmeldung zur Besprechung.	Many thanks/Thank you for coming back to me about the meeting.
Könnten Sie mir Ihre E-Mail Adresse mitteilen, damit ich Ihnen die Unterlagen zusenden kann.	Could you please give me/let me have/know your email address.
Die Unterlagen und Tagesordnungspunkte werden in den nächsten Tagen versandt.	We'll/We will let you have/will send you all the papers and the agenda within the next few days.
Die Besprechung beginnt um 09:00 Uhr und findet im Konferenzraum statt.	The meeting will start at 9 o'clock (sharp) (and will take place) in our conference room.
Für eine Übernachtung kann ich Ihnen das Business-Hotel in Mannheim empfehlen.	For overnight accommodation I would/can recommend the Business Hotel In Mannheim./The Business Hotelin Mannheim can really be recommended for your overnight stay.
Gerne übernehme ich die Buchung des Hotels für Sie.	We/I would be pleased to do the reservation for you./Of course, we/I could book a room for you, if you like.

Deutsch	Englisch
Welche Medien benötigen Sie für Ihren Vortrag?	What kind of media do you require/ need for your presentation?/ Please let us know which media you ...
Guten Morgen Herr Brown, haben Sie das Bürogebäude gut gefunden?	Good, morning Mr. Brown. I hope you had no difficulties finding us.
Darf ich Sie zum Konferenzraum begleiten?	May I take you to the conference room?/ I'll take you to the conference room, if you like.
Der Besprechungssaal B 204 ist im zweiten Stockwerk. Folgen Sie einfach der Beschilderung.	The conference room B 204 is on the second floor/on level 3 [US]. Just follow the signs.
Fahren Sie mit dem Aufzug ins zweite Stockwerk. Auf der linken Seite finden Sie den Sitzungssaal.	Just take the lift/elevator [US] to the second floor/to level 3 [US]. You'll find the conference room on the left (handside).
Darf ich Ihnen noch ein Getränk anbieten?	May I offer you something to drink./ Would you like something to drink.
Die Besprechung beginnt um 09:00 Uhr.	The meeting willl begin at 9 o'clock/ at 9.00.
Gerne kopiere ich Ihnen noch die benötigten Unterlagen.	If necessary/If you like, I can make copies of your handouts/documents.
Im Vortragsraum stehen Beamer, Laptop, Flipchart, Stifte und Papier zur Verfügung.	In the conference room you'll find a beamer, a laptop, a flipchart as well as pens and paper.
Unterschreiben Sie bitte die Anwesenheitsliste.	Please sign the attendance list./ Would you sign the attendance list please.
Zwischen den Tagesordnungspunkten vier und fünf ist eine kleine Pause geplant.	We'll have a short break after point 4 of the agenda./After point 4 of the agenda there willl be a short break.
Bedienen Sie sich gerne an den Getränken.	Please help yourself, if you would like anything to drink./ The drinks are there. Just help yourself.
Kann ich Ihnen ein Taxi zum Hotel bestellen?	Can I get you a taxi to the hotel?
Das Protokoll wird Ihnen nach der Anfertigung zugesendet.	We'll send you the minutes (of the meeting) as soon as possible.

Tipp

Neben dem Wörterbuch können auch digitale Plattformen zur Übersetzung verwendet werden.

5.5 Zusammenfassung und Aufgaben

Zusammenfassung

Vorbereitung von Sitzungen und Besprechungen

Unter einer **Veranstaltung** versteht man allgemein ein Ereignis mit einer vorgegebenen Zeit und einem vorgegebenen Ziel, an dem eine vorher bestimmbare Gruppe von Personen teilnimmt.

Zwei Unterformen von einer Veranstaltung sind **Sitzungen** und **Besprechungen**.

Vorbereitungs-, **Durchführungs-** und **Nachbereitungsphase** sind wichtige Elemente für ein gutes Gelingen einer Sitzung und Besprechung.

Bei **Sitzungen** werden mit den Teilnehmern in einem formellen Rahmen Meinungen und Informationen zu vorgegebenen Themen ausgetauscht.

Besprechungen werden in der Regel kurzfristiger geplant, sind weniger formell und weisen eine geringere Teilnehmerzahl auf als Sitzungen.

Tagesordnungspunkte können bei beiden Veranstaltungsarten erstellt werden. Jedoch sind diese fester Bestandteil bei Sitzungen.

Eine **Checkliste** erleichtert den Planungsprozess einer Veranstaltung und es kann jederzeit eine Überprüfung der einzelnen Punkte erfolgen.

Im ersten Schritt der Vorbereitungsphase werden vor allem Rahmenbedingungen für die jeweilige Veranstaltung betrachtet.

Rahmenbedingungen in der Vorbereitung sind:

- Ist der Termin (Tag, Uhrzeit usw.) für jede teilnehmende Person möglich?
- Themen sind festgelegt und können als Tagesordnung fixiert werden,
- Auswahl eines geeigneten Raums (Bestuhlung, Tische, Lichteinflüsse usw.),
- belegen bzw. Reservierung der Räumlichkeiten,
- Beschaffung oder reservieren der erforderlichen Medien (Laptop, Beamer, Flipchart, Stifte usw.),
- Rückmeldungen (Zusagen und Absagen) dokumentieren,
- Unterlagen für die Sitzung zusammenstellen und bei Bedarf den Teilnehmern zusenden (Reihenfolge gemäß der Tagesordnungspunkte beachten),
- Bestuhlung und Arbeitstische in dem gebuchten Räumlichkeiten überprüfen und gegebenfalls neu anordnen,
- Medien auf Funktionalität und Kompatibilität überprüfen und bereitstellen,
- gegebenenfalls Getränke oder Imbiss für die Veranstaltung und für die Pause beschaffen,
- Anwesenheitsliste und eventuell Namensschilder erstellen,
- Schild „Bitte nicht stören" zum Aushang am Raum vorbereiten,

Tagesordnungspunkte sollten die Teilnehmer einer Sitzung oder Besprechung über den Verlauf der Veranstaltung informieren.

Vorbereitungen einer Sitzung und Besprechung insbesondere das Versenden der Einladungen müssen frühzeitig geschehen, um Fragen zu vermeiden.

Durchführung von Sitzungen und Besprechungen

Bevor die **Sitzung** oder **Besprechung** beginnt, sollte man sich über folgende Faktoren vergewissern:

- Ist der Raum vorbereitet?
- Stehen die Medien zur Verfügung und funktionieren sie?

- Sind die Unterlagen für die Veranstaltung in ausreichender Menge vorhanden?
- Stehen Getränke und Imbiss bereit?
- Sind die Anwesenheitsliste und eventuelle Namensschilder vorhanden?
- Ist eine Beschilderung zum Veranstaltungsort notwendig?

Flexibilität und Kreativität sind bei unvorhergesehen Vorkommnissen gefragt, um die **Sitzungs-** oder **Besprechungsziele** sowie einen reibungslosen Ablauf zu erreichen.

Nachbereitung von Sitzungen und Besprechungen

In der **Nachbereitungsphase** einer Sitzung oder Besprechung können wichtige Erkenntnisse für weitere Veranstaltungen gewonnen werden.

Die häufig verwendeten **Protokolltypen** im Büro werden im Präsens gestaltet und sind **Ergebnis-** und **Verlaufsprotokolle**.

Ergebnisprotokolle fassen die Redebeiträge der teilnehmenden Personen und Beschlüsse zusammen. Jedoch wird nicht dokumentiert, welche Person genau, welche Äußerung vorgetragen hat.

Verlaufsprotokolle sind eine Erweiterung der Ergebnisprotokolle und geben in indirekter Rede die Redebeiträge der einzelnen Teilnehmer wieder. Somit lässt sich zusätzlich erkennen, welche Person welche Äußerung, Argumente, Einwände usw. vorgetragen hat.

Aufgaben

1. Prüfen und erläutern Sie folgende Aussagen auf ihre Richtigkeit.
   (1) Bei Sitzungen und Besprechungen gibt es keine Unterschiede.
   (2) Sitzungen und Besprechungen können gleich vorbereitet werden.
   (3) Unterlagen für die Veranstaltung können per E-Mail versendet werden.
   (4) Nachdem ein passender Raum gebucht bzw. reserviert wurde, müssen keine Vorbereitungen mehr bezüglich des Raums durchgeführt werden.
   (5) Medien müssen gebucht und auf Funktionalität und Kompatibilität vor dem Termin überprüft werden.
   (6) Checklisten zu einer Sitzung oder Besprechung unterstützen die Vorbereitungen.
   (7) Kommunikation in einer fremden Sprache ist für eine Sitzung nicht relevant.
2. Nennen und erläutern Sie zwei Arten von Veranstaltungen, die einen beträchtlichen Arbeitszeitanteil im Büro in Anspruch nehmen.
3. Erstellen Sie eine Checkliste für die Vorbereitung einer Sitzung oder Besprechung.
4. Welche Punkte sollten vor der Durchführung nochmals kontrolliert werden?
5. Wie sollten man auf unvorhergesehene Ereignisse in einer Sitzung oder Besprechung reagieren?
6. Erläutern Sie, welche Inhalte in einem Protokollkopf vorkommen müssen und erstellen Sie für Ihren Betrieb einen solchen.
7. Nennen Sie fünf typische Fragen für eine Sitzung oder Besprechung in englischer Sprache.

6 Informationswege im Unternehmen kennen und nutzen

Tipp

Die Vorteile eines guten Informationsmanagements sind:

- Übersichtlichkeit,
- Aktualität,
- Zeitersparnis.

Informationen haben in Unternehmen eine große Bedeutung. Sie sind Grundlage des wirtschaftlichen und erfolgreichen Handels.

Jeder Mitarbeiter muss die richtige Information zum richtigen Zeitpunkt, in der richtigen Form und am richtigen Ort zur Verfügung gestellt bekommen.

- ➔ Wie kommen Informationen in das Unternehmen?
- ➔ Wie werden Informationen im Unternehmen bearbeitet, weitergeleitet und archiviert?
- ➔ Wie verlassen Informationen das Unternehmen?

©fotomek-fotolia.com

Informationen im Unternehmen:

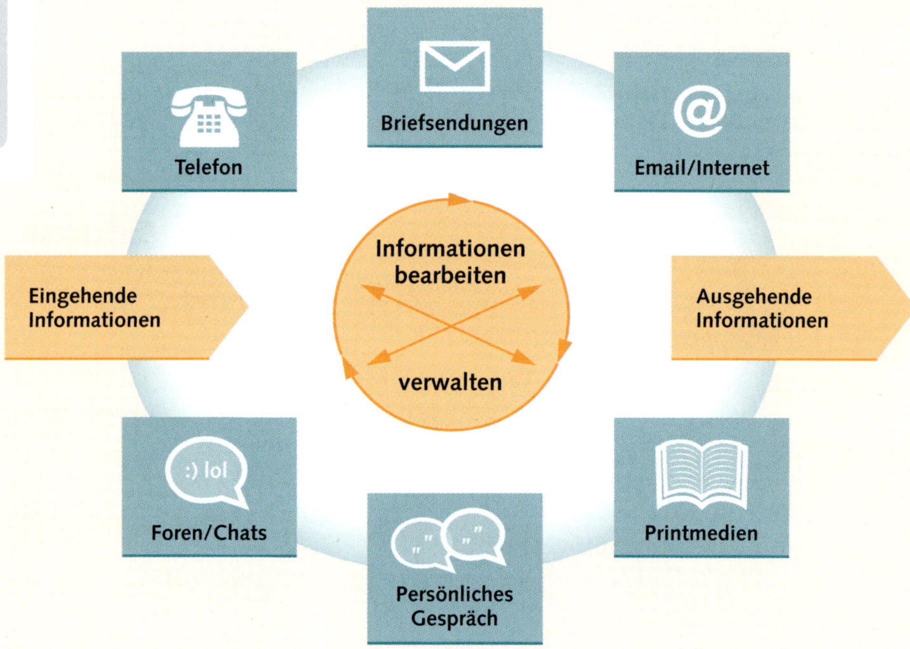

6.1 Arbeitsabläufe bei eingehenden Informationen

Merke

Ist der Empfänger der Informationen nicht bekannt oder nicht erreichbar, so müssen die eingehenden Informationen in Vertretung entgegen genommen und der Empfänger ermittelt werden.

Informationen gelangen auf den verschiedensten Wegen in Unternehmen. Neben dem **mündlichen** Eingang, üblicherweise telefonisch oder persönlich, ist der **schriftliche** Eingang von Informationen in Unternehmen üblich. Dies kann auf digitalem Weg, also beispielsweise per E-Mail, erfolgen oder auf dem Postweg.

Wichtig bei innerbetrieblichen Informationsabläufen ist, dass keine Informationen auf dem Weg durch das Unternehmen verloren gehen.

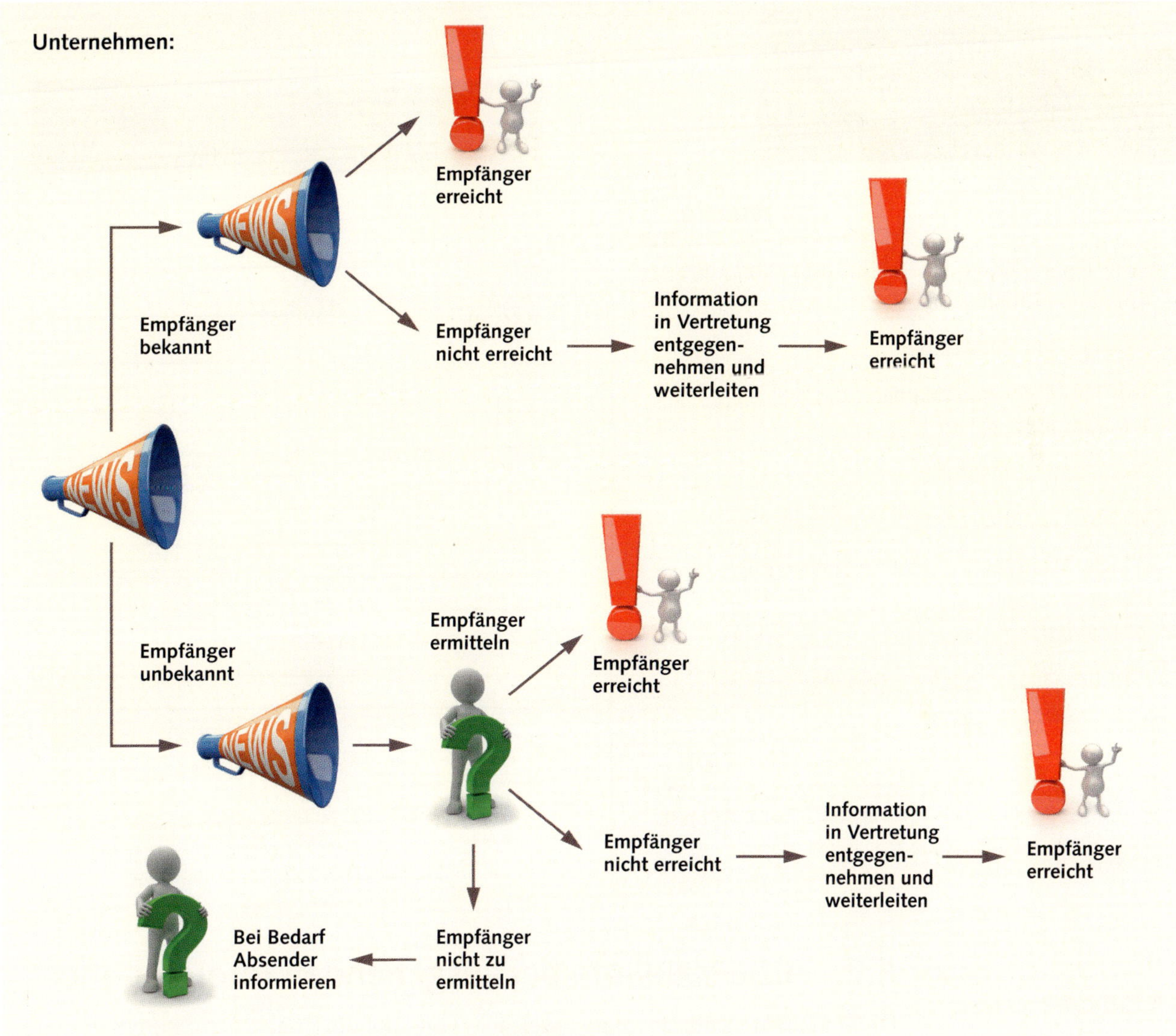

Telefon- und Gesprächsnotizen können in Papierform oder in digitaler Form an den Empfänger übermittelt werden. Schriftstücke müssen direkt weitergegeben werden oder in eine andere Form gebracht werden, beispielsweise gefaxt oder gescannt werden. Grundsätzlich muss der Ablauf der Informationsweitergabe mit allen Beteiligten abgestimmt beziehungsweise bekannt sein, damit keine Informationen verloren gehen.

Merke

Die Informationsweitergabe im Unternehmen muss durch Regeln (feste Arbeitsabläufe) abgesichert sein, unabhängig davon, auf welchem Weg Informationen in das Unternehmen kommen!

©MEV Verlag GmbH

Wenn Informationen für Dritte am Telefon übermittelt werden, ist es besonders wichtig alle Angaben für den Empfänger entgegenzunehmen und anschließend vollständig weiterzugeben.

Merke

Auf einer **Telefonnotiz** müssen folgende Angaben enthalten sein:

Für **wen** war der Anruf?

Wer hat angerufen (Name und Telefonnummer)?

Wann war der Anruf?

Warum wurde angerufen (Nachricht)?

Welche Aufgabe (nächster Arbeitsschritt: Rückruf, Termin) ist mit dem Anruf verbunden?

Wer hat die Nachricht entgegengenommen (Rückfragemöglichkeit)?

Tipp

Vordrucke helfen, alle relevanten Informationen vollständig weiterzugeben.

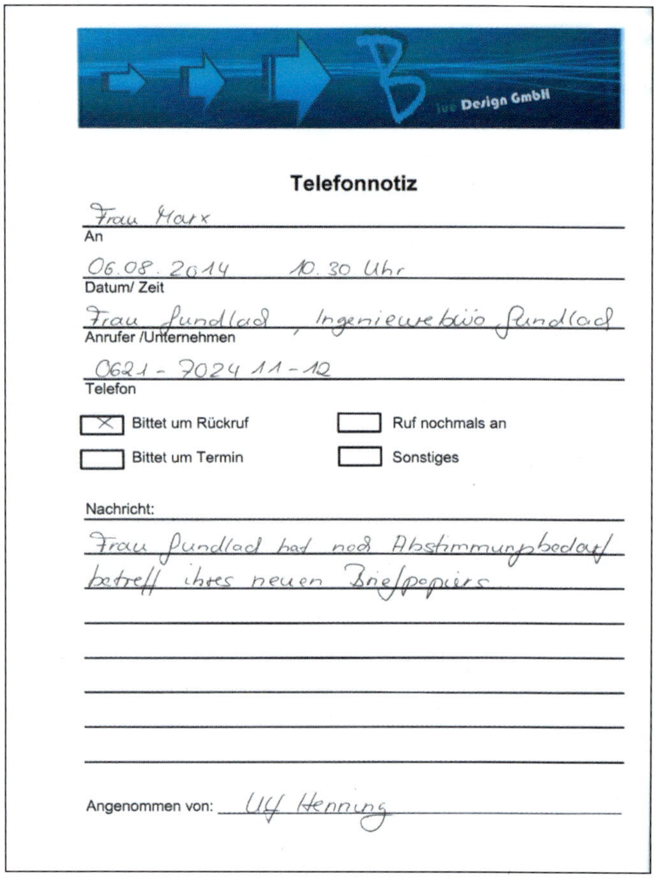

Telefonnotiz

An: Frau Marx

Datum/ Zeit: 06.08.2014 10.30 Uhr

Anrufer /Unternehmen: Frau Fundlad, Ingenieurbüro Fundlad

Telefon: 0621 - 702411 - 12

- [x] Bittet um Rückruf
- [ ] Ruf nochmals an
- [ ] Bittet um Termin
- [ ] Sonstiges

Nachricht: Frau Fundlad hat noch Abstimmungsbedarf betreff ihres neuen Briefpapiers.

Angenommen von: Ulf Henning

6.2 Arbeitsabläufe bei ausgehenden Informationen

Unternehmen sind in eine Vielzahl von außerbetrieblichen Kommunikationsbeziehungen eingebunden. **Informationen** werden an Kunden, Lieferanten, Behörden und andere weitergegeben. Zumeist entscheidet der Sachbearbeiter wie er Informationen weiterleitet. Dabei muss beachtet werden:

- Welche Informationen werden weitergegeben?
- Ist der Absender bevollmächtigt zur Informationsweitergabe?
- Wer bekommt die Informationen?
- In welcher Form können die Informationen versendet werden?
- Erfüllt die ausgewählte Form der Informationsübermittlung alle technischen und inhaltlichen Anforderungen?
- Besitzt der Absender die Medienkompetenz, um die gewählte Übertragungstechnik anzuwenden?

Medienkompetenz umfasst

Informationen
- finden
- kritisieren
- auswählen
- reflektieren
- beurteilen

Verschiedene Medien
- kennen
- sinnvoll nutzen
- und auswerten können

Hörfunk · Bücher · Internet · Zeitschriften · Fernsehen

- in der Medienwelt orientieren können
- eine kritische Distanz zu Medien halten

Technische Anforderungen →	Kann die Information in der gewählten Form übertragen werden?
Inhaltliche Anforderungen →	Passt die ausgewählte Versandart zum Inhalt?

Beispiel

- Dokumente, die als Original übermittelt werden müssen, können nicht als E-Mail versendet werden.
- Fordert ein Unternehmen eine Bewerbung in digitaler Form an, sollte man keinen Postbrief versenden.

LERNFELD 2

Informationen, die als **E-Mail** das Unternehmen verlassen, werden zumeist vom Sachbearbeiter selbst versandt. Werden Informationen durch Dritte weitergeleitet, kann das üblicherweise auf Programmebene kenntlich gemacht werden. Üblich ist die bei Terminorganisation für Dritte. Der Ausgangsordner eines E-Mail-Programms entspricht einem elektronischen Postausgangsbuch.

E-Mail: Elektronisches Postausgangsbuch

Sende man Informationen per **Fax**, so erstellt das Faxgerät ein Versandprotokoll.

Fax: Versandprotokoll

Tipp

Achten Sie darauf, dass die Übertragungsform zum Inhalt passt. Übermitteln Sie beispielsweise keine geheimen Informationen in öffentlichen Foren.

Eine Sonderstellung bei den Arbeitsabläufen eingehender und ausgehender Informationen im Unternehmen hat die **Postbearbeitung**.

6.3 Die Post im Unternehmen bearbeiten

6.3.1 Posteingangsbearbeitung

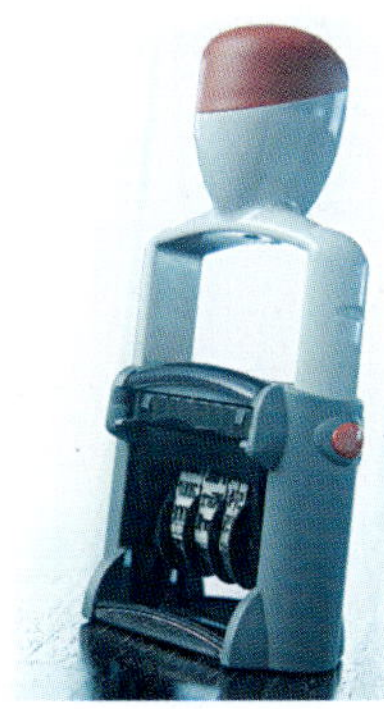

Die Briefpost wird dem Unternehmen durch einen **Briefträger** des jeweiligen Zustelldienstes überbracht oder aus einem **Postfach** abgeholt, das vom Unternehmen bei der Postfiliale angemietet ist.

Grundsätzlich muss man unterscheiden, ob die Postsendung einen **persönlichen Empfänger** hat oder ob der richtige Ansprechpartner erst ermittelt werden muss. Unter Berücksichtigung des **Briefgeheimnisses** kann innerhalb eines Unternehmens derjenige Mitarbeiter Post in Empfang nehmen und bearbeiten, der eine **Postvollmacht** besitzt.

Mit Erteilung einer Postvollmacht ermächtigt die Geschäftsleitung eine oder mehrere Personen zum Empfang von Sendungen. Wird mehreren Personen eine Postvollmacht erteilt, so ist jeder Einzelne empfangsberechtigt.

Hat eine Sendung den Vermerk „eigenhändig auszuhändigen", so heißt dies, dass nur die ausdrücklich in der Adresse angeschriebene Person oder eine bevollmächtigte Person zur Entgegennahme der Postsendung berechtigt ist. „Postlagernd nachzuweisen" bedeutet, dass die abholende Person eine Postvollmacht zum Nachweis der Empfangsberechtigung benötigt.

§ 39 Postgesetz

Postsendungen sind gesetzlich durch das **Briefgeheimnis** und das **Postgeheimnis** geschützt.

Merke

Das **Postgeheimnis** schützt alle verschlossenen Sendungen, solange sich diese beim Postdienstleister befinden.

Das **Briefgeheimnis** schützt alle verschlossenen Sendungen außerhalb des Postbetreibers.

Ersatzempfänger
für gewöhnliche Sendungen sind:

- Angehörige des Empfängers, Angehörige seines Ehegatten oder Postbevollmächtigte,
- in der Wohnung oder im Betrieb des Empfängers angestellte Personen,
- der Inhaber oder Vermieter der in der Anschrift angegebenen Wohnung.

Eine **besondere Postvollmacht**
ist erforderlich für

- den Empfang von Sendungen, die dem Empfänger eigenhändig zuzustellen sind, d. h. für Briefe mit dem Vermerk „eigenhändig",
- den Empfang postlagernder nachzuweisender Briefsendungen, Paketsendungen und Postanweisungen,
- die Erteilung von Unter-Postvollmachten.

Bei größeren Unternehmen übernimmt die **Poststelle** die zentrale Aufgabe der Bearbeitung eingehender und ausgehender Post. Innerhalb der Poststelle wird vorsortiert und an die Geschäftsleitung, einzelne Abteilungen, Abteilungssekretariate und Mitarbeiter weitergeleitet.

Der **Arbeitsablauf der Posteingangsbearbeitung** unterteilt sich in **fünf Schritte**:

1. Vorsortieren der Eingangspost,
2. Öffnen der Eingangspost,
3. Entnahme mit Leerkontrolle,
4. Stempeln der Eingangspost,
5. Verteilen der Eingangspost.

Die Eingangspost eines Unternehmens muss vor dem Öffnen von der zuständigen Stelle geprüft werden.

Schritt 1: Vorsortieren

Sämtliche Sendungen werden vor dem Öffnen geprüft auf

Irrläufer erhalten, d. h. Sendungen mit fremdem Empfänger	→	zurück an Absender
Sendungen ohne Interesse	→	wegwerfen
Sendungen mit dem Vermerk „persönlich", „vertraulich", „eigenhändig"	→	ungeöffnet verteilen
Persönliche Schreiben oder Privatsendungen	→	ungeöffnet verteilen

Zum Öffnen der Post wird üblicherweise ein **Brieföffner** benutzt. Bei größerem Postaufkommen werden auch **elektrische Brieföffner** eingesetzt. Das Öffnen der Post wird vielfach erschwert durch verschiedene Sendungsformate mit unterschiedlichsten Verklebungen.

Schritt 2: Öffnen

Merke

Wird **zuerst** die **Firmenbezeichnung** genannt und dann der Personenname, so darf der Brief durch die Poststelle geöffnet werden.

Wird **zuerst** der **Personenname** genannt und dann die Firmenbezeichnung, so darf der Brief in der Poststelle nicht geöffnet werden, sondern wird ungeöffnet an den persönlich genannten Empfänger weitergegeben.

Brief darf geöffnet werden:

Schäfer Computer GmbH
Frau Marianne Mühlauer
Postfach 1344
69165 Heidelberg

Brief darf nicht geöffnet werden:

Frau Marianne Mühlauer
Schäfer Computer GmbH
Postfach 1344
69165 Heidelberg

Schritt 3: Entnahme mit Leerkontrolle

Bei der Entnahme der Post aus den Versandtaschen und Briefumschlägen ist darauf zu achten, dass der gesamte Inhalt mit allen Anlagen entnommen wird. Man prüft zuerst, ob der Umschlag tatsächlich leer ist. Anschließend vergleicht man die Anlagevermerke der Anschreiben mit den vorhandenen Anlagen.

Merke

Bei Sendungen, bei denen auf dem Umschlag wichtige Informationen vermerkt sind, wie z. B. gerichtliche Zustellvermerke, ist der Briefumschlag an den Brief zu heften.

Die entnommenen Schreiben werden jeweils mit einem Eingangsstempel versehen. Der Stempel wird auf das freie Feld des Geschäftsbriefes neben der Anschrift gesetzt.

Schritt 4: Stempeln

Auf dem Eingangsstempel können ergänzend zum aktuellen Tagesdatum Informationen enthalten sein, die den weiteren Bearbeitungsfortgang der Korrespondenz bestimmen. Eine der Unternehmensorganisation angepasste Gestaltung des Eingangsstempels kann die einzelnen Bearbeitungsschritte erleichtern.

immer

Informationen auf dem Eingangsstempel:
aktuelles Tagesdatum

- zur Feststellung und Dokumentation des Eingangsdatums, insbesondere bei Terminsachen
- zur Kontrolle des Bearbeitungsablaufs

bei Bedarf

Bearbeitungsanweisung

Eingang am:	
2014-08-29	
Rücksprache	
Bearbeitung	
Weiterleitung	X
Ablage	

bei Bedarf

weitere Empfänger/Abteilungen

Eingang am: 20..-08-29			
um: 08:45 Uhr			
weiter an:			
CD	X	**Event**	
Printm.		**Buchh.**	
dig. M.			

Merke

Ergänzende Informationen auf dem Eingangsstempel erleichtern die nächsten Arbeitsschritte.

Schritt 5: Verteilen

Von der korrekten, sofortigen und zuverlässigen Weiterleitung der Post hängt die weitere Bearbeitung einzelner Bearbeitungsvorgänge ab.

Um die Unternehmenspost an die richtigen Stellen weiterzuleiten, muss ein umfangreiches Wissen über den gesamten Aufbau des Unternehmens sowie über die Zuständigkeiten von Abteilungen und einzelnen Stellen vorhanden sein. Nur wenn diese Voraussetzungen erfüllt sind, kann die Postverteilung erfolgreich durchgeführt werden.

Problematisch wird die Weiterleitung der jeweiligen Sendung, wenn der Empfänger nicht namentlich in der Anschrift genannt ist. Bei der Postverteilung kann dann überprüft werden, ob ein **Namenskürzel** eines Sachbearbeiters im Anschreiben, in der Regel in der **Bezugszeichenzeile**, aufgeführt ist. Wenn dies nicht der Fall ist, muss über den **Sachverhalt** der Sendung, also z. B. das Thema des Betreffs, entschieden werden, an wen die Sendung zur weiteren Bearbeitung geleitet wird.

Die hausinterne Postverteilung kann erfolgen durch:

Zustellung

- durch einen hausinternen Boten oder Postdienst
- durch Rohrpost

Mitarbeiter kann am Arbeitsplatz bleiben

Abholung

- aus dem betrieblichen Postfach

Post wird vom Mitarbeiter abgeholt

Vereinfacht wird die Postverteilung, wenn die beleghafte Post gescannt und im **digitalen Postfach** für den Mitarbeiter abgelegt wird.

6.3.2 Postausgangsbearbeitung

Häufig wird die Korrespondenz von den Sachbearbeitern soweit fertig gemacht, dass die Sendungen bereits kuvertiert sind und anschließend nur noch frankiert und zum Briefkasten gebracht werden müssen. Diese Aufgaben werden dann zumeist zentral im Sekretariat oder in der Poststelle erledigt.

Tipp

Postausgangsbücher, die mithilfe von Textverarbeitungs- oder Tabellenkalkulationsprogrammen erstellt werden, haben vor Gericht keine Beweiskraft, da sie nachträglich veränderbar sind.

Zum Nachweis der versandten Ausgangspost kann ein **Postausgangsbuch** geführt werden. Darin enthalten sind die Empfänger- und Versanddaten. Mithilfe einer entsprechenden Software können solche Postausgangsdaten auch direkt beim Erstellen der Korrespondenz erfasst werden.

©Klaus Eppele-fotolia.com

Die Bearbeitung der **Ausgangspost** besteht aus folgenden Teilschritten:

1. Unterschriftsvorbereitung,
2. Anlagenüberprüfung,
3. Falzen,
4. Kuvertieren und Verschließen,
5. Adressieren,
6. Wiegen und Frankieren.

Schritt 1: Unterschriftsvorbereitung

Der Sachbearbeiter in einem Unternehmen, der seine Korrespondenz eigenverantwortlich schreibt, kann diese versandfertig machen und in die Ausgangspost geben. Wird die Korrespondenz für leitende Angestellte oder die Geschäftsleitung in einem Sekretariat geschrieben, so muss die Post diesen vor dem Versand zur **Unterschrift** vorgelegt werden. Dieser Vorgang wird üblicherweise einmal täglich durchgeführt. Die Zeiten für die Vorlage sollten abgestimmt sein. Die Schriftstücke werden in eine **Unterschriftenmappe** gelegt. Jeder Brief kommt in ein eigenes Fach der Mappe.

©Leitz

Schritt 2: Anlagen prüfen

Bevor ein Schriftstück versandfertig gemacht werden kann, muss überprüft werden, ob alle zur Korrespondenz gehörenden Anlagen entsprechend dem Anlagevermerk beiliegen, zum Beispiel Pläne, Zeichnungen, Schecks, Allgemeine Geschäftsbedingungen.

Schritt 3: Falzen

Falzarten

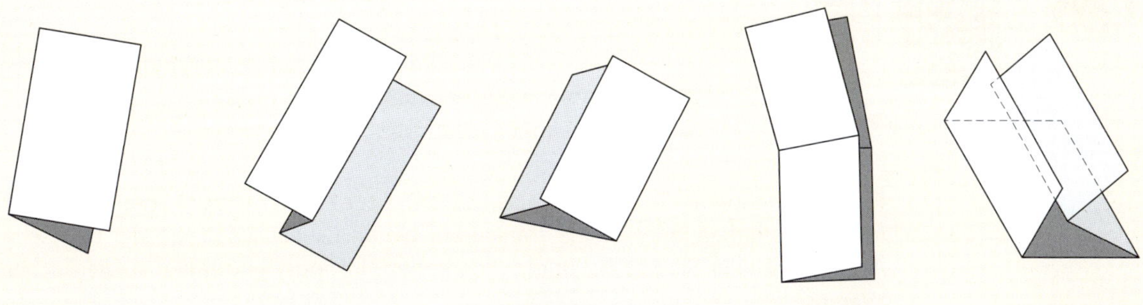

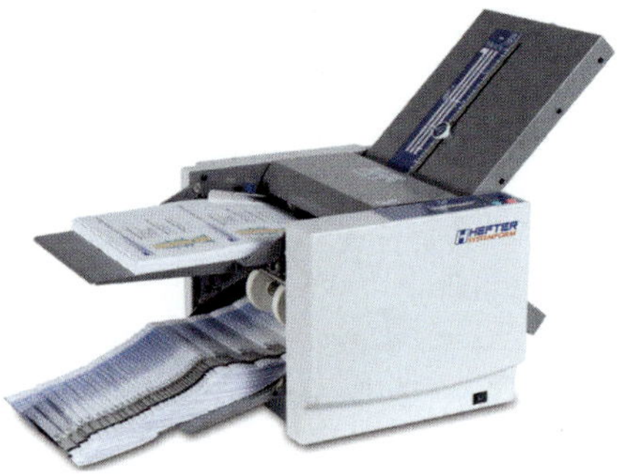

Merke

Unter Falzen versteht man das **Falten von Schriftstücken** auf eine bestimmte Größe, sodass sie in genormte Umschläge passen. Wird die Post von Hand gefalzt, so dienen dem Bearbeiter Faltmarken auf dem Briefpapier als Orientierung.

Falzmaschinen, die bei größeren Mengen von Routinepost zum Einsatz kommen, haben verstellbare Anschläge, sodass die Schriftstücke unter Berücksichtigung der Postnormen gefalzt werden können.

Schritt 4: Kuvertieren und Verschließen

Kuvertieren nennt man den Vorgang, bei dem ein Schriftstück in einen Briefumschlag eingeschoben wird. Zum Kuvertieren werden verschiedene DIN-Umschläge angeboten.

Schritt 5: Adressieren

Die einfachste Form, ein Schriftstück zu **adressieren**, ist die Verwendung eines **Fensterumschlages**. Die Beschriftung des Briefumschlages entfällt, da die auf dem Schriftstück angegebene Adresse durch ein kleines Fenster im Umschlag sichtbar wird. Wichtig ist hierbei, auf eine exakte Falzung zu achten, damit die Adresse vollständig im Fenster erscheint.

Schritt 6: Wiegen und Frankieren

Für das richtige Frankieren eines Schriftstückes ist es notwendig, seine Längen-, Breiten- und Höhenmaße sowie sein Gewicht zu kennen, da sich danach das Beförderungsentgelt berechnet.

In vielen Unternehmen wird die Briefmarke nicht "von Hand" aufgeklebt, sondern es wird eine **Frankiermaschine** eingesetzt. Mit einer Frankiermaschine werden Postentgelte, Tagesstempel, Firmenadresse und eventuell ein Werbeaufdruck gleichzeitig auf den Briefumschlag gedruckt.

Der Einsatz einer Frankiermaschine muss grundsätzlich durch die Deutsche Post AG genehmigt sein. Nur Maschinen bestimmter Anbieter dürfen in Unternehmen zur Freistempelung benutzt werden.

Mit Systemen wie dem **E-Porto** der Deutschen Post AG ist das Frankieren von Briefsendungen online direkt während des Schreibens eines Briefes möglich.

Die Möglichkeit, einen Brief mit einem **Handyporto** – einem zwölfstelligen Zahlencode, den man per SMS anfordern kann – zu frankieren, ist vor allen Dingen als mobile Lösung unterwegs von Vorteil.

Für Unternehmen, die keine Frankiermaschine zur Freistempelung ihrer Korrespondenz im Einsatz haben oder online frankieren, bieten Dienstleister wie die Deutsche Post AG den Frankier-Service für Briefe, Postkarten, Infopostsendungen sowie Bücher- und Warensendungen an.

6.4 Auswahl zweckmäßiger Versandarten

©Deutsche Post

Briefdienstleistungen

Auch nach der schrittweisen Aufhebung des Briefmonopols ist der größte Anbieter im Bereich Dienstleistungen beim Briefversand die Deutsche Post AG. Einige Anbieter konnten sich aber in den letzten Jahren auf dem Markt etablieren.

Je nach Anbieter werden vielfältige Versandarten und Versandformen angeboten. Eine Kenntnis der wichtigsten Arten und Formen ist für eine reibungslose Postausgangsbearbeitung unerlässlich.

Tipp

Verschaffen Sie sich einen Überblick über das Angebot an Briefdienstleistungen in Ihrem Arbeitsalltag. Klären Sie:

- Welche Anbieter von Briefdienstleistungen gibt es?
- Welche Leistungen und Zusatzleistungen werden jeweils angeboten?
- Zu welchem Preis werden die einzelnen Leistungen angeboten?

http://www.deutsche-post.de/de/produkte.html

Einen vollständigen Überblick über die angebotenen Leistungen geben beispielsweise entsprechende Broschüren oder können im Internet abgerufen werden.

Besondere Briefdienstleistungen

Die Versanddienstleistungen im Briefbereich können in zwei Kategorien unterteilt werden. Neben dem nationalen Briefdienst, also dem Briefdienst im Inland, unterliegt der internationale Briefdienst anderen Konditionen, je nach Größe, Sendungsart, Zustellzeitpunkt und Zielort der Postsendung.

Briefformate

Je nachdem, was versendet werden soll, kann zwischen unterschiedlichen Briefversendungsarten ausgewählt werden. Dabei kann gezielt für die Größe und das Gewicht des Inhaltes das passende Format ausgewählt werden.

©masterzphotofo-fotolia.com

Art der Versendung	Länge	Breite	Höhe	Gewicht
Standardbrief	14,0 - 23,5 cm	9,0 - 12,5 cm	bis 0,5 cm	bis 20 g
Kompaktbrief	10,0 - 23,5 cm	7,0 - 12,5 cm	bis 1,0 cm	bis 50 g
Großbrief	10,0 - 35,3 cm	7,0 - 25,0 cm	bis 2,0 cm	bis 500 g
Maxibrief	10,0 - 35,3 cm	7,0 - 25,0 cm	bis 5,0 cm	bis 1000 g

Sollte der zu versendende Inhalt nicht in die angegebenen Formate fallen, muss auf ein Päckchen ausgewichen werden. Dieses bietet größere Ausmaße und kann bis zu 2000 g Gewicht aufweisen.

Deutsche Post

Briefdienst-Inland

Werbesendungen/ Postwurfsendung →	allgemeine Postwurfsendungen, die keinen persönlichen Empfänger haben. Es zählen auch adressierte Schreiben dazu, die in größeren Mengen versendet werden. Diese können auch Produktmuster oder Werbeartikel enthalten.
Warensendungen →	Sendung mit Proben, Mustern oder kleineren Gegenständen zu einem vergünstigten Porto.
Infobriefe →	inhaltsgleiche Werbesendungen (mindestens 50 Stück) mit identischen Abmessungen, eventuell mit Warenproben an namentlich genannte Empfänger zu ermäßigtem Entgelt.
Infopost-Sendung →	inhaltsgleiche Werbesendungen mit mindestens 4.000 Briefen bei bundesweitem Versand und 250 Briefe bei regionalem Versand. Zusätzlich müssen die Sendungen nach bestimmten Kriterien vorsortiert werden.
Büchersendungen →	ausschließlich Bücher, Broschüren, Notenblätter oder Landkarten in offenem Umschlag; Rechnungen, Überweisungsträger, Leihkarten, Buchlaufkarten und Umhüllungen für Rücksendungen dürfen beigefügt werden.
Blindensendungen →	kostenfreier Versand und Empfang von Informationen in Braille-Schrift (Blindenschrift) sowie Hörbücher für Sehbehinderte bei der Deutschen Post und anderen Anbietern.

Versendungsformen – zusätzliche Leistungen zu den Sendungen

Zusatzleistungen

Gegen ein zusätzliches Entgelt bieten die Postdienste verschiedene ergänzende Leistungen an. Je nach Bedarf muss man sich einen Überblick über die Angebote der jeweiligen Beförderungsunternehmen verschaffen.

Liefergarantie

Zusatzleistungen beziehen sich beispielsweise auf die Sicherheit der Beförderung oder die Art der Übergabe an den Empfänger, die Lieferzeit oder die Anschriftenüberprüfung.

Versicherung

Bei wertvollen Sendungen bieten Beförderer üblicherweise eine Versicherung der Sendung an. Hier können der Verlust oder eine Beschädigung abgesichert werden.

Einschreiben

Wenn der Absender eine Bestätigung darüber benötigt, dass seine Sendung beim Empfänger angekommen ist, kann er auf verschiedene Zusatzleistungen zurückgreifen. Man spricht bei dieser Versendungsform von **Einschreiben**.

Übergabe-Einschreiben →	Der Empfang wird durch Unterschrift des Empfängers bestätigt.
Einwurf-Einschreiben →	Die Auslieferung wird durch den Postmitarbeiter bescheinigt. Die Sendung trägt den Vermerk „Übergabe-Einschreiben“ oder „Einwurf-Einschreiben“.
Einschreiben mit Rückschein →	Der Empfänger unterschreibt den Rückschein bei Erhalt der Sendung. Anschließend wird der Rückschein dem Absender wieder zugestellt. Auf diesem Wege hat der Absender den schriftlichen Beweis, dass die Sendung angekommen ist.

Nachnahme

Viele Dienstleister bieten auch einen **Nachnahmeservice** an. Darunter versteht man eine Versand- und Zahlungsart, bei der der Empfänger die Ware beim Postzusteller bei Empfang bezahlt.

Anschriftenprüfung

Ist sich der Absender in Bezug auf die Anschrift des Empfängers nicht sicher, so kann er bei bestimmten Anbietern die Zusatzleistung der **Anschriftenprüfung** wählen. Gegen Entgelt wird die Richtigkeit von Anschriften überprüft und dem Auftraggeber rückbestätigt. In diesem Zusammenhang besteht darüber hinaus auch die Möglichkeit einer **Vorausverfügung**. Beispielsweise kann verfügt werden, dass eine Sendung nicht nachgesandt wird, wenn der Empfänger verzogen ist.

KOHLENSTOFF-NEUTRALER VERSAND

ups.com/carbonneutral

klimafreundlich

Viele Dienstleister bieten auch **klimafreundliche** Zusatzprodukte und Auslieferungen an.

GOGREEN

Der CO_2-neutrale Versand mit der Deutschen Post

Briefdienst-International

Für das Versenden von Post ins Ausland gibt es bei der Deutschen Post AG zwei Varianten. Zum einen **Brief International**, bei dem man Briefe im flexiblen Format weltweit bis 2000 g versenden kann, und zum anderen **Briefe International zum Kilopreis**, bei denen ein gesonderter Vertrag geschlossen werden muss, für Sendungen bis zu 2000 g mit einer Mindestmenge von 500 internationalen Briefen pro Monat, um vergünstigte Preise zu erlangen. Zusätzlich können beide Versendungsarten mit dem Vermerk „**PRIORITY/PRIORITAIRE/LUFTPOST**" auf einem Aufkleber versehen werden, um eine verlässliche und schnelle Beförderung ins Zielland zu erreichen. Der Inhalt für die Versendung sind z. B.:

- Verträge
- Dokumente
- Waren
- Rechnungen

Kurier-, Express- und Paketdienstleistungen

Verschiedene Beförderungsunternehmen bieten ihren Kunden die individuelle Abwicklung der Beförderungsaufträge an. Sie bezeichnen sich als **Kurier-, Express- und Paketdienste,** auch **KEP-Dienste** genannt. Die dafür berechneten Entgelte richten sich nach

- der Art der Sendung (Paket, Päckchen),
- dem Gewicht der Sendung,
- dem Zeitraum der Beförderung zum Empfänger,
- dem Bestimmungsort (innerörtlich, regional, bundesweit, weltweit).

Die KEP-Dienste arbeiten mit eigenen Fahrzeugen oder in Kooperation mit Vertragsunternehmen des Land- und des Luftverkehrs nach folgendem System:

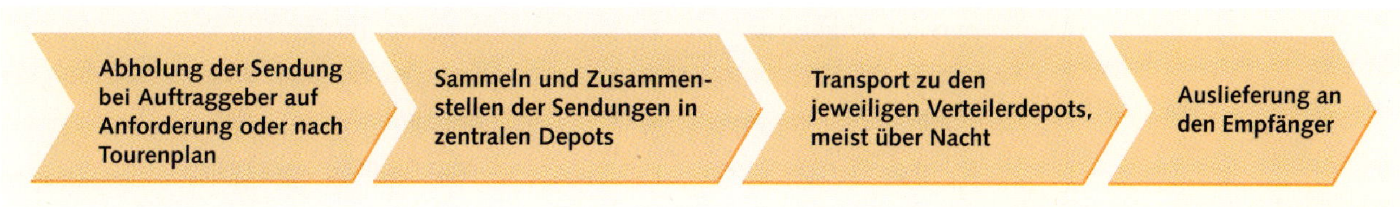

Bei innerörtlich oder regional abzuwickelnden Aufträgen ist in aller Regel keine Zwischensammlung in Depots vorgesehen. Hier liefert der Abholkurier die Sendung unverzüglich an den Empfänger aus.

Die Unternehmen der KEP-Dienste können aufgrund ihrer überregionalen Verflechtungen zum Teil erhebliche zeitliche Vorteile bei der Abwicklung der übernommenen KEP-Aufträge erzielen und deshalb günstige Bedingungen für die Beförderung anbieten.

Bei den meisten Anbietern kann man heute jederzeit den aktuellen Standort seiner Sendung während des Beförderungsvorgangs über das Internet feststellen. Man spricht von einer sogenannten **Sendungsnachverfolgung** (engl.: track and trace).

6.5 Zusammenfassung und Aufgaben

Zusammenfassung

Informationsbearbeitung in Unternehmen

Informationen gelangen sowohl **mündlich** als auch **schriftlich** in das Unternehmen bzw. verlassen so das Unternehmen

- die **Informationsweitergabe** im Unternehmen muss durch **feste Arbeitsabläufe (Regeln)** abgesichert sein,
- **Vordrucke** helfen, relevante Informationen vollständig weiterzugeben,
- die eingesetzten **Informations- und Kommunikationsmittel** müssen technisch einwandfrei funktionieren.

Postbearbeitung

Ein Bereich der Informationsbearbeitung im Unternehmen ist die **Postbearbeitung**.

Teilschritte bei der **Eingangspostbearbeitung:**

- Vorsortieren der Eingangspost,
- Öffnen der Eingangspost,
- Entnahme mit Leerkontrolle,
- Stempeln der Eingangspost,
- Verteilen der Eingangspost.

Teilschritte bei der **Ausgangspostbearbeitung:**

- Unterschriftsvorbereitung,
- Anlagenprüfung,
- Falzen, Kuvertieren und Verschließen,
- Adressieren,
- Wiegen und Frankieren.

Auswahl der zweckmäßigen Versandart
Checkliste zur **Auswahl zweckmäßiger Versandarten**: 1. Welche Beförderungsunternehmen stehen im räumlichen Umfeld zur Auswahl? 2. Welche Sendungsarten werden von ihnen befördert? 3. Welche Beförderungsstrecken werden befahren – wird der gewünschte Zielort angefahren? 4. Wie hoch sind die Beförderungspreise? 5. Wie lang sind die Laufzeiten? Gibt es garantierte Laufzeiten? 6. Um wie viel Uhr ist die späteste Abholung? 7. Um wie viel Uhr ist die früheste Auslieferung? 8. Wie ist die Haftung der Beförderungsunternehmen geregelt? 9. Ist der Versand klimafreundlich?

Aufgaben

1. Prüfen und erläutern Sie folgende Aussagen auf ihre Richtigkeit.

(1) Informationen gelangen nur schriftlich in ein Unternehmen.

(2) Briefe werden in der Regel durch einen Zustelldienst überbracht oder müssen aus einem Postfach abgeholt werden.

(3) Bei der Zustellung von Sendungen ist eine besondere Postvollmacht für einen Dritten erforderlich, wenn auf der Sendung der Vermerk „eigenhändig" aufgedruckt ist.

(4) Unter Falzen versteht man das Falten von Schriftstücken auf eine bestimmte Größe.

(5) Zum Versenden von Briefen kann nur auf die Deutsche Post AG zurückgegriffen werden.

(6) Zum Versenden kann nur auf einen Standardbrief, Kompaktbrief, Großbrief und Maxibrief zurückgegriffen werden.

(7) Bei einer Büchersendung dürfen keine Rechnungen oder Überweisungsträger enthalten sein.

(8) Wenn eine Bestätigung für den Versand benötigt wird, kann auf ein Einschreiben zurückgegriffen werden.

2. Erläutern Sie den Begriff Medienkompetenz?

3. Posteingangsstempel erleichtern den Arbeitsalltag. Begründen Sie diese Aussage.

4. Warum wird die Eingangspost bereits vor dem Öffnen geprüft?

5. Warum sollte man nach dem Öffnen und Entnehmen der Eingangspost nochmals eine Leerkontrolle durchführen?

6. Welche Falzarten sind im Geschäftsalltag üblich?

7. a) Beschreiben Sie den Vorgang der Posteingangsbearbeitung in Ihrem Betrieb.

b) Welche Hilfs- und Organisationsmittel werden dort eingesetzt?

8. Welchen gesetzlichen Schutz haben Sendungen der Post?

9. In welchen Fällen muss eine besondere Postvollmacht erteilt werden?

10. Erklären Sie den Ausdruck „Eigenhändig auszuhändigen".

11. Wählen Sie die richtige Versandart:

a) Eine Einladung zur Feier eines Firmenjubiläums wird an 100 Geschäftsfreunde versendet.

b) Ein Kündigungsschreiben ist so zu versenden, dass gegebenenfalls die rechtzeitige Auslieferung nachgewiesen werden kann.

c) 8000 Stück Werbeprospekte sind an alle Haushalte im Ort zu versenden.

d) Bauzeichnungen und Berechnungen sollen möglichst schnell an das Zweigbüro in Wien versendet werden.

12. Recherchieren Sie im Internet bei der Deutschen Post AG (http://www.postag.de) die aktuellen Konditionen.

13. Nennen Sie Kriterien, nach denen sich die Entgelte bei Kurierdiensten richten.

7 Schriftstücke und Dokumente verwalten

Täglich fallen in einem Unternehmen unzählige Schriftstücke an, auf die Mitarbeiter jederzeit zurückgreifen können müssen. Beispiele sind Briefe, Verträge, Protokolle, Rechnungen und vieles mehr.

Dazu muss jeder einzelne Mitarbeiter wissen, an **welchem Ort**, in **welcher Ablage**, unter **welcher Systematik** er das benötigte Schriftstück finden kann.

Eine gute Ablage muss so aufgebaut sein, dass sich jeder Mitarbeiter nach kürzester Einarbeitungszeit darin zurechtfindet, unabhängig davon, ob es sich um eine papierhafte oder digitale Ablage handelt.

Merke

Die systematische Ablage von **Schriftstücken** wird **Registratur** genannt. Die Aufbewahrung von Geschäftskorrespondenz, Aufzeichnungen und Akten ist das Gedächtnis des Unternehmens.

Bei der systematischen Ablage von digitalen Daten spricht man von **Dokumentenmanagement**.

Bevor die Ablage in einem Unternehmen grundsätzlich organisiert wird, müssen folgende Fragen beantwortet werden:

Frage	Beispiele
Mit welcher Systematik bewahre ich Unterlagen auf?	Farben, Datum, Symbole, Sachgebiete
Warum bewahre ich Unterlagen auf?	gesetzliche Richtlinien, betriebliche Notwendigkeiten
Wie bewahre ich Unterlagen auf?	Karton, Ordner, Regal, Register, USB-Stick, CD, DVD
Wo bewahre ich Unterlagen auf?	Arbeitsplatz, Archiv, Keller, Tresor
Wer hat Zugang zu den Unterlagen?	alle oder ausgewählte Mitarbeiter

7.1 Ordnungssysteme

Um Informationen sachgerecht abzulegen, bieten sich verschiedene Systematiken an. Je nach abzulegenden Inhalten muss man sich für ein System entscheiden oder mehrere Systeme miteinander kombinieren und in unterschiedlichen Rangfolgen ordnen.

Häufig verwendete **Ordnungssysteme** sind:

- Ordnung nach Sachgebieten,
- alphabetische Ordnung (Namen/Orte),
- chronologische Ordnung (Zeit),
- numerische Ordnung (Zahlen),
- Ordnung nach Symbolen/Farben,
- Ordnung nach Formaten,
- Ordnung nach Mnemotechnik (Zahlen inklusive Abkürzungen)

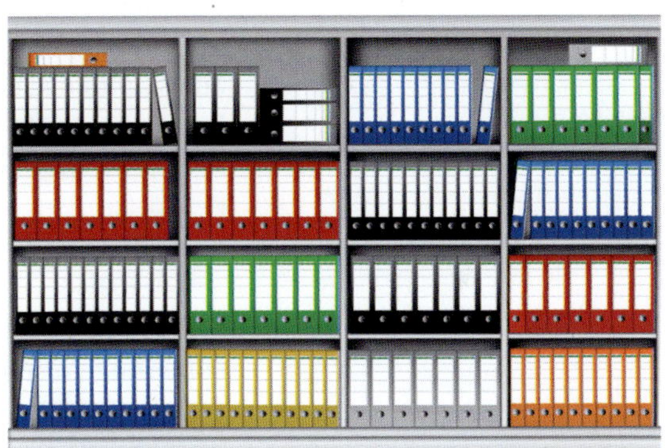

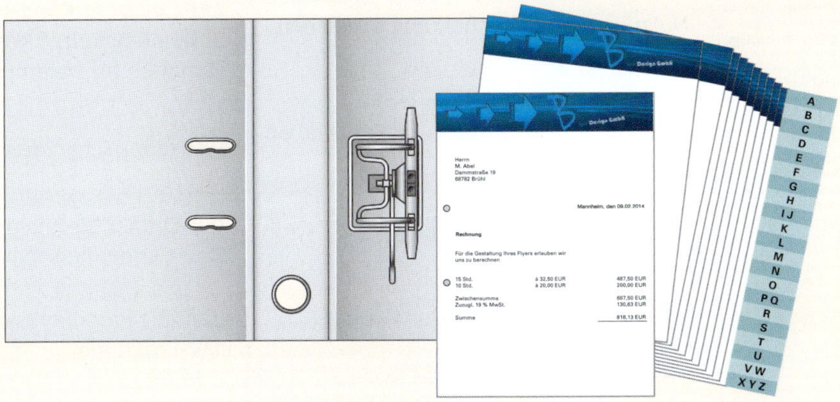

Tipp

Ablagesysteme unter Zuhilfenahme der **Mnemotechnik** können das schnelle Auffinden von Unterlagen unterstützen. Dabei werden Merkhilfen wie z. B. Zeichen, Farben oder Symbole mit der Ablagesystematik kombiniert.

Zusammenstellung der gebräuchlichsten Ordnungssysteme

Ordnung nach ...		Beispiele
Sachgebieten →	Zusammenfassung nach Stichworten oder Themenkreisen	Inhalte in Fachbüchern zeigen die Ordnung nach Sachgebieten. Projektordner
Buchstaben (Alphabet) →	Namen oder Orte als Gliederungsbezug. Zuerst wird nach dem Anfangsbuchstaben, dann nach dem nächstfolgenden Buchstaben geordnet. Es werden auch ortsalphabetische Ordnungssysteme eingesetzt.	Kunden- und Lieferantendateien werden ohne Rücksicht auf den Geschäftssitz alphabetisch geordnet. (vgl. auch DIN Norm 5007) ortsalphabetisches Telefonbuch.
Zeit (Chronologisch) →	Sortierung entsprechend des zeitlichen Anfalles, nach Tagen, Wochen, Monaten oder Jahren	Ein Kassenbuch wird entsprechend nach dem Datum der Zahlungsein- und -ausgänge geführt (Tag), ebenso die Zwischenablage der zu bezahlenden Eingangsrechnungen (Tag, Wochen), Gehaltsabrechnung (Monate).
Zahlen (Numerisch) →	Nutzung von arabischen und römischen Zahlen zur Ordnung	Vergabe von Kundennummern, Lieferantennummern, Rechnungsnummern, Nummern für Mitarbeiter
Buchstaben und Zahlen (Alphanumerisch) →	Kombination aus Zahlen und Buchstaben zur Systematisierung genutzt	Autokennzeichen deutscher Fahrzeuge
Farben →	Farben als Orientierungshilfe	Rot: Ordner Buchhaltung Blau: Ordner Personalunterlagen
Symbolen →	Bilder zur Identifikation von Arbeitsabläufen	grafische Programmsymbolleiste eines EDV-Programms.
Formaten →	Sortierung nach Höhe und Breite	Ablage von Plänen

7.2 Gesetzliche und betriebliche Aufbewahrungsgründe

In einem Unternehmen müssen Schriftstücke und digitale Dokumente aus **gesetzlichen Gründen** und aus **betrieblichen Notwendigkeiten** aufbewahrt und abgelegt werden.

Betriebliche Aufbewahrungsgründe

Schriftstücke und digitale Daten sind das Ergebnis von Arbeitsabläufen. Sie sind wichtige Informationsträger und damit Grundlage für weitere Tätigkeiten. Trotzdem sollte nicht kritiklos jedes Schriftstück oder jede Datei aufbewahrt werden, die in einem Unternehmen vorliegen. Die Entscheidung über die Aufbewahrung eines Dokuments hängt von seinem Informationswert ab.

Der **Informationswert eines Dokumentes** kann wie folgt unterschieden werden:

Beispiel

- **Dokumente mit Tageswert:**
  Werbe-E-Mails, unverlangte Angebote, Einladungen, Kurzmitteilungen.
- **Dokumente mit Prüfwert:**
  eigene und fremde Angebote ohne Auftragsfolge, Mahnungen, Bewerbungen, Preislisten.
- **Dokumente mit Dauerwert:**
  Unterlagen über die Gründung des Unternehmens, die Inhaber- und Rechtsverhältnisse, langfristige Verträge, Besitzverhältnisse und Patente.

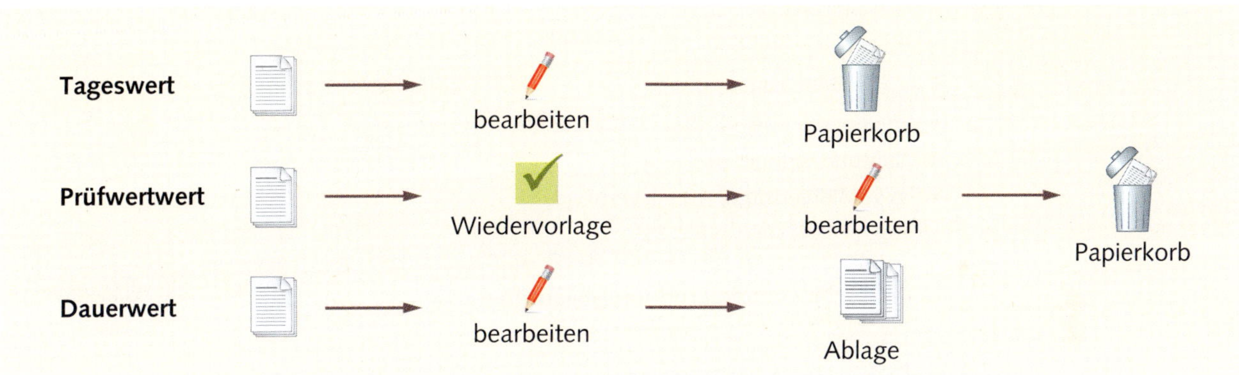

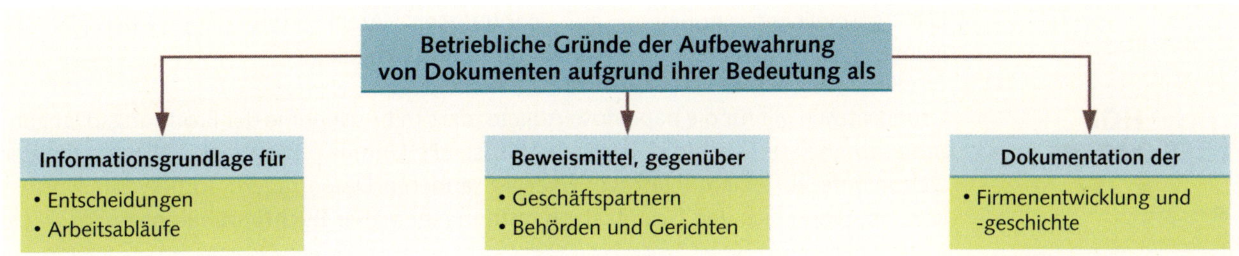

Gesetzliche Aufbewahrungsgründe

Dem Kaufmann wird die **Art der Unterlagen**, die er aufbewahren muss, sowie die **Dauer der Aufbewahrung** vorgeschrieben.

Merke

Das Handelsgesetzbuch (HGB) und die Abgabenordnung (AO) der Finanzbehörden verpflichten den Kaufmann zur Aufbewahrung von Unterlagen. Diese haben damit Gesetzeswert.

HGB
§§ 257 - 261
AO § 146, 147

LERNFELD 2

Beispiel

Rechnungen über Immobilien müssen entsprechend der Abschreibungszeit aufbewahrt werden.

Je nach Wichtigkeit und Bedeutung der Unterlagen für die Besteuerung müssen sie bis zu zehn Jahre aufbewahrt werden. Die Aufbewahrungsfrist läuft jedoch nicht ab, solange die Unterlagen für Steuern von Bedeutung sind, für welche die Festsetzungsfrist noch nicht abgelaufen ist.

AO § 147, Abschnitt 3

Unterlagenart	Mindestdauer der Aufbewahrung
• Inventare • Eröffnungsbilanzen, Schlussbilanzen, GuV-Rechnung • Handelsbücher • Jahresabschlüsse • Konzernabschlüsse • Konzernlageberichte sowie die zum Verständnis notwendigen Unterlagen • Buchungsbelege, Ausgangsrechnungen, Eingangsrechnungen, Kontoauszüge …	zehn Jahre, beginnend mit dem Ende des Kalenderjahres, in dem die letzte Eintragung gemacht wurde
• empfangene Handelsbriefe • Wiedergabe abgesandter Handelsbriefe • Mails und digitale Dokumente • Faxe, Mietverträge, Arbeitsverträge, Angebote mit Auftragsfolge	sechs Jahre

Merke

Nach HGB und AO beginnt die Aufbewahrungsfrist mit dem Ende des Kalenderjahres!

Jahresabschlüsse und Eröffnungsbilanzen müssen als Original aufbewahrt werden.

Digitale Archivierung

Die gesetzlichen Auflagen zur **papierlosen** Archivierung sind ebenfalls im Handelsgesetzbuch und in der Abgabenordnung festgelegt.

HGB § 239 (4), § 257

Grundsätzlich gilt für die papierlose Ablage, dass mit Ausnahme der Eröffnungsbilanzen, Jahresabschlüsse und der Konzernabschlüsse alle Unterlagen auch zur Wiedergabe der Dokumente auf einem Bildträger oder auf anderen Datenträgern aufbewahrt werden können, wenn dies den **Grundsätzen ordnungsgemäßer Buchführung** entspricht.

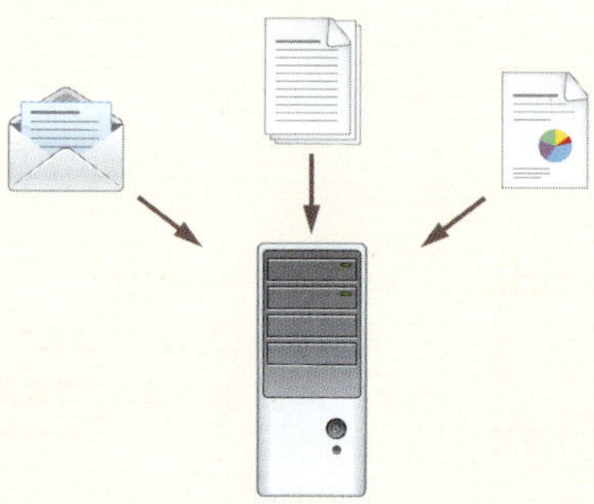

Merke

Es muss sichergestellt sein, dass die Wiedergabe oder die Daten

1. mit den empfangenen Handelsbriefen und den Buchungsbelegen bildlich und mit den anderen Unterlagen inhaltlich übereinstimmen, wenn sie lesbar gemacht werden, und
2. während der Dauer der Aufbewahrungsfrist verfügbar sind und jederzeit innerhalb einer angemessenen Frist lesbar gemacht werden können.

Wer aufzubewahrende Unterlagen nur in Form einer Wiedergabe auf einem Bildträger oder auf anderen Datenträgern vorlegen kann, ist verpflichtet, auf seine Kosten diejenigen Hilfsmittel zur Verfügung zu stellen, die erforderlich sind, um die Unterlagen lesbar zu machen. Soweit erforderlich, hat er die Unterlagen auf seine Kosten auszudrucken oder ohne Hilfsmittel lesbare Reproduktionen (Wiedergabe) beizubringen.

§§§

§ 239 HGB

(4) (...) Bei der Führung der Handelsbücher und der sonst erforderlichen Aufzeichnungen auf Datenträgern muss insbesondere sichergestellt sein, dass die Daten während der Dauer der Aufbewahrungsfrist verfügbar sind und innerhalb angemessener Frist lesbar gemacht werden können. (...)

Digitale Daten müssen entsprechend den **Grundsätzen ordnungsmäßiger Speicherbuchführung (GoS)** weiterentwickelt und in den **Grundsätzen ordnungsgemäßer DV-gestützter Buchführungssysteme (GoBS)** und den **Grundsätzen zum Datenzugriff und zur Prüfbarkeit digitaler Unterlagen (GDPdU)** aufbewahrt werden.

Beispiel

Die Werbeagentur Blue GmbH hat ihre gesamten Buchhaltungsunterlagen digital archiviert. Wenn eine Steuerprüfung stattfindet, ist das Unternehmen verpflichtet, dem Steuerprüfer die erforderliche Soft- und Hardware zur Verfügung zu stellen, damit er die archivierten Unterlagen prüfen kann.

Insbesondere müssen folgende Anforderungen erfüllt sein:

Merke

Digitale Unterlagen müssen
- vollständig,
- verfahrenssicher,
- geschützt vor Informationsverlust oder -veränderung,
- unter Einhaltung von Aufbewahrungsfristen,
- nachvollziehbar und dokumentiert sowie
- prüfbar

archiviert werden.

Das Handelsgesetzbuch unterscheidet hierbei zwischen

➔ **empfangenen Geschäftsbriefen/Buchungsbelegen**

Diese müssen bildlich wiedergegeben werden, d. h. sie müssen bildlich und inhaltlich mit den empfangenen Schriftstücken übereinstimmen.

➔ **abgesandten Geschäftsbriefen.**

Diese müssen nur inhaltlich wiedergegeben werden.

Gesetzliche Grundlagen der Aufbewahrung

- §§§ HGB
- §§§ AO
- §§§ sonstige Gesetze, z. B. BGB, ZPO

Gesetze ergänzende Grundlagen

- Grundlagen ordnungsmäßiger Buchführung (GoB)
- Grundlagen ordnungsmäßiger Speicherbuchführung (GoS)
- Grundlagen ordnungsmäßiger DV-gestützter Buchführungssysteme (GoBS)
- Grundlagen zum Datenzugriff und zur Prüfbarkeit digitaler Unterlagen (GDPdU)

7.3 Beleghafte Ablage (Registratur)

Schriftgutkatalog, Ablageplan, Aktenplan

Merke

Im **Schriftgutkatalog** werden alle Arten von Schriftstücken aufgeführt, die in einem Unternehmen anfallen können.

Der organisatorische Aufbau des Ablagesystems eines Unternehmens wird dokumentiert durch einen Schriftgutkatalog, einen Ablageplan und einen Aktenplan. Zuständig für die Erstellung dieser drei Hilfsinstrumente ist die Organisationsabteilung des Unternehmens.

Zu jedem Schriftstück wird angegeben,

- warum es aufbewahrt wird (gesetzlicher oder betrieblicher Grund),
- wie lange es aufbewahrt wird und
- wo es aufbewahrt wird.

- Musteraktenplan
  - 0 Leitung
    - 0-0 Gründung
      - 0-00 Gesellschaftsverträge
      - 0-01 Handelsregister
      - 0-02 Schriftwechsel mit Gesellschaftern
    - 0-1 Führung
      - 0-10 Geschäftsleitung
      - 0-11 Protokolle GL
      - 0-12 Schriftwechsel GL
      - 0-13 Vollmachten
      - 0-14 Personalten GL
    - 0-2 Team
      - 0-20 Protokolle Team
      - 0-21 Arbeitsaufträge Team
    - 0-3 Partner
      - 0-30 Partnerschaften, Kooperationen
    - 0-4 Mitgliedschaften
      - 0-40 Verbände
    - 0-5 Geschäftsberichte
      - 0-50 Geschäftsberichte mit Bilanzen
    - 0-6 Archiv
      - 0-60 Chronik
      - 0-61 Archiv
  - 1 Firmenorganisation
    - 1-0 Büro
      - 1-00 Mietvertrag
      - 1-01 Nebenkosten
      - 1-02 Instandhaltung
      - 1-03 Schlüsselplan
      - 1-04 Schriftwechsel mit Hausverwaltung
      - 1-05 Ausstattung
      - 1-06 Räume, neue
    - 1-1 Organisation
      - 1-10 Aufbau- und Ablauforganisation
      - 1-11 Archivierung
      - 1-12 Systempflege
      - 1-13 Vordrucke
      - 1-14 CD-Verzeichnis
      - 1-15 Handbücher
    - 1-2 Versicherung
      - 1-20 Betriebsversicherung
      - 1-21 Feuerversicherung
      - 1-22 Einbruchsversicherung
      - 1-23 Haftpflichtversicherung
      - 1-24 Kfz-Versicherung
      - 1-25 Versicherungen, andere
    - 1-3 Recht
      - 1-30 Rechtsangelegenheiten, allgemeine
      - 1-31 HGB, BGB
      - 1-32 Gebrauchsmuster
      - 1-33 Lizenzen
      - 1-34 Erfindung
    - 1-4 Zeitschriften
      - 1-40 Abonnements
      - 1-41 Zeitschriften
      - 1-42 Presse

Merke

Der **Ablageplan** wird auf der Basis des Schriftgutkatalogs erstellt. Er beinhaltet Angaben über Registraturformen, angewandte Ordnungssysteme, verantwortliche Mitarbeiter, Vordrucksammlungen, geführte Teilablagen (Abteilungsablagen) und allgemeine Registraturregeln.

Der **Aktenplan** ergänzt den Schriftgutkatalog und den Ablageplan. Er zeigt auf, nach welchen sachlichen Aspekten die Schriftstücke des Unternehmens abgelegt werden.

■ Standort der Ablage

©Carmen Steiner-fotolia.com

Die in einem Unternehmen abzulegenden Akten und Unterlagen können nicht willkürlich in den Räumen des Unternehmens verteilt sein. Jeder Mitarbeiter sollte auf die Ablage einfachen und schnellen Zugriff haben. Allgemein gilt:

- ➔ **Arbeitsplatzablage**: Nur ein Mitarbeiter muss zugreifen können.
- ➔ **Abteilungsablage**: Die Mitarbeiter einer Abteilung müssen zugreifen können.
- ➔ **Zentralablage**: Viele Mitarbeiter des Unternehmens müssen zugreifen können.

Während sich an den genannten Ablagestandorten die Unterlagen befinden, auf die regelmäßig zugegriffen werden muss, können in der Altablage oder dem Archiv die Unterlagen aufbewahrt werden, die nur in Ausnahmefällen gebraucht werden.

Arbeitsplatzablage	Am Arbeitsplatz werden die Unterlagen dauerhaft abgelegt, die lediglich der jeweilige Sachbearbeiter benötigt. Außerdem befinden sich am Arbeitsplatz kurzfristig die Schriftstücke der Zwischenablage, die nach der Bearbeitung durch den Sachbearbeiter entweder zur Abteilungs-, Zentral-, Altablage oder zum Archiv weitergereicht werden.
Abteilungsablage	Benötigen mehrere Sachbearbeiter dieselben Unterlagen, müssen diese zentral in der Abteilung stehen. Für jeden Mitarbeiter sollte der Weg zu den Unterlagen so kurz wie möglich sein. Keiner sollte den anderen stören müssen, wenn er ein Formular oder einen Ordner holen will.
Zentralablage	In der Zentralablage stehen die Unterlagen, auf die viele Mitarbeiter zugreifen müssen. Zentralablagen werden in großen Unternehmen von Sachbearbeitern mithilfe elektronischer Datenverarbeitungsanlagen verwaltet.
Altablage	Aufgrund beschränkter Raumkapazitäten an Arbeitsplätzen und in Abteilungen sollten in der Altablage die Unterlagen stehen, auf die der einzelne Sachbearbeiter nur in großen Zeitabständen oder in Sonderfällen zugreifen muss. Üblicherweise ist dies bei Unterlagen der Fall, die älter als zwei Jahre sind. Sie verbleiben dort für den verbleibenden Zeitraum ihrer gesetzlichen Aufbewahrungsfristen.
Archiv	Im Archiv werden die Unterlagen und Schriftstücke aufbewahrt, die für das Unternehmen von besonderer, langfristiger Bedeutung sind. Dazu gehören insbesondere Unterlagen, die die langfristigen Entwicklungen des Unternehmens dokumentieren.

©Texelart-fotolia.com

Zentralablage, Altablage und Archiv können in Unternehmen eine räumliche und organisatorische Einheit bilden. Die Verwaltung der Unterlagen kann wie in einer öffentlichen Bibliothek organisiert werden. Die **Verwaltung** von Archiven in Unternehmen wurde in den letzten Jahren durch die Einführung von **Strichcode-Systemen** zur Erfassung der Akten und die Benutzung von **elektronischen Lesegeräten** bei der Aus- und Rückgabe von Akten vereinfacht.

Tipp

Unterlagen, für die es weder gesetzliche noch betriebliche Aufbewahrungsgründe gibt, dürfen auch weggeworfen werden. Werden Unterlagen unnötig gesammelt, entstehen Aufwand und Kosten!

LERNFELD 2

Ablagearten

Bei der beleghaften Ablage kann man folgende Ablagesysteme unterscheiden:

Einzelakte	Alle abgelegten Schriftstücke gehören zu einem Thema oder einer Person, beispielsweise Handelskorrespondenz mit einem Kunden, Personal- oder Gerichtsakten.
Sammelakte	Die Unterlagen verschiedener Vorgänge sind in einem Schriftgutbehälter zusammengefasst. Zur Bearbeitung eines Vorgangs wird lediglich ein Teil der Schriftstücke aus der Akte entnommen, beispielsweise die Lohnabrechnung eines Mitarbeiters, Angebote, Rechnungen.

Loseblatt-Ablage	Verschiedene Schriftstücke sind in einen Behälter (Mappe, Ablagekorb) ungeheftet eingelegt, wie bei einer Unterschriftenmappe. Die Akten dürfen nicht zu umfangreich sein.	**Vorteil:** spart Zeit beim Ablegen
Geheftete Ablage	Es werden lose Blätter in Ordnern oder Heftern abgeheftet. Es kann eine klar definierte Reihenfolge eingehalten werden.	**Vorteil:** spart Zeit beim erneuten Zugriff, schnelles chronologisches Wiederfinden

Formen der beleghaften Registratur

Bei der beleghaften Ablage kann man folgende Ablagesysteme unterscheiden:

➔ **Liegende Registratur**

Schriftgutbehälter werden liegend in Regalen und Schränken übereinander gestapelt.

Schriftgutbehälter	Ablage
Aktendeckel, Mappen, Taschen, Hefter	Schränke mit Fächern

Liegende Registratur	
Vorteile	**Nachteile**
• preisgünstig	• hoher Raumbedarf • großer Suchaufwand

- **Stehende Registratur**

  Schriftgutbehälter werden stehend in Regalen und Schränken aufbewahrt.

Schriftgutbehälter	Ablage
Stehordner	Ordnerregale und -schränke

Stehende Registratur	
Vorteile	**Nachteile**
• übersichtlich • geringe Materialkosten • einfache Beschriftung	• hoher Aufwand bei nachträglichen Ergänzungen

- **Hängende Registratur** (als Pendel- oder vertikale Hängeregistratur)

  Bei der **Pendelregistratur** werden die Schriftgutbehälter nach unten offen in Profilschienen nebeneinander eingehängt. Bei einer vertikalen **Hängeregistratur** sind die Schriftgutbehälter nach oben hin geöffnet.

Schriftgutbehälter	Ablage
Hängemappen, -taschen, -ordner	Hängeregale und -schränke

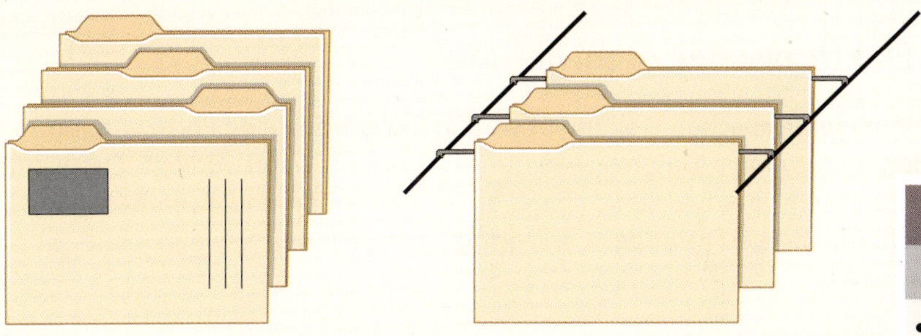

Hängende Registratur	
Vorteile	**Nachteile**
• platzsparend	• einzelne Blätter können schnell falsch eingeordnet werden

Sicherheitssysteme

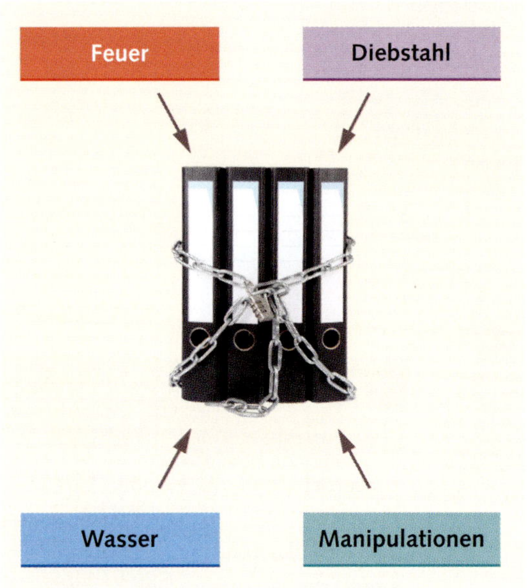

©Klaus Eppele-fotolia.com

Bei der Wahl der richtigen Ablage ist die Sicherheit des Ablagegutes zu beachten. Die Gefahren, vor denen geschützt werden muss, sind vielfältig,

Zur Erhöhung der Sicherheit gibt es verschiedene Möglichkeiten.

Schriftstücke, die im Original von Bedeutung sind, z. B. Bilanzen oder Unterlagen zur Firmengründung, können durch bauliche, bzw. einrichtungstechnische Maßnahmen gesichert werden. Möglichkeiten sind der Einsatz feuerfester, abschließbarer Stahl- oder Tresortüren an den Archivräumen sowie die Verwendung von **Stahlschränken** oder **Tresoren**.

Für Schriftstücke oder digitale Daten, die auch als Kopie aufbewahrt werden können, besteht die Möglichkeit der doppelten Ablage. Dabei können Unterlagen einfach kopiert und ausgelagert werden, oder man bedient sich technischer Möglichkeiten zur papierlosen Ablage.

©Shawn Hempel-fotolia.com

Aktenvernichtung

Wenn gesetzliche Aufbewahrungsfristen abgelaufen sind oder die betrieblichen Aufbewahrungsgründe weggefallen sind, dann können die entsprechenden Schriftstücke vernichtet werden. Wichtig ist, dass dabei die Bestimmungen des Datenschutzes (Kapitel 7.6) beachtet werden und kein unberechtigter Dritter Einsicht in die Unterlagen erhält.

Eine professionelle Schriftgutvernichtung führt man mit einem **Aktenvernichter** durch. Diese Geräte sind üblicherweise elektrisch betrieben und können je nach Art der Zerkleinerung verschiedenen Sicherheitsstufen entsprechen.

DIN 66399

7.4 Elektronischer Archivierung

Unter einem **elektronischen Dokument** wird im Folgenden jede Form von Information verstanden, die in einem Datenverarbeitungssystem als **Datei** vorliegt. Das kann auch ein Dokument sein, das ursprünglich in Papierform vorlag und dann in digitale Daten verwandelt (digitalisiert) wurde. Dies erfolgt beispielsweise, wenn man ein Schriftstück einscannt.

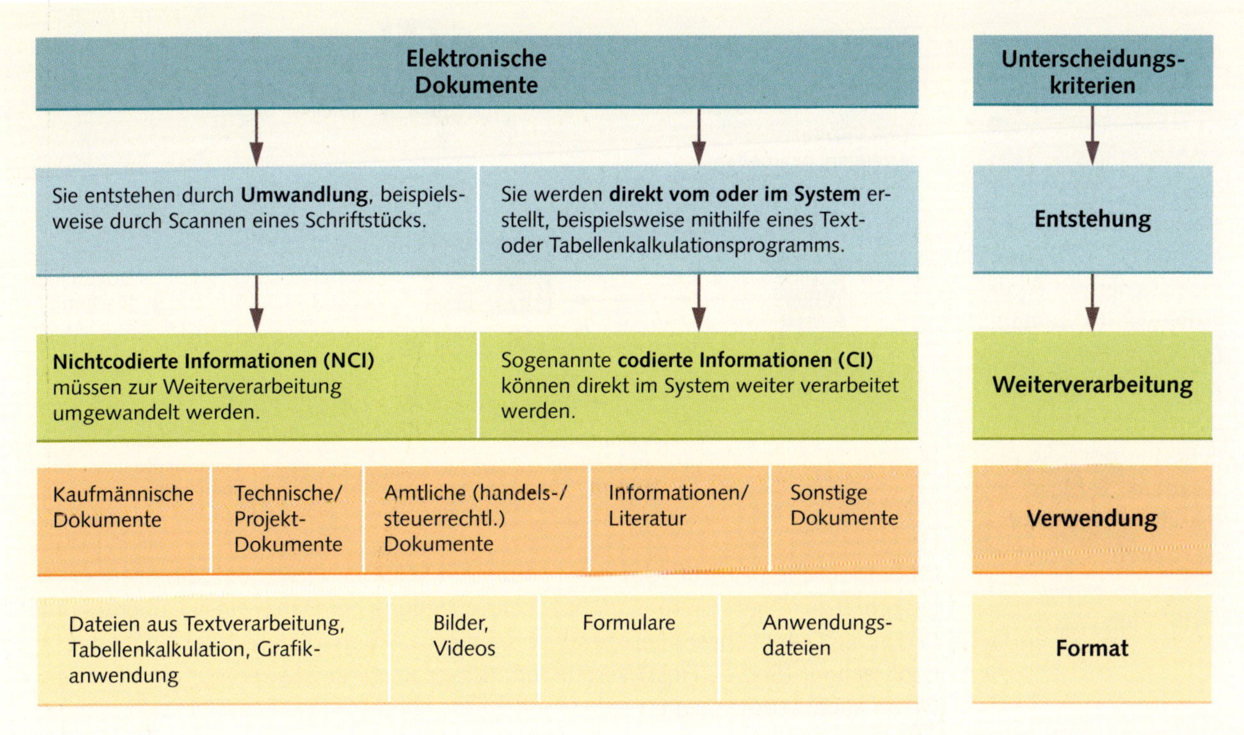

Merke

Eine Datei hat eine Anzahl von Eigenschaften, die auch im Hinblick auf die Ablage und das Wiederauffinden von Bedeutung sind. Dazu gehören unter anderem der Dateiname, die Dateiquelle (z. B. der Autor), das Datum und die Uhrzeit der Erstellung der Datei sowie ein Änderungsprotokoll, die Dateigröße und der Dateityp sowie der Ort der Ablage.

Bei der elektronischen Archivierung von beleghaften Originaldokumenten müssen diese erst umgewandelt werden, damit sie digital weiter verarbeitet werden können.

Dazu stehen folgende Hilfsmittel zur Verfügung:

Vorgang	Hilfsmittel
1. Einlesen der Papierdokumente	Lesegeräte (Scanner)
2. Aufnahme und Verarbeitung der Daten des Papierdokuments	Arbeitsplatzrechner (PC), Großrechner (Server, HOST)
3. Speichern der Daten	Speichermedien CD-ROM = READ-ONLY MEMORY (Nur Lese-Speicher) WORM = WRITE ONCE READ MANY (Schreib einmal – lese oft) MO = Magnetooptische Platte
4. Betrachten der gespeicherten Dokumente	Arbeitsplatzbildschirm Drucker

Tipp

E-Mails, die als Handelsbrief einzustufen sind, müssen in elektronischer sowie rechtssicherer Form aufbewahrt werden. Es reicht nicht aus, E-Mails einfach nur auszudrucken und abzuheften oder die relevanten E-Mails in maschinell nicht auswertbaren Formaten (z. B. PDF-Datei) zu archivieren.

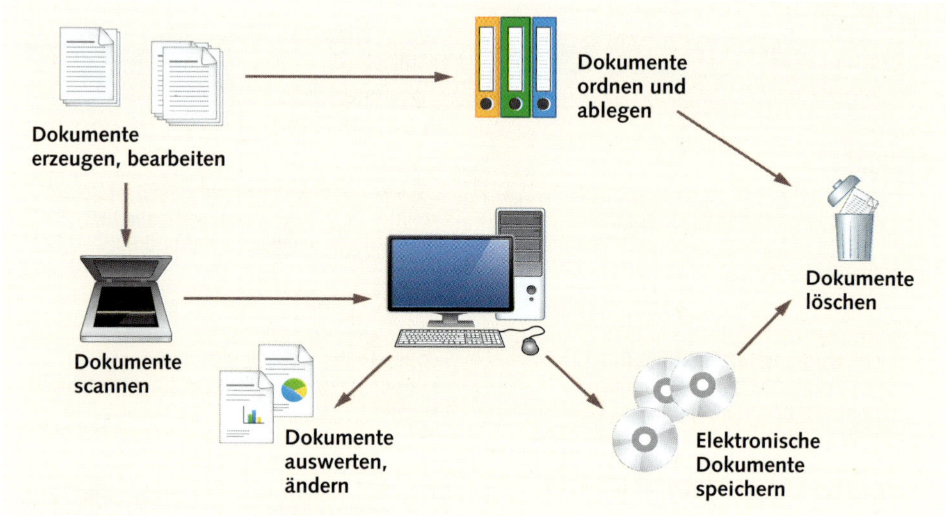

Im betrieblichen Ablauf wird dazu häufig ein **Scanner** verwendet. Ein Scanner ist ein Lesegerät zur Digitalisierung, d. h. zur Umwandlung der Daten eines Papierdokuments in digitale Daten. Dieses Lesegerät ist mit einem **Arbeitsplatzrechner** (PC) oder einem **Großrechner** (Server, Host) verbunden. Dieser Rechner ist wiederum in der Lage, die Daten aufzunehmen, zu erkennen und zu speichern.

Vor- und Nachteile der elektronischen Aufbewahrung von Dokumenten

Vorteile	Nachteile
• Raumersparnis • Beschleunigung der Zugriffszeiten • erleichtertes Auffinden einzelner Dokumente oder Daten	• Haltbarkeit und Lebensdauer der Datenträger • Kontinuität und Kompatibilität der Archivierung

In Bezug auf Haltbarkeit und Lebensdauer fehlen bei Neuentwicklungen von Speichermedien häufig Erfahrungswerte und es hat sich wiederholt gezeigt, dass Haltbarkeitsprognosen der Hersteller zu optimistisch waren. Die stetige Weiterentwicklung von Soft- und Hardware, die für den Anwender einerseits oftmals zahlreiche Vorteile und verbesserte Anwendungsmöglichkeiten bieten, birgt andererseits die Gefahr, dass ältere und neuere Systeme im Laufe der Weiterentwicklung nicht mehr miteinander funktionieren. Als Beispiel können die anfänglich in der Datenverarbeitung verwendeten 5 1/4" und 3 1/2" Disketten genannt werden. Im Laufe der Entwicklung hat man auf diese Laufwerke bei Computern verzichtet und sie durch leistungsstärkere Speichertechniken ersetzt.

Merke

Die **elektronische Archivierung** wird als **revisionssicher** bezeichnet, wenn sie allen Anforderungen des Handelsgesetzbuches, der Abgabenordnung, den Grundsätzen ordnungsgemäßer Speicherbuchführung sowie den Grundsätzen zum Datenzugriff und zur Prüfbarkeit digitaler Unterlagen entsprechen.

■ Dokumentenmanagementsysteme (DMS)

Mit der steigenden Anzahl elektronischer Dokumente wachsen die Anforderungen an die **Organisation** einer elektronischen Archivierung. Wenn die Ablagesysteme von Unternehmen nicht reibungslos funktionieren, werden wichtige Arbeitsabläufe blockiert und es kann zu starken wirtschaftlichen Beeinträchtigungen kommen.

Merke

Dokumentenmanagementsysteme sind technische Systeme, die gespeicherte Informationen verwalten, langfristig sicher und unveränderbar aufbewahren und jederzeit wieder reproduzieren können.

Dokumentenmanagementsysteme funktionieren im Allgemeinen datenbankgestützt. Das bedeutet, dass große Datenmengen mit schnellen Zugriffszeiten organisiert werden können. Es besteht sogar die Möglichkeit, bestimmte Daten an konkrete Arbeitsabläufe im Unternehmen zu koppeln.

Vorteile von Datenmanagementsystemen (DMS):

- Zeitvorteil durch schnelle Archivierung und schnelles Auffinden von Dokumenten,
- Schutzmöglichkeiten vor äußeren Einflüssen,
- optimale Organisation der Zugriffsrechte,
- geringer Platzbedarf.

7.5 Speichermedien

Um elektronische Dokumente zu speichern, benötigt man Speichermedien. Die Entwicklungen im Bereich der digitalen Ablage sind fortlaufend.

Merke

Unter **Speichermedien** versteht man Stoffe oder Objekte, die zum Speichern von Daten und Informationen verwendet werden.

Neben der verwendeten Technik eines Speichermediums und der entsprechenden physikalischen Eigenschaften kann man noch weitere Unterscheidungen treffen:

Auswahl der entsprechenden Speichermedien:

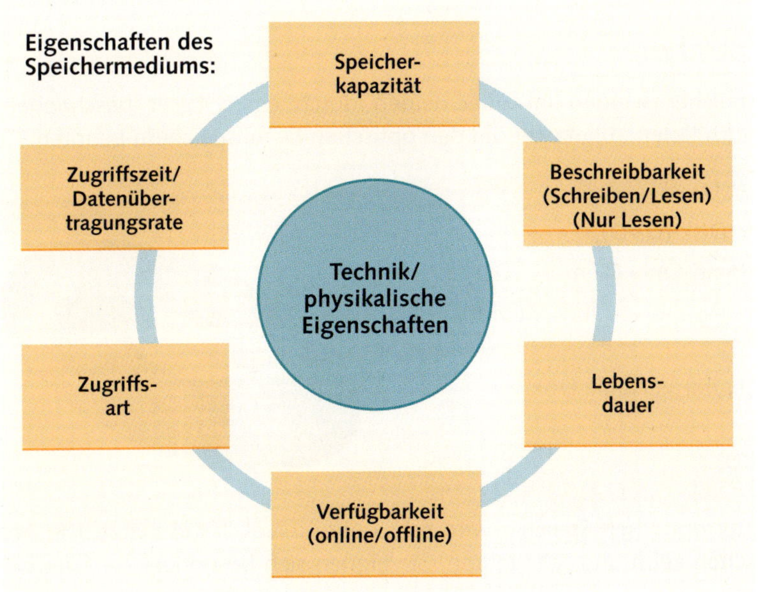

Merke

Je nach Art der elektronischen Datenspeicher unterscheidet man

- **flüchtige** Speicherung: Die Daten gehen verloren, wenn die Stromzufuhr unterbrochen wird.
- **permanente** Speicherung: Die Daten werden unveränderlich gespeichert.
- **semi-permanente** Speicherung: Die Daten könne nach der Speicherung verändert werden.

■ Magnetspeicher

Zu den Magnetspeichern gehören Festplatten, Disketten und Magnetbänder.

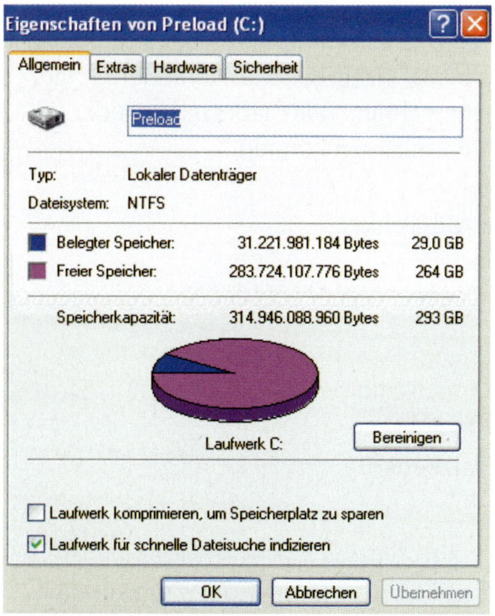

Als **interne Festplatte** wird der Kernspeicher eines Computers bezeichnet. Die Sicherung der Daten auf einer Festplatte ist dauerhaft angelegt, kann aber von Anwender überschrieben werden.

Externe Festplatten lassen sich über Schnittstellen an Computer anschließen. Ihre Vorteile liegen darin, dass sie die Speicherkapazität von PCs erweitern können, so handlich sind, dass sie bequem transportiert werden können und einen Datentransfer zwischen verschiedenen Arbeitsplätzen ermöglichen, insbesondere bei großen Datenmengen.

Eine wichtige Eigenschaft von Festplatten ist die Speicherkapazität, die durch die Anzahl der verfügbaren Bits und Bytes beschrieben wird.

Die Zugriffsgeschwindigkeit einer Festplatte wird üblicherweise als Durchschnittswert angegeben. Die tatsächliche Zugriffszeit hängt einerseits von der Umdrehungsgeschwindigkeit der mechanischen Platten ab und andererseits davon, wie weit die zu lesenden Daten tatsächlich auseinanderliegen.

Tipp

Die Arbeitsgeschwindigkeit eines Computers kann durch die Defragmentierung der Festplatte mithilfe spezieller Programme erhöht werden. Dabei werden Datenblöcke auf Speichermedien so neugeordnet, dass logisch zusammenhängende Daten aufeinanderfolgend auf dem Datenträger abgelegt werden. Auf diese Weise kann die Zugriffsgeschwindigkeit und dementsprechend auch die gesamte Arbeitsgeschwindigkeit erhöht werden.

■ Optische Speicher

Optischer Datenspeicher werden im Allgemeinen durch einen Laser beschrieben beziehungsweise zum Lesen abgetastet. Zu den optischen Datenspeichern gehören:

- Compact Disc (CD),
- Digital Versatile Disk (DVD),
- Compact Disc Read Only Memory (CD-ROM),
- Digital Versatile Disc Read Only Memory (DVD-ROM),
- High Density Digital Versatile Disk (HD-DVD),
- Blu-ray-Disc (BD).

Die Lebensdauer der optischen Speicher wird sehr unterschiedlich geschätzt. Die Angaben liegen zwischen zehn und 100 Jahren. Sie eignen sich besonders zur Speicherung großer Datenmengen.

■ Digitale Speicher

Digitale Speicher, Speicherkarten bzw. USB-Datenspeicher-Sticks, sind zumeist kleine, tragbare, nichtflüchtige, passive Datenträger, die verhältnismäßig große Datenmengen speichern können. Aufgrund ihrer Speicherkapazität und der guten Zugriffsgeschwindigkeit werden sie insbesondere für die Anwendung in kleineren Geräten wie Kameras und anderen mobilen Geräten wie Tablet-PCs oder Smartphones verwendet. Speichermedien sagt man eine durchschnittliche Lebensdauer von etwa **zehn Jahren** voraus. Das Risiko des tatsächlichen Verlustes oder der Zerstörung dieser Speicher ist aufgrund ihrer häufig mobilen Nutzung verhältnismäßig hoch.

7.6 Datenschutz und Datensicherheit

Die **Datensicherung** beschäftigt sich mit dem Schutz der Daten vor Verlust, Zerstörung oder Manipulation. Bestandteil der Datensicherung ist auch der **Datenschutz**, dessen Aufgabe es ist, Daten vor dem unberechtigten Zugriff Dritter zu schützen.

Merke

Die **Datensicherung** hat die Aufgabe, Gefährdungen für die in einem Betrieb vorhandenen Daten abzuwehren.

Aufgaben der Datensicherung sind im Einzelnen:

- Schutz der Daten vor Verlust oder Zerstörung (Verfügbarkeit der Daten),
- Schutz vor unberechtigtem Zugriff auf die Daten (Vertraulichkeit der Daten),
- Schutz der logischen Richtigkeit und Genauigkeit der Daten,
- Schutz vor Störungen aus externen Quellen.

Datensicherungsmaßnahmen müssen in einem **ganzheitlichen Konzept** entwickelt und aufeinander abgestimmt werden. Im Einzelnen können Vorkehrungen im Bereich der Hardware, der Software, durch bauliche Maßnahmen und in der Zusammenarbeit mit Mitarbeitern getroffen werden.

■ Datensicherungsmaßnahmen im Hardwarebereich

Maßnahme	Erläuterung
Daten- spiegelung	**1. Ausstattung der Rechner mit Spiegelungstechnik** Ein Rechner wird mit zwei Festplatten ausgestattet, auf denen die Daten identisch gespeichert werden, d.h. fällt eine Festplatte aus, ist der Datenbestand vollständig auf der zweiten Platte erhalten. Der Anwender erhält lediglich eine Systemmeldung über den Ausfall. Probleme bei der Datenverarbeitung entstehen nicht. **2. Ausstattung der DV-Anlage mit Parallelrechnern** Zwei Rechner bearbeiten gleichzeitig mit den gleichen Programmen die Daten in identischer Weise. Bei Ausfall eines Rechners kann der zweite Rechner ohne Störung weiterarbeiten.
Einsatz von Notstromaggregaten, die bei Stromausfall oder -schwankungen einspringen	Rechner können bei Stromausfall auf Batteriebetrieb umgestellt werden. Während des Batteriebetriebs bleibt mindestens genügend Zeit, um geöffnete Dateien ordnungsgemäß zu schließen und abzuspeichern.
Schreibschutz	Bei der Nutzung von Schreibschutzmechanismen wird verhindert, dass ungeplante Aufzeichnungen auf einen Datenträger (z. B. Diskette) gelangen.

■ Datensicherungsmaßnahmen im Softwarebereich

Maßnahme	Erläuterung
Passwortschutz	Das persönliche Kennwort des Anwenders muss beim Aufruf bestimmter Programme oder Arbeitsabläufe angegeben werden. Folgende Passwörter werden unterschieden: • einfache Passwörter, z.B. Namen, Adressen, Geburtsdaten • Nonsens-Passwörter, die aus unsinnigen, nur schwer merkbaren Begriffen bestehen, z.B: SYZIG • rekonstruierte Passwörter, die während des Eintippens mithilfe von Wissen über das Privatleben gebildet werden. Nachteilig bei jeder Art von Passwort ist, dass es beabsichtigt oder unbeabsichtigt weitergegeben werden kann.
Automatische Datensicherung	Eine Software ermöglicht, dass einmal täglich, wöchentlich oder monatlich automatisch Datensicherungen auf Datenträgern, z. B. Datenbändern, durchgeführt wird. Regelmäßige Datensicherungen können natürlich auch manuell durchgeführt werden. Das erfordert jedoch eine größere Arbeitsdisziplin und mehr Zeit vom Anwender.

■ Datensicherungsmaßnahmen im bautechnischen Bereich

Maßnahme	Erläuterung
Feuersichere Standorte für Rechner und Datenträger oder feuerhemmende Sperren	**Beispiel:** Die Bänder der täglichen Nachtsicherung können in einem feuersicheren Safe aufbewahrt werden.
Klimatisierung der Rechnerstandorte	Bei der Klimatisierung ist besonders darauf zu achten, dass Raumtemperatur und Luftfeuchtigkeit überwacht und geregelt werden.
Zugangskontrollen zum Rechenzentrum	Geschlossener Betrieb = Closed-Shop-Betrieb **Beispiel:** Das Öffnen von Türen ist nur mit Magnetkarten möglich.

■ Organisatorische Datensicherungsmaßnahmen

Maßnahme	Erläuterung
Regelmäßige Wartung	Die meisten DV-Lieferanten bieten Wartungsverträge an. Möglich sind jedoch auch Wartungen, die nur auf Abruf im Bedarfsfall erfolgen. Vorteilhaft ist die **Fernwartung**, bei der die Überwachung und Fehlerdiagnose bei Hard- und Software mithilfe der Datenfernverarbeitung über geografische Entfernungen hinweg durchgeführt werden kann.
Ein-/Auslagern	Programme und Daten werden außerhalb des Maschinenraums (Auslagern) aufbewahrt, sodass im Katastrophenfall auf die ausgelagerten Programme und Daten zurückgegriffen werden kann (Einlagern).
Generationsprinzip	Von der Anmerkung des Generationenprinzips spricht man, wenn Daten regelmäßig fortgeschrieben werden. Es besagt, dass ein Datenbestand erst dann gelöscht werden darf, wenn er „Großvaterbestand" ist, sodass immer zwei Generationen des Datenbestandes zur Verfügung stehen (**Großvater-Vater-Sohn-Prinzip**).

■ Datensicherung durch geeignete Verhaltensmaßnahmen

Die besten Sicherungsmaßnahmen sind nutzlos, wenn der Anwender unsachgemäß handelt oder die Sicherheitsbestimmungen nicht berücksichtigt. Zum Schutz der Daten muss an das Verantwortungsbewusstsein des Einzelnen appelliert werden. Je einsichtiger den einzelnen Mitarbeitern die Notwendigkeit solcher Sicherungsmaßnahmen ist, desto sorgfältiger werden sie auf ihre Einhaltung achten.

Tipp

Sicherungskopien auf Datenträgern nie frei zugänglich liegen lassen.

Laufende Rechner mit freien Zugangsrechten und angegebenem Passwort nicht unbeaufsichtigt lassen.

Bundesdatenschutzgesetz (BDSG) vom 20.12.1990 mit Änderungen

BDSG §§ 19, 20

Gesetzliche Grundlagen des Datenschutzes

Aufgabe des Datenschutzes ist der Schutz von Informationen über einen bestimmten Lebensbereich einer Person. Das **Bundesdatenschutzgesetz** schützt personengebundene Daten, die in Dateien gespeichert, verändert, gelöscht oder aus anderen Dateien übermittelt werden.

Die Person, über die Daten gespeichert werden, hat ein Recht auf

- Auskunft über gespeicherte Daten, die sie betreffen,
- Berichtigung ihrer Daten, wenn sie unrichtig sind,
- Löschung der zu ihrer Person gespeicherten Daten, wenn ihre Speicherung unzulässig war, oder die ursprünglich erfüllten Voraussetzungen für die Speicherung laut Gesetz weggefallen sind.

Der Gesetzgeber nennt **zehn Sicherungsziele**. Danach sind Maßnahmen physischer, programmtechnischer bzw. organisatorischer Art zu treffen, um den Missbrauch von Daten zu verhindern.

Sicherungsziele:

Zugangskontrolle	→	nur Berechtigte dürfen Zugang zu den Daten haben
Datenträgerkontrolle	→	Datenträger dürfen nicht unbefugt entfernt werden
Speicherkontrolle	→	keine unbefugte Eingabe, Kenntnisnahme, Veränderung oder Löschung gespeicherter personenbezogener Daten
Benutzerkontrolle	→	nur Berechtigte dürfen die DV-Systeme benutzen
Zugriffskontrolle	→	Zugriffsberechtigung nur für Befugte
Übermittlungskontrolle	→	Übermittlung nur an Berechtigte
Eingabekontrolle	→	Nachvollziehbarkeit der Eingabe
Auftragskontrolle	→	Verarbeitung personenbezogener Daten nur auf Weisung des Auftraggebers
Transportkontrolle	→	ordnungsgemäßer Transport ohne Zugriff Unbefugter
Organisationskontrolle	→	innerbetriebliche Organisation muss den Anforderungen des Datenschutzes entsprechen

Bundesdatenschutzgesetz (BDSG)

Datenschutzbeauftragter

Unternehmen, die ständig mindestens fünf Personen beschäftigen und mit der automatischen Verarbeitung personenbezogener Daten beauftragt sind, haben die Verpflichtung, einen Datenschutzbeauftragten zu bestellen.

Der Beauftragte für den Datenschutz ist unmittelbar der Unternehmensleitung unterstellt. Er ist jedoch bei der Anwendung seiner Fachkunde auf dem Gebiet des Datenschutzes weisungsfrei.

In Bezug auf Behörden und öffentliche Stellen des Bundes gilt, dass jedermann sich an den Bundesbeauftragten für den Datenschutz wenden kann, wenn er der Meinung ist, bei der Verarbeitung seiner personenbezogenen Daten in seinen Rechten verletzt worden zu sein.

7.7 Zusammenfassung und Aufgaben

Zusammenfassung

Ordnungssysteme

Die systematische Ablage von Schriftstücken wird **Registratur** genannt.

Bei der systematischen Ablage von digitalen Daten spricht man von **Dokumentenmanagement**.

Schriftstücke und elektronische Dokumente können in Abhängigkeit von Inhalt, Aufbewahrungsgrund und Zugriffshäufigkeit nach verschiedenen **Ordnungssystemen** aufbewahrt werden.

Aufbewahrung von Dokumenten

Dokumente werden betrieblich bedingt als **Informationsgrundlage**, **Beweismittel** oder zur **Dokumentation** aufbewahrt.

Das **Handelsgesetzbuch** (HGB) und die **Abgabenordnung** (AO) der Finanzbehörden verpflichten den Kaufmann zur Aufbewahrung von Unterlagen. Dies umfasst auch die **digitale Archivierung**.

Beleghafte Ablage (Registratur)

Im **Schriftgutkatalog** werden alle Arten von Schriftstücken aufgeführt, die im Unternehmen anfallen.

Der **Ablageplan** beinhaltet Angaben über Registraturformen, Ordnungssysteme, Vordrucksammlungen usw.

Der **Aktenplan** zeigt die sachlichen Aspekte, nach denen die Schriftstücke abgelegt werden.

Nach dem **Standort** der **Ablage** wird unterschieden zwischen Arbeitsplatz-, Abteilungs-, Zentral-, Altablage und Archiv.

Hinsichtlich der **Formen der Registratur** lassen sich liegende, stehende und hängende Registratur unterscheiden.

Professionelle Schriftgutvernichtung erfolgt mit einem **Aktenvernichter**.

Elektronische Archivierung

Elektronische Archivierung wird als **revisionssicher** bezeichnet, wenn sie allen Anforderungen des Handelsgesetzbuchs, der Abgabenordnung usw. entspricht.

Dokumentenmanagementsysteme sind technische Systeme, die gespeicherte Informationen verwalten, sicher und unveränderbar aufbewahren und jederzeit reproduzieren können.

Bei der elektronischen Datenspeicherung unterscheidet man **flüchtige**, **permanente** und **semi-permanente Speicherung**.

Datenschutz und Datensicherheit

Datensicherheit hat die **Aufgabe**, Gefährdungen für die in einem Unternehmen vorhandenen Daten abzuwehren.

Datensicherungsmaßnahmen finden **Anwendung** im Hardware-, Software- sowie im bautechnischen Bereich

Aufgaben

1. Prüfen und erläutern Sie folgende Aussagen auf ihre Richtigkeit.
   (1) Eine Ablage muss so aufgebaut sein, dass sich nur die Mitarbeiter in dieser Abteilung zurechtfinden.
   (2) Informationen können sachgerecht abgelegt werden, indem man ein System der Ablage oder verschiedene Systematiken miteinander kombiniert.
   (3) Jahresabschlüsse und Eröffnungsbilanzen müssen zehn Jahre, beginnend mit dem Ende des Kalenderjahres, in dem die letzte Eintragung gemacht wurde, aufbewahrt werden.
   (4) Digitale Archivierungen sind nicht gesetzlich geregelt.
   (5) Auf die Arbeitsplatzablage muss in der Regel nur der Mitarbeiter des Arbeitsplatzes zugreifen können.
   (6) Bei der beleghaften liegenden Registratur gibt es nur einen Vorteil.
   (7) Interne und externe Festplatten gehören zur Gattung der Magnetspeichermedien.
   (8) Datensicherheit beschäftigt sich mit dem Schutz von Daten vor Verlust, Zerstörung oder Manipulation.
2. Beschreiben Sie die gängigen Ordnungssysteme der Ablage.
3. In welchen Gesetzen ist festgehalten, dass ein Kaufmann Unterlagen aufbewahren muss?
4. Welche Unterlagen müssen zwingend als Original aufbewahrt werden?
5. Welche Grundsätze müssen bei einer papierlosen Archivierung beachtet werden?
6. Nennen Sie verschiedene Formen der beleghaften Ablage. Beschreiben Sie Vor- und Nachteile.
7. Beschreiben Sie die beleghafte Ablage in Ihrem Unternehmen.

8 Kommunikationsfähigkeit im Arbeitsalltag weiterentwickeln

Für die Leistungsfähigkeit eines Unternehmens ist es von großer Bedeutung, dass die Kommunikation zwischen den Mitarbeitern gut funktioniert. Ist die Kommunikationsfähigkeit der Mitarbeiter im Unternehmen gestört, so wird immer auch der Prozess der Leistungserstellung gestört sein.

Jede Nachricht hat mindestens einen **Sender** und einen **Empfänger**:

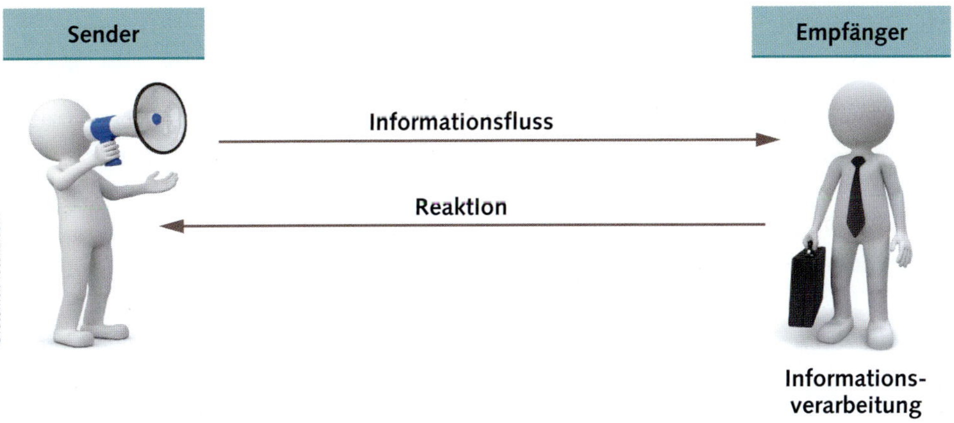

Kommunikation kann von einer Person zu einer anderen Person erfolgen (One-to-One) oder von einer Person an viele gerichtet sein (One-to-Many).

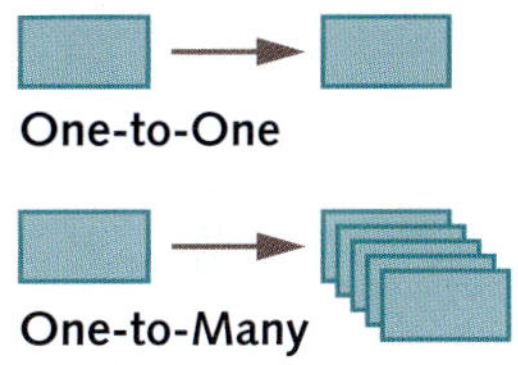

Kommunikation findet zwischen Mitarbeitern gleicher Hierarchieebenen statt	→	**horizontale Kommunikation**
Kommunikation findet zwischen Mitarbeitern verschiedener Hierarchieebenen statt	→	**vertikale Kommunikation**

Merke

Kommunikation ist die zielgerichtete Übermittlung einer Information zwischen einem Sender und einem Empfänger. Kommunikation soll zu einer Verhaltensänderung des Empfängers führen.

Eine Nachricht ist immer nur so gut, wie sie beim Empfänger ankommt. Idealerweise versteht der Empfänger das, was der Sender meint. Es kann aber durch missverstandene oder unklare Äußerungen, durch Befangenheit oder Informationsüberfrachtung der Kommunikationsaufwand erhöht werden und unter Umständen sogar zu **Fehlinformationen** führen.

Es können somit an jeder Stelle des Kommunikationsprozesses zahlreiche **Störungen** auftreten:

Ordnung nach ...		Beispiele
Der Sender verschlüsselt die Information falsch.	→	Ein Tourist versucht in einem fremdsprachigen Land Passanten in seiner eigenen Sprache nach dem Weg zu fragen. Die Personen, die er anspricht, sprechen seine Sprache nicht. Er kann die gewünschte Auskunft nicht erhalten.
Die Übertragung der Information ist gestört.	→	Bei der Übermittlung eines Faxes werden die grün geschriebenen Zeilen unleserlich übertragen. Durch einen Streik der Postmitarbeiter erhält die Firma Stahlbau GmbH ihre gesamte Post mit zwei Tagen Verzögerung.
Der Empfänger entschlüsselt die Information falsch.	→	Der Schüler Jan Mölder hat in der Klassenarbeit den englischen Text völlig falsch übersetzt.
Der falsche Empfänger erhält die Information.	→	Der Briefträger steckt versehentlich den an Herrn Klemm adressierten Brief in den Briefkasten des Nachbarn.
Der Empfänger gibt eine ungenaue Bestätigung des Informationserhalts oder eine falsche Stellungnahme, um den Sender zu täuschen.	→	In einer mündlichen Prüfung bittet der Prüfling den Prüfer, die Frage nochmals zu wiederholen, mit dem Hinweis, er habe sie akustisch nicht verstanden. So gewinnt er Zeit und kann länger über seine Antwort nachdenken.
Der Sender versteht die rückkoppelnde Information des Empfängers falsch	→	An einer Kreuzung stehen zwei Fahrzeuge. Der Fahrer des ersten Fahrzeuges gewährt durch Handzeichen dem anderen die Vorfahrt. Der zweite Fahrer betätigt die Lichthupe. Beide Fahrzeuge setzen sich in Bewegung und stoßen zusammen. Während der zweite Autofahrer sich durch das Lichtzeichen bedanken wollte, glaubte der erste Fahrer, man wolle ihm die Vorfahrt signalisieren.

Ein Kommunikationsvorgang lässt sich wie folgt beschreiben:

WER übermittelt? **= Sender**

WAS wird übermittelt? **= Information**

WIE wird übermittelt? **= Kanal**

WEM wird übermittelt? **= Empfänger**

WELCHE Wirkung wird erreicht? **= Rückkopplung**

Die einfachste störungsfreie Übermittlung von Information erfolgt von einem Menschen zum anderen, wenn beide zur selben Zeit am selben Ort sind. Die moderne Industriegesellschaft tauscht Informationen mithilfe moderner Kommunikationsmittel aus. Innerbetriebliche wie außerbetriebliche Kommunikation werden heute maßgeblich durch Telekommunikationsmittel unterstützt und gesteuert.

Die Kommunikation stellt somit sowohl an den Sender als auch an den Empfänger besondere Anforderungen. Das **aktive Zuhören** spielt dabei eine besondere Rolle.

Regeln für aktives Zuhören:

- ➔ ehrliches, offenes Interesse,
- ➔ Aufmerksamkeit zeigen,
- ➔ Zuhören ohne zu werten,
- ➔ Zuhören ohne Lösungsvorschläge,
- ➔ positive Körpersprache,
- ➔ nie ohne Notwendigkeit unterbrechen,
- ➔ Störfaktoren ausblenden,
- ➔ eigene Gedanken abschalten.

8.1 Verbale Kommunikation und nonverbale Kommunikation

Kommunikation kann in unterschiedlichen Formen, Informationen oder Botschaften übermitteln. Man unterscheidet hierbei zwischen verbaler und nonverbaler Informationsübermittlung.

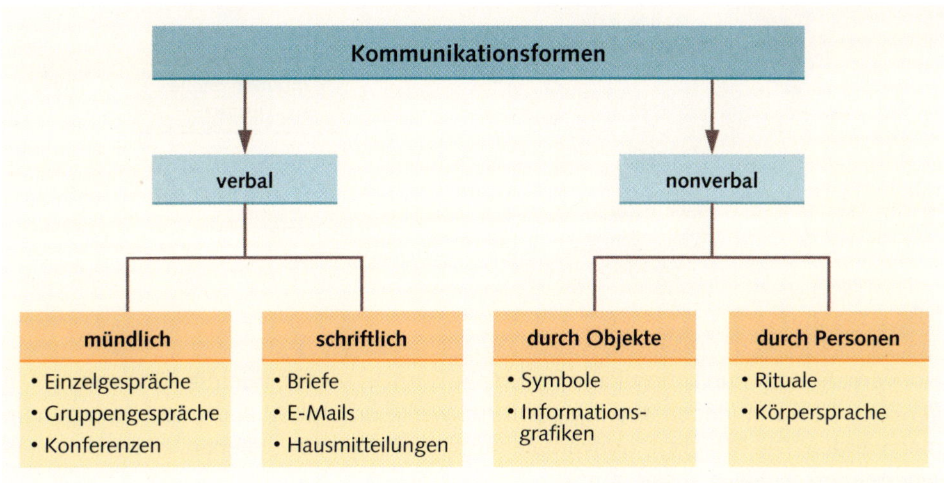

©Robert Kneschke-fotolia.com

Verbale Kommunikation

Unter verbaler Kommunikation versteht man jede Form des Informationsaustauschs mithilfe von Laut-, Gebärden- oder Schriftsprache.

- Die **schriftliche Informationsübermittlung** erfolgt in Unternehmen teilweise mithilfe von Vordrucken. Dies dient der Vereinfachung von Arbeitsabläufen.
- Die **mündliche Informationsübermittlung** erfolgt persönlich oder telefonisch, in Einzel- oder Gruppengesprächen.

Merke

Mündliche, verbale Kommunikation wird immer auch von nonverbaler Kommunikation begleitet.

Nonverbale Kommunikation

Unter nonverbaler Kommunikation versteht man jede Form der Kommunikation, die nicht mithilfe der Sprache erfolgt.

©Manuel Tennert-fotolia.com

Dazu gehören gesprächsbegleitende Aspekte wie **Körperkontakt**, **Nähe** oder **Distanz**, **Körperhaltung**, **äußere Erscheinung**, **Mimik** und **Gestik** sowie der **Blickkontakt** oder **Lautstärke** und **Tonfall** beim Sprechen. Das nichtsprachliche Verhalten des Menschen hat im Arbeitsalltag eine wichtige Bedeutung. Es kann bewusst oder unbewusst erfolgen und über viele Informationskanäle übermittelt werden.

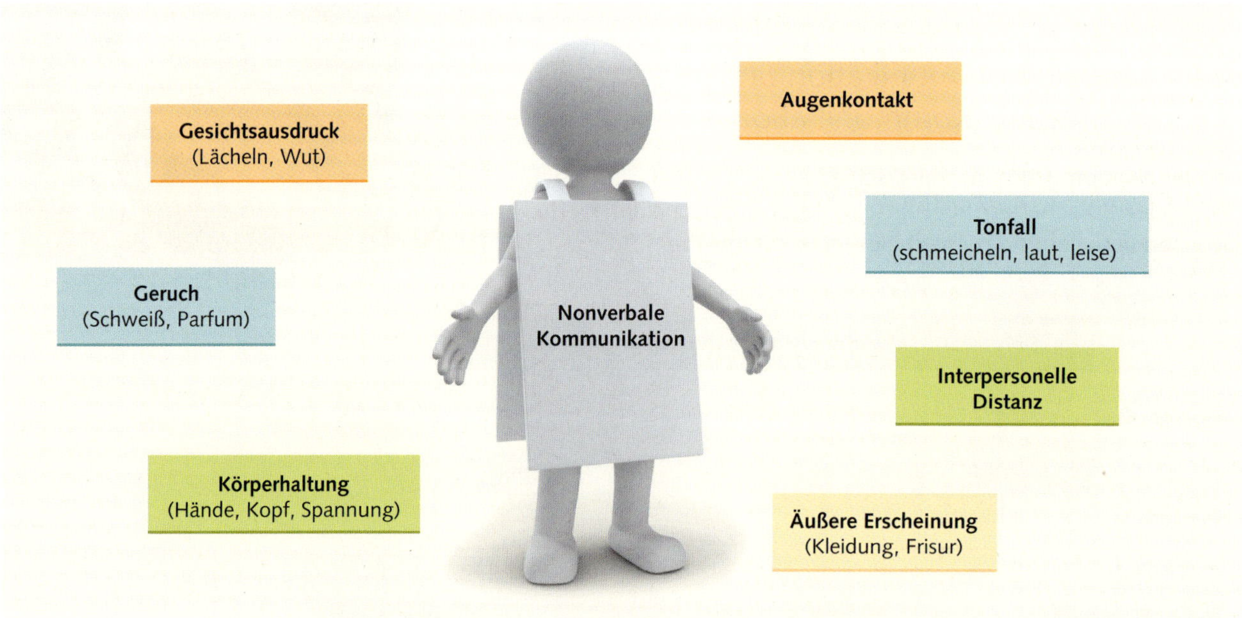

©fotomek-fotolia.com

Nonverbale Kommunikation kann in ihrer Ausdrucksweise eindeutig für den Empfänger sein. Sie kann jedoch auch nur unterschwellig oder überhaupt nicht wahrgenommen werden. Die Fähigkeit, nonverbale Kommunikation zu verstehen, ist bei den Menschen unterschiedlich ausgeprägt.

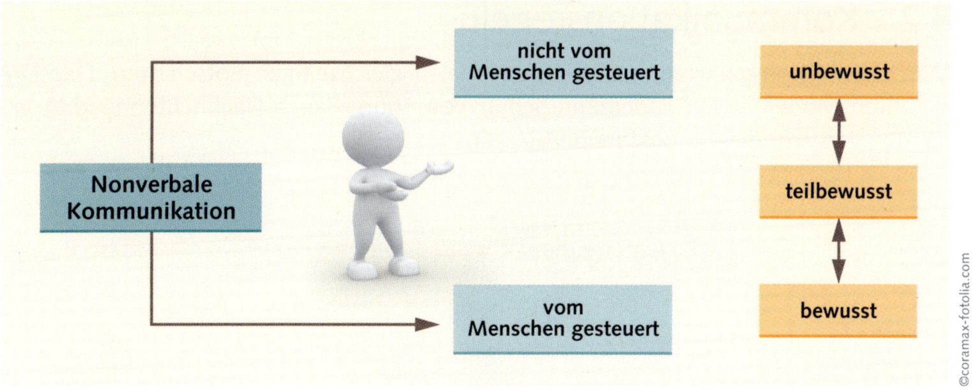

Oft senden wir Körpersignale aus, ohne uns darüber im Klaren zu sein.

unbewusste nonverbale Kommunikation	**Unbewusste Körpersignale** sind z. B. ein Lächeln, Gesten mit dem Händen beim Erzählen, zugehen auf unseren Gesprächspartner usw.
teilbewusste nonverbale Kommunikation	**Teilbewusste Körpersignale** treten bei bei Gefahren- oder Stresssituationen auf. Es verändert sich z. B. der Gesichtsausdruck, der Puls wird höher, man beginnt zu schwitzen. Diese Vorgänge laufen teilweise unbewusst ab, teilweise sind wir uns dessen bewusst, können sie aber mitunter nicht oder nur schwer beeinflussen.
bewusste nonverbale Kommunikation	**Bewusste Körpersignale** zeichnet sich dadurch aus, dass sie vom Menschen beeinflussbar und erlernbar sind.

Beispiel

Während der nach oben gestreckte Daumen in Deutschland eine positive Zustimmung im Sinne von „gut" oder „prima" bedeutet, heißt diese Zeichen in Australien und Nigeria nichts Gutes. Es ist eine Beschimpfung, mit der man jemanden loswerden möchte.

Merke

Bewusste nonverbale Kommunikation unterliegt kulturellen Unterschieden.

Die **räumliche Beziehung** (Distanz) zwischen Kommunikationspartnern hat eine besondere Bedeutung innerhalb der nonverbalen Kommunikation. Die notwendige **räumliche Distanz** zu einem Gesprächspartner hängt unter anderem von persönlichen Faktoren sowie der Gesprächssituation ab, sie ist jedoch auch kulturabhängig.

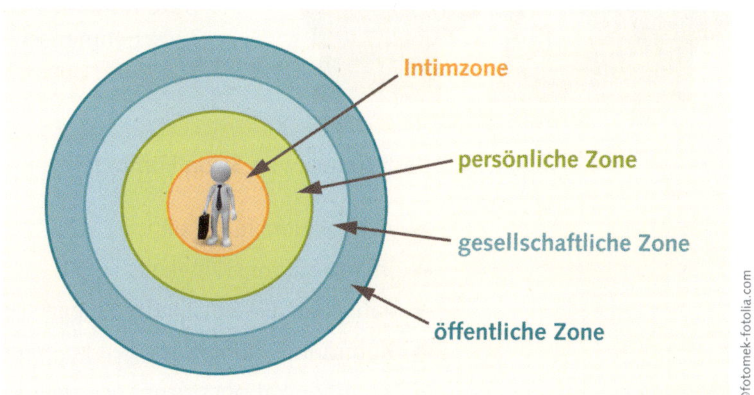

LERNFELD 2

8.2 Kommunikationsregeln

Menschliche Kommunikation besteht aus vielen gleichzeitigen Botschaften. Das „Vier-Ohren-Modell" von Friedemann Schulz von Thun – auch Nachrichtenquadrat genannt – versucht dies zu beschreiben.

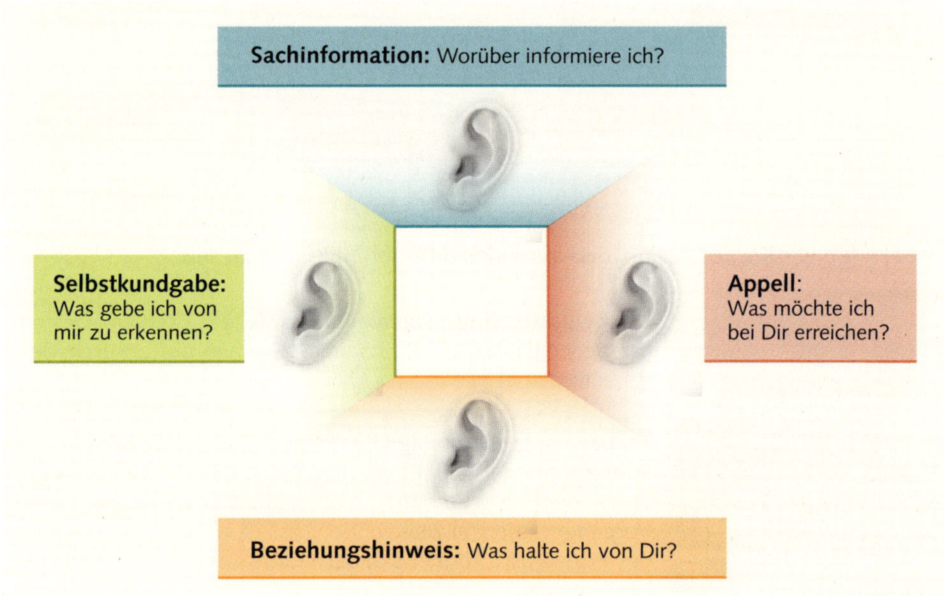

Damit der Empfänger alle Botschaften „hört" benötigt er vier Ohren!

©Robert Kneschke-fotolia.com

Das **Vier-Ohren-Modell** zeigt, wie schnell und ungewollt an welchen Stellen Missverständnisse entstehen können. Häufig eskalieren diese und können nur im Nachhinein geklärt werden. Daher ist es wichtig, so genau und deutlich wie möglich zu kommunizieren und sich klar zu werden, auf welchem der „Vier-Ohren" man am meisten hört und am empfindlichsten ist.

Merke

Gute Kommunikation kann man **gestalten**!
Gute Kommunikation muss man **reflektieren**!
Zwischenmenschliche Kommunikation ist die Grundlage von **Sozialkompetenzen**.

Bestandteile von **Sozialkompetenzen** sind:

- Artikulationsfähigkeit,
- Interpretationsfähigkeit,
- Fähigkeit, alle Botschaften einer Kommunikation zu verstehen (Vier-Ohren-Prinzip),
- Kommunikationsstörungen zu erkennen und zu reflektieren,
- Kommunikationsstörungen zu verhindern.

Grundregeln guter nonverbaler Kommunikation

- Halten Sie unbedingt die richtige räumliche Distanz zu Ihrem Gesprächspartner.
- Halten Sie einen offenen Blickkontakt zu Ihrem Gesprächspartner.
- Kontrollieren Sie Ihre Mimik.
- Kontrollieren Sie Ihre Gesten.
- Achten Sie auf ein passendes äußeres Erscheinungsbild.

Merke

Eine konstruktive Kommunikation beeinflusst das menschliche Miteinander immer positiv.

Grundregeln guter verbaler Kommunikation

- in vollständigen Sätzen sprechen,
- laut und deutlich reden,
- kurz und präzise argumentieren,
- Meinungen/Behauptungen begründen,
- offen sprechen,
- Ich-Botschaften übermitteln,
- beim Thema bleiben,
- Aggressionen vermeiden,
- Verlegenheitswörter wie „Äh" vermeiden.

Grundregeln für das aktive Zuhören

- konzentriert sein,
- aufmerksames Zuhören durch Körpersprache,
- nachfragen bei Unklarheiten,
- Meinungen und Einstellungen anderer akzeptieren,
- keine Nebentätigkeiten oder Nebengespräche ausführen.

Merke

„Man kann nicht nicht kommunizieren"
(Watzlawick 1996, 53)

8.3 Selbstbild und Selbstwirksamkeit einschätzen

Selbstbild

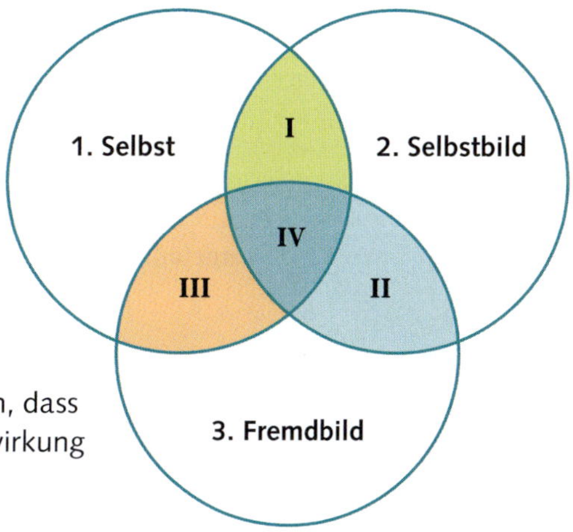

Jeder Mensch hat eine persönliche Einschätzung von sich selbst. Diese entsteht aufgrund von persönlichen Erfahrungen, eigenen Vorstellungen, der eigenen Einschätzung von persönlichen Stärken, Schwächen und Verhalten. Man spricht vom **Selbstbild**. Dieses Selbstbild wiederum beeinflusst das eigene Verhalten.

Dieses Selbstbild kann mehr oder weniger mit dem Bild übereinstimmen, dass andere von einem haben. Man spricht vom **Fremdbild**. Diese Außenwirkung hängt davon ab, wie gut man mit anderen Menschen klarkommt.

Merke

Selbstbild und Fremdbild stimmen selten miteinander überein, denn sie sind das Resultat persönlicher Einschätzungen und Wahrnehmungen.

Neun Fragen zum Selbstbild:

1. Welche Eigenschaften habe ich?
2. Welche Werte sind mir wichtig?
3. Was kann ich gut?
4. Was möchte ich lernen?
5. Welche Ziele habe ich?
6. Welche Wünsche habe ich?
7. Wie sehe ich meine Körper?
8. Wo stehe ich in der Familie?
9. Welche gesellschaftliche Position habe ich?

Dadurch können **Missverständnisse** und zwischenmenschliche Konflikte entstehen.

Das **Fremdbild** wird beeinflusst durch persönliche Erfahrungen, Erwartungen oder Stimmungen des Gegenübers. Besonders schwierig ist es, wenn das Fremdbild durch Vorurteile geprägt ist.

Das Selbstbild wiederum kann von Selbstüberschätzung geprägt sein. Man schenkt gemachten Fehlern und Erfahrungen zu wenig Beachtung, bewertet die eigene Kompetenz falsch. Dies ist häufig ein Schutzmechanismus.

Das Selbstbild kann aber auch negativ sein. Man macht sich klein und glaubt nicht an seine Fähigkeiten.

Für ein **realitätsnahes Selbstbild** hilft es, sich ein paar Gedanken über sich selbst zu machen und aktiv zu lernen sich einzuschätzen. Hilfreich ist es auch, mit anderen darüber zu sprechen und sich eine Rückmeldung (Feedback) zu holen.

Merke

Unter **Selbstwirksamkeit** versteht man den eigenen Glauben einer Person an ihre eigenen Fähigkeiten, die eigenen künftigen Handlungen positiv zu beeinflussen und zu meistern.

Selbstwirksamkeit

Wichtig für jeden Einzelnen ist es, dass man sein eigenes Leben positiv beeinflussen kann.

Selbstkompetenz

Daraus erwächst die **Selbstkompetenz**, also die Fähigkeit und Bereitschaft, selbstständig und verantwortlich zu handeln, eigenes und das Handeln anderer zu reflektieren und die eigene Handlungsfähigkeit weiterzuentwickeln.

8.4 Teamarbeit im Büro nutzen

Die Aufgaben in Unternehmen sind teilweise so komplex und umfangreich, dass sie von einer Person alleine nicht bewältigt werden können. Umfassende vielschichtige Projekte können dementsprechend häufig nur durch die Zusammenarbeit mehrerer Personen zufriedenstellend erledigt werden.

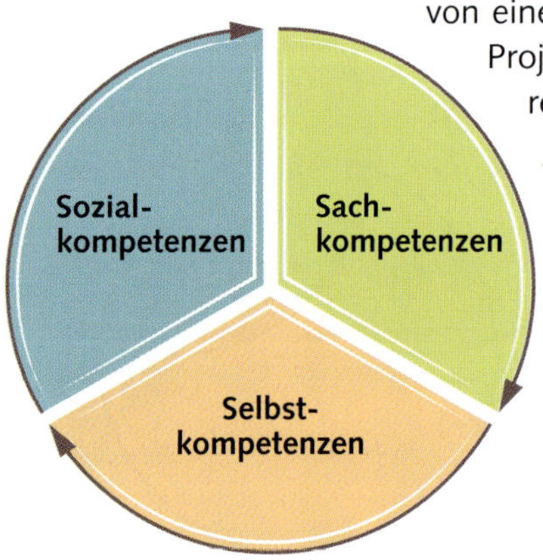

Sachkompetenzen, **Selbstkompetenzen** und **Sozialkompetenzen** sind die Grundlagen der Teamarbeit.

Merke

Arbeiten mehrere Personen gemeinsam an einer Aufgabe mit einen definierten Ziel, spricht man von **Teamarbeit**.

Um in einer Gruppe gut und zielgerichtet zusammenzuarbeiten, muss sich jedes Teammitglied an gewissen Regeln halten.

©alphaspirit-fotolia.com

Grundregeln guter Teamarbeit

1. Es gibt für das ganze Team eine gemeinsame Zielausrichtung.
2. Die zu verfolgenden Ziele sind klar und realistisch formuliert.
3. Für die Zusammenarbeit untereinander gibt es klare Regeln.
4. Jeder hat seine Verantwortungsbereiche, einschließlich des Teamleiters.
5. Die Kommunikation untereinander ist offen und sachlich.
6. Jedes Teammitglied kann seine Stärken einbringen.
7. Die Teammitglieder unterstützen sich gegenseitig und können sich im Bedarfsfall auch gegenseitig vertreten.
8. Konflikte können offen angesprochen und gelöst werden.

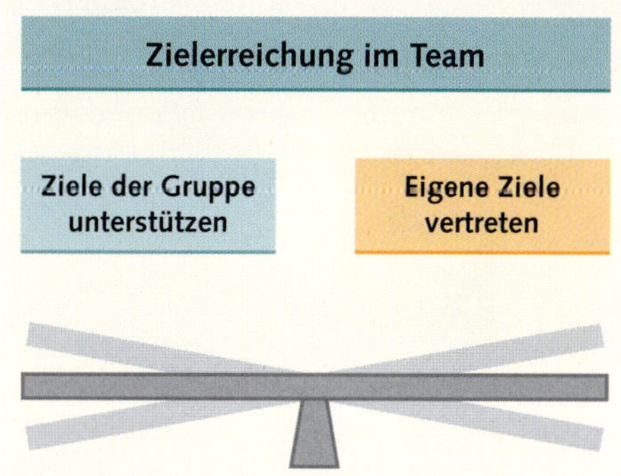

Um erfolgreich im Team zu arbeiten ist es wichtig, dass alle Teammitglieder offen miteinander umgehen, die Stärken jedes einzelnen anerkennen sowie miteinander und nicht gegeneinander arbeiten. Wenn in der Zusammenarbeit die Ziele gemeinsam erreicht werden, wächst die Arbeitsleistung aller, die Motivation und Zufriedenheit des Einzelnen steigt und das Unternehmen kann erfolgreich am Markt agieren.

8.5 Zusammenfassung und Aufgaben

Zusammenfassung

Verbale und nonverbale Kommunikation
Kommunikation findet zwischen einem **Sender** und einem **Empfänger** statt. Sie ist die **zielgerichtete Übermittlung** einer **Information**. Aktives Zuhören spielt dabei eine besondere Rolle. Man unterscheidet im Arbeitsalltag zwischen **verbaler** und **nonverbaler** Kommunikation. Mündliche, verbale Kommunikation wird dabei immer von nonverbaler Kommunikation begleitet. Die nonverbale Kommunikation kann **unbewusst**, **teilbewusst** oder **bewusst** erfolgen. Die **räumliche Distanz** hat bei der nonverbalen Kommunikation eine besondere Bedeutung.
Kommunikationsregeln
Das **„Vier-Ohren-Modell"** von **Friedemann von Schulz von Thun** beschreibt, wie schnell und ungewollt an welchen Stellen **Missverständnisse** in der Kommunikation entstehen können. Nonverbale und verbale Kommunikation funktioniert nur, wenn jeder Einzelne **Regeln** einhält. Das **aktiver Zuhören** spielt dabei eine große Rolle.

Selbstbild und Selbstwirksamkeit

Jeder Mensch hat eine persönliche Einschätzung von sich selbst = **Selbstbild.**

Demgegenüber steht das **Fremdbild**. Fremdbild und Selbstbild stimmen meist nicht überein.

Unter **Selbstwirksamkeit** versteht man den eigenen Glauben einer Person an die eigenen Fähigkeiten, die eigenen Handlungen künftig zu meistern.

Teamarbeit im Büro nutzen

Arbeiten mehrere Personen an einer Aufgabe gemeinsam, spricht man von **Teamarbeit**.

Grundlagen einer gut funktionierenden Teamarbeit sind **Sach-**, **Selbst-** und **Sozialkompetenzen**. Um in einer Gruppe gut und zielgerichtet arbeiten zu können, sind **Regeln** einzuhalten.

Aufgaben

1. Prüfen und erläutern Sie folgende Aussagen auf ihre Richtigkeit.

(1) Die Kommunikations beeinflusst die Leistungsfähigkeit eines Unternehmens nicht.

(2) Jede Nachricht hat einen Sender und einen Empfänger.

(3) Es können in einem Kommunikationsprozess nur wenige Störungen auftreten.

(4) Bei einer Kommunikation werden nur verbal Informationen ausgetauscht.

(5) Der Körper sendet unbewusste, teilbewusste und bewusste nonverbale Signale aus.

(6) Um erfolgreich im Team zu arbeiten, bedarf es eines offenen Umgangs, miteinander nicht gegeneinander arbeiten und die Stärken und Schwächen jedes einzelnen anzuerkennen.

2. Nennen Sie die Grundregeln verbaler Kommunikation.

3. Was versteht man unter aktivem Zuhören?

4. Beschreiben Sie die Bestandteile eines Kommunikationsprozesses und nennen Sie Störungen im Kommunikationsprozess. Begründen Sie mithilfe von Beispielen.

5. Erläutern Sie Aspekte der Informationübermittlung bei unbewusster, teilbewusster und bewusster nonverbaler Kommunikation.

6. Betrachten Sie die Bilder und beschreiben Sie die Szenen. Nennen Sie mögliche Inhalte der Kommunikation. Welche gesprächsbegleitenden Aspekte sind zu beobachten?

a)

©vector_master-fotolia.com

b)

©vector_master-fotolia.com

c)

©GordonsLife-iStockphoto.com

7. Recherchieren Sie Beispiele kultureller Unterschiede bei nonverbaler Kommunikation.

8. Beschreiben Sie Ihr Auftreten in der Schule und im Ausbildungsbetrieb. Überlegen Sie sich Unterschiede in beiden Bereichen und versuchen Sie diese (ausschließlich sich selbst gegenüber!!!) zu begründen.

9. Sie fahren in einem öffentlichen Verkehrsmittel. Stellen Sie sich vor, dass der Bus sehr voll ist. Ein Mitreisender starrt sie an. Beschreiben Sie Ihre Gefühle.

10. Beschreiben Sie die Merkmale eines guten Teams.

11. Warum ist es manchmal sinnvoll, Aufgaben nicht im Team zu erledigen?

12. Betrachten Sie die Karikatur und interpretieren Sie sie.

Aufträge bearbeiten

©Picture-Factory-fotolia.com

Das werden Sie hier lernen …

1 – Den Geschäftsprozess der Auftragsbearbeitung analysieren

©Stefan Rajewski-fotolia.com

2 – Betriebliche Rahmenbedingungen für die Erstellung von Angeboten sondieren

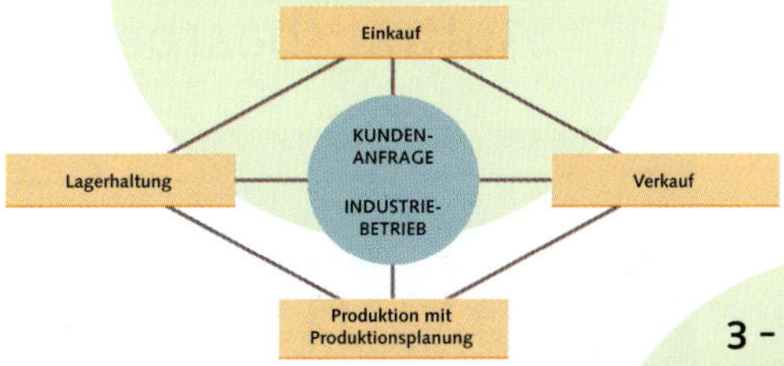

3 – Rechenarten zur Preisermittlung und Kalkulation beherrschen

©Gina Sanders-fotolia.com
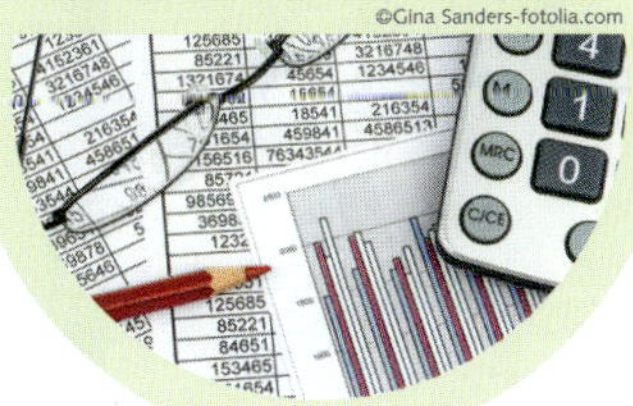

4 – Den externen Schriftverkehr normgerecht gestalten

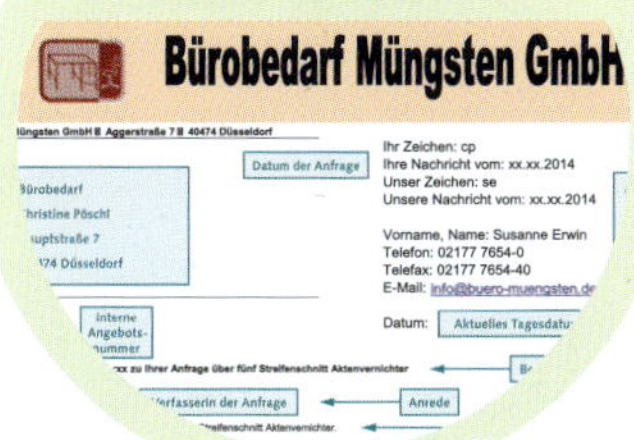

5 – Schriftstücke unter Beachtung der Nachhaltigkeit vervielfältigen

©Ralf Hahn-fotolia.com

6 – Betriebliche Kommunikationsmöglichkeiten nutzen

©Minerva Studio-fotolia.com

7 – Bedeutung von Qualität, Effizienz und Kundenzufriedenheit erkennen und realisieren

©ferkelraggae-fotolia.com

8 – Mit ausländischen Geschäftspartnern kommunizieren

©imageteam-fotolia.com

Aufträge bearbeiten

1 Den Geschäftsprozess der Auftragsbearbeitung analysieren

1.1 Auftragsbearbeitung als Geschäftsprozess

©Gulien Diavel-fotolia.com

Prozesse gibt in es in vielen Bereichen. Ein Prozess im Privatleben ist das morgendliche Aufstehen, das Frühstücken und das Fahren zur Arbeitsstelle, denn alle Vorgänge vom Aufstehen bis zum Eintreffen auf der Arbeit laufen in der Regel nahezu gleich ab.

Auch Unternehmen nutzen Prozesse für verschiedene, interne Abläufe, um z. B. einen Kundenauftrag zu erfüllen. Wichtig ist, alle Kundenaufträge durchorganisiert und zur Zufriedenheit der Kunden zu bearbeiten.

Generell gilt:
Nur wenn im Unternehmen effizient, d. h. wirtschaftlich und kundenorientiert, gearbeitet wird, ist die Zukunft des Unternehmens gesichert.

Prozesse im Unternehmen nennt man Geschäftsprozesse.
Auch die Auftragsbearbeitung ist ein Prozess für das Unternehmen.

Beispiel

Beispiele für Geschäftsprozesse im Handelsbetrieb sind:

- **Auftragsabwicklungsprozess**
  = Auftragsbearbeitung – hier werden alle Schritte geplant, um einen Kundenauftrag perfekt zu erfüllen. Ziel ist es, einen optimalen Ablauf für den Kundenauftrag, d. h. von der Bestellung bis zum Erhalt der Ware, zu erarbeiten.
- **Personalbeschaffungsprozess**
  – hier werden die Schritte geplant, wie entsprechend qualifizierte Mitarbeiter gefunden werden.

Merke

Ein Geschäftsprozess:

- ist das Ergebnis von Überlegungen, in welcher Reihenfolge man umfangreiche und sich wiederholende Tätigkeiten optimal erledigt.
- hat eine festgelegte Reihenfolge, ist wiederholbar, optimierbar und kontrollierbar.
- hat einen beschriebenen Anfang, einen organisierten Ablauf und ein festgelegtes Ende.

1.2 Rahmenbedingungen für einen reibungslosen Ablauf der Auftragsbearbeitung im Unternehmen

Ein Unternehmen ist permanent mit internen und externen Veränderungen konfrontiert. So stellen eingehende Kundenanfragen, Sonderwünsche oder umfangreiche Kundenbestellungen das Unternehmen täglich vor neue Herausforderungen, die schnell und zufriedenstellend zu bearbeiten sind.

©fotomek-fotolia.com

Hierzu ist es wichtig, nach einem festgelegten Plan vorzugehen. Aber jeder Kundenauftrag hat Eigenheiten, wie z. B. die Lieferung innerhalb von drei Werktagen, oder stellt das Unternehmen durch einen notwendigen Spezialversand, z. B. Ware ist sehr empfindlich und benötigt besondere Verpackung, vor weitere Herausforderungen.

Diese Überlegungen bedeuten, dass der Weg, einen Kundenauftrag zu bearbeiten, nicht allgemein gültig ist. Einerseits ist er standardisiert, andererseits muss er eine gewisse Flexibilität aufweisen, um Besonderheiten zu berücksichtigen. Er sollte dem jeweiligen Auftrag angepasst werden. Für den einzelnen Mitarbeiter lohnt es sich folglich, kritisch zu hinterfragen, welche internen Abläufe notwendig sind, um einen Kundenauftrag erfolgreich zu bearbeiten.

©endostock-fotolia.com

Merke

Der Prozess der **Auftragsbearbeitung** wird ständig verbessert und laufend kontrolliert.

Rahmenbedingungen für Auftragsbearbeitung im Handelsbetrieb und Industriebetrieb

Dazu ist es wichtig, stets bestimmte Rahmenbedingungen zu erfüllen. In den folgenden beiden Gliederungspunkten werden mögliche Rahmenbedingungen aus Sicht eines Handels- und Industriebetriebs erläutert. Ein Prozess unterliegt Gesetzmäßigkeiten und Rahmenbedingungen.

In einem Prozess, wie z. B. im Prozess der Auftragsbearbeitung, wird zunächst analysiert, welche Tätigkeiten in welcher Reihenfolge zu behandeln sind. Dann fasst man alle zusammengehörenden Teilschritte (= **Teilprozesse**) zusammen. Man erfasst z. B., welche einzelnen Tätigkeiten für das Schreiben eines Kundenangebots notwendig sind.

Anschließend hält man alle Erkenntnisse für alle Beteiligten (Abteilungen und Mitarbeiter) schriftlich fest. Mithilfe einer **schriftlichen Darstellung** können Prozesse jederzeit nachvollzogen und ständig verbessert werden. Alle Mitarbeiter, die an der Auftragsbearbeitung beteiligt sind, können den Prozess erkennen und für seine erfolgreiche Umsetzung sorgen.

©rangizzz-fotolia.com

LERNFELD 3

Merke

Im **Handelsunternehmen** wird nicht produziert, sondern die Waren werden eingekauft und ohne weitere Verarbeitung verkauft. Kleine Handelsbetriebe mit nur wenigen Mitarbeitern bearbeiten Kundenaufträge in Teamarbeit oder durch einzelne Mitarbeiter.

Industriebetriebe stellen eigene Produkte als Massenware (z. B. Druckerpapier) und/oder als individuell gefertigte Produkte (z. B. Spezialmaschine) her. Sie bearbeiten Kundenaufträge in unterschiedlichen Abteilungen.

Folgende Tabelle zeigt in einer Gegenüberstellung, wie Kundenaufträge im Handelsunternehmen und im Industriebetrieb bearbeitet werden können.

Abteilung	Aktion	Handelsbetrieb	Industriebetrieb
Verkaufsabteilung	Kundenanfrage geht ein	✓	✓
	Bonitätsprüfung, z. B.: Ist der mögliche Kunde zahlungsfähig?	✓	✓
	Prüfen auf Lieferfähigkeit, z. B.: Ist die Ware vorrätig?	✓	Zwischenprüfung Fertigung/ Produktion
Fertigung/ Produktion	Produktionstechnische Prüfung auf Machbarkeit bei einem Einzelprodukt (Einzelfertigung)	✗	✓
	Prüfung auf Verfügbarkeit bei Massenfertigung (sind entsprechende Mengen herstellbar)	✗	✓
	Prüfung auf Lieferfähigkeit	✗	✓
Verkaufsabteilung	Falls Verkaufsabteilung und Fertigung O. K. geben – Angebot wird an Kunden gesendet.	✓	✓
	Falls der Kunde einen Auftrag erteilt – Vergleich des eingegangenen Kundenauftrags mit dem zuvor gesendeten Angebot – bei völliger Übereinstimmung – Kaufvertrag entsteht.	✓	✓
	Erfassen des Kundenauftrags in der Datei Kundenaufträge	✓	✓
	Erstellung eines Lieferscheines in zweifacher Ausführung (ein Exemplar für das Lager und ein Exemplar für das Rechnungswesen)	✓	✓
		Weiterleitung des Auftrags an das Lager	Weiterleitung des Auftrags an die Produktion/ Fertigung

Abteilung	Aktion	Handelsbetrieb	Industriebetrieb
Fertigung/ Produktion	Organisation des Auftrags mit Planung, Steuerung und Kontrolle	✗	✓
Lager/ Disposition	Kommissionieren, d. h. Zusammenstellen aller Bestandteile des Auftrags	✗	✓
	Lagerbuchhaltung erfasst den Auftrag.	✓	✓
	Weiterleitung des Auftrags an den Versand	✓	✓
Versand an den Kunden	Durch das Unternehmen selbst, oder durch einen externen Dienstleister	✓	✓
	Weiterleitung des Auftrags an das Rechnungswesen/ Fakturierung	✓	✓
Rechnungswesen/ Fakturierung	Erfassen des Auftrags als Ausgangsrechnung (AR) auf dem Kundenkonto	✓	✓
	Erstellen (= fakturieren) der Ausgangsrechnung und Versand der Rechnung an den Kunden	✓	✓
	Sachliche und rechnerische Prüfung der Ausgangsrechnung	✓	✓
	Nach Prüfung und Bestätigung des Zahlungseingangs ist der Auftrag abgeschlossen.	✓	✓

Industriebetriebe bieten teilweise dem Kunden auch Waren an, die nicht selbst produziert, sondern von Lieferanten zugekauft werden. Sind diese Waren im Lager vorrätig, geht der Kundenauftrag den gleichen Weg wie für den Handelsbetrieb beschrieben.

Merke

Wie Kundenaufträge im Unternehmen genau bearbeitet werden, kann nicht allgemein beschrieben werden, denn Typ, Größe, Branche und Sortiment eines Unternehmens sind zu individuell, um allgemein gültige Aussagen zu treffen. Demnach sind auch die Prozesse unterschiedlich.

1.3 Auswirkungen der Auftragsbearbeitung auf alle im Unternehmen beteiligten Bereiche

Wenn der Kunde plant, einen Auftrag zu erteilen (z. B. ein Produkt zu kaufen), sieht er sich am Markt einer Reihe von Lösungsanbietern gegenüber. Selbst wenn er nach Beurteilung von Preis und Qualität eines Produkts oder einer Dienstleistung einige aussortieren kann, da sie nicht seinen Vorstellungen entsprechen, bleiben doch einige Unternehmen übrig, die gute Produkte oder Dienstleistungen anbieten. Denn üblicherweise haben Unternehmen keine Monopolstellung, d. h. sie sind nicht alleiniger Anbieter.

Unternehmen müssen mit ihren Angeboten den Kunden überzeugen, d. h. dessen Wünsche und Vorstellungen kennen und anschließend erfüllen. Nur wer seinen Kunden kennt, kann auf dem Markt bestehen.

Wichtig für viele Kunden sind:

- Preis,
- Schnelligkeit,
- Verlässlichkeit,
- aktuell, entscheidende Kriterien (z. B. Lieferung innerhalb von fünf Werktagen),
- Qualität.
- technische Anforderungen (z. B. Motorleistung).

Merke

Kennt das liefernde Unternehmen die Wünsche und Vorstellungen seiner Kunden, ist dies oft entscheidend dafür, dass der Kunde einen Auftrag erteilt.

1.3.1 Bedeutung der Auftragsbearbeitung für die Mitarbeiter

Unternehmensintern bedeutet Auftragsbearbeitung zunächst, alle Kundendaten fortlaufend zu pflegen. Besondere Anforderungen und spezielle Wünsche von Kunden müssen sorgfältig erfasst werden.

Kundenanforderungen sind u. a.:

- Spezialverpackungen,
- Warentransporte an unterschiedliche Filialbetriebe,
- bestimmte Qualitätsanforderungen an die Ware,
- Sonderwünsche bezüglich Anlieferungszeitpunkt.

Die dazu notwendigen Informationen können alle Mitarbeiter, die in direktem Kundenkontakt stehen, sammeln und erfassen. Dies sind vor allem Mitarbeiter aus dem Bereich Vertrieb, die die Aufträge entgegennehmen und regelmäßig persönlichen Kundenkontakt halten.

Erfasst werden die Daten in der **Kundenstammdatei** oder in speziellen Kundendateien der Auftragsbearbeitungssoftware.

Merke

Kundenstammdaten enthalten die wichtigsten Informationen über einen bereits bestehenden Kunden.

Dies sind z. B. Adresse, Kontoverbindung, Kontaktdaten für E-Mail, Telefon, Telefax, Ansprechpartner oder vorab vereinbarte Zahlungs- und Lieferkonditionen.

Kundenstammdaten bleiben i. d. R. über einen längeren Zeitraum unverändert.

Zudem gibt es allgemeine Kundeninformationen anhand der Kundenstruktur. Dies sind Aufzeichnungen über die Branche, Größe des Kunden in puncto Anzahl Mitarbeiter, Umsatzzahlen usw.

Tipp

Machen Sie sich als Mitarbeiter bewusst, welchen hohen Stellenwert eine optimal organisierte Auftragsbearbeitung hat.

Handeln Sie im Sinne des Kunden und Ihres Unternehmens.

Dies bedeutet: Stellen Sie den Kunden zufrieden und handeln Sie wirtschaftlich.

Noch immer gilt der Grundsatz „Der Kunde ist König!"

1.3.2 Bedeutung der Auftragsbearbeitung für die Unternehmensleitung

Ein Geschäftsprozess, wie der der Auftragsbearbeitung, ist zum Scheitern verurteilt, wenn niemand für diesen Prozess die Verantwortung übernimmt. Dies fängt bei der Unternehmensleitung an und setzt sich bei den Abteilungsleitern bis hin zum einzelnen Mitarbeiter fort. Nur wenn eine laufende Verbesserung der Auftragsabwicklung als entscheidender Erfolgsfaktor angesehen wird, sind alle Unternehmensbereiche bereit, Aufträge so optimal wie möglich zu behandeln und regelmäßig zu verbessern.

Ob der Prozess der Auftragsabwicklung erfolgreich war, hängt zum großen Teil von der Kundenzufriedenheit ab. So ist es wichtig, die Kundenzufriedenheit in regelmäßigen Abständen zu erfassen und erhaltene Daten regelmäßig auszuwerten.

Ein Beispiel zur Messung der Kundenzufriedenheit ist eine unstrukturierte, d. h. spontane, mündliche Kundenbefragung am Telefon.

Ergebnisse einer Telefonbefragung:

- Notizen über Zufriedenheit,
- Verbesserungsvorschläge,
- Gründe für Reklamationen.

Die Auswertung dieser Informationen kann die zukünftige Auftragsbearbeitung verbessern und Kundenzufriedenheit schaffen und stärken. Zudem können strukturierte Befragungen mithilfe von Fragebogen am Telefon oder per E-Mail erfolgen.

Beispiel

Die Unternehmensleitung kann dies z. B. in regelmäßigen Rundschreiben an alle Mitarbeiter weitergeben. Zudem können regelmäßige Seminare und Schulungen die Mitarbeiter im Bereich Auftragsbearbeitung unterstützen.

Merke

Die Unternehmensleitung muss die Mitarbeiter dazu anhalten, ihren Beitrag zur Auftragsbearbeitung zu leisten.

Informationen über Kunden werden gesammelt und schriftlich festgehalten, um zukünftige Aufträge besser zu bearbeiten.

Die gesammelten Informationen werden meist in der Auftragsbearbeitungssoftware, z. B. in der Stammdatei des Kunden, erfasst. Sie stehen dann für neue Aufträge zur Verfügung. Unternehmensintern dienen die Informationen der laufenden Qualitätsverbesserung, z. B. für Lieferschnelligkeit oder Service.

1.4 Zusammenfassung und Aufgaben

Zusammenfassung

Auftragsbearbeitung als Geschäftsprozess

Prozesse im Unternehmen nennt man **Geschäftsprozesse.**

Ein **Geschäftsprozess** ist das **Ergebnis von Überlegungen**, die anfallenden Arbeitsschritte Schritt für Schritt zu optimieren.

Ein **Geschäftsprozess** hat eine **festgelegte Reihenfolge**, ist **wiederholbar** und **kontrollierbar**.

Ein **Geschäftsprozess** hat einen **beschriebenen Anfang**, einen **organisierten Ablauf** und ein **festgelegtes Ende**.

Rahmenbedingungen für einen reibungslosen Ablauf der Auftragsbearbeitung

Der **Prozess der Auftragsbearbeitung** wird **ständig verbessert** und **laufend kontrolliert**.

Mithilfe einer **schriftlichen Darstellung** können Prozesse nachvollzogen und ständig verbessert werden.

Im **Handelsunternehmen** wird nicht produziert, sondern die Waren werden eingekauft und ohne weitere Verarbeitung verkauft.

Industriebetriebe stellen eigene Produkte als Massenware und/oder als individuell gefertigte Produkte her.

Auswirkungen der Auftragsbearbeitung auf alle im Unternehmen beteiligten Bereiche

Relevant für eine **Angebotsentscheidung** sind für den Kunden neben dem **Preis** oftmals **Schnelligkeit** und **Verlässlichkeit**, **Qualität** und **technische Anforderungen** der Auftragsabwicklung.

Auftragsbearbeitung bedeutet unternehmensintern, alle **Kundendaten laufend zu pflegen**.

Erfasst werden die Daten in der **Kundenstammdatei**. Kundenstammdaten enthalten die wichtigsten Informationen über einen bereits bestehenden Kunden.

Die **Unternehmensleitung** muss die Mitarbeiter dazu anhalten, ihren Beitrag zur Auftragsbearbeitung zu leisten.

Aufgaben

1. Prüfen Sie die nachfolgenden Aussagen auf ihre Richtigkeit. Die Antwort ist jeweils zu begründen.
   (1) Der Prozess der Auftragsbearbeitung muss ständig verbessert und laufend kontrolliert werden.
   (2) Prozesse gehen nach einem variablen Plan vor.
   (3) Im Auftragsabwicklungsprozess werden alle Schritte geplant, um einen Kundenauftrag perfekt zu erfüllen.
   (4) Ein Prozess hat keine festgelegte Reihenfolge.
   (5) Ein Prozess ist wiederholbar.
   (6) Auftragsbearbeitung betrifft nur die Abteilung Verkauf.
   (7) Prozesse im Unternehmen nennt man Betriebsprozesse.
   (8) Unternehmen nutzen Prozesse für die Bearbeitung externer Aufgaben.
   (9) Alle Mitarbeiter, die am Prozess der Auftragsbearbeitung beteiligt sind, sollten für dessen erfolgreiche Umsetzung sorgen.
   (10) Ein Handelsunternehmen kann bei einer bestimmten Betriebsgröße selbst als Produzent auftreten.
2. Beschreiben Sie den Begriff Geschäftsprozess.
3. Begründen Sie folgende Aussage: „Allgemein gilt: Der Prozess der Auftragsbearbeitung muss ständig verbessert und laufend kontrolliert werden."
4. Geben Sie Unterschiede zwischen einem Industriebetrieb und einem Handelsunternehmen an.
5. Erstellen Sie eine Übersicht, wie Kundenaufträge in einem Handelsbetrieb behandelt werden.
6. Erläutern Sie, warum es wichtig ist, Kundendaten fortlaufend zu pflegen.
7. Zeigen Sie, wie die Unternehmensleitung ihre Mitarbeiter bei der laufenden Verbesserung der Auftragsabwicklung unterstützen kann.

2 Betriebliche Rahmenbedingungen für die Erstellung von Angeboten sondieren

2.1 Anfrage

Bevor es zu Geschäftsbeziehungen kommt, senden Kunden bzw. interessierte Unternehmen Anfragen. Diese werden u. U. mit identischem Inhalt gleichzeitig an mehrere Lieferanten oder Dienstleister gesendet. Anfragen dienen zur Anbahnung neuer Geschäftsbeziehungen, stellen oft eine erste Kontaktaufnahme dar und dienen der Einholung von Angeboten.

©ferkelraggae-fotolia.com

Die Bürobedarf Müngsten GmbH hat folgende Anfrage eines langjährigen Kunden erhalten.

©Shawn Hempel-fotolia.com

> Sehr geehrte Damen und Herren,
>
> wir planen in der xx. Dezemberwoche dieses Jahres eine Aktionswoche.
> Hierzu benötigen wir fünf günstige Streifenschnitt-Aktenvernichter Ihrer Hausmarke.
> Bitte senden Sie uns ein ansprechendes Angebot zu.
> ...
>
> Mit freundlichen Grüßen
> Christine Pöschl

2.1.1 Bestimmte und unbestimmte Anfrage

Grundsätzlich gibt es zwei Arten, eine Anfrage zu formulieren.

■ Bestimmte Anfrage

- ➔ Da der Kunde, wie im Beispiel gezeigt, in seinem Schreiben bereits konkrete Fragen zum Artikel, zur Lieferzeit, zur Menge usw. formuliert hat, nennt man diese Art von Anfragen „bestimmte Anfragen".
- ➔ Bestimmte Anfragen enthalten genaue Vorstellungen und Wünsche und sind für die spätere Erstellung von Angeboten sehr hilfreich.
- ➔ Auch potenzielle Neukunden richten bestimmte Anfragen an ein Unternehmen.

■ Unbestimmte Anfrage

- Zeigen bestehende Kunden oder potenzielle Neukunden hingegen zunächst Interesse an Informationsmaterial, Preislisten oder stellen allgemein formulierte Fragen bzw. bitten um einen Vertreterbesuch, spricht man von **unbestimmten** bzw. **allgemeinen Anfragen**.

Merke

Bestimmte Anfragen erkennt man an konkreten Vorstellungen und Wünschen.

Unbestimmte Anfragen enthalten allgemein formulierte Fragen.

Unbestimmte (allgemeine) Anfragen werden ebenso sorgfältig wie bestimmte Anfragen behandelt, denn auch sie haben das Ziel, ein Angebot zu senden und eine Geschäftsbeziehung anzubahnen.

2.1.2 Inhalte einer Anfrage

Damit Anfragen schnell und zielgerichtet bearbeitet werden können, sollten sie, wenn möglich, folgende **Basisinformationen** enthalten.

- Artikelname,
- Artikelbeschreibung,
- Art und Beschaffenheit der Ware,
- Fristsetzung für die Angebotsabgabe,
- Güte der Ware (z. B. Angabe von Güteklassen und Normen),
- Garantien,
- Lieferdatum,
- Mengen,
- Preisvorstellung (z. B. „günstig“),
- technische Erfordernisse der Ware,
- Versandwünsche,
- Zahlungsbedingungen.
- Lieferbedingungen allgemein,
- Leistungsort/Lieferort,
- Preise,
- Preisnachlässe,
- Verpackungswünsche,
- Versicherungen,

Die Auflistung der Basisinformationen ist nicht vollständig, denn sie ist stets so individuell wie die Anfrage selbst.

Merke

Viele Fragen und Angaben in einer Anfrage erleichtern es dem angesprochenen Unternehmen, ein gutes Angebot zu senden.

Eine Möglichkeit für Rückfragen hilft schnell, auf Anforderungen und Wünsche zu reagieren.

Ebenso sind Fragen nach Mustern, Proben oder Angaben zu Eigenschaften der Ware hilfreich.

LERNFELD 3

2.1.3 Rechtlicher Aspekt

Die Anfrage ist ein **formfrei gestaltetes mündliches, fernmündliches, schriftliches** oder **elektronisches** Schreiben mit der Bitte um Beantwortung der angefragten Waren oder Dienstleistungen. Formfrei bedeutet, dass der Verfasser der Anfrage den Inhalt und die Form der Darstellung beliebig gestalten kann.

Anfragen sind für Absender und Empfänger stets **unverbindlich**.

Der Absender einer Anfrage ist zu keiner Bestellung verpflichtet. Anfragen haben das Ziel, ein geeignetes und kostengünstiges Angebot zu formulieren bzw. zu erhalten. Ebenso ist der Anfragende nicht verpflichtet, eine Bestellung vorzunehmen. Sie können somit mündlich, telefonisch oder schriftlich per Fax oder E-Mail usw. erfolgen.

Merke

Inhalt, Art und Versendung einer Anfrage sind frei wählbar. Anfragen sind unverbindlich für Sender und Empfänger.

2.2 Prüfung anfragender Unternehmen

Kunden sind die bedeutendsten Geschäftspartner eines Unternehmens, dennoch ist es wichtig, sich vorab über deren Kreditwürdigkeit (= Bonität = Zahlungsfähigkeit) Gedanken zu machen und diese kritisch zu prüfen. Zahlungsschwache oder gar zahlungsunfähige Kunden können das eigene Unternehmen in ernsthafte Zahlungsschwierigkeiten bringen.

Beispiel

Ein Kunde fragt eine große Kopieranlage im Wert von 30.000,00 € an. Ist dieser Kunde nicht in der Lage diese Rechnung zu begleichen, kann dies das liefernde Unternehmen in ernste Zahlungsschwierigkeiten, z. B. gegenüber dem Hersteller der Kopieranlage, bringen.

Prüfung des möglichen Kunden auf Kreditwürdigkeit (= Bonität) erfolgt durch die Untersuchung von

Bisherigem Zahlungsverhalten/-moral
- Pünktlichkeit der Zahlung
- Überschreitung/Unterschreitung des Zahlungsziels
- unberechtigte Abzüge vom Rechnungspreis
- notwendige Mahnschreiben

Rechtsstand und Vermögensverhältnissen
- Rechtsform
- Art und Umfang des haftenden Vermögens
- Umsatz- und Unternehmensentwicklung

Auftragsvolumen des Kunden

Große und umsatzstarke Kundenaufträge können bei Zahlungsausfall einen großen finanziellen Schaden, bis hin zur eigenen Existenzgefährdung verursachen.

Image des Kunden
- Zuverlässigkeit
- Auftreten
- Persönlichkeit

Merke

Je größer das Auftragsvolumen, desto intensiver die Prüfung.

Bei der Sorgfalt der Prüfung auf Kreditwürdigkeit (= Bonität) ist es meist unerheblich, ob der Kunde bereits bekannt ist, oder ob eine neue Geschäftsbeziehung eingegangen wurde, denn die Prüfung wird stets so genau wie möglich durchgeführt.

Von Vorteil ist, dass bei bereits bekannten Kunden auf eigene Erfahrungen zurückgegriffen werden kann. Kundendateien/Debitorenlisten (mit bisherigen Umsätzen, offene Posten oder Zahlungsmoral) sowie Auskünfte von Verkauf/Buchhaltung/Mahnwesen stehen zur Prüfung schnell zur Verfügung. Zur Prüfung der Aktualität sind auch hier Auskünfte von sogenannten Auskunftsstellen hilfreich.

Merke

Die SCHUFA bietet u. a. eine sogenannte Kompaktauskunft für Selbstständige und Unternehmen an. Von derzeit (Stand Sept. 2013) über 3,9 Millionen Unternehmen (Firmen aus dem Handelsregister, Kleingewerbetreibende und Freiberufler) kann eine zweiseitige Kurz-Beurteilung der Unternehmens-Zahlungsfähigkeit angefordert werden.

Hierin sind z. B. Informationen über Funktionsträger/-inhaber und deren Verflechtungen, Handelsregisterinformationen (soweit die Rechtsform die Eintragung erfordert), Bankverbindungen, Brancheninformationen und Geschäftszahlen sowie Bonitätsinformationen, insbesondere Negativ-Informationen über das bisherige Zahlungsverhalten enthalten.

Die **Prüfung der Bonität** kann anhand folgender **Checkliste** erfolgen:

Checkliste

- Unternehmen, die als Referenz des Kunden angegeben wurden
- Geschäftsfreunde
- **Bank** des anfragenden Kunden
- **Öffentliche Register** wie Handelsregister, Grundbuch, Schuldnerliste
- **Halbamtliche Stellen** wie Industrie- und Handwerkskammern
- **Gewerbsmäßige Auskunfteien und Kreditschutzorganisationen** Sie geben gegen entsprechende Bezahlung Auskunft.
- **SCHUFA (Schutzgemeinschaft für allgemeine Kreditsicherung)**

LERNFELD 3

2.3 Realisierbarkeit des Auftrags

Bei der Frage, ob und wie ein Auftrag bearbeitet wird, ist die Frage nach der Art des Unternehmens, d. h. liegt ein Industriebetrieb oder ein Handelsbetrieb vor, wichtig. Die im Punkt 2.2 gezeigte Prüfung der anfragenden Unternehmen wird von Industriebetrieben und Handelsbetrieben gleichermaßen durchgeführt. Gleich ist auch das Ziel, möglichst alle Wünsche des anfragenden Unternehmens zu erfüllen, ohne die eigenen Unternehmensziele sowie die Gewinnerzielung zu vernachlässigen.

Wie Industriebetriebe und Handelsbetriebe Anfragen und daraus resultierende Angebote bearbeiten können, zeigen die folgenden Gliederungspunkte.

2.3.1 Realisierbarkeit eines Auftrags aus Sicht eines Handelsbetriebs

Handelsbetriebe bearbeiten Kundenanfragen in erster Linie nach **Lieferfähigkeit**, **Lieferzeit** und **Lieferbereitschaft**. Lieferfähigkeit und Lieferzeit bedeuten, dass die angefragten Mengen an Waren bzw. Dienstleistungen in der gewünschten Zeit geliefert werden können. Lieferbereitschaft bedeutet die grundsätzliche Bereitschaft, Waren und Dienstleistungen an einen Kunden zu liefern.

Für die **Prüfung der Lieferfähigkeit** kann folgende **Checkliste** schnelle Antworten liefern. Die Beispiele beziehen sich auf die Firma Bürobedarf Müngsten GmbH.

Checkliste

©PixelEmbargo-fotolia.com

1) Sind die angefragten Waren im Sortiment?

Hat die Müngsten GmbH die angefragten Aktenvernichter im Sortiment?

2) Können angefragte Waren, die nicht im Sortiment sind, rechtzeitig und in ausreichender Menge beschafft werden?

Die in 1) angefragten Aktenvernichter sind nicht im Sortiment. Kann die Ware rechtzeitig und in ausreichender Menge beschafft werden?

3) Sind die angefragten Waren zum Lieferzeitpunkt in ausreichender Menge vorhanden?

Kann die Müngsten GmbH die Aktenvernichter rechtzeitig beschaffen?

4) Sind die angefragten Dienstleistungen möglich?

Ist der von der Müngsten GmbH angebotene Lieferdienst für die Aktenvernichter möglich?

5) Können angefragte Dienstleistungen, die nicht selbst bereitgestellt werden, anderweitig rechtzeitig organisiert werden?

Der Kunde, der die Aktenvernichter wünscht, benötigt zudem die Dienste eines Elektrikers. Kann die Müngsten GmbH dies organisieren?

6) Können die in 4) und 5) beschafften Güter/Dienstleistungen zu einem adäquaten Preis beschafft/angeboten werden?

LERNFELD 3

Für die **Prüfung der Lieferzeit** ist folgende **Checkliste** denkbar.

Checkliste

1) **Wie schnell können die angefragten Waren aus dem eigenen Sortiment bereitgestellt werden?**
2) **Ist die gewünschte Lieferzeit möglich?**
3) **Wie schnell können die angefragten Dienstleistungen bereitgestellt werden?**
4) **Ist die gewünschte Lieferzeit möglich?**
5) **Können die angefragten Dienstleistungen, die nicht selbst bereitgestellt werden, in der gewünschten Zeit angeboten werden?**

Unternehmensintern stellen Kundenanfragen somit **Beziehungen zwischen** den Bereichen **Einkauf**, **Verkauf** und **Lagerhaltung** her.

Merke

Handelsbetriebe prüfen Kundenanfragen in erster Linie nach Lieferbereitschaft und Lieferzeit. Die Unternehmensbereiche Verkauf, Einkauf und Lagerhaltung arbeiten hier eng zusammen.

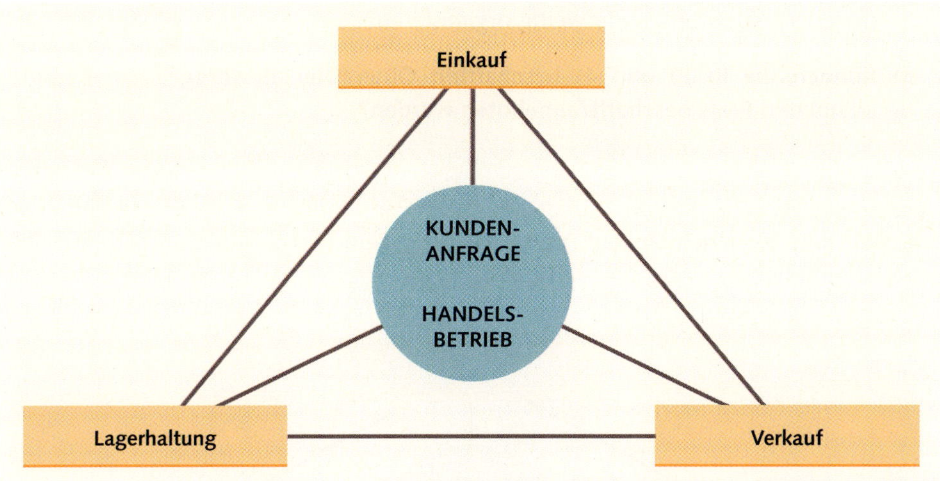

Sind die Prüfungen zu Lieferfähigkeit und Lieferzeit erfolgreich umgesetzt, kann an den Kunden ein entsprechendes Angebot gesendet werden.

2.3.2 Realisierbarkeit eines Auftrags aus Sicht eines Industriebetriebs

Industriebetriebe bearbeiten **Kundenanfragen** nach Einbindung in das **Erzeugnisprogramm**, in die **Produktionsplanung** und in vorhandene **Produktionskapazitäten**.

Das Erzeugnisprogramm besteht aus dem Beschaffungsprogramm, das fremd bezogen wird, und aus dem Fertigungsprogramm, das selbst hergestellt wird.

Auch hier kann für die Prüfung folgende **Checkliste** schnelle Antworten liefern. Die Beispiele beziehen sich auf einen Hersteller für Aktenvernichter

Checkliste

©PixelEmbargo-fotolia.com

1) **Sind die angefragten Waren im Erzeugnisprogramm?**
Kann der Hersteller die gewünschten Geräte produzieren bzw. die Geräte beschaffen?

2) **Können die Waren rechtzeitig und in ausreichender Menge beschafft werden?**
Wenn die Aktenvernichter beschafft werden müssen, ist dies rechtzeitig und in ausreichender Menge möglich?

3) **Sind die angefragten Dienstleistungen möglich?**
Kann der Hersteller die angefragte Dienstleistung, wie z. B. Lieferung und Montage der Geräte, leisten?

4) **Können angefragte Dienstleistungen, die nicht selbst bereitgestellt werden, anderweitig rechtzeitig organisiert werden?**
Der Hersteller bietet eine gewünschte Dienstleistung, wie z. B. Fertigung eines Einbauschranks für die Aktenvernichter, nicht an. Kann der Hersteller diese Dienstleistung anderweitig organisieren?

5) **Können die in 2) und 4) beschafften Güter/Dienstleistungen zu einem adäquaten Preis beschafft/angeboten werden?**

Unternehmensintern stellen Kundenanfragen an Industriebetriebe Beziehungen zwischen den Bereichen Einkauf, Verkauf, Produktion (mit Produktionsplanung) und Lagerhaltung her.

Merke

Industriebetriebe prüfen Kundenanfragen in erster Linie nach Einbindung in das Erzeugnisprogramm, in die Produktionsplanung und in vorhandene Produktionskapazitäten.

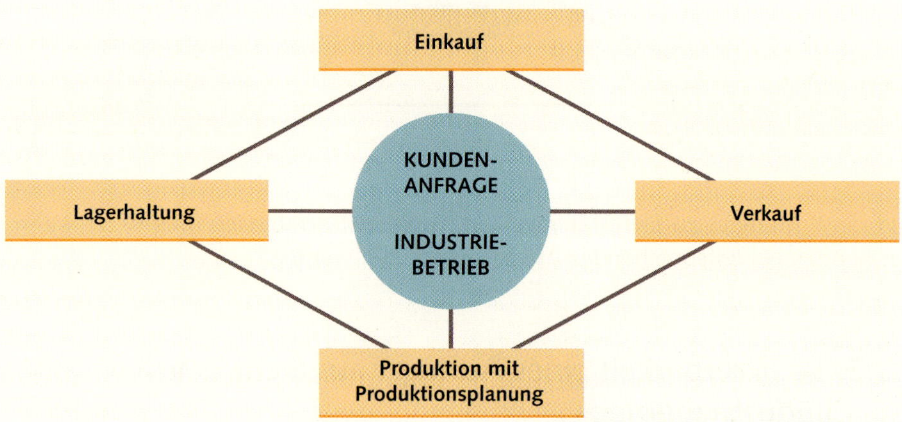

Es können aber auch unternehmenspolitische Gründe für die Durchführung eines Auftrags sprechen. Soll z. B. ein neuer oder imageträchtiger Geschäftspartner als Kunde gewonnen werden, können Aufträge auch in Anbetracht von Schwierigkeiten oder eines nicht rentablen Geschäfts durchgeführt werden.

2.3.3 Prüfung des Preis-Kosten-Verhältnisses

Neben den gezeigten Überlegungen ist es unumgänglich, die aktuelle Kostensituation im Unternehmen zu berücksichtigen und eine entsprechende **Preiskalkulation** vorzunehmen. Kundenaufträge sind in erster Linie dazu da, entstandene Kosten im Unternehmen, die u. a. durch Mitarbeiter, Miete oder Steuern entstehen, zu decken.

Merke

Die durch den Warenverkauf erzielten Einnahmen müssen für einen Handelsbetrieb mindestens die Beschaffungskosten bei Fremdbezug der Ware decken und bei einem Industriebetrieb mindestens die Produktionskosten bei Eigenfertigung der Ware.

Für Handelsbetriebe und Industriebetriebe gilt zudem, dass die Einnahmen die Verwaltungskosten decken und einen Gewinn erwirtschaften müssen.

Bei der Preisbildung muss das Unternehmen neben eigener Kosten- und Gewinnsituation auch die Preisgefüge der Konkurrenz im Blick haben, denn die Konkurrenz wird ebenso gute Produkte zu einem adäquaten Preis anbieten. Der Kunde wird stets vergleichen und meistens ist der Preis der Auslöser, der den Zuschlag für einen Auftrag gibt.

2.4 Angebot

Die Müngsten GmbH hat nachfolgende Anfrage (Auszug) eines Stammkunden geprüft und sendet ein entsprechendes Angebot.

Sehr geehrte Damen und Herren,

wir planen in der xx. Dezemberwoche dieses Jahres eine Aktionswoche.
Hierzu benötigen wir fünf günstige Streifenschnitt-Aktenvernichter Ihrer Hausmarke.
Bitte senden Sie uns ein ansprechendes Angebot zu.
...

Mit freundlichen Grüßen
Christine Pöschl

Im Angebot informiert der Lieferant **rechtlich verbindlich** über alle von ihm angebotenen Leistungen. Angebote dienen zur **Vorbereitung eines Kaufvertrags**.

Die **Inhalte des Angebots** können oft nahezu identisch mit den Basisinformationen aus dem Anfrageschreiben sein und werden nur um Detailpunkte durch den Lieferanten ergänzt.

Merke

Achten Sie beim Scheiben von Angeboten auf ein **persönlich formuliertes Anschreiben**, eine **optisch ansprechende Briefgestaltung** sowie auf **sinnvolles Begleitmaterial** wie Prospekte mit Detailbeschreibungen der Ware oder legen Sie eine Visitenkarte des Ansprechpartners bei.

Tipp

Überzeugen Sie bereits im Angebot und zeigen Sie, was im Rahmen der betrieblichen Möglichkeiten zu leisten ist!

Jedes Angebot ist die **Willenserklärung** eines Lieferanten, alle im Angebot enthaltenen Aussagen zu erfüllen. Eine **Willenserklärung** kann **mündlich**, **schriftlich** oder **durch Handeln**, z. B. Kopfnicken für „Ja", gegeben werden. Die Willenserklärung des Lieferanten ist verbindlich. Es gibt aber auch unverbindliche Angebote mit Freizeichnungsklausel, wie z. B. „Das Angebot ist freibleibend."

Der Empfänger des Angebots (= Kunde) kann diesem Angebot zustimmen. Man nennt dies **zweiseitiges** bzw. **mehrseitiges Rechtsgeschäft**, denn es sind mindestens zwei Willenserklärungen abgegeben worden. Ein Vertrag ist zustande gekommen, wenn beide Willenserklärungen übereinstimmen. Falls der Empfänger jedoch Änderungen vornimmt, ist dies wieder ein neues Angebot an den Absender.

Merke

Haben sich Absender und Empfänger über den Inhalt des Angebots geeinigt und der Kunde (Empfänger) nimmt das Angebotsschreiben an, ist ein Kaufvertrag (= zweiseitiges Rechtsgeschäft) entstanden.

Checkliste

©PixelEmbargo-fotolia.com

Grundlegend sind folgende Bestandteile möglich:

- **Name, Anschrift, Telefon- und Telefaxnummern, E-Mail-Adresse, Internetadresse des Anbieters**
- **Name und Kontaktdaten eines persönlichen Ansprechpartners beim Lieferanten**
- **Anschrift des Kunden**
- **Angaben zur Ware (Art, Beschaffenheit und Qualität)**
- **Menge (Mindestabnahmemenge, Höchstmenge)**
- **Preise und Preisnachlässe**
- **Lieferdatum und Lieferzeitpunkt**
- **Art der Verpackung und Kosten für die Verpackung, Versandart und Versandkosten**
- **Versicherungen (z. B. für den Transport der Ware)**
- **Zahlungsbedingungen**
- **Angaben zur Angebotsbindung (Freizeichnungsklauseln)**
- **Angaben zum Erlöschen des Angebots, Angaben zum Erfüllungsort, Gerichtsstand und Gefahrenübergang**

LF 4

Bürobedarf Müngsten GmbH

Müngsten GmbH ▫ Aggerstraße 7 ▫ 40474 Düsseldorf

Bürobedarf
Christine Pöschl
Hauptstraße 7
40474 Düsseldorf

Datum der Anfrage

Ihr Zeichen: cp
Ihre Nachricht vom: xx.xx.2014
Unser Zeichen: se
Unsere Nachricht vom: xx.xx.2014

Alle Angaben werden aus dem Anfrage-schreiben entnommen.

Vorname, Name: Susanne Erwin
Telefon: 02177 7654-0
Telefax: 02177 7654-40
E-Mail: info@buero-muengsten.de

Datum: Aktuelles Tagesdatum

interne Angebots-nummer

Angebot Nummer xxxx zu Ihrer Anfrage über fünf Streifenschnitt Aktenvernichter ← Betreff

Sehr geehrte Frau Pöschl, Verfasserin der Anfrage ← Anrede

vielen Dank für Ihr Interesse an unserem Streifenschnitt Aktenvernichter. ← Einleitung

Sie teilen uns mit, dass Sie in der xx. Märzwoche 2014 eine Aktionswoche planen. Gerne bieten wir die von Ihnen gewünschten Streifenschnitt Aktenvernichter unserer Hausmarke zu besonders günstigen Konditionen an.
Die Geräte sind ab sofort lieferbar.

Die Aktenvernichter leisten eine Streifengröße von 6 mm und verfügen über einen Auffangbehälter von 32 l. Sie erhalten unseren aktuellen Hausprospekt mit technischen Daten des Aktenvernichters sowie einer Abbildung des Geräts. ← Inhalt des Angebots

Menge	Typ	Version	Listenpreis (netto)	Gesamtpreis (netto)
5	Aktenvernichter	Streifenschnitt	200,00 €	1.000,00 €

Für unser Angebot gelten die in der Anlage beigefügten Allgemeinen Geschäftsbedingungen (AGB).

Für Verpackung und Versand berechnen wir pauschal 30,00 € netto.

Dieses Angebot ist gültig bis xx.xx.2014. Datum

Wir hoffen auf eine erfolgreiche Zusammenarbeit und freuen uns auf Ihre Bestellung. ← Ausblick

Für Rückfragen steht Ihnen unser Mitarbeiterin Annemarie Prebeck unter der Telefonnummer 02177 1856699 gerne zur Verfügung.

Mit freundlichen Grüßen

Müngsten GmbH
i. A. ← Grußformel

Handschriftliche Unterschrift des Verfassers dieser Anfrage, Frau Susanne Erwin

Susanne Erwin

Anlagen ← Anlagenvermerk
1 Hausprospekt
1 AGB

HRB 2244 Amtsgericht Düsseldorf
USt-IdNr. DE 147 000 234

Geschäftsführer
Dr. Robert Müngsten

Tel.: 02177 7654-0 Zentrale
Internet-Adresse:
www.buero-muengsten.de

Volksbank Düsseldorf-Neuss e. G.
IBAN DE47 3016 0213 2407 7254 28
BIC GENODED1DNE

LERNFELD 3

2.5 Zusammenfassung und Aufgaben

Zusammenfassung

Anfragen

Anfragen dienen zur **Anbahnung neuer Geschäftsbeziehungen**, stellen oft eine **erste Kontaktaufnahme** dar und dienen der **Einholung** von **Angeboten**.

Bestimmte Anfragen erkennt man an konkreten Wünschen und Vorstellungen.

Unbestimmte Anfragen enthalten allgemein formulierte Fragen.

Unabhängig davon, ob es sich um bestimmte oder unbestimmte Anfragen handelt, Anfragen sind immer **unverbindlich**, **formfrei**, **allgemein gehalten** und **bestimmt formuliert**. Sie verfolgen einen **bestimmten Zweck**.

Prüfung anfragender Unternehmen

Die **Realisierung** des Kundenauftrags bedarf einer genauen **Prüfung**.

Die **Prüfung der Kreditwürdigkeit (= Bonität)** umfasst die Prüfung des Zahlungsverhaltens, der Zahlungsmoral, des Rechtsstands und der Vermögensverhältnisse, des Auftragsvolumens und des Image des Kunden.

Handelsbetriebe bearbeiten Kundenanfragen in erster Linie nach **Lieferfähigkeit**, **Lieferbereitschaft** und **Lieferzeit**.

Industriebetriebe bearbeiten Kundenanfragen nach der **Einbindung in das Erzeugnisprogramm**, in die **Produktionsplanung** und in die **vorhandenen Produktionskapazitäten**.

Zur Bearbeitung des Kundenauftrags gehört auch eine entsprechende **Preiskalkulation**.

Angebot

Angebote sind **rechtlich verbindlich**. Angebotsschreiben sind **formfrei** und können **mündlich**, **fernmündlich**, **schriftlich** oder **elektronisch** erfolgen.

Angebote sind **Willenserklärungen** eines Lieferanten, sein Angebot zu erfüllen.

Angebote sind eine **einseitig empfangsbedürftige Willenserklärung** und werden mit **Zugang** beim **Kunden wirksam**.

Angebote enthalten zahlreiche **Basisinformationen**, wie z. B. Produktnamen, Preise oder Mengen.

Aufgaben

1. Prüfen Sie die nachfolgenden Aussagen auf ihre Richtigkeit. Die Antwort ist jeweils zu begründen.
   (1) Anfragen sind immer schriftlich zu formulieren.
   (2) Anfragen sind an einen Lieferanten oder Dienstleister gerichtet.
   (3) Unbestimmte Anfragen erkennt man an allgemein formulierten Fragen, z. B. nach Prospekten.
   (4) Angebote sind rechtlich unverbindlich.
   (5) Angebote sollen den Kunden von der Leistungsfähigkeit des Lieferanten überzeugen.
   (6) Eine Bonitätsprüfung umfasst Zahlungsverhalten, Rechtsstand, Vermögensverhältnisse und Image des Kunden.
   (7) Industriebetriebe prüfen Kundenanfragen in erster Linie nach Lieferbereitschaft und Lieferzeit.
   (8) Eine Willenserklärung kann mündlich, schriftlich oder durch Handeln, z. B. Kopfnicken für „Ja", gegeben werden.
2. Erläutern Sie den Unterschied zwischen bestimmten und unbestimmten Anfragen.
3. Welche Punkte umfasst eine Bonitätsprüfung?
4. Geben Sie zwei Stellen an, die Auskünfte über die Bonität eines Kunden geben können.
5. Erklären Sie, wie Handelsbetriebe eine Kundenanfrage prüfen.
6. Zeigen Sie, wie Industriebetriebe Kundenanfragen prüfen.
7. Geben Sie mindestens fünf Inhaltspunkte eines Angebots an.

3 Rechenarten zur Preisermittlung und Kalkulation beherrschen

3.1 Dreisatzrechnung

Neben der Prozentrechnung gehört die Dreisatzrechnung zu den regelmäßigen kaufmännischen Rechentätigkeiten. Der Dreisatz findet dabei mit geradem sowie mit ungeradem Verhältnis Anwendung.

3.1.1 Dreisatzrechnung mit geradem bzw. direktem Verhältnis

Beispiel

Jan Bürgel, Auszubildender bei der Bürobedarf Müngsten GmbH, wird zu seiner Vorgesetzten Ingrid Berg gerufen: „Ich habe eben zwei Anfragen unserer Kunden Kleinert und Tietze erhalten. Sie wünschen die Lieferung von unterschiedlichen Mengen Kopierpapier, Aktenordnern und Collegeblöcken. Bitte berechnen Sie unsere Verkaufspreise, damit wir ein entsprechendes Angebot unterbreiten können".

Die Notizen von Frau Berg zeigen auf, dass der Kunde Kleinert 6 Kartons Kopierpapier, 8 Aktenordner und 12 Collegeblöcke anfragt. Der Kunde Tietze fragt 50 Kartons Kopierpapier, 70 Aktenordner und 25 Collegeblöcke an. Die Verkaufspreise betragen 680,00 € für 40 Kartons Kopierpapier, 110,00 € für 50 Aktenordner und 15,00 € für 20 Collegeblöcke.

Jan beginnt mit der Berechnung.

Dreisatz

gerade
direkt

Bei der **Dreisatzrechnung** mit **geradem** bzw. **direktem Verhältnis**, auch **proportionaler Dreisatz** genannt, ändert sich die eine Größe in die gleiche Richtung wie die andere Größe, d. h. die Bezugsgrößen verhalten sich proportional zueinander. Das bedeutet für die obigen Beispiele: Wenn die Stückzahlen **steigen**, **steigen** auch die zu berechnenden Verkaufspreise. **Sinken** die Stückzahlen, **sinken** auch die zu berechnenden Verkaufspreise.

Kopierpapier

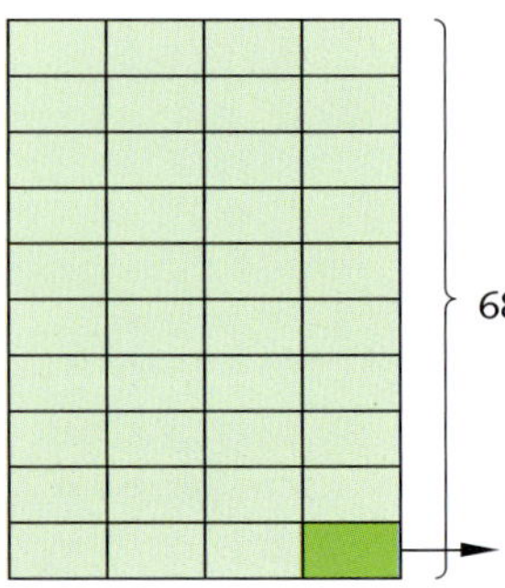

680,00 € für 40 Kartons

Gesucht:
Preis für 1 Karton:

$$\frac{680{,}00\ €}{40\ \text{Kartons}} = 17{,}00\ €$$

1. **Ausgangssituation**
   Um nun den Verkaufspreis des Kopierpapiers für den Kunden Kleinert zu berechnen, ist zunächst folgende Aussage wichtig: **40 Kartons Kopierpapier kosten 680,00 €.**

2. **Reduzierung auf eine Einheit**
   Es wird berechnet, welchen Verkaufspreis **ein** Karton hat. Da der Preis von 680,00 € sich auf die Menge von 40 Kartons bezieht, muss der Preis von 680,00 € durch die Menge von 40 dividiert werden. Die Division bewirkt, dass der Preis, genau wie die Menge, kleiner wird.

   $$\frac{680{,}00\ €}{40} = 17{,}00\ €$$

   Das bedeutet: 1 Karton Kopierpapier kostet 17,00 €.

3. Vielfachheit berechnen

Nun wird der Preis für einen Karton **mit der gewünschten Menge** (6 Kartons) **multipliziert**.

17,00 € · 6 Kartons = 102,00 €

Beide Rechenschritte lassen sich zusammenfassen:

$$\frac{680{,}00\ €}{40} \cdot 6 = 102{,}00\ €$$

Kopierpapier

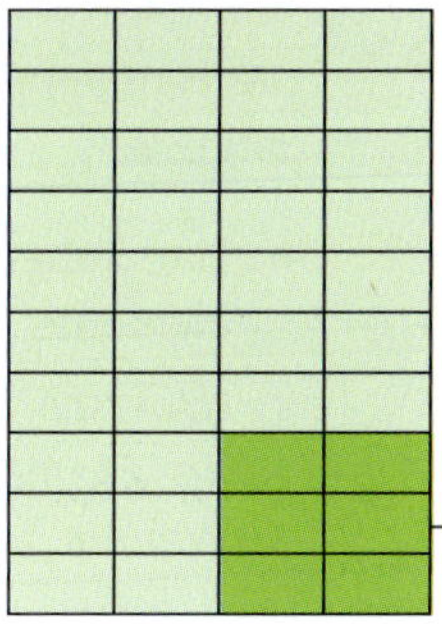

3.1.2 Anwendung der Dreisatzrechnung mit geradem bzw. direktem Verhältnis in einem Tabellenkalkulationsprogramm

Umfangreiches Zahlenmaterial wird zweckmäßigerweise in einer anschaulichen, aussagekräftigen Tabelle aufbereitet. Dafür sind einige Gestaltungskriterien wichtig.

Möglichst gleiche Spaltenbreite

Überschrift: zentriert in Fettschrift, evtl. vergrößert

Aussagefähige Spalten- und Zeilenüberschriften, evtl. in Fettschrift, evtl. farbig unterlegt

Zeilenumbruch

Aussagefähige Überschrift

Währungsangaben mit €-Zeichen

	A	B	C	D	E
1	**Umrechnung der Verkaufspreise von bezogenen Mengen auf gewünschte Mengen (laut Kundenbestellung)**				
2	**(Dreisatz im direkten Verhältnis)**				
3					
4		**Produkt:**	**Kopierpapier**	**Aktenordner**	**Collegeblöcke**
5					
6	**bezogene Mengen:**				
7					
8		Stück	40	50	20
9		Preis für die vorgenannte Menge	680,00 €	110,00 €	15,00 €
10					
11					
12	**gewünschte Mengen:**				
13					
14	**Kunde:**	Anzahl Stück/ Kartons	6	8	12
15	**Kleinert**	Preis	102,00 €	17,60 €	9,00 €
16					
17					
18	**Kunde:**	Anzahl Stück/ Kartons	50	70	25
19	**Tietze**	Preis	850,00 €	154,00 €	18,75 €
20					

Zahlenwerte zentriert

Beispiel

Jan berechnet auch die weiteren Verkaufspreise und schreibt sie auf einen Notizzettel. „Mit diesem „Zahlenfriedhof" kann ich nichts anfangen", meint Frau Berg. „Stellen Sie Ihre Ergebnisse doch anschaulich in einer Tabelle dar. Dafür gibt es schließlich Tabellenkalkulationsprogramme."

LERNFELD 3

Merke

Eine gute Tabelle bietet dem Anwender eine schnelle Einordnung der präsentierten Zahlenwerte.

Layout einer Tabelle

Die Handlungsschritte im Tabellenkalkulationsprogramm sind jeweils in *Kursivschrift* dargestellt.

- Eine Tabelle hat eine aussagefähige Überschrift. Diese ist durch die Gestaltungselemente Fettschrift, zentriert und evtl. größere Schriftgröße hervorgehoben.
  (Überschrift in Feld A1 eintragen – Enter – wieder Feld A1 anklicken – Felder A1 bis E1 markieren – Im Menü „Start" das Icon  *Verbinden und zentrieren; Weitere Icons: Fett:*  *, Schriftgröße ändern:* )
- Auch alle Spalten und Zeilen haben aussagefähige Überschriften.
- Alle Spalten haben weitestgehend die gleiche Spaltenbreite.
- Um übergroße Spaltenbreiten zu vermeiden, werden Texte innerhalb von Feldern einem Zeilenumbruch unterworfen.
  (Text vollständig in die Zelle eintragen – Enter – Gewünschte Spaltenbreite einstellen: die Maus auf die Trennlinie zwischen den Spaltenbezeichnungen platzieren – mit gedrückter linker Maustaste die Spalte verbreitern oder schmälern),
  Zeilenumbruch: (Menüleiste „Start" – im Menüfeld „Ausrichtung" – Pfeil zum Öffnen des Fensters „Zellen formatieren" anklicken, Haken bei „Zeilenumbruch" setzen)
- Währungsangaben werden formatiert, z. B. Euro mit dem €-Zeichen.
- Zahlenwerte einheitlich formatiert darstellen

Tipp

Die Markierung von Tabellenbereichen wird auch genutzt für die Operationen:

Ausschneiden
Im Gegensatz zum Kopieren wird der markierte Inhalt nicht kopiert, sondern an eine andere Stelle in der Tabelle verschoben *(Bereich markieren – Menü Start – Ausschneiden* anklicken). An der gewünschten Stelle über „Einfügen" platzieren.

Löschen
Den zu löschenden Bereich markieren, Taste „Entf" auf der Tastatur drücken.

Nutzung der Funktionen Markieren, Kopieren, Einfügen

Bereits bei der Eingabe des Tabellengerüsts (Überschriften, Zeilen- und Spaltenbeschriftungen usw.) kann durch Nutzung der Kopierfunktion eine doppelte Eingabe von Inhalten vermieden werden. Die Tabelle zeigt, dass die Zeilen 14 und 15 (Kunde Kleinert) und 18 und 19 (Kunde Tietze) identisch sind. Folglich lassen sich die Eingaben aus den Zeilen 14 und 15 auf die Zeilen 18 und 19 kopieren. Anschließend werden die Zeilen 18 und 19 auf die Werte für den Kunden Tietze angepasst. Vorgehensweise:

- Zunächst werden die Tabelleninhalte der Zeilen 1 bis 15 eingegeben.
- Der Bereich der Zellen A14 bis E15 wird markiert *(Cursor auf das Feld A15 platzieren – linke Maustaste drücken – mit gedrückter Maustaste die Maus zu dem Feld E15 bewegen)*
- Den markierten Abschnitt kopieren (Menü *Start – Kopieren* anklicken: )
- Mauszeiger auf das Feld A18 platzieren.
- Den kopierten Abschnitt einfügen (Menü *Start – Einfügen* anklicken: )

LERNFELD 3

Eingabe einfacher Formeln

Im Feld C15 wird der Preis für die 6 Kartons des Kunden Kleinert berechnet. Wie aufgezeigt, lautet die Rechenformel: 680 / 40 · 6. Entsprechend lautet auch die Formel in dem Feld C15. Allerdings erfolgt keine Eingabe von Zahlenwerten, sondern der Felder, wo sich die Zahlenwerte befinden. Das bedeutet:

- Zunächst beginnt jede Formel mit dem Gleichheitszeichen (=).
- Der Wert 680 steht im Feld C9. Folglich ist nun C9 einzugeben. (Statt der Eingabe über die Tastatur kann das Feld C9 auch mit der Maus angeklickt werden.)
- Nun erfolgt die Eingabe des Divisionszeichens (/).
- Der Wert 40 steht in dem Feld C8. Folglich wird C8 eingegeben.
- Das Multiplikationszeichen (·) wird eingegeben.
- Schließlich wird das Feld C14 eingegeben, da dort der Wert 6 steht.
- Die Eingabe wird durch Anklicken des ✔ Zeichens in der Eingabezeile oder durch Drücken der Return Taste abgeschlossen.
- Die fertige Formel lautet nun: =C9/C8 · C14

Übertragung der Formeln mithilfe der Ausfüllfunktion

Da bereits in Feld C15 die Rechenformel steht, vermeidet die Ausfüllfunktion, dass die Formel in die Felder D15 und E15 einzugeben ist:

- Das Feld C15 mit der Maus anklicken.
- Das Feld ist nun mit einem Rahmen markiert. Wird die Maus an der rechten unteren Ecke des Rahmens platziert, erscheint ein fettes schwarzes Kreuz.
- Linke Maustaste drücken und mit gedrückter Maustaste die Maus bis zum Feld E15 ziehen.
- Maustaste loslassen. (Analog kann mit den Formeln in den Feldern C19 bis E19 verfahren werden.)

Merke

Nutzen Sie bei der Eingabe von Rechenformeln in das Tabellenkalkulationsprogramm so oft wie möglich die Ausfüll- bzw. Kopierfunktion.

Seitenansicht

Soll die fertige Tabelle gedruckt werden, ermöglicht die Seitenansicht die Anzeige des Drucklayouts. Somit werden fehlerhafte Drucke vermieden.

Menü „Seitenlayout" auswählen.

In der Menükategorie „Seite einrichten" befindet sich am rechten unteren Rand ein kleiner nach rechts unten zeigender Pfeil. Bei Anklicken öffnet sich das Fenster „Seite einrichten". Im unteren Teil des Fensters das Icon „Seitenansicht" anklicken.

	A	B	C	D	E
1	Umrechnung der Verkaufspreise von bezogenen Mengen auf gewünschte Mengen (laut Kundenbestellung)				
2	(Dreisatz im direkten Verhältnis)				
3					
4		**Produkt:**	**Kopierpapier**	**Aktenordner**	**Collegeblöcke**
5					
6	**bezogene Mengen:**				
7					
8		Stück	40	50	20
9		Preis für die vorgenannte Menge	680	110	15
10					
11					
12	**gewünschte Mengen:**				
13					
14	**Kunde:**	Anzahl Stück/ Kartons	6	8	12
15	**Kleinert**	Preis	=C9/C8*C14	=D9/D8*D14	=E9/E8*E14
16					
17					
18	**Kunde:**	Anzahl Stück/ Kartons	50	70	25
19	**Tietze**	Preis	=C9/C8*C18	=D9/D8*D18	=E9/E8*E18
20					

Formelansicht

Zur Kontrolle der Rechenergebnisse ist es möglich, in einer Tabelle statt der Rechenergebnisse die eingegebenen Formeln anzuzeigen:

- ➔ Menü „Formeln" auswählen,
- ➔ Icon „Formeln anzeigen" anklicken,
- ➔ (Die Formelansicht wird mit den gleichen Schritten rückgängig gemacht.)

Tabellenblatt (um)benennen

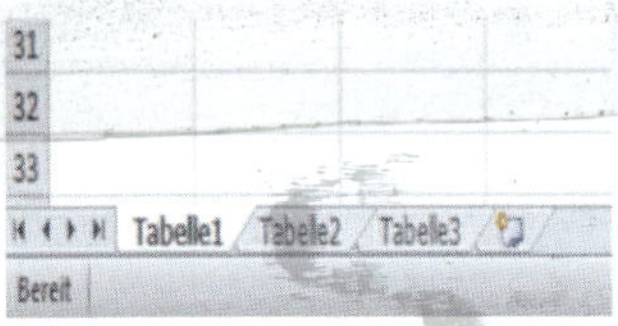

Betrachten Sie den unteren Rand der Tabellenanzeige, zeigt sich dort ggf. eine Auflistung mit den Namen „Tabelle 1", „Tabelle 2", „Tabelle 3" usw. (vgl. Abbildung), da eine Datei eines Tabellenkalkulationsprogramms mehrere Tabellen enthalten kann. Dabei sind der Name der „Tabelle 1" hell und die übrigen Namen dunkel unterlegt. Um mehrere Tabellen in einer Datei zu verwalten, ist es sinnvoll, die einzelnen Tabellenblätter mit einem Namen zu versehen. Hierfür wird die derzeit angezeigte Tabelle (Tabellenname ist hell unterlegt) mit der linken Maustaste doppelt angeklickt. Nun ist mit der Tastatur ein neuer Tabellenname eingebbar.

3.1.3 Dreisatzrechnung mit ungeradem bzw. indirektem Verhältnis

Beispiel

Frau Berg ruft Jan Bürgel erneut zu sich. Wir haben vor einigen Wochen einem Kunden den Drucker Modell 160 SWD verkauft. Dieses Gerät druckt 16 Seiten pro Minute. Der Kunde hat häufig einen größeren Druckauftrag, den der Drucker in 27 Minuten bearbeitet. Dies dauert unserem Kunden zu lang. Zeigen Sie ihm tabellarisch auf, wie sich die Druckdauer bei unseren leistungsfähigeren Druckern ändern würde. Das Modell 180 SWD druckt 18 Seiten pro Minute; das Modell 240 SWD druckt 24 Seiten pro Minute und das Modell 360 SWD hat eine Druckleistung von 36 Seiten pro Minute.

Jan beginnt zunächst mit der Berechnung der Druckdauer für das Gerät mit 18 Seiten pro Minute.

Dreisatz ↑↓ **ungerade indirekt**

Bei der Dreisatzrechnung mit **ungeradem** bzw. **indirektem Verhältnis**, auch **antiproportionaler Dreisatz** genannt, ändert sich die eine Größe in entgegengesetzter Richtung der anderen Größe, d. h. die Bezugsgrößen verhalten sich indirekt proportional zueinander. Dies bedeutet für das obige Beispiel: Wenn die Druckkapazität pro Minute **steigt, verringert** sich die Dauer in Minuten für den Druckauftrag. **Verringert** sich die Druckkapazität pro Minute, **erhöht** sich die Bearbeitungsdauer für den Druckauftrag. Folglich wird der Drucker mit der höchsten Leistungsfähigkeit (360 SWD mit 36 Seiten pro Minute) den Druckauftrag in der geringsten Minutenzahl ausführen.

1. **Ausgangssituation**
   Ein Druckauftrag benötigt 27 Minuten bei einer Druckleistung von 16 Seiten pro Minute.

2. **Gesamtzahl berechnen**
   Zunächst wird die Anzahl der zu druckenden Seiten berechnet. Da der Drucker pro Minute 16 Seiten druckt und der Auftrag in 27 Minuten bearbeitet ist, sind beide Werte zu multiplizieren.

   16 Seiten · 27 Minuten = 432 gedruckte Seiten

3. **Division der Gesamtzahl**
   Anschließend wird die Seitenzahl (432) durch die Kapazität des leistungsfähigeren Druckers (18 Seiten pro Minute) dividiert:

   432 zu druckende Seiten / 18 Seiten pro Minute = 24 Minuten

Minute	1	2	3	4	5	6	7	8	9	10	11	12	13	14	15	16	17	18	19	20	21	22	23	24	25	26	27	**= 27 Minuten**
Seiten pro Minute	16	16	16	16	16	16	16	16	16	16	16	16	16	16	16	16	16	16	16	16	16	16	16	16	16	16	16	**= 432 Seiten**

Minute	1	2	3	4	5	6	7	8	9	10	11	12	13	14	15	16	17	18	19	20	21	22	23	24	**= 24 Minuten**
Seiten pro Minute	18	18	18	18	18	18	18	18	18	18	18	18	18	18	18	18	18	18	18	18	18	18	18	18	**= 432 Seiten**

Auch diese beiden Rechenschritte lassen sich zusammenfassen:

$$\frac{16 \cdot 27}{18} = 24$$

3.1.4 Anwendung der Dreisatzrechnung mit ungeradem bzw. indirektem Verhältnis in einem Tabellenkalkulationsprogramm

Beispiel

Jan erstellt nun die Übersicht über die vier Druckermodelle in einem Tabellenkalkulationsprogramm (Normal- und Formelansicht).

	A	B	C	D	E
1	**Vergleich der Dauer für einen genannten Druckauftrag für vier Druckermodelle**				
2					
3					
4	**Produktbezeichung**	**160SWD**	**180SWD**	**240SWD**	**360SWD**
5					
6	Leistungsfähigkeit / Seitenzahl pro Minute	16	18	24	36
7	Dauer für den genannten Druckauftrag in Minuten	27	24	18	12
8					

	A	B	C	D	E
1	**Vergleich der Dauer für einen genannten Druckauftrag für vier Druckermodelle**				
2					
3					
4	**Produktbezeichung**	**160SWD**	**180SWD**	**240SWD**	**360SWD**
5					
6	Leistungsfähigkeit / Seitenzahl pro Minute	16	18	24	36
7	Dauer für den genannten Druckauftrag in Minuten	27	=B6*B7/C6	=C6*C7/D6	=D6*D7/E6
8					

Tipp

Falls Sie bei der Erstellung von Formeln in einem Tabellenkalkulationsprogramm Schwierigkeiten haben, führen Sie zunächst die Rechenschritte manuell auf einem Blatt Papier aus.

Übertragen Sie dann hilfsweise die einzelnen Zwischenrechenschritte in die Tabelle. Anschließend fassen Sie die einzelnen Formeln zu einer „Gesamtformel" zusammen.

Tipp

Grundsätzlich sollten Sie alle Formeln, die Sie in ein Tabellenkalkulationsprogramm eingeben, durch manuelle Berechnung prüfen. Das Programm rechnet auch mit fehlerhaften Formeln. Die fehlerhafte Berechnung ist über das Ergebnis nicht sofort ersichtlich!

3.2 Prozentrechnungen mit Nutzung eines Tabellenkalkulationsprogramms

Die Prozentrechnungen gehören zu den häufig verwendeten kaufmännischen Rechenarten. Eine Anwendung der Prozentrechnung ist die Umsatzsteuer. Die Umsatzsteuer, die umgangssprachlich auch Mehrwertsteuer genannt wird, wird auf fast alle verkauften Waren erhoben. Sie wird vom Kaufmann auf den Warenpreis für den Kunden aufgeschlagen (= addiert). Der Kunde zahlt den Kaufpreis der Ware zuzüglich der Umsatzsteuer. Die Umsatzsteuer wird dann vom Kaufmann an das Finanzamt überwiesen.

Beispiel

Für die Erläuterung der Umsatzsteuer dient folgendes Beispiel:

Die Müngsten GmbH bietet einen Laserdrucker für 200,00 € netto an. Für diesen Preis muss noch die Umsatzsteuer berechnet werden, da der Kunde diese zusätzlich zum Preis des Produkts zahlt. Der allgemeine Umsatzsteuersatz[1] beträgt in Deutschland 19 % vom Preis des Produkts.

19 % Umsatzsteuer von 200,00 € sind $\frac{200}{100} \cdot 19 = 38{,}00$ €.

Der Kunde hat folglich an den Kaufmann 238,00 € (200,00 € + 38,00 €) zu zahlen. Die darin enthaltene Umsatzsteuer in Höhe von 38,00 € überweist die Müngsten GmbH an das Finanzamt.

Um in den folgenden Kapiteln die einzelnen Prozentrechnungen zu erläutern, ist es notwendig, die festgelegten Größen der Prozentrechnung und des Umsatzsteuerrechts darzulegen:

	Prozentrechnung	Umsatzsteuerrecht
200,00 €	Grundwert	Nettobetrag
19 %	Prozentsatz	Umsatzsteuersatz
38,00 €	Prozentwert	Umsatzsteuerbetrag
238,00 €	vermehrter Grundwert	Bruttobetrag

[1] Neben dem allgemeinen Umsatzsteuersatz von 19 % gibt es auch einen ermäßigten Umsatzsteuersatz von 7 %. Dieser ermäßigte Umsatzsteuersatz wird im Wesentlichen auf Lebensmittel, Bücher und Zeitschriften erhoben.

LERNFELD 3

3.2.1 Berechnung des Prozentwertes

Rechenweg für die Berechnung des Prozentwertes

Der Prozentwert kann auf der Grundlage des Grundwertes und des Prozentsatzes berechnet werden.

Merke

Die Berechnung des Prozentwertes entspricht dem Rechenweg der Dreisatzrechnung im geraden bzw. direkten Verhältnis.

1. Ausgangssituation

Im genannten Beispiel sind bekannt:

der Grundwert 200; der Prozentsatz 19 %

Gesucht wird: Prozentwert

Tipp

Die Prozenttaste des Taschenrechners übernimmt von der vorstehenden Berechnung die Division durch 100. Folglich ist nur einzugeben:

200 · 19; durch das anschließende Drücken der Prozentaste wird das Ergebnis durch 100 dividiert und die Zahl 38 ausgegeben.

2. Reduzierung auf eine Einheit

Vorüberlegung:

Der Begriff Prozent (%) ist definiert als Anteile von 100. Wenn nun der Prozentsatz 19 beträgt, dann bedeutet dies, dass 19 Hundertstel (19/100) von dem Grundwert (200) zu berechnen sind.

Es wird daher zunächst ein Hundertstel des Grundwertes berechnet.
Hierfür wird der Grundwert (200) durch 100 dividiert:

$$\frac{200}{100} = 2$$

Das Ergebnis (2) ist folglich 1 % des Grundwertes.

3. Vielfachheit berechnen

Nun wird das Ergebnis der vorherigen Rechnung (2) mit dem Prozentsatz (19) multipliziert.

$$2 \cdot 19 = 38$$

Beide Schritte lassen sich auch zusammenfassen:

$$\frac{200}{100} \cdot 19 = 38$$

Hieraus lässt sich die allgemeine Formel zur Berechnung des **Prozentwertes** ableiten:

$$\frac{\text{Grundwert} \cdot \text{Prozentsatz}}{100} = \text{Prozentwert}$$

LERNFELD 3

Berechnung des Prozentwertes mit einem Tabellenkalkulationsprogramm

Beispiel

Zum Sortiment der Bürobedarf Müngsten GmbH gehört u. a. Fotokopierpapier. Es werden vier verschiedene Papiere angeboten. Der Preis für „Recycling Standard" beträgt 15,00 € je Karton, für „Recycling Hell" 16,50 € je Karton, für „Weiß normal" 17,00 € je Karton und für „Weiß Spezial" 19,00 € je Karton. Da die Kunden der Bürobedarf Müngsten GmbH primär Kaufleute sind, sind die genannten Preise Nettopreise, also ohne Umsatzsteuer.

Da gegenüber Privatkunden jedoch der Bruttopreis zu nennen ist, hat Jan Bürgel die Aufgabe erhalten, eine Liste zu erstellen, die neben dem Nettopreis die Umsatzsteuer und den Bruttopreis für alle Kopierpapiersorten ausweist. Er erstellt hierfür folgende Tabelle (Normal- und Formelansicht):

	A	B	C	D
1	**Verkaufspreise für Kopierpapier**			
2				
3	**Umsatz-steuersatz:**	**19%**		
4				
5				
6	**Produkt**	**Nettopreis**	**Umsatz-steuer**	**Bruttopreis**
7				
8	Recycling Standard	15,00 €	2,85 €	17,85 €
9	Recycling Hell	16,50 €	3,14 €	19,64 €
10	Weiß Normal	17,00 €	3,23 €	20,23 €
11	Weiß Spezial	19,00 €	3,61 €	22,61 €

	A	B	C	D
1	**Verkaufspreise für Kopierpapier**			
2				
3	**Umsatzsteuersatz:**	**0,19**		
4				
5				
6	**Produkt**	**Nettopreis**	**Umsatzsteuer**	**Bruttopreis**
7				
8	Recycling Standard	15	=B8*$B$3	=B8+C8
9	Recycling Hell	16,5	=B9*$B$3	=B9+C9
10	Weiß Normal	17	=B10*$B$3	=B10+C10
11	Weiß Spezial	19	=B11*$B$3	=B11+C11

Merke

Ist ein Feld innerhalb einer Formel in Prozent formatiert (%), so wird das Rechenergebnis der Formel immer durch 100 dividiert.

Um die Umsatzsteuer und den Bruttopreis zu berechnen, wird die Formel zur Berechnung des Prozentwertes genutzt. Übertragen auf die Begriffe des Umsatzsteuerrechts lautet die Formel:

$$\frac{\text{Netto(preis)} \cdot \text{Umsatzsteuersatz}}{100} = \text{Umsatzsteuer}$$

In der Tabelle befinden sich die Formeln zur Berechnung der Umsatzsteuer in den Feldern C8 bis C11. Sie weisen zwei Besonderheiten auf:

Prozentformatierung

Die Formeln in den Feldern C8 bis C11 enthalten keine Division durch 100. Sie kann entfallen, da der Umsatzsteuersatz in Feld B3 in Prozent (%) formatiert ist.

Absolute Adressierung

In den Formeln taucht mehrfach ein $-Zeichen auf.

Standardmäßig „betrachtet" ein Tabellenkalkulationsprogramm alle Formeln in Beziehung zu ihren Nachbarfeldern. So lautet die Rechenformel für das Feld C8: = B8*B3. Das Tabellenkalkulationsprogramm „interpretiert" aber die Formel in Feld C8:

= (Wert 1 Feld nach links) * (Wert 1 Feld nach links und 5 Felder nach oben)

Dies wird deutlich, wenn die Formel aus dem Feld C8 in das Feld C9 übertragen wird. Es erscheint der Wert 0, da die Formel nun lautet B9 * B4. Grund ist, dass das Feld B4, ausgehend vom Feld C9 (1 Feld nach links und 5 Felder nach oben liegt). Da das Programm standardmäßig alle in den Formeln genannten Felder in Beziehung bzw. Relation zu dem Ort der Formel setzt, wird dies auch als relative Adressierung bezeichnet.

Merke

Die Unterscheidung relative und absolute Adressierung gibt es auch bei Wegbeschreibungen. Angenommen Sie sind in einer Stadt unterwegs und werden plötzlich nach dem Weg zum Rathaus gefragt. Die Beschreibung (erste Straße links, zweite rechts usw.) ist eine relative, denn sie ist nur von Ihrem derzeitigen Standort aus richtig. Dagegen ist der Hinweis „Hauptstr. 79" eine absolute Adressierung, denn diese Beschreibung ist innerhalb der gesamten Stadt korrekt.

Um zu erreichen, dass das Programm von diesem Verfahren abweicht, muss das entsprechende Feld B3 in der Formel entsprechend gekennzeichnet werden. Dies geschieht durch die Ergänzung mit den beiden Dollar-Zeichen ($). Als Folge wird durch das Ausfüllen bzw. Kopieren der Formeln aus dem Feld C8 in die Felder C9 bis C11 der Feldbezug B3 nicht geändert. Dies wird als absolute Adressierung bezeichnet.

3.2.2 Berechnung des Prozentsatzes

Rechenweg für die Berechnung des Prozentsatzes

Für die Berechnung des Prozentsatzes gilt das bekannte Beispiel.

1. Ausgangssituation

Es ist bekannt:
Grundwert: 200; Prozentwert: 38
Gesucht wird: Prozentsatz

2. Reduzierung auf eine Einheit

Auch hier ist wieder Grundlage die Überlegung, dass Prozent ein Hundertstel (1/100) des Grundwertes ist. Folglich wird im wieder der Grundwert (200) durch 100 dividiert:

$$\frac{200}{100} = 2$$

Das Ergebnis (2) ist natürlich wieder 1 % des Grundwertes.

3. Vielfachheit berechnen

Der folgende Schritt basiert auf der Überlegung, dass der Prozentwert (38) das x-fache der Menge von 1 % ist. Folglich wird der Prozentwert (38) durch das Ergebnis für 1 % (2) dividiert:

$$\frac{38}{2} = 19$$

LERNFELD 3

Beide Rechenschritte lassen sich zusammenfassen.

Die Formel lautet dann: $\frac{\frac{38}{200}}{100}$

Diese Formel lässt sich auch vereinfachen:

Bekanntlich wird eine Formel mit einem Doppelbruch (jeweils ein Bruch im Zähler und Nenner) dadurch aufgelöst, dass der Bruch im Zähler mit dem Kehrwert (Zähler und Nenner werden vertauscht) des Bruchs im Nenner multipliziert wird. Die Formel lautet dann:

$$38 \cdot \frac{100}{200} \quad \text{bzw.} \quad \frac{38 \cdot 100}{200} = 19$$

Allgemein lautet die Formel zur Berechnung des **Prozentsatzes**:

$$\frac{\text{Prozentwert} \cdot 100}{\text{Grundwert}} = \text{Prozentsatz}$$

Berechnung des Prozentsatzes mit einem Tabellenkalkulationsprogramm

Beispiel

Für einen Kunden werden bei der Bürobedarf Müngsten GmbH vier Artikel zusammengestellt. Durch eine unvollständige Beschriftung der Lagerregale sind nur Nettopreise und die Umsatzsteuer bekannt, der zugrunde liegende Umsatzsteuersatz fehlt an der Regalbeschriftung. Auch hier erfolgt die Darstellung in einer Tabelle (Normal- und Formelansicht).

Merke

Wenn das Rechenergebnis in Prozent formatiert ist, bewirkt die Formatierung eine Multiplikation mit 100.

	A	B	C	D
1	Zusammenstellung für Kunde XY			
2				
3				
4	**Produkt**	**Nettopreis**	**Umsatz-steuer**	**Prozentsatz**
5				
6	Locher	8,00 €	1,52 €	19%
7	Zeitschrift: "Ergonomie aktuell"	7,00 €	0,49 €	7%
8	Buch: "DIN 5008"	20,00 €	1,40 €	7%
9	Schreibtischlampe	65,00 €	12,35 €	19%

	A	B	C	D
1	Zusammenstellung für Kunde XY			
2				
3				
4	**Produkt**	**Nettopreis**	**Umsatzsteuer**	**Prozentsatz**
5				
6	Locher	8	1,52	=C6/B6
7	Zeitschrift: "Ergonomie aktuell"	7	0,49	=C7/B7
8	Buch: "DIN 5008"	20	1,4	=C8/B8
9	Schreibtischlampe	65	12,35	=C9/B9

3.2.3 Berechnung des Grundwertes

Rechenweg für die Berechnung des Grundwertes

Auch für die Berechnung des Grundwertes dient abermals das bekannte Beispiel.

1. **Ausgangssituation**

In der Ausgangslage sind also bekannt:

Prozentsatz: 19 %; Prozentwert: 38

Gesucht wird: Grundwert

2. Reduzierung auf eine Einheit

Es ist bekannt, dass 19 Hundertstel (19/100) bzw. (19 %) einem Prozentwert von 38 entsprechen.

Wird der Prozentwert (38) durch den Prozentsatz (19) dividiert, erhält man wieder den Wert für ein Hundertstel (1/100) bzw. 1 % des Grundwertes:

$$\frac{38}{19} = 2$$

3. Vielfachheit berechnen

Da das Ergebnis (2) nun ein Hundertstel (bzw. 1 %) des Grundwertes entspricht, ist im folgenden Schritt die Multiplikation mit 100 erforderlich, um den Grundwert zu erhalten:

$$2 \cdot 100 = 200$$

Die **zusammengefasste Formel** lautet folglich:

$$\frac{38}{19} \cdot 100 = 200$$

Allgemein lautet die Formel zur Berechnung des **Grundwertes**:

$$\frac{\text{Prozentwert}}{\text{Prozentsatz}} \cdot 100 = \text{Grundwert}$$

■ Berechnung des Grundwertes mit einem Tabellenkalkulationsprogramm

Beispiel

Herr Kemnade, Leiter des Fuhrparks der Bürobedarf Müngsten GmbH, hat auf Anweisung der Geschäftsleitung in den vergangenen Tagen bei einem Autozubehörhandel mehrere Kleinteile für den Fuhrpark des Unternehmens gekauft. Im Einzelnen: einen Satz Scheibenwischerblätter für 31,90 €, ein Enteisungsspray für 4,50 €, 1 l Motorenöl für 12,97 € und einen Verbandskasten für 17,85 €. Für den Kauf der Kleinteile erhielt Herr Kemnade jeweils eine Kleinbetragsrechnung. Da diese Rechnungen nur den Bruttobetrag und den Umsatzsteuersatz (hier 19 %) ausweist, muss die Umsatzsteuer noch ermittelt werden. Zur besseren Übersichtlichkeit sollen die Beträge tabellarisch aufgelistet und auch der Nettobetrag berechnet werden.

	A	B	C	D
1	**Aufstellung der Kleinbetragsrechnungen**			
2				
3	**Umsatzsteuersatz:**	**19**		
4				
5				
6	**Produkt**	**Bruttopreis**	**Umsatz-steuer**	**Nettopreis**
7				
8	1 Satz Scheibenwischerblätter	31,90 €	5,09 €	26,81 €
9	1 Enteisungsspray	4,50 €	0,72 €	3,78 €
10	1 l Motorenöl	12,97 €	2,07 €	10,90 €
11	1 Verbandskasten	17,85 €	2,85 €	15,00 €
12				

Tipp

Alle folgenden Erläuterungen zu den Rechenwegen beziehen sich auf den Satz Scheibenwischerblätter in Zeile 8 der Tabellen. Der Umsatzsteuersatz in Feld B3 ist ausnahmsweise **nicht** in Prozent formatiert.

Tipp

Rechnungen bis 150,00 € brutto dürfen als Kleinbetragsrechnung (Rechnung für Kleinbetrag) ausgestellt werden. Diese Rechnungen enthalten im Wesentlichen nur die vollständigen Angaben des Lieferanten, die Menge und die Artikelbezeichnung, die Bruttobeträge, den Umsatzsteuersatz und das Ausstellungsdatum. Sie muss **keine** Angaben zum Rechnungsempfänger enthalten. **Ferner darf die separate Angabe der Nettobeträge und der Umsatzsteuer fehlen.**

Bei der obigen Berechnung entspricht der Nettopreis dem Grundwert. Wäre ferner die Umsatzsteuer von 5,09 € bei den Scheibenwischern bekannt, ließe sich mit dem Rechenweg

$$\frac{5{,}09}{19} \cdot 100$$

der Nettobetrag bzw. Grundwert von 26,81 € für den Satz Scheibenwischerblätter berechnen.

	A	B	C	D
1	Aufstellung der Kleinbetragsrechnungen			
2				
3	Umsatzsteuersatz:	19		
4				
5				
6	Produkt	Bruttopreis	Umsatzsteuer	Nettopreis
7				
8	1 Satz Scheibenwischerblätter	31,9	=B8/(100+$B$3)*$B$3	=B8/(100+$B$3)*1
9	1 Enteisungsspray	4,5	=B9/(100+$B$3)*$B$3	=B9/(100+$B$3)*1
10	1 l Motorenöl	12,97	=B10/(100+$B$3)*$B$3	=B10/(100+$B$3)*
11	1 Verbandskasten	17,85	=B11/(100+$B$3)*$B$3	=B11/(100+$B$3)*
12				

Abweichend von der Berechnung im vorhergehenden Abschnitt ist jedoch nicht der Prozentwert (=Umsatzsteuer) gegeben, sondern der Bruttobetrag.

Der Bruttobetrag ist wie bereits erläutert die Summe aus Nettopreis und Umsatzsteuer bzw. Grundwert (entsprechend 100 %) und dem Prozentwert (entsprechend 19 %).

Als Konsequenz muss der Bruttobetrag durch 119 statt durch 19 dividiert werden. Da ferner der Umsatzsteuersatz von 19 im Feld B3 eingetragen ist und auf diesen Bezug genommen werden soll, steht im Nenner der genutzten Formel 100+B3 (statt 119).

(Das nicht ausgewiesene Zwischenergebnis dieses Rechenschritts lautet 0,26806 und ist damit 1% des Grundwertes bzw. Nettopreises.)

Zum Erhalt des Nettopreises (Spalte D) muss anschließend mit 100 multipliziert werden. Zum Erhalt der Umsatzsteuer (Spalte C) mit 19.

Formatierung in Prozent

	A	B	C	D
1	Aufstellung der Kleinbetragsrechnungen			
2				
3	Umsatzsteuersatz:	0,19		
4				
5				
6	Produkt	Bruttopreis	Umsatzsteuer	Nettopreis
7				
8	1 Satz Scheibenwischerblätter	31,9	=B8/(1+$B$3)*$B$3	=B8/(1+$B$3)
9	1 Enteisungsspray	4,5	=B9/(1+$B$3)*$B$3	=B9/(1+$B$3)
10	1 l Motorenöl	12,97	=B10/(1+$B$3)*$B$3	=B10/(1+$B$3)
11	1 Verbandskasten	17,85	=B11/(1+$B$3)*$B$3	=B11/(1+$B$3)
12				

Auch hier soll der Umsatzsteuersatz in Feld B3 in Prozent formatiert werden. Durch die zwangsweise Division durch 100 bei der Prozentformatierung ändern sich auch bei dieser Tabelle die Formeln (hier nur Formelansicht, da die Rechenergebnisse unverändert bleiben):

Bei einem Vergleich der Formelansichten ohne und mit Prozentformatierung fällt auf, dass **der Wert im Feld B3** in der Formelansicht **ohne Prozentformatierung 19** lautet, in der **Formelansicht mit Prozentformatierung 0,19**.

Daher wird die Division nun so geändert, dass der Bruttobetrag statt wie vorher durch 119, nun durch 1,19 (1+B3) dividiert wird. Da 1,19 ein Hundertstel (1/100) des bisherigen Divisors 119 ist, lautet das Rechenergebnis 26,806 (statt wie bisher 0,26806). Es ist folglich nicht mehr 1 % des Grundwertes bzw. Nettopreises, sondern 100 % des Grundwertes bzw. Nettopreises.

Damit entfällt auch in Spalte D die bisher anschließende Multiplikation mit dem Wert 100.

Um den Wert der Umsatzsteuer in Spalte C zu erhalten, wird der berechnete Grundwert (Nettopreis) mit dem Wert 0,19 aus Feld B3 multipliziert.

3.3 Preisberechnung und Preiskalkulation von Angeboten

Beispiel

Jan Bürgel erhält eine telefonische Anfrage. Der Versicherungsagent Klaus Lohse interessiert sich für einen Multifunktionsdrucker mit den zusätzlichen Funktionen Kopieren, Scannen und Faxen. Aufgrund eines Fachberichts bittet er um ein Angebot für das Modell DKS 300. Da er das Gerät in der Sortimentsliste nicht finden kann, fragt er seine Vorgesetzte Ingrid Berg. „Kein Wunder", entgegnet sie ihm. „Das Gerät ist erst seit zwei Wochen auf dem Markt. Der Verkaufspreis muss noch kalkuliert werden."

3.3.1 Positionen der Handelskalkulation

Eine wichtige Grundlage für die Preisgestaltung und die Berechnung der Preisuntergrenze eines Artikels ist die Handelskalkulation. Die Kalkulation berücksichtigt dabei nicht nur den Einkaufspreis und den zu erzielenden Gewinn, sondern diverse weitere Faktoren. Sie ist nach folgendem Schema aufgebaut:

Listeneinkaufspreis	Preis, den der Lieferant für den zu beschaffenden Artikel berechnet.
– Lieferantenrabatt	Rabatt als Prozentsatz, den uns der Lieferant gewährt. Er wird vom Listeneinkaufspreis abgezogen.
= Zieleinkaufspreis	
– Lieferantenskonto	Prozentsatz, den der Lieferant bei schneller Bezahlung gewährt. Es wird vom Zieleinkaufspreis abgezogen.
= Bareinkaufspreis	
+ Bezugskosten	Kosten für Fracht und Verpackung, die der Lieferant berechnet. Sie werden zu dem Bareinkaufspreis addiert.
= Bezugspreis/Einstandspreis	
+ Handlungskostenzuschlag	Prozentsatz, der die anteiligen Kosten für Miete, Personalkosten, Versicherungsprämien usw. enthält. Grundlage ist ein Prozentsatz, der zu dem Bezugspreis addiert wird.
= Selbstkostenpreis	
+ Gewinnzuschlag	Der Gewinnzuschlag ist der Prozentsatz, der zu dem Selbstkostenpreis addiert wird.
= Barverkaufspreis	

Tipp

Die Berechnung des Prozentsatzes für den Handlungskostenzuschlag wird in Lernfeld 10 erläutert.

+ Kundenskonto	Prozentsatz, der dem Kunden für eine schnelle Bezahlung der Rechnung gewährt wird und zu dem Barverkaufspreis addiert wird.
= Zielverkaufspreis	
+ Kundenrabatt	Prozentsatz, der dem Kunden gewährt wird. Er wird zu dem Zielverkaufspreis addiert.
= Listenverkaufspreis/ Nettoverkaufspreis	
+ Umsatzsteuer	Der Umsatzsteuersatz beträgt derzeit 19 % bzw. 7 %.
= Bruttoverkaufspreis	

Die Handelskalkulation berücksichtigt:

- Alle Kosten und Nachlässe, die bis zum Erhalt des Artikels vom Lieferanten entstehen. (Positionen vom Listeneinkaufspreis bis zum Bezugspreis/Einstandspreis)
- Die weiteren Kosten (Handlungskostenzuschlag) und den Gewinn, die im eigenen Unternehmen entstehen. (Positionen vom Bezugs-/Einstandspreis bis zum Barverkaufspreis)
- Die dem Kunden gewährten Nachlässe für Rabatt und Skonto. (Positionen vom Barverkaufspreis bis zum Listenverkaufspreis/Nettoverkaufspreis)
- Die dem Kunden berechnete Umsatzsteuer. (Position vom Listenverkaufspreis/ Nettoverkaufspreis bis zum Bruttoverkaufspreis)

LERNFELD 3

3.3.2 Berechnungen der Handelskalkulation

Beispiel

„Nun", meint Frau Berg zu Jan Bürgel. „Ich gebe Ihnen einmal die Prozentsätze. Den Listeneinkaufspreis und die Bezugskosten können Sie von unserem Lieferanten telefonisch erfragen. Beachten Sie aber, dass die Prozentsätze teilweise von Hundert, teilweise in Hundert berechnet werden."

Jan telefoniert mit dem Lieferanten. Er nennt ihm 220,00 € als Listeneinkaufspreis. Der vom Lieferanten gewährte Rabatt beträgt 10 %, das Skonto 2 %.

LF 10

Der Handlungskostenzuschlag beträgt laut Frau Berg 30 %, der Gewinnzuschlag 25 %. Dem Kunden werden ein Skontoabzug von 3 % und ein Rabatt von 5 % gewährt.

Aufgrund der Angaben ergibt sich folgende Berechnung:

	Betrag	Rechenweg	Berechnungsgrundlage
Listeneinkaufspreis	220,00 €		
– Lieferantenrabatt 10 %	22,00 €	$\frac{220}{100} \cdot 10$	Von Hundert
= Zieleinkaufspreis	198,00 €		
– Lieferantenskonto 2 %	3,96 €	$\frac{198}{100} \cdot 2$	Von Hundert
= Bareinkaufspreis	194,04 €		
+ Bezugskosten	15,00 €		
= Bezugspreis/Einstandspreis	209,04 €		
+ Handlungskostenzuschlag 30 %	62,71 €	$\frac{209{,}04}{100} \cdot 30$	Von Hundert
= Selbstkostenpreis	271,75 €		
+ Gewinnzuschlag 25 %	67,94 €	$\frac{271{,}75}{100} \cdot 25$	Von Hundert
= Barverkaufspreis	339,69 €		
+ Kundenskonto 3 %	10,51 €	$\frac{339{,}69}{(100-3)} \cdot 3$ bzw. $\frac{339{,}69}{97} \cdot 3$	In Hundert
= Zielverkaufspreis	350,20 €		
+ Kundenrabatt 5 %	18,43 €	$\frac{350{,}20}{(100-5)} \cdot 5$ bzw. $\frac{350{,}20}{95} \cdot 5$	In Hundert
= Listenverkaufspreis/ Nettoverkaufspreis	368,63 €		
+ Umsatzsteuer 19 %	70,04 €	$\frac{368{,}63}{100} \cdot 19$	Von Hundert
= Bruttoverkaufspreis	438,67 €		

Rechenweg des Lieferanten (Handels) ↓

↑ Rechenweg des Kunden

3.3.3 Berechnung des Kundenskontos und des Kundenrabatts

Wie aus der Kalkulation ersichtlich, wird das Kundenskonto und der Kundenrabatt **in Hundert** (statt **von Hundert**) gerechnet, um **dem Kunden** eine bequeme Berechnung zu ermöglichen. Dem Kunden wird der Listenverkaufspreis (368,63 €) genannt. Ihm wird ein Rabatt von 5 % und ein Skonto von 3 % gewährt. Aufgrund dieser Angaben führt der Kunde folgende Berechnung durch:

Rechenweg des Kunden

	Betrag	Rechenweg	Berechnungs-grundlage
Listeneinkaufspreis	368,63 €		
– Lieferantenrabatt 5 %	18,43 €	$\frac{368,63}{100} \cdot 5$	Von Hundert
= Zieleinkaufspreis	350,20 €		
– Lieferantenskonto 3 %	10,51 €	$\frac{350,20}{100} \cdot 3$	Von Hundert
= Bareinkaufspreis	339,69 €		

Rechenweg des Lieferanten (Handels)

Aufgrund seiner Berechnung stellt **der Kunde** fest, dass ihn der Multifunktionsdrucker 339,69 € netto kostet, wenn er den Rabatt und das Skonto abzieht.

Vergleicht man nun diese Berechnung mit den entsprechenden Schritten der oben genannten Handelskalkulation, fällt auf, dass der Kunde „rückwärts" rechnet (vgl. jeweilige Pfeile am rechten Textrand). Dieser Rechenweg bedeutet, dass **der Kunde von Hundert** rechnet. Betrachtet man den Rechenschritt zwischen Listeneinkaufspreis und Zieleinkaufspreis ergibt sich: Basierend auf den Listeneinkaufspreis von 368,63 € (= 100 %), zieht der Kunde 5 % Rabatt ab, um den Zieleinkaufspreis von 350,20 € (= 100 % – 5 % = 95 %) zu ermitteln.

Für die **Kalkulation des Lieferanten** hat das zur Folge, dass er die Rechenschritte seines Kunden vorwegnimmt. Seine Rechenschritte bei Rabatt und Skonto basieren auf den Rechenergebnissen, die später der Kunde ermittelt. Das heißt, dass bei diesen Schritten **der Lieferant in Hundert** rechnen muss. Er kennt bei Beginn seiner Kalkulation nur den Zieleinkaufspreis (350,20 €). Dieser Preis ist 100 % – 5 % = 95 % des Listeneinkaufspreises.

Rechenweg des Lieferanten (Handels)

Zur Verdeutlichung dient folgender Ausschnitt aus der Handelskalkulation, der um Prozentsätze ergänzt wurde:

= Zielverkaufspreis	350,20 €	95 %
– Kundenrabatt 5 %	18,43 €	5 %
= Listenverkaufspreis/Nettoverkaufspreis	368,63 €	100 %

Rechenweg des Kunden

Da der Zielverkaufspreis in der Handelskalkulation 95 % ist, erfolgt die **Berechnung** des Kundenrabatts **bei der Handelskalkulation des Lieferanten**:

$$\frac{350,20}{95} \cdot 5$$

LERNFELD 3

Da der Listenverkaufspreis für den Kunden „sein" Listeneinkaufspreis ist, erfolgt die **Berechnung** des Kundenrabatts **durch den Kunden**:

$$\frac{368{,}63}{100} \cdot 5$$

Aus beiden Berechnungen resultiert der Kundenrabatt von 18,43 €.

3.3.4 Nutzung eines Tabellenkalkulationsprogramms zur Durchführung der Handelskalkulation

Aufgrund zahlreicher Berechnungen, die sich bei der Kalkulation weiterer Produkte wiederholen, ist es sinnvoll, für die Durchführung der Handelskalkulation ein Tabellenkalkulationsprogramm zu nutzen.

Das obige Beispiel wird in eine Tabellenkalkulation übertragen (Normal- und Formelansicht):

Beispiel

Mit einer ähnlichen Problematik war der deutsche Ingenieur Konrad Zuse (1910 – 1995) in den 1930er Jahren konfrontiert. Die Durchführung statischer Berechnungen bedeutete für ihn umfangreiche und stetig wiederkehrende Rechenarbeit, lediglich mit jeweils anderen Zahlen. Um sich diese Arbeit zu erleichtern, entwickelte er den ersten Computer.

	A	B	C
1	**Handelskalkulation**		
2			
3			**Produkt**
4			
5	**Verkaufsbezeichnung:**		**DKS 300**
6	**Produktfunktionen:**		**Drucken, Kopieren, Scannen, Fax**
7			
8	Listeneinkaufspreis		220,00 €
9	- Lieferantenrabatt	10%	22,00 €
10	= Zieleinkaufspreis		198,00 €
11	- Lieferantenskonto	2%	3,96 €
12	= Bareinkaufspreis		194,04 €
13	+ Bezugskosten	15,00 €	15,00 €
14	= Bezugspreis/Einstandspreis		209,04 €
15	+ Handlungskostenzuschlag	30%	62,71 €
16	= Selbstkostenpreis		271,75 €
17	+ Gewinnzuschlag	25%	67,94 €
18	= Barverkaufspreis		339,69 €
19	+ Kundenskonto	3%	10,51 €
20	= Zielverkaufspreis		350,20 €
21	+ Kundenrabatt	5%	18,43 €
22	= Listenverkaufspreis/Nettoverkaufspreis		368,63 €
23	+ Umsatzsteuer	19%	70,04 €
24	= Bruttoverkaufspreis		438,67 €
25			

	A	B	C
1	**Handelskalkulation**		
2			
3			**Produkt**
4			
5	**Verkaufsbezeichnung:**		**DKS 300**
6	**Produktfunktionen:**		**Drucken, Kopieren, Scannen, Fax**
7			
8	Listeneinkaufspreis		220
9	- Lieferantenrabatt	0,1	=C8*$B$9
10	= Zieleinkaufspreis		=C8-C9
11	- Lieferantenskonto	0,02	=C10*$B$11
12	= Bareinkaufspreis		=C10-C11
13	+ Bezugskosten	15	=$B$13
14	= Bezugspreis/Einstandspreis		=C12+C13
15	+ Handlungskostenzuschlag	0,3	=C14*B15
16	= Selbstkostenpreis		=C14+C15
17	+ Gewinnzuschlag	0,25	=C16*B17
18	= Barverkaufspreis		=C16+C17
19	+ Kundenskonto	0,03	=C18/(1-B19)*B19
20	= Zielverkaufspreis		=C18+C19
21	+ Kundenrabatt	0,05	=C20/(1-B21)*B21
22	= Listenverkaufspreis/Nettoverkaufspreis		=C20+C21
23	+ Umsatzsteuer	0,19	=C22*B23
24	= Bruttoverkaufspreis		=C22+C23
25			

Alle Prozentsätze werden separat in der Spalte B aufgeführt. Bei einer später erforderlichen Neuberechnung aufgrund geänderter bzw. aktualisierter Prozentsätze ist die Eingabe der neuen Sätze in Spalte B ausreichend. Da die Texteingaben in den Feldern A8 bis A24 mit einem Rechenzeichen beginnen, sind sie als Text zu formatieren (*Markieren – rechte Maustaste – Zellen formatieren*). Andernfalls erscheint eine Fehlermeldung, da das Tabellenkalkulationsprogramm im Anschluss an ein Rechenzeichen eine Formel erwartet. Die prozentualen Berechnungen der Spalte C nehmen Bezug auf die Prozentsätze in Spalte B. Bei den Berechnungen **in Hundert** wird auch der Divisor (Zahlenwert unterhalb des Bruchstrichs) mit Bezug auf Spalte B berechnet, da dieser Wert abhängig vom Prozentsatz in Spalte B ist. Beispielsweise **würde ohne Prozentformatierung in Spalte B** die Berechnung des Kundenskontos in Feld C19 durch 100 – 3 = 97 dividiert. Würde das Kundenskonto auf 2 % geändert, müsste die Division durch 100 – 2 = 98 erfolgen.

Da in der **Spalte B die Werte in Prozent formatiert sind**, sind auch die Formeln entsprechend anzupassen. Als Konsequenz entfällt bei allen prozentualen Berechnungen mit **von Hundert** in Spalte B die Division durch 100.

Bei den Berechnungen **in Hundert** wird die Division ebenfalls angepasst. Wurde der Kundenrabatt (Feld C21) in Höhe von 18,43 € **ohne** prozentuale Formatierung durch die Formel 350,20 /95 · 5 berechnet, lautet die Berechnung **mit Prozentformatierung** 350,20 / 0,95 · 0,05.

Erweiterung der Handelskalkulation mit absoluter Zelladressierung

Beispiel

„So", meint Frau Berg zu Jan, „da Sie die Handelskalkulation in eine Tabellenkalkulation übertragen haben, können Sie gleich zwei weitere Geräte kalkulieren. Unser Lieferant bietet uns einen Laserdrucker mit Farbdruckmöglichkeit und einen mobilen Drucker an, die ich gerne in unser Sortiment aufnehmen möchte. Der Farblaserdrucker FL 430 hat einen Listeneinkaufspreis von 140,00 €, der mobile Drucker MODU 185 von 135,00 €. Die Lieferkonditionen sind unverändert."

Tipp

Führen Sie die Änderung in die absolute Adressierung sorgfältig durch. Bei fehlerhaften oder unvollständigen Eingaben zeigt Ihnen das Programm **trotzdem** ein Ergebnis. Dies ist jedoch falsch und nur bei manueller Kontrolle erkennbar!

Soll die Kalkulation weiterer Geräte erfolgen, zeigt sich deutlich der Nutzen eines Tabellenkalkulationsprogramms. Wie in der folgenden Abbildung ersichtlich, wird die Tabelle um die beiden Geräte erweitert. Es erfolgt jedoch nur die Eingabe der beiden Listeneinkaufspreise in Zeile 8. Alle übrigen Zahlenwerte werden durch das Programm berechnet, nachdem die Formeln aus Spalte C in die Spalten D und E kopiert wurden.

Um die Formeln entsprechend zu kopieren, ist es notwendig, alle Bestandteile der Formeln, die sich auf die Spalte B beziehen, absolut ($-Zeichen) zu setzen.

	A	B	C	D	E
1	**Handelskalkulation**				
2					
3			**Produkt**		
4					
5	**Verkaufsbezeichnung:**		**DKS 300**	**FL 430**	**MODU 185**
6	**Produktfunktionen:**		**Drucken, Kopieren, Scannen, Fax**	**Drucken, Farbe**	**Drucken, mobiler Drucker**
7					
8	Listeneinkaufspreis		220,00 €	140,00 €	135,00 €
9	- Lieferantenrabatt	10%	22,00 €	14,00 €	13,50 €
10	= Zieleinkaufspreis		198,00 €	126,00 €	121,50 €
11	- Liefererantenskonto	2%	3,96 €	2,52 €	2,43 €
12	= Bareinkaufspreis		194,04 €	123,48 €	119,07 €
13	+ Bezugskosten	15,00 €	15,00 €	15,00 €	15,00 €
14	= Bezugspreis/Einstandspreis		209,04 €	138,48 €	134,07 €
15	+ Handlungskostenzuschlag	30%	62,71 €	41,54 €	40,22 €
16	= Selbstkostenpreis		271,75 €	180,02 €	174,29 €
17	+ Gewinnzuschlag	25%	67,94 €	45,01 €	43,57 €
18	= Barverkaufspreis		339,69 €	225,03 €	217,86 €
19	+ Kundenskonto	3%	10,51 €	6,96 €	6,74 €
20	= Zielverkaufspreis		350,20 €	231,99 €	224,60 €
21	+ Kundenrabatt	5%	18,43 €	12,21 €	11,82 €
22	= Listenverkaufspreis/Nettoverkaufspreis		368,63 €	244,20 €	236,42 €
23	+ Umsatzsteuer	19%	70,04 €	46,40 €	44,92 €
24	= Bruttoverkaufspreis		438,67 €	290,60 €	281,34 €
25					

	A	B	C	D	E
1	**Handelskalkulation**				
2					
3			**Produkt**		
4					
5	**Verkaufsbezeichnung:**		**DKS 300**	**FL 430**	**MODU 185**
6	**Produktfunktionen:**		**Drucken, Kopieren, Scannen, Fax**	**Drucken, Farbe**	**Drucken, mobiler Drucker**
7					
8	Listeneinkaufspreis		220	140	135
9	- Lieferantenrabatt	0,1	=C8*$B$9	=D8*$B$9	=E8*$B$9
10	= Zieleinkaufspreis		=C8-C9	=D8-D9	=E8-E9
11	- Lieferantenskonto	0,02	=C10*$B$11	=D10*$B$11	=E10*$B$11
12	= Bareinkaufspreis		=C10-C11	=D10-D11	=E10-E11
13	+ Bezugskosten	15	=$B$13	=$B$13	=$B$13
14	= Bezugspreis/Einstandspreis		=C12+C13	=D12+D13	=E12+E13
15	+ Handlungskostenzuschlag	0,3	=C14*$B$15	=D14*$B$15	=E14*$B$15
16	= Selbstkostenpreis		=C14+C15	=D14+D15	=E14+E15
17	+ Gewinnzuschlag	0,25	=C16*$B$17	=D16*$B$17	=E16*$B$17
18	= Barverkaufspreis		=C16+C17	=D16+D17	=E16+E17
19	+ Kundenskonto	0,03	=C18/(1-$B$19)*$B$19	=D18/(1-$B$19)*$B$19	=E18/(1-$B$19)*$B$19
20	= Zielverkaufspreis		=C18+C19	=D18+D19	=E18+E19
21	+ Kundenrabatt	0,05	=C20/(1-$B$21)*$B$21	=D20/(1-$B$21)*$B$21	=E20/(1-$B$21)*$B$21
22	= Listenverkaufspreis/Nettoverkaufspreis		=C20+C21	=D20+D21	=E20+E21
23	+ Umsatzsteuer	0,19	=C22*$B$23	=D22*$B$23	=E22*$B$23
24	= Bruttoverkaufspreis		=C22+C23	=D22+D23	=E22+E23
25					

3.3.5 Zusammenfassung und Aufgaben

Zusammenfassung

Dreisatzrechnung mit geradem bzw. direktem Verhältnis

Dreisatz ↑↑ gerade direkt

Eine Aufgabe, die mit Dreisatzrechnung lösbar ist, beginnt meistens mit der **Aussage** über den Zusammenhang zweier Größen A und B mit Zahlenwerten.

40 Kartons Kopierpapier kosten 680,00 €.
Bei 16 Seiten pro Minute wird ein Druckauftrag in 27 Minuten ausgeführt.

Es wird gefragt, wie sich der **Zahlenwert** einer Größe B ändert, wenn sich eine Änderung der anderen Größe A auf einen (neuen) Zahlenwert ergibt.

Wie viel kosten 6 Kartons Kopierpapier?
Wie viele Minuten benötigt ein Drucker mit 18 Seiten pro Minute für den Auftrag?

Bewirkt die Änderung der ersten Größe A in eine Richtung auch die Änderung der anderen Größe B in die gleiche Richtung (wird A größer, wird auch B größer und umgekehrt): **gerades bzw. direktes Verhältnis**.

Je größer die Menge Kopierpapier (Kartons) ist, desto größer ist der Preis.

1. Schritt: Division, um eine Einheit zu berechnen

$$\frac{680{,}00\ €}{40\ \text{Kartons}} = 17{,}00\ €\ \text{je Karton}$$

2. Schritt: Multiplikation mit der neuen Größe

$$17{,}00\ €\ \text{je Karton} \cdot 6\ \text{Kartons} = 102{,}00\ €$$

Beide Schritte lassen sich zusammenfassen:

$$\frac{680{,}00\ €}{40\ \text{Kartons}} \cdot 6\ \text{Kartons} = 102{,}00\ €$$

Dreisatzrechnung mit ungeradem bzw. indirektem Verhältnis

Dreisatz ↑↓ ungerade indirekt

Bewirkt die Änderung der ersten Größe A in eine Richtung eine Änderung der Größe B in die entgegengesetzte Richtung (wird A größer, wird B kleiner und umgekehrt): **ungerades bzw. indirektes Verhältnis**.

Je größer die Seitendruckleistung pro Minute ist, desto geringer ist die Minutenzahl für den Druckauftrag.

1. Schritt: Multiplikation mit den Zahlenwerten der Anfangsaussage

$$16\ \text{Seiten pro Minute} \cdot 27\ \text{Minuten} = 432\ \text{Seiten}$$

2. Schritt: Division des Ergebnisses von Schritt 1 durch den geänderten Zahlenwert A

$$\frac{432\ \text{Seiten}}{18\ \text{Seiten pro Minute}} = 24\ \text{Minuten}$$

Beide Schritte lassen sich zusammenfassen:

$$\frac{16\ \text{Seiten pro Minute} \cdot 27\ \text{Minuten}}{18\ \text{Seiten pro Minute}} = 24\ \text{Minuten}$$

LERNFELD 3

Prozentrechnung

Die **Prozentrechnung** basiert auf den drei Größen: Grundwert, Prozentsatz und Prozentwert

Der **Prozentwert** wird berechnet durch die Formel: $\frac{\text{Grundwert} \cdot \text{Prozentsatz}}{100}$

Der **Prozentsatz** wird berechnet durch die Formel: $\frac{\text{Prozentwert} \cdot 100}{\text{Grundwert}}$

Der **Grundwert** wird berechnet durch die Formel: $\frac{\text{Prozentwert}}{\text{Prozentsatz}} \cdot 100$

Handelskalkulation

Der Verkaufspreis eines Produkts lässt sich durch die **Handelskalkulation** berechnen.

In der Handelskalkulation wird Folgendes berücksichtigt:

- vom **Lieferanten**: Bezugspreis, gewährter Rabatt, Skonto und Bezugskosten
- vom **eigenen Unternehmen**: Handlungskosten und Gewinn
- dem **Kunden gegenüber**: gewährte Rabatte und Skonto

Die Beträge werden prozentual zum Teil **von Hundert**, zum Teil **in Hundert** berechnet.

Aufgrund der umfangreichen Berechnungen ist die Nutzung eines Tabellenkalkulationsprogramms ein wichtiges Hilfsmittel.

LERNFELD 3

Aufgaben

1. Für einen Raum mit einer Fläche von 12 m^2 (Quadratmetern) kostet der Bodenbelag 190,80 €. Wie viel kostet der Bodenbelag für einen Raum mit 17 m^2?

2. Eine Autovermietung berechnet für die Miete über 7 Tage 266,00 €. Welche Mietkosten werden bei einer Anmietung über 11 Tage berechnet?

3. Für den Anstrich eines Büroraums benötigen 4 Maler 6 Stunden. Welche Zeit benötigt der Anstrich, wenn 5 Maler eingesetzt werden?

4. Bei einem Getränkehersteller füllen 3 Abfüllmaschinen eine bestimmte Menge Flaschen in 15 Minuten ab. Um welchen Zeitraum verlängert sich der Abfüllvorgang, wenn eine Abfüllmaschine ausfällt?

5. Ein Produkt kostet 450,00 € netto (Grundwert).
Der Umsatzsteuersatz beträgt 19 % (Prozentsatz).
Berechnen Sie den Umsatzsteuerbetrag (Prozentwert).

6. Ein Händler gewährt auf einen Rechnungsbetrag in Höhe von 172,00 € einen Rabatt von 5 %. Wie hoch ist der Rabatt?

7. Der Umsatzsteuerbetrag (Prozentwert) für ein Produkt beträgt 98,00 €. Der Nettobetrag (Grundwert) ist 1.400,00 €.
Welcher Umsatzsteuersatz (Prozentsatz) wurde erhoben?

8. Ein Unternehmen gewährt für ein Produkt mit einem Verkaufspreis von 12.000,00 € einen Rabatt von 360,00 €.
Wie viel Prozent beträgt der Rabatt?

9. Eine Rechnung weist bei einem Umsatzsteuersatz von 19 % einen Umsatzsteuerbetrag von 34,20 € aus. Wie lautet der Nettobetrag?

10. Aus Kulanz erstattet ein Lieferant 117,00 €.
Dies entspricht 15 % des Warenwertes.
Welchen Wert hat die Ware?

11. Übertragen Sie die auf Seite 235 aufgezeigte Tabelle in ein Tabellenkalkulationsprogramm. Tragen Sie jeweils nur den Listeneinkaufspreis ein. Lassen Sie alle übrigen Werte in den Spalten C bis E durch Formeln berechnen. Überprüfen Sie Ihre Berechnungen.

Berechnen Sie in der folgenden Aufgabe für die Produkte A, B und C jeweils den Bruttoverkaufspreis. Überprüfen Sie bei der Nutzung eines Tabellenkalkulationsprogramms stichprobenartig manuell Ihre Berechnung.

12. Bareinkaufspreise:
Produkt A: 90,00 €, Produkt B: 260,00 €, Produkt C: 460,00 €.

Der Lieferantenrabatt beträgt 10 %,
das Lieferantenskonto 2 %,
die Bezugskosten betragen 15,00 €,
der Handlungskostenzuschlag 30 %,
der Gewinnzuschlag 25 %,
das Kundenskonto 3 %,
der Kundenrabatt 5 %,
der Umsatzsteuersatz beträgt 19 %.

4 Den externen Schriftverkehr normgerecht gestalten

4.1 Normgerechte Gestaltung und Formulierung von Texten des internen und externen Schriftverkehrs

Auf den folgenden Seiten können Sie sich mit **Grundoperationen, der Zeichenformatierung, Absatzformatierung, der Gestaltung von Tabellen** und **der Dokumentenformatierung** des Textverarbeitungsprogramms vertraut machen. Zudem lernen Sie die wichtigsten Regeln für **innerbetriebliche Schreiben** und **Geschäftsbriefe nach DIN 5008** kennen.

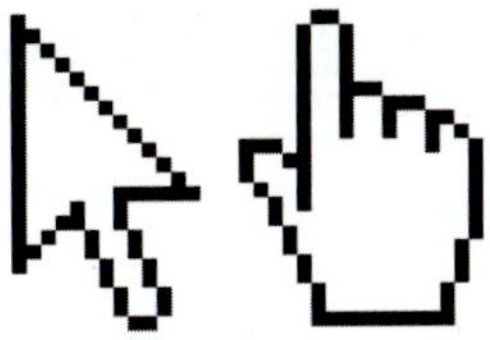

©WoGi-fotolia.com

4.1.1 Grundoperationen

Markieren

Textverarbeitungsprogramme kennzeichnen markierte Bereiche in Texten farbig. Um schnell bestimmte Bereiche im Text zu markieren, gehen Sie wie folgt vor: Ein Doppelklick in das Wort markiert das entsprechende Wort und ein 3-facher Klick in den Text markiert den Absatz. Alternativ können Sie auch einen Abschnitt auswählen, indem Sie die linke Maustaste gedrückt halten und den gewünschten Abschnitt im Text auswählen. Ein Klick mit gedrückter **SHIFT-Taste** (Großschreibtaste) markiert ab dem Cursor bis zum Mauspfeil und ein Klick mit gedrückter **STRG-Taste** markiert den kompletten Satz.

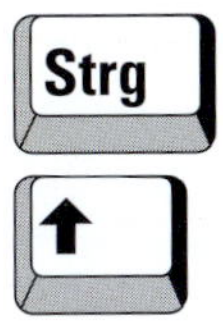

Kopieren

Um Teile von **Texten** oder auch **Grafiken, Bilder** usw. zu kopieren, wird der zu versetzende Teil zunächst auf die oben beschriebene Weise markiert. Mit dem entsprechenden Kopierbefehl in der Symbolleiste oder per Tastaturkürzel (z. B. STRG + C) wird der zu kopierende Teil in der **Zwischenablage** des Textverarbeitungsprogramms abgelegt. Mithilfe des Cursors wird die neue Stelle ausgewählt, an die der kopierte Bereich gehört. Wird der Kopierbefehl erteilt, werden der Text oder die Grafik an der Stelle des Cursors eingefügt. Ein markierter Textbereich wird beim Einfügen einer Kopie aus der Zwischenablage überschrieben.

Ausschneiden

Diese Funktion funktioniert **wie die Kopierfunktion**. Aber statt einer Kopie wird das Markierte (Text, Grafiken, Bilder usw.) aus dem Dokument entfernt.

Einfügen

Der Einfügemodus ist bei den meisten Textverarbeitungsprogrammen aktiv, d. h. es können so viele Zeichen wie gewünscht eingefügt werden und der Text verschiebt sich weiter nach rechts.

Löschen

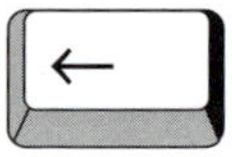

Zum Löschen von **Zeichen links** neben dem Cursor wird die **Rückschritt-Taste** gedrückt. Zum Löschen von **Zeichen rechts** neben dem Cursor dient die **Entfernen-Taste**. Um ganze Abschnitte zu entfernen, kann der entsprechende Bereich markiert und mit der Entfernen-Taste gelöscht werden.

Suchen und Ersetzen

Der **Suchbefehl** lässt den Bearbeiter nach **Zeichen** und **Wörtern** sowie nach **Formatierungen**, wie z. B. Zeichen- und Absatzformatierung, suchen. Das Textverarbeitungsprogramm setzt den Cursor dann durchgehend an jedes gesuchte Zeichen bis zum Ende des Textes. Zudem kann z. B. ein gesuchtes Zeichen oder eine Absatzformatierung durch ein anderes Zeichen oder eine andere Absatzformatierung ersetzt werden. Hier bietet das Textverarbeitungsprogramm die Funktion „Suchen und Ersetzen" an, die das Gesuchte entweder im ganzen Text oder nur in Textteilen austauscht.

Änderungen verfolgen

Textverarbeitungsprogramme sind in der Lage, nachverfolgte **Änderungen** wie etwa Überarbeitungen **anzuzeigen**. Es werden z. B. Sprechblasen verwendet, um Kommentare, Löschungen, Formatierungsänderungen und verschobene Inhalte anzuzeigen.

Seitenansicht

Die Funktion Seitenansicht lässt den Schreiber vor **Ausdruck** des Dokuments den Aufbau der Seite sichten und sich einen **Überblick** verschaffen.

Tabulator

Durch Tabulatoren ist es möglich, Texte in einem Dokument an die richtige Stelle zu setzen. Die Tabulator-Funktion in Textverarbeitungsprogrammen unterstützt auch die **Erstellung** von **einfachen Tabellen**. Tabulatoren sind Markierungen im Zeilenlineal. Sie zeigen, wo sich der Cursor nach Drücken der Tabulator-Taste befindet. Drückt man die Tabulator-Taste wird der nächste Tabulatorpunkt erreicht.

Formatierungszeichen einblenden

Textverarbeitungsprogramme ermöglichen mit der Funktion Steuerzeichen das Ein- und Ausblenden von Formatierungszeichen. So werden dem Nutzer nur die Formatierungszeichen angezeigt, die oft verwendet werden bzw. die für ihn hilfreich sind.

4.1.2 Zeichenformatierung

Normgerechte Hervorhebungen

Hervorhebungen in Texten können mit Schriftart, z. B. Syntax-Roma, Wechsel der Schriftgröße von 9 auf 11, **Fettschrift**, *Kursivschrift*, GROSSBUCHSTABEN, Farben, Einrücken, Unterstreichen, Zentrieren, Anführungszeichen, usw. erfolgen. Hervorhebungen können beliebig kombiniert werden.

4.1.3 Absatzformatierung

■ Absatzformatierung

Nach DIN 5008 sind Absätze vom laufenden Text durch eine **Leerzeile** zu trennen. Eine Leerzeile entsteht durch zweimaliges Drücken der Return-Taste. Abstände zwischen zwei Absätzen können auch über den **Absatzabstand**, dies sind i. d. R. 12 Pt, eingerichtet werden.

■ Formatvorlagen verwenden/anpassen

Formatvorlagen unterstützen den Verfasser darin, **einheitliche Texte** zu gestalten sowie notwendige Umformatierungen schnell umzusetzen. Eine Formatvorlage kann z. B. die Elemente „Zeichen", „Absätze", „Rahmen", „Nummerierungen" oder „Tabelle" regeln. Ein Textverarbeitungsprogramm bietet vorgegebene Formatvorlagen an, die individuell angepasst werden können.

■ Anpassen der automatischen Aufzählung

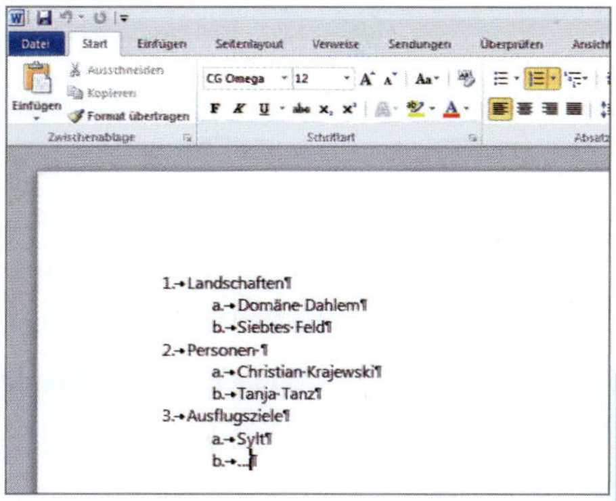

Textverarbeitungsprogramme bieten den Service einer **automatischen Aufzählung** an. Wenn der Benutzer z. B. ein Sternchen oder die Ziffer Eins eingibt, erkennt das Programm dessen Absicht und beginnt automatisch die Nummerierung fortzuführen. Diese Funktion kann auch deaktiviert werden.

■ Absatzausrichtung

Mit dieser Funktion können **Absätze** in Texten als **Blocksatz, zentriert, links-** oder **rechtsbündig** gestaltet werden.

■ Silbentrennung

Diese Funktion im Textverarbeitungsprogramm unterstützt den Schreiber bei der **Worttrennung am Zeilenende**. Wörter werden am Zeilenende nach Sprechsilben getrennt. Einzelne Vokale am Wortanfang und Wortende werden nicht getrennt. Stehen mehrere Konsonanten zwischen den Vokalen, kommt nur der letzte Konsonant auf die neue Zeile.

■ Tabulator

Mithilfe von Tabulatoren können Absätze strukturiert werden. **Standardtabulatoren verwenden in der Regel zwischen** den jeweiligen Tabstopps einen Abstand von 1,25 cm. Der Anwender kann individuelle Tabulatorstopps setzen. Textverarbeitungsprogramme bieten z. B. **links-** und **rechtsbündige Tabulatoren** oder **Dezimaltabulatoren an**.

■ Nummerierungen und Aufzählungen

Textverarbeitungsprogramme bieten verschiedene Nummerierungen und Aufzählungsmöglichkeiten an. **Aufzählungsmöglichkeiten** sind: **Ordnungszahlen (z. B. 1, 2, 3), Kleinbuchstaben mit Nachklammer (z. B. a), b))** oder **Symbole wie Haken** oder **Punkt**. Innerhalb von Texten werden der Beginn und das Ende einer Aufzählung durch Leerzeilen gekennzeichnet.

4.1.4 Gestaltung von Tabellen

Die **DIN 5008 Norm** gibt zur **Tabellengestaltung** u. a. Folgendes vor: Die Ausrichtung ist zu den Seitenrändern zentriert, Abstand von mindestens einer Leerzeile zum vorherigen und nachfolgenden Text, keine Tabellentrennung auf mehrere Seiten. Bei notweniger Tabellentrennung ist der Tabellenkopf auf der neuen Seite zu wiederholen, Tabellenüberschriften sind sinnvoll, Spaltenbezeichnungen stehen im Tabellenkopf, waagerechte und senkrechte Trennungslinien gliedern den Tabellenkopf.

4.1.5 Dokumentformatierung

Verwendung von Dokumentvorlagen

Eine Angebotserstellung gehört zum täglichen Arbeitsalltag eines Büromitarbeiters. Mit einer **Dokumentvorlage** muss das Schreiben aber nicht jedes Mal neu erstellt werden. Die Elemente **Seitenlayout, Schriftarten, Seitenränder** oder **Formatvorlagen** stehen bereits fest und werden einfach um die Inhalte für das Angebot ergänzt.

Ausrichtung

Mit der Funktion „Ausrichtung" wird ein Text auf einer Seite so abgebildet, dass er **optimal zum oberen und unteren Rand** hin **ausgerichtet** ist.

Ränder

Bei Seitenrändern handelt es sich um die Leerräume an den Rändern einer Seite. Im Allgemeinen werden Text und Grafiken im bedruckbaren Bereich zwischen den Seitenrändern eingefügt. Sie können bestimmte Elemente jedoch auch in den Randbereichen platzieren, z. B. Kopf- und Fußzeilen oder Seitenzahlen.

Kopf- und Fußzeile

Schreiber von **mehrseitigen** und **langen Dokumenten** optimieren diese mit dem Einfügen von Kopf- und Fußzeilen. Die Kopfzeile steht am oberen und die Fußzeile am unteren Randbereich eines Dokuments. In der Kopfzeile kann der Text stehen, der sich auf jeder Seite wiederholt. Wie z. B. der Name des Verfassers eines Schreibens. In der Fußzeile steht die Seitennummerierung, die sich ebenso auf jeder Seite wiederholt. Kopf- und Fußzeile müssen für jedes Dokument nur einmalig eingerichtet werden.

Seitennummerierung

Textverarbeitungsprogramme unterstützen die **Übersicht** Ihrer mehrseitigen Dokumente mit der Funktion „Seitenzahl". **Seitenzahlen können fortlaufend z. B. am Seitenanfang, Seitenende oder Seitenrand stehen.**

4.1.6 Innerbetriebliche Schreiben

LF 4

Innerbetriebliche Schreiben unterstützen die **interne Kommunikation** zwischen Mitarbeitern, Abteilungen und der Unternehmensleitung. Jedes Unternehmen hat bevorzugte Kommunikationsmittel wie **das persönliche Gespräch**, **das Telefongespräch** oder die **Kommunikation per E-Mail oder Fax. Schriftliche, interne Kommunikation** findet mithilfe von **innerbetrieblichen Schreiben** statt. Beispiele für innerbetriebliche Schreiben sind: z. B. **interne Mitteilungen, Rundschreiben oder Protokolle**.

4.1.7 Geschäftsbriefe nach DIN 5008

Die DIN 5008 regelt den Aufbau und die Gestaltung von Vorlagen für Geschäftsbriefe. Auch das dargestellte Angebotsschreiben der Müngsten GmbH folgt den DIN Vorgaben, die zeigen, wie der Inhalt dieses Schreibens dargestellt werden soll. Sie finden in den folgenden Zeilen eine Kurzbeschreibung der wichtigsten Inhaltspunkte (siehe Stichworte in den Pfeilen auf dem Angebotsschreiben).

➔ **BRIEFKOPF:** Wie die Müngsten GmbH verwenden die meisten Unternehmen Briefvordrucke. Der Briefkopf enthält die vollständige Absenderangabe.

➔ **WIEDERHOLUNG ABSENDER:** Absenderangaben werden wiederholt und vereinfachen so den Postversand, da diese Zeile im Fenster des Couverts, zusammen mit den Empfängerangaben, erscheint.

➔ **ANSCHRIFTFELD MIT EMPFÄNGER:** Das Anschriftfeld ist nach DIN 5008 genau gegliedert. Es besteht aus 9 Zeilen. Die Zeilen 1, 2 und 9 sind Leerzeilen. Zeile 3 ist für postalische Vermerke wie z. B. Einschreiben oder Luftpost. Zeile 4 und 5 enthalten die Empfängerbezeichnung, Zeile 6 und 7 nehmen Straße, Hausnummer, Postfach, Postleitzahl und Bestimmungsort auf. Zeile 8 enthält das Bestimmungsland.

➔ **INFORMATIONSBLOCK:** Er vereinfacht wie die Bezugszeichenzeile den kaufmännischen Schriftverkehr, denn er erfasst die vorangegangene Kommunikation in kürzester Form. Der Informationsblock ist eine Alternative zur Bezugszeichenzeile, die unter dem Anschriftfeld des Empfängers abgedruckt wird.

➔ **BETREFF:** Er beschreibt so kurz wie möglich den Inhalt des Brieftextes. Das Wort „Betreff" wird nicht geschrieben.

➔ **GESCHÄFTSANGABEN:** In der **Fußzeile** stehen Angaben zu Kontoverbindungen, steuerrechtlichen Vorgaben wie die Steuernummer (Steuer-Nr.), die Umsatzsteueridentifikationsnummer (USt-IdNr.), Kontoverbindungen **(Achtung: NEU sind IBAN und BIC statt Kontonummer und Bankleitzahl)**, Nummern der Hauptanschlüsse aller Kommunikationsmittel. Kapitalgesellschaften wie die Müngsten GmbH müssen zudem Rechtsform, Sitz der Gesellschaft, Registergericht des Sitzes der Gesellschaft und die Nummer, unter der die Gesellschaft in das Handelsregister eingetragen ist, angeben. Ebenso sind bei einer GmbH die Namen aller Geschäftsführer (Familienname und ein ausgeschriebener Vorname) anzugeben.

LF 4

Briefkopf

Bürobedarf Müngsten GmbH

Wiederholung Absender

Müngsten GmbH ⊠ Aggerstraße 7 ⊠ 40474 Düsseldorf

Anschriftfeld des Empfängers

Ihr Zeichen: cp
Ihre Nachricht vom: xx.xx.2014
Unser Zeichen: se
Unsere Nachricht vom: xx.xx.2014

Vorname, Name: Susanne Erwin
Telefon: 02177 7654-0
Telefax: 02177 7654-40
E-Mail: info@buero-muengsten.de

Informationsblock

Datum: Aktuelles Tagesdatum

Angebot Nummer xxxx zu Ihrer Anfrage über fünf Streifenschnitt Aktenvernichter

Betreff

Sehr geehrte Frau Pöschl,

vielen Dank für Ihr Interesse an unserem Streifenschnitt Aktenvernichter.

Sie teilen uns mit, dass Sie in der xx. Märzwoche 2014 eine Aktionswoche planen. Gerne bieten wir die von Ihnen gewünschten Streifenschnitt Aktenvernichter unserer Hausmarke zu besonders günstigen Konditionen an.
Die Geräte sind ab sofort lieferbar.

Die Aktenvernichter leisten eine Streifengröße von 6 mm und verfügen über einen Auffangbehälter von 32 l.
Sie erhalten unseren aktuellen Hausprospekt mit technischen Daten des Aktenvernichters sowie einer Abbildung des Geräts.

Menge	**Typ**	**Version**	**Listenpreis (netto)**	**Gesamtpreis (netto)**
5	Aktenvernichter	Streifenschnitt	200,00 €	1.000,00 €

Für unser Angebot gelten die in der Anlage beigefügten Allgemeinen Geschäftsbedingungen (AGB).

Für Verpackung und Versand berechnen wir pauschal 30,00 € netto.

Dieses Angebot ist gültig bis xx.xx.2014.

Wir hoffen auf eine erfolgreiche Zusammenarbeit und freuen uns auf Ihre Bestellung.

Für Rückfragen steht Ihnen unser Mitarbeiterin Annemarie Prebeck unter der Telefonnummer 02177 1856699 gerne zur Verfügung.

Mit freundlichen Grüßen

Müngsten GmbH
i. A.

Handschriftliche Unterschrift des Verfassers dieser Anfrage Frau Susanne Erwin

Susanne Erwin

Anlagen
1 Hausprospekt
1 AGB

Geschäftsangaben

HRB 2244 Amtsgericht Düsseldorf
USt-IdNr. DE 147 000 234

Geschäftsführer
Dr. Robert Müngsten

Tel.: 02177 7654-0 Zentrale
Internet-Adresse:
www.buero-muengsten.de

Volksbank Düsseldorf-Neuss e. G.
IBAN DE47 3016 0213 2407 7254 28
BIC GENODED1DNE

4.1.8 Vordrucke/Vorlagen für handschriftliche und Online-Formulare

HANDSCHRIFTLICHE UND ONLINE-FORMULARE: Formulare werden immer dann eingesetzt, wenn das Unternehmen wiederkehrende Informationen erheben muss (z. B. Kundendaten, Personaldaten, Lieferantendaten). Das hat den Vorteil, dass die benötigten Informationen vollständig und in der gewünschten Form erfragt werden. Die Textverarbeitung kann zum einen dazu genutzt werden, Formulare zu entwickeln, die handschriftlich ausgefüllt werden können. Dies geschieht meist in der Form einer Tabelle.

Zum anderen können auch die sogenannten Online-Formulare mithilfe der Textverarbeitung erstellt werden. Online-Formulare bieten die Möglichkeit, Informationen direkt am PC einzugeben.

GESTALTUNG EINES FORMULARS: Zur Gestaltung eines Online-Formulars bietet z. B. Word 2010 grundsätzlich drei Möglichkeiten:

- Textformularfelder (hier kann ein beliebiger Text, der aus Zeichen und Zahlen bestehen kann, eingegeben werden, z. B. Name:),
- Kontrollkästchen-Formularfelder (enthalten Angaben, die durch Ankreuzen ausgewählt werden, z. B. ☐ ledig, ☐ verheiratet) und
- Dropdown-Formularfelder (sie ermöglichen eine Auswahl aus bestehenden, fest vorgegebenen Alternativen, z. B. Wochentag: Montag, Dienstag, …)

Das Einfügen von Grafiken und Symbolen (z. B. ✂, ✐, ✉) ist dort sinnvoll, wo das Textverständnis unterstützt und die Eingabe erleichtert wird.

DIN-GERECHTE GESTALTUNG VON FORMULAREN: Formulare unterliegen nicht der DIN 5008, sollten sich in ihrer Gestaltung aber an den dort gesetzten Standards (siehe insbesondere Tabellengestaltung, Absatzgestaltung und Formatierung von Schriftzeichen) orientieren.

4.1.9 Programmierte Textverarbeitung

Zur effizienten Gestaltung von gleichen oder ähnlichen sowie komplizierten Sachverhalten ist der Einsatz von **Textbausteinen/Schnellbausteinen** geeignet. Sie können Texte, Grafiken, Tabellen oder Ähnliches aufnehmen (Alt-Taste und F3-Taste). Jeder Textbaustein erhält einen Namen, ein sogenanntes Kürzel, der notwendig ist, um den Inhalt des Textbausteins aufzunehmen. Durch die Eingabe dieses Kürzels und die anschließende Betätigung der F3-Taste fügt das Textverarbeitungsprogramm die gewünschte Textpassage in ein Dokument ein. Textbausteine zu einem Thema sind zumeist in einem Texthandbuch/einer Textbausteindatei (z. B. für Angebote oder Auftragsbestätigungen) zusammengefasst. Diese können nach Bedarf ergänzt und verändert werden.

Um Briefe aus Textbausteinen herzustellen, werden in der Regel **Schreibaufträge** formuliert. Diese enthalten neben den individuellen Angaben wie z. B. Name, Adresse oder Datum nur noch die entsprechenden Kürzel, die dem Texthandbuch entnommen werden. Das Schreibbüro übernimmt anhand der Kürzel die entsprechenden Textpassagen und stellt sie z. B. zu einem Geschäftsbrief zusammen.

4.2 Erstellen der erforderlichen Dokumente der Auftragsbearbeitung

Alle für die Auftragsannahme erforderlichen Dokumente werden nach DIN 5008 (Schreib- und Gestaltungsregeln für die Textverarbeitung) erstellt. Bei Unklarheiten schlagen Sie bitte die jeweiligen Regeln in der DIN 5008 nach.

Beachten Sie bei allen erforderlichen Dokumenten zudem das **unternehmenseigene Corporate Design**, d. h. verwenden Sie Briefpapier, Vordrucke, Vorlagen usw. für den Schriftverkehr mit Kunden. Mithilfe des Corporate Designs wird das Unternehmen bei allen Auftritten wiedererkannt. Das Corporate Design zieht sich wie ein roter Faden durch das Unternehmen und wird sichtbar in Broschüren, auf der Homepage, bei Präsentationen, auf Inseraten und Plakaten, auf Beschriftungen am und im Unternehmensgebäude oder bei der Berufsbekleidung der Mitarbeiter (z. B. Arbeitskittel).

4.2.1 Abgleich Kundenauftrag und Angebot

Kundenauftrag und Angebot stimmen überein

©DOC RABE Media-fotolia.com

Ist der Kunde mit einem Angebot zufrieden, wird er einen Auftrag erteilen. Ein **Auftrag** ist die **verbindliche Zusage**, ein Produkt zu den im Angebot enthaltenden Konditionen abzunehmen und zu bezahlen. Es kommt ein **Kaufvertrag** zustande, wenn keine Veränderungen am Angebot vorgenommen werden.

Merke

Ein Auftrag ist eine verbindliche Zusage des Kunden.

Stimmen Angebot und Auftrag überein, kommt ein Kaufvertrag zustande.

Verkäufer sendet Angebot

©Picture-Factory-fotolia.com

1 →

← 2

Kunde nimmt Angebot unverändert an

©Minerva Studio-fotolia.com

→

Es ist ein Kaufvertrag entstanden

Durch den **Kaufvertrag** entstehen für Verkäufer und Käufer **Pflichten**.

Pflichten Verkäufer	Pflichten Käufer
Ware fehlerfrei übergeben	Ware annehmen
Eigentum an der Ware übertragen	Ware bezahlen

Merke

Oft sendet der Verkäufer zur Bestätigung des Kundenauftrags eine **Auftragsbestätigung**. Diese ist aus rechtlicher Sicht ohne Bedeutung, d. h. eigentlich nicht nötig.

■ Kundenauftrag und Angebot stimmen NICHT überein

Ist der **Verkäufer** aber **mit den Veränderungen** des Kunden **einverstanden**, wird er diese Veränderungen mit einer Auftragsbestätigung genehmigen. Ist die Auftragsbestätigung beim Kunden eingegangen und akzeptiert, ist ein **Kaufvertrag** entstanden.

Merke

Verändert der Kunde die im Angebot enthaltenen Informationen und nimmt eine Bestellung vor, kommt **kein Kaufvertrag** zustande.

©Picture-Factory-fotolia.com ©Minerva Studio-fotolia.com

©Picture-Factory-fotolia.com ©Minerva Studio-fotolia.com

4.2.2 Auftragsbestätigung

■ Rechtlicher Aspekt einer Auftragsbestätigung

Eine Auftragsbestätigung durch den Lieferanten ist notwendig, wenn der Käufer das zuvor erhaltene Angebot in seinem Antwortschreiben (= Auftrag) abgeändert hat.

Zudem **bestätigt** der **Verkäufer** mit einer **Auftragsbestätigung** die **Annahme einer Kundenbestellung**, denn eine Bestellung erfolgt meist ohne vorherige Kundenanfrage oder ohne ein vorheriges, detailliertes Lieferantenangebot.

©momius-fotolia.com

Tipp

Allgemeine Geschäftsbedingungen (kurz AGB) sind durch den Lieferanten vorgegebene Vertragsbedingungen, zu denen sich Kunde und Lieferant bei Vertragsabschluss verpflichten. AGBs regeln z. B. Lieferpflicht, Nachlässe oder Zahlungsbedingungen.

Merke

Auftragsbestätigungen werden häufig beim **E-Commerce** in automatisierter Form (z. B. in Form einer E-Mail) als Bestätigung für eine eingegangene Bestellung versendet.

Eine Auftragsbestätigung ist für den Lieferanten ein **verbindliches Schreiben**, in dem er sich bereit erklärt, den Auftrag bzw. die Bestellung zu den angegebenen Bedingungen durchzuführen und den Gegenstand oder die Dienstleistung zum vereinbarten Zeitpunkt zu liefern. Sie muss dem **Angebot** und der **Bestellung entsprechen**.

Eine Auftragsbestätigung wird versendet, wenn

- eine Bestellung ohne vorheriges Angebot eingeht,
- eine telefonische Bestellung vorliegt – um Missverständnisse zu vermeiden,
- sich zum Angebot noch einmal eine Änderung ergibt,
- der Kunde über die Allgemeinen Geschäftsbedingungen des Verkäufers informiert wird,
- sich die Eigenschaften einer bestellten Ware verändert haben und der Kunde hierüber informiert wird,
- bei erstmaliger Bestellung ein besonderer Dank an den Kunden gesendet wird.

Eine Auftragsbestätigung sollte die **rechtlichen Anforderungen** an einen **Geschäftsbrief** erfüllen.

LERNFELD 3

Inhalt einer Auftragsbestätigung

Ein Unternehmen ist in der Formulierung und Ausgestaltung seiner Auftragsbestätigung frei.

Dennoch sind folgende Inhalte sinnvoll:

- Kennzeichnung des Schreibens als „Auftragsbestätigung" in der Betreffzeile,
- Kundennummer,
- Bestellnummer und -datum des Kunden,
- klare Angaben zu einzelnen Positionen,
- Artikelnummer und Warenbezeichnung,
- Menge,
- Preis pro Einheit,
- Mengeneinheit (kg, Stück, Blatt ...) ,
- Gesamtsumme des Auftrags,
- Angaben zur Umsatzsteuer,
- Datum der Bestellung/der Auftragserteilung,
- Liefertermin(e) bzw. -datum,
- Hinweis zum Zahlungsziel (z. B. 30 Tage, netto),
- Versandart (z. B. Lkw oder Schiene),
- abschließende Höflichkeitsformeln.

Form und Gestaltung einer normgerechten Auftragsbestätigung

Mit einer Auftragsbestätigung **bestätigt** der Lieferant die **Bestellwünsche** des Kunden. Es gibt **keine Vorschriften zur normgerechten Gestaltung** dieses Schreibens. Die Informationen rund um die bevorstehende Warenlieferung stehen im Vordergrund.

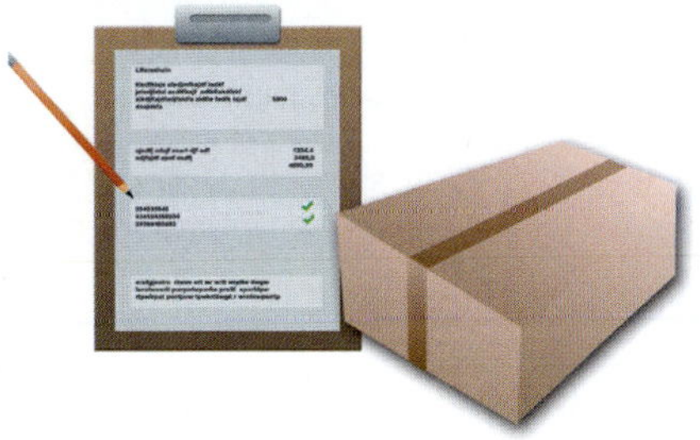

©lagirl-fotolia.com

Tipps für das Verfassen einer Auftragsbestätigung:

- Angabe der wichtigsten Daten,
- kurz und knappe Formulierungen,
- ausdrückliche Bestätigung des Auftragseingangs,
- Hinweise zur Warenlieferung,
- Angabe eines Ansprechpartners für Rückfragen des Kunden.

Tipp

Um Zeit und Kosten zu sparen, sollte jede Auftragsbestätigung nicht neu verfasst werden. Ein standardisiertes Formular ist hilfreich und schnell an die Daten des Kunden, d. h. Artikelnummer, Warenbezeichnung usw. angepasst.

4.2.3 Versand der Ware – Durchführung der Leistung

Kunden erwarten eine möglichst schnelle Warenlieferung. Für das Unternehmen stellt es oft eine Herausforderung dar, die Ware ordnungsgemäß verpackt und rechtzeitig zu versenden sowie dafür zu sorgen, dass sie pünktlich beim Kunden ist.

©castelberry-fotolia.com

Entscheidungen zum Versand der Ware werden meist von der **Versandabteilung** getroffen. Diese entscheidet über Verpackung, Transportwege und Eigen- oder Fremdtransport.

Verpackung

Für die Verpackung der Ware ist das **Warenlager** oder die **Versandabteilung** zuständig. Es gibt drei Arten, eine Ware zu verpacken:

Verpackungen

Transportverpackung	Verkaufsverpackung	Umverpackung
Die Transportverpackung schützt die Ware auf dem Weg vom Hersteller zum Händler mit Kartons, Kisten, Paletten, Containern usw.	Die Verkaufsverpackung schützt die Ware, z. B. durch Hüllen für Pralinen oder Flaschen für Getränke	Die Umverpackung dient als zusätzliche Schutzhülle für die Verkaufsverpackung, z. B. die Schachtel für die Verkaufsverpackungen der Pralinen und der Träger für die Getränkeflaschen.

Merke

Die Verpackung ist so zu wählen, dass sie transportsicher, raumsparend und kostensparend ist. Zudem ist es ökologisch sinnvoll, eine wieder verwendbare oder recycelbare Verpackung zu wählen.

■ Transportwege

Die Wahl des Transportweges entscheidet darüber, über welchen Verkehrsweg die Ware zum Kunden gelangt (z. B. Straßenverkehr, Schienenverkehr, Luftverkehr, Binnenschifffahrt, Seeschifffahrt).

Für welchen Weg sich ein Unternehmen entscheidet, hängt z. B. von den Transportkosten, der Schnelligkeit, der Sicherheit und Zuverlässigkeit, dem Wert des Gutes oder auch von dessen Umweltverträglichkeit ab.

■ Eigen- oder Fremdtransport

Die **Auslieferung der Kundenaufträge** kann grundsätzlich über folgende Möglichkeiten erfolgen:

➔ **Eigentransport**, d. h. durch **Einsatz eigener Fahrzeuge** des Lieferanten (Zustellung) oder des Kunden (Abholung),

➔ **Fremdtransport:**
- Einschaltung von **Transportunternehmen** (KEP-Dienstleister, Eisenbahnverkehrsunternehmen, Güterkraftverkehr, Schiffsverkehr, Luftverkehr),
- Einschaltung von **Speditionsunternehmen** bzw. Logistikdienstleister als Vermittler der Transportleistung.

© DPD Dynamic Parcel Distribution GmbH & Co. KG

© FedEx

© United Parcel Service Deutschland Inc. & Co. OHG

Die **KEP-Dienste** nehmen in letzter Zeit immer mehr zu. Die Abkürzung KEP-Dienste steht für **Kurier-, Express- und Paketdienste**. KEP-Dienstleister bieten neben der Warenbeförderung auch die Verpackung von Waren und Inkassodienste an. KEP-Unternehmen haben sich im „Bundesverband der Kurier-, Express- und Paketdienste (BIEK)" zusammengeschlossen.

Zu den bekanntesten Dienstleistern für KEP-Dienste gehören DPD, FedEx und UPS.

KEP-Dienste	
Kurierdienst	Die Kurierdienste zeichnen sich durch einen persönlichen Transport der Sendung aus. Außerdem werden die Sendungen direkt vom Absender zum Empfänger gebracht.
Expressdienst	Expressdienst ist der Oberbegriff für alle Firmen, die Warenlieferungen nicht direkt, exklusiv und persönlich zum Kunden begleiten. Expressdienste sind Sammeltransporte über Umschlagszentren. Der Expressdienst garantiert dem Verkäufer eine feste „Haus-zu-Haus" Lieferzeit, d. h. die Ware wird zu einem festen Auslieferungstermin zum Kunden gebracht.
Paketdienst	Paketdienste funktionieren ähnlich wie Expressdienste, sie können aber die Waren z. B. nur beschränkt nach Größe und Gewicht annehmen und transportieren.

Vorteile der KEP-Dienste sind z. B.:

Just-in-time-Lieferungen. Die Ware kann ohne Zwischenaufenthalt im Lager des Verkäufers sofort zum Kunden gebracht werden. Dies hat folgende Vorteile:

- Lagerkosteneinsparung für den Verkäufer,
- schneller Lieferservice und Pünktlichkeit, denn viele KEP-Dienste arbeiten an 365 Tagen im Jahr und 24 Stunden pro Tag,
- hohe Sicherheit für Verkäufer und Käufer der Ware, denn per Internet ist eine Sendungsverfolgung möglich.

Merke

Just in time bedeutet, die Ware kommt in der richtigen Menge am richtigen Ort und zum richtigen Zeitpunkt an.

4.2.4 Lieferschein

Rechtlicher Aspekt eines Lieferscheins

Streng genommen ist der Lieferschein wie die Rechnung ein **Geschäftsbrief**, mit dem ein externer Schriftverkehr erfolgt. Ein Lieferschein wird auch **Warenbegleitpapier** genannt, da er als Urkunde die Ware bis zum Kunden begleitet. Er gibt dem Kunden detaillierte Auskünfte über die empfangenen Waren. Alle Angaben auf dem Lieferschein müssen mit den tatsächlich gelieferten Waren übereinstimmen. Dies gilt ebenso für Inhalte von Lieferschein und Rechnung.

©Stauke-fotolia.com

Tipp

Für Lieferscheine gibt es eine eigene Norm – die DIN 4991.

Merke

Es gibt keine gesetzliche Verpflichtung für den Lieferanten, der Ware einen Lieferschein beizulegen.

Tipp

Viele Lieferscheine werden online, z. B. per E-Mail, übermittelt. Der Lieferschein sollte dann etwa zeitgleich mit der Ware oder vor der Ware eintreffen.

Form eines Lieferscheins

Ein **Lieferschein** ist meist ein **unternehmensindividueller Vordruck** und sollte die **rechtlichen Anforderungen** an einen **Geschäftsbrief** erfüllen.

Inhalt eines Lieferscheins

Merke

Besteht eine Kundenbestellung aus mehreren Paketen, kann neben dem Lieferschein eine sogenannte **Packliste** erstellt werden.

Die Packliste enthält Angaben über die Art der Ware, Stückzahl, Menge, Gewicht, Anzahl der Packstücke usw.

Ein Unternehmen ist frei in der Formulierung und Ausgestaltung seiner Lieferscheine.

Im kaufmännischen Verkehr sind folgende Angaben üblich:

(1) Absenderadresse
(2) Lieferadresse
(3) Lieferscheinnummer
(4) Kundennummer
(5) Bestellnummer und -datum
(6) Nummer der Auftragsbestätigung und Datum
(7) Lieferdatum
(8) Artikelnummer des Kunden und des Lieferanten
(9) Artikelbezeichnung
(10) bestellte Menge (= Sollmenge, d. h. bestellte Menge)
(11) gelieferte Menge (= Istmenge, d. h. erhaltene Menge)
(12) Differenz von Sollmenge und Istmenge
(13) Preis pro Einheit
(14) Versandart (Angaben über den Transporteur)
(15) Möglichkeit für Unterschrift mit Ortsangabe und Datum, um den Wareneingang zu bestätigen.

Merke

Verzichtet der Lieferant auf eine **Packliste**, werden die Daten der Packliste auf dem **Lieferschein** angegeben. Der Lieferschein wird dann in **dreifacher Ausfertigung** erstellt.

Das **erste Exemplar** wird vom Transporteur unterschrieben.
Er bescheinigt, dass er die Waren vollständig und unbeschadet übernommen hat.

Das **zweite Exemplar** ist für den Spediteur.
Hier unterschreibt der Kunde, dass er die Ware erhalten hat.

Das **dritte Exemplar** erhält der Kunde.

Form und Gestaltung eines normgerechten Lieferscheins

Wie ein Lieferschein normgerecht gestaltet werden muss, ist gesetzlich nicht geregelt. Er erleichtert die Warenabgabe und Warenannahme für Lieferanten und Kunden.

Tipps für das Verfassen eines Lieferscheines:

- Angabe der wichtigsten Daten,
- kurze und knappe Formulierungen,
- ausdrückliche Bestätigung der ordnungsgemäßen Warenlieferung.

4.2.5 Rechnung

Rechtlicher Aspekt einer Rechnung

Der Lieferant muss seine Rechnung spätestens **sechs Monate nach Warenlieferung** oder **Erbringen seiner Leistung** schreiben und versenden. Diese Regelung gilt immer, unabhängig davon, ob der Kunde ein Unternehmen oder eine Privatperson ist. Rechnungen sind wichtige **Belege** und müssen laut Gesetz **zehn Jahre lang aufbewahrt** werden. Zudem muss eine Rechnung bestimmten Anforderungen genügen, damit sie rechtsgültig ist und vom Finanzamt akzeptiert wird. Bei einer Rechnung ist nicht die Form von Bedeutung – so muss das Wort „Rechnung" nicht zwingend darauf zu finden sein – entscheidend ist der Inhalt.

Merke

Rechnungen, die in das europäische Ausland gehen, müssen eine USt-IdNr. enthalten.

§§§

§ 14 UStG

Rechnung ist jedes Dokument, mit dem über eine Lieferung oder sonstige Leistung abgerechnet wird, gleichgültig, wie dieses Dokument im Geschäftsverkehr bezeichnet wird.

Form einer Rechnung

Eine Rechnung muss dem **Kunden** im **Original** übergeben werden. Sie kann auf **elektronischem Wege** versendet werden, sie muss dann aber über eine **digitale Unterschrift** verfügen, damit sie rechtsgültig als Beleg vom Finanzamt anerkannt wird. Möchte ein Lieferant seine Rechnung per Fax senden, ist nur der Versand von Standard-Telefax an Standard-Telefax möglich. Wird beim Faxen Thermopapier verwendet, muss die Rechnung zusätzlich auf normalem Papier kopiert werden, damit sie für das Finanzamt und spätere Prüfungen zehn Jahre lang lesbar ist.

Tipp

In der Praxis wird die Rechnung in Originalform auf dem klassischen Postweg verschickt.

LERNFELD 3

Inhalt einer Rechnung

Der Gesetzgeber schreibt im **§ 14 Abs. 4 UStG (Umsatzsteuergesetz)** vor, welche Inhalte eine Rechnung enthalten muss. Diese Vorschriften gelten für die Versendung der Rechnung per Post, E-Mail oder Telefax.

Tipp

Jede Rechnungsnummer darf nur einmalig und lückenlos (d. h. 1, 2, 3...) vergeben werden.

Rechnungsinhalte nach § 14 UStG:

- **Rechnungsabsender mit vollständigem Namen und Adresse**,
- **Rechnungsempfänger mit vollständigem Namen und Adresse**,
- **Steuernummer** (vom Finanzamt erteilte Steuernummer) **oder**
- **Umsatzsteuer-Identifikationsnummer (USt-IdNr.)** (vom Bundeszentralamt für Steuern erteilte Nummer),
- **Rechnungsdatum**,
- **Rechnungsnummer** (eine fortlaufende Nummer, wenn gewünscht mit Buchstaben zur Identifizierung der Rechnung),
- **Für jede aufgeführte Position (Ware/Dienstleistung)**
  - Menge,
  - Bezeichnung,
  - Zeitpunkt der Lieferung,
  - Einzelpreis (netto),
  - Gesamtpreis (netto).

- **Summe der Nettobeträge,**
- **Umsatzsteuer,**
- **Endbetrag der Rechnung,**
- **Hinweis falls für einzelne Rechnungspositionen nicht 19 % Umsatzsteuersatz gelten,**
- **Hinweis falls einzelne Rechnungspositionen umsatzsteuerfrei sind,**
- **Zahlungsfrist und Zahlungsbedingungen,**
- **Bankverbindung des Zahlungsempfängers.**

©indie13-fotolia.com

Merke

Der **Lieferant** muss seine **Rechnung spätestens sechs Monate** nach Warenlieferung übergeben.

Eine **Rechnung** muss **zehn Jahre lang aufbewahrt** werden.

Eine **Rechnung** muss im **Original** dem Kunden übergeben werden.

Im § 14 Abs. 4 Umsatzsteuergesetz (UStG) werden die Inhalte einer Rechnung vorgegeben.

Mögliche weitere Inhalte einer Rechnung sind:

- Auf die z. B. vorherige Bestellung hinweisen.
- Verpackung und Porto vor Ermittlung der Rechnungssumme angeben, denn beide unterliegen dem gleichen Umsatzsteuersatz wie die gesamte Rechnung.
- Ein eventueller Rabatt wird vor Berechnung der Umsatzsteuer gedruckt und abgezogen.

Form und Gestaltung einer normgerechten Rechnung am Beispiel einer elektronischen Rechnung per E-Mail

Als **elektronische Rechnung** bezeichnet man alle Belege, die per E-Mail, per Web-Download oder per Computer-Telefax versendet werden. Ob eine schriftliche Rechnung auf dem Postweg oder eine elektronische Rechnung per E-Mail versendet werden soll, die Pflichtangaben sind immer identisch. Für die Versendung per E-Mail gilt laut § 14 Umsatzsteuergesetz der Grundsatz: „Echtheit der Herkunft", „Unversehrtheit des Inhalts" und „Lesbarkeit der Rechnung". Übersetzt bedeutet dies, dass der Absender der Rechnung tatsächlich existiert und sich der Inhalt der Rechnung nicht ändern lassen darf und lesbar sein muss.

©Fenton-fotolia.com

Eine Rechnung per E-Mail zu versenden, bietet für Unternehmen viele **Vorteile**. So kann die elektronische Bearbeitung von Ein- und Ausgangsrechnungen für Unternehmen vor allem zu deutlichen Einsparungen (z. B. bei Mitarbeitern oder Verwaltungskosten) führen.

Mögliche Übermittlungsarten für eine elektronische Rechnung:

- als **PDF** im Anhang einer E-Mail,
- als **Download** auf der Website,
- per **Übertragung** durch ein **Computer-Fax,**
- durch Datenaustausch per **EDI** (elektronischer Datenaustausch mit strukturierten Nachrichten).

Möchte ein Unternehmen **Rechnungen** per E-Mail versenden, muss der **Kunde** dem **zustimmen**. Einfacher ist es, wenn der Kunde auf diese Rechnungsmöglichkeit, z. B. im Angebot oder in den Allgemeinen Geschäftsbedingungen (sie sind meist auf der Rückseite eines Angebots aufgedruckt), hingewiesen wird. Begleicht der Kunde die elektronische Rechnung ohne seine vorherige Zustimmung, hat er diese Form anerkannt.

Inhalt der elektronischen Rechnung

Grundsätzlich gelten für die **elektronische Rechnung** (z. B. per E-Mail) die **gleichen Inhaltsvorgaben** wie für die schriftliche Rechnung (z. B. per Post).

Digitale Signatur – Echtheitsgarantie für die elektronische Rechnung

Ist der Empfänger einer elektronischen Rechnung ein Unternehmen. so ist es wichtig, die Echtheit der Rechnung nachweisen zu können. Eine Möglichkeit ist die digitale Signatur, auch **elektronische Signatur** genannt. Mit ihr wird jede Änderung an der Rechnung erkennbar. Denn im elektronischen Bereich besteht leicht die Möglichkeit, dass Daten abgefangen oder verändert werden. Die elektronische Signatur erfüllt technisch gesehen den gleichen Zweck wie die eigenhändige Unterschrift auf Papierdokumenten.

©bofotolux.com

Um eine elektronische Signatur zu erstellen, benötigt der Lieferant, d. h. der Verfasser der elektronischen Rechnung, folgende Geräte:

- ein zertifiziertes **Kartenlesegerät** mit eigener Tastatur,
- eine **Chipkarte**,
- ein **elektronisches Zertifikat** eines Trust Centers und
- eine **Signatur-Software**.

Mithilfe des **Kartenlesegeräts** wird mit einer 8-stelligen PIN-Nummer ein geheimer Schlüssel von der Chipkarte für die Rechnung per E-Mail erzeugt. Der Schlüssel dient als Unterschrift für die elektronische Rechnung. Das Zertifikat enthält dann den jeweiligen öffentlichen Schlüssel, mit dem der Empfänger der Rechnung die Echtheit der Signatur prüfen kann.

Aufbewahrungsfrist für die elektronische Rechnung

Auch elektronische Rechnungen müssen **zehn Jahre** unveränderbar **aufbewahrt** werden. Der Gesetzgeber schreibt vor, dass elektronisch versendete Rechnungen auch **elektronisch** aufbewahrt werden müssen, auch E-Mails mit Rechnungsanhang. Ein alleiniger Papierausdruck genügt nicht, d. h. die Daten sind so abzuspeichern, dass sie nicht mehr geändert und auch später noch lesbar gemacht werden können.

§§§

§ 14 Abs. 1 UStG

Eine elektronische Rechnung ist eine Rechnung, die in einem elktronischen Format ausgestellt und empfangen wird.

Seit dem Steuervereinfachungsgesetz vom 01.07.2011 ist die elektronische Signatur nicht mehr notwendig – das bedeutet:

- Die Übermittlung elektronischer Rechnungen kann auf verschiedensten **Wegen** erfolgen. Sie können als E-Mail mit und ohne PDF- oder Textanhang, über Computer-Fax, über Fax-Server oder per Web-Download übermittelt werden.

Merke

Rechnungen von Standard- oder Computer-Fax an Standard-Faxgeräte gelten nicht als elektronische, sondern als Papierrechnungen.

- Der **Weg** von der Warenlieferung bis hin zur Bezahlung der Ware muss **nachvollziehbar** und **kontrollierbar sein**. Der Gesetzgeber verlangt ein innerbetriebliches Prüfsystem bzw. einen sogenannten „innerbetrieblichen Prüfpfad", d. h. es muss eine systematische Kontrolle stattfinden.
- Für das **Versenden elektronischer Rechnungen** ist **keine digitale Signatur** mehr erforderlich, kann aber weiterhin angewendet werden.

4.2.6 Zahlungseingang überwachen

©DOC RABE Media-fotolia.com

In Deutschland warten immer mehr Unternehmen aufgrund einer schlechten Zahlungsmoral vergeblich darauf, dass Kunden ausstehende Rechnungen bezahlen. Zudem gehen die Zahlungen trotz Zahlungsziel oft viel zu spät ein. Unternehmen mit vielen säumigen Kunden oder vielen Zahlungsausfällen können schnell selbst in eine schwierige finanzielle Situation geraten. So ist es unumgänglich, rechtzeitig für ein gutes Forderungsmanagement zu sorgen.

Ein **Forderungsmanagement** unternimmt alle notwendigen Maßnahmen, um **offene Rechnungen einzutreiben**. Oberstes Ziel ist die Minimierung der Forderungsausfälle und die Zahlungsbereitschaft des eigenen Unternehmens zu sichern. Zum Forderungsmanagement gehört z. B. das **Mahnwesen**. Begleicht der Kunde seine Rechnung nicht fristgerecht, erfolgt eine freundlich gehaltene schriftliche **Zahlungserinnerung** inklusive einer neuen Zahlungsfrist. Ebenso sind ein telefonischer Kontakt oder ein E-Mail-Kontakt möglich. Es sollte in jedem Fall eine Gesprächsnotiz bzw. eine Kopie der E-Mail erfolgen. Bleiben diese Maßnahmen ohne Erfolg, können eine erste Mahnung und die Androhung rechtlicher Konsequenzen bis hin zum Vollstreckungsbescheid folgen.

Möglichkeiten des Schutzes vor Zahlungsausfällen:

- Abschluss einer **Versicherung**.
  (Inlandsgeschäfte = Warenkreditversicherung,
  Auslandsgeschäfte = Exportkreditversicherung),
- Inanspruchnahme eines **Factoringunternehmens** oder eines **Inkassounternehmens**,
- Konsultieren eines **Rechtsanwalts**.

©indie13-fotolia.com

Die Versicherung ersetzt den Ausfall jedoch nicht in vollem Umfang, das Unternehmen hat in der Regel eine Selbstbeteiligung von etwa 25 % bis 30 %, denn die Versicherung übernimmt das Risiko nur zu 70 % bis 75 %. Zudem gilt es zu beachten, dass die Versicherungsprämien meistens unternehmensindividuell berechnet werden und abhängig von der Versicherungsgesellschaft und der zu versichernden Branche sind.

Merke

Ein gutes Forderungsmanagement ist für ein Unternehmen unverzichtbar und überlebensnotwendig.

Da diese Leistungen sehr kostenintensiv sind, muss geklärt werden, ob der Nutzen dieser Maßnahmen deren Kosten rechtfertigt.

Checkliste

Checkliste für die Überwachung des Zahlungseingangs:

- **Achten Sie auf eine schnelle Versendung der Kundenrechnung (Die Ware und die Rechnung verlassen bspw. gleichzeitig das Unternehmen).**
- **Setzen Sie ein Zahlungsziel (z. B. zahlbar innerhalb von 7 Tagen).**
- **Überwachen Sie konsequent den Zahlungseingang (z. B. ein schneller Überblick, welcher Kunde, welche Rechnung noch nicht beglichen hat, ist jederzeit möglich).**
- **Setzen Sie kurze Mahnfristen (z. B. die Zahlungserinnerung und die erste Mahnung folgen in kurzem Zeitabstand).**
- **Sprechen Sie persönlich mit dem säumigen Zahler.**
- **Formulieren Sie Mahnschreiben freundlich und bestimmt.**
- **Sind Mahnschreiben zwecklos, kündigen Sie rechtliche Schritte (z. B. Inkasso oder Mahnbescheid) an.**

4.3 Formulare im internen Schriftverkehr am Beispiel Lieferschein

Nutzung und Vorteile von Formularen

Formulare beschleunigen und vereinfachen standardisierte Vorlagen vieler Arbeitsabläufe. Mit einem Formular werden Daten so erfasst, dass sie leichter zu sichten, zu prüfen und schnell weiterzuverarbeiten sind. Fehlerquellen werden minimiert, denn durch die vorgefertigten Felder ist für die ausfüllende Person schnell klar, welche Daten in welche Felder gehören.

Formulare gibt es z. B. auch in **elektronischer Form** als **Eingabemasken** im Internet. Hier kann der Anwender ein Formular vollständig bearbeiten und am Ende absenden. Die Formulardaten werden an einen Server übertragen und können dort verarbeitet werden.

Im digitalen Bereich können Formulare sehr unterschiedliche **Aufgaben** übernehmen:

Aufgaben	Beispiele
Sie können bestimmte, gleichartig strukturierte Auskünfte von Anwendern erkennen.	Der Kunde kann online einen Fragebogen zur Kundenzufriedenheit ausfüllen und absenden.
Sie ermöglichen Anwendern das Suchen in Datenbeständen.	Der Kunde kann auf der Homepage des Lieferanten nach verfügbaren Artikeln suchen.
Sie bieten dem Anwender die Möglichkeit zu individueller Interaktion.	Der Kunde kann aus der Produktpalette des Lieferanten etwas auswählen und sofort bestellen.

Der Aufbau von Formularen am Beispiel Lieferschein

Lieferscheine können als Vordruck von Druckereien gekauft oder selbst hergestellt werden. Die Vorteile von Druckereien sind möglicherweise ein professionelles Layout und eine hohe Qualität des Schriftstücks. Diesen stehen die meist höheren Kosten gegenüber. Die Überlegung, Formulare wie den Lieferschein selbst herzustellen, muss vom Unternehmen beantwortet werden. Es dürfen nicht nur die günstigen Herstellungskosten durch die unternehmenseigenen Mitarbeiter in den Vordergrund gestellt werden. Wichtig sind das Layout sowie die professionelle Darstellung.

Die Müngsten GmbH hat sich für folgenden (selbst erstellten) Lieferschein entschieden:

Tipp

Vergleichen Sie die Punkte (1) bis (15) mit den Angaben auf dem Lieferschein der Müngsten GmbH auf der nächsten Seite.

Inhaltlich folgt die Müngsten GmbH den im kaufmännischen Verkehr üblichen Angaben für Lieferscheine.

(1) Absenderadresse

(2) Lieferadresse

(3) Lieferscheinnummer

(4) Kundennummer

(5) Bestellnummer und -datum

(6) Nummer der Auftragsbestätigung und -datum

(7) Lieferdatum

(8) Artikelnummer des Kunden und des Lieferanten

(9) Artikelbezeichnung

(10) bestellte Menge (= Sollmenge, d. h. bestellte Menge)

(11) gelieferte Menge (= Istmenge, d. h. erhaltene Menge)

(12) Differenz von Sollmenge und Istmenge

(13) Preis pro Einheit

(14) Versandart (Angaben über den Transporteur)

(15) Möglichkeit für Unterschrift mit Ortsangabe und Datum, um den Wareneingang zu bestätigen.

Wichtig ist, dass die Müngsten GmbH den Lieferschein regelmäßig auf dessen Praxistauglichkeit prüft und gegebenenfalls Anpassungen vornimmt. Diese Anpassungen können z. B. durch Veränderungen im Produktsortiment entstehen.

Bürobedarf Müngsten GmbH

Müngsten GmbH ♦ Aggerstraße 7 ♦ 40474 Düsseldorf (1)

(2)

Ihr Zeichen:
Ihre Nachricht vom:
Unser Zeichen:
Unsere Nachricht vom:

Vorname, Name:
Telefon: 02177 7654-0
Telefax: 02177 7654-40
E-Mail: info@buero-muengsten.de

Datum:

LIEFERSCHEIN *Lieferscheinnnummer* **(3)**

Sehr geehrte Damen und Herren,

entsprechend Ihrer Bestellung liefern wir Ihnen vertragsgemäß folgende Ware:

Kundennummer (4)
Bestellnummer (5) **Bestelldatum** (5)
Auftragsbestätigung (6) **Datum der Auftragsb.** (6)
Lieferdatum (7)

Artikel-Nr.	Artikelbezeichnung	bestellte Menge	gelieferte Menge	Differenz-menge	Preis/Einheit
(8)	(9)	(10)	(11)	(12)	(13)

Wir bestätigen die ordnungsgemäße Lieferung per Spediteur. **(14)**

Mit freundlichen Grüßen

Bürobedarf Müngsten GmbH

i. A.

Vorname Name **(15)**

HRB 2244 Amtsgericht Düsseldorf
USt-IdNr. DE 147 000 234

Geschäftsführer
Dr. Robert Müngsten

Tel.: 02177 7654-0 Zentrale
Internet-Adresse:
www.buero-muengsten.de

Volksbank Düsseldorf-Neuss e. G.
IBAN DE47 3016 0213 2407 7254 28
BIC GENODED1DNE

LERNFELD 3

4.4 Zusammenfassung und Aufgaben

Zusammenfassung

Auftragsbestätigung
Ein **Auftrag** ist eine **verbindliche Zusage** des Kunden.
Stimmen **Angebot** und **Auftrag überein**, kommt ein **Kaufvertrag** zustande.
Die **Hauptpflichten** des **Verkäufers** sind die **Ware fehlerfrei** zu übergeben und dem Kunden das **Eigentum** an der Ware zu **verschaffen**.
Die **Hauptpflichten** des **Kunden** sind die **Ware anzunehmen** und zu **bezahlen**.
Verändert der **Kunde** die im **Angebot** enthaltenen Informationen und nimmt eine Bestellung vor, kommt **kein Kaufvertrag** zustande.
Ist der **Verkäufer** aber mit den **Veränderungen** des Kunden **einverstanden**, wird er diese Veränderungen mit einer **Auftragsbestätigung genehmigen**.
Ist die **Auftragsbestätigung** beim Kunden **eingegangen** und **akzeptiert**, ist ein **Kaufvertrag** entstanden.
Eine **Auftragsbestätigung wird** z. B. **versendet**, wenn eine Bestellung ohne vorheriges Angebot eingeht, eine telefonische Bestellung vorliegt oder der Kunde über die Allgemeinen Geschäftsbedingungen des Verkäufers informiert wird.
Eine **Auftragsbestätigung** sollte die **rechtlichen Anforderungen** an einen **Geschäftsbrief** erfüllen.

Versand der Ware – Durchführung der Leistung
Es gibt drei **Arten** der Verpackung: die **Transportverpackung**, die **Verkaufsverpackung** und die **Umverpackung**.
Die **Verpackung** ist so zu wählen, dass sie **transportsicher**, **raumsparend** und **kostensparend** ist.
Als **Transportwege** stehen der **Straßen-**, der **Schienen-**, der **Luftverkehr** oder die **Binnen-** oder **Seeschiffahrt** zur Verfügung.
Die **Entscheidung** für einen bestimmten **Transportweg** hängt u. a. von den Transportkosten, der Schnelligkeit, der Sicherheit, der Zuverlässigkeit oder dem Wert des Gutes ab.
Der **Eigentransport** der Ware erfolgt über eigene Fahrzeuge des Unternehmens.
Den **Fremdtransport** übernehmen z. B. KEP-Dienste, d. h. Kurier-, Express- und Paketdienste.
Neben den KEP-Diensten kann die Ware auch über eine **Spedition** versendet werden.

Lieferschein

Ein **Lieferschein** wird auch **Warenbegleitpapier** genannt, da er als **Urkunde** die Ware bis zum Kunden begleitet.

Ein **Lieferschein** ist meist ein **unternehmensindividueller Vordruck**. Er sollte die **rechtlichen Anforderungen** an einen **Geschäftsbrief** erfüllen.

Besteht eine Kundenbestellung aus mehreren Paketen, kann neben dem Lieferschein eine sogenannte **Packliste** erstellt werden. Die Packliste enthält Angaben über die Art der Ware, Stückzahl, Menge und Gewicht, Anzahl der Packstücke usw.

Rechnung

Der Lieferant muss seine **Rechnung** spätestens **sechs Monate** nach **Warenlieferung** oder **Erbringen** seiner Leistung schreiben und versenden.

Rechnungen sind wichtige Belege und müssen laut Gesetz **zehn Jahre aufbewahrt** werden.

Eine **Rechnung** muss bestimmten Anforderungen genügen, damit sie **rechtsgültig** ist und vom **Finanzamt** akzeptiert wird.

Eine **Rechnung** muss im **Original** dem Kunden übergeben werden.

Der Gesetzgeber schreibt im **§ 14 Umsatzsteuergesetz** (UStG) vor, welche **Inhalte** eine **Rechnung** enthalten muss.

Als **elektronische Rechnung** bezeichnet man alle Belege, die per E-Mail, per Web-Download oder per Computer-Telefax versendet werden.

Für die **Versendung** einer **Rechnung per E-Mail** gilt laut § 14 UStG der **Grundsatz**: „Echtheit der Herkunft", „Unversehrtheit des Inhalts" und „Lesbarkeit der Rechnung".

Grundsätzlich gelten für **elektronische Rechnungen** die **gleichen Inhaltsvorgaben** wie für die schriftlichen Rechnungen (z. B. per Post).

Formulare

Formulare beschleunigen und **vereinfachen Arbeitsabläufe**.

Formulare gibt es auch in **elektronischer Form** als **Eingabemasken**.

©fotomek-fotolia.com

Aufgaben

1. Prüfen Sie die nachfolgenden Aussagen auf ihre Richtigkeit. Die Antwort ist jeweils zu begründen.
   (1) Stimmen Angebot und Auftrag überein, kommt ein Kaufvertrag zustande.
   (2) Die Hauptpflicht des Verkäufers ist die Ware zu übergeben.
   (3) Die Hauptpflichten des Kunden sind die Ware anzunehmen und zu bezahlen.
   (4) Ein Auftrag ist die verbindliche Zusage, ein Produkt zu den im Angebot enthaltenden Konditionen abzunehmen und zu bezahlen.
   (5) Der Verkäufer muss mit einem weiteren Schreiben die Kundenbestellung bestätigen.
   (6) Mit einer Auftragsbestätigung bestätigt der Verkäufer eine telefonische Bestellung, um Missverständnisse zu vermeiden.
   (7) Eine Auftragsbestätigung sollte die rechtlichen Anforderungen an einen Geschäftsbrief erfüllen.
   (8) Ein Lieferschein dient nur der Übersicht, was tatsächlich geliefert wurde.
   (9) Viele Lieferscheine werden online, z. B. per E-Mail, übermittelt. Der Lieferschein sollte dann etwa einen Tag später beim Kunden eintreffen.
2. Geben Sie die Hauptpflichten für Käufer und Verkäufer aus dem Kaufvertrag an.
3. Nennen Sie Gründe für den Lieferanten, eine Auftragsbestätigung zu versenden.
4. Welche Inhalte für eine Auftragsbestätigung sind sinnvoll?
5. Zeigen Sie, welche Rechnungsinhalte nach § 14 UStG anzugeben sind.
6. Erklären Sie den Begriff „elektronische Rechnung".
7. Wie können elektronische Rechnungen übermittelt werden?
8. Geben Sie an, was sich durch das Steuervereinfachungsgesetz vom 01.07.2011 für die elektronische Rechnung verändert hat.
9. Zeigen Sie, welche Aufgaben Formulare im digitalen Bereich übernehmen können.

5 Schriftstücke unter Beachtung der Nachhaltigkeit vervielfältigen

Dokumente zu **drucken**, zu **kopieren** und zu **scannen** gehört zu häufigen Arbeitstätigkeiten im Büro.

Beim **Drucken** wird dabei ein bislang elektronisch gespeichertes Dokument auf Papier dargestellt.

Wird ein Dokument **gescannt**, geschieht der umgekehrte Prozess. Ein Papierdokument wird zu einem elektronisch gespeicherten Dokument aufbereitet.

Bei der **Kopie** wird von einem Papierdokument ein Duplikat erzeugt.

Für diese Abläufe werden separate Geräte (Drucker, Scanner, Kopierer) oder Multifunktionsgeräte eingesetzt, die alle Funktionen in einem Gerät vereinigen.

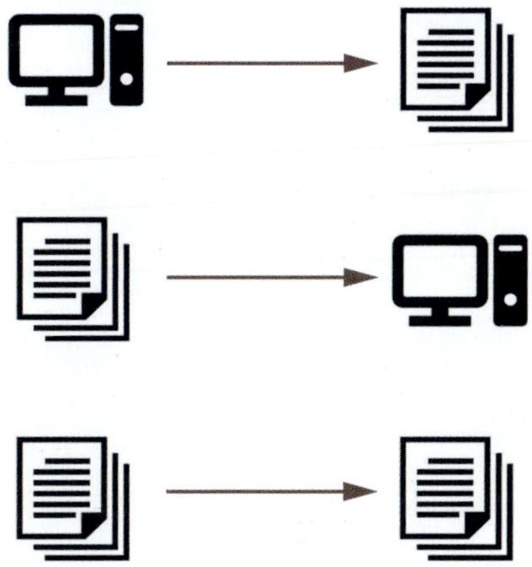

©WonderfulPixel-fotolia.com

5.1 Drucken

5.1.1 Druckerarten

Bei Druckern lassen sich technisch betrachtet vier Gerätetypen unterscheiden:

■ Laserdrucker

Das **gute Schriftbild** und die **hohe Druckgeschwindigkeit** (Anzahl der gedruckten Seiten pro Minute) machen sie zur häufigst eingesetzten Druckerart im Büro.

■ Tintenstrahldrucker

Diese Druckerart ist die **preiswerte Alternative** zum Laserdrucker. Aufgrund der **höheren Druckkosten** (Kosten pro gedruckte Seite) und der geringeren Druckgeschwindigkeit wird dieser Drucker immer öfter durch den Laserdrucker ersetzt.

■ Nadeldrucker

Das sehr **einfache Schriftbild**, das **laute Betriebsgeräusch** und die niedrige Druckgeschwindigkeit haben nahezu zum Verschwinden des Nadeldruckers im Büro geführt. Er wird für Spezialanwendungen jedoch weiterhin eingesetzt.

■ Thermodrucker

Die **kompakte Bauweise** befähigt dieses Gerät zum mobilen Drucker. Der Nachteil der höheren Druckkosten und die **mangelnde Eignung** zur Erstellung von zu **archivierenden Ausdrucken** werden hierbei akzeptiert.

Tipp

Der Tonerstaub eines Laserdruckers oder Kopierers ist gesundheitlich nicht unbedenklich!

- Vermeiden Sie daher das Verschütten des Toners während des Wechsels der Tonerkassette.
- Warten Sie regelmäßig Ihren Drucker, damit das Lüftungsgebläse den Tonerstaub nicht in den Büroräumen verteilt.

Laserdrucker

©ekostsov-fotolia.com

Tintenstrahldrucker

© Apart Foto-fotolia.com

Schriftbild eines Nadeldruckers

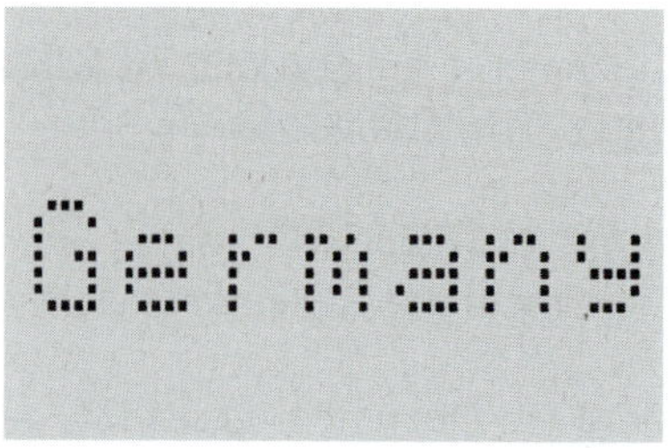

©monropic -fotolia.com

5.1.2 Druckermerkmale

Druckerart	Laserdrucker	Tintenstrahldrucker	Nadeldrucker	Thermodrucker
Anwendung	wird im Büro überwiegend als Tischdrucker oder als Standgerät, z. B. Multifunktionsdrucker, eingesetzt	im Büro nur noch gelegentlich eingesetzt, z. B. Einsatz im Außendienst als Mobildrucker	im Büro nur noch vereinzelt eingesetzt, z. B. für den Ausdruck von Quittungen oder Barverkaufsrechnungen	• vereinzelter Einsatz als Quittungs- oder Etikettendrucker • bei Banken zum Ausdruck von Kontoauszügen • im Außendienst zum Druck von Quittungen
Erstellung des Druckbildes	platziert den Toner, eine pulverartige Farbe, auf das Papier; anschließend wird der Toner durch Hitze auf dem Papier fixiert	spritzt schwarze oder farbige Tinte auf das zu bedruckende Papier auf	• einzelne Nadeln, die ein Farbband (ein mit schwarzer Farbe getränktes Textilband) auf das Papier drücken • wird auch als Impact-(Einschlag-)Drucker bezeichnet	• Ausdruck erfolgt auf hitzeempfindlichem Spezialpapier • Papier wird gezielt an Stellen, an denen schwarze Schrift erscheinen soll, erhitzt
Druckgeschwindigkeit/ Zeitaufwand zur Erstellung einer gedruckten Seite	• sehr hohe Druckgeschwindigkeit **Faustregel:** Je größer das Gerät, desto höher die Druckgeschwindigkeit! • Ausdruck von farbigen Drucken ist häufig langsamer als bei schwarzweiß Ausdrucken	• wesentlich geringere Druckgeschwindigkeit im Vergleich zum Laserdrucker • die Druckgeschwindigkeit ist abhängig von der gewünschten Druckqualität • je höher die gewünschte Druckqualität, desto langsamer der Druck	sehr langsamer Ausdruck im Vergleich zum Laser- und Tintenstrahldrucker	variierend von akzeptabel bis schnell

Druckerart	Laserdrucker	Tintenstrahldrucker	Nadeldrucker	Thermodrucker
Druckqualität	sehr hohe Druckqualität	• nur bei der Wahl der höchsten Druckqualität vergleichbar mit der des Laserdruckers • gedrucktes Dokument ist empfindlich gegen Feuchtigkeit und damit nicht dokumentenecht	schlechtes, einfaches Schriftbild	• akzeptables Schriftbild • Schriftbild verblasst mit der Zeit (hohe Temperaturen beschleunigen diesen Vorgang zusätzlich) • zur Archivierung ist die Erstellung einer Kopie oder eines Scans erforderlich
Betriebsgeräusch/ Emissionen	• mittlere Geräuschbelästigung durch den Lüfter und die Transportmechanik für das Papier • gesundheitsschädlicher Tonerstaub bei mangelnder Wartung	• geringe Geräuschbelästigung mit Ausnahme der Transportmechanik für das Papier	sehr lautes Betriebsgeräusch im Hochtonbereich (hohe Töne werden generell als sehr störend empfunden)	geringe bis mittlere Geräuschbelästigung
Vorteile	• geringe Druckkosten je Blatt • schneller Ausdruck • hohe Druckqualität • leiser Druckvorgang	geringere Anschaffungskosten im Vergleich zu Laserdruckern	• robuster Drucker, insbesondere bei ungünstigen Aufstellbedingungen (z. B. Erschütterungen und Schmutz) • Erstellen einer Kopie als Durchschlag möglich	• wenige mechanische Teile • sehr kompakte Bauweise möglich
Nachteile	• erhöhte Anschaffungskosten im Vergleich zu anderen Druckern • Farbdrucker im Vergleich zum Tintenstrahldrucker teurer	• höhere Druckkosten je Blatt • Verbrauchsmaterial teurer (im Vergleich zum Laserdrucker) • gedruckte Dokumente nicht wischfest	• einfaches Schriftbild • teilweise langsamer Druckvorgang • lautes Betriebsgeräusch	• Spezialpapier zum Ausdruck relativ teuer • Ausdruck ist zur Archivierung ungeeignet (bleicht aus)

5.2 Scannen

Scannen bedeutet, dass ein bislang auf **Papier vorliegendes Dokument in ein elektronisches Dokument umgewandelt** wird. Anschließend kann eine Weiterverarbeitung auf Rechnern erfolgen. Scanner gibt es als eigenständige Geräte oder als Komponente von Multifunktionsgeräten, z. B. größere Kopierer.

5.2.1 Scannerarten

Im Büro- und Verwaltungsbereich werden im Wesentlichen folgende Scannerarten eingesetzt:

Flachbettscanner

Bei einem **Flachbettscanner** wird das zu scannende Dokument auf ein **Vorlagenglas** gelegt. Standardmäßig haben Flachbettscanner ein Vorlagenglas zum Scannen von Dokumenten im Format DIN A4. Es gibt aber auch Flachbettscanner für andere Papierformate.

Einzugsscanner

Um das Auflegen jedes einzelnen Dokuments auf dem Vorlagenglas zu vermeiden, gibt es Einzugsscanner. Sie ermöglichen das **automatische Scannen eines nicht gehefteten Stapels** von DIN A4 Dokumenten. Einzugsscanner gibt es als Einzelgeräte. Häufig können aber auch Flachbettscanner um einen Vorlageneinzug erweitert werden, wodurch sie wie ein Einzugsscanner einsetzbar sind. Die Handhabung ist meistens identisch mit dem Vorlageneinzug bei Kopier- und Faxgeräten.

5.2.2 Scannen von Textdokumenten

Merke

Je qualitativ hochwertiger Ihre Textvorlage ist, desto besser ist das neue Textdokument.

Häufig werden Textdokumente gescannt. Da ein Scanner das Dokument jedoch lediglich fotografiert, liegt zunächst das Dokument nur als bildliche Wiedergabe vor. Dies bedeutet, dass das Dokument nicht textlich verändert oder bearbeitet werden kann. Ist dies nicht beabsichtigt, wird das Dokument als pdf-Datei (Datei-Endung: .pdf) gespeichert. **Soll der Text des Dokuments in einem Textverarbeitungssystem weiterverarbeitet werden, muss eine Texterkennungssoftware (OCR-Software; OCR = Optical Character Recognition) die bildliche Vorlage umwandeln**. Dieser Vorgang funktioniert i. d. R. sehr präzise, ist aber davon abhängig, wie gut die Bildvorlage des Textdokuments ist.

5.2.3 Scannen von Bilddokumenten

Bilddokumente bzw. Fotos können ebenfalls gescannt werden. Auch hier ist eine **gute Bildvorlage von Vorteil**, auch wenn eine leistungsfähige Bildbearbeitungssoftware hilft, viele Einschränkungen bei der Bildqualität zu korrigieren. Üblicherweise werden Bilddokumente bzw. Fotos im jpeg-Dateiformat gespeichert. Die entsprechenden Bilddateien haben die Endung *.jpg* oder *.jpeg*.

5.3 Dateiformate und Schutzmechanismen für Dateien

5.3.1 Dateiformate

Jede Software/jedes Programm speichert die erstellten Dateien in einem eigenen Dateiformat. Dies ist wichtig, da die jeweilige **Software generell nur eine Datei mit dem passenden Dateiformat** öffnen kann. Selbst innerhalb einer Softwarekategorie werden die Dateien in unterschiedlichen Dateiformaten gespeichert.

So lautet beispielsweise für Textdokumente im Textverarbeitungsprogramm MS-Word das Format docx, bei Open Office Writer das Format odt. Erkennbar ist das Dateiformat an der Datei-Endung unmittelbar nach dem eigentlichen Dateinamen, d. h. nach dem eigentlichen Dateinamen folgt ein Punkt und das Dateiformat. So ist die Datei *Beispiel.docx* eine Word-Textdatei mit dem Dateinamen *Beispiel*.

■ Dateiformate für Textdokumente und Tabellen (docx, xlsx)

Wie bereits erwähnt speichert das Textverarbeitungsprogramm MS-Word Textdokumente im Dateiformat docx (bis 2007: doc) und das Tabellenkalkulationsprogramm MS-Excel Tabellendateien im Format xlsx (bis 2007 xls). Alle konkurrierenden Programme wie beispielsweise Apache OpenOffice oder Libre Office nutzten eigene Dateiformate.

■ Dateiformate für Formatvorlagen (dotx, xlsm)

Ein Textverarbeitungs- und ein Tabellenkalkulationsprogramm ermöglichen es, die erstellten Dokumente individuell zu formatieren (z. B. Schriftart und Schriftgröße). **Um die Wiederholung der jeweiligen Formateinstellungen** bei jedem neuen Dokument **zu vermeiden**, lassen sich Formatvorlagen festlegen und speichern. Sie werden zu Beginn eines neu zu erstellenden Dokuments aufgerufen und dienen als Grundlage. Die Dateiformate für Formatvorlagen lauten bei MS-Word dotx und bei Excel xlsm.

5.3.2 Dateiformat pdf

pdf steht für portable document format. Wie der Name schon sagt, ist pdf ein Dateiformat, das es auf allen Rechnersystemen erlaubt, Dokumente anzuzeigen. Dabei bleibt das Layout erhalten. Erzeugt wird das pdf-Dokument durch spezielle Software. **Viele Programme funktionieren derart, dass das Programm einen zusätzlichen, virtuellen Drucker einrichtet**. Zur Erzeugung eines pdf-Dokuments aus einem Textverarbeitungsprogramm wird ein Dokumentendruck gestartet, wobei statt eines realen der virtuelle Drucker ausgewählt wird. Das pdf-Dokument wird dann am Bildschirm angezeigt und kann unter einem Dateinamen gespeichert werden. Üblicherweise kann dieses Format nicht weiterverarbeitet werden. Es gibt jedoch Software, um diese Beschränkung aufzuheben. Außerdem kann mit entsprechender Software ein pdf-Dokument als Online-Formular (z. B. für die Einstellung auf einer Website) erzeugt werden.

5.3.3 Schutzmechanismen für Dateien

Im Büro werden regelmäßig Dateien erstellt oder verändert. Da die Inhalte der Dateien wichtig sind, werden Schutzmaßnahmen getroffen. Der Schutz vor Verlust ist ein Aspekt der Datensicherung. Konsequenz: Dateien sollten regelmäßig kopiert und an einem sicheren Ort verwahrt werden.

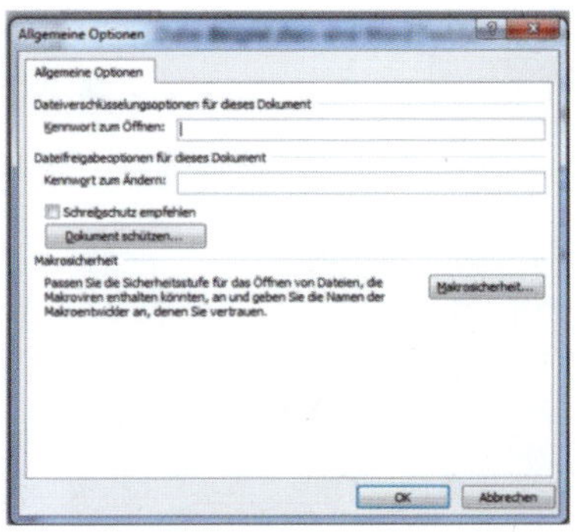

Auswahl „Allgemeine Optionen" in Word.

■ Leseschutz

Dateien enthalten evtl. vertrauliche Inhalte. **In diesem Fall ist zu gewährleisten, dass nur autorisierte Personen die Dateien lesen können.** Dies wird durch die Vergabe eines Kennworts ermöglicht. Um eine Word- oder Excel-Datei mit einem Kennwort zu versehen, ist die Menüfolge *Datei – Speichern unter*

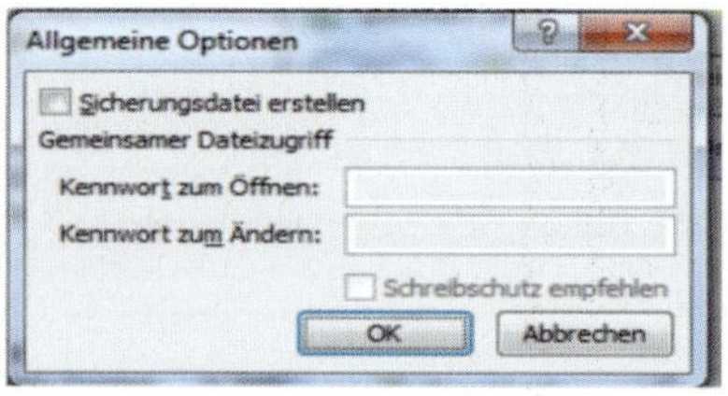

Auswahl „Allgemeine Optionen" in Excel.

anzuklicken. In dem sich nun öffnenden Fenster gibt es die Schaltfläche *Tools*. In der dann folgenden Auswahl werden *Allgemeine Optionen* aufgerufen. Dadurch öffnet sich ein Fenster. Durch die Vergabe eines Kennworts unter *Kennwort zum Öffnen* wird sichergestellt, dass die Datei nur noch durch Eingabe des Kennworts lesbar (zu öffnen) ist.

■ Schreibschutz

Evtl. ist jedoch ausreichend, dass nicht autorisierte Personen eine Datei **zwar lesen** können, **eine Änderung der Inhalte jedoch ausgeschlossen ist**. Dies wird durch die Vergabe eines Kennworts unter *Kennwort zum Ändern* gewährleistet.

■ Überarbeitungsschutz

In der Hektik des Büroalltags kann es schnell passieren, dass eine wichtige Datei geändert wird. Dies ist spätestens dann ärgerlich, wenn beim nächsten Öffnen der Datei festgestellt wird, dass die ursprünglichen Inhalte überschrieben wurden. Der Überarbeitungsschutz verhindert dies. Er wird durch Anklicken der Option *Schreibschutz empfehlen* aktiviert. **Als Folge erscheint beim jeweiligen Öffnen der Datei eine Anfrage, ob die Datei generell oder nur schreibgeschützt zu öffnen ist**. Sollen die ursprünglichen Inhalte erhalten bleiben, wird die Datei mit Schreibschutz geöffnet und unmittelbar unter einem neuen Dateinamen gespeichert. Die neue Datei hat dann wieder alle Bearbeitungsmöglichkeiten.

5.4 Kopierer und kopieren

In Büros kommen Kopierer in verschiedenen Größen und Leistungsfähigkeiten zum Einsatz. **Die Spanne reicht vom kleinen (ausschließlichen) Tischkopierer bis zum Standgerät mit hoher Kopierleistung** (= Anzahl der Kopien pro Minute), mehreren Papierfächern, Schnelleinzug der Originale, die multifunktional zusätzlich als Drucker oder Scanner einsetzbar sind (vgl. auch Kapitel 5.5). Durch den Druck von digitalen Dokumenten und der Möglichkeit, Dokumente durch Scannen zu digitalisieren, ist die Bedeutung des Kopierens rückläufig.

5.4.1 Leistungsmerkmale von Kopiergeräten

Kopiergeräte können mit verschiedenen Leistungsmerkmalen ausgestattet sein:

■ Kopienanzahl

Wird regelmäßig eine große Anzahl von Kopien benötigt, ist eine hohe Anzahl von gefertigten Kopien pro Minute wichtig. Kleine Tischkopierer erstellen nur wenige Kopien pro Minute, große Kopierer teilweise über 100 Kopien pro Minute.

■ Vorlageneinzug

Ein Vorlageneinzug **erspart das einzelne Auflegen jeder Seite eines Originaldokuments auf das Vorlagenglas**. Stattdessen werden alle Seiten des Originals automatisiert abgelichtet. Teilweise ist eine Erfassung von zweiseitig bedruckten Originalen möglich.

■ Papiergröße

Da das Format DIN A4 die Standardgröße im Büro ist, verarbeiten alle Kopierer dieses Format. Es gibt jedoch Geräte, die Kopien im Format DIN A3 ausgeben. Besitzt das Gerät ein entsprechend großes Vorlagenglas können auch Originale im Format DIN A3 abgelichtet werden.

■ Größe und Anzahl der Papierkassetten

Kleine Geräte besitzen nur eine Papierkassette, die nur wenige Blätter aufnimmt. **Größere Geräte sind mit mehreren Papierkassetten ausgestattet**, die teilweise 500 Blatt Papier und mehr aufnehmen. Folglich muss seltener Papier nachgelegt werden. Oft ist es auch möglich, Papier während des Kopierbetriebs in eine Kassette nachzulegen, die aktuell vom Gerät nicht genutzt wird.

■ Verkleinern und Vergrößern

Die meisten Kopierer bieten die Möglichkeit, beim Kopiervorgang das Original zu verkleinern oder zu vergrößern (Zoomfunktion). Damit ergibt sich die Möglichkeit, ein nicht im DIN A4 Format vorliegendes Original auf dieses Format anzupassen.

■ Ausgabefunktionen

Analog zu den Ausgabemöglichkeiten bei Druckern bieten viele Kopierer zahlreiche Ausgabemöglichkeiten:

- doppelseitiger Ausdruck (auf Vorder- und Rückseite des Papiers),
- Druck von zwei, vier oder mehr Originalseiten auf ein Ausdruckblatt,
- Lochung der Kopien bei der Ausgabe,
- Heftung der Kopien bei der Ausgabe,
- sortierter Ausdruck.

Tipp

Es ist wichtig, sich rechtzeitig mit dem Auswahlmenü eines Druckers oder Kopierers näher zu beschäftigen. Häufig bieten die Geräte weitere Druckoptionen, die für die jeweiligen betrieblichen Erfordernisse optimal geeignet sind.

Beispiel

Ein Original mit drei Seiten (Seiten: 1, 2 und 3) ist fünffach zu kopieren. Bei einem **unsortierten** Ausdruck erfolgt die Ausgabe: 111112222233333. Bei einem **sortierten** Ausdruck: 123123123123123.

■ Bedienerfreundlichkeit/Menüführung

Einfache Geräte besitzen nur einzelne Drucktasten zur Bedienung. Bei größeren Geräten erfolgen die Benutzereingaben über ein Display, ergänzt durch die Benutzerführung über ein Menü.

5.4.2 Kopierer als Kostenfaktor

Die Kosten für Kopiergeräte basieren auf folgenden Positionen:

■ Anschaffungskosten

Die Spannweite der Anschaffungskosten ist groß. Je mehr der zuvor genannten Leistungsmerkmale ein Gerät erfüllt, desto höher sind die Anschaffungskosten.

■ Verbrauchsmaterialien

Neben den Papierkosten zählen hierzu insbesondere die Tonerkosten. Da die eingesetzten Tonerkassetten gerätespezifisch sind, ist bei den Beschaffungskosten häufig nur eine geringe Spannweite gegeben. Eine Alternative sind eventuell wiederbefüllte Tonerkassetten.

■ Wartung und Service

Da der in Laserdruckern und Kopierern verwendete **Toner gesundheitlich bedenklich** ist und ferner während des Druck- bzw. Kopiervorgangs **Ozon (giftig)** entsteht, sollten die Geräte regelmäßig gewartet werden. Die Geräte sollten nicht so aufgestellt werden, dass das Lüftungsgebläse seine Abluft zum Arbeitsplatz ausgibt, was im nebenstehenden Bild deutlich erkennbar ist.

©Jürgen Fälchle -fotolia.com

Tischdrucker am Arbeitsplatz.
Deutlich erkennbar ist das Lüftungsbegläse des Druckers auf der rechten Gehäuseseite.

5.5 Multifunktionsgeräte

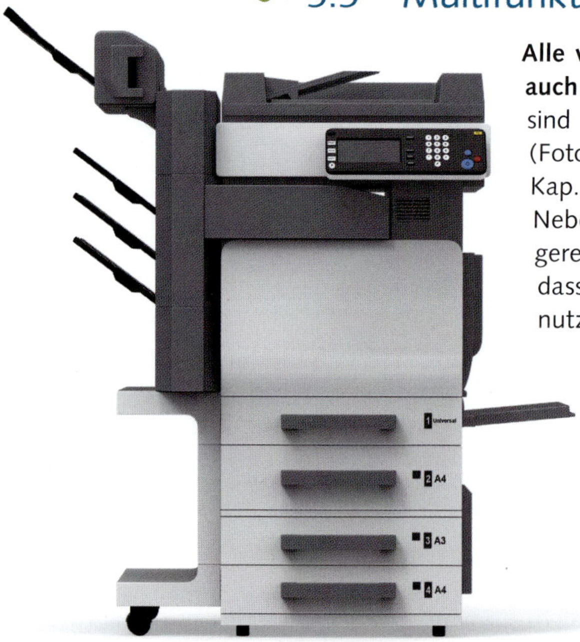

©nerthuz-fotolia.com

Alle vorgenannten Optionen (Drucken, Kopieren, Scannen evtl. auch Faxen) vereinen Multifunktionsgeräte. Auch diese Geräte sind auf dem Markt als Tischgeräte oder als große Standgeräte (Foto) verfügbar. Sie sind häufig in das Unternehmensnetzwerk (vgl. Kap. 6.5) eingebunden, damit sie viele Mitarbeiter nutzen können. Neben dem im Vergleich zu der Summe von Einzelgeräten geringeren Preis, ist die Platzersparnis von großem Vorteil. Nachteil ist, dass die Multifunktionsgeräte häufig nur für einen Arbeitsschritt nutzbar sind. Somit ist eine Arbeitsteilung (Kollege A druckt, Kollege B kopiert, Kollege C scannt) nicht möglich. Der Ausfall einer Funktion führt evtl. zur Nichtverfügbarkeit aller Funktionen des Geräts. Die nebenstehende Abbildung zeigt ein Multifunktionsgerät. Im unteren Bereich sind mehrere Papierkassetten mit den Aufschriften A4, A3 erkennbar. Auf der Geräteoberseite befindet sich ein Vorlageneinzug. Auf der linken Geräteseite ist die Druckausgabe mit mehreren Fächern sichtbar. Auf der Vorderseite ist im rechten oberen Bereich das Bedienfeld mit dem Eingabedisplay zu sehen.

5.6 Nachhaltigkeit beim Drucken und Kopieren

In Unternehmen gewinnt der Gesichtspunkt der Nachhaltigkeit immer stärker an Bedeutung. Dies bedeutet u. a. auch die Schonung von Ressourcen.

5.6.1 Sinnvolles Drucken und Kopieren

Grundsätzlich ist es sinnvoll **zu prüfen, ob der Druck eines Dokuments notwendig ist** oder ob nicht die Anzeige am Bildschirm für den Bearbeitungsschritt ausreicht. Außerdem ist zu prüfen, ob jede Fotokopie notwendig ist.

Tipp

Nutzen Sie die Möglichkeit, Vorgänge papierlos unmittelbar am Bildschirm zu bearbeiten.

5.6.2 Recyclingpapiere

©mangostock-fotolia.com

Recyclingpapiere haben im Vergleich zu weißem Büropapier den Vorteil, dass für die Herstellung ein **geringer Einsatz von Rohstoffen, Wasser und Energie** notwendig ist. Grundlage ist, dass diese Papiere teilweise oder ausschließlich aus Altpapier gefertigt werden.

Viele Behörden (z. B. Finanzämter) versenden bereits seit vielen Jahren ihre Briefpost auf dieser Papierart. Recyclingpapier ist in verschiedenen Weißegraden erhältlich. Je geringer der Weißegrad ist, desto höher ist die Ressourceneinsparung. Soll auf den Einsatz von weißem Büropapier nicht grundsätzlich verzichtet werden, ist auch eine selektive Auswahl (z. B. wichtige Vertragsdokumente auf weißem Papier, interne Mitteilungen auf Recyclingpapier) möglich.

5.6.3 Druckformate

Eine weitere Möglichkeit der Ressourceneinsparung ist die **Nutzung von papiersparenden Druckoptionen**. Standmäßig werden Dokumente einseitig gedruckt bzw. kopiert, wobei jede Seite des Dokuments (z. B. Seiten eines Textdokuments) einseitig auf einem Blatt Papier gedruckt wird. Soll für den Druck von diesem Standard eine Abweichung erfolgen, sind entsprechende Druckoptionen im Drucker bzw. Kopierermenü auszuwählen. Je nach Drucker oder Kopierer stehen folgende Optionen zu Verfügung:

Übersicht Druckoptionen	
Option	**Erläuterung**
Duplexdruck	beidseitiges bzw. doppelseitiges Bedrucken des Papiers
Mehrseitiger Druck	Mehrere Seiten eines Dokuments werden auf eine Seite gedruckt, z. B. 2 auf 1 (zwei Seiten auf eine Blattseite).
Aktuelle Seite	Druck der Seite, auf der derzeit der Cursor platziert ist
Farbdruck	Seiten werden bei Farbdruckern standardmäßig farbig gedruckt; Ausdruck kann alternativ auch schwarzweiß erfolgen.
Seiten von ... bis ...	Es werden nur die ausgewählten Seiten gedruckt.
Markierung	Es werden nur die markierten Textstellen gedruckt.
weitere Druckoptionen	z. B. Druck von nur geraden oder ungeraden Seiten
Schnell-/Ökonomiedruck	Option bei Tintenstrahldruckern: Ausdruck erfolgt schnell und tintensparend. Nachteil: ein evtl. schlechteres und nicht farbkräftiges Druckbild.

Abbruch eines Druckbefehls

©Alex White -fotolia.com

Ein falsch abgesandter Druckauftrag lässt sich stoppen. Hierfür müssen **im Betriebssystem** Windows der Menüpunkt Geräte und Drucker geöffnet und der ausgewählte Drucker angeklickt werden. Dann erscheint eine Auflistung der erteilten Druckaufträge. Nach Anklicken des Auftrags mit der rechten Maustaste kann ein Befehl zum Druckabbruch ausgewählt werden. Nach dem Widerruf führt der Drucker manchmal den Druckbefehl trotzdem aus. Der Grund ist, dass viele Drucker ein Speichermodul besitzen. Die dort vorliegenden Druckaufträge werden dann weiterhin ausgeführt. Um dies zu verhindern, muss zusätzlich der Druckbefehl **am Drucker durch Drücken der Abbruchtaste** (häufig mit der Aufschrift „Cancel" oder einem aufgedruckten X gekennzeichnet) aufgehoben werden.

5.6.4 Wechseln und Recyceln von Tonerkassetten

Toner bzw. Tonerkassetten sind Verbrauchsmaterial. Nach dem Wechseln bleibt die entleerte Tonerkassette zurück. Sie besteht aus einem massiven Kunststoffgehäuse mit einer aufwendigen Mechanik und teilweise elektronischen Bauteilen. **Daher ist die sachgerechte Entsorgung notwendig.** Eine Entsorgung kann über spezielle Unternehmen erfolgen, die diese Kassetten wieder befüllen. Die Gerätehersteller bieten auch die Rücknahme und Verwertung der Kassetten an.

©Klaus Eppele-fotolia.com

5.7 Zusammenfassung und Aufgaben

Zusammenfassung

Drucker

Grundsätzlich gibt es vier **Arten** von Druckern: **Laserdrucker**, **Tintenstrahldrucker**, **Nadeldrucker** und **Thermodrucker**.

In Unternehmen werden hauptsächlich **Laserdrucker** eingesetzt. Sie zeichnen sich durch geringe Druckkosten je Blatt und eine hohe Druckgeschwindigkeit aus.

Scanner

Gebräuchlich sind **Flachbett-** oder **Einzugsscanner**.

Da Scanner die Dokumente nur bildlich erfassen, können **Textdokumente** nach dem Scanvorgang durch eine **OCR-Software** bearbeitet werden.

Fotokopierer

Fotokopierer ermöglichen neben dem Vergrößern und Verkleinern des Originals u. a. den **ein-** oder **doppelseitigen Ausdruck** sowie den Ausdruck eines **zweiseitigen Dokuments** auf einer Seite.

Diese **Ausdruckfunktionen** bieten auch **Drucker**.

Multifunktionsgeräte

Multifunktionsgeräte vereinen Drucker, Fotokopierer, Scanner und evtl. Faxfunktion in einem Gerät.

Nachhaltigkeit

Neben der sinnvollen Auswahl von Druckoptionen trägt die Vermeidung von unnötigen Ausdrucken und die Nutzung von Recyclingpapier zur **Ressourcenschonung (Nachhaltigkeit)** bei.

Aufgaben

1. Prüfen Sie die folgenden Aussagen auf ihre Richtigkeit. Die Antwort ist jeweils zu begründen:

   (1) Bei hoher Druckauflage entstehen beim Druck über einen Laserdrucker geringere Kosten als bei Nutzung eines Tintenstrahldruckers.

   (2) Nadeldrucker werden aufgrund ihres lauten Betriebsgeräuschs und der schlechten Druckqualität kaum noch eingesetzt.

   (3) Sollen Ausdrucke mit einem Thermodrucker dauerhaft genutzt werden, sind von den Ausdrucken Fotokopien zu erstellen.

   (4) Laserdrucker und Fotokopierer sind wartungsfrei.

   (5) Je „grauer" das Recyclingpapier, desto geringer ist der Ressourcenverbrauch bei seiner Herstellung.

   (6) Tonerkassetten können über den Hausmüll entsorgt werden.

2. Beschreiben Sie die Ausstattung Ihres Ausbildungsbetriebs mit Druckern, Kopierern und Scannern.

3. In einem Handelsbetrieb mit 20 Mitarbeitern und einem angeschlossenem Ladenlokal sind regelmäßig farbige Plakate im Format DIN A3 zu erstellen. Die Unternehmensleitung hat beschlossen, hierfür einen Farblaserdrucker anzuschaffen. Der Plakatdruck soll von mehreren Mitarbeitern übernommen werden. Erläutern Sie die optimale Einbindung in das vorhandene DV-System.

4. Ein Kollege überreicht Ihnen eine Tageszeitung mit dem Hinweis, dass auf Seite vier ein wichtiger Artikel veröffentlicht ist. Der Kollege möchte mehrere Absätze des Artikels in einen Bericht einfügen, den er in den nächsten Tagen erstellen will. Schildern Sie die notwendigen Arbeitsschritte, damit dem Kollegen der Artikel in einem Textverarbeitungssystem zu Verfügung gestellt werden kann.

5. Sie erhalten eine 12-seitige Dokumentation in Papierform. Die Dokumentation ist auf DIN A4 Papier einseitig bedruckt. Sie soll in einer Konferenz mit zehn Teilnehmern jedem Teilnehmer zu Verfügung stehen. Sie werden beauftragt eine ressourcenschonende Lösung zu entwickeln.

6. In einem Betrieb soll ein neuer leistungsfähiger Kopierer oder ein Multifunktionsgerät beschafft werden. Zeigen Sie Vor- und Nachteile auf, um die Entscheidung vorzubereiten.

6 Betriebliche Kommunikationsmöglichkeiten nutzen

Die Kommunikation mit Lieferanten, Kunden und Kollegen ist eine wichtige Voraussetzung zur Abwicklung betrieblicher Geschäftsprozesse. Hierfür stehen in einem modernen Büro zahlreiche Kommunikationsmittel zur Verfügung.

6.1 Telefon

Das Telefon gehört zu den wichtigsten Kommunikationsmitteln im Unternehmen. Der Vorteil ist die direkte unmittelbare Kommunikation mit dem Gesprächspartner. Details können sofort besprochen, Fragen und Unstimmigkeiten direkt geklärt werden.

©Picture-Factory-fotolia.com

6.1.1 Telefonanschlüsse in Unternehmen

■ Einzelne Telefonnummern

Bei kleinen Unternehmen existiert häufig, wie bei einem privaten Festnetzanschluss, nur eine Telefonnummer für alle ankommenden Gespräche. Es können jedoch mehrere Telefone installiert sein, die an einer Telefonanlage angeschlossen sind. Ein Anrufer erreicht häufig zunächst den Mitarbeiter an der Zentrale des Unternehmens, der alle Gespräche entgegennimmt und ggf. weitervermittelt.

Beispiel

(mit Vorwahl)
02177 23456789
(Schreibweise gemäß DIN 5008)

■ Sammelnummer und Durchwahlmöglichkeit

Ein Telefonanschluss mit Sammelnummer ist dadurch erkennbar, dass die Telefonnummer jeweils um die Apparatnummer der einzelnen Mitarbeiter, der sogenannten Durchwahl, ergänzt wird. Deutlich wird dies durch den Bindestrich (–) nach der Sammelnummer. Die Vorteile sind:

- Zeitersparnis, da der Anrufer den gewünschten Gesprächspartner direkt anrufen kann. Die Vermittlung über die Telefonzentrale entfällt.
- Die Mitarbeiter können untereinander telefonieren.

Beispiel

(mit Vorwahl)
02177 7654-0
Zentrale
02177 7654-11
Durchwahl
Dr. Müngsten
(Schreibweise gemäß DIN 5008)

LERNFELD 3

6.1.2 Leistungsmerkmale von Telefonanlagen

In Unternehmen werden i. d. R. Telefonanlagen eingesetzt. Die folgenden Leistungsmerkmale sind teilweise Bestandteile der installierten Telefonanlage, teilweise auch der an der Nebenstelle aufgestellten Telefonapparate:

Weitervermittlung	Ein entgegengenommener Anruf kann an eine andere Nebenstelle weitervermittelt werden.
Heranholen (Pick-up Funktion)	Klingelt an einer anderen Nebenstelle das Telefon, lässt sich der Anruf an den eigenen Telefonapparat heranholen.

Tipp

Informieren Sie immer den Gesprächspartner, falls Sie ihn weitervermitteln möchten.

Tipp

Grundsätzlich sollten Sie immer der Person den Vorrang geben, mit der Sie bereits das Gespräch führen. Sofern Sie sich jedoch **kurz** bei dem Zweitanrufer melden, sollte dies nur nach Einverständnis des ursprünglichen Gesprächspartners erfolgen.

©Peter Atkins-fotolia.com

Tipp

Sie sind verpflichtet, Ihren Gesprächspartner um Einverständnis zu bitten, wenn Sie die Freisprecheinrichtung nutzen wollen. Gründe: Datenschutz und Verschlechterung der Tonqualität.

Tipp

Vergessen Sie bei dem Hinterlassen einer Nachricht auf einem Anrufbeantworter oder einer Voice-Box nicht Ihren Namen, den des Unternehmens und Ihre Telefonnummer zu nennen.

Anrufsignalisierung	Ruft während eines Telefongesprächs eine weitere Person diese Nebenstelle an, wird dies im Display des Telefons angezeigt.
Makeln	Dies ist die Möglichkeit, zwischen zwei Telefongesprächen zu wechseln.
Anrufweiterschaltung bzw. Anrufumleitung	Durch vorheriges Eingeben einer anderen Nebenstelle oder eines Telefonanschlusses werden alle für den ursprünglichen Apparat ankommenden Anrufe auf die eingegebene Nebenstelle bzw. Telefonanschluss umgeleitet.
Konferenzschaltung	Es ist möglich, mit mehreren Gesprächspartner gleichzeitig zu telefonieren.
Rückruf bei Besetzt(-zeichen)	Wird ein Gesprächspartner angerufen und ist sein Anschluss besetzt, erfolgt automatisch ein Rückruf, sobald der Anrufer sein Gespräch beendet hat.
Nummernspeicher, Kurzwahl, Zielwahltasten	Regelmäßig gewählte Telefonnummern können im Nummernspeicher eingespeichert werden. Um einen Teilnehmer anzurufen, ist dann nur die sogenannte Kurzwahl einzugeben. Ist beispielweise der Kunde Jacobs unter der Kurzwahl 23 hinterlegt, sind nur die Taste Kurzwahl und die Ziffernfolge 23 einzugeben. Anschließend wird automatisch die Telefonverbindung aufgebaut. Einige Telefonapparate besitzen Zielwahltasten. Sie sind für häufig gewählte Telefonnummern gedacht. Nach vorheriger Einspeicherung reicht dann für die Anwahl des Gesprächspartners ein Tastendruck.
Wahlwiederholung	Durch Drücken der entsprechenden Taste wird die vorher gewählte Rufnummer erneut gewählt.
Freisprechen	Ermöglicht das Telefonieren mit dem Gesprächspartner ohne Nutzung des Telefonhörers.
Stummschaltung	Das Mikrofon des Telefons wird ausgeschaltet, um z. B. eine Rückfrage ohne Mithören des Gesprächspartners zu ermöglichen.
Anrufbeantworter (Voice-Box)	Der Anrufer hat die Möglichkeit, dem Angerufenen eine Nachricht zu hinterlassen, sofern dieser nicht erreichbar ist.
Wartemusik	Diese hört der externe Gesprächspartner bei einer Weitervermittlung, während die Gesprächsverbindung weiterhin besteht.
Berechtigungen (Rufnummernsperre)	Nicht jede Nebenstelle hat die Berechtigung, alle Arten von Telefongesprächen zu führen. So sind bestimmte Telefonnummern, z. B. von Mehrwertdiensten (Vorwahl 0900 usw.) gesperrt. Ebenso sind Sperren möglich, die Orts-, Fern- und Auslandsgespräche betreffen.

LERNFELD 3

■ Telefonanlagen mit DV-Integration

In mittelständischen und großen Unternehmen werden Telefonanlagen eingesetzt, die in die Datenverarbeitung bzw. das Unternehmensnetzwerk integriert sind. **Diese Anlagen bieten zur regulären Telefonanlage weitaus mehr Möglichkeiten**, da das Verzeichnis der möglichen Gesprächspartner in einer Datenbank im Unternehmensnetzwerk geführt wird. Als Folge werden die Telefonaktivitäten auf dem Bildschirm angezeigt und unterstützt.

Beispiele:

- Bei einem Anruf wird die Telefonnummer des Anrufers auf dem Bildschirm angezeigt. **Per Mausklick auf die Telefonnummer öffnen sich Fenster mit weiteren Daten des Anrufers**, wie vollständiger Name, Name des Unternehmens, Position, E-Mail-Adresse. Bei laufenden Prozessen (z. B. Vertragsverhandlungen) lassen sich auch alle Dokumente einblenden, die bislang zu diesem Prozess gespeichert wurden.
- **Es lassen sich noch weitere Daten hinterlegen**, wie z. B. Informationen, dass der Ansprechpartner bedingt durch Teilzeit nur vormittags oder durch Lehrgänge derzeit mehrere Tage nicht erreichbar ist.

6.1.3 Telefongespräche führen

Ein geschäftliches Telefongespräch kann der erste Kontakt eines Kunden mit dem Unternehmen sein. Bei einigen Gesprächspartnern findet die gesamte direkte Kommunikation per Telefon statt. Das Telefon wird somit zur Visitenkarte des Unternehmens. Daher ist es wichtig, bei Telefonaten einige Grundregeln zu beachten:

©Picture-Factory-fotolia.com

Tipps für professionelles Telefonieren:

Lächeln Sie!	Psychologen haben herausgefunden, dass ein Lächeln auch bei einem Telefongespräch hörbar ist. Sie schaffen dadurch eine positive Gesprächsatmosphäre.
Gesprächsziel klären	Bevor Sie einen Gesprächspartner anrufen: Vergewissern Sie sich vorab, welches Ziel Sie mit dem Telefongespräch erreichen wollen und bereiten Sie sich vor. Nehmen Sie sich ausreichend Zeit.
Begrüßung	Begrüßen Sie jeden Anrufer freundlich. Nennen Sie den Namen Ihres Unternehmens, Ihren Vor- und Zunamen und die Begrüßung („Guten Tag" bzw. „Guten Morgen").
Namen des Gesprächspartners nennen	Notieren Sie sich den Namen des Gesprächspartners und sprechen Sie ihn im Laufe des Gesprächs mit seinem Namen an. Aber auch nicht zu häufig!
Zuhören	Hören Sie dem Anrufer zu. Vermeiden Sie es, ihn zu unterbrechen. Bleiben Sie ruhig, geduldig und höflich.

Tipp

Seien Sie sich dem Zweck Ihres Anrufs vor dem Gespräch bewusst.

Tipp

Achten Sie darauf, dass Ihre telefonische Begrüßung nicht wie automatisiert aufgesagt wirkt.

©Picture-Factory-fotolia.com

©GaToR-GFX-fotolia.com

Sprechen Sie deutlich	Passen Sie Ihre Aussprache und das Sprechtempo insbesondere dann an, falls der Gesprächspartner die verwendete (Fremd-)sprache nicht perfekt beherrscht.
Telefonnotizen anfertigen	Schreiben Sie über das Telefonat eine Notiz. Spezielle Formulare zur Telefonnotiz gewährleisten, dass wichtige Aspekte nicht vergessen werden (Name, Unternehmen, Thema, Datum, Uhrzeit, Aufgaben).
Richtiger Zeitpunkt	Klären Sie zu Beginn, ob das Telefonat zum richtigen Zeitpunkt stattfindet. Rufen Sie nur an, wenn Sie auch genügend Zeit haben.
Anrufer bei der Weitervermittlung nicht vergessen	Lassen Sie Ihren Anrufer nicht in der Warteschleife „verhungern". Vergewissern Sie sich, ob er warten möchte.
Ausländische Telefonnummern	Ausländische Telefonnummern sind in der Reihenfolge Landesvorwahl, Vorwahl der Region oder Stadt und Rufnummer gegliedert. Jedes Land hat eine internationale Vorwahl, für Deutschland lautet sie 49. **Telefonat aus Deutschland ins Ausland:** Um einen ausländischen Gesprächspartner anzurufen, muss **aus Deutschland** zunächst die Ziffernfolge 00 gewählt werden. Dann erfolgt die Landesvorwahl für das Zielland (z. B. 32 für Belgien oder 41 für die Schweiz), danach die Telefonnummer des Gesprächspartners. **Telefonat aus dem Ausland nach Deutschland:** Analog dazu muss ein ausländischer Gesprächspartner verfahren, der einen deutschen Telefonanschluss anruft. Bei international tätigen Unternehmen wird die Telefonnummer folglich auch im internationalen Format angegeben. Zum Beispiel: +49 2177 7654-0 Das + Zeichen weist darauf hin, dass in dem entsprechenden Land zunächst die Ziffernfolge für ein internationales Gespräch zu wählen ist. **Sie ist in jedem Land verschieden. Anschließend wird die Ortsvorwahl ohne die Ziffer 0 genannt, da sie bei der Anwahl aus dem Ausland wegfällt.** Die restlichen Ziffern betreffen die Rufnummer des deutschen Teilnehmers.

6.2 E-Mail

6.2.1 Funktion und Bedeutung

Die E-Mail hat eine im Geschäftsleben nicht mehr wegzudenkende Bedeutung. Dabei kommt die E-Mail einerseits zur Kommunikation zwischen Geschäftspartnern (Unternehmen) zum Einsatz, anderseits wird sie auch für die innerbetriebliche Kommunikation verwandt. Ein wesentlicher Grund hierfür ist die einfache Handhabung.

6.2.2 Normen und Signatur in geschäftlichen E-Mails

Externe Signatur

Für die kaufmännische Kommunikation per E-Mail an Geschäftspartner gibt es Vorschriften, die in der DIN 5008 festgelegt sind. Diese Vorschriften sind analog zu denen der Normvorschriften für Briefe, jedoch auf die Kommunikationsform E-Mail angepasst. **Entsprechend den Informationen über das absendende Unternehmen im Geschäftsbrief, muss eine Geschäfts-E-Mail bestimmte Angaben enthalten**. Diese Informationen erscheinen unterhalb der eigentlichen E-Mail und werden als **Signatur** bezeichnet. Die Mail endet mit der Grußformel („Mit freundlichen Grüßen") und dem Namen des Absenders, zweckmäßigerweise ergänzt um die Funktion des Absenders im Unternehmen. Nach einer Leerzeile folgen dann die **vorgeschriebenen** Angaben:

- vollständiger Name des Unternehmens einschließlich Rechtsform (wie im Handelsregister eingetragen) und korrekter ladungsfähiger Anschrift,
- Handelsregistereintrag mit Abteilung, Eintragungsnummer und Nennung des Amtsgerichts,
- Nennung aller Geschäftsführer einer GmbH, Nennung aller Vorstände einer AG oder Genossenschaft mit Vor- und Familiennamen,
- falls das Unternehmen einen Aufsichtsrat hat, Nennung des Aufsichtsratsvorsitzenden mit Vor- und Familiennamen.

Üblicherweise werden noch folgende Angaben aufgenommen:

- Kommunikationsangaben: Telefon (Sammelnummer und/oder Durchwahl), Faxnummer,
- Umsatzsteueridentifikationsnummer (USt-IdNr.) (bei einer Rechnung Pflichtangabe),
- E-Mail Adresse des Absenders und Internetadresse des Unternehmens.

Interne Signatur

Bei E-Mails innerhalb eines Unternehmens kann auf die vollständige Signatur verzichtet werden. Insbesondere bei größeren Unternehmen sollte die Signatur die Angaben enthalten, die dem Empfänger informieren, von welcher Abteilung bzw. welchem Unternehmensstandort die E-Mail gesandt wurde.

6.2.3 HTML oder NurText als Nachrichtenformat

E-Mails können in zwei verschiedenen Nachrichtenformaten versandt werden. **Im Nur-Text-Format wird ausschließlich die Textnachricht ohne Formatierungen versandt. Soll die E-Mail stattdessen Formatierungen aufweisen, ist das HTML-Format notwendig**. Folglich sind E-Mails besser lesbar und entsprechen der einheitlichen Außendarstellung des Unternehmens (z. B. durch ein enthaltenes Unternehmenslogo). Nachteilig ist, dass die Darstellung der empfangenen HTML-Mail abhängig von der Software des Empfängers ist. Insofern kann sich das Layout (Erscheinungsbild) der empfangenen E-Mail von der abgesandten unterscheiden. Schließlich kann eine HTML-Mail auch Schadsoftware (Viren, Trojaner usw.) enthalten. Als Folge gibt es viele Unternehmen, die den Empfang von Mails im HTML-Format ausschließen.

Eine Gegenüberstellung der Vor- und Nachteile:

	Nur-Text	HTML
Vorteile	• für jeden Empfänger lesbar • E-Mail hat geringeres Datenvolumen	• zahlreiche Formatierungsmöglichkeiten (z. B. Aufzählungen, Listen) • Einbindung von Unternehmenslogos und Bildern möglich
Nachteile	• keine Möglichkeiten der Formatierung • keine Einbindung von Logos möglich	• E-Mail wird abhängig von der Empfängersoftware unterschiedlich dargestellt • HTML kann auch Schadsoftware enthalten

LERNFELD 3

6.2.4 E-Mail-Programme

Grundsätzlich gibt es zwei Möglichkeiten, um E-Mails zu erstellen. Alle E-Mail-Anbieter ermöglichen den Zugang über ein **Webmail Portal**. Dieser Zugang hat jedoch in Unternehmen faktisch keine Bedeutung. Stattdessen werden E-Mail-Programme eingesetzt.

E-Mail-Programme haben den Vorteil, dass sie vielfältige Optionen zur Verwaltung von E-Mails bieten. Auch lassen sich mehrere E-Mail-Konten mit einem Programm verwalten. Beispiele für E-Mail-Programme sind MS-Outlook und Mozilla Thunderbird.

E-Mail-Programme bieten u. a. folgende Funktionen:

E-Mails speichern und Ordner anlegen	Empfangene E-Mails können nicht nur gespeichert werden. Sie können auch in einzurichtenden Ordnern abgelegt werden. Es gibt private (nur der Nutzer hat Zugriff) und öffentliche Ordner (mehrere Personen haben Zugriff).
Entwürfe speichern	Auch Entwürfe für E-Mails sind speicherbar.
Suchfunktionen	Um gezielt eine gespeicherte E-Mail zu finden, stehen Suchfunktionen zur Verfügung.

Adressverwaltung	Es kann ein Adressverzeichnis (mit Kategorien) angelegt werden, das nicht nur E-Mail-Adressen, sondern auch weitere Kommunikationsangaben (Telefon, Fax, Adresse) enthält. Ferner können Kommentare (z. B. Person ist wegen Teilzeit nur vormittags erreichbar) eingepflegt werden.
Verzögerter Versand	Erstellte E-Mails werden zu einem festgelegten späteren Termin versendet.
Empfangs- und Lesebestätigung	Beim Empfänger kann eine Empfangs- und/oder Lesebestätigung angefordert werden.
Signatur	Eine Signatur mit den Unternehmensangaben wird automatisiert allen gesendeten E-Mails beigefügt.
Terminverwaltung	Es können Termine und Erinnerungen in einem Kalender hinterlegt werden. Bei Fälligkeit werden die Termine optisch und/oder akustisch signalisiert.
Besprechungen organisieren	Zur Organisation von Besprechungen wird nach Terminsetzung und Buchung des Besprechungsorts durch den Einladenden allen Teilnehmern der Termin mit einer E-Mail mitgeteilt und in deren Terminverwaltung eingetragen. Gleichzeitig erfolgt die Aufforderung an die Teilnehmer, den Termin zu bestätigen (oder eine anderweitige Rückmeldung zu geben).
Aufgabenliste	Es lassen sich Aufgabenlisten (auch to-do-Liste genannt) erstellen, deren terminliche Einhaltung das Programm signalisiert.
Spam-Filter bzw. Junk-Filter	Eingehende E-Mails werden geprüft, ob diese Spam-Mails sind und in ein entsprechendes Postfach einsortiert. (vgl. Kapitel 6.2.9)

6.2.5 Verschlüsselung und Authentifizierung

Das Senden einer E-Mail ist vergleichbar mit dem Senden einer Postkarte. Der gewünschte Text erreicht zwar den Empfänger, jede technisch versierte Person kann diesen Text aber mitlesen. Hinzu kommt, dass es möglich ist, eine Mail mit einem vorgetäuschten Absender zu schicken.

■ Verschlüsselung

Grundsätzlich ist jede Mail auf dem Weg vom Sender zum Empfänger **durch Dritte lesbar**. Dies ist insbesondere für Unternehmen problematisch, da die Inhalte nicht nur persönliche Daten wie bei einer privaten E-Mail, sondern Geschäftsdaten wie Kundenlisten, Vertragsbedingungen, geplante Marketingmaßnahmen oder Forschungs- und Entwicklungsergebnisse enthalten können.

Um dieses Mitlesen durch Dritte zu verhindern, können Daten verschlüsselt übertragen werden. Ein anderer gebräuchlicher Begriff hierfür ist **Kryptografie**. Bei der Verschlüsselung wird bei dem E-Mail-Versender die E-Mail mittels eines geheimen Schlüssels so verändert, dass ihr Inhalt für Dritte nicht mehr entzifferbar ist. In dieser Form wird die E-Mail dem Empfänger übermittelt. Der Empfänger, dem ebenfalls der geheime Schlüssel vorliegt, entschlüsselt die Mail und macht sie für sich lesbar.

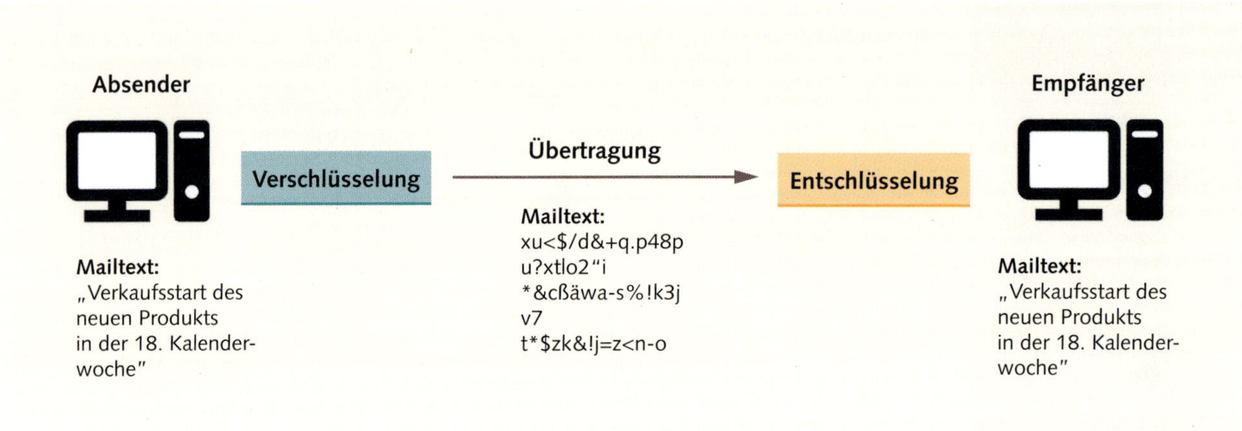

Authentifizierung (Sicherheit)

©by-studio-fotolia.com

Eine weitere Problematik beim E-Mail-Versand ist die **Authentifizierung** des Absenders. Dies ist wichtig, da es relativ einfach möglich ist, in einer E-Mail einen Absender vorzutäuschen. Als Folge wird diese Möglichkeit von Kriminellen genutzt, um Nutzer mit im Text eingefügten Links auf gefälschte Webseiten zu leiten, um dort weitere kriminelle Aktivitäten (z. B. Eingabe von Passwörtern) auszuführen. Daher ist sicherzustellen, dass die empfangene Mail:

- ➔ von dem angegebenen Absender auch tatsächlich versandt wurde,
- ➔ der Inhalt der Mail auf dem Transportweg nicht verändert wurde (Integrität).

Diese Authentifizierung wird durch die **fortgeschrittene elektronische** bzw. die **qualifizierte elektronische Signatur** der E-Mail gewährleistet.

Tipp

Die fortgeschrittene elektronische bzw. die qualifizierte elektronische Signatur ist nicht zu verwechseln mit den Angaben zum absendenden Unternehmen in einer E-Mail. Diese wird nur als Signatur bezeichnet.

Die **Signierung** ist eine verschlüsselte Zusatzinformation, die mit der Mail versandt wird. Sie wird durch eine Signaturerstellungseinheit (Software) erzeugt. Diese Signaturerstellungseinheit wird von einer Zertifizierungsstelle herausgegeben und geprüft. Unter der Voraussetzung, dass der Empfänger ebenfalls den entsprechenden Schlüssel besitzt, kann der Empfänger die verschlüsselte Zusatzinformation identifizieren. Ist die empfangene Signatur in Ordnung, ist gewährleistet, dass die empfangene Mail mit dem übertragenen E-Mail-Inhalt unverändert vom angegeben Absender stammt.

Die Unterscheidung zwischen **der fortgeschrittenen elektronischen** und der **qualifizierten elektronischen Signatur** basiert darauf, dass die Zertifizierungsstelle zugelassen ist. Diese Zulassung erfolgt nach Prüfung des Bundesamts für Sicherheit in der Informationstechnik (BSI) durch die Bundesnetzagentur. Signaturen von zugelassenen Zertifizierungsstellen werden **qualifizierte elektronische Signaturen** genannt. Eine E-Mail mit einer qualifizierten elektronischen Signatur ist gleichzusetzen mit einem empfangen Brief in Papierform und mit Unterschrift.

Gesetzliche Grundlage für das Signieren von E-Mails sind im Wesentlichen das Signaturgesetz (SigG) und die Signaturverordnung (SigV).

In den meisten Unternehmen mit einem unternehmensinternen Netzwerk werden alle ausgehenden E-Mails, die das Unternehmensnetzwerk verlassen, automatisch signiert und verschlüsselt.

E-Mail Übertragung zwischen zwei Unternehmen
Maßnahmen zur sicheren Datenübertragung erfolgen auf dem (zentralen) Server

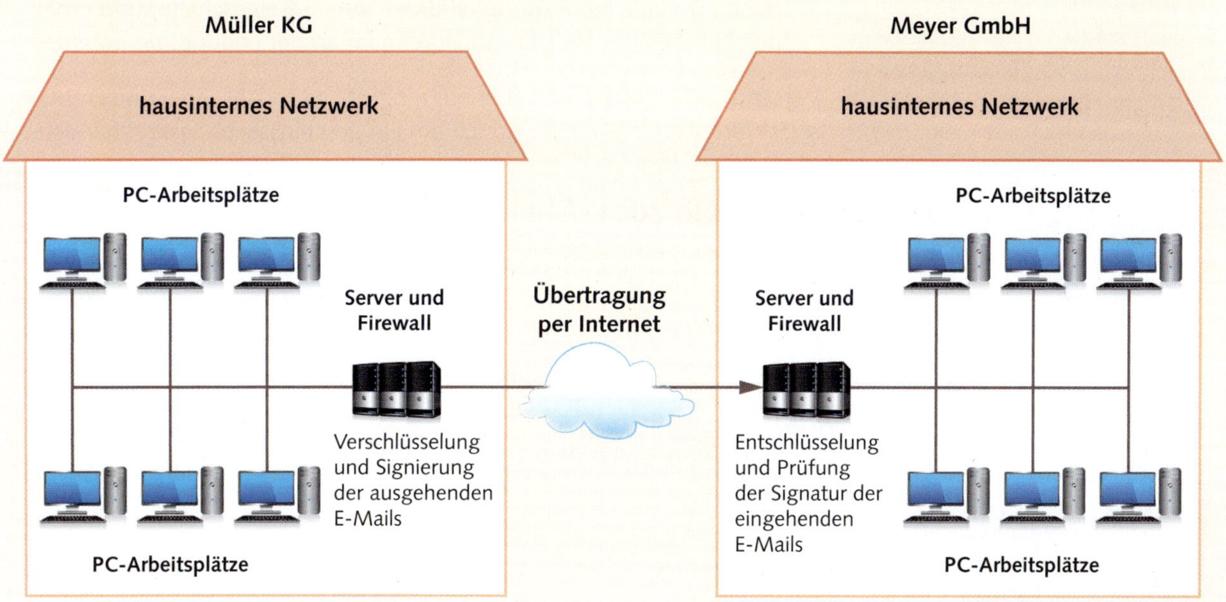

In kleinen Unternehmen ist der Arbeitsplatzrechner evtl. unmittelbar mit dem Internet verbunden. In diesem Fall müssen entsprechende Maßnahmen direkt am Rechner ergriffen werden. Für gängige E-Mail-Programme gibt es entsprechende Zusatzprogramme.

Merke

Ist bei einer E-Mail Vertraulichkeit und Sicherheit wichtig, müssen entsprechende Schutzmaßnahmen ergriffen werden.

6.2.6 DE-Mail

Tipp

Zu allen Fragen der Datensicherheit (und des Datenschutzes) bietet die Website des Bundeamtes für Sicherheit in der Informationstechnik (BSI) nützliche Informationen:

www.bsi-fuer-buerger.de

Um **Dokumente rechtsverbindlich, fälschungssicher und vertraulich** zu versenden, wurde der Dienst DE-Mail entwickelt. Merkmale sind:

- Die Übertragung erfolgt verschlüsselt.
- Der Absender und der Empfänger sind eindeutig identifiziert.
- Die versandten Nachrichten sind vor Manipulation geschützt.
- Schadprogramme werden automatisch erkannt.
- Der Absender erhält eine rechtsgültige Versandbestätigung, Zugangsbestätigung und Bestätigung, dass die Mail abgerufen wurde.
- Ein Versand mit der Option „persönlich" ist möglich.

Tipp

Auch wenn die E-Mail ein schnelles Kommunikationsmedium ist, sollten Sie dringende Informationen nur dann per E-Mail senden, wenn sichergestellt ist, dass der Empfänger die Nachrichten zeitnah abruft.

Zur Teilnahme an diesen Dienst ist **Voraussetzung**:

1. Der Nutzer meldet sich bei einer autorisierten Stelle bzw. einem DE-Mail-Anbieter an (z. B. einige reguläre E-Mail-Anbieter).
2. Der DE-Mail-Anbieter prüft die Identität des Nutzers (ähnlich der Identitätsprüfung bei der Einrichtung eines Bankkontos).
3. Nach erfolgreicher Prüfung wird der Nutzer freigeschaltet und erhält ein persönliches DE-Mail-Konto, erkennbar an der Endung: *de-mail.de*

Versand und Empfang sind aber nur möglich, wenn Absender **und** Empfänger registrierte Nutzer sind, da es sich um ein geschlossenes System handelt.

6.2.7 Netiquette zur E-Mail Erstellung

Unabhängig von Normen und Pflichtangaben gibt es in E-Mails einige Dinge zu beachten, die als „guter Benimm" bei der E-Mail Erstellung gelten. Werden diese Regeln nicht beachtet, führt das zwar zu keinen rechtlichen Konsequenzen, fördert aber nicht die gute Geschäftsbeziehung zum Empfänger.

Formulierungshinweise

Grundsätzlich sollten bei der Formulierung von E-Mails einige Dinge beachtet werden:

Abkürzungen	Mit wenigen Ausnahmen sollen keine Abkürzungen verwendet werden. Die Abkürzungen SgDuH statt „Sehr geehrte Damen und Herren", sowie MfG statt „Mit freundlichen Grüßen" wirken unhöflich.
Emoticons	Emoticons, wie zum Beispiel :-) sind in geschäftlichen E-Mails nicht zu verwenden.
Kontrolle der Rechtschreibung	Auch wenn Rechtschreibfehler in E-Mails im Vergleich zur Briefpost weniger negativ empfunden werden, sind E-Mails vor dem Versand auf Rechtschreib-, Grammatik- und Ausdrucksfehler zu kontrollieren.
Kurze und prägnante Formulierungen	Sätze in E-Mails sind kurz und prägnant zu formulieren. Statt verschachtelter Sätze sollten besser mehrere Einzelsätze formuliert werden.

Verwaltung von E-Mails

Postfachkontrolle	Kontrollieren Sie regelmäßig Ihr Postfach.
Beantwortung	Da E-Mails schnell übertragen sind, erwartet der Absender meistens eine zügige Beantwortung. Ist es Ihnen nicht möglich, dem Absender kurzfristig eine zufriedenstellende Antwort zu geben, senden Sie ihm einen Zwischenbescheid.
Kategorisierung	Um die tägliche „E-Mail-Flut" zu verwalten, kategorisieren Sie die eingehenden Mails, z. B. in sehr wichtig, wichtig, unwichtig.
Kopien (cc. und bcc.)	Senden Sie Kopien nur an Personen, für die die Kenntnisnahme wirklich wichtig ist.
Weiterleitung von E-Mails	Auch die Weiterleitungsfunktion ist sinnvoll einzusetzen: Leiten Sie E-Mails nur Personen weiter, für die die Kenntnisnahme der E-Mails eine Bedeutung hat.
Formulierung des Betreffs bei Antworten	Prüfen Sie grundsätzlich, ob bei der Beantwortung von Mails der ursprüngliche Betreff (Beispiel: „AW: AW: AW: AW: Fehlerhafte Lieferung von Brieflochern") noch aussagekräftig ist.
Empfangs- und Lesebestätigung	Nutzen Sie beide Funktionen sparsam und sinnvoll.
Kennzeichnung einer E-Mail mit hohem Wichtigkeitsgrad	Auch diese Funktion sollte selten und überlegt eingesetzt werden. Werden alle versandten E-Mails als besonders wichtig gekennzeichnet, wird der Empfänger wirklich wichtige E-Mails nicht mehr als solche wahrnehmen.
Junk-Postfach	Kontrollieren Sie regelmäßig Ihr Spam- bzw. Junk- (= Müll)-Postfach, ob es nicht doch eine wichtige E-Mail enthält. Eventuell klassifiziert das E-Mail-Programm für Sie relevante E-Mails als Spam und leitet diese automatisch dem Junk-Postfach zu.
Postfach aufräumen	Räumen Sie regelmäßig Ihr Postfach auf und löschen Sie unwichtige E-Mails.
Abwesenheit	Falls Sie einen oder mehrere Tage nicht anwesend sind, schalten Sie die Funktion Abwesenheitsnotiz ein.

6.2.8 Anhänge

Tipp

Antworten Sie niemals auf Spam-E-Mails. Auch wenn der Absender verspricht, Ihnen zukünftig keine Mails mehr zu senden. Für den Absender bedeutet die Rückmeldung eine aktuelle E-Mail-Adresse mit einem Nutzer, an den sich die Zusendung von weiteren Spam-Mails lohnt.

Eine wichtige Zusatzfunktion von E-Mails ist die Möglichkeit, mit der E-Mail angehängte Dateien zu übermitteln. Hierbei sollten einige Regeln beachtet werden:

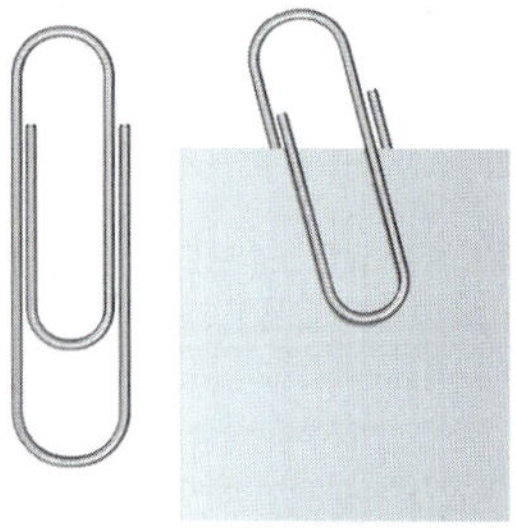

- Wichtig ist, dass die angehängten Dateien in einem **Dateiformat** gespeichert sind, **das auch der Empfänger nutzen kann**. Verfügt der Empfänger nicht über eine entsprechende Software, kann er die erhaltenen Dateien nicht öffnen.
- Senden Sie **Dateianhänge** bei einer Antwort **nur zurück**, falls Sie die angehängten Dateien **bearbeitet haben**.
- Weiterhin können umfangreiche Dateien das Datenvolumen einer E-Mail vergrößern. **E-Mails mit großem Datenvolumen werden evtl. langsamer übertragen**. Für den Empfänger bedingen sie längere Ladezeiten.
- Es besteht die Möglichkeit, das **Datenvolumen** der angehängten Dateien **mit entsprechenden Komprimierungsprogrammen zu vermindern** (Dateien werden gepackt). Der Empfänger muss dann zunächst die Dateien dekomprimieren (entpacken). Da es verschiedene Packformate gibt, erkundigen Sie sich vorab beim Empfänger, ob er die entsprechende Software zum Entpacken besitzt.

6.2.9 Spam

Merke

Wichtig ist immer ein gesundes Misstrauen E-Mails gegenüber, die ohne vorherigen Geschäftsprozess oder Kommunikation im Posteingang erscheinen.

Der Erfolg der E-Mail hat leider auch als lästiges Nebenprodukt die Spam-Mail hervorgebracht. Spam-Mails, auch Junk-Mails genannt, sind unnütze Mails, die entweder nur Werbung oder sogar Schadsoftware beinhalten. **Dabei kann im Extremfall die Schadsoftware bereits durch Öffnen der E-Mail ihre negative Wirkung entfalten**.

Um sich vor Spam-Mails zu schützen, gibt es glücklicherweise Spam-Filter (auch E-Mail-Filter genannt). Einige E-Mail-Programme wie Outlook und Thunderbird sind grundsätzlich mit einem Spam-Filter ausgestattet.

Tipp

Da Spam-Filter nicht immer absolut präzise arbeiten, ist es wichtig, das Spam-Postfach zu kontrollieren:

- Verschieben Sie dabei die falsch einsortierten E-Mails nicht nur in Ihr Eingangspostfach, sondern kennzeichnen Sie diese auch als einwandfreie E-Mails.
- Umgekehrt kennzeichnen Sie Spam-Mails in Ihrem Eingangspostfach auch als Spam-Mails.

Durch diese Aktionen „lernt" der Spam-Filter und sortiert im Laufe der Zeit die eingehenden Mails noch genauer!

6.3 Fax

6.3.1 Funktionsweise

Die Funktionsweise des Fax verdeutlicht der selten gebrauchte deutsche Begriff Fernkopierer. Ein Dokument (Text, Bild usw.) wird beim Absender abgelichtet (gescannt). Diese Information wird an das Faxgerät des Empfängers übertragen. Das Gerät des Empfängers erstellt (druckt) eine Kopie des Ursprungsdokuments. Der Vorteil ist die einfache und schnelle Handhabung.

6.3.2 Nutzung in Unternehmen

In seiner ursprünglichen Form wurde das Fax unter Nutzung von jeweils einem separaten Faxgerät beim Sender und beim Empfänger übertragen. Diese Geräte konnten folglich nur Faxe senden und empfangen. Die heutigen Faxgeräte sind üblicherweise Multifunktionsgeräte. Das bedeutet, dass sie neben der Faxfunktion auch noch eine Scanner-, Drucker- und Kopierfunktion beinhalten.

Das Faxgerät wird jedoch zunehmend durch die E-Mail ersetzt. Deshalb ist es möglich, dem Empfänger per E-Mail ein Fax zu senden.

Umgekehrt kann ein Fax per E-Mail empfangen werden. Sofern es sich um Textdokumente handelt, können diese bei Empfang unmittelbar einer Texterkennung (OCR) unterzogen werden.

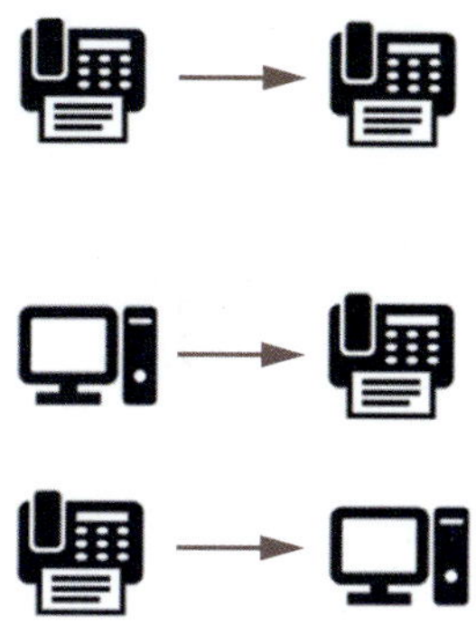

Insbesondere der **Faxempfang per E-Mail** ist heutzutage in vielen Unternehmen Standard, da er gegenüber dem Empfang auf einem Faxgerät **Vorteile** bietet:

- Der **Empfang** ist unmittelbar **am Arbeitsplatz** möglich.
- Da jedem Mitarbeiter durch eine individuelle Faxnummer das empfangene Fax bereits zugeordnet ist, **entfällt die manuelle Zuordnung** der empfangenen Faxe.
- Da das Fax bereits elektronisch vorliegt, ist eine **Archivierung unmittelbar möglich**.
- Auch ist die **Weiterleitung per E-Mail einfacher** als der physische Transport der ausgedruckten Faxe.
- **Spam-Faxe** können bereits am Bildschirm erkannt und **ohne Ausdruck gelöscht** werden.

Tipp

Kontrollieren Sie vor dem Versand von E-Mails und Faxen sorgfältig die Richtigkeit der E-Mail-Adresse bzw. der Faxnummer!

LERNFELD 3

Letztlich kann die Schnelligkeit von E-Mail und Fax auch von Nachteil sein. Eine versandte E-Mail oder ein Fax **sind sofort mit allen rechtlichen und wirtschaftlichen Konsequenzen beim Empfänger**.

6.4 Internet

6.4.1 WWW

Neben der E-Mail ist das WWW (World Wide Web) die bekannteste und beliebteste Anwendung im Internet. Wesentlich für die Nutzung des WWW sind:

- **Domain-Adressierung:** Alle im Internet hinterlegten Informationen sind durch eine eindeutige Adresse (Domain) (z. B. www.europa-lehrmittel.de) aufrufbar. Diese Domain bezeichnet z. B. die Webpräsenz eines Unternehmens oder einer sonstigen Institution (Behörden, Privatpersonen).
- **Browser:** Der Browser dient im Wesentlichen zur Darstellung der Webinhalte und zur Navigation. Bekannte Browser sind u. a. Firefox, Safari, Internet Explorer und Opera.
- **Links:** ermöglichen den unmittelbaren Aufruf einer neuen Webseite per Mausklick.

6.4.2 Suchmaschinen

Merke

Da keine Suchmaschine einen vollständigen Überblick über das Internet hat, zeigen Suchmaschinen als Ergebnis nur Inhalte an, die dieser Suchmaschine bekannt sind.

Da das Internet ein unstrukturierter weltweiter Zusammenschluss von Rechnern ist, **gibt es auch keine zentrale Institution, die alle Webinhalte verwaltet und kategorisiert. Suchmaschinen versuchen dieses Problem auszugleichen,** indem sie Großrechner einsetzen, die automatisiert das Internet durchsuchen und alle gefunden Ergebnisse bzw. Webseiten sammeln. Diese gefundenen Informationen dienen dann als Grundlage für die angezeigten Treffer, die der Nutzer auf seine Suchanfrage erhält.

Arten von Suchmaschinen

Suchmaschinen lassen sich in drei Kategorien unterteilen:

- **Allgemeine Suchmaschinen** sind nicht auf bestimmte Webinhalte spezialisiert, sondern versuchen das Internet möglichst umfassend zu durchsuchen und darzustellen. Bekannte allgemeine Suchmaschinen sind z. B. Google, Yahoo oder Fireball.
- **Spezialsuchmaschinen** haben sich auf bestimmte Inhalte spezialisiert.
- **Metasuchmaschinen** sind Suchmaschinen, die automatisiert mehrere Suchmaschinen mit einer Nutzereingabe abfragen z. B. Metager (https://metager.de)

Nutzung von Suchmaschinen

Einige Hinweise, um durch **Nutzung einer Suchmaschine** brauchbare Ergebnisse zu erzielen:

- **Jedes Suchergebnis ist nur so gut wie die eingegebenen Suchbegriffe.** Folglich macht es Sinn, mehrere Suchanfragen mit ähnlichen Begriffen zu starten (z. B. Bürostuhl, Büroeinrichtung usw.).
- Häufig erhält man zu einer Suchanfrage eine Vielzahl von Suchergebnissen, die quantitativ nicht bearbeitbar sind. Durch die Eingabe **mehrerer, genauer** Begriffe (z. B. *Bürostuhl Ergonomie*) entsteht eine Eingrenzung. Grundlage ist, dass die Suchmaschine **die Begriffe mit einer UND-Verknüpfung versieht**. Es werden folglich nur Ergebnisse angezeigt, die beide Suchbegriffe beinhalten.
- Da jede Suchmaschine die Seiten als Treffer anzeigt, die der Suchmaschine bekannt sind, ist es oft sinnvoll, **den Suchbegriff in verschiedenen Suchmaschinen** oder in eine Metasuchmaschine **einzugeben**.

6.5 Intranet

6.5.1 Einzel- und Netzwerkarbeitsplatz

Nur im privaten Bereich oder bei Kleinstunternehmen gibt es Einzelarbeitsplätze.

©Fenton-fotolia.com

Als Folge
- sind alle Anwendungen/Programme auf diesem einzelnen Rechner installiert,
- sind installierte Programme nur von diesem Arbeitsplatz/Rechner nutzbar,
- sind auf dem Rechner gespeicherte Dateien und Daten nur an diesem Arbeitsplatz verfügbar,
- können angeschlossene Peripheriegeräte wie z. B. Drucker oder Scanner nur von diesem Arbeitsplatz genutzt werden,
- müssen alle Schutzmaßnahmen (Virenscanner, Firewall) auf diesem Rechner installiert und gewartet werden, falls der Arbeitsplatz mit einem Internetzugang versehen ist.

Diese Nachteile entfallen bei einem Netzwerkarbeitsplatz. Er ist daher heute der Standard in Unternehmen.

6.5.2 Funktionsweise des Intranets

Grundlage für den Netzwerkarbeitsplatz ist das Intranet, ein unternehmensinternes nicht öffentliches Netzwerk. Hardwaremäßig besteht dieses Netzwerk aus vernetzten Arbeitsplatzrechnern und Peripheriegeräten, wie z. B. Drucker, Scanner usw. Üblicherweise hat dieses Netz einen zentralen Rechner (Server) als Mittelpunkt. Auf dem Rechner werden alle im Unternehmen genutzten Daten und Dateien gespeichert. Von hier aus gibt es einen zentralen Zugang zu Netzen außerhalb des Unternehmens. Diese Kommunikation nach außen ist aus Unternehmensinteressen (Schutz von Geschäftsgeheimnissen, Verhinderung von Schadsoftware) jedoch Beschränkungen unterworfen (Firewall). Authentifizierte Zugriffe sind jedoch möglich. Verwaltet und organisiert wird das Intranet durch einen oder mehrere Netzwerkadministratoren.

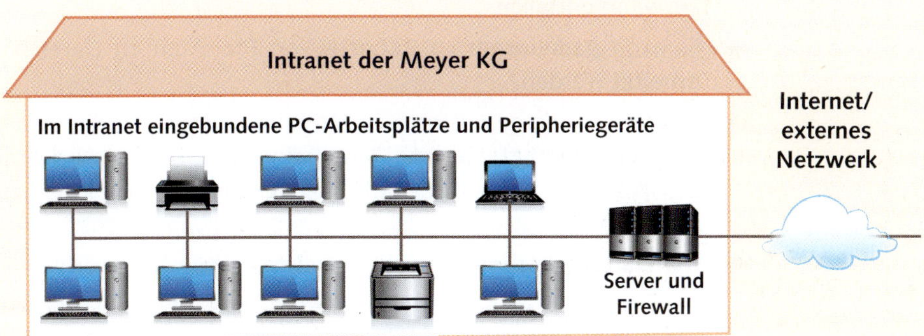

©Fenton-fotolia.com

Für jeden Mitarbeiter/Nutzer wird gemäß seinen Aufgaben ein eigenes individuelles Nutzerkonto eingerichtet. **Das Konto beinhaltet individuelle Nutzungsrechte** (Programme, Dateien, Daten usw.). Sie sind abhängig vom Aufgabengebiet und der Position des Nutzers im Unternehmen.

Beispiel

Im Intranet sind u. a. auch alle Personaldaten der Mitarbeiter gespeichert. Zu diesen Dateien/Ordnern haben nur Mitarbeiter der Personalabteilung Zugriffsrechte.

Lese- und Schreibzugriff:
Dateien können in dem Speichermedium/Ordner

- abgelegt,
- abgelegte Dateien verändert,
- gelesen/eingesehen werden.

Lesezugriff:
Dateien können in dem Speichermedium/Ordner

- nur gelesen/eingesehen werden.

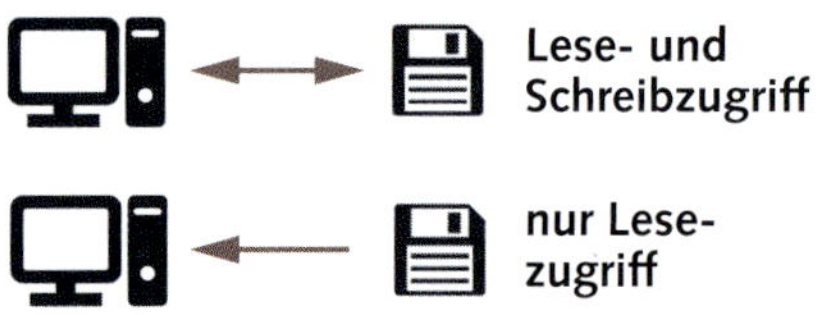

©WonderfulPixel-fotolia.com

Zu diesem Konto meldet sich der Nutzer an seinem Arbeitsplatz mit seinem Namen und seinem Passwort an. Folglich kann sich der Nutzer auch an einem anderen PC-Arbeitsplatz anmelden. Nach der Anmeldung hat er **Zugriff auf die Anwendungen, Dateien und Peripheriegeräte, für die er durch die Administration freigeschaltet ist**.

Dies bedeutet u. a.:

- Er hat Lese- und Schreibzugriff auf den persönlichen Ordner (Dateien, Daten), auf den nur er als Nutzer Zugriffsrechte hat.
- Auf Ordner und Dateien, die von mehreren Personen oder Abteilungen gemeinschaftlich genutzt werden, hat der Nutzer eventuell nur einen Lesezugriff.
- Er kann Programme (Software) nutzen, für die er von der Administration freigeschaltet ist.
- Er hat Zugriff und Nutzung auf eine individuelle E-Mail-Adresse. (Die E-Mail-Adresse hat üblicherweise das Muster *familiennamen-des-nutzer@unternehmensname.de*).

Die Einrichtung, Vergabe, aber auch Löschung der Nutzungsrechte erfolgt durch die Netzwerkadministration nach Vorgaben der Unternehmens- und/oder Abteilungsleitung.

6.5.3 Nutzung des Intranet

Die Nutzung des Intranets hat für die Mitarbeiter und das Unternehmen viele **Vorteile**:

Tipp

Durch die Personalisierung des Nutzerkontos ist der jeweilige Nutzer auch für alle Dinge verantwortlich, die mit diesem Nutzerkonto veranlasst werden. Daher beachten Sie Folgendes:

- Geben Sie niemanden das Passwort zur Einwahl in Ihr Konto.
- Wechseln Sie regelmäßig das Passwort. Das Passwort sollte den Bedingungen für sichere Passwörter entsprechen.
- Melden Sie sich jedes Mal ab, wenn Sie Ihren Arbeitsplatz, auch nur für kurze Zeit verlassen.

- Jeder Nutzer kann sich **an jedem beliebigen Arbeitsplatz** mit seinem Nutzerkonto **anmelden**.
- Die Teilnehmer **können untereinander kommunizieren**.
- Der **Austausch von elektronischen Dokumenten** ist möglich. Die sonst benötigten Transportwege und der dafür notwendige Zeitaufwand entfallen.
- Es kann **gemeinsam** im Rahmen von Projekten **an Dateien gearbeitet** werden.
- **Hardware**, wie z. B. Drucker, Multifunktionsgeräte, **können gemeinsam genutzt** werden. Dies bedingt eine höhere Auslastung. Die Nutzung von selten genutzten Geräten (z. B. Plotter zum Druck von Konstruktionszeichnungen) wird vereinfacht.
- Die **Datensicherung erfolgt zentral** durch die Netzwerkadministration. Damit ist gewährleistet, dass eine Datensicherung auch regelmäßig durchgeführt wird.
- **Installation und Pflege von Programmen** (Software) wird **zentral** durch die Administration vorgenommen. Dies bedeutet Zeitersparnis, da die Pflege an jedem einzelnen Arbeitsplatz entfällt.
- Klärung von Anwenderproblemen: Der **Administrator loggt sich direkt auf dem PC des Anwenders ein**.

6.6 Software

Ein Rechnersystem lässt sich unterscheiden in Hardware (Rechner, Bildschirm, Tastatur usw.) und Software (Programme). Die Software lässt sich unterteilen in das Betriebssystem und die Anwendungssoftware.

6.6.1 Betriebssystem

Das Betriebssystem ist die Grundlage, dass der Rechner die ihm übertragenen Aufgaben ausführen kann. Hierzu gehören nicht nur die interne Verwaltung des Rechners **(Steuerprogramme)** sondern auch Nutzerfunktionen, wie z. B. das Speichern, Aufrufen, Kopieren und Löschen von Dateien, Starten eines Druckauftrags usw. **(Dienstprogramme)**. Dies sind Funktionen, die der Nutzer unabhängig von der genutzten Anwendung benötigt. Bekannte Betriebssysteme sind z. B. Windows und Linux.

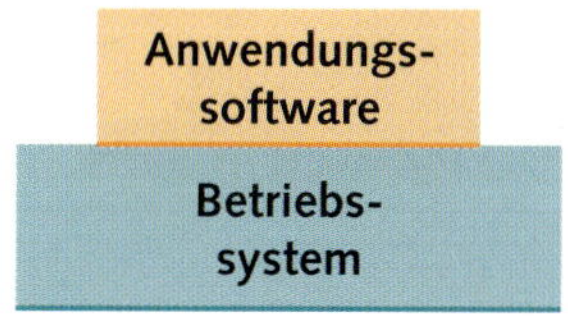

6.6.2 Anwendungssoftware

Anwendungssoftware ist Software, **mit der der Anwender die von ihm gewünschten Aufgaben löst**. Da Anwendungssoftware die Funktionen des Betriebssystems nutzt, baut sie auf dem Betriebssystem auf. Dies bedeutet, dass jede Anwendungssoftware nur mit einem bestimmten Betriebssystem nutzbar ist. Es gibt jedoch auch Anwendersoftware, die für verschiedene Betriebssysteme verfügbar ist. Anwendungssoftware lässt sich unterteilen in Standard- und Branchensoftware.

Standardsoftware	Branchensoftware
Standardsoftware ist Software, die unabhängig von der Branche genutzt wird. **Ihr Anwendungsgebiet entspricht den Bedürfnissen einer großen Anzahl von Nutzern.** Sie wird daher nicht individuell an den Nutzer angepasst. Bekannte Beispiele sind Textverarbeitungs- und Tabellenkalkulationsprogramme sowie Programme zur Erstellung und Durchführung von Präsentationen.	Durch die Vielzahl unterschiedlicher und spezialisierter Unternehmen gibt es **Anwendungen, die spezifisch im Unternehmen bzw. der Unternehmensbranche auftreten.** Ein Hotel benötigt z. B. Software zur Reservierung und Abrechnung von Hotelzimmern; ein Architekt Software zur Konstruktion von Gebäuden und ein Einzelhandelsgeschäft Software zur Bestellung und Registrierung des Verkaufs der Produkte. **Hierfür bietet der Markt spezielle Software an.** Da diese Software somit spezifisch für die Branche ist, wird sie als Branchensoftware bezeichnet.

6.6.3 ERP-Programme

Ein Unternehmen hat eine Komplexität, die insbesondere zunimmt, je größer das Unternehmen ist. Innerhalb eines Unternehmens gibt es unterschiedliche Prozesse, die wieder untereinander in Verbindung stehen. **Für die Unternehmensleitung ist es wichtig, einen Überblick über alle Unternehmensprozesse und damit über das Unternehmen zu haben.** Dieses Ziel wird mit ERP-Software (ERP: Enterprise Resource Planning) erreicht. Sie erfasst alle Prozesse und Bereiche des Unternehmens. Als Folge stellt sie der Unternehmensleitung umfangreiche Werkzeuge zur Planung und Entscheidungsvorbereitung zu Verfügung. Bekannte ERP-Software ist SAP, ORACLE und SAGE.

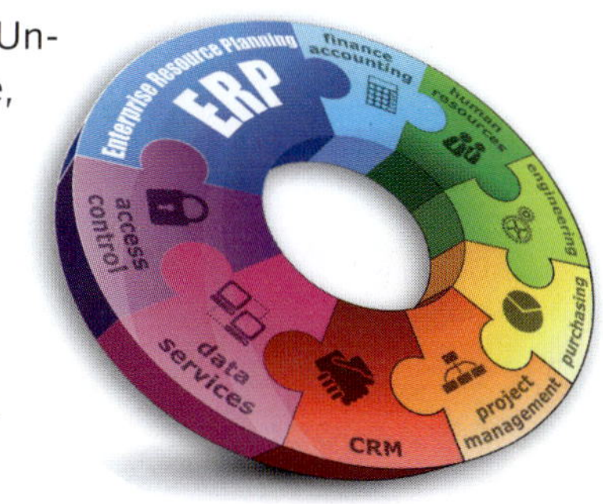

6.7 Video und Desktopkonferenzen

©apops-fotolia.com

Die zunehmende Komplexität von Aufgaben, aber auch die Durchführung von Projekten, bedingt, dass die Mitarbeiter im Unternehmen in Teams zusammenarbeiten. Eine wichtige Voraussetzung für Projekt-/Teamarbeit ist, dass **alle Mitarbeiter über den jeweils aktuellen Projektstand informiert sind.** Hierfür **finden regelmäßig Besprechungen bzw. Konferenzen statt.** Ein Problem dabei ist die Tatsache, dass sich alle Teilnehmer zu einem bestimmten Zeitpunkt an einen bestimmten Ort treffen müssen. Bei größeren Unternehmen mit mehreren Standorten **bedingt dies ein zeitaufwendiges Anreisen der Mitarbeiter.** Die gleiche Problematik ergibt sich bei Konferenzen unter Einbindung von Kunden oder Lieferanten, die ebenfalls nicht am gleichen Standort ansässig sind. **Video- bzw. Desktopkonferenzen sind folglich eine zeit- und kostensparende Alternative.** Sie ermöglichen die Durchführung von Konferenzen, deren Teilnehmer sich an verschiedenen Standorten befinden.

Desktopkonferenz	Videokonferenz
Bei einer Desktopkonferenz werden mithilfe entsprechender Software und Netzverbindungen **alle Teilnehmer an ihren PC-Arbeitsplätzen miteinander verbunden**. Voraussetzung ist, dass der Arbeitsplatz mit einer Webcam und einem Mikrofon ausgestattet ist. Als Folge können die Teilnehmer nicht nur akustisch und bildlich miteinander kommunizieren. Da alle Teilnehmer Zugriff auf ihre Dateien und Dokumente haben, können diese gemeinsam in der Konferenz bearbeitet werden.	Der Unterschied zur Videokonferenz ist, **dass sich jeweils mehrere Mitarbeiter in einem Konferenzraum treffen**, der mit entsprechender Technik (Kameras, Mikrofone und großflächige Bildschirme) ausgestattet ist. Durch eine entsprechende Netzverbindung sind diese Mitarbeiter mit einem Konferenzraum an einem andern Ort verbunden, wo sich ebenfalls mehrere Teilnehmer aufhalten.

6.8 Wahl des richtigen Kommunikationsmittels

Aus den vorherigen Kapiteln wurde deutlich, dass es verschiedene Möglichkeiten der Kommunikation mit Geschäftspartnern gibt. Die Wahl der richtigen Kommunikationsform ist situationsabhängig. Für die Wahl können folgende Kriterien dienen:

©Coloures-Pic-fotolia.com

Auswahl bezüglich der Vor- und Nachteile der Kommunikationsmittel

	Vorteile	Nachteile
Telefon	• unmittelbare Kontaktaufnahme • sofortige Rückfragen möglich • Pflege des persönlichen Kontakts	• kein Austausch von Dokumenten möglich • Präsenz beider Gesprächspartner erforderlich • Missverständnisse durch das Kommunikationsverhalten der Gesprächspartner möglich • sofern die Gesprächspartner sich in verschiedenen Zeitzonen befinden: Abstimmung der Gesprächszeit erforderlich
E-Mail	• zeitversetzte Kommunikation möglich • Dokumente können mitversandt werden	• keine unmittelbare Kommunikation • schriftliche Formulierung der Inhalte erforderlich
Fax	• einfache Handhabung beim Austausch von Papierdokumenten • handschriftliche Ergänzungen möglich	• Dokument liegt (zunächst) beim Empfänger nicht elektronisch vor • zunehmend geringere Empfängerzahl (da die E-Mail das Fax ersetzt)
Videokonferenz	• Reisekosten und Ausfallzeiten der Mitarbeiter (für die Anreise) entfallen • gemeinsame Bearbeitung von Dokumenten möglich • zügigeres Arbeiten (im Vergleich zur „normalen" Konferenz)	• Anschaffungskosten der notwendigen Hard- und Software • Pausen als Forum für den Austausch informeller Informationen entfallen

Auswahl bezüglich der Präferenzen der Gesprächspartner

→ Welche Kommunikationsform bevorzugt Ihr Kunde/Ansprechpartner? Kunde A klärt am liebsten alle Dinge sofort per Telefon. Kunde B stören Telefonate, weshalb er die Kommunikation per E-Mail bevorzugt.

→ Welche Kommunikationsformen gibt es bei Ihrem Ansprechpartner? Ein Kleinstunternehmen kommuniziert nur per Telefon und Fax. Ein anderes Unternehmen kommuniziert ausschließlich per E-Mail und möchte keine Faxe erhalten.

→ Kommunikation per Telefon: Wann ist die beste Erreichbarkeit? Wann empfindet der Gesprächspartner Telefonate nicht als störend?

6.9 Zusammenfassung und Aufgaben

Zusammenfassung

Telefon

Telefonanlagen besitzen zahlreiche Merkmale zur Zeitersparnis, um eine effektive Kommunikation zu ermöglichen.

Bei **dienstlichen Telefongesprächen** ist es wichtig, dem Anrufer zu vermitteln, dass das Telefonat als bedeutsam erachtet wird.

E-Mail

E-Mails sind schnell und zielgerichtet zu bearbeiten. **E-Mail-Programme** bieten zahlreiche Funktionen zur Unterstützung.

Wichtige E-Mails sind mit möglichen **Sicherheitsmaßnahmen** zu versehen.

E-Mail und Fax

Filtern Sie möglichst **Spam-Mails** und **Faxe**, bevor sie Sie erreichen. Antworten Sie niemals auf Spam-Mails.

Faxe und E-Mails sind schnelle **Medien**. Kontrollieren Sie vor dem **Versand** noch sorgfältiger die korrekte **Empfängeradresse**.

Internet

Gute Suchergebnisse einer **Internetanfrage** basieren auf der genauen Eingabe von Begriffen in Suchmaschinen.

Intranet

Im **Intranet** hat jeder Nutzer ein **Nutzerkonto** mit **individuellen Nutzungsrechten**.

Jeder **Nutzer** ist für sein **Konto** verantwortlich.

Software

Jeder Rechner benötigt ein **Betriebssystem**.

Die **Anwendungssoftware** lässt sich in **Standard-** und **Branchensoftware** unterscheiden.

Video- und Desktopkonferenz

Video- und **Desktopkonferenzen** ersparen **Reisekosten** und erhöhen die **Präsenz** am Arbeitsplatz.

Auswahl des Kommunikationsmittels

Wählen Sie das **Kommunikationsmittel** aus, das den Kommunikationserfordernissen und den Präferenzen Ihres Geschäftspartners entspricht.

Aufgaben

1. Prüfen Sie die folgenden Aussagen auf ihre Richtigkeit. Die Antwort ist jeweils zu begründen:
   (1) Grundsätzlich kann bei jedem Telefongespräch die Freisprecheinrichtung genutzt werden.
   (2) Wenn ein Gesprächspartner den Anrufer nicht versteht, muss dieser langsamer, deutlicher und evtl. lauter sprechen.
   (3) Während eines Telefongesprächs sollte man sich ausschließlich seinem Gesprächspartner widmen.
   (4) E-Mails sollten nur Personen in Kopie erhalten, für die der Erhalt von Nutzen ist.
   (5) Die Nutzung der Kopierfunktion in E-Mails ist für den Empfänger lästig.
   (6) Ein Fax kann auf Papier gesendet und beim Empfänger als elektronisches Dokument empfangen werden.
   (7) Metasuchmaschinen richten eine Anfrage an mehrere Suchmaschinen gleichzeitig.
   (8) Durch das Intranet hat jeder Mitarbeiter Zugriff auf alle Daten des Unternehmens.
   (9) Wenn möglich sollte die Kommunikationsform (E-Mail, Telefon oder Fax) dem Gesprächspartner angepasst werden.
2. Nach mehreren vergeblichen Telefonanrufen erreichen Sie einen Kunden telefonisch um 14:55 Uhr. Er erklärt Ihnen, dass er um 15:00 Uhr einen Termin hat. Wie verhalten Sie sich?
3. Ihnen liegt die Telefonnummer eines in Deutschland ansässigen Lieferanten in folgender Form vor: +49 2178 26543 . Welche Ziffern wählen Sie, um den Lieferanten telefonisch zu erreichen?
4. Beschreiben Sie das Telefonsystem (Apparate, Telefonnummern usw.) Ihres Ausbildungsbetriebs.
5. Nennen Sie möglichst drei Funktionen/Vorteile eines E-Mail-Programms.
6. Welche Gefahr besteht bei der Übertragung einer nicht verschlüsselten E-Mail?
7. Erläutern Sie den Begriff Authentifizierung in Zusammenhang mit dem E-Mail-Versand.
8. Warum sollte das Spam-Postfach eines E-Mail-Accounts regelmäßig kontrolliert werden?
9. Suchmaschinenbedienung ist einfach: bekannte Suchmaschine aufrufen – Suchbegriff eingeben – Treffer ansehen. Nehmen Sie zu dieser Vorgehensweise Stellung.
10. Erläutern Sie, warum heute grundsätzlich alle PC-Arbeitsplätze im Betrieb vernetzt sind.
11. Zu welcher Kategorie gehört die auf Ihrem Arbeitsplatzrechner installierte Software?
12. Warum sollten Sie auch bei einem kurzen Verlassen Ihres Arbeitsplatzes Ihren persönlichen Account sperren?

7 Bedeutung von Qualität, Effizienz, Kundenzufriedenheit erkennen und realisieren

7.1 Qualität

Qualität ist vereinfacht dann gegeben, wenn der **Kunde zufrieden** gestellt wurde. Qualität umfasst dabei nicht nur die Produkte eines Unternehmens. Qualität zeigt sich auch in guter Beratung und gutem Service. Gute Produkte, gute Beratung und guter Service basieren dabei auf effizienten Abläufen (Prozessen).

Qualität als ganzheitlicher Prozess

Qualität als ganzheitlicher Prozess bedeutet, dass alle **Mitarbeiter** eines Unternehmens Bestandteil des Qualitätsziels sind und **jeder seinen Beitrag hierfür leistet**. Folglich haben, z. B. beim Prozess der Auftragsbearbeitung, alle beteiligten Mitarbeiter ihren Anteil zur Erreichung der Qualität zu leisten.

Qualität ist wichtig innerhalb des Unternehmens. Neben der Arbeitsweise der einzelnen Mitarbeiter ist **die Zusammenarbeit zwischen den Mitarbeitern oder Abteilungen eine Grundlage für die Qualität**. Die Kollegen des nächsten Arbeitsschritts können verlangen, dass ihnen gute Arbeit übergeben wird. Anderseits sollte der Kollege des vorhergehenden Arbeitsschritts gute Arbeit geleistet haben. Diese Übergabe (= Schnittstelle in einem Prozess) betrifft dabei nicht nur das Arbeitsergebnis, sondern auch mögliche Begleitinformationen (z. B. Welche Ansprechpartner gibt es auf Kunden- und Lieferantenseite und wann sind diese erreichbar?).

Merke

Jeder Mitarbeiter ist für Qualität verantwortlich.

7.2 Kundenzufriedenheit

Letztlich ist die **Qualität die Basis für die Kundenzufriedenheit**. Ein zufriedener Kunde wird wieder bei einem Unternehmen einkaufen und es möglicherweise weiterempfehlen. Die Zufriedenheit des Kunden bildet die Grundlage für den Unternehmenserfolg und trägt zur Sicherung des eigenen Arbeitsplatzes bei.

Kundenzufriedenheit ist messbar, z. B. durch eine Befragung (mündlich oder per Fragebogen) der Kunden zu den Unternehmensleistungen. Hierüber wird die **Kundenzufriedenheitsquote** ermittelt. Eine möglichst geringe **Zahl von Kundenreklamationen** ist ebenfalls ein Indikator für Kundenzufriedenheit und lässt sich über eine Kennzahl ausdrücken. Auch die Zahl der Kunden, die nach der Erstbestellung **wieder bei dem Unternehmen kaufen**, ist ein Merkmal. Schließlich sind auch **spontane Kundenäußerungen** zur Zufriedenheit (z. B. während eines Telefongesprächs) sehr wichtig und sollten von den Mitarbeitern des Unternehmens wahrgenommen und ggf. weitergegeben werden. Die **Kundenwünsche sind regelmäßig zu ermitteln** und die Möglichkeiten auf ihre Umsetzung zu prüfen.

Beispiele für Kennzahlen zur Kundenzufriedenheit:

Kundenzufriedenheitsquote	Reklamationsquote	Wiederkaufquote
$\frac{\text{Zahl der zufriedenen Kunden} \cdot 100}{\text{Zahl der Kunden}}$	$\frac{\text{Summe der reklamierten Aufträge} \cdot 100}{\text{Anzahl der Aufträge}}$	$\frac{\text{Anzahl der Wiederholungskäufer} \cdot 100}{\text{Anzahl der Käufer}}$

KANO-Modell zur Kundenzufriedenheit

Kundenzufriedenheit lässt sich auch in Folgendem von dem japanischen Professor Kano entworfenen Modell darstellen:

Basismerkmale: Qualitätsmerkmale dieser Kategorie werden vom Kunden als selbstverständlich erachtet. Er spricht sie folglich bei einer Geschäftsanbahnung nicht an, geht aber davon aus, dass sie erfüllt werden. Eine Erfüllung steigert folglich nicht die Kundenzufriedenheit, eine Nichterfüllung wirkt sich dagegen für die Kundenzufriedenheit sehr negativ aus.

Leistungsmerkmale: Dem Kunden sind diese Merkmale präsent. Er spricht sie in der Phase der Geschäftsanbahnung an, da sie für ihn wichtig sind. Die Erfüllung dieser Merkmale ist für ihn der Maßstab für Kundenzufriedenheit.

Begeisterungsmerkmale: Dem Kunden sind diese Merkmale bislang nicht bewusst. Lernt er sie jedoch als Kunde kennen, ist er von ihnen und dem Unternehmen, das sie erbracht hat, begeistert. Häufig handelt es sich dabei um minimale Zusatzleistungen bezüglich des Produkts oder des Services.

Beispiel

bezogen auf einen Autohandel:

Basismerkmal:
Neufahrzeug wird für den Kunden zugelassen

Leistungsmerkmal:
Kostenloser Mietwagen als Ersatzfahrzeug bei einem Werkstattaufenthalt

Begeisterungsmerkmal:
Fahrzeug wird bei einem Werkstattaufenthalt bei dem Kunden abgeholt

Kontrolle von Kundenzufriedenheit und Qualität

Kundenzufriedenheit sowie das Qualitätsempfinden unterliegen einem ständigen Wandel. Ein Merkmal, das heute noch ein Begeisterungsmerkmal ist, gehört morgen zu den Leistungsmerkmalen und kann auf lange Sicht ein Basismerkmal werden.

7.3 Kritik und Selbstkritik

Ein bedeutender Faktor ist auch Kritik. Viele Personen reagieren nicht positiv, wenn sie von einer anderen Person kritisiert werden. **Positiv formulierte Kritik** (d. h. „Wie könnten Dinge verbessert werden?", statt „Dieser Sachverhalt war negativ.") **ist jedoch eine wichtige Basis, um Verbesserungen zu realisieren**. Der Zeitablauf kann bei Prozessen und Abläufen dazu führen, dass Ergebnisse, die früher noch in Ordnung waren, heute als nicht mehr optimal empfunden werden. Eine **wichtige Basis** ist hierbei auch das Zulassen von **Selbstkritik**. Durch eigene regelmäßige Reflektion der Arbeitsweise und Arbeitsergebnisse lassen sich Verbesserungsmöglichkeiten erkennen und sind damit eine Form der Eigenverantwortung des Mitarbeiters.

Beispiel

Eine Tasse Kaffee für den Kunden bei einem Beratungsgespräch war vor Jahrzehnten ein Begeisterungsmerkmal, ist heute aber ein Basismerkmal.

LERNFELD 3

7.4 Effizienz

Das effiziente Erledigen von Aufgaben ist ebenso eine Qualitätsgrundlage. Es bedeutet, dass die zu erledigenden **Tätigkeiten zügig**, unter Beachtung aller notwendigen und Entfall aller nicht notwendigen Arbeiten, **erledigt werden. Grundlage** hierfür ist u. a. ausreichendes fachliches und organisatorisches **Wissen**, Wissen über die Details des Kundenauftrags und Beherrschung der notwendigen Arbeitsschritte. Ferner sind die organisatorischen Voraussetzungen sowie die sofortige Verfügbarkeit von Daten zum Kundenauftrag und der erforderlichen Arbeitsmittel von Bedeutung. Da die Kundenanforderungen einem ständigen Wandel unterliegen, bedürfen auch die Arbeitsschritte für einen Kundenauftrag der regelmäßigen kritischen Analyse und Anpassung an die geänderten Erfordernisse.

7.5 Zusammenfassung und Aufgaben

Zusammenfassung

Qualität
Qualität ist ein **ganzheitlicher Prozess**, an dem alle Unternehmensteile und Mitarbeiter beteiligt sind.
Kundenzufriedenheit
Maßstab für Qualität ist die **Kundenzufriedenheit**. Die Maßstäbe, die den Kunden zufrieden stellen, sind einem stetigen **Wandel** unterworfen.
Effizienz
Effizientes Arbeiten ist ebenfalls Grundlage für die **Kundenzufriedenheit**.

Aufgaben

1. Prüfen Sie die folgenden Aussagen auf ihre Richtigkeit. Die Antwort ist jeweils zu begründen:
   (1) Ausschließliche Basis für Qualität ist eine gute Endkontrolle, da Fehler im Geschäftsbetrieb unvermeidlich sind.
   (2) Wichtig ist, dass der Vorgesetzte zufrieden ist. Die Kundenzufriedenheit ist daher nachrangig.
   (3) Kundengespräche beinhalten häufig auch spontane Äußerungen zur Zufriedenheit des Kunden.
   (4) Kundenzufriedenheit und Qualität bedeuten ständige Selbstkritik und Reflektion, ob die derzeitigen Prozesse den Ansprüchen genügen.
   (5) Zur Kundenzufriedenheit gehört eine effektive Ausführung der Arbeiten.

2. Ermitteln Sie, welche Merkmale der Kundenzufriedenheit in Ihrem Ausbildungsbetrieb erfasst werden.

3. Überprüfen Sie, inwiefern die Leistungsmerkmale Ihres Ausbildungsbetriebs gegenüber Kunden dem KANO-Modell entsprechen.

8 Mit ausländischen Geschäftspartnern kommunizieren

Viele Unternehmen haben heutzutage Kunden- und Lieferantenkontakte in das Ausland. **Dabei gilt es zu beachten, dass es im Kontakt mit ausländischen Geschäftspartnern Verhaltensregeln gibt, die sich von den deutschen unterscheiden.**

Merke

In vielen Ländern wird die deutsche Art, Gesprächspositionen ergebnisorientiert zu bearbeiten, als unhöflich empfunden.

Vor der ersten Kontaktaufnahme mit einem ausländischen Unternehmen ist es wichtig, sich über kulturelle Unterschiede für die Geschäftsbeziehung zu informieren. Die deutsche, zuweilen sehr direkte Art, Geschäfte abzuwickeln ist in vielen Ländern ungewöhnlich und wird als unhöflich empfunden. Der Gesprächsbeginn während eines Telefonats entscheidet über die erfolgreiche Fortsetzung der Kommunikation. Die nicht zielorientierte, „lockere" Unterhaltung („Small-Talk") zu Beginn eines Telefonats ist daher wichtig. Seien Sie angemessen zurückhaltend und akzeptieren Sie, dass sachliche Inhalte durch Ihren Gesprächspartner nicht ergebnisorientiert, sondern mit einigen Umwegen besprochen werden.

8.1 Kommunikation in einer fremden Sprache

Bei einem bisher unbekannten Geschäftspartner sollten Sie versuchen, in dessen Sprache zu kommunizieren, aber nur, wenn Sie diese gut beherrschen. Andernfalls telefonieren oder schreiben Sie in Englisch. Bei fremdsprachlichen Briefen, E-Mails oder Faxen ist die sprachliche Korrektheit von großer Bedeutung. Sprachfehler wirken nicht nur unprofessionell, sondern können auch bei wichtigen Vertragsunterlagen und Absprachen fatale Auswirkungen haben, da Inhalte falsch dargestellt oder interpretiert werden können.

Merke

Falls Sie sich in der Fremdsprache nicht sicher fühlen, nutzen Sie unbedingt professionelle Hilfe wie die eines Dolmetschers oder sprachkundigen Kollegen!

8.1.1 Schriftlich kommunizieren

■ Geschäftsbrief / Business letter

Ein englischer Geschäftsbrief hat, ebenso wie ein deutschsprachiger, einen festgelegten Aufbau:

Content	Inhalt	Formulierung	Hinweise
write the letterhead	Briefkopf erstellen		
state the reference and the date	Diktatzeichen und Datum aufführen		im amerikanischen ist die Datumsreihenfolge: Monat / Tag / Jahr
write the addressee's name and postal address	Adressat und Postanschrift einfügen		
state the subject	Betreff angeben		

Content	Inhalt	Formulierung	Hinweise
use a polite salutation	Anrede, falls der Empfängername unbekannt ist Anrede der Person, falls der Empfängername bekannt ist	Dear Sir or Madam Dear Mr Smith/ Dear Ms Miller	= folgende Grußformel: „Yours faithfully" = folgende Grußformel: „Yours sincerely"
to continue with the body of the letter	mit dem Inhalt des Briefes fortfahren	e. g. We are interested in office products; Therefore please let us have/send you some literature about your current range. / Please inform us about your current range of products.	
to finish with the complementary close	mit der Grußformel schließen	Yours faithfully Yours sincerely	bedingt eine Anrede bei der der Empfängername nicht bekannt ist: „Dear Sir/Dear Madam" bedingt die persönliche Anrede mit dem Empfängernamen Dear Mr Smith/ Dear Ms Miller
end the letter with your signature, stating your full name and position, possibly also your department	mit der Unterschrift, ergänzt durch den Namen des Unterschreibenden und seiner Position, den Brief abschließen		

Anfrage / Enquiry

Eine Anfrage (enquiry) allgemein (general) oder speziell (specific) enthält u. a. folgende Bestandteile:

Content	Inhalt
scope of supply (quantity, quality, specification of goods) Please send us a quotation for 1.000.000 sheets of copy paper.	Lieferumfang (Menge, Qualität, Spezifikationen)
bid due date Please submit your offer by 25th November.	Angebot erbeten bis zum 25. November.

■ Angebot / Offer

Bestandteile eines Angebots sind u. a.:

reference to enquiry, dated (i. e. reference number and date) We are pleased to note from your letter.	Bezug zur Anfrage (z. B. Referenznummer und Datum)
description of the goods offered including quantity and quality	Beschreibung der angebotenen Ware einschließlich Angaben zu Menge und Qualität
price and currency	Preis und Währung
VAT (value added tax)	entspricht der deutschen Umsatzsteuer
terms of payment	Zahlungsbedingungen
terms of delivery (i. e. Incoterms)	Lieferbedingungen (z. B. Incoterms)

■ Bestellung / Order

Bestandteile einer Bestellung sind u. a.:

Content	Inhalt
reference to the offer dated … (i. e. reference number and date) Thank you for your offer dated …	Bezug zum Angebot vom … (z. B. Referenznummer und Datum)
description of the goods to be ordered including quantity and quality	Beschreibung der Ware einschließlich Angaben zur Menge und Qualität

Auch hier sind Angaben zum Preis (information about the price(s) with currency), den Zahlungsbedingungen (terms of payment) und den Lieferbedingungen (terms of delivery) enthalten.

■ E-Mail

Grundsätzlich orientiert sich der Aufbau einer E-Mail an dem Aufbau eines Geschäftsbriefs, angepasst an die Form des E-Mail-Versands:

Content	Inhalt
E-mail address of the recipient	E-Mail-Adresse des Empfängers
subject	Betreff
attachment	Anhang
salutation	Grußformel

Content	Inhalt
body of the e-mail	Inhalt
complementary close	üblich in E-Mails ist die Grußformel: Best regards
addressee	Name des Absenders
position	Position im Unternehmen
signature	Signatur mit Unternehmensangaben

8.1.2 Telefonieren / Telephone calls

Tipp

Um für einen englischsprachigen Anruf vorbereitet zu sein, ist das vorherige Üben der entsprechenden Begrüßungssätze sinnvoll.

Auch beim englischsprachigen Telefongespräch ist die Gesprächseinleitung bedeutsam. Hierbei helfen einige Redewendungen:

Sie rufen an	Sie werden angerufen
This is Jan Bürgel from Bürobedarf Müngsten, good morning.	Jan Bürgel here Hello, Jan Bürgel speaking.
I´m Jan Bürgel from Bürobedarf Müngsten, good afternoon.	

©Picture-Factory-fotolia.com

Da Inhalte eines Geschäftstelefonats richtig verstanden werden müssen, ist es erforderlich bei Verständnisschwierigkeiten nachzufragen:

Would you repeat this, please?	Können Sie das bitte wiederholen?
Would you spell that for me, please?	Können Sie das bitte buchstabieren?

Wichtige Inhalte sollten durch Wiederholung bestätigt werden:

Okay, delivery will be the 28th of May.	In Ordnung, die Lieferung erfolgt am 28. Mai.
Let me repeat: 250 items at 18 pounds 40 pence each.	Lassen Sie es mich wiederholen: 250 Stück zu 18,40 Pfund je Stück.

LERNFELD 3

8.2 Verhaltensregeln mit ausländischen Partnern

Zur geschäftlichen Kommunikation mit europäischen Nachbarländern sind einige Verhaltensregeln nützlich. Grundsätzlich haben Pünktlichkeit und die Einhaltung von Terminen auch im Ausland einen hohen Stellenwert. Bei einem unbekannten Geschäftspartner sollten Sie zunächst in englischer Sprache kommunizieren.

Niederlande

Auch wenn viele Niederländer sehr gut deutsch sprechen, empfinden sie die erste Ansprache in deutscher Sprache als unhöflich. Beginnen Sie die Kommunikation in englischer Sprache. Ihr Gesprächspartner wird dann entscheiden, ob die Kommunikation in englischer oder deutscher Sprache fortgeführt wird.

Grundsätzlich pflegen Niederländer einen geschäftlich eher sachlichen Umgang. Die „lockere" Unterhaltung hat nur untergeordnete Bedeutung. Der geschäftliche Kontakt ist von Ehrlichkeit und freundlichem Umgang geprägt.

Belgien

Beachten Sie, dass es drei Landesteile gibt. Der südliche Teil spricht französisch, der nördliche flämisch und ein kleiner östlicher Teil deutsch. Für den flämischen Teil gilt die gleiche Sprachregel, wie für die Niederlande. Für den wallonischen Teil sollte in französischer Sprache kommuniziert werden.

Der Unterschied zeigt sich auch tendenziell in den geschäftlichen Gepflogenheiten. Der flämische Teil neigt eher zu den niederländischen, der wallonische eher zu den französischen Gebräuchen der Kommunikation.

Grundsätzlich gelten die Belgier als weniger sachorientiert als die Deutschen. Die „lockere" Unterhaltung ist wichtig zur Vertrauensbildung.

Luxemburg

Unbekannten gegenüber nehmen Luxemburger zunächst eine reservierte Haltung ein, die jedoch nicht unhöflich gemeint ist. Sie zeigt, dass Vertrauen zunächst aufgebaut werden muss.

Ähnlich wie in Deutschland gibt es zu Gesprächsbeginn nur eine „lockere" Unterhaltung. Geschäftliche Dinge werden unmittelbar und direkt angesprochen.

Kritik wird aber indirekt geäußert.

Frankreich

Sofern Sie die Sprache ausreichend beherrschen: Kommunizieren Sie in französischer Sprache. Die Esskultur hat in Frankreich eine hohe Wertschätzung. Akzeptieren Sie, dass Ihr Ansprechpartner in der längeren Mittagspause nicht erreichbar ist.

Die Kommunikation hat im Geschäftsleben eine hohe Bedeutung. Daher ist auch die „lockere" Unterhaltung wichtig, wobei Privates meistens ausgespart wird.

Die Art der direkten deutschen Kommunikation ist unüblich. Insbesondere Kritik wird indirekt geäußert.

Schweiz

In der Schweiz wird auf eine sehr gute Planung Wert gelegt. Daher ist vor Gesprächen und Verhandlungen eine gute Vorbereitung wichtig.

Versuchen Sie nicht den schweizerischen Dialekt zu sprechen.

Österreich 	Für die Geschäftsanbahnung haben persönliche Sympathien eine bedeutende Rolle. Folglich ist die „lockere" Unterhaltung zu Gesprächsbeginn wichtig. Auch für die dauerhafte Geschäftspflege sind persönliche Kontakte bedeutsam. Kritik wird nur indirekt geäußert. Hierarchien sind in Österreich sehr ausgeprägt. Daher sind Personen mit ihren korrekten Titeln (z. B. Doktor (Dr.) oder Professor (Prof.)) zu begrüßen.
Tschechien 	In Tschechien steht die Person im Mittelpunkt. Die „lockere" Unterhaltung dient letztlich dem Aufbau einer persönlichen Beziehung und damit als Basis für geschäftliche Kontakte. Auch informelle Themen werden gern auf dieser Ebene kommuniziert. Die Anrede von Personen erfolgt grundsätzlich mit ihren Titeln (Doktor, Professor). Kritik wird nur indirekt geäußert.
Polen 	Persönliche Beziehungen sind in Polen die Basis zum Aufbau guter geschäftlicher Kontakte. Daher ist zum Kennenlernen und Vertrauensaufbau die „lockere" Unterhaltung sehr wichtig. Dabei können auch private Themen angesprochen werden. Die Kommunikation ist eher indirekt. Viele Informationen ergeben sich aus Andeutungen oder vorsichtigen Formulierungen. Die Ansprache von Personen erfolgt mit Nennung der Titel (z. B. Doktor, Professor).
Dänemark 	Dänen sind sehr stark sachorientiert. Die „lockere" Unterhaltung hat im Zweifel keine Bedeutung und geschäftliche Dinge werden unmittelbar und direkt angesprochen. Folglich ist auch die Kommunikation insgesamt direkt. Es dominieren klare Botschaften. Eventuell werden während der Geschäftsanbahnung auch Hintergrundinformationen thematisiert, die die beabsichtigten geschäftlichen Projekte umfassend ausleuchten.
Großbritannien 	In Großbritannien haben Beziehungen große Bedeutung und dienen als Basis für erfolgreiche Geschäfte. Folglich ist die „lockere" Unterhaltung sehr wichtig, um eine gute geschäftliche Atmosphäre herzustellen. Die deutsche Eigenart, direkt und unmittelbar geschäftliche Dinge anzusprechen, wird im Zweifel als unhöflich empfunden. Der Kommunikationsstil ist sehr indirekt. Bitten und Wünsche werden im Konjunktiv („could you" usw.) geäußert. Auch Kritik wird entsprechend artikuliert. Die Kommunikation erfolgt schwerpunktmäßig per Telefon. E-Mail und Brief haben dafür im Vergleich zu Deutschland eine geringere Bedeutung. Zur britischen Höflichkeit gehört es, den Gesprächspartner unbedingt ausreden zu lassen. Folglich werden Einwände nicht geäußert, während der Gesprächspartner spricht. Grundsätzlich wird auf eine sehr höfliche Kommunikation Wert gelegt. Das bedeutet, dass man sich im Vergleich zu Deutschland häufiger bedankt („Thanks") oder entschuldigt („Sorry"). Auch das Wort „please" wird wesentlich häufiger als das deutsche „Bitte" eingesetzt. Beachten Sie unbedingt die Maßangaben in Verträgen und Unterlagen bzw. ergänzen Sie die Zahlenangaben um die entsprechenden Einheiten. Somit werden Missverständnisse, z. B. Längenangaben in Inches statt Zentimeter, vermieden.
USA 	Die Kommunikation ist grundsätzlich sehr zielorientiert, auch wenn Gespräche häufig mit einer lockeren Unterhaltung beginnen. Diese lockere Form ist zum Teil trügerisch. Hierarchien haben eine hohe Bedeutung. Die fehlende Unterscheidung in der Anrede zwischen „Du" und „Sie" erschwert zusätzlich eine richtige Einschätzung der Gesprächssituation. Eine gute Gesprächsvorbereitung wird sehr geschätzt. Ebenso sind Zuverlässigkeit und Pünktlichkeit sehr wichtig. Es wird erwartet, dass Telefonanrufe und E-Mails sehr zeitnah beantwortet werden.

8.3 Zusammenfassung und Aufgaben

Zusammenfassung

Kommunikation in fremder Sprache bzw. in Englisch
Analog zur deutschen **schriftlichen Kommunikation** enthalten auch englischsprachige Dokumente Inhalte in einer festgelegten Reihenfolge. Eine **Anfrage** (inquiry), eine **Angebot** (offer) und eine **Bestellung** (order) haben bestimmte Bestandteile. Um auf **englischsprachige Telefonate** vorbereitet zu sein, ist die Beherrschung von gängigen **Formulierungen** sinnvoll.
Verhaltensregeln mit ausländischen Partnern
Die **geschäftlichen Verhaltensregeln** der europäischen Nachbarn unterscheiden sich teilweise von den unsrigen. Die deutsche Art, bei Gesprächen die **Sachthemen** sofort und zu Beginn zu thematisieren, gilt bei vielen **ausländischen Geschäftspartnern** als unhöflich.

Aufgaben

1. Prüfen Sie die folgenden Aussagen auf ihre Richtigkeit. Die Antwort ist jeweils zu begründen:

(1) Im Geschäftsleben ist es wichtig, Gespräche effektiv und zeitsparend zu führen. Daher sollte bei Besprechungen auf die „lockere" Unterhaltung verzichtet werden.

(2) Grundsätzlich sollten bei Gesprächen mit ausländischen Geschäftspartnern keine persönlichen Erlebnisse bezüglich des Herkunftslandes des Gesprächspartners thematisiert werden.

(3) Bei internationalen Vertragsverhandlungen ist es wichtig, die Kommunikation in der jeweiligen Fremdsprache gut zu beherrschen.

(4) Mit Geschäftspartnern aus der deutschsprachigen Schweiz sollte man nur in Hochdeutsch kommunizieren, auch wenn man Redewendungen des Schweizer Dialekts beherrschen sollte.

(5) Es ist ratsam, Gespräche mit niederländischen Geschäftspartnern in englischer Sprache zu beginnen, sofern man nicht die niederländische Sprache beherrscht.

(6) Im Ausland wird kein hoher Wert auf Pünktlichkeit und Termineinhaltung gelegt.

(7) In Großbritannien wird auf eine höfliche Ausdrucksweise Wert gelegt.

2. Formulieren Sie einen englischsprachigen Geschäftsbrief. Absender sind Sie als Mitarbeiter der Büro Müngsten GmbH. Empfänger ist Miller & Son Ltd, P. O. Box 12441, London SE1 7RT, Great Britain. Sie bedanken sich für die erhaltene Bestellung über 100 Locher (hole punch) und sagen den Versand in den nächsten Tagen zu.

3. Ihr Telefon klingelt. Laut Display ist es ein Anrufer aus Großbritannien. Ergänzen Sie die Auslassungen entsprechend:

- Sie melden sich entsprechend

  ➔ „..."

- *„Hello, this is Steve Johnson calling from Brighton. Could I please speak to Mr. Müngsten?"*

- Herr Dr. Müngsten ist nicht im Büro. Sie fragen nach, ob der Anrufer eine Mitteilung hinterlassen möchte.

  ➔ „..."

- *„Thank you. That would be very kind. Would you please tell Mr. Müngsten that I called and kindly ask him to call me back as soon as possible."*

- Sie haben den Namen des Anrufers nicht verstanden und bitten ihn, den Namen zu buchstabieren.

  ➔ „..."

- *„Yes, of course. My name ist Johnson, J O H N S O N. Steve Johnson."*

- Sie wiederholen die Buchstabierung, um den Namen korrekt zu notieren.

  ➔ „..."

- *„Yes, that´s right. And my number is 00 44 for England – 1273 thats the area code for Brighton, and than 245 682."*

- Sie entschuldigen sich, dass Sie nicht sicher sind, ob Sie die Telefonnummer richtig notiert haben. Sie wiederholen daher die Telefonnummer.

  ➔ „..."

- *„That´s quite correct. And tell Mr. Müngsten please to call me back when he comes in again."*

- Sie sagen dies dem Anrufer zu.

  ➔ „..."

- *„I thank you for your kind support. Goodbye."*

- *„Goodbye."*

Sachgüter und Dienstleistungen beschaffen und Verträge schließen

1 – Grundlagen des Vertragsrechts beachten

Zustandekommen von Kaufverträgen

Verkäufer

©goodluz-fotolia.com

Käufer

©Picture-Factory-fotolia.com

1. Willenserklärung (Antrag) = **Bestellung** (Käufer → Verkäufer)

2. Willenserklärung (Annahme) = **Bestellungsannahme** (Verkäufer → Käufer)

Kaufvertrag

©Africa Studio-fotolia.com

2 – Beschaffungsprozesse planen

Elemente der Beschaffungsplanung				
Bedarfsplanung	**Zeitplanung**	**Lieferantenplanung**	**Kommunikationsplanung**	**Lieferflussplanung**
• Art • Qualität • Menge **(optimale Bestellmenge)**	• Bestellzeitpunkt **(Sägezahnmodell)** • Bestellrhythmus	• Bezugsquellenermittlung • Lieferantenauswahl **(Angebotsvergleich)**	• Werbung/ Öffentlichkeitsarbeit • Vertragsverhandlungen	z. B. Transportmittelwahl

©Picture-Factory-fotolia.com

Das werden Sie hier lernen …

3 – Beschaffungsprozesse durchführen

4 – Beschaffungsprozesse kontrollieren

Sachmängel

- Mangel in der Beschaffenheit
- Mangel bei der Montage
- mangelhafte Montageanleitung
- Mangel in der Art
- Mangel in der Menge

5 – Rechnungen prüfen und Zahlungen abwickeln

SEPA: die neue €uro-Überweisung

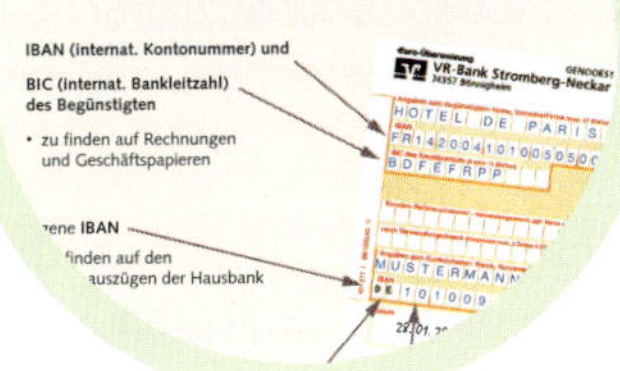

LERNFELD 4

Sachgüter und Dienstleistungen beschaffen und Verträge schließen

1 Grundlagen des Vertragsrechts beachten

1.1 Rechtsordnung

Alle Beziehungen, über die das Zusammenleben der Menschen organisiert ist, sind geprägt durch Wertvorstellungen (z. B. Freiheit, Sicherheit, Gerechtigkeit). Wenn diese Wertvorstellungen in die Form des Rechts gegossen sind (z. B. Recht auf freie Entfaltung der Persönlichkeit, auf Leben und körperliche Unversehrtheit), dann werden sie als Ordnung des Zusammenlebens verlässlicher. Es kommt nun nicht mehr alleine darauf an, dass die Mitmenschen die Werte teilen und anerkennen, sondern es entsteht ein **Anspruch auf Beachtung** der entsprechenden **Verhaltensanforderungen**, der grundsätzlich mit Zwangsmitteln durchgesetzt werden kann.

Merke

Die **Rechtsordnung** ist die Gesamtheit aller allgemein verbindlichen Regeln für die Gestaltung menschlichen Zusammenlebens, den Schutz des Einzelnen und den Ausgleich unterschiedlicher Interessen mit friedlichen Mitteln.

Auf diese Weise können Interessenkonflikte, die im Zusammenleben der Menschen auftreten, nach bestimmten Regeln zuverlässig und möglichst gerecht gelöst werden. Die Freiheit des Einzelnen muss geschützt werden, erfährt jedoch dort ihre Grenzen, wo sie missbraucht wird (Machtmissbrauch).

Die Rechtsordnung umfasst zwei große Teilbereiche – das **öffentliche Recht** und das **Privatrecht**.

Öffentliches Recht

öffentliches Recht: meist zwingend

Das **öffentliche Recht** ist der Rechtsbereich, der das Verhältnis zwischen **Staat** und **Bürgern** regelt. Dazu gehört das Strafrecht, durch welches bestimmte Rechtsgüter (z. B. Leben, Gesundheit, Vermögen), aber auch die Rechtsordnung selbst geschützt werden sollen. Für das staatliche Handeln als solches gelten eine Reihe von Gesetzen, die als Staats- und Verfassungsrecht, Verwaltungsrecht, Steuer- und Sozialrecht gefasst werden können. Man kann auch das immer bedeutsamer werdende internationale Recht (Völkerrecht, Europarecht) hier zuordnen.

Im öffentlichen Recht sind die **Rechtsbeziehungen** insbesondere zwischen **übergeordneten** und **untergeordneten** Trägern von Rechten und Pflichten meist **zwingend** geregelt.

Privatrecht

Privatrecht: grundsätzlich nachgiebig

Im **privaten Recht** können die Einzelnen ihre persönlichen und wirtschaftlichen Interessen wahrnehmen und selbst – ohne direkte Staatseingriffe – regeln (Grundsatz der Privatautonomie). Das schließt nicht aus, dass auch der Staat privatrechtlich tätig werden kann, z. B. bei Abschluss eines Kaufvertrages zur Beschaffung von Computern für eine Schule.

Die Handlungen im Privatrecht nennt man **Rechtsgeschäfte**. Die wichtigste allgemeine Rechtsgrundlage ist das **Bürgerliche Gesetzbuch (BGB)** mit Nebengesetzen (z. B. Wohnungseigentumsgesetz, Produkthaftungsgesetz). Daneben gibt es eine Reihe von „Sonderregelungen", die ergänzend gelten können (insbesondere z. B. Handels- und Gesellschaftsrecht). Hier finden sich z. B. privatrechtliche Bestimmungen

- für **Kaufleute** allgemein im **HGB**, für Kapitalgesellschaften im **AktG** und **GmbHG**,
- für die Zahlung mit Scheck im **ScheckG**.

Im Privatrecht stehen sich die **Rechtssubjekte gleichrangig** gegenüber. Das Privatrecht ist grundsätzlich **nachgiebiges Recht**, d. h., gesetzliche Regelungen können durch die Beteiligten einvernehmlich abgeändert werden.

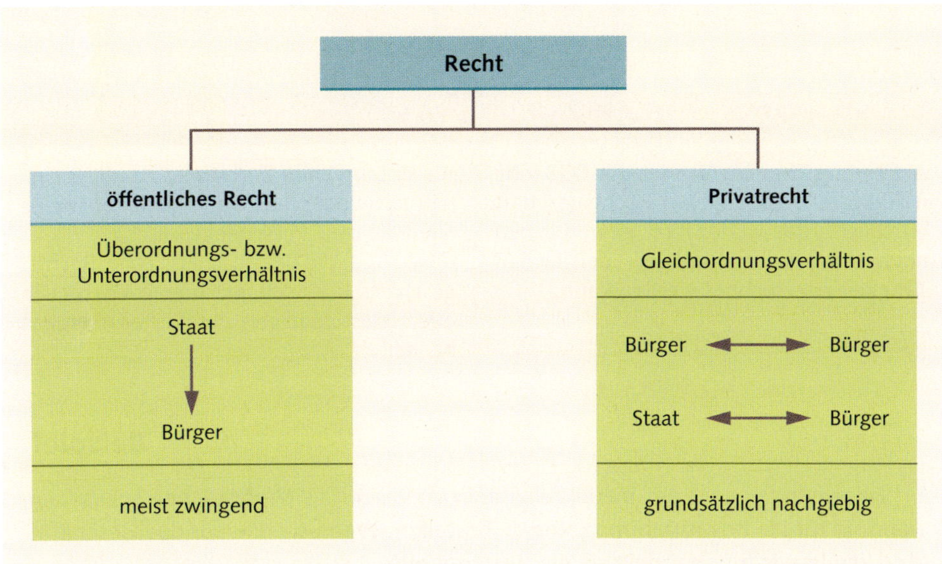

1.2 Rechtssubjekte – Rechts- und Geschäftsfähigkeit

Rechtssubjekte

Die Ausübung und Wahrnehmung von Rechten ist nur durch Rechtssubjekte möglich. Dazu gehören natürliche und juristische Personen.

Merke

Alle Träger von Rechten und Pflichten werden als **Rechtssubjekte** bezeichnet. Man unterscheidet **natürliche** und **juristische Personen**.

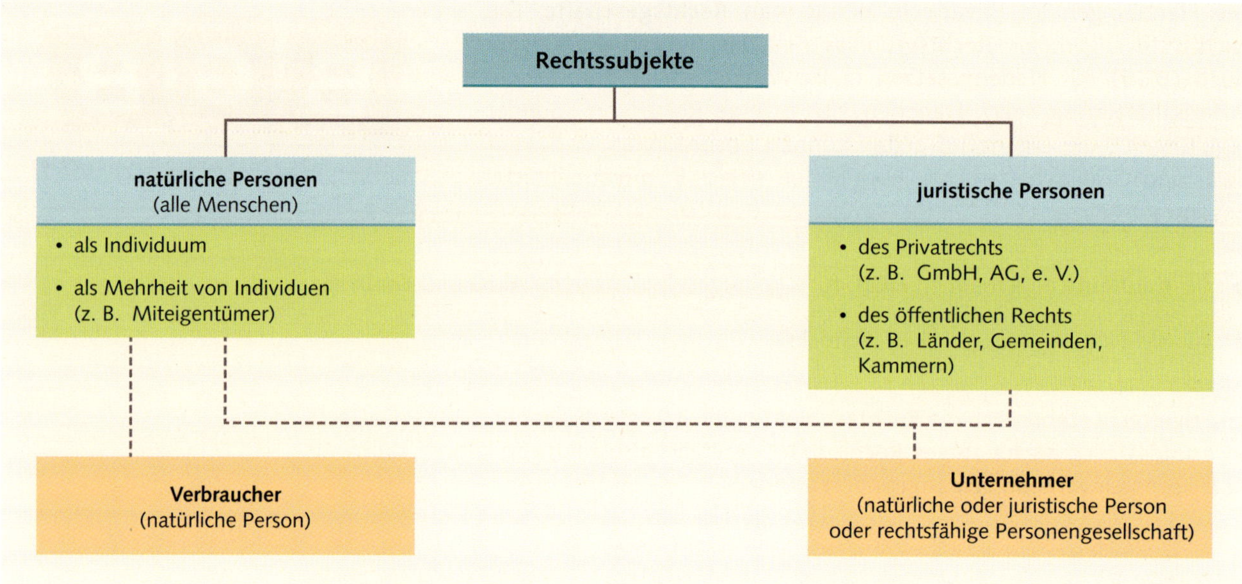

§ 13 BGB

§ 14 BGB

Verbraucher	Unternehmer
Als **Verbraucher** bezeichnet das BGB jede natürliche Person, die ein Rechtsgeschäft abschließt, das weder ihrer gewerblichen noch ihrer selbstständigen beruflichen Tätigkeit zugerechnet werden kann.	Als **Unternehmer** bezeichnet das BGB eine natürliche oder juristische Person oder eine rechtsfähige Personengesellschaft (z. B. OHG, KG), die bei Abschluss eines Rechtsgeschäfts in Ausübung ihrer gewerblichen oder selbstständigen beruflichen Tätigkeit handelt.

Beispiel

Ein Einzelhändler und ein niedergelassener Arzt sind als **Verbraucher** anzusehen, wenn sie für die Privatwohnung Regale bestellen. Wenn sie dies für das Geschäftslokal/die Praxis tun, handeln sie als **Unternehmer.**

Merke

Rechtsfähigkeit ist die Fähigkeit von natürlichen und juristischen Personen, Träger von Rechten und Pflichten zu sein.

Rechtsfähigkeit

Grundsätzlich ist nur der **Mensch als natürliche Person** Träger von Rechten und Pflichten und damit rechtsfähig. Die Rechtsordnung erkennt die Rechtsfähigkeit unter bestimmten Voraussetzungen aber auch **juristischen Personen** zu.

Dazu gehören u. a.

- im Sinne des **Privatrechts** Kapitalgesellschaften und Genossenschaften, eingetragene Vereine, private Stiftungen (z. B. Stiftung Volkswagenwerk);
- im Sinne des **öffentlichen Rechts** Körperschaften wie Bund, Länder und Gemeinden oder z. B. Kammern, Anstalten (z. B. öffentlich-rechtliche Rundfunkanstalten) und öffentlich-rechtliche Stiftungen (z. B. Deutsche Studienstiftung).

Beginn und Ende der Rechtsfähigkeit	
natürliche Personen	Bei **natürlichen Personen** beginnt die Rechtsfähigkeit grundsätzlich mit der Vollendung der Geburt und endet mit dem Tod.
juristische Personen des Privatrechts	Bei **juristischen Personen des Privatrechts** beginnt die Rechtsfähigkeit insbesondere mit der Gründung bzw. der Eintragung in das entsprechende öffentliche Register (z. B. Handelsregister, Vereinsregister) und endet mit der Löschung in diesen Registern.
juristische Personen des öffentlichen Rechts	**Juristische Personen des öffentlichen Rechts** erlangen die Rechtsfähigkeit durch staatliche Verleihung. Die Rechtsfähigkeit endet mit der Auflösung.

Geschäftsfähigkeit

Dass eine Person rechtsfähig ist, heißt nicht zwangsläufig, dass sie auch immer in der Lage ist, ihren Willen selbstverantwortlich zum Ausdruck zu bringen. Dazu gehört bei natürlichen Personen in der Regel ein bestimmtes Lebensalter und ein gewisses Maß an geistiger Reife. Juristische Personen können nur durch Menschen handeln, die als „Organe" oder „gesetzliche Vertreter" zu bezeichnen sind. Von der Rechtsfähigkeit ist deshalb die Geschäftsfähigkeit zu unterscheiden.

Merke

Geschäftsfähigkeit ist die Fähigkeit, Rechtsgeschäfte selbstständig und wirksam abschließen zu können.

Die **Geschäftsfähigkeit** ist insbesondere vom Lebensalter abhängig.

Geschäftsfähigkeit
(nach BGB)

geschäftsunfähig (§ 104)	**beschränkt geschäftsfähig** (§ 106)	**voll geschäftsfähig** (§ 2)
Alter: 0 – 6 Jahre und dauerhaft Geistesgestörte ↓ Willenserklärungen (WE) sind **unwirksam**.	Alter: 7 – 17 Jahre ↓ Willenserklärungen (WE) sind **schwebend unwirksam**.	Alter: ab 18 Jahre ↓ Willenerklärungen (WE) sind **wirksam**.

Ausnahmen
(WE sind auch ohne Zustimmung des gesetzlichen Vertreters wirksam.)

- lediglich rechtlicher Vorteil (§ 107)
- laufendes Taschengeld (§ 110)
- Arbeitsverhältnis (§ 113) (Ausbildungsverträge sind durch § 113 BGB **nicht** erfasst.)
- Erwerbsgeschäft (§ 112)

Zustimmung
ist erforderlich.

Einwilligung (vorher) oder **Genehmigung** (nachher) durch gesetzlichen Vertreter → WE wird **wirksam**.

Verweigerung des gesetzlichen Vertreters → WE wird **unwirksam**.

Beispiel

nichtig / unwirksam

- Ein 6-jähriges Kind darf rechtlich gesehen zwar die Willenserklärung der Mutter (als Bote) übermitteln, z. B. Brötchen zu kaufen, aber nicht aus eigenem Antrieb vom Wechselgeld noch Süßigkeiten erstehen.

schwebend unwirksam

- Ein 16-jähriger Jugendlicher braucht zum Kauf eines Blu-ray-Players grundsätzlich die Zustimmung der Eltern. Hat er den Blu-ray-Player ohne Einwilligung der Erziehungsberechtigten (z. B. von gespartem Geld) gekauft, so ist der Kauf zunächst schwebend unwirksam. Nur wenn die Eltern die Genehmigung geben, wird der Vertrag wirksam. Verweigern die Eltern die Genehmigung, so ist der Kauf unwirksam, der Händler muss das Gerät zurücknehmen und den Kaufpreis erstatten.

wirksam (Taschengeld)

- Kann der Jugendliche den Blu-ray-Player von seinem laufenden Taschengeld bezahlen, ist seine Willenserklärung wirksam.

wirksam (rechtlicher Vorteil)

- Schenkt Tante Frieda der 16-jährigen Nicola 500,00 EUR, so können die Eltern die Annahme des Geschenks nicht untersagen, weil mit dieser Schenkung ausschließlich ein rechtlicher Vorteil verbunden ist. Allerdings können sie z. B. verlangen, dass das Geld gespart wird. Wird das Geld aber mit der Auflage verbunden, jeden Sonntag der Tante Frieda eine Stunde vorzulesen, so besteht rechtlich eine Verpflichtung, und die Eltern müssten zustimmen.

wirksam (Arbeitsverhältnis)

- Der 17-jährige Leon hat mit Zustimmung seiner Eltern eine Stelle als Helfer in einer Pizzeria angenommen. Nach zwei Wochen kündigt er ohne Zustimmung seiner Eltern und wechselt zu einer anderen Pizzeria. Die Kündigung und der neue Arbeitsvertrag sind wirksam, da Leon aufgrund der ersten Zustimmung für alle Rechtsgeschäfte im Rahmen des Arbeitsverhältnisses der gestatteten Art voll geschäftsfähig ist.

wirksam (Erwerbsgeschäft)

- Die 17-jährige Svenja eröffnet mit Zustimmung ihrer Eltern eine Mode-Boutique. Aufgrund von Zahlungsschwierigkeiten weigert sie sich, eine Rechnung zu bezahlen mit dem Hinweis, ihre Eltern hätten dem Einkauf nicht zugestimmt. Svenja muss aber zahlen, da mit Zustimmung der Eltern zum Betrieb der Boutique Svenja für alle Rechtsgeschäfte in diesem Rahmen voll geschäftsfähig ist.

1.3 Rechtsobjekte – Besitz und Eigentum

Rechtsobjekte

Rechtsobjekte sind alle Güter von natürlichen und juristischen Personen, auf die rechtlich Einfluss genommen werden kann. Dies können **Sachen, Tiere** oder **Rechte** sein. Personen können selbst niemals Rechtsobjekte sein.

- **Sachen** im Sinne des Gesetzes sind nur körperliche Gegenstände.
- **Tiere** sind gemäß § 90a BGB keine Sachen, sondern besitzen – als schmerzempfindende Lebewesen – eine eigene Rechtsnatur. Die Vorschriften über Sachen finden eine entsprechende Anwendung, soweit keine besonderen Vorschriften (z. B. Tierschutzgesetz) bestehen.
- **Rechte** sind Berechtigungen, von einem anderen etwas verlangen zu können.

Die **Rechtsobjekte** lassen sich u. a. folgendermaßen einteilen:

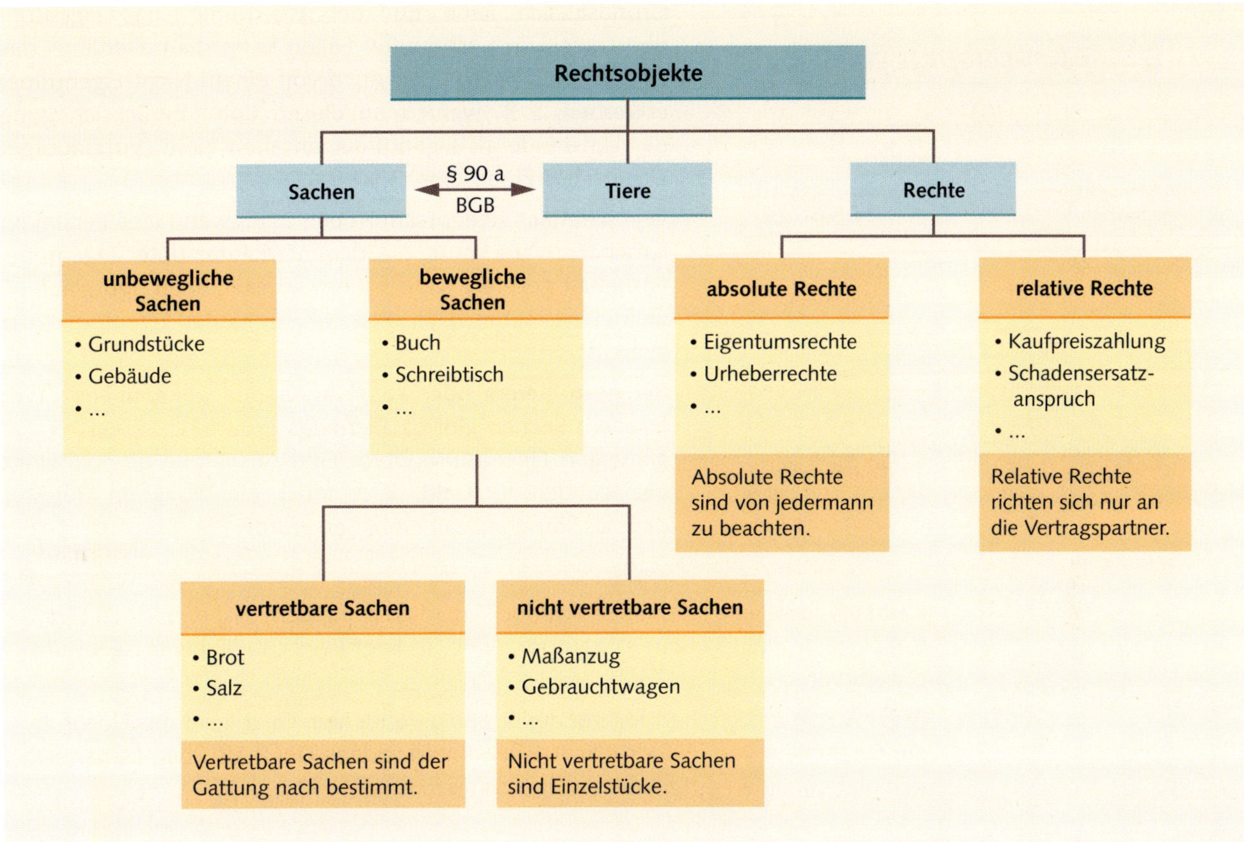

Besitz und Eigentum

Rechte von Rechtssubjekten an Sachen können insbesondere durch Besitz oder Eigentum beschrieben werden.

Merke

Besitz ist definiert als **tatsächliche** Verfügungsgewalt über eine Sache (z. B. „Ich habe ... und darf benutzen.").

§ 845 BGB

Eigentum wird definiert als **rechtliche** Verfügungsgewalt über eine Sache (z. B. „Mir gehört ... und ich darf darüber verfügen, es verkaufen oder verschenken.").

§ 908 BGB

Eigentumsübertragung

Die **Übertragung des Eigentums** an **beweglichen Sachen** erfolgt grundsätzlich durch **Einigung** zwischen den Beteiligten und **Übergabe** der Sache.

§ 929 BGB

Die **Übertragung** des Eigentums an **unbeweglichen Sachen** erfolgt unter verschärften Formvorschriften durch **Einigung vor dem Notar** (Auflassung) und **Eintragung ins Grundbuch**.

§ 311b BGB

§ 932 ff. BGB

Eigentumsübertragung

an beweglichen Sachen	an unbeweglichen Sachen
Einigung	Einigung (= Auflassung)
+	+
Übergabe der Sache	Eintragung ins Grundbuch

Gutgläubiger Eigentumserwerb

Grundsätzlich kann nur der Eigentümer das Eigentum übertragen. In bestimmten Fällen kann man allerdings das Eigentum an einer Sache auch von einem Nicht-Eigentümer erwerben, z. B. wenn man diesen unter Berücksichtigung der Umstände als Eigentümer ansehen kann **(gutgläubiger Erwerb des Eigentums)**.

Wirtschaftlich bedeutsam ist dies z. B., wenn eine Person im Geschäft Ware kauft, die dem Verkäufer unter Eigentumsvorbehalt geliefert wurde. Der Käufer handelt „gutgläubig", weil er vermuten darf, dass der Verkäufer Eigentümer der Ware ist.

Bei **gestohlenen oder sonst abhanden gekommenen** (verlorenen) **Sachen** gibt es allerdings grundsätzlich keinen gutgläubigen Eigentumserwerb. Eine Ausnahme gilt allerdings insbesondere für **Geld**, da es sonst seine Funktion (insbesondere als Tauschmittel) einbüßen würde.

Beispiel

Kauft ein Juwelier gestohlenen Schmuck an, muss er ihn dem ursprünglichen Eigentümer (nicht dem Verkäufer!) zurückgeben. Es liegt kein gutgläubiger Eigentumserwerb vor.

Bezahlt man im Geschäft mit auf der Straße gefundenem Geld, geht das Eigentum am Geldschein vom Finder (Nicht-Eigentümer) an das Geschäft über. Es handelt sich hier um einen gutgläubigen Eigentumserwerb.

1.4 Rechtsgeschäfte

1.4.1 Begriff und Arten der Rechtsgeschäfte

Begriff

Tagtäglich werden von Personen Rechtsgeschäfte getätigt, ohne dass sie sich dessen immer bewusst werden.

Beispiel

Der Kauf im Supermarkt, das Mieten einer Wohnung, die Aufnahme von Krediten, der Abschluss eines Arbeitsvertrages, das Ausleihen eines Buches oder das Einsteigen in einen Bus stellen Rechtsgeschäfte dar, durch welche die Beziehungen zwischen den Rechtssubjekten und zu den Rechtsobjekten geregelt werden.

Voraussetzung für das Zustandekommen solcher Rechtsgeschäfte sind eine oder mehrere **Willenserklärungen**. Hierzu gehört, dass die beteiligten Personen ihren unbedingten Willen erklären, eine Rechtsfolge herbeizuführen. An diese Erklärung sind sie grundsätzlich gebunden!

Beispiel

Ein Arbeitsvertrag begründet z. B. als Rechtsfolge die Pflichten, pünktlich zur Arbeit zu erscheinen sowie das vereinbarte Entgelt zu zahlen.

■ Arten von Rechtsgeschäften

Nach der Anzahl der notwendigen Willenserklärungen unterscheidet man einseitige und mehrseitige Rechtsgeschäfte.

einseitige Rechtsgeschäfte	mehrseitige Rechtsgeschäfte
Einseitige Rechtsgeschäfte enthalten nur **eine Willenserklärung**, die schon bei Abgabe wirksam sein kann (Testament) oder erst nach Empfang durch die betreffende Person wirksam wird (Kündigung).	**Mehrseitige Rechtsgeschäfte** (Verträge) kommen durch mindestens **zwei übereinstimmende Willenserklärungen** zustande und begründen in der Regel beiderseitige Verpflichtungen (Ausnahmen: z. B. Schenkung, Bürgschaft).

©Dan Race-fotolia.com

Beispiel

Beim Kaufvertrag z. B. hat der Verkäufer grundsätzlich die Verpflichtung, dem Käufer die Sache zu übergeben (Besitz) und ihm das Eigentum an der Sache zu verschaffen. Der Käufer verpflichtet sich, den Kaufpreis zu zahlen und die Sache abzunehmen.

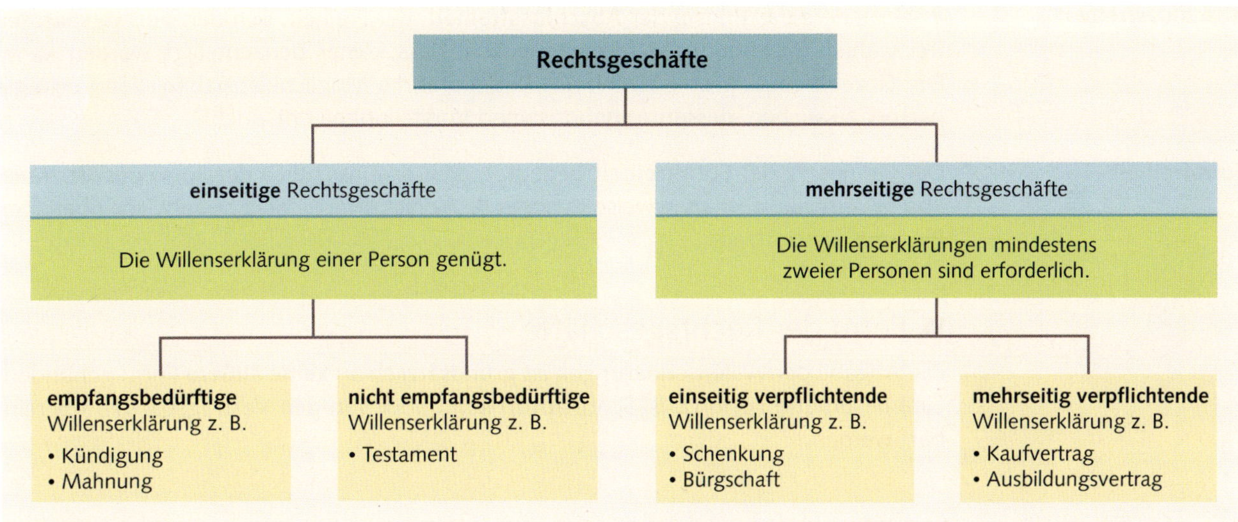

1.4.2 Grundsätze der Vertragsfreiheit und Form der Rechtsgeschäfte

■ Grundsätze der Vertragsfreiheit

Die Rechtsordnung geht grundsätzlich davon aus, dass in Vertragsverhandlungen zwei Partner in fairer Weise einen Interessenausgleich suchen. Sie hat deshalb die Vertragsfreiheit geschaffen, die folgende Grundsätze vorsieht:

Grundsätze der Vertragsfreiheit

- Gestaltungsfreiheit
- Abschlussfreiheit
- Formfreiheit

©auremar-fotolia.com

Das Ziel der **Vertragsfreiheit** – die Selbstverwirklichung der Person – kann jedoch nur dort erreicht werden, wo annähernd wirtschaftliches Gleichgewicht herrscht. Ist eine Person auf die Leistung einer anderen angewiesen und hat sie kaum Ausweichmöglichkeiten, so besteht die Gefahr der Benachteiligung des wirtschaftlich und sozial Schwächeren insbesondere über die **Gestaltungsfreiheit**, d. h. die Möglichkeit der Festlegung von Vertragsbedingungen. Ist ein Verhandlungsgleichgewicht auch nicht annähernd gegeben, so ist der Gesetzgeber herausgefordert, den Schwächeren zu schützen (vgl. z. B. Nichtigkeit und Anfechtbarkeit von Willenserklärungen, Regelungen zum Verbrauchsgüterkauf und weitere Verbraucherschutzbestimmungen, Arbeitsschutzbestimmungen, Wettbewerbsrecht).

Gestaltungsfreiheit

Abschlussfreiheit

Insbesondere das Prinzip der **Abschlussfreiheit**, der Freiheit, sich den Vertragspartner frei wählen zu können, soll gewährleisten, dass keiner benachteiligt werden kann. Der Einzelne muss grundsätzlich das Recht und die Möglichkeit haben, den Vertragspartner zu suchen, dessen Angebot seinen Vorstellungen entspricht.

Formfreiheit

Der Grundsatz der **Formfreiheit** bedeutet, dass es hinsichtlich der Form des Vertragsabschlusses nur ausnahmsweise zwingende Vorschriften gibt, z. B. um vor übereilter Bindung zu schützen.

Form der Rechtsgeschäfte

Die Abgabe der Willenserklärungen ist grundsätzlich an **keine äußere Form** gebunden. Eine bestimmte Form (z. B. Schriftform) kann aber von den Vertragspartnern vereinbart werden.

Äußerungsformen von Willenserklärungen

ausdrückliche Äußerung
- mündlich (auch telefonisch)
- schriftlich (auch elektronisch)

schlüssiges Handeln
- z. B. Einsteigen in den Bus
- z. B. Automatenkauf

bloßes Schweigen
- z. B. übliche Geschäfte unter Kaufleuten
- Billigung bei Kauf auf Probe

In besonderen Fällen schreibt das Gesetz eine **bestimmte äußere Form** bei der Abgabe von Willenserklärungen vor. Dies geschieht insbesondere auch zum Schutz der Vertragspartner **bei wichtigen Rechtsgeschäften**. Die Formerfordernisse haben den Zweck, vor übereiltem Geschäftsabschluss zu bewahren und dienen der Beweissicherung. In besonders strenger Form gilt dies z. B. bei Grundstücksübertragungen oder Eheverträgen.

Grundsätzlich sind folgende gesetzliche Formvorschriften zu beachten:

gesetzliche Formvorschriften nach BGB

Schriftform (§ 128)	öffentliche Beglaubigung (§ 129)	notarielle Beurkundung (§ 128)
Urkunde mit eigenhändiger Unterschrift	Beglaubigung der Unterschrift unter einer schriftlichen Erklärung	Abgabe einer Erklärung vor dem Notar, Abfassung einer Urkunde und Erläuterung durch den Notar, Unterschrift in Anwesenheit des Notars
z. B. Kündigung eines Mietverhältnisses	z. B. Antrag auf Eintragung in das Handelsregister, Ausschlagung einer Erbschaft	z. B. Schenkungsversprechen, Ehevertrag, Erbvertrag, Grundstücksverkauf oder -übertragung

1.4.3 Nichtigkeit und Anfechtbarkeit von Rechtsgeschäften

Obwohl beim Abschluss von Verträgen die Vertragsfreiheit gilt, kann nicht jedes beliebige Rechtsgeschäft voll gültig abgeschlossen werden. Es können Willensmängel vorliegen.

Rechtsgeschäfte können aus verschiedenen Gründen **nichtig** oder **anfechtbar** sein.

Nichtige Rechtsgeschäfte

Merke

Nichtigkeit bedeutet, dass ein Rechtsgeschäft aufgrund einer gesetzlichen Vorschrift **von Anfang an unwirksam** ist, d. h., es wird so getan, als sei das Rechtsgeschäft nie zustande gekommen (keine Rechtswirkungen).

Nichtige Rechtsgeschäfte		Beispiel	§§ BGB
Geschäftsunfähigkeit	Die Willenserklärung wird von einem Geschäftsunfähigen abgegeben.	Ein fünfjähriges Kind kauft eine Tüte Süßigkeiten. Ein Botenauftrag liegt nicht vor.	105, I
Scheingeschäft	Eine Willenserklärung wird zum Schein abgegeben.	Ein Grundstückseigentümer, der sein Grundstück verkauft, trägt in der notariellen Urkunde einen niedrigeren Preis ein, damit Grunderwerbsteuer gespart wird.	117
Scherzgeschäft	Eine Willenserklärung wird zum Scherz abgegeben.	Jemand bietet sein neues Auto für „'n Appel und 'n Ei" an.	118
vorübergehende Unzurechnungsfähigkeit	Eine Willenserklärung wird im Zustand vorübergehender geistiger Unzurechnungsfähigkeit abgegeben.	Ein Betrunkener tauscht im Vollrausch sein neues Smartphone gegen eine Flasche Schnaps.	105, II
Formverstoß	Das Rechtsgeschäft verstößt gegen Formvorschriften.	Der Kauf eines Grundstücks wird auf einem Bierdeckel vertraglich vereinbart. Es findet nachträglich keine Auflassung und Eintragung im Grundbuch statt.	125
Gesetzesverstoß	Das Rechtsgeschäft verstößt gegen gesetzliche Vorschriften.	Ein Dealer betreibt Drogenhandel.	134
Sittenwidrigkeit	Das Rechtsgeschäft verstößt gegen die guten Sitten.	Ein Kreditvermittler verlangt Wucherzinsen.	138

Anfechtbare Rechtsgeschäfte

Merke

Anfechtbarkeit bedeutet, dass ein Rechtsgeschäft **rückwirkend** durch einen Einwand für **unwirksam** erklärt werden **kann**.

Rechtsgeschäfte, die aufgrund eines **Irrtums** oder **falscher Übermittlung** anfechtbar sind, müssen **unverzüglich nach Entdeckung** angefochten werden.

Rechtsgeschäfte, die aufgrund einer **Täuschung** oder **widerrechtlichen Drohung** zustande kommen, sind **innerhalb eines Jahres nach Entdeckung** bzw. Wegfalls der Zwangslage anzufechten.

In beiden Fällen gilt, dass eine Anfechtung ausgeschlossen ist, wenn **10 Jahre** seit Abgabe der Willenserklärung verstrichen sind.

Nicht anfechtbar sind Rechtsgeschäfte, bei denen ein **Irrtum im Motiv** zu Grunde liegt.

Beispiel

Ein Aktionär kauft in der Hoffnung auf steigende Kurse Aktien, der Kurs fällt jedoch (= **Motivirrtum**).

Anfechtungsgründe		Beispiel	§§ BGB
Inhaltsirrtum	Der Erklärende weiß, was er sagt, aber er weiß nicht, was das Gesagte bedeutet.	Der Besteller glaubt, ein Dutzend seien 10 Stück.	119, I
Erklärungsirrtum	Der Erklärende wollte das, was er sagt oder tut, gar nicht sagen oder tun (versprechen, verzeigen, verschreiben).	In einem Angebot wird der Preis einer Ware irrtümlich mit 74,00 EUR statt mit 740,00 EUR angegeben.	119, I
Eigenschaftsirrtum	Der Erklärende weiß, was er sagt, aber er hat eine falsche Vorstellung von der betreffenden Sache oder Person.	Ein Antiquitätenhändler verkauft das Original eines Gemäldes in dem Glauben, es sei eine Kopie.	119, II
Übermittlungsirrtum	Eine Willenserklärung ist durch eine andere Person/Sache falsch übermittelt worden.	Ein Bote übermittelt ein Angebot (z. B. Preisangabe) falsch.	119, II
arglistige Täuschung	Die Willenserklärung wurde durch arglistige Täuschung erschlichen.	Ein Autoverkäufer verkauft einen Gebrauchtwagen als unfallfrei, obwohl er genau weiß, dass das Fahrzeug einen Unfallschaden hatte.	123
widerrechtliche Drohung	Die Willenserklärung wurde widerrechtlich durch Drohung erzwungen.	Der Verkauf eines Grundstücks kommt durch eine Erpressung zustande.	123

1.5 Wichtige Vertragsarten im Überblick

Das nachfolgende Schaubild zeigt einen Überblick über wichtige Vertragsarten im Wirtschaftsleben.

Vertragsart	Vertragspartner und Inhalt	§§ BGB
Kaufvertrag	Käufer und Verkäufer einigen sich auf den **Kauf** von Sachen oder Rechten **gegen Entgelt**.	433 – 449
Verbrauchsgüterkauf	**Verbraucher** kauft vom **Unternehmer** eine **bewegliche Sache**.	474 – 479
Werkvertrag	Unternehmer und Besteller einigen sich auf die **erfolgsgerichtete** Herstellung eines Werkes **gegen Entgelt**.	631 – 651
Werklieferungsvertrag	Unternehmer verpflichtet sich, **gegen Entgelt** ein Werk aus **einem vom Besteller zu beschaffenden Stoff** herzustellen.	651
Leihvertrag	Verleiher und Leiher einigen sich auf die Überlassung von Sachen zum Gebrauch **ohne Entgelt**. Für den Leiher besteht eine Verpflichtung zur **Rückgabe derselben Sache**.	598 – 606
Mietvertrag	Vermieter und Mieter einigen sich auf die **Überlassung von Sachen** zum Gebrauch **gegen Entgelt**.	535 – 580

Vertragsart	Vertragspartner und Inhalt	§§ BGB
Pachtvertrag	Verpächter und Pächter einigen sich auf die **Überlassung von Sachen** zum Gebrauch **gegen Entgelt** und dem **Recht zum Ziehen von Früchten**.	581 – 534
Schenkungsvertrag	Schenker und Beschenkter einigen sich auf die **unentgeltliche Zuwendung** von Sachen oder Rechten.	516 – 534
Darlehensvertrag (Kreditvertrag)	Darlehensgeber und Darlehensnehmer einigen sich auf die zeitlich befristete oder unbefristete, **entgeltliche oder unentgeltliche** Überlassung von Geld oder anderen vertretbaren Sachen. Der Darlehensnehmer verpflichtet sich zur **Rückgabe gleichartiger, aber anderer Sachen**.	488 – 498 607 – 609
Dienstvertrag (Arbeitsvertrag)	Arbeitgeber und Arbeitnehmer einigen sich auf die **Leistung von Diensten gegen Entgelt**. Es besteht **keine Erfolgsgarantie**.	611 – 630

1.6 Kaufvertrag als Rechtsgeschäft

1.6.1 Zustandekommen von Kaufverträgen

§ 311 BGB

§ 130 BGB

Das Zustandekommen von Kaufverträgen setzt (wie jeder Vertrag) **zwei übereinstimmende Willenserklärungen** voraus: **Antrag** (= 1. Willenserklärung) und **Annahme** (= 2. Willenserklärung). Die Willenserklärungen sind grundsätzlich bindend, es sei denn,

- die **Bindung** wurde **ausgeschlossen** oder **befristet**,
- der Vertrag konnte noch **rechtzeitig widerrufen** werden,
- der Antrag wurde **nicht rechtzeitig angenommen**.

Willenserklärung	Erklärungen
a) Besonderheiten beim Antrag	
Bindung ausschließen	**Freizeichnungsklauseln** schließen eine Bindung punktuell aus, z. B. Preis freibleibend, solange der Vorrat reicht, unverbindlich.
Bindung befristen	**Zeitliche Befristungen** begrenzen die Dauer einer rechtlichen Bindung, z. B. gültig bis zum 18.05. ...
Widerruf	Ein Widerruf ist nur wirksam, wenn er **spätestens gleichzeitig mit dem Antrag** eintrifft. Beispiel: Ein durch Brief zugesandter Antrag kann gegebenenfalls durch Telefon, Telefax oder E-Mail rechtzeitig widerrufen werden.
b) Besonderheiten bei der Annahme	
Annahmefristen	Unter **Anwesenden** muss die Annahme erfolgen, solange die Unterredung (auch telefonisch) dauert. Unter **Abwesenden** muss die Annahme erfolgen, wie unter regelmäßigen Umständen eine Antwort erwartet werden kann. Für eine rechtzeitige Annahme sind zu berücksichtigen: Transportwege (Antrag, Annahme), Überlegungsfrist, Zeit für die Erstellung der Mitteilung. Wird ein Antrag verspätet oder abgeändert angenommen, so gilt dies als **neuer Antrag**.

Dem Antrag geht in manchen Fällen eine **Anfrage** voran, in der Personen oder Unternehmen sich über die Leistungen möglicher Vertragspartner informieren. Im Gegensatz zum Antrag hat die Anfrage grundsätzlich **keine rechtsbindende Wirkung** bezogen auf einen Vertragsabschluss. Sie stellt lediglich eine Bitte um Information dar.

Beim Abschluss eines Kaufvertrages können Antrag und Annahme sowohl vom Käufer als auch vom Verkäufer ausgehen.

©Thomas Lachemund-fotolia.com

■ Antrag durch den Verkäufer (Angebot)

Geht der Antrag vom Verkäufer aus, so spricht man von einem Angebot.

Merke

Das **Angebot** ist eine an eine **bestimmte** Person oder Personengruppe gerichtete Willenserklärung, eine Leistung zu erbringen (z. B. Waren unter bestimmten Bedingungen zu liefern).

Anzeigen in Zeitungen, Prospekte und **Schaufensterauslagen** sind rechtlich gesehen **keine Angebote**, da sie an keine bestimmte Person/Personengruppe gerichtet sind. Sie stellen lediglich Kaufaufforderungen dar und sind **grundsätzlich unverbindlich**.

Je nachdem, ob dem Angebot eine Anfrage vorausging, ist zu unterscheiden:

Angebot

verlangtes Angebot	**unverlangtes Angebot**
Eine Anfrage ging voraus.	Der Lieferant bietet seine Produkte ohne vorausgegangene Anfrage an.

©Pixelot-fotolia.com

Erfolgt auf das Angebot des Verkäufers (Antrag) eine entsprechende Bestellung seitens des Käufers (Annahme), so kommt der Kaufvertrag zustande, da zwei übereinstimmende Willenserklärungen vorliegen.

Zustandekommen von Kaufverträgen

Verkäufer

©Picture-Factory-fotolia.com

1. Willenserklärung (Antrag) = **Angebot** →

← 2. Willenserklärung (Annahme) = **Bestellung**

Käufer

©Minerva Studio-fotolia.com

Kaufvertrag

©Minerva Studio-fotolia.com

Eine zusätzliche **Auftragsbestätigung** seitens des Verkäufers ist zwar oft üblich, aber hier rechtlich ohne Bedeutung.

§ 151 BGB

Der Antrag kann auch durch **Zusendung unbestellter Ware** erfolgen. In diesem Fall liegt ein verbindliches Angebot des Verkäufers vor. Die Annahme eines solchen Antrags erfolgt durch:

- **ausdrückliche Erklärung** der Annahme (schriftlich oder mündlich),
- **schlüssiges Handeln** (Bezahlung der Ware, Gebrauch der Ware).

Reagiert der Empfänger nicht, so gilt das Stillschweigen

- von einer **Privatperson** gegenüber Kaufleuten grundsätzlich als **Ablehnung**,
- unter **Kaufleuten** als **Annahme**, sofern bereits **eine Geschäftsbeziehung** besteht.

Besteht **unter Kaufleuten** eine Geschäftsbeziehung, so hat der Empfänger eine **Ablehnung** unverzüglich mitzuteilen und die Ware zur Verfügung zu stellen.

Beispiel

Ein Unternehmen, das Druckerzeugnisse vertreibt, sendet Monika Müller unverlangt ein Dutzend Weihnachtskarten zu. Monika Müller kann diesen Antrag annehmen, indem sie die Karten bezahlt. Eine Verpflichtung dazu besteht nicht.

Unverlangt zugesandte Ware darf der Empfänger (sofern er Verbraucher ist) ohne Bezahlung und ohne Pflicht zur Aufbewahrung nutzen. Dadurch trägt der Verkäufer (vom Gesetzgeber gewollt) das Risko des Totalverlustes, wenn er unaufgefordert Ware an Privatpersonen schickt.

©DOC RABE Media.com

Antrag durch den Käufer (Bestellung)

Geht der Antrag vom Käufer aus, kommt der Vertrag durch verbindliche Bestellung und Bestellungsannahme (Auftragsbestätigung) zustande.

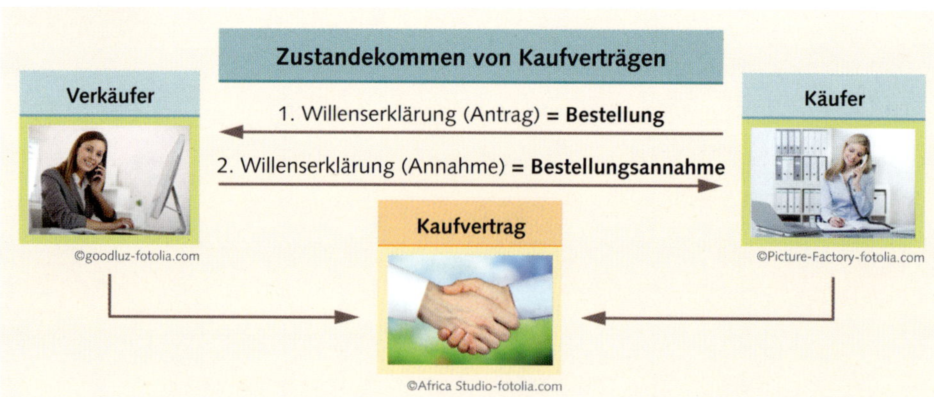

LERNFELD 4

1.6.2 Kaufvertrag als Verpflichtungs- und Erfüllungsgeschäft

Durch den Kaufvertrag werden zunächst die **Pflichten** für Verkäufer und Käufer festgelegt (Verpflichtungsgeschäft).

Im Rahmen betrieblicher Planungs- und Entscheidungsprozesse sind die Marktbeziehungen zu Lieferanten und zu Kunden auf eine verlässliche Basis zu stellen, um die Existenz der Unternehmung zu sichern. Die Bindung an die durch Kaufverträge festgeschriebenen Pflichten schafft zunächst einmal die notwendige Planungssicherheit, um unternehmerisch tätig sein zu können.

Verpflichtungsgeschäft beim Kaufvertrag

Pflichten des Verkäufers	Pflichten des Käufers
• Sache übergeben/liefern	• Sache annehmen
• Eigentum übertragen	• Kaufpreis zahlen

Werden die vertragstypischen Pflichten beim Kaufvertrag von den Vertragspartnern erfüllt, so erlischt das **Verpflichtungsgeschäft** durch das **Erfüllungsgeschäft** (Verfügungsgeschäft).

§ 433 BGB
§ 362 BGB

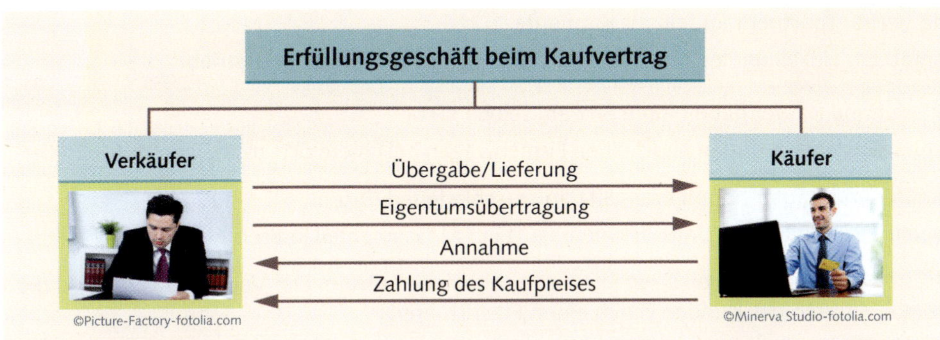

Häufig fallen Verpflichtungs- und Erfüllungsgeschäft zusammen (z. B. bei Einkäufen des täglichen Lebens), ohne dass wir uns bewusst sind, mehrere Rechtsgeschäfte zu tätigen.

Beispiel

Wer in einer Bäckerei Brot kauft, geht folgende Rechtsgeschäfte ein:

1. **Verpflichtungsgeschäft**: Verpflichtung zur Übergabe des Brotes und Übertragung des Eigentums (seitens des Verkäufers) sowie Verpflichtung zur Annahme des Brotes und Zahlung des Kaufpreises (seitens des Käufers).
2. **Erfüllungsgeschäft**: die tatsächliche Übergabe des Brotes und Übertragung des Eigentums (Verkäufer) sowie die Annahme des Brotes und Zahlung des Kaufpreises (Käufer).

Dennoch ist es wichtig, zwischen Verpflichtungs- und Erfüllungsgeschäft zu unterscheiden. Kommt z. B. eine Person ihren Verpflichtungen aus einem Vertrag nicht nach, so muss sie mit Rechtsfolgen rechnen, insbesondere damit, dass der Vertragspartner Ansprüche geltend macht.

1.7 Kaufvertragsarten

Kaufverträge spielen im Geschäftsleben eine herausragende Rolle. Insbesondere wegen ihrer unterschiedlichen Rechtswirkungen werden sie besonders genau unterschieden und definiert.

Kaufvertragsarten nach der Rechtsstellung und dem Sitz der Vertragspartner

Kaufvertragsarten	Erläuterung/Beispiel
bürgerlicher Kauf	Beide Vertragspartner handeln als Nichtkaufleute. **Beispiel:** Frau Müller verkauft ihren gebrauchten Pkw an ihre Nachbarin.
einseitiger Handelskauf	Einer der Vertragspartner handelt als Kaufmann (für ihn gehört es zum Handelsgeschäft), der andere nicht. **Beispiel:** Ein Antiquitätenhändler kauft „von privat" eine alte Uhr.
insbesondere **Verbrauchsgüterkauf**	Verbraucher kauft vom Unternehmer eine bewegliche Sache. **Beispiel:** Ein Lehrer kauft Bücher in einer Buchhandlung.
zweiseitiger Handelskauf	Beide Vertragspartner handeln als Kaufleute. **Beispiel:** Ein Einzelhändler kauft beim Großhändler Ware für seinen Betrieb.
Platzkauf	Verkäufer und Käufer haben ihren Sitz am selben Ort. **Beispiel:** Ein Unternehmen kauft einen Firmenwagen bei einem ortsansässigen Autohändler.
Distanzkauf	Verkäufer und Käufer haben ihren Sitz an verschiedenen Orten. **Beispiel:** Ein Hamburger Unternehmen kauft ein Maschinenteil in Bremen.
Versendungskauf	Verkäufer und Käufer haben ihren Sitz an verschiedenen Orten. Der Verkäufer verschickt die Ware auf Wunsch des Kunden durch einen Frachtführer. **Beispiel:** Hans Meier (Münster) kauft bei einem Moselwinzer Wein. Der Wein wird auf Wunsch von Meier per Spedition geliefert.

Kaufvertragsarten nach Art, Güte und Beschaffenheit

Kaufvertragsarten	Erläuterung/Beispiel
Gattungskauf	Die Ware ist nicht individuell bestimmt (eine vertretbare Sache). Der Käufer kann nur Waren mittlerer Art und Güte erwarten. **Beispiel:** Das Gartenbauamt lässt sich 500 Rotbuchensetzlinge und 20 Schubkarren liefern.
Stückkauf	Die Ware ist individuell bestimmt (keine vertretbare Sache). **Beispiel:** Es wird ein Kaufvertrag über einen bestimmten Gebrauchtwagen abgeschlossen.

Kaufvertragsarten	Erläuterung/Beispiel
Kauf auf Probe	Der Käufer bestellt eine Ware, um sie auf ihre Eignung zu überprüfen. Ist er mit der Ware nicht zufrieden, so kann er sie zurückgeben und ist nicht zur Zahlung des Kaufpreises verpflichtet. Entscheidend ist seine Billigung; ggf. ist eine Frist zu beachten. **Beispiel:** Ein Teppich wird bestellt und geliefert; gefällt er im neuen Umfeld nicht, kann er zurückgegeben werden.
Kauf zur Probe	Der – ganz „normale" – Kauf wird zunächst zu Testzwecken über eine kleine Menge abgeschlossen. Ein Recht zur Rückgabe besteht nicht. Bei Gefallen wird ein größerer Auftrag in Aussicht gestellt (unverbindlich). **Beispiel:** Für einen Raum wird ein Teppichboden gekauft; bei Bewährung wird ein Anschlussauftrag für weitere Räume in Aussicht gestellt.
Kauf nach Probe	Der Käufer bestellt eine Ware, die dem zugesandten Muster bzw. einer früher gelieferten Ware entspricht. **Beispiel:** Für ein Büro wird Teppichboden nach einem zuvor gelieferten Muster bestellt.
Spezifikationskauf	Der Käufer bestimmt zunächst die Warenart und die Menge. Innerhalb einer bestimmten Frist hat er das Recht, die Ware nach Form, Farbe und Ausstattung genauer zu bestimmen. **Beispiel:** Ein Unternehmen bestellt einen neuen Firmenwagen. Die Farbe und Extras werden später festgelegt.
Kauf in Bausch und Bogen (Ramschkauf)	Die gesamte Warenmenge wird zu einem Pauschalpreis erworben. Der Käufer hat weder ein Auswahlrecht noch die Möglichkeit, Qualitätsmängel zu reklamieren. **Beispiel:** Ein Aufkäufer erwirbt bei einer Geschäftsaufgabe die gesamte Liefermenge an Aktenordnern.

■ Kaufvertragsarten nach den Lieferbedingungen

Kaufvertragsarten	Erläuterung/Beispiel
Terminkauf	Der Liefertermin wird mehr oder weniger genau festgelegt. **Beispiel:** Lieferung in der 36. Woche; Lieferung innerhalb von 60 Tagen; Lieferung bis Anfang (01.), Mitte (15.) oder Ende (letzter Tag) des Monats (§ 192 BGB)
Fixkauf/ Zweckkauf	Der Liefertermin wird kalendermäßig genau festgelegt. Es darf weder früher noch später geliefert werden. Ergibt sich der genaue Termin aus dem Verwendungszweck (z. B. Hochzeitsbuffet), spricht man von einem Zweckkauf. **Beispiel:** Lieferung am 12.12.20.. **Beispiel:** Lieferung des Brautstraußes zum Tag der Hochzeit 11:00 Uhr
Kauf auf Abruf	Der Käufer kann die Lieferung in Teilmengen innerhalb eines vereinbarten Zeitraums abrufen. In der Regel wird auch der Rhythmus (Mengen und Zeitpunkte) vereinbart, in dem abgerufen wird. **Beispiel:** Eine Druckerei kauft 5 Mio. Blatt Papier und ruft kleinere Mengen monatlich beim Lieferanten ab.

Kaufvertragsarten	Erläuterung/Beispiel
Sofortkauf Handkauf = Sofortkauf im Ladengeschäft des Verkäufers	Die Ware ist sofort zu liefern und sofort zu bezahlen (Zug-um-Zug-Geschäft). **Beispiel:** Kauf von Lebensmitteln im Supermarkt
Streckengeschäft	Der Verkäufer lässt die Ware direkt von seinem Lieferanten (z. B. Hersteller) an seine Kunden liefern. Das Lager des Verkäufers wird nicht berührt. **Beispiel:** Ein Kunde kauft im Baumarkt ein Gartenhaus. Die Lieferung erfolgt direkt vom holländischen Hersteller zum Kunden.

Kaufvertragsarten nach den Zahlungsbedingungen

Kaufvertragsarten	Erläuterung/Beispiel
Kauf gegen Vorkasse	Der gesamte Kaufpreis (oder ein Teil) ist vor Lieferung zu entrichten. **Beispiel:** Die maßgeschneiderte Einbauküche wird erst nach Erhalt einer Anzahlung von 50 % des Kaufpreises geliefert.
Barkauf	Die Ware ist sofort bar zu bezahlen. **Beispiel:** Barzahlung bei Kauf von Lebensmitteln im Supermarkt
Zielkauf	Die Zahlung muss bis zum Ablauf einer festgelegten Zahlungsfrist (Zahlungsziel) erfolgen. **Beispiel:** Zahlungsziel 30 Tage
Kommissionskauf	Die Waren werden im eigenen Namen, aber auf fremde Rechnung verkauft. **Beispiel:** Eine Second-Hand-Boutique verkauft gebrauchte „Edelklamotten" auf Kommission, also in ihrem Namen, d. h.: Die Namen der „Lieferer" (der ursprünglichen Besitzer) bleiben unbekannt. Aber sie verkauft auf Rechnung der „Lieferer", d. h.: Der Lieferer trägt das Absatzrisiko; was nicht verkauft wird, nimmt er zurück.
Teilzahlungskauf (Ratenkauf/ Abzahlungskauf)	Bei Warenlieferung leistet der Käufer in der Regel eine Teilzahlung bei Übergabe der Ware und verpflichtet sich, den Restbetrag in mindestens zwei gleichbleibenden Raten zu zahlen. **Beispiel:** Ein Kunde kauft ein neues Fernsehgerät für 1850,00 EUR. Er zahlt 350,00 EUR sofort an. Die Restsumme begleicht er in 24 Monatsraten zu 62,50 EUR.
Ratenlieferungskauf	Es findet ein Kauf zusammengehöriger Sachen mit vereinbarten Teillieferungen statt, die jeweils zu bezahlen sind, oder eine regelmäßige Lieferung gleichartiger Sachen oder Verpflichtung zum wiederkehrenden Bezug von Sachen. **Beispiel:** Ein Kunde kauft als Set 24 Sammlertassen mit monatlicher Lieferung von 2 Tassen. Ebenso: Zeitschriftenabonnement, Buchclub-Abonnement.

1.8 Besondere Regelungen für den Abschluss des Kaufvertrages

1.8.1 Allgemeine Geschäftsbedingungen

Das grundsätzliche Prinzip der Vertragsfreiheit wird in der Wirklichkeit oft eingeschränkt. In ihren **Allgemeinen Geschäftsbedingungen (AGB)** legen Unternehmen vorab wesentliche Bestandteile eines Vertrages einseitig fest, um nicht bei jedem Vertragsabschluss alle Einzelheiten erneut verhandeln zu müssen. Der Vertragspartner soll sich dann generell mit den AGB einverstanden erklären.

©JENS-fotolia.com

Merke

Allgemeine Geschäftsbedingungen sind alle für eine Vielzahl von Verträgen vorformulierten Vertragsbedingungen, die eine Vertragspartei der anderen Vertragspartei stellt.

Insbesondere können die Allgemeinen Geschäftsbedingungen sich beziehen auf:

- Regelungen zur Lieferpflicht und zur Lieferzeit,
- Bestimmungen zu Preisen und Nachlässen,
- Regelungen zu Zahlungsbedingungen und Zahlungsverzug,
- Handhabung des Warenversands (Mittel, Risiken, Kosten),
- Regelungen zur Wahrnehmung von Rechten des Käufers bei Vertragsstörungen,
- Eigentumsvorbehalt des Verkäufers,
- Erfüllungsort und Gerichtsstand.

Individuelle Absprachen haben Vorrang!

§ 305, I BGB

Allgemeine Geschäftsbedingungen liegen nicht vor, soweit die Vertragsbedingungen im Einzelnen ausgehandelt werden (individuelle Absprachen). Werden individuelle Absprachen getroffen, so haben diese Vorrang vor den AGB.

Zwar erleichtern die AGB den Vertragsabschluss, doch setzen wirtschaftlich starke Unternehmen mit diesem Instrument ihre Interessen gegenüber Verbrauchern, aber auch gegenüber wirtschaftlich schwächeren Unternehmen durch.

Schutz von Privatpersonen

In den Regelungen des BGB zu den AGB kommt ein **Schutzgedanke** gegenüber Privatpersonen besonders deutlich zum Ausdruck. Allgemeine Geschäftsbedingungen werden grundsätzlich nur wirksam, wenn

- der Verkäufer auf seine AGB **hinweist** (ausdrücklich oder durch einen deutlich sichtbaren Aushang),
- der Käufer die Gelegenheit hat, den Inhalt der Allgemeinen Geschäftsbedingungen zur **Kenntnis** zu nehmen,
- der Käufer sein **Einverständnis** gegeben hat (ausdrücklich oder durch schlüssiges Handeln).

Wichtige Vorschriften zur Einbeziehung Allgemeiner Geschäftsbedingungen in den Vertrag	
Individuelle Vertragsabreden (auch mündlich – allerdings mit Beweisproblemen) haben Vorrang vor den Allgemeinen Geschäftsbedingungen.	§ 305b BGB
Auslegungsunterschiede gehen zu Lasten des Verwenders der Allgemeinen Geschäftsbedingungen. **Überraschende und mehrdeutige Klauseln** sind unwirksam. **Beispiel:** Mit der Buchung eines EDV-Kurses wird laut AGB ein PC erworben. Der PC muss nicht gekauft werden.	§ 305c BGB
Rechtsfolgen bei Unwirksamkeit: Ist eine Klausel unwirksam, so bleibt der Vertrag im Übrigen wirksam. Der Inhalt des Vertrages richtet sich dann in diesem Punkt nach den gesetzlichen Vorschriften.	§ 306 BGB
Inhaltskontrolle: Bestimmungen in den Allgemeinen Geschäftsbedingungen sind **unwirksam**, wenn sie den Vertragspartner des Verwenders entgegen den Geboten von Treu und Glauben **unangemessen benachteiligen**.	§ 307 BGB
Grundsätzlich unwirksam sind u. a. folgende Klauseln: • **Rücktrittsvorbehalt:** jederzeit vom Vertrag zurücktreten zu dürfen; • **Änderungsvorbehalt:** die versprochene Leistung willkürlich ändern zu dürfen; • **kurzfristige Preiserhöhung:** Preiserhöhungen innerhalb von 4 Monaten vorzunehmen; • **Verkürzung der Gewährleistungspflichten:** Reklamationen von Verbrauchern beispielsweise nur innerhalb von 14 Tagen anzuerkennen; • **Beschränkung der gesetzlichen Gewährleistungsrechte:** z. B. Festlegung auf Nachbesserung bei Ausschluss des Rechtes zur Minderung oder Ausschluss des Rechtes zum Rücktritt bei fehlgeschlagener Nachbesserung.	§ 308 BGB (mit Wertungsmöglichkeit) § 309 BGB (ohne Wertungsmöglichkeit) (Wertungsmöglichkeit bedeutet, dass ein Bewertungsspielraum vorhanden ist.)

1.8.2 Fernabsatzverträge und elektronischer Geschäftsverkehr

Die Merkmale von Fernabsatzverträgen und elektronischem Geschäftsverkehr sind weitgehend identisch. Eine Differenzierung ist dennoch erforderlich, da die Vertragspartner unterschiedliche oder zusätzliche Pflichten zu erfüllen haben bzw. Rechte in Anspruch nehmen können.

So kommt es insbesondere darauf an, ob die Vertragspartner als **Unternehmer** oder **Verbraucher** handeln. Z. B. kann nur bei einem Vertrag zwischen einem Unternehmer und einem Verbraucher widerrufen werden. Handelt der Anbieter privat, also nicht in Ausübung einer gewerblichen oder selbstständigen Tätigkeit, ist ein **Widerrufsrecht** nicht gegeben.

Voraussetzungen	
Fernabsatzverträge	**elektronischer Geschäftsverkehr**
Lieferung von Waren oder die Erbringung von Dienstleistungen	Lieferung von Waren oder die Erbringung von Dienstleistungen
Vertragspartner: (ausschließlich) Unternehmer – Verbraucher	**Vertragspartner:** Unternehmer – Verbraucher Unternehmer – Unternehmer
Vertragsabschluss unter **Einsatz von Fernkommunikationsmitteln** (z. B. Briefe, Kataloge, Telefonanrufe, E-Mails sowie Kontakte über Internet) Telemedien sind keine Voraussetzung. Der Offline-Handel, z. B. klassischer Versandhandel, ist genauso betroffen wie der Online-Handel. Vertrag muss ausschließlich **im Rahmen eines für Fernabsatz organisierten Vertriebs- und Dienstleistungssystems** stattfinden (z. B. aufgrund eines Kataloges bei einem Versandhaus). Die Vertriebsform darf nicht nur gelegentlich genutzt werden.	Vertragsabschluss **ausschließlich unter Einsatz von Telemedien/elektronischen Medien** (z. B. Webshops, Online-Auktionshäuser, Angebote von Mediatheken der Rundfunkveranstalter) Es kommt darauf an, dass der Kunde die Information zum Zweck einer Bestellung **individuell elektronisch** abrufen kann. (Nicht anwendbar ist die Vorschrift auf Standardbriefe und telefonische Vertragsanbahnung, ebenso wenig auf Telefax und E-Mail-Verwendungen, die sich an eine unbestimmte Zahl von möglichen Kunden wenden.)

Pflichten bei Fernabsatzverträgen

Für Fernabsatzverträge gelten speziell geregelte **Informationspflichten** des Unternehmers. Diese betreffen u. a.

- die Identität des Unternehmens,
- wesentliche Merkmale der Ware oder Dienstleistung,
- Preis – einschließlich aller Preisbestandteile und gegebenenfalls entstehender Kosten,
- Einzelheiten zu Lieferung und Zahlung,
- Widerrufs- oder Rückgaberecht.

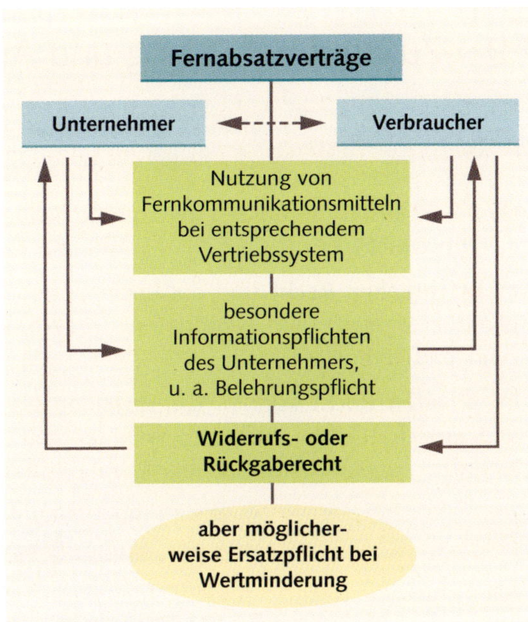

§ 312c BGB
§ 312d BGB
§ 356 BGB

©WoGi-fotolia.com

Anstelle des Widerrufsrechts kann dem Verbraucher auch ein Rückgaberecht eingeräumt werden. Bei einem Widerrufsrecht kann der Käufer den Widerruf in Textform oder durch Rücksendung der Ware ausüben. Bei einem Rückgaberecht kann dieses Recht nur durch Rücksendung ausgeübt werden.

Der Verbraucher kann den Widerruf schriftlich oder durch Rücksendung der Ware (in bestimmten Fällen, z. B. bei sehr großen Waren, durch ein Rücknahmeverlangen) erklären. Eine Begründung ist nicht erforderlich. Die **Widerrufsfrist beträgt 14 Tage**. Diese beginnt grundsätzlich mit dem Zeitpunkt der – erforderlichen – Belehrung über das Widerrufsrecht, bei der Lieferung von Waren nicht vor dem Tag des Wareneingangs beim Empfänger.

Pflichten im elektronischen Geschäftsverkehr

§ 312g BGBB

Ein stetig wachsender Anteil des Handels findet durch den elektronischen Geschäftsverkehr statt – insbesondere als eCommerce über das Internet. Der Gesetzgeber gibt dem Unternehmer dazu eine Reihe von Pflichten auf, z. B.:

©XK-fotolia.com

- technische Mittel zur Erkennung und Korrektur von Eingabefehlern zur Verfügung stellen;
- Informationen zur Erkennung und Berichtigung von Eingabefehlern vor Abgabe der Vertragserklärung bereitstellen;
- die Speicherung des Vertragstextes nach dem Vertragsschluss ermöglichen;
- den Zugang einer Bestellung unverzüglich auf elektronischem Wege bestätigen;
- auf die Möglichkeit hinweisen, die Vertragsbestimmungen einschließlich der Allgemeinen Geschäftsbedingungen bei Vertragsschluss abzurufen und in wiedergabefähiger Form zu speichern.

Sofern der Kunde ein Verbraucher ist, besteht in der Regel ein Widerrufs- oder Rückgaberecht (entsprechend Fernabsatzverträgen).

1.9 Zusammenfassung und Aufgaben

Zusammenfassung

Rechtsordnung

Die Rechtsordnung umfasst zwei große Teilbereiche – das **öffentliche Recht** und das **Privatrecht**.

Im **öffentlichen Recht** sind die Rechtsbeziehungen insbesondere zwischen übergeordneten und untergeordneten Trägern von Rechten und Pflichten meist zwingend geregelt.

Im **privaten Recht** können die Einzelnen als Gleichgeordnete ihre persönlichen und wirtschaftlichen Interessen wahrnehmen und autonom – ohne direkte Staatseingriffe – regeln (Grundsatz der Privatautonomie).

Rechtsfähigkeit und Geschäftsfähigkeit

Alle Träger von Rechten und Pflichten werden als **Rechtssubjekte** bezeichnet. Man unterscheidet **natürliche** und **juristische Personen**.

Rechtsfähigkeit: Fähigkeit, Träger von Rechten und Pflichten zu sein

Geschäftsfähigkeit: Fähigkeit, Rechtsgeschäfte selbstständig und wirksam abschließen zu können

Stufen der Geschäftsfähigkeit

geschäftsunfähig: Alter 0 – 6 Jahre; Willenserklärungen sind unwirksam (nichtig).

beschränkt geschäftsfähig: Alter 7 – 17 Jahre; Willenserklärungen sind schwebend unwirksam.

voll geschäftsfähig: Alter ab 18 Jahre; Willenserklärungen sind wirksam.

Besitz und Eigentum

Rechtsobjekte sind alle Güter von natürlichen und juristischen Personen, auf die rechtlich Einfluss genommen werden kann (Sachen, Tiere, Rechte).

Besitz: tatsächliche Verfügungsgewalt über eine Sache

Eigentum: rechtliche Verfügungsgewalt über eine Sache

Rechtsgeschäfte

Willenserklärungen sind Voraussetzung für das Zustandekommen von Rechtsgeschäften.

Nach der Anzahl der Willenserklärungen unterscheidet man **einseitige** (empfangsbedürftige/nicht empfangsbedürftige) und **mehrseitige** (einseitig/mehrseitig verpflichtende) **Rechtsgeschäfte**.

Willenserklärungen können durch **ausdrückliche Äußerungen** und in bestimmten Fällen durch **schlüssiges Handeln** und **bloßes Schweigen** vorgenommen werden.

Die **Vertragsfreiheit** sieht folgende Grundsätze vor:
Abschlussfreiheit, Gestaltungsfreiheit und **Formfreiheit**.

Nichtigkeit und Anfechtbarkeit von Rechtsgeschäften

Nichtigkeit bedeutet, dass ein Rechtsgeschäft aufgrund einer gesetzlichen Vorschrift **von Anfang an unwirksam** ist: z. B. Scheingeschäft, Formverstoß, Gesetzesverstoß, Sittenwidrigkeit.

Anfechtbarkeit bedeutet, dass ein Rechtsgeschäft **rückwirkend** durch einen Einwand für **unwirksam** erklärt werden kann: Inhalts-, Erklärungs-, Eigenschafts- und Übermittlungsirrtum, arglistige Täuschung, widerrechtliche Drohung.

Zustandekommen von Kaufverträgen

Ein **Kaufvertrag** kommt durch zwei übereinstimmende Willenserklärungen zustande: Die 1. Willenserklärung heißt **Antrag**, die 2. Willenserklärung heißt **Annahme**.

Die **Willenserklärungen** sind grundsätzlich **bindend**. Die Bindung kann aber **ausgeschlossen** oder **befristet** sein.

Ein **rechtzeitiger Widerruf** muss spätestens gleichzeitig mit dem Eintreffen des Antrags beim Vertragspartner eingehen.

Ein **Antrag unter Anwesenden** ist so lange bindend, wie die Unterredung (auch telefonisch) dauert. Ein **Antrag unter Abwesenden** ist so lange bindend, wie unter regelmäßigen Umständen eine Antwort erwartet werden kann.

Das **Angebot** ist eine an eine bestimmte Person oder Personengruppe gerichtete Willenserklärung, Waren unter bestimmten Bedingungen zu liefern oder eine Leistung zu erbringen.

Ein **Kaufvertrag** kommt **ausgehend vom Verkäufer** durch ein Angebot und eine Bestellung zustande, **ausgehend vom Käufer** durch eine Bestellung und eine Bestellungsannahme.

Kaufvertragsarten und besondere Regelungen für den Abschluss des Kaufvertrages

Kaufvertragsarten werden unterschieden nach der Rechtsstellung und dem Sitz der Vertragspartner, nach Art, Güte und Beschaffenheit sowie nach Lieferungs- und Zahlungsbedingungen.

In den **Allgemeinen Geschäftsbedingungen (AGB)** legen Unternehmen wesentliche Bestandteile eines Vertrages einseitig fest, um nicht bei jedem Vertragsabschluss alle Einzelheiten erneut verhandeln zu müssen.

Bei **Fernabsatzverträgen** findet der Vertragsabschluss unter Einsatz von Fernkommunikationsmitteln statt (z. B. Briefe, Telefonanrufe, E-Mails). Telemedien sind keine Voraussetzung. Vertragspartner: ausschließlich Unternehmer – Verbraucher.

Elektronischer Geschäftsverkehr ist ausschließlich bei Einsatz von Telemedien gegeben. Vertragspartner: Unternehmer – Verbraucher; Unternehmer – Unternehmer.

Für **Fernabsatzverträge** und den **elektronischen Geschäftsverkehr** gelten speziell geregelte Informationspflichten des Unternehmers.

Aufgaben

1. Prüfen Sie die nachfolgenden Aussagen auf ihre Richtigkeit. Die Antwort ist jeweils zu begründen.

(1) Öffentliches Recht und Privatrecht sind in der Regel zwingend.

(2) Sowohl Rechtssubjekte als auch Rechtsobjekte sind rechtsfähig.

(3) Die Fähigkeit, Rechtsgeschäfte selbstständig und wirksam abschließen zu können, ist u. a. vom Lebensalter abhängig.

(4) Der Besitzer einer Sache ist auch immer deren Eigentümer.

(5) Für das Zustandekommen von Verträgen sind mindestens zwei übereinstimmende Willenserklärungen erforderlich.

(6) Unter Abschlussfreiheit versteht man die Möglichkeit, die Form des Vertragsabschlusses frei zu wählen.

(7) Die Bindung an eine Willenserklärung kann beschränkt werden.

(8) In besonderen Fällen schreibt der Gesetzgeber Formvorschriften für das Zustandekommen von Rechtsgeschäften vor.

(9) Wird eine Willenserklärung nur zum Scherz abgegeben, so ist das Rechtsgeschäft nichtig.

(10) Der Antrag zum Abschluss des Kaufvertrages ist in jedem Fall als Angebot zu bezeichnen.

(11) Angebote sind immer verbindlich.

(12) Beim Kaufvertrag unterscheidet man das Verpflichtungs- und das Erfüllungsgeschäft.

(13) Den Kauf eines Maßanzuges nennt man Gattungskauf.

(14) Wichtige Vorschriften des BGB schützen den Käufer vor einem Missbrauch der AGB durch den Verkäufer.

2. Ordnen Sie die folgenden Vorgänge dem öffentlichen Recht bzw. dem Privatrecht zu:

- Verschicken eines Gewerbesteuerbescheides,
- Abschluss eines Mietvertrages zwischen der Stadt und einem Gewerbebetrieb,
- Haftanordnung gegen einen Kaufmann,
- Kauf von Aktien durch eine Privatperson,
- Bauvorschriften in einem Wohngebiet.

3. Begründen Sie, warum es sinnvoll ist, privatrechtliche Beziehungen weitgehend ohne staatliche Eingriffe zu regeln.

4. Erläutern Sie darauf bezogen, warum die mit einer solchen Privatautonomie verbundene Freiheit für den weniger informierten oder wirtschaftlich schwächeren Vertragspartner zu Nachteilen führen kann.

5. Beurteilen Sie folgende Fälle zur Geschäftsfähigkeit unter rechtlichen Aspekten:

a) Der 17-jährige Marcel arbeitet als Hilfsarbeiter mit Einwilligung seiner Eltern „auf dem Bau". Da es ihm dort nicht gefällt, kündigt er und beginnt eine Hilfstätigkeit in einem Fitness-Studio.

b) Die 17-jährige Leonie eröffnet mit Einwilligung ihrer Eltern und mit vormundschaftlicher Genehmigung einen Computershop. Als sie einen Freund als Verkäufer einstellt, sind ihre Eltern dagegen.

c) Die 16-jährige Julia kauft sich ohne Wissen ihrer Eltern ein Smartphone. Sie zahlt von ihrem Taschengeld 50,00 EUR an. Den Rest von 220,00 EUR will sie in vier Raten zahlen.

d) Der 10-jährige Sven erhält als Geschenk von seinen Großeltern einen Hund und 1000,00 EUR in bar. Die Eltern sind dagegen.

e) Die 5-jährige Katrin kauft sich von ihrem Taschengeld Eis und isst es auf. Die Eltern verlangen vom Verkäufer den vollen Kaufpreis zurück.

6. Überprüfen Sie, ob die Formvorschriften jeweils beachtet wurden:

a) Der Vermieter kündigt fernmündlich dem Mieter die Wohnung.

b) Ein Widerruf beim Verbrauchsgüterkauf erfolgt per Fax.

c) Verkäufer und Käufer schließen einen schriftlichen Vertrag über den Kauf eines Grundstücks.

7. Bestimmen Sie, welche Vertragsarten angesprochen werden:

a) Pia und Anke planen einen gemeinsamen Winterurlaub. Anke ruft im Hotel Sonnenalp an und bucht für eine Woche ein Doppelzimmer.

b) Pia hat sich etwas Besonderes zum Apres-Ski an der Eisbar ausgedacht. In der „Wollkiste" lässt sie sich einen handgestrickten Pullover nach eigenem Muster anfertigen.

c) Damit Anke auch für alle Fälle einen „Notgroschen" hat, steckt ihr der Vater noch etwas Geld zu, das Anke aber vereinbarungsgemäß zurückzahlen muss.

d) Anke besorgt sich im Sporthaus für den Urlaub ein Snowboard für 20,00 EUR „Leihgebühr" pro Tag.

e) Vor Ort erwirbt Anke einen Skipass für eine Woche.

8. Bei einem Vertragsabschluss weist der Hersteller von Fahrradträgern den Einzelhändler auf die Gültigkeit seiner Allgemeinen Geschäftsbedingungen hin.

a) Erläutern Sie, was man allgemein unter den AGB versteht.

b) Nennen Sie Regelungen, auf die sich die AGB insbesondere beziehen.

c) Erklären Sie wesentliche Bestimmungen des BGB zur Einbeziehung Allgemeiner Geschäftsbedingungen in den Vertrag.

d) Nennen Sie Beispiele für unwirksame Klauseln.

9. Unterscheiden Sie „Fernabsatzverträge" und „elektronischen Geschäftsverkehr" anhand folgender Merkmale

a) Vertragsabschluss

b) Vertragspartner

c) Pflichten

2 Beschaffungsprozesse planen

2.1 Aufgaben, Ziele und Gegenstand der Beschaffungsplanung

Jede Unternehmung zeichnet sich dadurch aus, dass sie Sachgüter oder Dienstleistungen erstellt, die sie am Markt absetzen will. Dazu müssen sich die Sach- und Dienstleistungsbetriebe ihrerseits versorgen mit allem, was für ihren Leistungserstellungsprozess erforderlich ist.

Merke

Zentrale Aufgabe des **Beschaffungswesens** ist die Versorgung der Unternehmung mit Beschaffungsobjekten.

©Trueffelpix-fotolia.com

Ökonomisches Ziel der Unternehmung muss es demnach sein, diese Versorgung sicherzustellen – und das auf möglichst **wirtschaftliche** Weise. Allerdings sind dabei auch **ökologische** und **soziale**, **rechtliche** und **politische** Rahmenbedingungen zu berücksichtigen.

Darüber hinaus ist aber auch zu gewährleisten, dass die Beschaffungsobjekte tatsächlich so bereitgestellt werden, wie dies für den Leistungserstellungsprozess erforderlich ist.

Beschaffungsobjekte müssen

- in der erforderlichen **Art**, **Qualität** und **Menge**,
- zum richtigen **Zeitpunkt,**
- am richtigen **Ort,**
- zum angestrebten **Preis,**

zur Verfügung stehen.

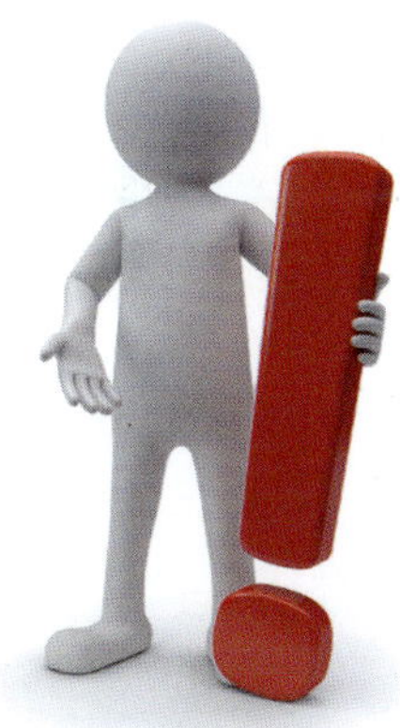
©fotomek-fotolia.com

Zugleich sind Möglichkeiten der Kostensenkung zu berücksichtigen, die auch in die Verhandlungen über Preise und Konditionen einfließen. Mögliche Lieferanten sind zu ermitteln und unter Abwägen vielfältiger Gesichtspunkte zu prüfen, aber auch zu beeinflussen. Unter dem Gesichtspunkt der Wirtschaftlichkeit ist festzulegen, wie intensiv die Beschaffungsaktivitäten durchgeführt werden sollen (z. B. Suche nach Lieferanten, Angebotseinholung und -vergleich, Vertragsverhandlungen). Zumindest auf kürzere Sicht ist dabei von geltenden Vorentscheidungen auszugehen: Entscheidungen über **Eigenfertigung oder Fremdbezug** und über **Beschaffungsprinzipien** (z. B. Vorratshaltung).

Eigenfertigung oder Fremdbezug

Entscheidet sich eine Unternehmung, bestimmte Teilleistungen nicht selbst herzustellen, sondern als Vorprodukt zu beziehen, so ändert sich auch die Beschaffungsaufgabe (für Betriebsmittel und Materialien, aber z. B. auch für Dienst- und Arbeitsleistungen).

Beispiel

Gibt z. B. eine Fahrradfabrik die eigene Rahmenproduktion auf, so entfällt eine Produktionsstätte mit ihren Betriebsmitteln und Arbeitsplätzen; statt Rohre sind jetzt vorgefertigte Rahmen zu beschaffen. Vielleicht entschließt man sich sogar, einen bestimmten Radtyp als Handelsware fertig zu beziehen, um das Verkaufsprogramm abzurunden. Nicht nur die Anbieter können dann andere sein, sondern auch die Beschaffungsmärkte.

Gegenstand der Beschaffungsplanung

Vorentscheidungen	
Eigenfertigung oder Fremdbezug	Beschaffungsprinzipien • Vorratshaltung • Just-in-Time • Einzelbeschaffung im Bedarfsfall

↓

Elemente der Beschaffungsplanung

Bedarfsplanung	**Zeitplanung**	**Lieferantenplanung**	**Kommunikationsplanung**	**Lieferflussplanung**
• Art • Qualität • Menge **(optimale Bestellmenge)**	• Bestellzeitpunkt **(Sägezahnmodell)** • Bestellrhythmus	• Bezugsquellenermittlung • Lieferantenauswahl **(Angebotsvergleich)**	• Werbung/ Öffentlichkeitsarbeit • Vertragsverhandlungen	z. B. Transportmittelwahl

↓

Abstimmungsentscheidungen

Intensität der Beschaffungsaktivitäten **(ABC-Analyse)**

Beschaffungsprinzipien

Eine zweite Vorentscheidung betrifft die Beschaffungsprinzipien. Für die Bereitstellung der Einsatzgüter gibt es drei grundsätzliche Möglichkeiten:

➔ **Vorratshaltung**
Es wird ein Vorrat an Gütern auf Lager gehalten. Dies kommt insbesondere bei regelmäßig benötigten Gütern infrage.

©Marco2811-fotolia.com

➔ **Einsatzsynchrone Beschaffung (Just-in-Time)**
Die Güter werden erst genau zu dem Zeitpunkt geliefert, zu dem sie eingesetzt werden. Eine eigene Lagerhaltung entfällt damit für diese Güter. Das Just-in-Time Verfahren stellt höchste Ansprüche an die eigene Planung, insbesondere der Produktion und des betriebsinternen Materialflusses, sowie an die Zuverlässigkeit der Lieferanten und die Fehlerfreiheit der gelieferten Güter. Die Lagerkosten können stark reduziert werden, allerdings steigt das Versorgungsrisiko.

- **Einzelbeschaffung im Bedarfsfall**
  Z. B. werden Teile für eine Spezialanfertigung erst nach Auftragserteilung beschafft. Ein Problem liegt in der aufwändigeren Zeitplanung. Der Transportkostenanteil kann erheblich steigen. Andererseits entstehen fast keine Lagerkosten.

Das Prinzip der Vorratshaltung steht in den folgenden Ausführungen im Vordergrund.

2.2 Beschaffungsobjekte

Beschaffung im weiteren Sinne umfasst die Versorgung der Unternehmung mit allen benötigten Beschaffungsobjekten: Informationen, Güter (Sachgüter, Dienstleistungen), Arbeitsleistungen, Rechte und Finanzmittel. Im engeren Sinne betrifft die Beschaffungsaufgabe die Bereitstellung von Materialien, Handelswaren und Dienstleistungen.

Materialien

Hierzu gehören **Werkstoffe**, die in Form von Roh-, Hilfs- und Betriebsstoffen für die betriebliche Leistungserstellung erforderlich sind, sowie vorgefertigte **fremdbezogene Teile**.

Werkstoffe		
Rohstoffe	**Hilfsstoffe**	**Betriebsstoffe**
Hauptbestandteile des fertigen Produkts (auf einer relativ geringen Verarbeitungsstufe), z. B. Holz bei Möbeln	**Nebenbestandteile** des fertigen Produkts (auf relativ geringer Verarbeitungsstufe), z. B. Klebstoffe oder Lack bei Möbeln	Keine Bestandteile des fertigen Produktes (dienen der Herstellung), z. B. Brennstoff für eine Trocknungsanlage

Teile haben dagegen einen vergleichsweise hohen Grad an vorausgegangener Be- oder Verarbeitung und werden nahezu unverändert in ein neues Produkt einbezogen, z. B. Beschläge für einen Schrank.

Handelswaren

Wie Teile weisen auch die Handelswaren i. d. R. einen hohen Grad an vorausgegangener Verarbeitung auf. Allerdings gehen sie nicht in ein neues Produkt ein, sondern **werden vorwiegend unverändert weiterverkauft**. Dies ist typisch für Handelsbetriebe. Aber auch im Industriebetrieb werden Handelswaren eingesetzt, um das eigene Verkaufsprogramm abzurunden.

Dienstleistungen

Während Materialien und Handelswaren zu den Sachgütern gehören, sind Dienstleistungen als **immaterielle Güter** charakterisiert. Eine Dienstleistung ist im Wesentlichen eine Arbeitsleistung, z. B. als Transportleistung, Reinigungsdienst, Wachdienst oder EDV-Systembetreuung. Sie kann grundsätzlich von eigenständigen Dienstleistern am Markt angeboten oder von Beschäftigten des eigenen Betriebs erbracht werden.

2.3 Bedarfsplanung nach Art, Qualität und Menge

2.3.1 Bedarfsermittlung nach Art und Qualität

Die Bedarfsermittlung soll in einer vorausschauenden Rechnung den möglichst exakten Bedarf an Waren und Materialien hinsichtlich der Art und Qualität für einen bestimmten Planungszeitraum ermitteln. Im **Handelsbetrieb** orientiert sich die Auswahl der Ware direkt an der Nachfrage der Kunden, von der die Gestaltung des Sortiments unmittelbar abhängig ist. Im **Herstellungsbetrieb** ist die Art der Güter durch die Sicherung der Produktionsbereitschaft für das jeweilige Produktionsprogramm bestimmt, das letztlich ebenfalls die Kundennachfrage berücksichtigen muss.

Bei der Überlegung, welche Warenart beschafft werden soll, kann der Handelsbetrieb z. B. **Artikeldateien**, **Liefererdateien** oder **Absatzstatistiken** auswerten. Die hieraus gewonnenen Daten geben Auskunft über die Nachfrage im Zeitablauf, so z. B. auch über Nachfrageschwankungen zu bestimmten Zeiten.

Die Bedarfsermittlung darf sich jedoch nicht nur auf die Verbrauchswerte der Vergangenheit beziehen, sondern muss die Ergebnisse der **Marktforschung** mit einbeziehen. Informationen über zukünftige Nachfragewünsche können u. a. durch Markt- und Messeberichte, Berichte über volkswirtschaftliche Entwicklungen, Informationen der Kammern und Verbände, Berichte von Handelsreisenden und Handelsvertretern gewonnen werden.

Darüber hinaus sind von Produktionsbetrieben insbesondere auch technologische Entwicklungen zu beobachten und gegebenenfalls aufzugreifen (z. B. im Hinblick auf neue Materialien mit Konsequenzen für den Fertigungsprozess oder neue Fertigungsverfahren mit Konsequenzen für die zu beschaffenden Materialien).

2.3.2 Mengenplanung

Grobziel der Mengenplanung bei Vorratshaltung ist es, die benötigten Waren und Materialien zu jedem Zeitpunkt in ausreichender Anzahl zur Verfügung stellen zu können.

Merke

Die **Liefer- bzw. Produktionsfähigkeit** der Unternehmung muss jederzeit gewährleistet sein.

Allerdings kann der **zukünftige Bedarf** für einen bestimmten Zeitraum letztlich nur **geschätzt** werden, da vielfältige Faktoren die Absatz- bzw. Produktionsmenge in der Zukunft verändern können. Eine Entscheidung unter Unsicherheit ist zu treffen.

Anhaltspunkt für zukünftig benötigte Mengen kann die Absatzentwicklung vergangener Perioden sein (Absatzstatistik).

Jedoch können weitere Faktoren den Absatz in der Zukunft ändern, z. B.:

- Einflüsse der **Jahreszeiten** und **Witterungsverhältnisse** (Saisonwaren, Sportartikel),
- Änderung der allgemeinen **Wirtschaftslage** (Konjunktur),
- Wandlungen im **Geschmack** (Modewaren),
- **Geschäftseröffnungen** (Konkurrenz),
- **politische Ereignisse** (Krisen, Hamsterkäufe),
- Änderung des **Kundenkreises** und des **Einkommens** der Kunden (Lohnerhöhung, Kurzarbeit, Weihnachtsgratifikationen).

Ist die insgesamt benötigte Menge z. B. pro Jahr abgeschätzt, so muss festgelegt werden, wie oft und damit auch wie viel jeweils bestellt werden soll. Dabei ist zu berücksichtigen, dass Kosten nicht nur in Zusammenhang mit der Liefermenge, sondern auch für jede Bestellabwicklung anfallen.

Einflussfaktor Lagerkosten

Zunächst könnte es sinnvoll erscheinen, die Lagerbestände grundsätzlich möglichst hoch zu halten, um die Liefer- bzw. Produktionsfähigkeit in jedem Fall zu sichern.

Jedoch ist zu bedenken,

- dass hohe Lagervorräte viel **Kapital binden** (Kapitalbindungskosten),
- die **Zahlungsfähigkeit belasten** (Liquiditätsverringerung),
- das **Lagerrisiko erhöhen** (Verderb, Bruch ...) und
- erhebliche weitere **Lagerkosten verursachen**.

In der Tendenz bedeutet dies: Das Lager ist mengenmäßig möglichst klein zu halten. Das spart Lagerkosten und erhöht die Wirtschaftlichkeit.

Einflussfaktor Bestellkosten

Jede Bestellung verursacht Kosten für die Bestellabwicklung. Dadurch steigen die Kosten (z. B. Bezugs- und Verwaltungskosten) mit der Anzahl der Bestellungen.

In der Tendenz bedeutet dies, möglichst wenige Bestellvorgänge auszulösen, um die insgesamt anfallenden Bestellkosten niedrig zu halten.

Merke

Lagerkosten und **Bestellkosten** entwickeln sich gegenläufig.

Bei **vielen, mengenmäßig kleinen Bestellungen** sinken die Lagerkosten, aber die gesamten Bestellkosten steigen.

Wenige, mengenmäßig große Bestellungen minimieren die Bestellkosten, aber die Lagerkosten steigen.

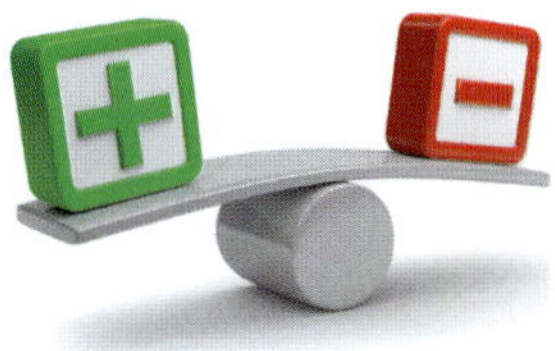

Optimale Bestellmenge

In einer an Wirtschaftlichkeit orientierten Beschaffungsplanung muss also diejenige Bestellmenge ermittelt werden, bei der die Gesamtkosten für den Planungszeitraum am niedrigsten sind.

Merke

Die **optimale Bestellmenge** ist dort gegeben, wo die Summe aus Bestellkosten und Lagerkosten ein Minimum erreicht.

Excel-Übung in der Lernsituation

Die optimale Bestellmenge festlegen

Bestellmenge in Stück	Zahl der Bestellungen	Bestell-kosten je Bestellung	gesamte Bestellkosten	durchschn. Lagerbestand	durchschn. Lagerkosten	Gesamtkosten
6000 Stück	1	50,00 €	50,00 €	3000 Stück	2.700,00 €	2.750,00 €
1200 Stück	5	50,00 €	250,00 €	600 Stück	540,00 €	790,00 €
1000 Stück	6	50,00 €	300,00 €	500 Stück	450,00 €	750,00 €
750 Stück	8	50,00 €	400,00 €	375 Stück	337,50 €	737,50 €
600 Stück	10	50,00 €	500,00 €	300 Stück	270,00 €	770,00 €
500 Stück	12	50,00 €	600,00 €	250 Stück	225,00 €	825,00 €

Bankzinssatz	10 %
EK-Preis je Stück	9,00 €

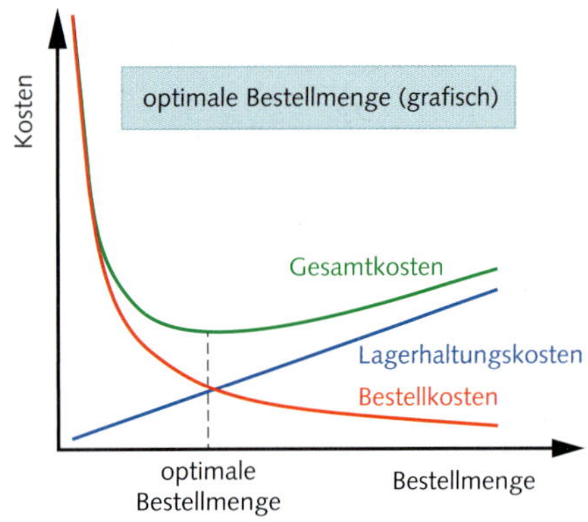

In der **Praxis** trifft die Planung einer optimalen Bestellmenge in der Regel auf größere Schwierigkeiten. Es sind weit mehr Faktoren zu berücksichtigen, als im Modell unterstellt werden, z. B.:

- Die Lagermengen müssen der Lagerkapazität entsprechen.
- Ein gleichmäßiger Lagerabgang ist selten gewährleistet.
- Kostenansätze ändern sich im Zeitablauf, z. B. führen veränderte Einstandspreise zu veränderten Lagerkosten.
- Besonderheiten auf dem Beschaffungsmarkt müssen berücksichtigt werden, z. B. Lieferverzögerungen, Mengenrabatte, Verpackungseinheiten.
- Technologischer Fortschritt ist einzuplanen.
- Die Lagerfähigkeit der Ware ist zu beachten.

2.3.3 Zeitplanung

Bei der Vorratshaltung soll eine sorgfältige Zeitplanung dafür sorgen, dass zu jedem Zeitpunkt Waren und Materialien in ausreichender Anzahl zur Verfügung stehen.

In der Regel vergehen einige Tage zwischen dem Bestelltermin und der Lieferung. Zwischenfälle können diesen Zeitraum verlängern und unvorhergesehene Lagerabgänge den Bestand zusätzlich außerplanmäßig verkleinern.

In jedem Fall muss die Bestellung so rechtzeitig erfolgen, dass Liefer- bzw. Produktionsbereitschaft gewährleistet wird, sonst drohen Umsatzverluste und längerfristig orientieren sich Kunden hin zur Konkurrenz.

Für unvorhergesehene Ereignisse (z. B. Lieferschwierigkeiten des Lieferanten aufgrund eines defekten Lkw) sind entsprechende Reserven (**Mindestbestand/eiserner Bestand**) einzuplanen, die im Normalfall nicht angegriffen werden. Es ist jedoch darauf zu achten, dass die Lagermengen nicht unverhältnismäßig ausgeweitet werden.

Merke

Mindestbestand = durchschnittlicher Tagesverbrauch · Sicherheitsfaktor (in Tagen)

Mindestbestand

Der **Sicherheitsfaktor** kann nicht berechnet werden, sondern ist von der persönlichen Risikobereitschaft des Unternehmers abhängig. Der risikobereite Unternehmer, der ggf. Produktionsausfall in Kauf nimmt, wird den Sicherheitsfaktor kleiner ansetzen als der risikoscheue Unternehmer, der die Produktionsbereitschaft in jedem Fall sichern will.

Damit im Normalfall der Mindestbestand nicht angegriffen wird, muss rechtzeitig eine neue Bestellung aufgegeben werden. Dabei ist zu berücksichtigen, dass bis zur Lieferung die täglichen Verbrauchs- bzw. Verkaufsmengen zur Verfügung stehen sollen.

Bestellrhythmusverfahren	Bestellpunktverfahren
Beim Bestellrhythmusverfahren werden die **Bestellungen nach vorher festgelegten Zeitintervallen** vorgenommen. Der Bestand wird nur in bestimmten Zeitabständen (z. B. Wochen/Quartale) überprüft. Das Verfahren eignet sich insbesondere bei gleichmäßigem Materialverbrauch.	Beim Bestellpunktverfahren werden die **Bestandsveränderungen laufend kontrolliert**. Erreichen die Lagermengen den festgelegten **Meldebestand**, muss neu bestellt werden.

Die Meldebestand lässt sich folgendermaßen errechnen:

Meldebestand

Merke

Meldebestand = Mindestbestand +
durchschnittlicher Tagesverbrauch · Lieferzeit in Tagen)

Die Bestellmenge muss den Bestand berücksichtigen, der maximal eingelagert werden soll. Dieser **Lagerhöchstbestand** ist insbesondere abhängig von

Höchstbestand

- der Lagerkapazität,
- der Lagerfähigkeit der Güter,
- von weiteren Bedingungen des Absatz- und Beschaffungsmarktes
- sowie von der optimalen Bestellmenge.

Beispiel

Eine Unternehmung rechnet mit einem Sicherheitszuschlag von 3 Tagen.
Je Tag werden durchschnittlich 6 Stück verkauft. Die Lieferzeit beträgt 4 Tage.

Mindestbestand = 6 Stück/Tag · 3 Tage = 18 Stück

Meldebestand = 18 Stück + (6 Stück/Tag · 4 Tage) = 42 Stück

Wird der Höchstbestand z. B. durch die optimale Bestellmenge und den Mindestbestand auf 90 Stück festgelegt, so kann folgende Grafik, die aufgrund ihres Aussehens auch als **Sägezahnmodell** bezeichnet wird, den Zusammenhang verdeutlichen.

Das Sägezahnmodell zeigt den Zusammenhang zwischen Mindest-, Melde- und Höchstbestand.

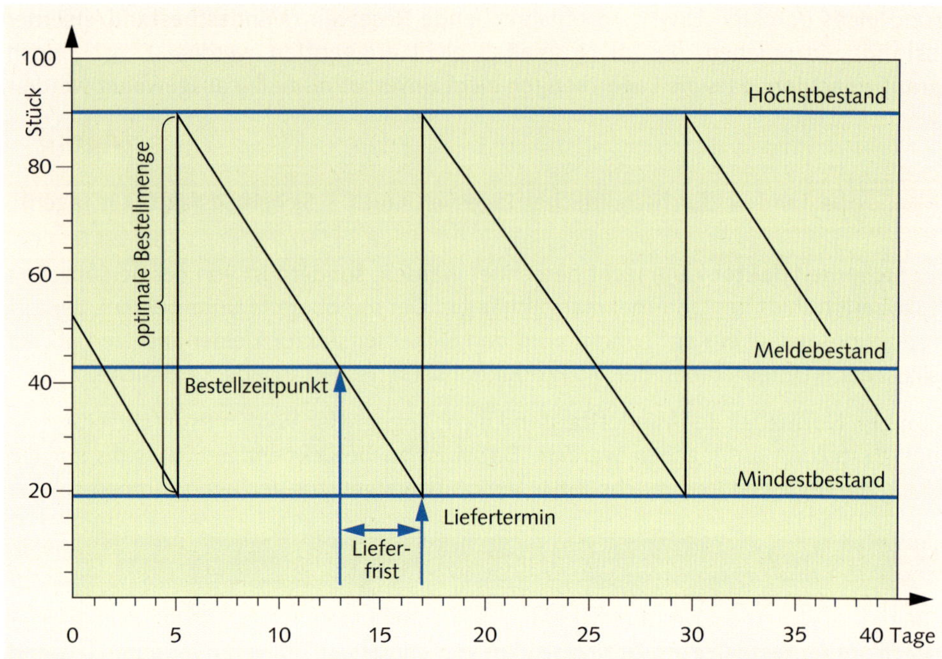

2.4 Ermittlung und Auswahl von Lieferanten

■ Bezugsquellen

Voraussetzung für eine Lieferantenauswahl ist zunächst eine **Bezugsquellenermittlung**. Das Unternehmen verfügt durch seine Lieferantendatei in der Regel über eine Anzahl von Lieferanten, mit denen es teilweise schon länger zusammenarbeitet. So ergeben sich aus der Lieferantendatei Hinweise auf die Bezugsquellen von regelmäßig benötigten Artikeln. Oft lassen sich dort auch Hinweise auf andere lieferfähige Produkte finden.

Beispiel

Datensatz aus einer Lieferantendatei

Alpina Velo GmbH, Industriepark 16, 48143 Münster, Tel.: 0251 589487-0, www.Alpvel.com					
Gegenstand	Artikelnummer	Angebot am	Einzelpreis je Mengeneinheit	Lieferungs- und Zahlungsbedingungen	Erfahrungen
Alpina Giro D	2134...	07.06. M	ab 34,95 EUR	für alle frei Haus;	pünktlicher, überaus korrekter Lieferant, beste Garantieabwicklung
Alpina Giro H	2245...	07.06. K	ab 35,95 EUR	10 Tage 2 % Skonto oder 30 Tage netto	
Alpina Giro K	2367...	04.07. V	ab 26,95 EUR		
K = Katalog; M = Mustermappe; V = Vertreter					

In einer nach Lieferanten geordneten Datei werden u. a. alle lieferbaren Artikel (-gruppen) eines Lieferanten erfasst. Ein Unternehmen kann dann bei einer Sortimentsausweitung, -veränderung oder -ergänzung auf diese unternehmensinternen Informationen zurückgreifen.

Trotzdem kann es notwendig sein, neue **Bezugsquellen** zu ermitteln, z. B. wenn alte Lieferanten ausfallen, Preise sich ändern, neue Waren bzw. Materialien gebraucht werden. In diesen Fällen müssen **externe Informationsquellen** genutzt werden. Hierzu zählen u. a.:

- persönliche Kontakte,
- Besuche auf Messen und Ausstellungen,
- Gespräche mit Vertretern,
- Fachzeitschriften und Wirtschaftszeitungen,
- Beschaffungskataloge (z. B. ABC der deutschen Wirtschaft oder Wer liefert was?),
- Branchenverzeichnisse (z. B. Gelbe Seiten),
- Internetplattformen.

©Gelbe Seiten Verlag

Neben dem elektronischen Internethandel zwischen Unternehmen und Verbraucher, der als **B2C** (Business-to-Consumer) bezeichnet wird, werden **B2B** (Business-to-Business) Internetplattformen zunehmend wichtiger für Unternehmen. Der weltweite Handel im Internet auch zwischen Unternehmen steigt von Jahr zu Jahr. Insbesondere das Aufkommen von virtuellen Marktplätzen gibt dem B2B-Handel einen deutlichen Schub.

©bbbar-fotolia.com

Kriterien für die Lieferantenauswahl

Die Preisplanung hat einen Beitrag zur Wirtschaftlichkeit der Beschaffung zu leisten. Kostensenkungen durch günstigere Einkaufsbedingungen führen bei unverändertem Verkaufspreis zu einer höheren Gewinnspanne.

Tipp

Im Einkauf liegt der halbe Gewinn.

Eine wichtige Grundlage der Lieferantenauswahl ist der **Angebotsvergleich**, der **quantitative** (rechnerische) und **qualitative** (nicht-rechnerische) Gesichtspunkte enthält.

Neben dem reinen Preisvergleich, bei dem Lieferantenpreise über die Berechnung des Bezugs- oder Einstandspreises vergleichbar gemacht werden, sind oft zusätzliche Kriterien weit wichtiger als ein besonders günstiger Preis. Zu berücksichtigen sind z. B. folgende Fragen:

- Welche Vereinbarungen werden über **Lieferzeit/-termin** getroffen?
- Sind die **Allgemeinen Geschäftsbedingungen** des Lieferers **akzeptabel**?
- Garantiert der Lieferant eine gleichbleibende **Qualität**?
- Wie **problemlos** wird die Bestellung **abgewickelt**?
- Welche **Garantie- bzw. Serviceleistungen** bietet der Lieferant?
- Wie erfolgt der **Transport**?
- Welche **Verpackungsmaterialien** werden benutzt?

Die Gestaltung dieser Einkaufskonditionen und Liefererleistungen ist bei den Vertragsverhandlungen und Beschaffungsentscheidungen ebenso zu berücksichtigen wie günstige Einkaufspreise. Auf der Grundlage der verfügbaren Informationen werden potenzielle Lieferanten bewertet und ausgewählt. Geschäftsbeziehungen mit neuen Lieferanten bergen zunächst ein gewisses Maß an Unsicherheit. Eine verantwortungsvolle Lieferantenauswahl wird sich deshalb auch auf zuverlässige Geschäftsbeziehungen mit bekannten Lieferern stützen.

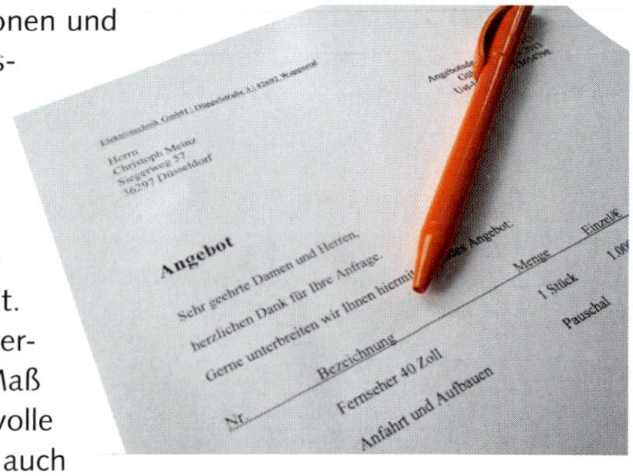

Eine besondere Überlegung gilt zudem der **Festlegung der Zahl der Lieferanten**. Werden mehrere Bezugsquellen für einen Artikel favorisiert, ergibt sich eine größere **Unabhängigkeit** von den einzelnen Lieferanten. Bevorzugt man nur wenige große Lieferanten, können oft **Preisvorteile** (Mengenrabatte, Boni) geltend gemacht werden.

Über Preise und sonstige Konditionen (z. B. Lieferungs- und Zahlungsbedingungen, Zusatzleistungen, Garantien) muss in der Regel verhandelt werden. Dabei kommt es insbesondere auch auf eine gelungene Gestaltung der Beziehungen zu Lieferanten (Kommunikationsplanung) an.

2.5 Planung der Beschaffungskommunikation und des Lieferflusses

Kommunikationsplanung

Vertragsverhandlungen

Die Kommunikation mit Lieferanten umfasst die für die Beschaffung notwendigen Informationen (z. B. was, wieviel, wann bezogen werden soll). Darüber hinaus werden aber auch werbende und meinungsbildende Informationen (z. B. Größe der Unternehmung, Bonität, ökologische und soziale Verantwortung) transportiert.

Den Kern der Beschaffungskommunikation bilden die **Vertragsverhandlungen**. Deren Planung umfasst z. B. die Auswahl der Verhandlungsführer, die Wahl von Ort und Zeit (Zeitpunkt, Dauer) sowie die Gestaltung des Verhandlungsablaufs (Verhandlungsstrategie).

Im Anschluss an die Beschaffungsentscheidung ist eine „Lieferantenpflege" erforderlich (z. B. Einhaltung von Absprachen, Reaktionen auf Störungen bei der Vertragserfüllung).

■ Lieferflussplanung

©Gina Sanders-fotolia.com

Auch die Steuerung des Lieferflusses ist an den Zielen der Wirtschaftlichkeit und der Sicherheit orientiert. Eine Rolle spielen dabei z. B. die Häufigkeit von (Teil-)Lieferungen, die Wahl der Transportmittel (Lkw, Bahn, Flugzeug) und Transportwege, die Belieferungsgeschwindigkeit und die Festlegung von Anlieferungsorten. Zu berücksichtigen sind auch die räumliche Verteilung der Lieferanten (z. B. Inland, Ausland) und gegebenenfalls der Rücktransport von Leergut. Häufig werden für die Lieferflussplanung Rahmenverträge vereinbart, in denen zwischen den Vertragspartnern festgelegt wird, welche Produkte in welchen Mengen zu welchen Zeitpunkten geliefert werden. Neben den **wirtschaftlichen Zielen** gewinnen bei der Organisation der Lieferflussplanung zunehmend auch **ökologische Aspekte** an Bedeutung.

2.6 Intensität der Beschaffungsentscheidung

Der Aufwand, der für die Bestimmung optimaler Bestellmengen oder die Durchführung von Angebotsvergleichen mit anschließenden Vertragsverhandlungen zu betreiben ist, rechnet sich unter dem Gesichtspunkt der Wirtschaftlichkeit nicht immer. Für die erforderliche **Kosten-Nutzen-Abwägung** kann als Hilfsmittel die **ABC-Analyse** eingesetzt werden. Dabei geht man von der Überlegung aus, dass die eingelagerten Materialien und Handelswaren einen unterschiedlichen Anteil am Lagerbestandswert haben. Häufig entfällt ein hoher Gesamtwert auf eine kleine Anzahl der zu beschaffenden Güter. Andere Güter, die in großen Mengen gelagert werden, können wertmäßig relativ unbedeutend sein.

ABC-Analyse

Die ABC-Analyse untersucht die Güter nach **Menge** und **Wert** und teilt sie nach ihrer Bedeutung ein in:

	A-Güter	B-Güter	C-Güter
Mengenanteil	Alle A-Güter zusammen stellen mengenmäßig einen geringen Anteil (z. B. 15 %) des Lagerbestandes dar.	Bei ihnen fallen Mengen- und Wertanteil nicht extrem auseinander.	Alle C-Güter zusammen machen häufig einen großen Anteil an der Gesamtmenge (z. B. 60 %) aus.
Wertanteil	Ihr Anteil am Wert des Gesamtlagerbestandes ist jedoch vergleichsweise hoch (z. B. 60 %).		Ihr Anteil am Wert des Gesamtlagerbestandes ist aber gering und liegt oft nur bei etwa 10 %.

Beispiel

Eine Unternehmung hat im letzten Jahr 8 verschiedene Rohstoffe in unterschiedlichen Mengen beschafft (vgl. Tabelle). Die jeweiligen Werte pro Materialnummer betragen:

Materialnummer	Menge	Wert in EUR	Materialnummer	Menge	Wert in EUR
10101	8000 Stück	42209	10105	5250 Stück	146292
10102	3250 Stück	567474	10106	5000 Stück	363572
10103	5250 Stück	202583	10107	5750 Stück	102406
10104	8250 Stück	29088	10108	9250 Stück	27649

Auswertung mittels ABC-Analyse

Rang	Mat.-Nr.	Beschaffungswert in EUR		Wertanteil in Prozent		Mengenanteil in Prozent		Mat.-gruppe
		einzeln	kumuliert	einzeln	kumuliert	einzeln	kumuliert	
1	10102	567474 EUR	567474 EUR	38,31 %	38,31 %	6,50 %	6,50 %	A
2	10106	363572 EUR	931046 EUR	24,54 %	62,85 %	10,00 %	16,50 %	A
3	10103	202583 EUR	1133629 EUR	13,68 %	76,53 %	10,50 %	27,00 %	B
4	10105	146292 EUR	1279921 EUR	9,88 %	86,41 %	10,50 %	37,50 %	B
5	10107	102406 EUR	1382327 EUR	6,91 %	93,32 %	11,50 %	49,00 %	B
6	10101	42209 EUR	1424536 EUR	2,85 %	96,17 %	16,00 %	65,00 %	C
7	10104	29088 EUR	1453624 EUR	1,96 %	98,13 %	16,50 %	81,50 %	C
8	10108	27649 EUR	1481273 EUR	1,87 %	100,00 %	18,50 %	100,00 %	C

Materialgruppe	Mengenanteil in Prozent	Wertanteil in Prozent
A	16,50 %	62,85 %
B	32,50 %	30,47 %
C	51,00 %	6,68 %

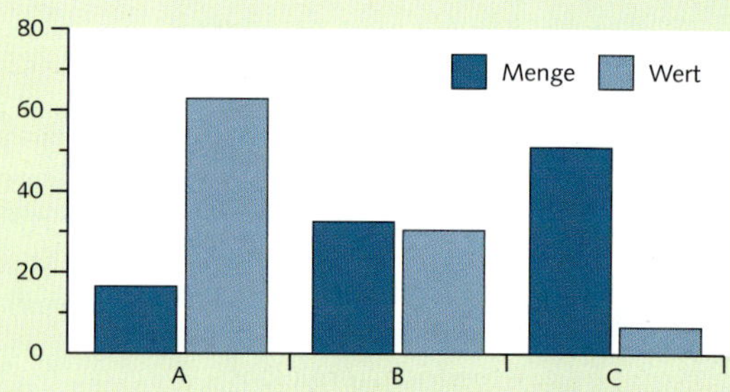

Die genaue Grenze zwischen A-, B- und C-Gütern hat jedes Unternehmen nach seinen jeweiligen Besonderheiten zu ziehen. Denkbar ist sogar, dass in manchen Fällen der Wertanteil eines Beschaffungsobjektes auch nicht zentrales Kriterium ist (z. B. bei Beschaffungsengpässen).

Die Erkenntnisse einer ABC-Analyse helfen, das Wesentliche vom Unwesentlichen zu unterscheiden und **Schwerpunkte zielgerichtet zu setzen**, um die Beschaffung wirtschaftlicher zu gestalten.

A-Güter	Die **A-Güter** sollen bei der Beschaffung und Lagerhaltung besondere Beachtung erfahren. Der **Beschaffungsaufwand wird verstärkt** auf wenige, hochwertige Waren gelegt, für die intensiv mit den Lieferanten verhandelt und Lieferantenpflege betrieben wird. Da wertvolle Waren grundsätzlich **hohe Lagerkosten** verursachen, ist die optimale Bestellmenge zu berücksichtigen und Lagerkontrolle und Warenpflege werden aufwändiger betrieben. Bei A-Gütern lohnen sich deshalb auch Bemühungen um verbrauchssynchrone Anlieferungen (Just-in-Time) besonders.
C-Güter	Für **C-Güter** (günstige Massenware) hingegen sind die **Verfahren zu vereinfachen**. Die Bestellmenge kann grob geschätzt, die Lagerhaltung einfach gehalten werden. Der Sicherheitsbestand darf großzügig bemessen sein.
B-Güter	Der Aufwand für die **B-Güter** wird – je nach ihrer individuellen Bedeutung – zwischen diesen beiden Gruppen liegen.

2.7 Zusammenfassung und Aufgaben

Zusammenfassung

Aufgaben, Ziele und Gegenstand der Beschaffungsplanung

Beschaffungsobjekte müssen
- in der erforderlichen **Art, Qualität** und **Menge**,
- zum richtigen **Zeitpunkt,**
- am richtigen **Ort,**
- zum angestrebten **Preis**

zur Verfügung stehen.

Vorentscheidungen über **Fremdbezug oder Eigenfertigung** und über **Beschaffungsprinzipien** (z. B. Vorratshaltung) sind erforderlich.

Elemente der Beschaffungsplanung: Bedarfsplanung, Zeitplanung, Lieferantenplanung, Kommunikationsplanung, Lieferflussplanung

Beschaffungsobjekte

Materialien (Roh-, Hilfs- und Betriebsstoffe sowie Teile)

Handelswaren und **Dienstleistungen** (z. B. Transportleistungen, Reinigungsdienst, Wachdienst, EDV-Systembetreuung)

Bedarfsplanung

Bedarfsermittlung nach Art und Qualität: Im **Handelsbetrieb** orientiert sich die Auswahl der zu beschaffenden Ware direkt an der Nachfrage der Kunden; im **Herstellungsbetrieb** ist die Art der Güter, die beschafft werden sollen, durch das jeweilige Produktionsprogramm und die Sicherung der Produktionsbereitschaft bestimmt.

Faktoren der Mengenplanung:

- hauptsächlich Absatz- bzw. Produktionsmenge, außerdem z. B.
- Lagerkosten und Bestellkosten,
- Jahreszeiten, Wirtschaftslage, Wandlungen im Geschmack, Konkurrenz, politische Ereignisse, Änderung des Kundenkreises und des Einkommens der Kunden

Die **optimale Bestellmenge** ist dort gegeben, wo die Summe aus Bestell- und Lagerkosten ein Minimum erreicht.

Zeitplanung

Mindestbestand = durchschnittlicher Tagesverbrauch × Sicherheitsfaktor (in Tagen)

Meldebestand = Mindestbestand + (durchschnittlicher Tagesverbrauch × Lieferzeit/Tage)

Bestellrhythmusverfahren: Bestelltermine werden nach vorher festgelegten Zeitintervallen vorgenommen. Das Verfahren eignet sich insbesondere bei gleichmäßigem Materialverbrauch.

Bestellpunktverfahren: Bestandsveränderungen werden laufend kontrolliert; bei Erreichen des Meldebestandes muss neu bestellt werden.

Ermittlung und Auswahl von Lieferanten

Bezugsquellen: interne Unternehmensdaten (z. B. Liefererdatei), externe Informationsquellen (z. B. Messen, Ausstellungen, Fachzeitschriften, Beschaffungskataloge und Branchenverzeichnisse), Internet (B2C- und B2B-Plattformen)

Kriterien für die Lieferantenauswahl:

- **quantitatives** Kriterium: Bezugspreis/Einstandspreis
- **qualitative** Kriterien: Qualität der Ware, Lieferzeit/-termin, AGB, Bestellabwicklung, Garantie- bzw. Serviceleistungen, Transport, Verpackung …

Die **ABC-Analyse** untersucht die Güter nach Menge und Wert und teilt sie nach ihrer Bedeutung ein, um Aktivitäten auf das Wesentliche zu lenken.

Alle **A-Güter** zusammen stellen mengenmäßig einen geringen, aber wertmäßig einen hohen Anteil des Lagerbestandes dar. Alle **C-Güter** zusammen machen häufig einen großen Mengenanteil, aber einen geringen Wertanteil aus. Bei **B-Gütern** fallen Mengen- und Wertanteil nicht extrem auseinander.

Aufgaben

1. Prüfen Sie die nachfolgenden Aussagen auf ihre Richtigkeit. Die Antwort ist jeweils zu begründen.
   (1) Zu den Vorentscheidungen der Beschaffungsplanung zählen allein die Entscheidungen über Vorratshaltung oder Just-in-Time Beschaffung.
   (2) Als Beschaffungsobjekte sind nur Sachgüter aufzufassen.
   (3) Die Bedarfsplanung stützt sich ausschließlich auf die Verbrauchswerte der Vergangenheit.
   (4) Die optimale Bestellmenge wird von den Bestell- und Lagerkosten beeinflusst.
   (5) Die Höhe des Eisernen Bestandes (Mindestbestand) ist auch von den Ergebnissen einer ABC-Analyse abhängig.
   (6) Bei Erreichen des Mindestbestandes muss eine Bestellung aufgegeben werden.
   (7) Internetplattformen sind ein geeignetes Medium für die Bezugsquellenermittlung.
   (8) Kriterium für die Lieferantenauswahl ist immer nur der reine Preisvergleich.

2. Beschreiben Sie für Ihren Ausbildungsbetrieb die notwendigen Beschaffungsobjekte.

3. Erstellen Sie einen systematischen Überblick über die Entscheidungsinstrumente der Beschaffungsplanung.

4. Bestimmen Sie tabellarisch die optimale Bestellmenge für folgende Situation: Jahresbedarf 1500 Stück; mögliche Anzahl der Bestellungen 1, 2, 4, 6, 10, 15; Bestellkosten je Bestellung 10,00 EUR; Einkaufspreis je Stück 2,00 EUR; Zinssatz 9 %.

5. Erklären Sie, wie der Meldebestand ermittelt wird.

6. Bestimmen Sie den Mindestbestand, den Meldebestand, den Bestellzeitpunkt und den Bestellrhythmus sowie die Bestellmenge unter folgenden Bedingungen:
   - aktueller Bestand: 78 Stück,
   - Höchstbestand: 120 Stück,
   - durchschnittlicher Verkauf pro Tag: 6 Stück,
   - Lieferzeit ab Bestellung: 5 Tage,
   - Mindestbestand: durchschnittlicher Absatz von 5 Tagen.

7. Erläutern Sie, welche Kriterien bei einer Lieferantenauswahl berücksichtigt werden sollten.

3 Beschaffungsprozesse durchführen

3.1 Beschaffungsanlässe

Der Beschaffungsprozess kann grundsätzlich durch zwei verschiedene Situationen ausgelöst werden:

Beschaffungsanlässe
- **Beschaffung von Waren des vorhandenen Leistungsprogramms**
- **Beschaffung von Waren für ein neues Leistungsprogramm**

Beschaffung von Waren des vorhandenen Leistungsprogramms

Wenn ein Artikel aus dem Leistungsprogramm seinen Meldebestand erreicht, muss der Bestellvorgang ausgelöst werden. In diesem Fall kann fast immer auf bereits im Unternehmen vorhandene Daten zurückgegriffen werden. Die Arbeitsabläufe sind grundsätzlich branchen- bzw. betriebsabhängig, weisen in der Regel aber folgende typische Arbeitsschritte auf:

Bestellschein			Radmarkt Rolf KG – Das Kaufhaus rund ums Rad	
Artikel-Nr.	Artikel	Bestand	Höchstbestand	Bedarf

- **Warenbestandskontrolle** anhand der Artikeldatei,
- **Warenbedarfsmeldung** bei Erreichen des Meldebestands an Disposition/Einkauf,
- **Mengenplanung** unter Berücksichtigung von optimaler Bestellmenge, Höchst- und Mindestbestand,
- **Ermitteln von Lieferanten** anhand der Liefererdatei.

Beschaffung von Waren für ein neues Leistungsprogramm

Ein Artikel, der normalerweise nicht im Leistungsprogramm enthalten ist, soll aufgrund einer Sortimentserweiterung neu aufgenommen bzw. für einen Kunden einmalig eingekauft werden. In dieser Situation müssen Informationen und Daten neu beschafft werden.

Die erforderlichen Arbeiten im Funktionsbereich Beschaffung werden dann nicht intern durch das Erreichen eines Grenzwertes im Lager, sondern durch den Funktionsbereich Absatz ausgelöst.

- **Sortimentsentscheidung** zur Aufnahme neuer Waren,
- **Annahme eines Kundenauftrags** nach Überprüfen der Lieferwilligkeit und Lieferfähigkeit,
- **Mengenplanung** unter Berücksichtigung von optimaler Bestellmenge, Höchst- und Mindestbestand,
- **Bezugsquellenermittlung** (interne und externe Informationsquellen).

Sind die Entscheidungen zur Beschaffung von Waren gefallen, kann nach Anfragen und Angebotseinholung der Bestellvorgang ausgelöst werden.

3.2 Anfrage

Der Beschaffungsprozess beginnt i. d. R. mit der Anfrage. Dies gilt insbesondere bei erstmaliger Beschaffung von Waren. Aber auch bei der Beschaffung von Waren des Leistungsprogramms müssen oft Lieferbedingungen bzw. Lieferzeiten und Sonderkonditionen wie unterschiedliche Rabatte angefragt werden. Die Anfrage hat grundsätzlich **keine rechtsbindende Wirkung** bezogen auf einen möglichen Vertragsabschluss. Sie will lediglich Informationen einholen.

Anfrage

- **allgemeine Anfrage**: z. B. Bitte um Zusendung eines Kataloges, einer Preisliste oder Bitte um Vertreterbesuch
- **bestimmte Anfrage**: Bitte um Informationen über bestimmte Waren hinsichtlich z. B. Preis, Lieferungs- und Zahlungsbedingungen

Anfragen können **schriftlich** per Brief oder Mail bzw. **telefonisch** erfolgen. Erfolgt die Anfrage schriftlich per Brief, sind die DIN-Vorschriften für das Erstellen des Schriftstückes zu beachten.

Textverarbeitung

Fax

Absender: Radmarkt Reif KG Das Kaufhaus rund ums Rad Schlossgraben 30 45657 Recklinghausen Fon: 02361 2409-1 Fax: 02361 24101	Radmarkt Reif KG Das Kaufhaus rund ums Rad
An: Alpina Velo GmbH Frau Helmig	Datum: 01.05.20.. Unser Zeichen: p14

Anfrage nach Fahrradhelmen

Sehr geehrte Frau Helmig,

für die Seniorinnen und Senioren unseres ortsansässigen Fahrradclubs benötigen wir bis zum 12. des Monats 40 Fahrradhelme der Marke Alpina Giro, Farben weiß und schwarz, Größen 52 - 57 bzw. 56 - 62.

Bitte unterbreiten Sie uns kurzfristig ein Angebot mit Angaben zu Preisen und Ihren Lieferungs- und Zahlungsbedingungen. Berücksichtigen Sie angesichts der Kundengruppe bitte auch preislich günstige Alternativen.

Wir freuen uns, bald von Ihnen zu hören.

Mit freundlichen Grüßen

i. A. Pelzig

(Pelzig)

LERNFELD 4

3.3 Angebot

Käufer und Verkäufer sollten im Angebot die wesentlichen Vertragsbedingungen festlegen, um einen möglichst reibungslosen Ablauf von Warenbeschaffung bzw. Warenabsatz zu gewährleisten.

Sachverhalte, die im Angebot nicht im Einzelnen aufgeführt sind, werden durch die Allgemeinen Geschäftsbedingungen der Vertragspartner oder – soweit nicht vorhanden – durch die gesetzlichen Bestimmungen geregelt.

©eccolo-fotolia.com

Zu den wesentlichen Inhalten eines Angebots gehören Informationen über:

- Art, Güte und Beschaffenheit der Ware,
- Preis und Menge der Ware,
- Lieferungsbedingungen,
- Zahlungsbedingungen und Eigentumsvorbehalt,
- Erfüllungsort und Gerichtsstand.

3.3.1 Inhalte des Angebots

Art, Güte und Beschaffenheit der Ware

§ 243 BGB

Die angebotene Warenart wird durch den handelsüblichen Namen bestimmt. Enthält das Angebot des Lieferers keine Angabe über die Güte der Ware, so ist **nach gesetzlicher Regelung Ware mittlerer Güte** zu liefern. Güte und Beschaffenheit der Ware können aber vertraglich festgelegt werden z. B. durch:

- Muster und Proben,
- Waren- und Gütezeichen,
- Abbildungen, Beschreibungen,
- Güteklassen,
- Herkunft, Jahrgang,
- Angabe von Zusammensetzung der Waren.

©pico-fotolia.com

Preis und Menge

Der im Angebot genannte Preis bezieht sich auf eine bestimmte Mengeneinheit. Beinhaltet das Angebot **keine Mengenangabe**, so gilt der angegebene Preis der Ware für die **jeweils handelsübliche Menge**.

Die Menge kann z. B. bestimmt sein durch:

- gesetzliche Maßeinheiten (z. B. m, kg, l),
- handelsübliche Verpackungseinheiten (z. B. Paletten, Kisten, Ballen).

©Devist-fotolia.com

Zusätzlich kann der Lieferer sein Angebot entsprechend seiner Absatzziele steuern über

- Höchstmengen (bei sehr günstigen Angeboten),
- Mindestmengen bzw. Mindermengenzuschläge (bei Kleinbestellungen),
- Preisnachlässe (Rabatte, Boni, Skonti).

Preisnachlässe

Rabatte	Boni	Skonti
... sind Preisnachlässe aus besonderen Motiven: z. B. Mengenrabatt, Treuerabatt, Personalrabatt.	... sind nachträglich gewährte Preisnachlässe, die in der Regel am Jahresende bei Erreichen eines bestimmten Umsatzes gewährt werden.	... sind Preisnachlässe, die bei Zahlung innerhalb einer bestimmten Frist vom Rechnungsbetrag abgezogen werden.

Insbesondere beim Verbrauchsgüterkauf gewinnen Preisnachlässe über verschiedene Pay-back-Verfahren zunehmend an Bedeutung.

Lieferungsbedingungen

Hinsichtlich der Lieferungsbedingungen können unterschieden werden:

Lieferungsbedingungen

Lieferzeit	Verpackungskosten	Beförderungskosten

Lieferzeit

§ 271 BGB

Ist eine Zeit für die Leistung weder bestimmt noch den Umständen zu entnehmen, so kann der Gläubiger die Leistung **sofort verlangen**, der Schuldner sie **sofort bewirken**. Diese gesetzliche Regelung kann durch vertragliche Vereinbarungen ersetzt werden.

Beispiel

Für ein neues Bürogebäude werden Einrichtungsgegenstände bestellt. Eine Lieferzeit wird nicht vereinbart. Damit kann der Käufer die Lieferung **sofort verlangen**. Hat der Verkäufer die Büromöbel nicht lagermäßig vorrätig, sollte er also einen späteren Liefertermin vereinbaren.

Beispiel

Ebenso kann der Verkäufer die **Lieferung sofort bewirken**. Wünscht der Käufer einen späteren Liefertermin, z. B. weil erst noch Teppichboden verlegt werden muss, ist die vertragliche Einigung auf einen späteren Liefertermin notwendig, z. B. Lieferung Ende März, Lieferung am 22.07.20..

Verpackungskosten

§ 448 BGB

Die Kosten der **Schutz-** und **Versandverpackung** trägt der **Käufer**, Kosten für die **Verkaufsverpackung** gehen zu Lasten des **Verkäufers**. Der angegebene Preis der Ware bezieht sich grundsätzlich auf das Nettogewicht der Ware.

Diese Regelungen gelten, soweit keine anderen Vereinbarungen zwischen Verkäufer und Käufer getroffen werden.

Zusätzlich regelt die **bundeseinheitliche Verpackungsverordnung**:

- Die Herstellung und der Transport der Verpackungen können berechnet werden.
- Die Kosten der Entsorgung werden erfasst und in die Preise eingerechnet.

Nach dieser Verordnung sind für Transportverpackungen, Umverpackungen und Verkaufsverpackungen

- **Rücknahmeverpflichtungen** für Industrie und Handel festgeschrieben sowie
- **Verwertungsverpflichtungen** festgelegt worden.

Wie die Unternehmen dieser Verpflichtung nachkommen und wer die Kosten tatsächlich zu tragen hat, bleibt weitgehend dem Gestaltungsrahmen innerhalb der Vertragsfreiheit überlassen.

Ziel ist es, die verpackungsbedingten Müllmengen durch verstärkte Nutzung von Mehrwegsystemen oder durch Recycling zu vermindern.

Beförderungskosten

Die Verteilung der Beförderungskosten auf Käufer und Verkäufer richtet sich grundsätzlich nach dem **Erfüllungsort** – Warenschulden sind Holschulden.

Platzkauf	Befinden sich Verkäufer und Käufer am **gleichen Ort**, so gilt als gesetzliche Regelung, dass der Käufer die gesamten Beförderungskosten ab der Warenübergabe zu tragen hat.
Distanzkauf	Sorgt der Verkäufer für die Versendung an einen **anderen Ort**, so hat er die Anfuhrkosten bis zur Versandstation zu tragen. Dem Käufer können alle weiteren Kosten in Rechnung gestellt werden.

Darüber hinaus sind auch folgende vertragliche Vereinbarungen gebräuchlich:

Beförderungsbedingungen	Verkäufer	Rollgeld	Verladekosten	Fracht	Entladekosten	Rollgeld	Käufer
ab Fabrik, ab Lager, ab Werk (gesetzliche Regelung bei Platzkauf)	**Bereitstellung durch Verkäufer**	**Der Käufer übernimmt alle Beförderungskosten.**					
ab hier, ab Bahnhof hier, unfrei (gesetzl. Regelung bei Distanzkauf)	**Der Verkäufer übernimmt die Anfuhrkosten bis zur Versandstation.**		**Der Käufer übernimmt Verlade-, Fracht-, Entlade- und Zustellkosten.**				
frei Waggon	**Der Verkäufer übernimmt Anfuhrkosten und Verladekosten.**			**Der Käufer übernimmt Fracht-, Entlade- und Zustellkosten.**			
frei Bahnhof dort, frachtfrei, frei dort	**Der Verkäufer übernimmt Anfuhr-, Verlade- und Frachtkosten.**				**Der Käufer übernimmt Entlade- und Zustellkosten.**		
frei Haus, frei Lager, frei Werk	**Der Verkäufer übernimmt alle Beförderungskosten bis in den gesicherten Verfügungsbereich des Käufers.**						**Einlagerung durch Käufer**
frei Keller, frei Lagerplatz, frei Regal	**Der Verkäufer übernimmt alle Beförderungskosten bis in den vom Käufer bestimmten Einlagerungsort.**						

Zahlungsbedingungen und Eigentumsvorbehalt

Zahlungsbedingungen regeln den **Zahlungszeitpunkt** und enthalten mögliche **Preisnachlässe** für vorzeitige Zahlung oder auch Zuschläge z. B. für Mindermengen.

Wird keine Vereinbarung getroffen, so kann der Gläubiger nach der gesetzlichen Regelung die Zahlung **sofort verlangen**. Vereinbarungen über den Zahlungszeitpunkt sind abhängig vom Umfang des Geschäftes und von der Zahlungsfähigkeit (Bonität) des Kunden. Folgende Zahlungsbedingungen können vereinbart werden:

Zahlungsbedingungen

Zahlung vor Lieferung	Zahlung bei Lieferung	Zahlung nach Lieferung
• Vorauszahlung • Anzahlung	• Barzahlung • Teilzahlung (bei Teillieferung)	• Zahlungsziel • Ratenzahlung

Zur Sicherung des Zahlungseingangs bei Zielverkäufen (z. B. Zahlung innerhalb von 14 Tagen abzüglich 2 % Skonto oder 30 Tage netto) werden in den Allgemeinen Geschäftsbedingungen häufig Formulierungen folgender Art aufgenommen:

„Alle Lieferungen erfolgen unter **Eigentumsvorbehalt**", d. h., die Ware bleibt bis zur vollständigen Bezahlung Eigentum des Verkäufers.

Dieser **einfache Eigentumsvorbehalt erlischt**, wenn **die Ware an einen gutgläubigen Dritten verkauft**, wenn sie **verarbeitet** oder **verbraucht** oder mit einer unbeweglichen Sache **fest verbunden** wird. Aus diesem Grund werden häufig folgende Arten des Eigentumsvorbehalts in den Vertrag aufgenommen:

erweiterter Eigentumsvorbehalt	verlängerter Eigentumsvorbehalt
Der Eigentumsvorbehalt erstreckt sich bis zur **Begleichung aller Forderungen** des Verkäufers auf **alle von ihm gelieferten Waren** – auch auf bereits bezahlte.	Eine **Verarbeitung** der gelieferten Ware führt zur **Übereignung** der neu entstandenen Sache. Ein Weiterverkauf der gelieferten Ware bewirkt die **Abtretung** der Dritten gegenüber entstandenen Forderung.

Erfüllungsort und Gerichtsstand

§ 269 BGB

Für den Erfüllungsort gilt entweder die gesetzliche Regelung oder eine vertragliche Regelung; er kann sich auch aus der „Natur" des Schuldverhältnisses (z. B. Verbrauchsort bei der Lieferung von Zement) ergeben. Grundsätzlich kann nur **unter Kaufleuten** ein **anderer (einheitlicher) Gerichtsstand** vertraglich vereinbart werden.

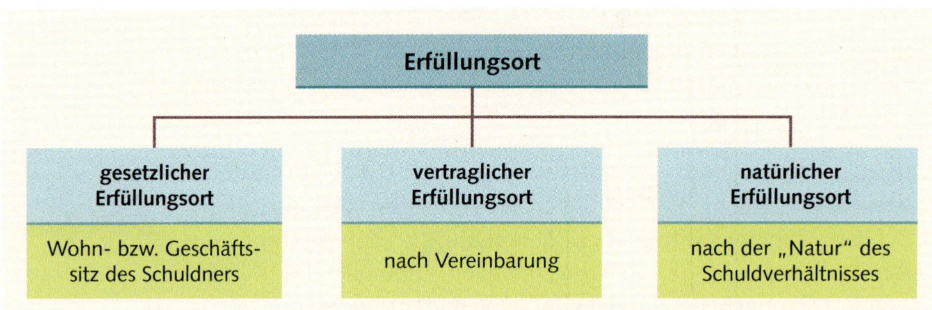

Gesetzliche Regelungen für die Waren- und Geldschuld, den Gefahrenübergang und den Gerichtsstand

Der Erfüllungsort ist der Ort, an dem der jeweilige Schuldner seine Leistung ordnungsgemäß zu erfüllen hat.

Merke

Warenschulden sind **Holschulden**. Geldschulden sind **Schickschulden**.

- **Waren- und Geldschuld:** Der Erfüllungsort für die **Warenschuld** ist grundsätzlich der **Wohn- oder Geschäftssitz des Verkäufers**. Der Erfüllungsort für die **Geldschuld** ist der **Wohn- oder Geschäftssitz des Käufers**.
- **Gefahrenübergang:** Am Erfüllungsort geht die **„Gefahr"** – die Haftung für die Ware bei zufälliger Verschlechterung oder Untergang – **vom Verkäufer auf den Käufer** über.

➔ **Gerichtsstand:** Bei Streitigkeiten zwischen Verkäufer und Käufer, die sich aus dem Vertrag ergeben, ist nach gesetzlicher Regelung das **Gericht** zuständig, in **dessen Bezirk der Erfüllungsort** liegt.

Bedeutung des Erfüllungsortes	Der Erfüllungsort liegt beim Verkäufer.	Der Erfüllungsort liegt beim Käufer.
... für die Waren- und Geldschuld  ©Robert Kneschke-fotolia.com	**bei Platzkauf:** Der Verkäufer stellt zum vertraglich vereinbarten Zeitpunkt die **Waren** an **seinem Wohn- bzw. Geschäftssitz** bereit. Der Käufer hat die Ware abzuholen, Kosten und Risiken des Transports gehen zu seinen Lasten. **bei Distanzkauf:** Der Verkäufer hat zudem die **Transportkosten bis zur ersten Versandstation** zu tragen.	Käufer muss die **Zahlung** zum vereinbarten Zeitpunkt an **seinem Wohn- bzw. Geschäftssitz** veranlassen (z. B. Überweisung). Der Käufer trägt jedoch auch die Kosten der Zahlung und die Verlustgefahr (ggf. Übergang auf die beauftragte Bank). Die Überweisungsdauer muss er nicht berücksichtigen.
... für den Gefahrenübergang  © apops-fotolia.com	**bei Versendungskauf**	
	mit Transportunternehmen: mit Auslieferung an den Frachtführer	**mit eigenem LKW:** mit Übergabe an den Käufer **als Verbrauchsgüterkauf:** Die Ware reist immer auf Gefahr des Verkäufers (z. B. beim Versandhandel).
	bei Platzkauf	
	mit Übergabe der Ware im **Geschäft des Verkäufers**	mit Übergabe der Ware **beim Käufer**
Gerichtsstand  ©Andrey Burmakin-fotolia.com	bei Streitigkeiten um die **Warenschuld:** zuständiges Gericht am Sitz des Verkäufers	bei Streitigkeiten um die **Geldschuld:** zuständiges Gericht am Sitz des Käufers
	Nichtkaufleute (Verbraucher) können grundsätzlich aus Kaufverträgen nur bei dem für **ihren Wohnsitz zuständigen Gericht** verklagt werden.	

3.3.2 Angebotsvergleich

Der Angebotsvergleich dient der Vorbereitung einer Kaufentscheidung durch Bewertung von quantitativen Faktoren, die sich in Geldeinheiten berechnen lassen, und qualitativen Faktoren, die über ein Punktbewertungsverfahren miteinander verglichen werden.

■ Quantitativer Angebotsvergleich

Beim quantitativen (rechnerischen) Angebotsvergleich werden Einkaufspreise mittels einer Bezugskalkulation verglichen. Ausgehend vom Listeneinkaufspreis wird unter Berücksichtigung von Preisnachlässen und Bezugskosten der Bezugs- oder Einstandspreis ermittelt.

	A	B	C	D	E	F	G
1	Angebotsvergleich (quantitativ)						
2							
3		Römer e. K.		Keller GmbH		Alpina Velo GmbH	
4							
5	Einzelpreis		29,95 €		39,95 €		34,95 €
6	Menge		40 Stück		40 Stück		40 Stück
7	Bezugskalkulation						
8	Listeneinkaufspreis		1.198,00 €		1.598,00 €		1.398,00 €
9	– Liefererrabatt	10%	119,80 €	15%	239,70 €	20%	279,60 €
10	= Zieleinkaufspreis		1.078,20 €		1.358,30 €		1.118,40 €
11	– Liefererskonto	2%	21,56 €	3%	40,75 €	3%	33,55 €
12	= Bareinkaufspreis		1.056,64 €		1.317,55 €		1.084,85 €
13	+ Bezugskosten		45,00 €	1%	13,58 €		- €
14	= Einstands- oder Bezugspreis		1.101,64 €		1.331,13 €		1.084,85 €
15							
16							

	A	B	C	D	E	F	G
1	Angebotsvergleich (quantitativ)						
2							
3		Römer e. K.		Keller GmbH		Alpina Velo GmbH	
4							
5	Einzelpreis		29,95		39,95		34,95
6	Menge		40		40		40
7	Bezugskalkulation						
8	Listeneinkaufspreis		=C5*C6		=E5*E6		=G5*G6
9	– Liefererrabatt	0,1	=C8*B9	0,15	=E8*D9	0,2	=G8*F9
10	= Zieleinkaufspreis		=C8-C9		=E8-E9		=G8-G9
11	– Liefererskonto	0,02	=C10*B11	0,03	=E10*D11	0,03	=G10*F11
12	= Bareinkaufspreis		=C10-C11		=E10-E11		=G10-G11
13	+ Bezugskosten		45	0,01	=E10*D13		0
14	= Einstands- oder Bezugspreis		=C12+C13		=E12+E13		=G12+G13
15							
16							

■ Qualitativer Angebotsvergleich (Nutzwertanalyse)

Neben dem reinen Preisvergleich spielen beim Angebotsvergleich meist noch weitere, nicht quantifizierbare Kriterien eine Rolle. Eine Nutzwertanalyse kann helfen, die unterschiedlichen Kriterien vergleichbar zu machen und die subjektive Gewichtung und Bewertung der qualitativen Aspekte nachvollziehbar zu dokumentieren.

Nutzwertanalyse (Verfahrensweise)

- Es werden zunächst die **Kriterien festgelegt**, die verglichen werden sollen.
- Anschließend werden die Kriterien gemäß ihrer Bedeutung **gewichtet**, z. B. in Prozent.

- Nun werden die einzelnen Kriterien bei jedem Lieferanten mit **Punkten** z. B. auf einer Skala von eins bis sechs **bewertet** (höchste Punktzahl = beste Bewertung).
- Das **Produkt aus Punktzahl und Gewichtung** ergibt den Wert des einzelnen Kriteriums bei jedem Lieferanten.
- Der Lieferant mit der **höchsten Summe** aus allen Einzelwerten erfüllt die insgesamt geforderten Kriterien am besten.

Beispiel

Angebotsvergleich (qualitativ)										
Kriterium	**Wertigkeit (%)**	**Römer e.K.**	**Faktor**	**Wert**	**Alpino Velo GmbH**	**Faktor**	**Wert**	**Keller GmbH**	**Faktor**	**Wert**
Qualität	25	gut	5	125	ausgezeichnet	6	150	keine Aussage	3	75
Lieferzeit Liefertermin	30	4 Tage unpünktlich	2	60	2 Tage pünktlich	5	150	2 Tage keine Erfahrung	4	120
Bestellungsabwicklung	15	zufriedenstellend	3	45	gut	5	75	keine Erfahrung	3	45
Garantie Service	20	problemlos befriedigend	3	60	problemlos gut	4	80	keine Erfahrung	3	60
Transportverpackung	10	eigener Lkw Palette, Folie	3	30	eigener Lkw Euro-Palette	4	40	in Folie Rücknahme	5	50
Gesamtwerte	**100**			**320**			**495**			**350**

Wertigkeit	Faktor	Wert
Wie wichtig ist das Kriterium? sehr wichtig ... kaum wichtig 100 % .... 1 %	**Wie gut erfüllt das Angebot das Kriterium?** voll ... teilweise ... kaum 6 .... 3 1	**Welche Gesamtpunktzahl erzielt das Angebot?**

3.4 Bestellung

Hat man sich für ein Angebot entschieden, wird die benötigte Ware bestellt und ein entsprechender Vermerk in die Einkaufsdatei eingetragen.

Für das Bestellwesen werden i. d. R. computergestützte **Warenwirtschaftssysteme** genutzt. Sie erfassen in einem geschlossenen Kreislauf alle Stufen des Warenflusses von der Disposition bis zum Verkauf und dienen so der mengen- und wertmäßigen Kontrolle und Steuerung des Warenflusses. Anhand der gespeicherten Daten aus Verkauf und Lagerbestand ermittelt das Warenwirtschaftssystem einen **Bestellvorschlag**.

Radmarkt Reif KG
Das Kaufhaus rund ums Rad

Radmarkt Reif KG, Schlossgraben 30, 45657 Recklinghausen

Alpina Velo GmbH
Frau Helmig
Industriepark 16
48143 Münster

Ihr Zeichen:
Ihre Nachricht vom:
Unser Zeichen:
Unsere Nachricht vom:

Name:
Telefon: 02361 2409-1
Telefax: 02361 2410
E-Mail: info@radmarkt-reif.de

Datum: 04.05.20..

Bestellung

Sehr geehrte Frau Helmig,

vielen Dank für die schnelle Zusendung des erbetenen Angebotes.

Nach Rücksprache mit den Mitgliedern des Fahrradclubs möchten wir folgende Helme bestellen:

28 Fahrradhelme „Velo Alpina Giro" in der Farbe matt schwarz, Größe 56 – 62,
12 Fahrradhelme „Velo Alpina Giro" in der Farbe weiß, Größe 52 – 57

zum Preis von 27,12 EUR/Stück zuzüglich Umsatzsteuer.

Die Lieferungs- und Zahlungsbedingungen haben wir Ihren AGB entnommen. Entsprechend erwarten wir Ihre Lieferung innerhalb der nächsten 7 Tage frei Haus.

Besten Dank für die gute Zusammenarbeit!

i. A. Pelzig
(Pelzig)

Handelsregister: HRA 1222
USt.-IdNr.: DE14627991
Erfüllungsort und Gerichtsstand: Recklinghausen

Homepage:
www.radmarkt-reif.com

Bankverbindung
Sparkasse Vest Kto. 170642
IBAN DE45426501000000170642
BIC WELADED1REK

Die Bestellung ist, wie auch das Angebot, an keine Formvorschrift gebunden. Sie kann mündlich (auch telefonisch) oder schriftlich per Brief oder Fax und auch in elektronischer Form abgegeben werden. Zu den wesentlichen **Angaben in der Bestellung** gehören Informationen über

- Art, Güte und Beschaffenheit der Ware,
- Preis und Menge der Ware,
- Lieferungsbedingungen und
- Zahlungsbedingungen.

Mit der **verbindlichen Bestellung** kommt zwischen Käufer und Verkäufer ein rechtlich bindender Vertrag zustande, sofern Angebot und Bestellung inhaltlich übereinstimmen.

Außerdem wird ein rechtswirksamer Vertrag durch das Angebot und die Bestellung nur dann begründet, wenn die Bestellung **rechtzeitig** erfolgt:

Ein **mündlich** oder **fernmündlich** übermitteltes Angebot (unter Anwesenden) ist sofort anzunehmen.

Ein **schriftlich** oder **elektronisch** zugesandtes Angebot (unter Abwesenden) darf auf vergleichbarem Weg unter Einbeziehung einer angemessenen Überlegenszeit bestätigt werden.

Ein **verspätet angenommenes Angebot** gilt ebenso wie eine **inhaltliche Abänderung** als **neuer Antrag**, so dass der Kaufvertrag nur durch eine entsprechende zweite übereinstimmende Willenserklärung zustande kommen kann. Es sind zwei Fälle zu unterscheiden:

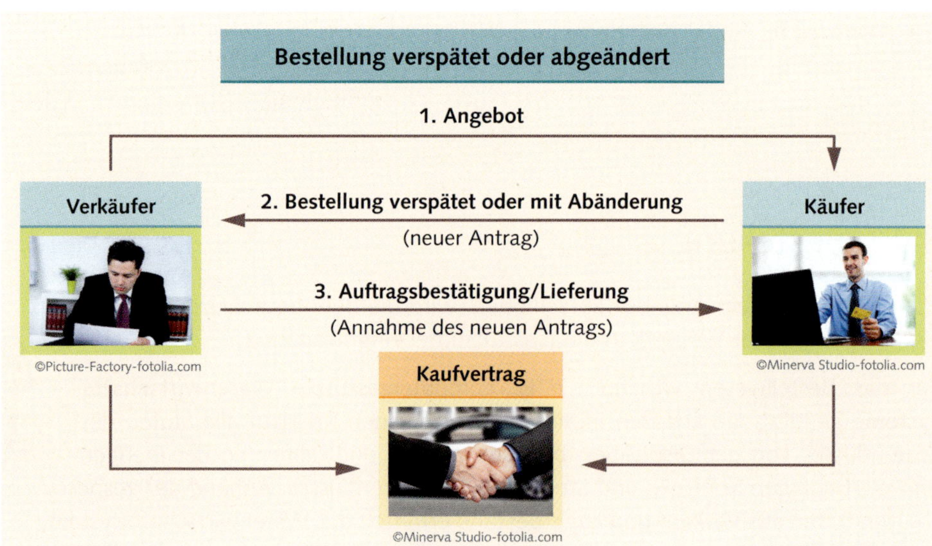

3.5 Zusammenfassung und Aufgaben

Zusammenfassung

Arbeitsablauf bei der Beschaffung

Beschaffung von Waren des bisherigen Leistungsprogramms	Beschaffung von Waren eines neuen Leistungsprogramms
- Warenbestandskontrolle anhand der Artikeldatei - Warenbedarfsmeldung bei Erreichen des Meldebestands an Disposition/Einkauf - Mengenplanung (optimale Bestellmenge, Höchst- und Mindestbestand festlegen) - Ermitteln von Lieferanten anhand der Einkaufsdatei oder - Anfragen erstellen, Angebote einholen	- Entscheidung zur Aufnahme neuer Waren bzw. Materialien in das Sortiment oder - Annahme eines Kundenauftrags nach Überprüfen der Lieferwilligkeit und Lieferfähigkeit - Mengenplanung - Bezugsquellenermittlung (interne und externe Informationsquellen) - Anfragen erstellen, Angebote einholen
- Angebotsvergleich (quantitativ und qualitativ) - Lieferer auswählen und Bestellvorschlag erstellen unter Berücksichtigung von z. B. Mindestbestellmengen, Rabatten, Lieferungsbedingungen, Sonderkonditionen (automatische Belegerstellung im Warenwirtschaftssystem) - Versenden der Bestellung (Vermerk in der Einkaufsdatei)	

Anfragen

Die Anfrage hat grundsätzlich **keine rechtsbindende Wirkung**.

allgemeine Anfrage: Bitte um Zusendung z. B. eines Kataloges, einer Preisliste oder Bitte um Vertreterbesuch

bestimmte Anfrage: Einholen von Informationen über bestimmte Waren hinsichtlich z. B. Preis, Lieferungs- und Zahlungsbedingungen

Inhalte des Angebots

Art, **Güte** und **Beschaffenheit** der Ware: Kennzeichnung durch Muster und Proben, Waren- und Gütezeichen, Abbildungen, Beschreibungen, Güteklassen, Herkunft, Jahrgang, Zusammensetzung der Waren

Preis bezogen auf eine Mengeneinheit: z. B. gesetzliche Maßeinheit, handelsübliche Verpackungseinheiten oder (ohne Mengenangabe) auf die handelsübliche Menge

Preisnachlässe:

- **Rabatte:** Preisnachlässe aus besonderen Motiven, z. B. Mengenrabatt, Treuerabatt, Personalrabatt
- **Boni:** nachträglich gewährte Preisnachlässe bei Erreichen eines bestimmten Umsatzes
- **Skonti:** Preisnachlässe bei Zahlung innerhalb einer bestimmten Frist

Lieferungsbedingungen:

- **Lieferzeit:** Gläubiger kann Leistung sofort verlangen, Schuldner sie sofort bewirken (gesetzliche Regelung).
- **Verpackungskosten:** Kosten der Schutz- und Versandverpackung gehen zu Lasten des Käufers, Kosten für die Verkaufsverpackung zu Lasten des Verkäufers.
- **Beförderungskosten:** Verkäufer trägt die Anfuhrkosten bis zur Versandstation, Rest übernimmt Käufer (gesetzliche Regelung); unterschiedliche vertragliche Vereinbarungen: z. B. ab Werk, frachtfrei, frei Haus

Zahlungsbedingungen: Zahlung soll erfolgen

- **vor** der Lieferung (Vorauszahlung, Anzahlung),
- **bei** Lieferung (Barzahlung, Teilzahlung),
- **nach** der Lieferung (mit Zahlungsziel, Ratenzahlung).

Eigentumsvorbehalt (EV):

- **einfacher** EV: erlischt bei Weiterverarbeitung oder Verkauf der Sache an einen gutgläubigen Dritten.
- **erweiterter** EV: erstreckt sich auf alle vom Verkäufer gelieferten Waren.
- **verlängerter** EV: bei Weiterverarbeitung Übereignung der neu entstandenen Sache bzw. bei Weiterverkauf Abtretung der Forderung gegenüber Dritten.

Erfüllungsort und Gerichtsstand

- Gesetzlicher Erfüllungsort für die **Warenschuld** ist der Wohn- oder Geschäftssitz des Verkäufers: Warenschulden sind Holschulden.
- Gesetzlicher Erfüllungsort für die **Geldschuld** ist der Wohn- oder Geschäftssitz des Käufers: Geldschulden sind Schickschulden.
- Am Erfüllungsort geht die **„Gefahr"** – die Haftung für die Ware bei zufälliger Verschlechterung oder Untergang – vom Verkäufer auf den Käufer über.
- Bei Streitigkeiten zwischen Verkäufer und Käufer, die sich aus dem Vertrag ergeben, ist nach gesetzlicher Regelung das **Gericht** zuständig, in dessen Bezirk der Erfüllungsort liegt.

Angebotsvergleich

quantitativer Angebotsvergleich: Ermittlung des Einstandspreises (Bezugspreises) unter Berücksichtigung von Rabatten, Skonti und Bezugskosten

qualitativer Angebotsvergleich: Vergleich von qualitativen Faktoren (z. B. Service) durch Nutzwertanalyse

Aufgaben

1. Prüfen Sie die folgenden Aussagen auf ihre Richtigkeit. Die Antwort ist jeweils zu begründen.

(1) Die Absatzplanung bestimmt wesentlich die Beschaffungsplanung.

(2) Enthält das Angebot des Lieferers keine Angabe über die Güte der Ware, so ist nach gesetzlicher Regelung Ware mittlerer Güte zu liefern.

(3) Skonti sind Preisnachlässe, die bei Kauf größerer Mengen gewährt werden.

(4) Fehlt eine vertragliche Regelung über die Lieferzeit und den Zahlungszeitpunkt, so kann der jeweilige Gläubiger die Leistung sofort verlangen.

(5) Durch den Eigentumsvorbehalt kann sich ein Verkäufer vor Zahlungsausfällen schützen, aber es ist kein absoluter Schutz.

(6) Der Erfüllungsort ist bedeutsam für die Übernahme der Beförderungskosten, falls darüber keine vertragliche Vereinbarung erfolgt ist.

(7) Kommt es zu Streitigkeiten aus einem Kaufvertrag, so kann der Verkäufer den Käufer stets bei dem zuständigen Gericht seines Wohnortes (Firmensitzes) verklagen.

(8) Um quantitative Kriterien von Angeboten vergleichbar zu machen, kann man als Verfahren die Nutzwertanalyse anwenden.

(9) Ein mündlich oder fernmündlich übermitteltes Angebot ist eine Woche gültig.

(10) Bestellungen sind immer in Schriftform vorzunehmen.

2. Unterscheiden Sie Rabatt, Bonus und Skonto.

3. Nennen Sie die gesetzlichen Regelungen für die Erfüllung des Kaufvertrages, wenn keine vertraglichen Vereinbarungen getroffen wurden hinsichtlich Art, Güte und Beschaffenheit der Ware sowie des Zeitpunktes von Lieferung und Zahlung.

4. Ordnen Sie zu, ob Käufer oder Verkäufer nach der gesetzlichen Regelung die jeweiligen Verpackungskosten zu tragen haben:
   a) Kosten der Versandverpackung,
   b) Kosten der Verkaufsverpackung.

5. Erklären Sie die Beförderungsbedingungen „unfrei", „frachtfrei" und die gesetzliche Regelung für den Platzkauf bzw. den Distanzkauf.

6. Bei der Versendung von Waren vom Hersteller in Duisburg zum Großhändler in Hamburg fallen folgende Kosten an:

Rollgeld: Hersteller – Bahnhof Duisburg 20,00 EUR	Verladekosten: 20,00 EUR
Fracht: 100,00 EUR	Entladekosten: 30,00 EUR
Rollgeld: Bahnhof Hamburg – Großhändler 15,00 EUR	

   Welchen Kostenanteil hat der Großhändler (Käufer) bei Vereinbarung der folgenden Beförderungsbedingungen zu übernehmen:

   unfrei, frachtfrei, frei Bahnhof dort, ab hier, ab Werk, bei gesetzlicher Regelung, frei Waggon

7. Erläutern Sie, welche Kriterien bei einem Angebotsvergleich berücksichtigt werden sollten.

8. Führen Sie einen rechnerischen Angebotsvergleich unter folgenden Bedingungen durch:

   Angebot A: Listeneinkaufspreis 620,00 EUR/Stück, Liefererrabatt 10 %, Skonto 3 %, Lieferung frei Haus;

   Angebot B: Listeneinkaufspreis 530,00 EUR/Stück, Skonto 2 %, Bezugskosten 32,80 EUR;

   Angebot C: Bezugspreis 500,00 EUR/Stück.

9. Neben dem reinen Preisvergleich spielen beim Angebotsvergleich meist noch weitere nicht quantifizierbare Kriterien eine Rolle. Nennen Sie qualitative Kriterien und bringen diese in eine Reihenfolge gemäß ihrer Bedeutung.

10. Erläutern Sie, welche Rechtswirkung eine inhaltlich abgeänderte Bestellung auf ein Angebot hat.

4 Beschaffungsprozesse kontrollieren

Zur Kontrolle im Beschaffungsprozess von der Disposition und Bestellung über den Wareneingang bis zur Lagerung können entsprechende Module von Warenwirtschaftssystemen genutzt werden wie z. B. Artikel-, Lager- und Liefererdatei. Zudem werden Bestellvorschläge, Faxvordrucke für Bestellungen und Lieferermahnungen computergestützt generiert.

4.1 Bestellüberwachung und Wareneingangskontrolle

Im Rahmen der **Bestellüberwachung** wird zunächst geprüft, ob die Bestellung ordnungsgemäß ausgeführt worden ist. Erfolgt auf eine Bestellung eine Auftragsbestätigung, ist diese hinsichtlich der vereinbarten Konditionen zu prüfen. Die Bestellung wird in der Einkaufsdatei/Datei für offene Bestellungen vermerkt. Die Eintragung unterstützt die folgenden Kontrollen:

- ➔ **Terminkontrolle:** Wurde die Sache zum vereinbarten Zeitpunkt geliefert?
- ➔ **Lieferstatus:** Sind bereits Teillieferungen erfolgt?
- ➔ **Kontrolle der Lieferung:** Wurde die Sache in der richtigen Menge und Qualität geliefert?
- ➔ **Mahnung:** Ist eine Mahnung erforderlich bzw. wann wurde zuletzt gemahnt?
- ➔ **Unter- bzw. Überdeckung:** Führen ungeplante Verkäufe/Entnahmen zu veränderten Bedarfen?

Bei der **Wareneingangskontrolle** prüft die Warenannahme die eingehende Warensendung. Zunächst wird (noch in Anwesendheit des Lieferers) die **Anzahl** der gelieferten Stücke mit den Begleitpapieren verglichen und die **Anschrift** und **äußerliche Unversehrtheit** der Packstücke kontrolliert. Unstimmigkeiten sind zu vermerken und vom Anlieferer zu bestätigen.

Die Waren sind sodann **unverzüglich**, d. h. ohne schuldhafte Verzögerung zu prüfen, damit die Rechte aus einer mangelhaften Lieferung (Schlechtleistung) nicht verloren gehen. Die Prüfung erstreckt sich auf **Art, Menge, Beschaffenheit** und **Güte**. Grundlage für die Prüfung können Angaben des Angebotes, der Bestellung, des Lieferscheins sowie Proben oder Muster sein. Das Ergebnis der Warenprüfung wird der Einkaufsabteilung (Disposition) mitgeteilt, damit hier ggf. unverzüglich eine Mängelrüge erstellt werden kann. Einwandfrei gelieferte Ware wird in der Artikeldatei erfasst und sachgemäß eingelagert.

4.2 Bestandskontrollen und Lagerhaltung

Die mengen- und wertmäßige Bestandsentwicklung wird laufend durch die Erfassung von Zu- und Abgängen in der Lagerbuchhaltung kontrolliert.

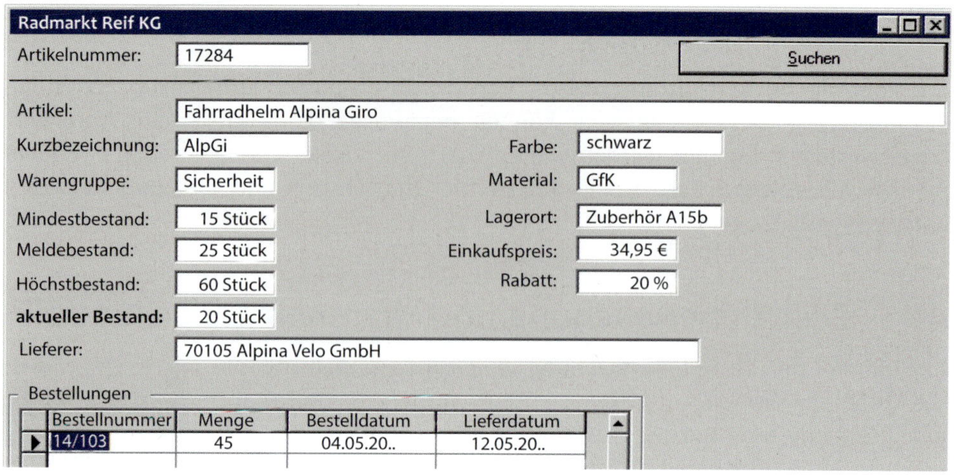

Radmarkt Reif KG

Artikelnummer: 17284 — Suchen

Artikel:	Fahrradhelm Alpina Giro		
Kurzbezeichnung:	AlpGi	Farbe:	schwarz
Warengruppe:	Sicherheit	Material:	GfK
Mindestbestand:	15 Stück	Lagerort:	Zuberhör A15b
Meldebestand:	25 Stück	Einkaufspreis:	34,95 €
Höchstbestand:	60 Stück	Rabatt:	20 %
aktueller Bestand:	20 Stück		
Lieferer:	70105 Alpina Velo GmbH		

Bestellungen

Bestellnummer	Menge	Bestelldatum	Lieferdatum
14/103	45	04.05.20..	12.05.20..

Die so ermittelten Sollbestände weichen aber durch Lagerverluste oder fehlerhafte Aufzeichnungen häufig von den Istbeständen ab. Deshalb muss mindestens einmal im Jahr zu einem beliebigen Zeitpunkt eine körperliche Inventur durch Zählen, Messen, Wiegen, Schätzen und Bewerten durchgeführt werden.

4.2.1 Aufgaben der Lagerhaltung, Lagerarten, Lagerorganisation

Aufgaben der Lagerhaltung

Die betriebliche Lagerhaltung hat die Aufgabe, die **Produktions- und Lieferbereitschaft** einer Unternehmung zu **sichern** – und dies **auf wirtschaftliche Art und Weise**.

©Franck Boston-fotolia.com ©maxoidos-fotolia.com ©Gina Sanders-fotolia.com

zeitlicher und räumlicher Ausgleich

➔ Da Herstellung und Verwendung der Güter sowohl hinsichtlich des Zeitpunktes als auch des Ortes i. d. R. auseinanderfallen, sorgt eine Lagerhaltung nach dem Prinzip der Vorratshaltung für den zeitlichen und räumlichen Ausgleich (Zeitüberbrückung, Raumüberbrückung).

Ausgleich von Unregelmäßigkeiten auf dem Beschaffungsmarkt

➔ Unregelmäßigkeiten auf dem Beschaffungsmarkt (z. B. Witterungseinflüsse, Streik, Lieferschwierigkeiten) können überbrückt werden.

Einkaufsvorteile

➔ Die Lagerhaltung ermöglicht es, Einkaufsvorteile (z. B. in Form von Mengenrabatten oder Sonderangeboten) wahrzunehmen.

Umformungs- und Reifeprozess

➔ Häufig findet während der Lagerung ein Umformungs- bzw. Reifungsprozess statt (z. B. Sekt, Käse, Holz).

Lagerarten

Industrie und Handel stellen für die Aufgaben der Lagerhaltung unterschiedliche Lagerarten zur Verfügung:

Lagerarten im **industriellen** Bereich	**Materiallager:** Werkstoffe, Teile
	Handlager: Werkstoffe am Arbeitsplatz
	Zwischenlager: unfertige Erzeugnisse
	Versandlager: Fertigprodukte, Handelswaren
Lagerarten im **Handelsbetrieb**	**Verkaufslager:** Waren im Verkaufsraum
	Reservelager: Vorratslager
	Ausstellungslager: Präsentation von Ausstellungsstücken

Weitere Lagerarten lassen sich unterscheiden z. B. nach Bauart (**offenes** oder **geschlossenes** Lager) oder Eigentumsverhältnissen (**Eigen-** oder **Fremdlager**).

Lagerorganisation

Zentrales oder dezentrales Lager

Je nach Standort kann die Lagerhaltung zentral oder dezentral organisiert sein.

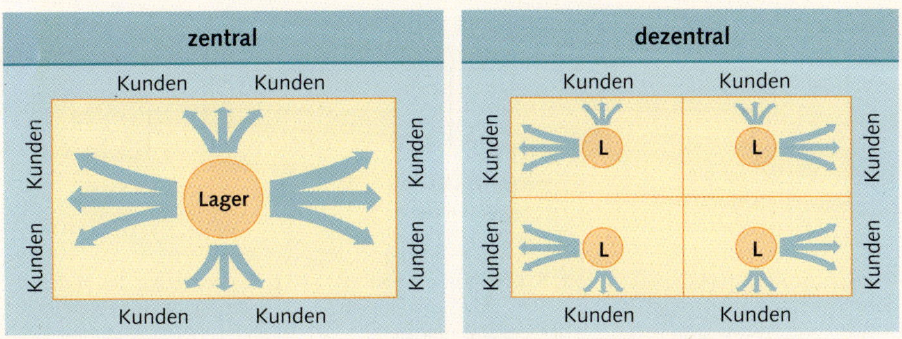

zentral:
- insgesamt geringerer Mindestbestand
- weniger Raum-, Verwaltungs- und Personalkosten
- bessere Kontrolle

dezentral:
- kürzere Transportwege zum Kunden (Zeit- und Kostenersparnis)
- schnellerer Zugriff möglich

Feste (systematische) Lagerplatzzuordnung

Von systematischer Lagerhaltung spricht man, wenn jedem Artikel sein fester Lagerplatz zugeordnet wird, der immer für diesen reserviert ist. Der Vorteil liegt in der einfachen Bestimmbarkeit des Lagerortes und bei entsprechender Anordnung der Lagerplätze im schnellen Zugriff auf Artikel, die häufig ein- und ausgelagert werden.

LERNFELD 4

Freie (chaotische oder dynamische) Lagerplatzzuordnung

Wird jedem Artikel nach bestimmten Regeln irgendein freier Lagerplatz zugeordnet, spricht man von chaotischer bzw. dynamischer Lagerhaltung. Der freie Lagerplatz wird (jedesmal neu) durch ein EDV-System bestimmt, das auch den späteren Zugriff gewährleistet. Vorteile dieser Lagerplatzzuordnung liegen in der besseren Ausnutzung des Lagerplatzes und damit in der Reduzierung von Lagerraum und Lagerkosten.

4.2.2 Wirtschaftlichkeit der Lagerhaltung

Kosten der Lagerhaltung

Zwischen Wareneingang und Warenverkauf fallen im Lager Kosten für die Bereitstellung und Bereithaltung der Waren an. Die Senkung dieser Kosten stellt ein wichtiges Potenzial für die Wirtschaftlichkeit der Lagerhaltung dar.

Die Kosten der Lagerhaltung umfassen Kosten der **Leitung** und **Disposition**, des **Ein-** und **Auslagerns** und der **eigentlichen Lagerung**. Einige Kosten werden als fixe Kosten bezeichnet. **Fixe Kosten** sind Kosten, die über einen längeren Zeitraum unverändert bleiben, also von der Menge und dem Wert der eingelagerten Waren für einen bestimmten Zeitraum unabhängig sind (z. B. Miete eines Lagerraums). Andere Kosten sind durch die Lagermenge bzw. den Wert der eingelagerten Waren beeinflussbar. Diese Kosten werden **variable Kosten** genannt (z. B. Zinsen für das im Lager gebundene Kapital).

Lagerkosten

Kosten für die Lagereinrichtung und Lagerausstattung	Kosten für die Lagerverwaltung	Kosten für die Lagerbestände
z. B. Abschreibungen für Lagerbauten oder ggf. Miete, Verzinsung des investierten Kapitals, Energiekosten, Reparaturen und Instandhaltung	z. B. Löhne und Gehälter für Lagerpersonal, Kosten der Organisationsmittel (Büromaterial, EDV)	z. B. Verzinsung des in den Lagerbeständen gebundenen Kapitals (Kapitalbindungskosten), Versicherungsprämien, Lagerrisiko (Schwund, Verderb, Diebstahl, Modeänderungen, Warenpflege)

Lagerkennzahlen

optimaler Lagerbestand

Die Lagerbestände sollten nicht zu hoch und nicht zu niedrig sein. **Hohe Lagerbestände** binden Liquidität und verursachen hohe Kosten, z. B. führen sie zu höheren Lagerzinsen sowie vermehrt zu Schwund, Verderb und Diebstahlrisiko. Sehr **niedrige Lagerbestände** gefährden die Produktions- und Lieferbereitschaft, erhöhen die Bestellkosten und erfordern u. U. eilige, kostspielige Bestellungen.

Mithilfe der **Lagerkennzahlen** können die Bestände **mengen-** und **wertmäßig** überwacht werden, um die Lagerhaltung zu optimieren.

Merke

Ein **optimaler Lagerbestand** liegt vor, wenn bei minimalen Kosten die angestrebte Liefer- und Produktionsbereitschaft gegeben ist.

wichtige Lagerkennziffern

- durchschnittlicher Lagerbestand
- Umschlagshäufigkeit
- durchschnittliche Lagerdauer
- Lagerzinssatz

Lagerkennziffer	Bedeutung	Berechnung
durchschnittlicher Lagerbestand	Der durchschnittliche Lagerbestand gibt an, **wie viel Kapital im Durchschnitt in einem Jahr durch die gelagerten Sachgüter gebunden ist.** Grundlagen für die Ermittlung des durchschnittlichen Lagerbestandes sind die Angaben der Inventur. Es ist sinnvoll und üblich, die Mengen mit den Einstandspreisen zu bewerten, um den durchschnittlichen Lagerbestand in Euro zu erfassen.	Der durchschnittliche Lagerbestand wird folgendermaßen ermittelt: $\frac{\text{Anfangsbestand} + \text{Endbestand}}{2}$ Aussagefähiger wird die Kennziffer, wenn man in die Berechnung mehrere Endbestände einbezieht (z. B. Quartalsendbestände oder Monatsendbestände). $\frac{\text{Anfangsbestand} + 12 \text{ Monatsendbestände}}{13}$
Umschlagshäufigkeit	Die Umschlagshäufigkeit gibt an, **wie oft der durchschnittliche Lagerbestand in einem Jahr umgesetzt wurde.** Grundlage für die Berechnung der Umschlagshäufigkeit ist neben dem durchschnittlichen Lagerbestand der Material- bzw. Wareneinsatz.	$\frac{\text{Wareneinsatz}}{\text{ø Lagerbestand}}$ Berechnung des Wareneinsatzes (jeweils in **EUR**): Warenanfangsbestand + Warenzugänge – Warenendbestand = Wareneinsatz
durchschnittliche Lagerdauer	Die durchschnittliche Lagerdauer ermittelt, **wie viele Tage zwischen Eingang und Ausgang der Waren/Materialien liegen.** Zur Berechnung wird die Umschlagshäufigkeit benötigt.	$\frac{360}{\text{Umschlagshäufigkeit}}$

LERNFELD 4

Lagerkennziffer	Bedeutung	Berechnung
Lagerzinssatz	Der Lagerzinssatz gibt an, **wie viel Prozent Zinsen für einen Lagerumschlag** angesetzt werden müssen. Das im Lager gebundene Kapital verursacht Kosten, weil es nicht zinsbringend angelegt werden kann bzw. über Kredite finanziert wird. Zur Berechnung des Lagerzinssatzes benötigt man einen Jahreszinssatz, der sich in der Regel aus einer marktüblichen Verzinsung ergibt.	$\frac{\text{Jahreszinssatz} \cdot \text{ø Lagerdauer}}{360}$ oder $\frac{\text{Jahreszinssatz}}{\text{Umschlagshäufigkeit}}$

Beispiel

Beträgt die durchschnittliche Lagerdauer 72 Tage und unterstellt man einen Jahreszinssatz von 8 %, so können die Lagerzinsen bei einem durchschnittlichen Lagerbestand von 18 000,00 EUR folgendermaßen ermittelt werden:

$$\text{Lagerzinssatz} = \frac{8\,\% \cdot 72}{360} = 1{,}6\,\%$$

Die **pro Lagerumschlag** entstehenden **Lagerzinsen** betragen dann 288,00 EUR (1,6 % von 18 000,00 EUR).

Beurteilung der Kennzahlen

Die Wirtschaftlichkeit der Lagerhaltung wird in hohem Maße vom Lagerumschlag bestimmt. Je höher die Umschlagshäufigkeit ist, desto geringer

- ist der Kapitalbedarf,
- ist das Lagerrisiko (Schwund, Verderb),
- ist die Lagerdauer,
- sind die Kosten für die Lagerhaltung (Zinsen, Verwaltungskosten).

Auch die Liquidität und Rentabilität können durch eine Erhöhung der Umschlagshäufigkeit verbessert werden. Diese Aussage gilt jedoch nur in bestimmten Grenzen, die sich aus dem Ziel der Lieferbereitschaft und der Entwicklung der Beschaffungskosten ergeben. Eine – im Vergleich zu Durchschnittswerten der Branche bzw. ähnlich strukturierten Vergleichsbetrieben – extrem höhere Umschlagshäufigkeit lässt die Vermutung zu, dass die Lieferbereitschaft stark eingeschränkt ist bzw. hohe Beschaffungskosten in Kauf genommen werden. Marktstellung und Ertragslage der Unternehmung insgesamt, damit auch Rentabilität und Liquidität, können durch eine isolierte Betrachtung der Lagerhaltung gefährdet werden.

Möglichkeiten der Kostensenkung werden besonders in Industrieunternehmen durch das **Just-in-Time-Konzept** genutzt. Dabei handelt es sich um eine fertigungssynchrone Beschaffung. Es wird kaum noch Lagerhaltung betrieben; die Materialien bzw. Waren werden möglichst genau zu dem Zeitpunkt angeliefert, zu dem sie benötigt werden. Die Kosten der Lagerhaltung können durch dieses Konzept drastisch gesenkt werden.

4.3 Kaufvertragsstörungen bei der Beschaffung

Die Überwachung der Vertragserfüllung im Beschaffungsbereich ist eine wichtige Kontrollaufgabe. Anhand von terminlichen und sachlichen Eingangskontrollen kann festgestellt werden, ob der Vertragspartner seine Pflichten ordnungsgemäß erfüllt. Entspricht die Vertragserfüllung nicht den Vereinbarungen, so treten Störungen in der Erfüllung des Kaufvertrages auf. Diese können sowohl vom Verkäufer (mangelhafte Lieferung, Lieferungsverzug) als auch vom Käufer (Zahlungsverzug, Annahmeverzug) ausgehen.

©Robert Kneschke-fotolia.com

4.3.1 Mangelhafte Lieferung (Schlechtleistung)

Merke

Der Verkäufer hat dem Käufer die Sache frei von Sach- und Rechtsmängeln zu übergeben.

Die mangelhafte Lieferung ist eine der häufigsten Vertragsstörungen. Aufgrund des Kaufvertrages hat der Verkäufer für eine mangelfreie Lieferung zu sorgen.

Die Sache ist frei von **Sachmängeln**, wenn sie bei Gefahrenübergang die vereinbarte Beschaffenheit hat.

Die Sache ist frei von **Rechtsmängeln**, wenn Dritte in Bezug auf die Sache keine oder nur die im Kaufvertrag übernommenen Rechte gegen den Käufer geltend machen können.

Beispiel

Beispiel für einen **Sachmangel**: Das Display des neuen Smartphones weist sichtbare Kratzer auf.

Beispiel für einen **Rechtsmangel**: Der Verkäufer ist nicht Eigentümer der Sache.

Liegen Mängel vor, so kann der Käufer gegenüber dem Verkäufer bestimmte Rechte geltend machen. Die Rechte und Pflichten für Kaufverträge im Rahmen von Beschaffungsvorgängen sind den allgemeinen Regelungen der §§ 433 ff. BGB zu entnehmen. Die gesetzliche Gewährleistung tritt jedoch nicht ein für Mängel, die der Käufer bei Vertragsabschluss kannte.

§ 433 ff. BGB

Arten der Mängel

Nach den allgemeinen Regelungen des BGB können **Sachmängel** und **Rechtsmängel** unterschieden werden. Eine Systematisierung lässt sich auch im Hinblick auf die Arten von Mängeln und ihre Erkennbarkeit vornehmen.

Arten der Sachmängel

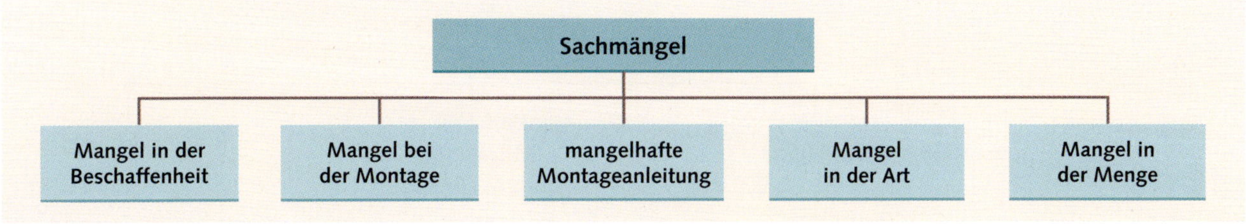

LERNFELD 4

Sachmängel liegen vor,

- wenn die tatsächliche **Beschaffenheit** einer Sache bei Gefahrenübergang von der vertraglich vereinbarten oder der erwartbaren oder der (durch Werbung) zugesagten Beschaffenheit abweicht.
- wenn die vereinbarte **Montage** durch den Verkäufer unsachgemäß durchgeführt wird.
- wenn die **Montageanleitung** mangelhaft ist (sog. Ikea-Klausel). Wird die Montage trotz mangelhafter Anleitung fehlerfrei durchgeführt, liegt kein Sachmangel vor.
- wenn der Verkäufer eine **andere Sache** liefert (**Mangel in der Art**/Falschlieferung).
- wenn er eine **zu geringe Menge** liefert (Mangel in der Quantität/**Zu-wenig-Lieferung**).

Sachmängel im Hinblick auf die Erkennbarkeit

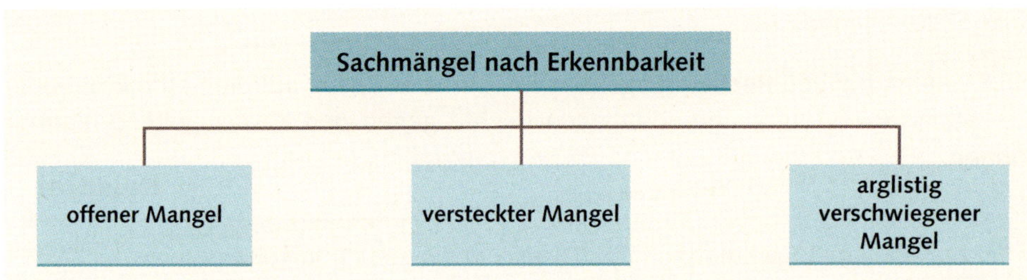

- **Offene Mängel** sind bei sachkundiger Überprüfung sofort zu erkennen, z. B. unsauberes Dekor im Porzellan. Sind Mängel auch für einen Laien unmittelbar zu erkennen, so spricht man von **offensichtlichen Mängeln**.
- **Versteckte Mängel** sind nicht sofort, sondern erst zu einem späteren Zeitpunkt ersichtlich, z. B. Materialfehler.
- **Arglistig verschwiegene Mängel** sind versteckte Mängel, die vom Lieferer absichtlich verschwiegen werden, um daraus Vorteile zu ziehen, z. B. Unfallschaden wird vom Verkäufer eines Gebrauchtwagens verheimlicht.

■ Pflichten des Käufers

Damit die Rechte aus der Mängelhaftung geltend gemacht werden können, muss der Käufer – insbesondere bei Beschaffungsvorgängen als Handelskauf – bestimmte Pflichten erfüllen.

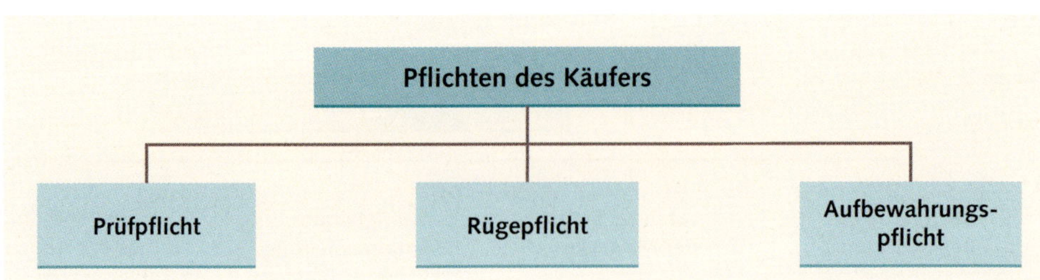

	zweiseitiger Handelskauf	einseitiger Handelskauf als Verbrauchsgüterkauf
Prüfpflicht	Zu prüfen ist **unverzüglich** nach der Ablieferung; unverzüglich heißt „ohne schuldhaftes Verzögern".	Zu prüfen ist **innerhalb der gesetzlich festgelegten Gewährleistungsfrist von 2 Jahren**. Die Gewährleistungsfrist bei **gebrauchten** Gegenständen kann bis auf 1 Jahr reduziert werden.
Rügepflicht	Zu rügen sind • **offene Mängel** unverzüglich nach Lieferung, sonst ist Genehmigung erteilt. • **versteckte Mängel** unverzüglich nach Entdeckung, spätestens 2 Jahre nach Lieferung, sonst ist Verjährung eingetreten.	Zu rügen ist **innerhalb von 2 Jahren nach Lieferung**, sonst ist Verjährung eingetreten. Mit Ablauf der Gewährleistungsfrist verjähren bei beweglichen Sachen die Ansprüche aus mangelhafter Lieferung.
	Arglistig verschwiegene Mängel sind **innerhalb von 3 Jahren nach Entdeckung** des Mangels zu rügen, sonst ist Verjährung eingetreten. Die Verjährungsfrist beginnt mit dem Ende des Jahres, in dem der Mangel entdeckt wurde.	
Aufbewahrungspflicht	Beim **Platzkauf** kann der Käufer die beanstandete Ware auf Kosten des Verkäufers sofort **zurückschicken**. Beim **Distanzkauf** ist der Käufer grundsätzlich verpflichtet, die beanstandete Ware **ordnungsgemäß aufzubewahren**, um unnötige Transportkosten zu vermeiden. Sie muss dem Verkäufer zur Verfügung gestellt werden, d. h., der Verkäufer kann entscheiden, was damit geschehen soll (z. B. Abholung und Weiterleitung an einen anderen Käufer in der Nähe). Jenseits dieser gesetzlichen Regelung können vertraglich andere Vereinbarungen getroffen werden.	

Merke

Zeigt sich beim **Verbrauchsgüterkauf** innerhalb von sechs Monaten seit Gefahrenübergang ein Sachmangel, so wird vermutet, dass die Sache bereits bei Gefahrenübergang mangelhaft war (**Umkehrung der Beweislast**). Gegebenenfalls muss der Verkäufer beweisen, dass die Ware nicht mit Mängeln behaftet war.

Verbrauchsgüterkauf:

Verkäufer = Unternehmer

Käufer = Verbraucher

Kaufgegenstand = bewegliche Sache

Gesetzliche Rechte des Käufers

§ 442 BGB

Der Käufer kann bei mangelhafter Lieferung die gesetzlichen Rechte in Anspruch nehmen. Der Verkäufer einer Sache haftet allerdings nicht,

- wenn der Käufer bei Vertragsabschluss den Mangel kannte.
- wenn dem Käufer der Mangel infolge grober Fahrlässigkeit unbekannt geblieben ist. (**Ausnahme:** Der Verkäufer hat den Mangel arglistig verschwiegen oder eine Garantie für die Beschaffenheit der Sache übernommen.)

Radmarkt Reif KG

Das Kaufhaus rund ums Rad

Radmarkt Reif KG, Schlossgraben 30, 45657 Recklinghausen

Alpina Velo GmbH
Frau Helmig
Industriepark 16
48143 Münster

Ihr Zeichen:
Ihre Nachricht vom:
Unser Zeichen:
Unsere Nachricht vom:

Name: Pelzig
Telefon: 02361 2409-1
Telefax: 02361 2409-1021
E-Mail: info@radmarkt.reif.de

Datum: 10.05.20..

Mängelrüge

Sehr geehrte Frau Helmig,

heute haben wir Ihre Lieferung von 40 Fahrradhelmen der Marke Velo Alpina Giro in den Farben weiß und matt schwarz erhalten. Danke für die zügige Lieferung.

Allerdings beinhaltet die Warenlieferung 12 weiße Helme in der falschen Größe: Statt der bestellten Größe 52 – 57 wurde die Größe 56 – 62 geliefert.

Wir bitten um schnellstmögliche Nachlieferung der Helme in der korrekten Größe.

Bitte teilen Sie uns auch mit, wie wir mit den Helmen der falschen Größe verfahren sollen.

Mit freundlichen Grüßen

i. A. Pelzig
(Pelzig)

Handelsregister: HRA 1222
USt.-IdNr.: DE14627991
Erfüllungsort und Gerichtsstand: Recklinghausen

Homepage:
www.radmarkt-reif.com

Bankverbindung
Sparkasse Vest Kto. 170642
IBAN DE45426501000000170642
BIC WELADED1REK

Im Falle einer berechtigten Mängelrüge steht bei der Inanspruchnahme von Rechten an erster Stelle die **„Nacherfüllung"**, gegebenenfalls in Verbindung mit „einfachem" Schadensersatz.

§ 280 BGB

Beispiel

Ein Verbraucher kauft eine Wohnzimmerwand. Es wird Lieferung frei Haus und Montage der Wand durch den Lieferanten vereinbart. Eine Woche nach Lieferung und Montage stürzt ein Teil der Wand zusammen und zerstört u. a. die HiFi-Anlage. Es stellt sich heraus, dass der Monteur entgegen den Angaben des Herstellers eine nicht ausreichend dimensionierte Befestigung gewählt hatte. „Es wird schon halten", war seine Aussage. Neben der Nacherfüllung (korrekter Aufbau der Wohnzimmerwand) ist auch der entstandene Schaden (zerstörte HiFi-Anlage) zu ersetzen.

§ 475 BGB

Die weiteren Rechte sind **nachrangige Rechte**. Das bedeutet, dass vor Inanspruchnahme der weiteren Rechte dem Verkäufer unbedingt das **Recht zur Nacherfüllung** eingeräumt werden muss. Dabei steht dem Käufer grundsätzlich ein Wahlrecht zwischen Nachbesserung und Neulieferung zu, allerdings nur, wenn seine Wahl für den Verkäufer nicht unzumutbar bzw. unmöglich ist.

Rechte des Käufers bei mangelhafter Lieferung

vorrangige Rechte des Käufers
(grundsätzlich ohne Fristsetzung)

Nacherfüllung
Käufer hat – unter Berücksichtigung von Unzumutbarkeit bzw. Unmöglichkeit – freie Wahl zwischen kostenloser

Nachbesserung — Neulieferung

und ggf. **Schadensersatz* neben der Leistung**

Übergang zu nachrangigen Rechten nur

- nach erfolglosem Ablauf einer angemessenen Nacherfüllungsfrist oder
- bei erfolgloser Nacherfüllung (fehlgeschlagen, verweigert oder unzumutbar) oder
- bei Fix- und Zweckkauf

nachrangige Rechte des Käufers

nur bei erheblichen Mängeln					auch bei unerheblichen Mängeln
Rücktritt vom Kaufvertrag	und ggf.	**Schadensersatz* statt** der Leistung	oder	**Ersatz vergeblicher** Aufwendungen	**Minderung** des Kaufpreises und ggf. **Schadensersatz* neben** der Leistung

* Voraussetzungen für das Recht auf Schadensersatz sind grundsätzlich ein nachweisbarer Schaden und Verschulden des Verkäufers.

Vorrangige Rechte

Der Käufer kann als Nacherfüllung nach seiner Wahl

- die kostenlose Beseitigung des Mangels (Nachbesserung) oder
- die kostenlose Lieferung einer mangelfreien Sache verlangen (Neulieferung, § 439 BGB) und
- gegebenenfalls Schadensersatz neben der Leistung

verlangen.

§ 439, III BGB
§ 275 BGB

Auf ein **Verschulden** des Verkäufers kommt es bei der Nacherfüllung **nicht** an. Dieser kann jedoch die vom Käufer gewählte Art der Nacherfüllung **verweigern**, wenn sie **unverhältnismäßig hohe Kosten** verursachen würde (Unzumutbarkeit) bzw. **Unmöglichkeit** vorliegt.

Verweigert der Verkäufer beide Arten der Nacherfüllung oder ist die **Nacherfüllung fehlgeschlagen** oder unzumutbar, so kann der Käufer auf die **nachrangigen Rechte** zurückgreifen.

Merke

Eine Nachbesserung gilt in der Regel nach einem zweiten erfolglosen Versuch als fehlgeschlagen.

§ 280 BGB

Der Anspruch auf **Schadensersatz** ist jedoch an die **Voraussetzung einer Pflichtverletzung** des Verkäufers gebunden, d. h., der Verkäufer leistet schuldhaft nichtso wie vereinbart (Schadensersatz wegen Pflichtverletzung). Der Käufer hat dann Anspruch auf Erfüllung des Vertrages **und** auf Ersatz der Kosten, die durch die mangelhafte Lieferung verursacht wurden.

Nachrangige Rechte

Hat die Inanspruchnahme vorrangiger Rechte nicht zu einer Behebung des Mangels geführt, kann der Käufer nach erfolglosem Ablauf einer angemessenen Nachfrist

- vom Kaufvertrag **zurücktreten** und (§ 323 BGB)
- ggf. **Schadensersatz statt der Leistung** oder (§ 281 BGB)
- **Ersatz vergeblicher Aufwendungen** verlangen oder
- den **Kaufpreis mindern** und **Schadensersatz neben der Leistung** verlangen. (§ 441 BGB)

Dabei sind folgende Bedingungen zu beachten:

- Eine **Fristsetzung entfällt** bei fehlgeschlagener, verweigerter oder unzumutbarer Nacherfüllung sowie bei Zweck- oder Fixkauf. In diesen Fällen darf der Käufer sofort auf die nachrangigen Rechte zugreifen. (§ 440 BGB)
- Voraussetzung ist, dass ein **erheblicher Mangel** vorliegt. (**Ausnahme:** Minderung ist auch bei geringfügigem Mangel möglich.) (§ 323 BGB)
- Schadensersatz kann grundsätzlich nur bei **nachweisbarem Schaden** und **Verschulden** des Verkäufers verlangt werden.

	unerheblicher Mangel	erheblicher Mangel
kein Verschulden des Verkäufers	Minderung	Rücktritt
Verschulden des Verkäufers	Minderung und ggf. Schadensersatz neben der Leistung	Rücktritt und ggf. Schadensersatz statt der Leistung oder Ersatz vergeblicher Aufwendungen

Produkthaftung

Im Zeitalter moderner Vertriebssysteme wird eine Ware nur in seltenen Fällen direkt beim Hersteller gekauft. Vertragliche Ansprüche entstehen daher im Regelfall nur durch den Kaufvertrag zwischen Verkäufer und Käufer. Das Produkthaftungsgesetz erweitert diese Haftung. Es besagt, dass auch der Hersteller direkt für Schäden haftet, die durch Fehler des Produktes an Personen oder Sachen verursacht werden. Ein Verschulden muss den Hersteller dabei nicht treffen. Es reicht für die Produkthaftung aus, wenn das Produkt nicht dem Standard entspricht, der allgemein berechtigterweise erwartet werden kann.

Produkthaftungsgesetz
- Groß- und Einzelhändler
- Importeur
- Zulieferer
- Hersteller

©bluedesign-fotolia.com

Beispiel

Die Bremsanlage eines Fahrzeuges muss der Größe des Wagens angepasst sein. Babyspielzeug darf nicht abfärben, scharfe Kanten haben oder so klein sein, dass es verschluckt werden könnte.

Der Geschädigte kann sich mit seinen Ansprüchen nicht nur an den eigentlichen Hersteller wenden, sondern es haften auch der Zulieferer, der Importeur, der Großhändler und der Einzelhändler.

Wird ein Produkt nicht von einem Hersteller alleine gefertigt (z. B. in der Autoindustrie), haftet derjenige, in dessen Aufgabenbereich das Fehlverhalten fällt. Kann der Ersatzpflichtige nicht ermittelt werden, so können alle Beteiligten gemeinsam zur Haftung herangezogen werden.

Merke

Gewährleistung: gesetzliche Mängelhaftung
Garantie: freiwillige Selbstverpflichtung
Kulanz: freiwillige Leistung

Garantie

Mit einer Garantieerklärung verpflichtet sich der Hersteller oder Lieferant freiwillig über die gesetzlichen Rechte hinaus. Garantieerklärungen müssen für den Verbraucher einfach und verständlich abgefasst sein. Sie müssen einen Hinweis auf die gesetzlichen Rechte (mit Hinweis, dass diese durch die Garantie nicht eingeschränkt werden) sowie insbesondere Angaben wie die Dauer, den räumlichen Geltungsbereich und Namen und Anschrift des Garantiegebers enthalten. Ein Verbraucher kann Mitteilung in Textform verlangen. Die Nichterfüllung einer dieser Anforderungen entbindet nicht von der Wirksamkeit der Garantieverpflichtung.

TRONIK*PROFI* Werksgarantie

GARANTIEURKUNDE FÜR Blu-ray-PLAYER

weltweite Werksgarantie

TRONIK*PROFI* räumt Ihnen als Eigentümer des Gerätes eine Garantie für die Dauer von

drei Jahren

ab Datum der Inbetriebnahme ein.

In diesem Zeitraum werden an dem Gerät festgestellte Mängel oder Fabrikationsfehler vom **TRONIK***PROFI* Werkskundendienst kostenlos behoben.

Die gesetzlichen Rechte des Verbrauchers werden durch diese Garantie nicht eingeschränkt.
Tronik PROFI, PLZ 70173 Stuttgart, Am Wall 12

4.3.2 Lieferungsverzug (Nicht-Rechtzeitig-Lieferung)

Der Kaufvertrag verpflichtet den Verkäufer auch, die bestellten Waren zur rechten Zeit am rechten Ort zu übergeben. Liefert er nicht rechtzeitig, so gerät er unter bestimmten Voraussetzungen in Lieferungsverzug.

Merke

Lieferungsverzug liegt vor, wenn der Verkäufer schuldhaft nicht oder nicht rechtzeitig leistet.

Voraussetzungen des Lieferungsverzugs

Um festzustellen, ob ein Lieferer in Verzug gerät, müssen zunächst die Voraussetzungen für das Vorliegen dieser Leistungsstörung geprüft werden.

Voraussetzungen	Erläuterungen
Fälligkeit der Lieferung (§§ 271, 286 BGB) Die Lieferung muss **fällig** sein, d. h. vom Käufer verlangt werden können. Der Schuldner hat **nicht** oder **nicht rechtzeitig** geleistet. Zu unterscheiden ist, ob die Fälligkeit erst **mit** oder bereits **ohne Mahnung** gegeben ist. 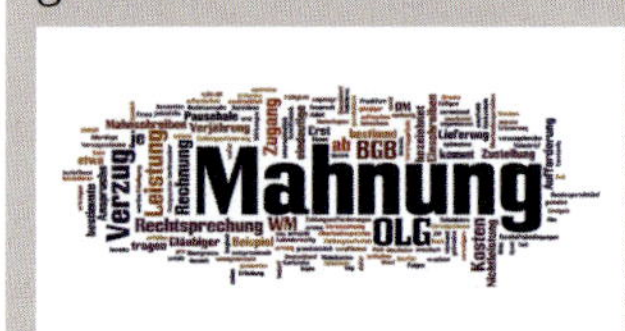 	**Mahnung erforderlich** Grundsätzlich muss die Lieferung vom Käufer bei oder nach Eintritt der Fälligkeit angemahnt werden. Der Verzug beginnt dann mit dem Tag der Zustellung der Mahnung. **Eine Mahnung ist nicht erforderlich,** • wenn die Lieferung **kalendermäßig bestimmt ist** (z. B. Fixkauf: Lieferung am 22.07.) oder kalendermäßig **bestimmbar** ist (z. B. Lieferung in der 7. Kalenderwoche). Weder bestimmt noch bestimmbar ist z. B. eine Lieferung mit der Vereinbarung: Lieferung ab Mitte August, Lieferung sofort. • bei **Zweckkauf**, d. h., die Lieferung ist nach einem bestimmten Ereignis für den Käufer bedeutungslos (z. B. normalerweise Feuerwerkskörper nach Silvester). • bei **Selbstinverzugsetzung** des Verkäufers, d. h., der Verkäufer verweigert ernsthaft und endgültig die Leistung. • aus **besonderen Gründen** unter Abwägung der beiderseitigen Interessen. Der Verzug beginnt in diesen Fällen mit der Fälligkeit der Lieferung.
Verschulden des Schuldners (§§ 276, 278 BGB) Der Schuldner hat das Unterbleiben der Leistung zu vertreten, wenn insbesondere ein **Verschulden** des Lieferers oder seines Erfüllungsgehilfen vorliegt. Verschulden ist grundsätzlich gegeben bei **Fahrlässigkeit** oder **Vorsatz**.	**Fahrlässigkeit** liegt vor, wenn der Lieferer die den Umständen nach **angemessene Sorgfalt außer Acht** lässt, z. B. eine wichtige geschäftliche Terminplanung fehlerhaft vornimmt. **Vorsatz** liegt vor, wenn **mit Absicht eine rechtswidrige Handlung vorgenommen** und Schaden bewusst in Kauf genommen wird. Dies ist der Fall, wenn z. B. ein Einzelstück nach Vertragsabschluss einem anderen verkauft wird, da man einen höheren Preis erzielen kann.

Liegt **Unmöglichkeit der Leistung** vor, so besteht **kein Lieferungsverzug** (§ 275 BGB).

Der Schuldner kommt also grundsätzlich nicht in Verzug, solange die Leistung infolge eines Umstands unterbleibt, den er nicht zu vertreten hat (z. B. Flutkatastrophe, Streik). Gleichwohl kann der Gläubiger dann nach anderen Paragraphen des BGB Schadensersatz statt der Leistung verlangen.

■ Rechte des Käufers bei Lieferungsverzug

Wenn die Voraussetzungen erfüllt sind, kann der Käufer wahlweise folgende Rechte geltend machen:

Rechte des Käufers bei Lieferungsverzug	
ohne Nachfrist	**mit Nachfrist** (entfällt bei: Fixkauf, Zweckkauf, Selbstinverzugsetzung)
• Bestehen auf **Erfüllung des Vertrages** und/oder • **Schadensersatz** wegen verspäteter Lieferung (Verzögerungsschaden verlangen)	• **Rücktritt** vom Vertrag und/oder • **Schadensersatz** statt der Lieferung bzw. • **Ersatz vergeblicher Aufwendungen**

Eine grundsätzlich zu setzende **Nachfrist** gilt als **angemessen**, wenn der Lieferer noch die Möglichkeit der Warenlieferung hat, ohne die Ware erst produzieren oder beschaffen zu müssen.

Rechte des Käufers	Erläuterungen
Erfüllung des Vertrages	Der Käufer **besteht auf** – verspäteter – **Lieferung** (Erfüllung des Vertrages). Dieses Recht wird er in Anspruch nehmen, wenn er die Ware nicht dringend benötigt und sie anderweitig nicht günstiger oder vielleicht überhaupt nicht beschaffen kann.
Erfüllung des Vertrages und Schadensersatz (§§ 280, 286 BGB)	Der Käufer **besteht auf** – verspäteter – **Lieferung** (Erfüllung des Vertrages). Der Lieferer hat ihm jedoch darüber hinaus auch den durch die Verzögerung entstandenen **Schaden zu ersetzen**. **Beispiel:** Ein Schaden entsteht durch Produktionsausfall, weil die Materialien nicht rechtzeitig geliefert werden.
Rücktritt vom Vertrag (§ 323 BGB)	Der Käufer kann vom Vertrag zurücktreten. Voraussetzung ist grundsätzlich, dass er dem Lieferer nach Eintritt des Lieferungsverzuges eine **angemessene Nachfrist** gesetzt hat. Der Käufer muss dabei erklären, dass er die Annahme der Leistung nach Ablauf der Frist ablehnt. **Beispiel:** Sind entsprechende Leistungen inzwischen von anderen Anbietern günstiger zu beziehen, so wird der Käufer nicht mehr auf Erfüllung des Vertrages bestehen, sondern zurücktreten und einen neuen Kaufvertrag mit dem günstigeren Lieferer abschließen.
Schadensersatz statt der Leistung (§ 281 BGB) bzw. **Ersatz vergeblicher Aufwendungen**	Der Käufer kann auch **Schadensersatz statt der Leistung** bzw. **Ersatz vergeblicher Aufwendungen** geltend machen. Voraussetzung ist auch in diesem Fall, dass er dem Lieferer zuvor eine **angemessene Nachfrist** gesetzt hat. **Beispiel:** Ist die Nachfrist abgelaufen, kann der Käufer bei einem anderen Lieferer einen **Deckungskauf** vornehmen und einen eventuellen Mehrpreis dem in Verzug geratenen Lieferer in Rechnung stellen (**Schadensersatz statt der Leistung**) bzw. z. B. die Kosten für unbrauchbar gewordene Werbeprospekte geltend machen (**Ersatz vergeblicher Aufwendungen**).

■ Schadensberechnung

Durch Schadensersatz soll der Geschädigte wieder so gestellt werden, wie er zuvor gestellt war. Die Entschädigung erfolgt meistens in Geld. Der Käufer muss den Schaden jedoch durch eine Schadensberechnung nachweisen. Man unterscheidet folgende Möglichkeiten:

©bluedesign-fotolia.com

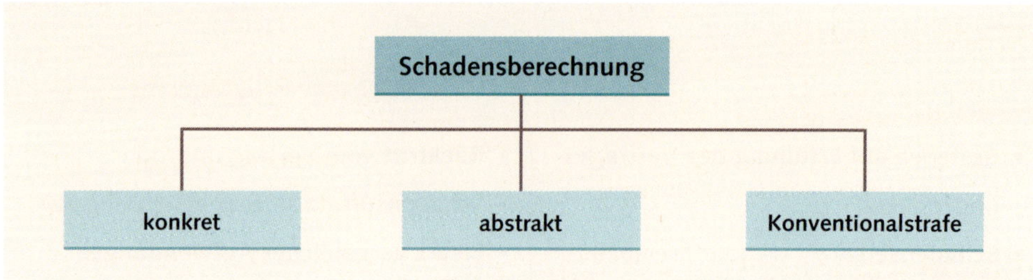

Schadens-berechnung	Erläuterungen
konkrete Schadens-berechnung	Hat der Käufer z. B. einen Deckungskauf vorgenommen, für den er einen höheren Preis bezahlen musste, so ist der **Schaden** anhand der Rechnung **tatsächlich zu bestimmen**. Der Mehrpreis kann als konkreter Schaden geltend gemacht werden.
abstrakte Schadens-berechnung	Häufig ist es schwierig, den Schaden exakt festzustellen, z. B. wenn aufgrund einer Nichtlieferung ein Auftrag nicht ausgeführt werden konnte, Gewinn entgangen ist oder eine Rufschädigung erfolgte. Solche abstrakten Schäden führen nicht selten zu **gerichtlichen Auseinandersetzungen**.
Konventional-strafe	Um Streitigkeiten bei der Schadensermittlung zu vermeiden, kann im Kaufvertrag die Zahlung einer **Vertragsstrafe** (Konventionalstrafe) vereinbart werden. Tritt der Lieferungsverzug ein, so ist die vorher vertraglich festgelegte Geldsumme fällig – eine entsprechende konkrete Schadenshöhe muss grundsätzlich nicht belegt werden.

■ Haftung des Schuldners während des Lieferungsverzugs

§ 287 BGB

Der **Schuldner (Lieferer)** hat während des Verzugs jede Fahrlässigkeit zu vertreten. Er ist auch für die während des Verzugs durch Zufall eintretenden Schäden **verantwortlich**, es sei denn, dass der Schaden auch bei rechtzeitiger Leistung eingetreten sein würde.

4.3.3 Annahmeverzug

Der Kaufvertrag verpflichtet die Vertragspartner die jeweils ordnungsgemäß angebotene Leistung des anderen anzunehmen. Damit der Schuldner (Verkäufer) seine Leistung erfüllen kann, ist er auf die Mitwirkung des Gläubigers (Käufers) angewiesen. Nimmt der Käufer die ordnungsgemäß bereitgestellte Leistung nicht an, so liegt Annahmeverzug vor. Da also der Käufer als Gläubiger die Mitwirkung bei der Vertragserfüllung unterlässt, spricht man von Gläubigerverzug.

Der Verkäufer bietet seine Leistung ordnungsgemäß an, wenn er

- zur rechten Zeit,
- am rechten Ort,
- die richtige Ware,
- mangelfrei

bereitstellt.

Voraussetzungen

Daraus ergeben sich die Voraussetzungen, die geprüft werden müssen, um festzustellen, ob Annahmeverzug (als Gläubigerverzug) vorliegt.

Voraussetzungen	Erläuterungen
Fälligkeit der Lieferung (§§ 271, 2 BGB) Fälligkeit bezeichnet den **Zeitpunkt**, zu dem der **Gläubiger** (hier: Käufer) **die Leistung verlangen** kann, der Schuldner (hier: Verkäufer) die **Leistung bewirken** kann (z. B. ein vereinbarter Liefertermin).	Allerdings kann es zu der Situation kommen, dass der Schuldner bereits zu einer Zeit leisten darf, zu der der Gläubiger die Leistung noch nicht verlangen darf. Dann ergibt sich aus der Vertragsverbindung ein Abstimmungserfordernis, das den beiderseitigen Interessen genügen kann. **Beispiel:** Es wurde Lieferung in der 15. Kalenderwoche vereinbart. Die Leistung kann zu Wochenbeginn erfolgen, aber erst am Ende der Woche verlangt werden.
Tatsächliches Anbieten (§ 296 BGB) **Tatsächliches Anbieten** bedeutet, dass der Gläubiger gleichsam nur noch **„zugreifen"** und annehmen muss. Nur im Ausnahmefall – z. B. wenn der Gläubiger bereits erklärt hat, dass er nicht annehmen wird, – genügt ein **wörtliches Anbieten** der Leistung.	Ein Anbieten ist jedoch entbehrlich, wenn die Leistung an eine vom Gläubiger vorzunehmende Handlung gebunden ist, die nach dem Kalender bestimmt ist und vom Gläubiger nicht rechtzeitig vorgenommen wird. **Beispiel:** Im Kaufvertrag wurde vereinbart, dass der Käufer dem Antiquitätenhändler bis zum 20.10.20.. einen Transportbehälter für die kostbare Bodenvase zur Verfügung stellt. Der Käufer stellt diesen nicht fristgerecht zur Verfügung. Ein tatsächliches Anbieten ist deshalb entbehrlich.
Nichtannahme der Leistung (§ 299 BGB) Nichtannahme der Leistung führt unter diesen Voraussetzungen grundsätzlich – und zwar auch **ohne Verschulden – zum Annahmeverzug**.	Lediglich für den Fall, dass eine Leistungszeit unbestimmt bzw. der Schuldner zu vorzeitiger Leistung berechtigt ist, tritt bei vorübergehender Annahmeverhinderung ein Verzug nur dann ein, wenn die Leistung eine angemessene Zeit vorher angekündigt wurde. **Beispiel:** Ein Möbelhaus liefert ohne vorherige Ankündigung die Möbel, die vereinbarungsgemäß „in den nächsten Tagen" geliefert werden sollten. Der Käufer tätigt zurzeit seine Einkäufe. **Annahmeverzug liegt nicht vor**, da eine tagelange ständige Anwesenheit unzumutbar ist. **Beispiel:** Angenommen, die Möbellieferung war frühzeitig für den Nachmittag ab 14:00 Uhr angekündigt. Wegen Straßensperrungen aufgrund von Hochwasser erreicht der Käufer seine Wohnung erst um 15:00 Uhr. Der Möbelwagen ist bereits wieder abgefahren. **Annahmeverzug liegt vor**, obwohl den Käufer kein Verschulden trifft.

Rechtsfolgen von Annahmeverzug

§ 300 BGB

Tritt Annahmeverzug ein, so ist der **Schuldner** (hier: Verkäufer) zwar grundsätzlich nicht von seiner Leistungspflicht befreit, er **haftet** aber nur noch **für grobe Fahrlässigkeit** (also für ein Verhalten, das die Sorgfaltsgebote in schwerwiegender Weise verletzt: z. B. Alkohol im Straßenverkehr) und **Vorsatz**. Es bestehen damit Haftungserleichterungen. Die **Gefahr für den zufälligen Untergang** der Ware trägt nun der Gläubiger (hier: Käufer).

Beispiel

Auf dem Rücktransport wird der Auslieferungsfahrer des Möbelhauses in einen Verkehrsunfall verwickelt, bei dem die Serienmöbel zu Bruch gehen.

(1) Der Kunde war in Annahmeverzug und dem Fahrer kann allenfalls leichte Fahrlässigkeit vorgeworfen werden: Der Kunde haftet und muss die Möbelrechnung bezahlen; der Verkäufer ist von seiner Leistungspflicht befreit.

(2) Der Kunde war in Annahmeverzug und dem Fahrer kann grobe Fahrlässigkeit nachgewiesen werden: Der Verkäufer ist von seiner Leistungspflicht nicht befreit, er haftet.

(3) Der Kunde war nicht in Annahmeverzug: Der Verkäufer ist von der Leistungspflicht nicht befreit, er haftet bzw. trägt auch die Gefahr des zufälligen Untergangs.

Rechte des Käufers bei Annahmeverzug

§§ 293 ff. BGB

Bevor sich der Verkäufer für die Wahrnehmung eines Rechts entscheidet, wird er unter wirtschaftlichen Gesichtspunkten prüfen, ob eine Verständigung mit dem Käufer sinnvoll und möglich ist (z. B. kulante Rücknahme im Interesse langjähriger bzw. zukunftsträchtiger Geschäftsbeziehungen oder bei anderweitiger, günstigerer Veräußerungschance). Ein **Rücktrittsrecht** des Verkäufers **ergibt sich** aus dem Gläubigerverzug nicht.

§ 373 HGB

Wird eine einvernehmliche Regelung nicht gefunden, so hat der Verkäufer beim (ein- und zweiseitigen) Handelskauf grundsätzlich wahlweise die folgenden Rechte aus Gläubigerverzug:

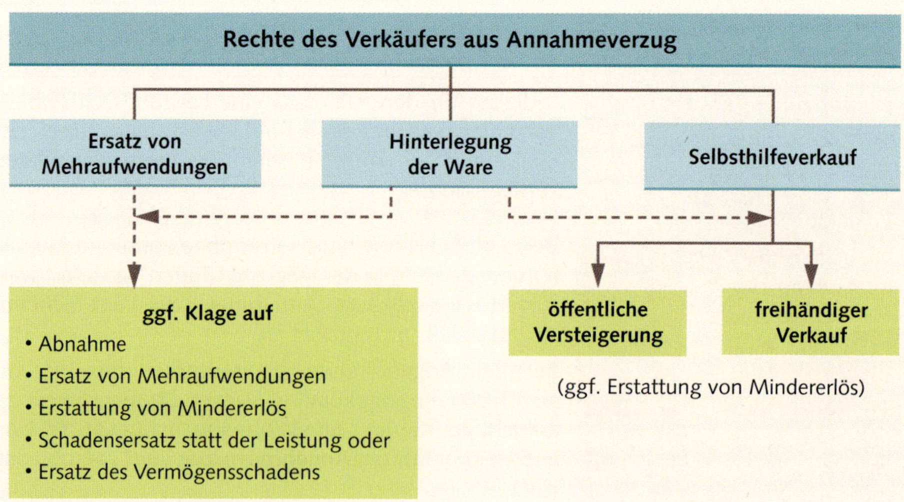

LERNFELD 4

Rechte	Erläuterungen
Ersatz von Mehraufwendungen (§ 304 BGB)	Der Verkäufer kann Ersatz von Mehraufwendungen verlangen, die er z. B. für das **erfolglose Anbieten** (Transportkosten) sowie für die **Aufbewahrung und Erhaltung der Ware** (Lagerkosten) machen musste – also nur von tatsächlichen und erforderlichen Mehraufwendungen (z. B. kann Miete, die für den Raum hätte erzielt werden können, in dem der Verkäufer die Ware aufbewahrt, nicht gefordert werden). Will der Verkäufer auf Einhaltung des Vertrages (Abnahme der Leistung) bestehen, so muss er dies gegebenenfalls auf dem Klageweg per Klage auf Abnahme durchsetzen.
Hinterlegung der Ware (§ 373 I HGB)	Hinterlegt der Verkäufer die Ware in einem öffentlichen Lagerhaus oder in sonst sicherer Weise (z. B. bei einem Geschäftsfreund), so kann er sich dadurch von seiner **Leistungspflicht befreien**. Kosten und Gefahr hat der Käufer zu tragen.
Selbsthilfeverkauf (§ 373 II HGB)  	Durch einen Selbsthilfeverkauf kann der Verkäufer in vielen Fällen schneller zu seinem Geld (oder zumindest einem erheblichen Teil) kommen. Dabei ist zu beachten: • Der Verkauf ist in Form einer **öffentlichen Versteigerung** durchzuführen. • Dem Käufer ist eine **Frist** zu **setzen** und die **Versteigerung anzudrohen**. Handelt es sich um **verderbliche Sachen** und ist Gefahr im Verzug, so können Androhung und Fristsetzung unterbleiben. Man bezeichnet dies als **Notverkauf**. • Der Verkäufer muss über **Ort und Zeit der Versteigerung** benachrichtigt werden. Käufer und Verkäufer können bei der Versteigerung mitbieten. • Dem Käufer ist das **Ergebnis der Versteigerung** mitzuteilen. Ein eventueller Mindererlös gegenüber dem vereinbarten Kaufpreis geht zu Lasten des Käufers; entsprechend erhält er einen etwaigen Mehrerlös.

4.4 Zusammenfassung und Aufgaben

Zusammenfassung

Bestellüberwachung und Wareneingangskontrolle

Terminkontrolle mittels EDV-Warenwirtschaftssystem

1. Prüfung (sofort): Prüfen der eingegangenen Sendung
(Anschrift, Vergleich Lieferschein – Bestellung, Beschädigung an der Verpackung)

2. Prüfung (unverzüglich): Prüfen der Ware auf Mängel

Kontrollmeldung an Disposition, ggf. Mängelrüge

Lagerhaltung

Aufgaben der Lagerhaltung: Produktions- und Lieferbereitschaft sichern, Zeitüberbrückung, Raumüberbrückung, Unregelmäßigkeiten auf dem Beschaffungsmarkt ausgleichen, Einkaufsvorteile nutzen, Umformungs- bzw. Reifungsprozess ermöglichen

Lagerarten:
- Industrie: Materiallager, Handlager, Zwischenlager
- Handel: Versandlager, Verkaufslager, Reservelager, Ausstellungslager
- offenes oder geschlossenes Lager
- Eigen- oder Fremdlager

Lagerorganisation:
systematische oder chaotische Lagerplatzzuordnung, zentrales oder dezentrales Lager

Kosten der Lagerhaltung:
Lagereinrichtung und Lagerausstattung, Lagerverwaltung, Lagerbestände/Kapitalbindung

Lagerkennziffern:
- durchschnittlicher Lagerbestand $= \text{z. B. } \frac{AB + EB}{2}$
- Umschlagshäufigkeit $= \frac{\text{Wareneinsatz}}{\text{ø Lagerbestand}}$
- durchschnittliche Lagerdauer $= \frac{360}{\text{Umschlagshäufigkeit}}$
- Lagerzinssatz $= \frac{\text{Jahreszinssatz}}{\text{Umschlagshäufigkeit}}$

mangelhafte Lieferung

Arten der Mängel:
- Sachmängel (Beschaffenheit, Montage, Montageanleitung, Art, Quantität),
- Rechtsmängel
- Mängel nach der Erkennbarkeit (offene, versteckte, arglistig verschwiegene Mängel)

Pflichten des Käufers: Prüfpflicht, Rügepflicht, Aufbewahrungspflicht

Rechte des Käufers:
- vorrangige Rechte (Nachbesserung oder Neulieferung, ggf. Schadensersatz)
- nachrangige Rechte (Rücktritt vom Vertrag und ggf. Schadensersatz statt der Leistung oder Ersatz vergeblicher Aufwendungen; Minderung des Kaufpreises und ggf. Schadensersatz neben der Leistung)

Produkthaftung: Für Produktschäden haften Hersteller, Zulieferer, Importeur, Groß- und Einzelhändler.

Gewährleistung: gesetzliche Mängelhaftung, **Garantie:** freiwillige Selbstverpflichtung, **Kulanz:** freiwillige Leistung

Lieferungsverzug

Voraussetzungen:
- Fälligkeit, Mahnung (Mahnung kann in bestimmten Fällen entfallen.)
- Verschulden des Verkäufers

Rechte des Käufers:
- Erfüllung des Vertrages und ggf. Schadensersatz (ohne Nachfrist)
- Rücktritt vom Vertrag und/oder Schadensersatz (mit Nachfrist)

Schadensberechnung:
konkret (z. B. Deckungskauf), **abstrakt** (z. B. Rufschädigung), **Konventionalstrafe** (nach Vereinbarung)

Annahmeverzug

Voraussetzungen:
Fälligkeit der Leistung, Nichtannahme der Leistung, tatsächliches Anbieten

Rechtsfolgen: Haftung des Verkäufers nur bei grober Fahrlässigkeit oder Vorsatz

Rechte des Verkäufers:
Ersatz von Mehraufwendungen, ggf. Klage auf Abnahme oder Selbsthilfeverkauf, Hinterlegung der Ware

Aufgaben

1. Prüfen Sie die folgenden Aussagen auf ihre Richtigkeit. Die Antwort ist jeweils zu begründen.
   (1) Eingehende Waren sind sofort auf Mängel zu überprüfen.
   (2) Die Lagerhaltung sorgt für einen zeitlichen Ausgleich von Herstell- und Verwendungszeitpunkt der Güter.
   (3) Der durchschnittliche Lagerbestand kann aus den vier Quartalsendbeständen errechnet werden.
   (4) Eine erhöhte Umschlagshäufigkeit führt bei gleichem Kapitaleinsatz zu einem höheren Gesamtgewinn.
   (5) Niedrige Lagerkosten erhöhen die Konkurrenzfähigkeit.
   (6) Der Käufer darf bei Lieferung einer mangelhaften Ware nur dann Schadensersatz fordern, wenn eine Pflichtverletzung des Verkäufers vorliegt.
   (7) Das Überschreiten eines vereinbarten Liefertermins führt zum Eintritt des Lieferungsverzugs.
   (8) Bei einem Fixkauf kann der Käufer im Falle eines Lieferungsverzugs ohne Nachfristsetzung vom Vertrag zurücktreten.
   (9) Bei Annahmeverzug als Gläubigerverzug haftet der Käufer auch für Schäden durch Zufall.
2. Schildern Sie die Arbeiten beim Wareneingang in Ihrem Ausbildungsbetrieb. Zeigen Sie an Beispielen, welche Mängel bei der gelieferten Ware auftreten können.
3. Beschreiben Sie unterschiedliche Lagerarten anhand konkreter Beispiele.
4. Die Lagerleitung wird beauftragt, Daten für eine Wirtschaftlichkeitskontrolle aufzubereiten. Der Materialzugang (Kunststoffplatten) betrug in der Abrechnungsperiode 1 464 000,00 EUR, der Anfangsbestand 156 000,00 EUR und der Endbestand 140 000,00 EUR.
   a) Ermitteln Sie den Material- bzw. Wareneinsatz und die Umschlagshäufigkeit.
   b) Unterbreiten Sie Vorschläge zur Verbesserung der Umschlagshäufigkeit.
   c) Ermitteln Sie die durchschnittliche Lagerdauer.
   d) Erläutern Sie, wie sich eine Verringerung der durchschnittlichen Lagerdauer auf den Kapitaleinsatz und den Gewinn auswirkt.
   e) Ermitteln Sie den Lagerzinssatz und die Lagerzinsen für 1 200 Kunststoffplatten, die für 10,00 EUR pro Stück eingekauft werden und eine Lagerdauer von 50 Tagen besitzen (Jahreszinssatz 10 %).
5. Erklären Sie, warum die Pflichten des Käufers bei einer mangelhaften Lieferung für Handelskauf und Verbrauchsgüterkauf unterschiedlich geregelt sind.
6. Stellen Sie fest, unter welchen Bedingungen der Käufer bei mangelhafter Lieferung die nachrangigen Rechte in Anspruch nehmen kann.
7. Erläutern Sie die Rechte des Käufers beim Lieferungsverzug, und finden Sie dazu jeweils ein Beispiel aus Ihrem beruflichen Alltag.
8. Überlegen Sie, ob es gerechtfertigt ist, dass der Mehrerlös beim Selbsthilfeverkauf dem Käufer zusteht.

5 Rechnungen prüfen und Zahlungen abwickeln

Der Beschaffungsvorgang wird mit Begleichen der erhaltenen Rechnung abgeschlossen. Vor Veranlassung der entsprechenden Zahlung wird die Eingangsrechnung zunächst überprüft.

5.1 Rechnungsprüfung

Jede Eingangsrechnung ist in **sachlicher** und **rechnerischer** Hinsicht zu prüfen.

Bei der sachlichen Prüfung vergleicht man die Positionen der Rechnung mit der Bestellung und mit dem Wareneingang anhand des Lieferscheins. Zu beachten sind dabei insbesondere die **Art der Ware**, die **Menge** und der **Einzelpreis**.

Bei der rechnerischen Prüfung kontrolliert man die Richtigkeit des **Gesamtpreises**, des **Rabatts** und der **Umsatzsteuer**.

Velo GmbH
Industriepark 16
48143 Münster

Radmarkt Reif KG
Schlossgraben 30
45657 Recklinghausen

Ihr Zeichen: **p14**
Ihre Nachricht vom: **04.05.20..**
Unser Zeichen: HEL
Unsere Nachricht vom: **07.05..**

Name: **Helmig**
Telefon: **0251/4784-14**
Telefax: **0251/4784-12**
E-Mail:**info@Velo.de**

Datum: **10.05.20..**

Bei Zahlung bitte stets angeben

Kundenummer	Rechnungsnummer	Datum
4573801	28289	10.05. ..

Rechnung

Art.-Nr.	Artikel	Menge	E.-Preis	G.-Preis
59 458 43	Fahrradhelme „Velo Alpina Giro", weiß, Größe 52 - 57	12	39,95	479,40
59 359 40	Fahrradhelme „Velo Alpina Giro", matt schwarz, Größe 56 – 62	28	39,95	479,40
		Warenwert (netto)		958,80
		Umsatzsteuer 19 %		182,17
		Rechnungsbetrag		1.140,97

Die Ware bleibt bis zur vollständigen Bezahlung unser Eigentum.
Zahlbar innerhalb von 10 Tagen 3 % Skonto oder 40 Tagen netto.
Erfüllungsort und Gerichtsstand ist für beide Teile Münster.

Bei der Rechnungsprüfung wird festgestellt, dass ein Gesamtpreis falsch berechnet wurde.

Velo GmbH
Industriepark 16
48143 Münster

Radmarkt Reif KG
Schlossgraben 30
45657 Recklinghausen

Lieferschein
Lieferschein-Nr.: 18222
Bestelldatum: 04.05.20..
Kunden-Nr. 1612
Datum: 10.05.20..

Art.-Nr.	Artikel	Menge
59 458 43	Fahrradhelme „Velo Alpina Giro", weiß, Größe 52 – 57	12
59 359 40	Fahrradhelme „Velo Alpina Giro", matt schwarz, Größe 56 – 62	28

Ist die Rechnung einwandfrei, erfolgt die **Rechnungsfreigabe** und die Rechnung wird zur **Zahlung** angewiesen. Sollten jedoch bei der Rechnungsprüfung Fehler festgestellt werden, so sind diese zunächst mit dem Lieferer zu klären.

5.2 Zahlungsabwicklung

5.2.1 Zahlungsmittel, Zahlungsarten und Träger des Zahlungsverkehrs

Zahlungsmittel

Zahlungen können mit Bargeld, Buchgeld und Geldersatzmitteln durchgeführt werden.

Zahlungsmittel	Beispiel	Erläuterungen
Bargeld	Banknoten und Münzen	• Banknoten: gesetzliche Annahmepflicht in unbeschränkter Höhe • Münzen: gesetzliche Annahmepflicht nur in beschränkter Anzahl (höchstens 50 Münzen bei einer einzelnen Zahlung)
Buchgeld	Giroeinlagen (Sichtguthaben) bei Kreditinstituten	• Grundlage für den halbbaren und bargeldlosen Zahlungsverkehr (z. B. Barscheck, Überweisung) • sowie für moderne Verfahren der Zahlungsabwicklung unter Einsatz von Elektronik (z. B. Electronic Cash, Homebanking)
Geldersatzmittel	z. B. Schecks, Kreditkarten, Girokarten	• Annahme ist zustimmungsbedürftig. • Erfüllung der Zahlungsverpflichtung erst mit Gutschrift beim Gläubiger

Zahlungsarten

Der Zahlungsverkehr hat sich in den letzten Jahren dynamisch entwickelt und neue Möglichkeiten für die Abwicklung von Zahlungen hervorgebracht. Insbesondere die Fortschritte in der Informations- und Nachrichtentechnik haben den elektronischen Zahlungsverkehr zu einem bedeutenden Faktor neben den traditionellen Zahlungsarten der Barzahlung, halbbaren und bargeldlosen Zahlung gemacht.

Das Girokonto ist die Voraussetzung, um am halbbaren oder bargeldlosen sowie am elektronischen Zahlungsverkehr teilnehmen zu können. Girokonten können bei allen Kreditinstituten eröffnet werden.

©Tatjana Balzer-fotolia.com

LERNFELD 4

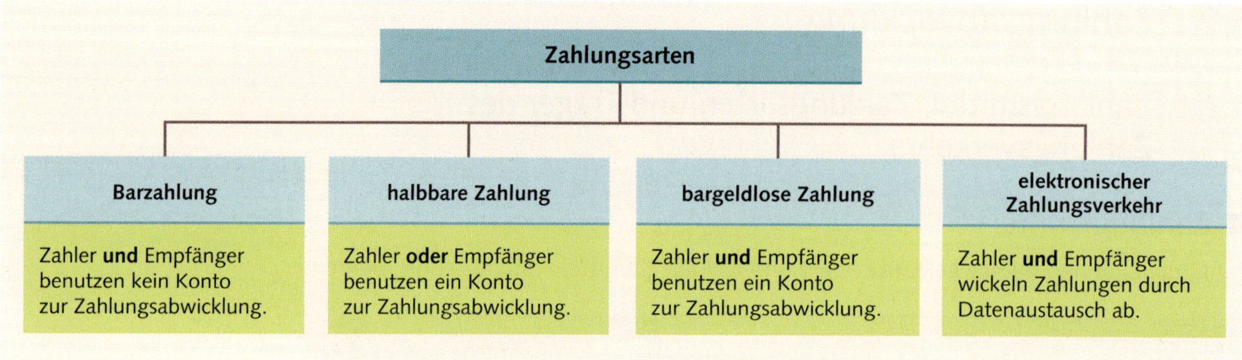

5.2.2 Formen der Barzahlung

■ Zahlung mit Bargeld

Die **Barzahlung** erfolgt entweder persönlich oder durch die Einschaltung eines Boten bzw. der Post. In jedem Fall zahlt der Zahler mit Banknoten oder Münzen und der Empfänger erhält Bargeld.

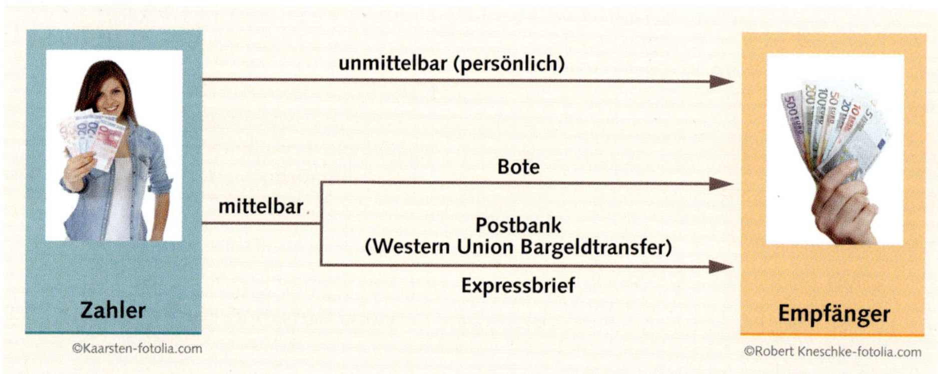

Die Barzahlung ist vor allem im Einzelhandel (z. B. Lebensmittel, Schreibwaren, Zeitschriften), im Dienstleistungsbereich (z. B. Schlüsseldienst, Reinigungen, Friseur, Freizeiteinrichtungen), im Verkehrsgewerbe (z. B. Bus, Bahn, Taxi) und beim Automatengeschäft (außer Tabakwaren) noch üblich.

Bargeldkreislauf in Deutschland

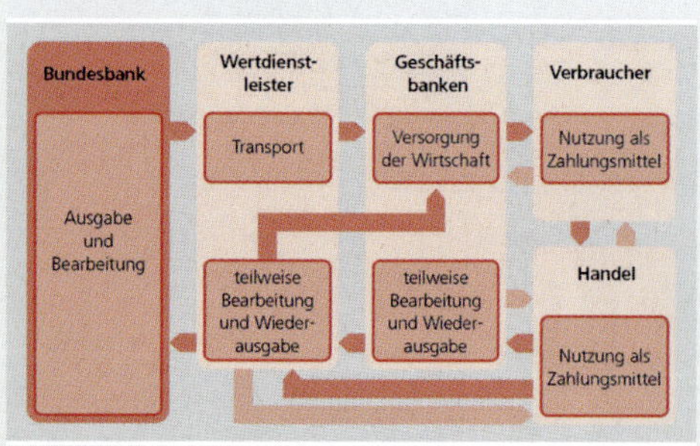

Deutsche Bundesbank, Januar 2013

Die Vorteile der Barzahlung liegen in der einfachen Erledigung, wenn Schuldner und Gläubiger in persönlichem Kontakt stehen. Deshalb ist sie in einigen Branchen die verbreitetste Zahlungsart. Dennoch ist bei der Barzahlung ein deutlicher Rückgang zugunsten der bargeldlosen Zahlung sowie des elektronischen Zahlungsverkehrs zu verzeichnen.

Als Nachweis der Zahlung wird vom Zahlungsempfänger im Allgemeinen ein Kassenbeleg, eine Quittung oder ein Vermerk auf der Rechnung ausgestellt. Der Zahlungspflichtige kann einen Beleg als Beweismittel verlangen (§ 368 BGB).

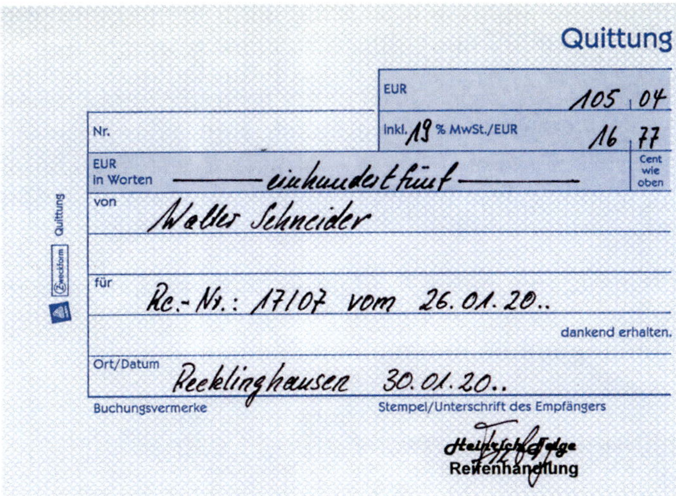

©Bjoern Wylezich-fotolia.com

■ Versenden von Bargeld

Western Union Bargeldtransfer

Wenn eine persönliche Übergabe des Geldbetrages nicht möglich ist, können als mittelbare Barzahlung auch der **Western Union Service** oder der **Expressbrief** genutzt werden.

Für Kunden, die zur Zahlungsabwicklung kein Bankkonto nutzen möchten oder keines besitzen, bietet sich der Bargeldtransfer über den Finanzdienstleister Western Union Financial Services GmbH an. Der Service ist an Western Union Vertriebsstandorten wie z. B. in allen Postbank Finanzcentern und vielen Partnerfilialen der Deutschen Post möglich. Bargeldtransfers können innerhalb Deutschlands, aber auch international durchgeführt werden.

So funktioniert die Versendung:

- Der Zahler füllt das Western Union Sendeformular aus, stellt den Betrag zuzüglich einer Gebühr am Postbankschalter oder einer Postfiliale zur Verfügung und erhält als Beleg eine Durchschrift sowie eine Referenznummer, die er dem Empfänger mitteilt.

LERNFELD 4

Tipp

Nutzen Sie den Service nicht bei Internet-Auktionen. Bargeldtransfers eignen sich ausschließlich für den Versand an Menschen, die Sie persönlich kennen. Es gibt weder einen Käuferschutz noch eine Qualitätsgarantie für die Waren.

- Am Ort des Empfängers wird der Betrag durch einen Agenten von Western Union (z. B. einer Postbankfiliale) bar ausgezahlt.
- Hierzu muss sich der Empfänger in geeigneter Weise ausweisen (z. B. durch Personalausweis) und die Referenznummer benennen. Die Auszahlung erfolgt in der jeweiligen Landeswährung bzw. in US-Dollar oder anderen verfügbaren Währungen.

Expressbrief

Im **Expressbrief** können Bargeld und andere Wertgegenstände versandt werden. Bei dieser Art der Zahlung haftet die Post im Falle des Verlustes für den tatsächlich entstandenen Schaden, höchstens aber bis zu 500,00 EUR.

5.2.3 Halbbare Zahlung durch Zahlschein und Postnachnahme

■ Zahlschein

Verfügt der Zahlungsempfänger über ein Girokonto bei einem Geldinstitut, kann der Zahler mittels Zahlschein bei einem beliebigen Geldinstitut einen Betrag bar einzahlen, und der Empfänger erhält eine Gutschrift auf seinem Konto.

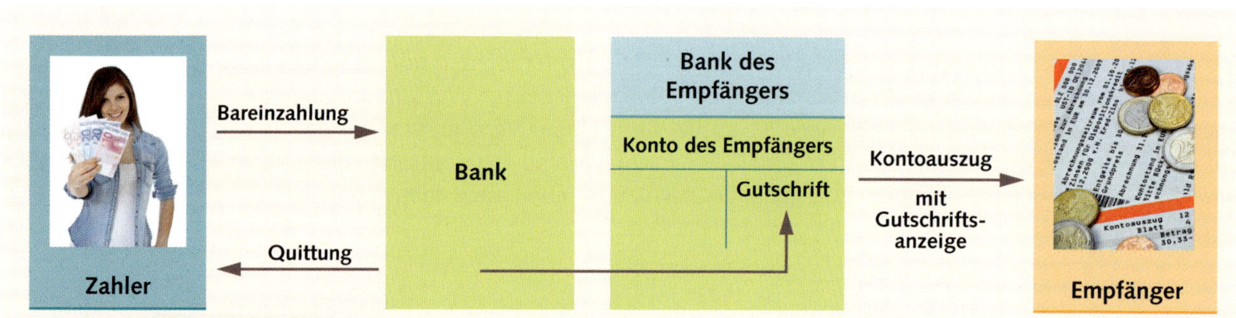

©Kaarsten-fotolia.com ©Alterfalter-fotolia.com

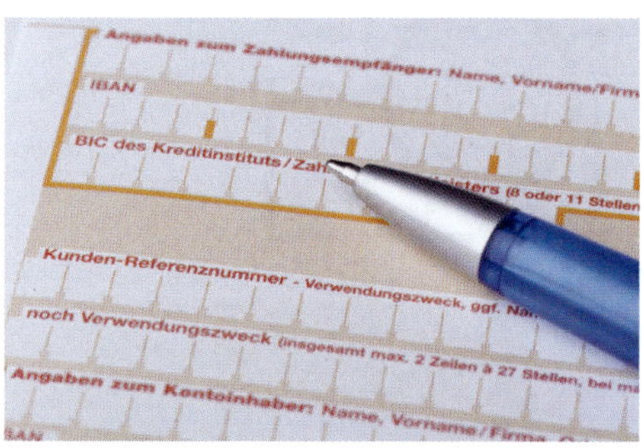

©Stefan Balk-fotolia.com

Das Formular (i. d. R. ein Kombinationsformular „Zahlschein/Überweisung") ist meist zweiteilig und wird im Durchschreibeverfahren benutzt. Es besteht aus

- dem eigentlichen Zahlschein/Kassenbeleg als Buchungsbeleg für das Geldinstitut und
- der Quittung als Durchschlag für den Zahler.

Die Gutschriftsanzeige für den Zahlungsempfänger erfolgt auf dem Kontoauszug.

Der Zahlschein wird von Zahlern benutzt, die über **kein eigenes Girokonto verfügen**. Oft wird das Kombiformular aber auch von Unternehmen zusammen mit der Rechnung an den Kunden verschickt. Dabei sind Anschrift und Kontoverbindung des Zahlungsempfängers sowie der Zahlungsbetrag bereits vorgedruckt. Dies hat für den Zahlungsempfänger den Vorteil, dass der Betrag auch auf das von ihm gewünschte

Konto eingezahlt wird. Kreditinstitute nehmen unterschiedlich hohe Gebühren für die Zahlung mittels Zahlschein, die in jedem Fall wesentlich höher als die Gebühren von Überweisungen beim bargeldlosen Zahlungsverkehr liegen.

Postnachnahme

Die Post bietet eine besondere Form der halbbaren Zahlung an, die häufig von Versandhäusern genutzt wird. Unternehmen verschicken jeden Tag tausende von Paketen und Päckchen und können sich nicht immer auf den Zahlungswillen ihrer Kunden verlassen. Daher werden diese Pakete auch als **Postnachnahme** verschickt. Nachnahmesendungen liefert der Paketzusteller nur gegen Zahlung des Rechnungsbetrages aus. Mittels Zahlschein wird der vom Paketzusteller entgegengenommene Betrag dann dem Konto des Zahlungsempfängers gutgeschrieben.

©Deutsche Post

Als Nachnahmesendungen können Briefe bis zu einem Wert von 1600,00 EUR und Expresspakete bis zu einem Wert von 5000,00 EUR verschickt werden. Die Gebühren für die Postnachnahme unterliegen (anders als die Gebühren für Postwertzeichen) der Umsatzsteuerpflicht.

5.2.4 Bargeldlose Zahlung durch Überweisung

©Coloures-Pic-fotolia.com

Der bargeldlose Zahlungsverkehr wurde in der Vergangenheit nach überwiegend unterschiedlichen nationalen Standards gestaltet. Das Projekt **SEPA (Single Euro Payments Area – Einheitlicher Euro-Zahlungsverkehrsraum)** hat die Vereinheitlichung des bargeldlosen Zahlungsverkehrs in Europa zum Ziel. Ab August 2014 gelten einheitliche Regelungen für Euro-Zahlungen in den 28 EU-Staaten und in Island, Liechtenstein, Norwegen sowie Monaco, San Marino und der Schweiz. Damit wird der bargeldlose Zahlungsverkehr innerhalb der Teilnehmerländer erleichtert und kostengünstiger. Es bestehen keine Unterschiede mehr zwischen nationalen und grenzüberschreitenden Zahlungen. Mit SEPA werden einheitliche Verfahren und Standards in Europa eingeführt, mit denen **Überweisungen**, **Lastschriften** und **Kartenzahlungen** genau so effizient, kostengünstig und sicher abgewickelt werden können wie nationale Zahlungen.

SEPA – neuer Standard im EURO-Zahlungsverkehrsraum

Eine wichtige Neuerung für Bankkunden ist die maximal **34-stellige IBAN** (International Bank Account Number), welche die Angabe der Kontonummer ersetzt. Hierdurch kann jedes Konto in Europa eindeutig identifiziert werden. Die **deutsche IBAN** besteht aus **22 Stellen**.

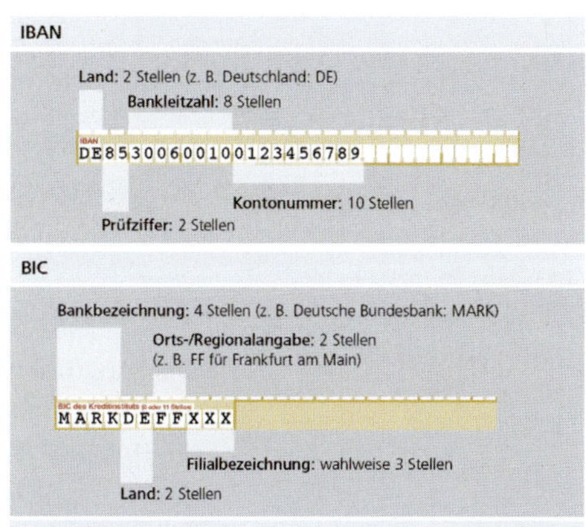

Deutsche Bundesbank, Januar 2013

Bis Ende Januar 2016 muss bei grenzüberschreitenden SEPA-Zahlungen auch die **BIC** (Bank Identifyer Code) anstelle der ehemaligen Bankleitzahl angegeben werden, danach genügt die alleinige Angabe der IBAN. BIC (auch als Swift-Code bezeichnet) ist eine **international gültige Bankleitzahl** mit **acht** oder **elf** Stellen. Die ersten vier Stellen bezeichnen die Bank. Darauf folgen die Länderkennung und eine zweistellige Orts-/Regionalangabe. Die letzten drei Stellen können frei bleiben oder für Filialbezeichnungen genutzt werden.

■ Ablauf der Zahlung durch Überweisung

SEPA - Überweisung

Bargeldlose Zahlungen mithilfe von Überweisungen erfolgen durch Umbuchung eines Geldbetrages von einem Konto auf ein anderes durch Vermittlung eines Kreditinstitutes.

Der Zahler erteilt seinem kontoführenden Geldinstitut den Auftrag, zu Lasten seines Kontos einen bestimmten Geldbetrag dem Konto des Zahlungsempfängers gutzuschreiben.

Für die SEPA-Überweisung verwendet er dazu ein meist zweiteiliges Formular (Überweisungsauftrag) im Durchschreibeverfahren. Das Formular besteht aus

- ➔ dem eigentlichen Überweisungsauftrag (Buchungsbeleg für das Geldinstitut) und
- ➔ der Quittung (Durchschlag für den Zahler).

SEPA: die neue €uro-Überweisung

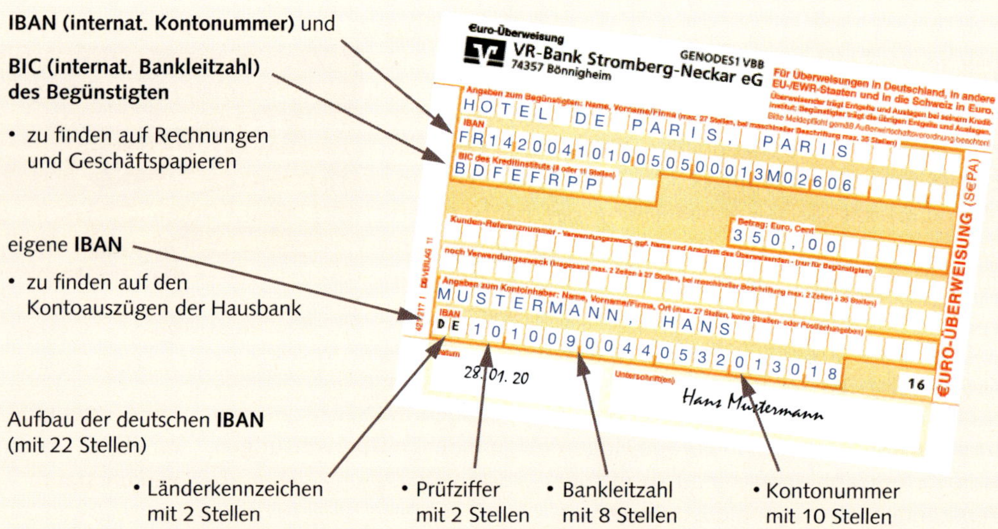

Quelle: Bundesverband der Deutschen Volksbanken und Raiffeisenbanken (BVR)

Die Banken stellen ihren Kunden einheitliche, elektronisch lesbare Vordrucke zur Verfügung. Üblicher ist es aber heute, mithilfe von **Terminals** oder **Online-Banking** Überweisungen aufzugeben.

Dem Zahlungsempfänger wird die Gutschrift auf seinem Kontoauszug angezeigt.

Die Ausführung der Überweisung ist am einfachsten, wenn Zahler und Zahlungsempfänger ihr Konto bei demselben Institut haben. Es handelt sich dann um ein **einstufiges Verfahren**, bei dem die Beträge einfach umgebucht werden. Das Konto des Auftraggebers wird entsprechend belastet, dem Empfänger wird der Betrag gutgeschrieben.

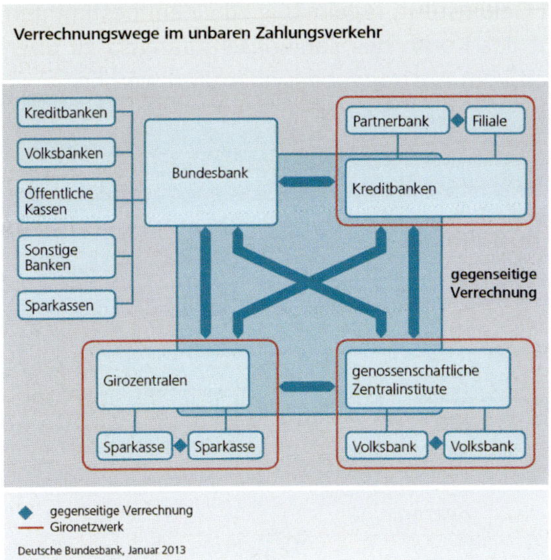

Bei dem **zweistufigen Verfahren** haben die betroffenen unterschiedlichen Kreditinstitute über ihr eigenes Gironetzwerk Kontoverbindung untereinander. Die Beträge werden dann gegenseitig verrechnet.

Bestehen diese Verbindungen nicht, so müssen die Beträge in einem **mehrstufigen Verfahren** über die hauseigenen Zentralen zwischen den verschiedenen Gironetzen verrechnet werden.

Durch die gut ausgebaute Kommunikation der Kreditinstitute untereinander können die Zahlungsvorgänge zügig und einfach ablaufen.

5.2.5 Sonderformen des Überweisungsverkehrs

Die Kreditinstitute bieten im Überweisungsverkehr Sonderformen an.

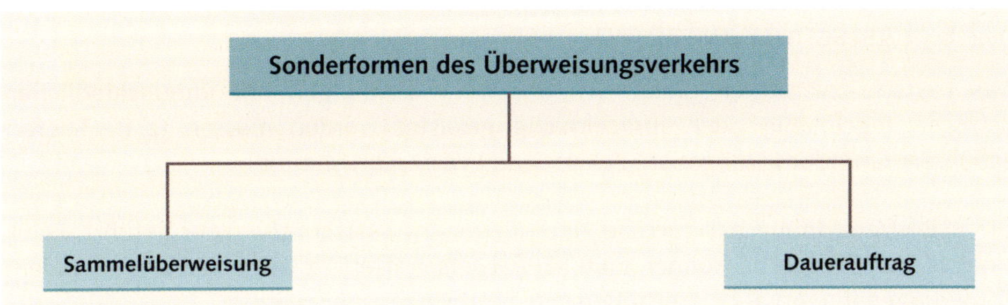

Sammelüberweisung

SEPA-Sammelüberweisung

Die Sammelüberweisung ermöglicht die Zusammenfassung mehrerer Einzelüberweisungen eines Kontoinhabers an unterschiedliche Zahlungsempfänger. Mit einer **SEPA-Sammelüberweisung** kann mit einer einzigen Datei, die Überweisungen an unterschiedliche Banken im SEPA-Raum enthält, ein Konto pauschal belastet werden. So spart dieses Verfahren Arbeit und Zeit sowie Geld, da die Buchungsgebühr nur für einen Posten erhoben wird.

Merke

Für SEPA-Sammelüberweisungen muss eine **elektronische Einreichung** erfolgen.

SEPA unterstützt die bisher bekannte **beleghafte Form** der Sammelüberweisung nicht mehr.

Dauerauftrag

SEPA-Dauerauftrag

Der **SEPA-Dauerauftrag** ist geeignet für Zahlungen, die **regelmäßig wiederkehren** und **in ihrer Höhe gleich sind** (z. B. Miete, Zins- und Tilgungszahlungen, Ratenzahlungen).

LERNFELD 4

Der Zahlungspflichtige beauftragt sein Geldinstitut, regelmäßig zu einem bestimmten Termin einen feststehenden Betrag auf das Konto des Zahlungsempfängers zu überweisen. Der Dauerauftrag kann jederzeit vom Auftraggeber widerrufen werden.

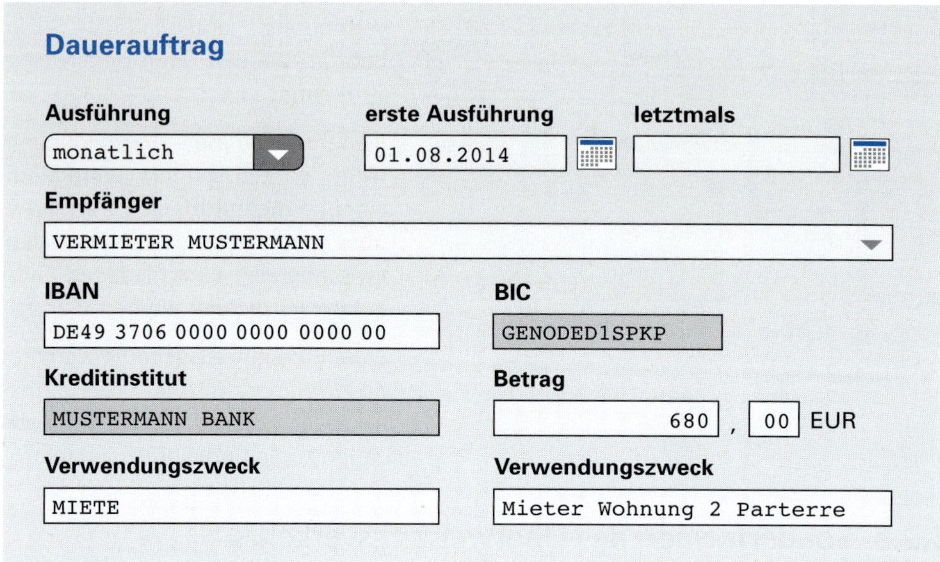
Dauerauftrag

Ausführung: monatlich
erste Ausführung: 01.08.2014
letztmals:
Empfänger: VERMIETER MUSTERMANN
IBAN: DE49 3706 0000 0000 0000 00
BIC: GENODED1SPKP
Kreditinstitut: MUSTERMANN BANK
Betrag: 680 , 00 EUR
Verwendungszweck: MIETE
Verwendungszweck: Mieter Wohnung 2 Parterre

5.2.6 Lastschriftverfahren

Das Lastschriftverfahren bietet sich an, wenn Zahlungen mit **unterschiedlichen** Beträgen regelmäßig oder unregelmäßig geleistet werden müssen (z. B. Telefongebühren, Grundbesitzabgaben, Strom- und Wasserabrechnung).

Die SEPA-Verordnung hat auch zu Neuerungen im Lastschriftverkehr geführt. Dank einheitlicher Standards können mit SEPA-Lastschriften in allen Teilnehmerländern Forderungen in Euro auch grenzüberschreitend eingezogen werden.

Es können grundsätzlich zwei Formen des SEPA-Lastschriftverfahrens unterschieden werden:

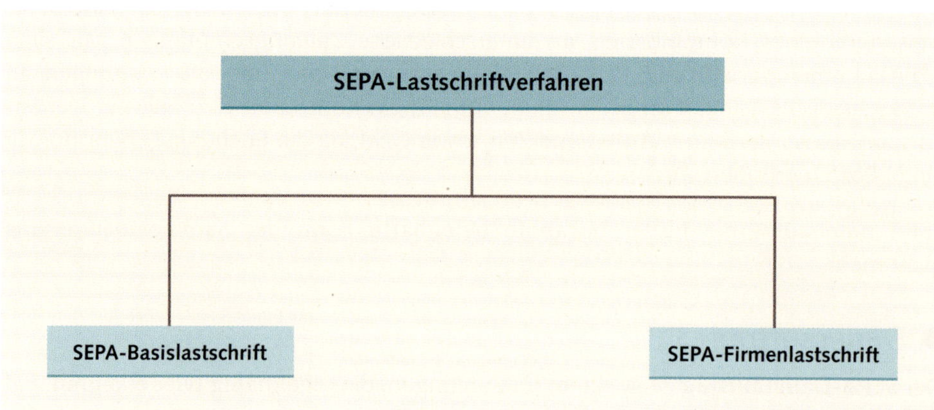

Die **SEPA-Firmenlastschrift** (SEPA Business to Business Direct Debit) ist ausschließlich für den Verkehr mit Geschäftskunden vorgesehen.

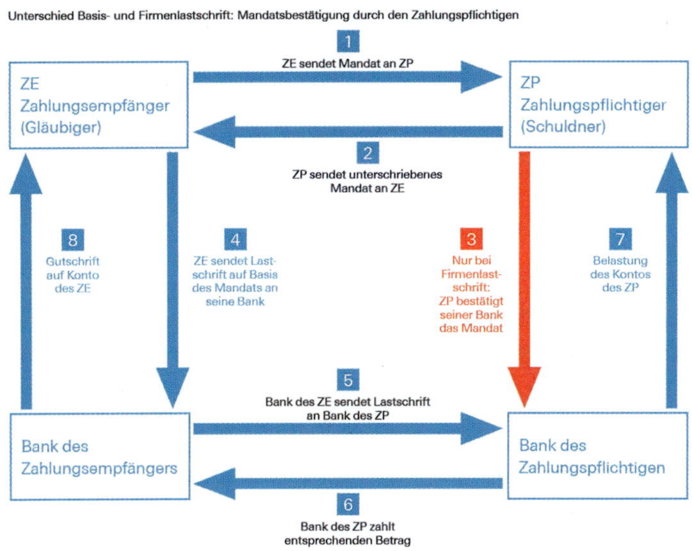

Quelle: Deutsche Bundesbank

MUSTER GMBH, ROSENWEG 2, 00000 IRGENDWO

Gläubiger-Identifikationsnummer DE99ZZZ05678901234
Mandatsreferenz 987543CB2

SEPA-Lastschriftmandat

Ich ermächtige die Muster GmbH, Zahlungen von meinem Konto mittels Lastschrift einzuziehen. Zugleich weise ich mein Kreditinstitut an, die von der Muster GmbH auf mein Konto gezogenen Lastschriften einzulösen.

Hinweis: Ich kann innerhalb von acht Wochen, beginnend mit dem Belastungsdatum, die Erstattung des belasteten Betrages verlangen. Es gelten dabei die mit meinem Kreditinstitut vereinbarten Bedingungen.

Vorname und Name (Kontoinhaber)

Straße und Hausnummer

Postleitzahl und Ort

Kreditinstitut (Name und BIC)

DE __|____|____|____|____|__

IBAN

Datum, Ort und Unterschrift

Bei dem neuen europäischen Zahlungsinstrument wird zur Kennzeichnung des Kontos und des Zahlungsempfängers neben IBAN und BIC eine sogenannte **Gläubigeridentifikationsnummer** benötigt, die von der Deutschen Bundesbank an Lastschrifteinreicher vergeben wird.

Voraussetzung für den Einzug von Lastschriften mit einem **festen Fälligkeitsdatum** ist das **Lastschriftmandat**.

Darunter versteht man

- die **Zustimmung des Zahlers** gegenüber dem Zahlungsempfänger zum Einzug fälliger Forderungen und
- die **Weisung an die Bank/Zahlstelle** zur Belastung seines Kontos.

SEPA-Basislastschriften **mit** einem **gültigen Mandat** können bis zu **8 Wochen** nach Belastung ohne Angabe von Gründen zurückgegeben werden, **ohne gültiges Mandat** sogar bis zu **13 Monaten**. Der belastete Betrag wird dem Konto des Zahlers gebührenfrei wieder gutgeschrieben.

Merke

SEPA-Lastschriftverfahren

- Nutzung in allen Teilnehmerländern für Forderungen in €
- exaktes Fälligkeitsdatum
- IBAN und BIC zur Kennzeichnung der Konto- und Bankverbindung
- SEPA-Lastschriftmandat für den Einzug
- Transparenz durch Lastschriftmandat und Gläubiger-Identifikationsnummer des Einreichers
- Erstattungsanspruch von 8 Wochen (bei gültigem Mandat) bzw. 13 Monaten (bei ungültigem Mandat)

5.2.7 Halbbare und bargeldlose Zahlung mit Scheck

Schecks sind **nicht** von der **SEPA-Verordnung** erfasst und unterliegen damit weiterhin den nationalen Regelungen.

Merke

Der **Scheck** ist eine **Urkunde**, mit welcher der **Kontoinhaber sein Geldinstitut** (die bezogene Bank) anweist, bei Sicht (Vorlage des Schecks) aus **seinem Guthaben** einen **bestimmten Geldbetrag** an den **Scheckinhaber** zu zahlen.

Ein Scheck darf nur ausgestellt werden, wenn der Aussteller auf seinem Konto über ein Guthaben in Höhe des Scheckbetrages verfügt oder wenn ihm sein Geldinstitut einen entsprechenden Kredit (Dispositionskredit/Kontokorrentkredit) eingeräumt hat.

Nur Kontoinhaber können mittels Scheck bezahlen. Der Zahlungsempfänger kann einen Barscheck beim bezogenen Kreditinstitut vorlegen und das Geld bar abholen oder Schecks bei seiner Bank einreichen und seinem Konto gutschreiben lassen. Er kann einen Scheck auch als Zahlungsmittel an Dritte weitergeben.

Verwendungsmöglichkeiten des Schecks

- Bareinlösung (nur Barscheck)
- Einreichung zur Gutschrift
- Weitergabe als Zahlungsmittel

Art. 1 ScheckG

Um Zahlungsvorgänge durchführen zu können, bekommt der Scheckaussteller von seinem Kreditinstitut genormte Scheckformulare, welche die **gesetzlichen** und **kaufmännischen Bestandteile** enthalten. Die **gesetzlichen Bestandteile** sind nach dem Scheckgesetz zwingend vorgeschrieben. Fehlt ein gesetzlicher Bestandteil, ist der Scheck ungültig. Die **kaufmännischen Bestandteile** erleichtern nur die kaufmännische Abwicklung des Scheckverkehrs.

gesetzliche Bestandteile	kaufmännische Bestandteile
(1) Bezeichnung des Wortes „Scheck" im Text der Urkunde	(1) Schecknummer
(2) Angabe des Zahlungsortes	(2) Kontonummer des Ausstellers
(3) Name des Bezogenen (Geldinstitut des Zahlers)	(3) Bankleitzahl
(4) Anweisung, eine bestimmte Geldsumme zu zahlen (in Worten)	(4) Wiederholung des Betrages in Ziffern
(5) Ort und Tag der Ausstellung des Schecks	(5) Name des Schecknehmers
(6) Unterschrift des Ausstellers	(5) Überbringerklausel
	(6) Codierzeile (Angabe in maschinenlesbarer Schrift)

Die **Überbringerklausel** ermächtigt das bezogene Kreditinstitut, den Betrag ohne Prüfung dem Vorleger auszuzahlen bzw. seinem Konto gutzuschreiben. Eine Streichung dieser Klausel gilt als **nicht erfolgt** und ist damit unwirksam.

Scheckarten

Nach der **Einlösungsmöglichkeit** unterscheidet man den **Barscheck** und den **Verrechnungsscheck**, nach der **Übertragbarkeit** den **Order-** und den **Inhaberscheck**.

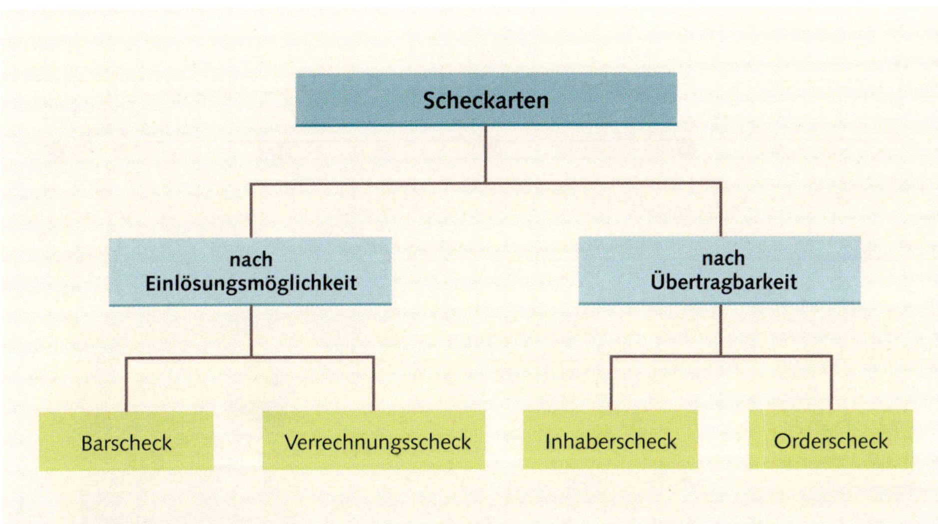

Scheckarten	Erläuterungen
Barscheck	Der Barscheck gehört zum **halbbaren Zahlungsverkehr**. Der Scheckbetrag wird dem Vorleger bar von dem bezogenen Kreditinstitut ausgezahlt. Es ist besondere Vorsicht geboten, da die Bank nicht prüfen muss, ob der Scheckvorleger auch der Scheckberechtigte ist.
Verrechnungsscheck	Ein Verrechnungsscheck wird dem Einreicher auf seinem Konto gutgeschrieben, er kann nicht bar eingelöst werden. Der Verrechnungsscheck gehört somit zum **bargeldlosen Zahlungsverkehr**. Er enthält auf der Vorderseite in der linken oberen Ecke den Vermerk **„Nur zur Verrechnung"**. Der Verrechnungsscheck ist besonders sicher, da der Zahlungsweg des Scheckeinzugs nachverfolgt werden kann.
Inhaberscheck	Durch die **Überbringerklausel** auf den Scheckformularen wird der Scheck zu einem **Inhaberpapier**. Das bezogene Kreditinstitut zahlt den Scheckbetrag an **jeden Vorleger** (Inhaber) aus. Die Weitergabe (Eigentumsübertragung) erfolgt dabei durch Einigung und Übergabe.
Orderscheck	Der Orderscheck ist ein geborenes **Orderpapier** und das Eigentum kann nur durch ein **Indossament** auf einen Dritten übertragen werden. Bei Einlösung müssen die Scheckberechtigung des Vorlegers und die Ordnungsmäßigkeit des Indossaments geprüft werden. Orderschecks finden insbesondere Verwendung bei sehr hohen Beträgen und im Auslandszahlungsverkehr. Sie sind durch den Aufdruck „Orderscheck" als solche gekennzeichnet.

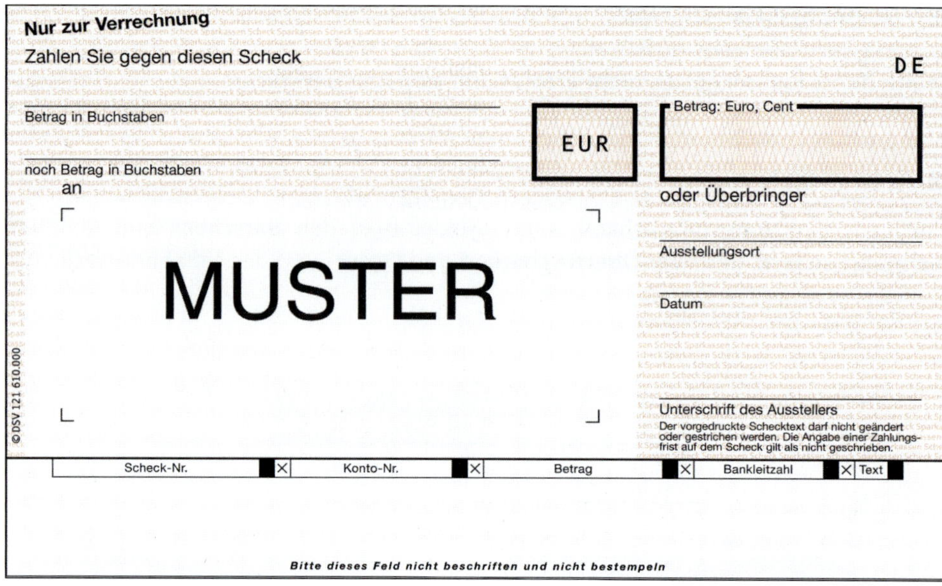

Nur zur Verrechnung
Zahlen Sie gegen diesen Scheck
DE
Betrag in Buchstaben
EUR
Betrag: Euro, Cent
noch Betrag in Buchstaben
an
oder Überbringer
MUSTER
Ausstellungsort
Datum
Unterschrift des Ausstellers
Der vorgedruckte Schecktext darf nicht geändert oder gestrichen werden. Die Angabe einer Zahlungsfrist auf dem Scheck gilt als nicht geschrieben.
©DSV 121 610.000
Scheck-Nr. | Konto-Nr. | Betrag | Bankleitzahl | Text
Bitte dieses Feld nicht beschriften und nicht bestempeln

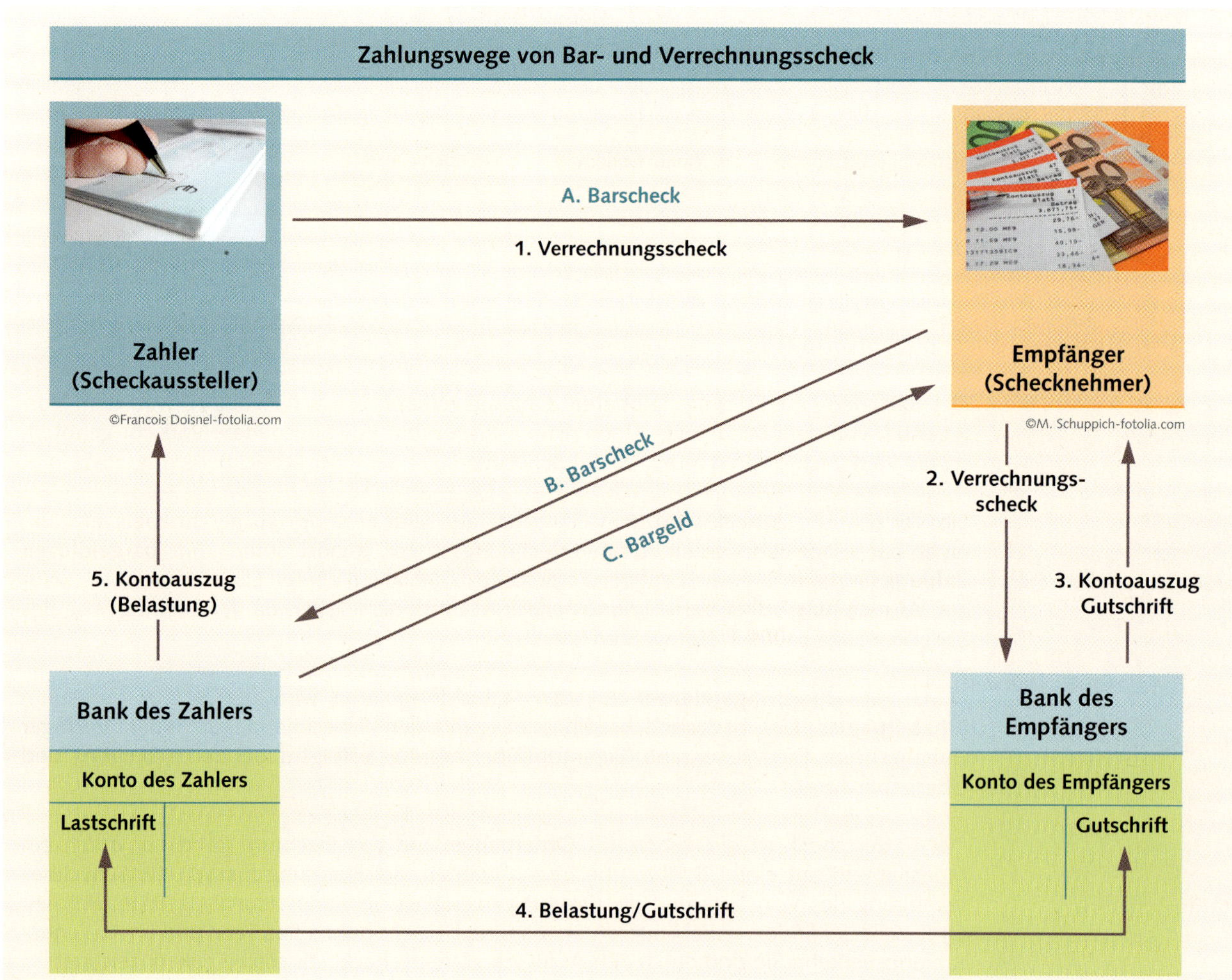

LERNFELD 4

■ Einlösung des Schecks

Mit einem besonderen Scheck-Einlieferungsformular werden Verrechnungsschecks bei dem eigenen Kreditinstitut zum Einzug und zur Gutschrift eingereicht. Auf dem Verrechnungsweg zieht die Bank den Betrag bei dem Kreditinstitut des Scheckausstellers (Zahlungspflichtigen) ein. Die Gutschrift erfolgt mit dem Vermerk E. v. (Eingang vorbehalten), d. h., es erfolgt eine Rückbelastung, wenn der Zahlungseingang ausbleibt.

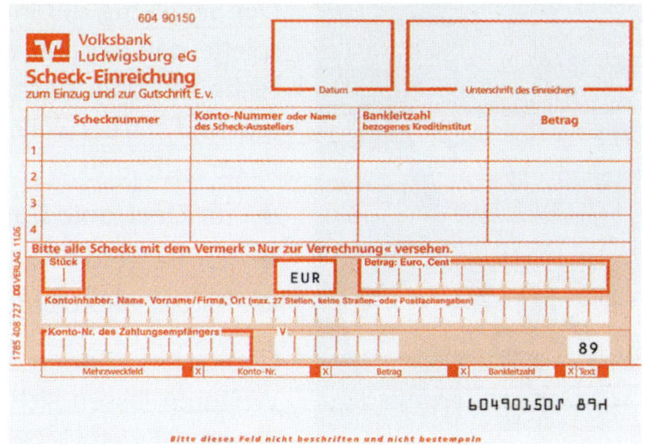

Für die Vorlage von Schecks sind Vorlegungsfristen zu beachten:

- ➔ **8 Tage** für im **Inland** ausgestellte Schecks,
- ➔ **20 Tage**, wenn Ausstellungsort und Zahlungsort sich in **demselben Erdteil** befinden,
- ➔ **70 Tage**, wenn Ausstellungsort und Zahlungsort sich in **verschiedenen Erdteilen** befinden.

Die Vorlegungsfrist beginnt mit dem Zeitpunkt der Ausstellung. Ist sie abgelaufen, sind die Kreditinstitute zur Einlösung von Schecks berechtigt, aber nicht verpflichtet. Nach Ablauf der Vorlegungsfrist kann der Zahlungspflichtige mit einem Scheckwiderruf die Einlösung des Schecks verhindern. Wird ein Scheck **vordatiert**, so kann er schon vor dem Ausstellungsdatum vorgelegt werden und muss dann vom bezogenen Kreditinstitut eingelöst werden, da der Scheck bei Sicht einzulösen ist.

Merke

Geht ein Scheck verloren, sollte man den **Scheckverlust** umgehend dem Kreditinstitut mitteilen und den Scheck sperren lassen. Für die Folgen einer missbräuchlichen Verwendung von Schecks übernimmt die Bank keine Haftung.

5.2.8 Elektronischer Zahlungsverkehr

Nach der **SEPA-Verordnung** soll auch der elektronische Zahlungsverkehr europaweit einheitlich geordnet werden. Allerdings macht Deutschland von Übergangsbestimmungen Gebrauch, sodass das in Deutschland verbreitete elektronische Lastschriftverfahren (ELV) noch bis 2016 genutzt werden kann.

Der **elektronische Zahlungsverkehr** läuft grundsätzlich bargeldlos ab. Dieses geschieht in verschiedenen Formen **mit Karte** und **ohne Karte**.

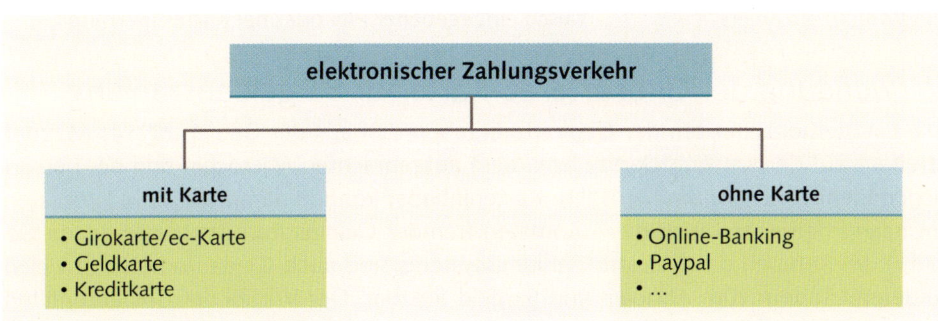

LERNFELD 4

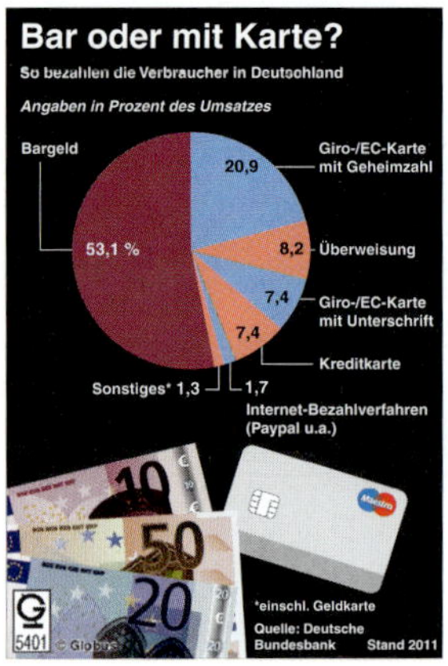

■ Elektronischer Zahlungsverkehr mit Karte

Der Siegeszug der Plastikkarten ist nicht mehr aufzuhalten. Noch vor einem Jahrzehnt spielte das Bargeld eine herausragende Rolle. Doch die modernen Kommunikationstechniken und Plastikkarten machen Banknoten und Münzen häufig überflüssig. Karten sind mittlerweile die weltweit am meisten verbreitete Zahlungsform. Sie können flexibel genutzt werden, z. B.

- ➔ für **Electronic Cash,**
- ➔ zur **Bargeldauszahlung** und
- ➔ für das **elektronische Lastschriftverfahren**.

Girokarten können zusätzlich mit einer **Geldkarten-Funktion** ausgestattet sein. Des Weiteren lassen sich autorisierte **Kreditkarten**, wie z. B. die Mastercard, nutzen, bei denen die weitere Bearbeitung der Zahlung aber nach anderen Modalitäten erfolgt als bei der Girokarte.

girocard®

Die Markenrechte am ec-Verfahren bzw. am ec-Logo hat MasterCard erworben. Banken ersetzen deshalb alle ec-Karten durch Girokarten (girocards).

Electronic Cash – Zahlung mit Girokarte/ec-Karte

Das kartengesteuerte Zahlungssystem Electronic Cash gewinnt im täglichen Zahlungsverkehr zumindest bei Beträgen ab ca. 25,00 EUR immer mehr an Bedeutung. In Geschäften, Warenhäusern oder bei Tankstellen können Girokarten-/ec-Kartenbesitzer diesen Service nutzen. Wie üblich wird an der Kasse der Rechnungsbetrag ermittelt. Als Zahlungsmittel dienen verschiedene Karten der deutschen Kreditinstitute (z. B. girocard, BankCard ec, SparkassenCard). In vielen Ländern gibt es ähnliche Systeme. Sie sind über das **Maestro-Zahlungssystem** miteinander verknüpft. Dadurch kann ein deutscher Urlauber z. B. auch in spanischen Geschäften mit „elektronischem Geld" bezahlen.

Electronic Cash beschert den Verbrauchern erhebliche Vorteile. Es ist bequem und sicher, wenn man beim Umgang mit Girokarten die Regeln beachtet, und man ist für Liquidität nicht auf Bargeld angewiesen. Vorteil des Händlers ist, dass er unmittelbar Sicherheit über den Zahlungseingang hat, weil die Zahlung auf beiden Seiten sofort (online) verbucht wird. Allerdings trägt er die vergleichsweise hohen Kosten dieser Zahlungsart.

Regeln/Ablauf von Electronic Cash	Autorisierung
• Einschieben der Karte in das Terminal und Eingabe der PIN in eine Eingabetastatur • Verfügung nur innerhalb des von der Bank eingeräumten finanziellen Rahmens • sofortige Gutschrift auf dem Konto des Händlers, sofortige Belastung auf dem Konto des Zahlers	• Überprüfung der PIN und des Guthabens/Kredits in Sekundenschnelle • bei positiver Prüfung Autorisierung der Zahlung, sonst Ablehnung • keine Autorisierung bei mehrmals hintereinander falsch eingegebener PIN oder bei Kartensperrung

Verwendung der Girokarte/ec-Karte zur Bargeldauszahlung

Die Einsatzmöglichkeiten der Girokarte ergeben sich aus der Codierung des Magnetstreifens auf der Kartenrückseite bzw. dem aufgebrachten Microchip und der persönlichen Identifikationsnummer (PIN). Karteninhaber können damit alle Geldautomaten im Inland benutzen, auch die Automaten fremder Geldinstitute (teilweise gegen Gebühr). Im Rahmen des Maestro-Zahlungssystems sind auch Geldautomaten in vielen anderen Ländern zum Abholen von Bargeld nutzbar. Der Vorteil der Geldautomaten liegt in ihrer ständigen Verfügbarkeit.

Die Bargeldauszahlung wird durch eine akustische oder optische Bedienerführung unterstützt:

- ➔ Einschieben der Karte in den Geldautomaten,
- ➔ Eingabe der PIN in die Eingabetastatur,
- ➔ Auszahlungsbetrag auf dem Tastenfeld oder Bildschirm wählen,
- ➔ Karte entnehmen,
- ➔ Geld entnehmen.

Bei **Verlust** einer **Girokarte/ec-Karte** hilft in den meisten Fällen die Servodata GmbH in Frankfurt, der fast alle Geldinstitute angeschlossen sind. Sie ist rund um die Uhr unter der **Telefonnummer 116116** erreichbar. Diese „Feuerwehr", die von allen deutschen Geldinstituten eingerichtet wurde, lässt die betreffende Bankkarte sofort sperren. Der Karteninhaber muss dazu seine persönlichen Daten, Namen und (wenn möglich) Bankleitzahl seines Geldinstitutes sowie seine Kontonummer angeben. Für den Fall der Fälle sollte man diese Informationen also möglichst auf einem Zettel oder im Handy griffbereit haben.

Tipp

- Karte niemals unbeaufsichtigt liegen lassen!
- Karte niemals Dritten überlassen!
- Karte vor Beschädigungen schützen!
- PIN einprägen und vernichten!
- Karte und PIN niemals zusammen aufbewahren!
- PIN nur verdeckt eingeben!

Elektronisches Lastschriftverfahren (ELV) mit der Girokarte/ec-Karte

Weite Teile des Handels akzeptieren die Girokarte als Zahlungsmittel auch **ohne PIN**. Karte und Unterschrift genügen für die Abwicklung dieser bargeldlosen Zahlung.

Ablauf des Verfahrens an der Kasse:

- ➔ Einschieben der Karte in das Terminal,
- ➔ Eingabe des Rechnungsbetrages und Druck einer Einzugsermächtigung für den Händler und eines Quittungsbelegs für den Kunden,
- ➔ Unterschrift des Kunden auf der Einzugsermächtigung.

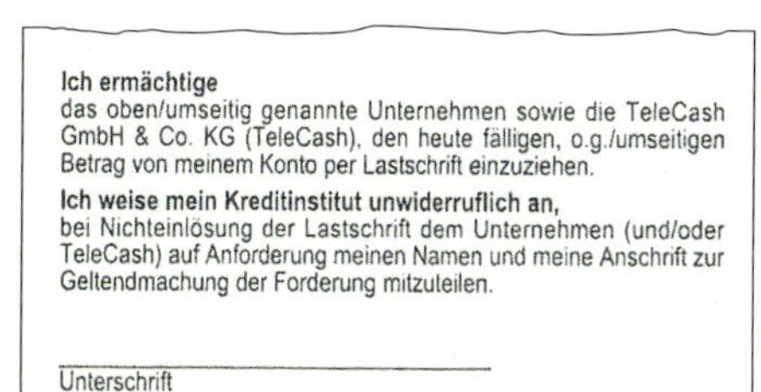

Ich ermächtige
das oben/umseitig genannte Unternehmen sowie die TeleCash GmbH & Co. KG (TeleCash), den heute fälligen, o.g./umseitigen Betrag von meinem Konto per Lastschrift einzuziehen.
Ich weise mein Kreditinstitut unwiderruflich an,
bei Nichteinlösung der Lastschrift dem Unternehmen (und/oder TeleCash) auf Anforderung meinen Namen und meine Anschrift zur Geltendmachung der Forderung mitzuteilen.

Unterschrift

Ablauf des weiteren Verfahrens:

- ➔ Abruf der Daten aller im Terminal gespeicherten Karten-Lastschriftaufträge von einem Zentralrechner zu einem festen Zeitpunkt (z. B. täglich oder wöchentlich),
- ➔ Weiterleitung der Daten an die Bank des Händlers zum Einzug.

Der Vorteil des ELV liegt in den niedrigen Kosten der Abwicklung für den Händler; sein Nachteil ist das Ausfallrisiko bei mangelnder Bonität bzw. betrügerischer Absicht des Kunden.

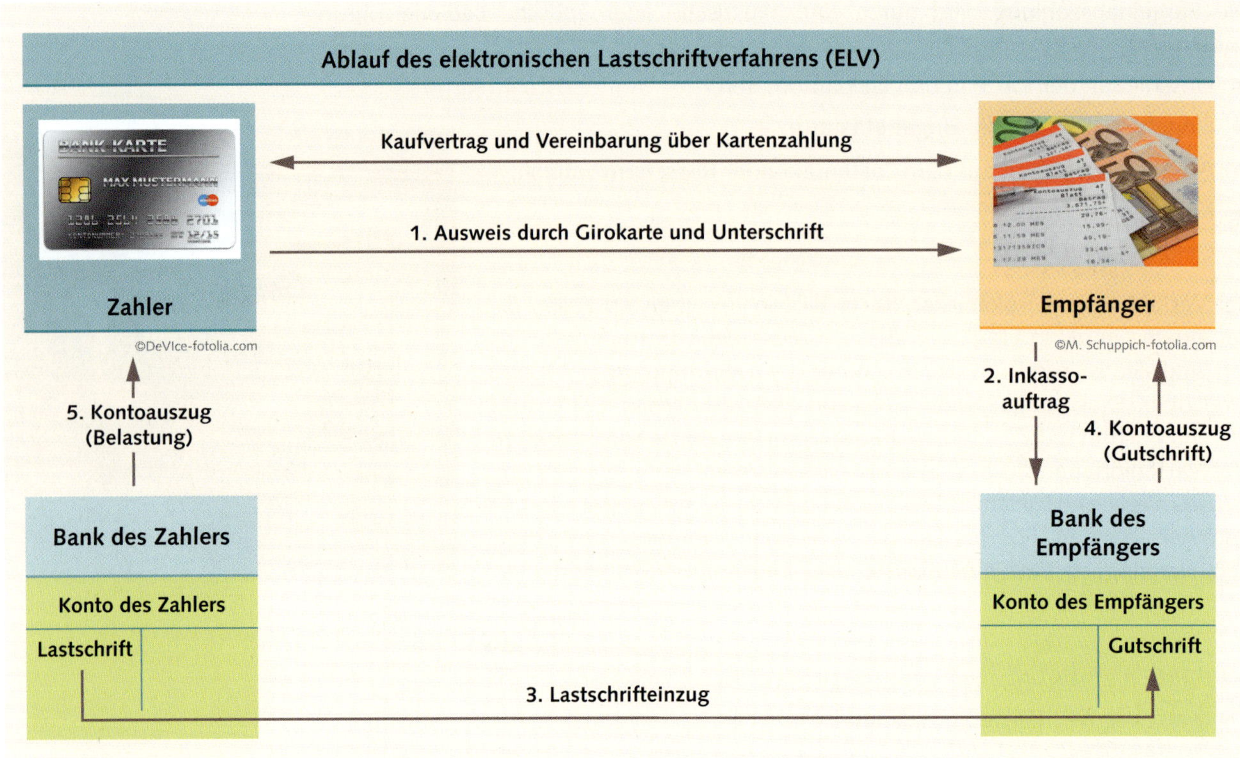

Geldkarte

Eine Verringerung der Kosten und eine Verkürzung des Bedienungsvorgangs an der Kasse wurde von dem Einsatz eines Computer-Chips auf der Bankkarte erwartet.

Der **Mikrochip** ist das Herzstück von Geldkarten. Auf dem Chip kann gegen Kontobelastung ein bestimmtes Guthaben (maximal 200,00 EUR) gespeichert werden, das sich durch jeden Einsatz – z. B. bargeldloser Kauf, Nutzung von Parkautomaten, Kauf von Fahrkarten – verringert. Ist das Guthaben aufgebraucht, kann ein neuer Betrag z. B. vom kontoführenden Geldinstitut gespeichert werden. Die Geldkarte muss beim Zahlungsvorgang nicht mehr per Datenleitung von der kontoführenden Bank geprüft werden. Diese Zahlungsart ist europaweit unter dem Namen „Clip" bekannt und wird in Deutschland insbesondere zum Kauf von Tabakwaren an Automaten verwendet, da der Automat so die Altersbegrenzung prüfen kann.

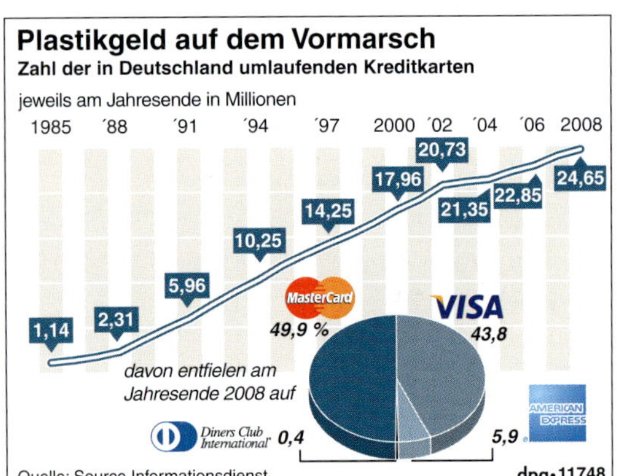

Kreditkarte

Kreditkarten sind ein beliebtes Zahlungsmittel, das in den letzten Jahren in der ganzen Welt stark an Bedeutung gewonnen hat. Die Zahl der gegen unterschiedliche Gebühren ausgegebenen Karten steigt ebenso wie die der ausgebenden Unternehmen und die der Akzeptanzstellen. Neben den Banken sind z. B. Autohersteller oder -clubs, Warenhäuser und Reiseveranstalter, Fluggesellschaften und Tankstellen-Betreiber als Kreditkartenanbieter auf dem Markt.

Im sogenannten **Co-Branding** arbeiten Unternehmen und Kreditkartenanbieter zusammen, wobei das „Plastik-Viereck" dann zusätzlich das Markenzeichen (englisch: brand) des Partners, zum Beispiel eines Autoherstellers, enthält. Auf diese Weise soll vor allem die Kundenbindung verstärkt werden.

Kreditkartenanbieter

Führende Kreditkartenanbieter sind z. B. **MasterCard, VISA** und **American Express**.

Wer die Kreditkarte nutzen will, kann sie gegen eine Jahresgebühr u. a. bei seinem Geldinstitut oder direkt bei der Kreditkartenorganisation beantragen. Die Kreditkarte gilt häufig für 3 Jahre und zu ihrem Service gehören zurzeit:

- die Möglichkeit, beim **Einkaufen** z. B. im Einzelhandel oder an Tankstellen sowie in Hotels in Deutschland und auf Reisen weltweit bargeldlos zu bezahlen;
- die Nutzungsmöglichkeit an **Geldautomaten** zur Bargeldauszahlung im In- und Ausland – nur in Zusammenhang mit einer PIN;
- verschiedene **Versicherungsleistungen** unter der Voraussetzung, dass die Kreditkarte zur Zahlung der jeweiligen Leistung, z. B. Inanspruchnahme eines Verkehrsmittels, benutzt wurde;
- die Möglichkeit zur Zahlung im **Internet** bei Online-Händlern unter Angabe der Kreditkartennummer, des Verfalldatums und der Kartenprüfnummer.

Bei der Zahlung mit Kreditkarte werden von dem jeweiligen Vertragsunternehmen (Verkäufer) die Daten der Karte elektronisch von einem Online-Terminal erfasst, das einen Zahlungsbeleg sowie eine Kopie für den Kreditkarteninhaber erstellt. In seltenen Fällen kommt auch heute noch ein Prägegerät zum Einsatz, das die Daten auf ein Belegdoppel überträgt. Der Kunde muss nur den Zahlungsbeleg unterschreiben, erhält das Belegdoppel, und die Zahlung ist erfolgt. Das Vertragsunternehmen rechnet mit der Kreditkartenorganisation ab: Es erhält eine Gutschrift über den Kaufbetrag abzüglich eines bestimmten Prozentsatzes an Gebühren. Für den Kreditkartenkunden wird keine Gebühr fällig. Sein Girokonto wird erst einige Zeit nach dem Kauf belastet. Die späte Belastung gewährt somit auch einen **Zinsnutzen**. Bei **Verlust**, **Diebstahl** oder **Missbrauch** der Karte schützt eine rechtzeitige Meldung vor Schaden.

■ Elektronischer Zahlungsverkehr ohne Karte

Online-Banking

Alle Geldinstitute nutzen die Möglichkeiten des **Internets**, um ihren Kunden eine elektronische Kontoführung zu ermöglichen. Online-Banking erspart dem Kunden nicht nur Zeit, sondern bietet oft auch günstigere Konditionen. Mit der elektronischen Kontoführung wird eine Überweisung zu einer Angelegenheit von wenigen Minuten am **heimischen PC**, am **Smartphone** oder an anderen **elektronischen Endgeräten**. Außerdem bekommt der Bankkunde bei den Postengebühren häufig Rabatte.

Das Angebot, das Geldinstitute ihren Kunden im Online-Banking zur Verfügung stellen, ist ausgesprochen vielfältig. Dazu gehören z. B.:

Das Online-Banking: Leistungsangebot

- Abfrage des Kontostandes,
- Anzeige der gebuchten Umsätze,
- Überweisungsaufträge,
- Sammelüberweisungen,
- Auslandsüberweisungen,
- Lastschrifteinzug,
- Dauerauftragseinrichtungen,
- Dauerauftragsänderungen,
- Schecksperre,
- Abfrage Überziehungskredit,
- Bestellung von Formularen,
- Spargeschäft, Depotgeschäft.

Funktionsweise von Online-Banking

Die elektronische Kontoführung setzt einen Internetanschluss voraus. Dazu stehen unterschiedliche Verfahren zur Verfügung. Besonders verbreitet ist das Verfahren mit **PIN** und **TAN**. Der Nutzer erhält neben einer Benutzerkennung (meist ist die entsprechende Kontonummer in der Kennung enthalten) zur Legitimation eine **persönliche Identifikationsnummer (PIN).**

Mit der Benutzerkennung und der PIN erhält der Teilnehmer Zugriff auf seine Bankdaten und kann das Online-Banking-Angebot seiner Bank nutzen.

Will der Nutzer eine Geldtransaktion (z. B. eine Überweisung) ausführen, muss er zur Sicherheit eine vom Geldinstitut mitgeteilte **Transaktionsnummer (TAN)** eingeben. Sie ersetzt die Unterschrift auf dem Papierbeleg. Die TAN gilt jeweils nur für einen einzigen Vorgang und ist nach der Transaktion verbraucht.

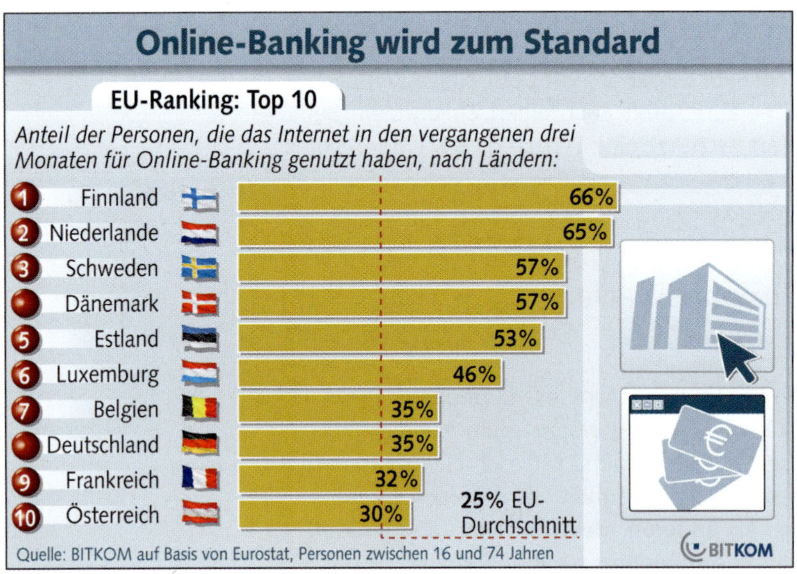

Geldinstitute versorgen ihre Online-Banking-Teilnehmer auf unterschiedliche Weise mit TANs. Dabei steht die Sicherheit der Übermittlung an erster Stelle. Gültige TANs in „fremden Händen" können zu schwerwiegendem finanziellen Verlust führen, da ein Dritter Verfügungsmacht über das Konto erhält, falls ihm auch die PIN bekannt ist.

Bisher verschickten Kreditinstitute iTAN-Listen, und bei jeder Transaktion wurde der Nutzer aufgefordert, eine bestimmte iTAN einzugeben (z. B. die 14. TAN der Liste).

Das Verfahren gilt inzwischen als unsicher, da viele TANs über einen längeren Zeitraum evtl. nicht verbraucht werden und aktiv (gültig) sind. Daher nutzen viele Kreditinstitute inzwischen Verfahren, bei denen die TAN für den Zahlungsvorgang nur wenige Sekunden vor dem Überweisungsvorgang erzeugt wird und mit der Überweisung verbraucht ist.

Wichtig ist, dass die Übermittlung der TAN über einen zweiten „Kanal" erfolgt; die aufgebaute Internetverbindung zur Bank ist dabei „tabu".

So besteht z. B. die Möglichkeit, sich die notwendige TAN per SMS unabhängig vom Zahlungsvorgang im Internet auf ein Handy schicken zu lassen. Das Verfahren gilt als weitgehend sicher.

Als derzeit sicherstes Verfahren für die Erzeugung einer TAN gilt der **Tangenerator**. Das kleine Gerät ist mit LED-Dioden auf der Rückseite ausgestattet und erzeugt über ein wechselndes Strichcodefeld auf dem Bildschirm bei eingesteckter Girokarte eine TAN, die dann für den aktuellen Zahlungsvorgang Gültigkeit hat.

PayPal

Internet-Zahlweisen haben in den letzten Jahren rasant an Bedeutung gewonnen, wie z. B. **PayPal** mit weltweit zurzeit über 123 Millionen Nutzern, davon alleine 12 Millionen in Deutschland. PayPal ist ein **Online-Bezahlsystem** für Zahlungen im Online-Handel.

PayPal tm

Funktionsweise von PayPal

PayPal-Mitglieder müssen zunächst ein PayPal-Benutzerkonto beantragen und ihr Bankkonto oder ihre Kreditkartendaten mit dem PayPal-Konto verknüpfen. Diese Daten werden von PayPal verifiziert. Dazu wird eine Testüberweisung auf das angegebene Konto vorgenommen und ein 4-stelliger Zahlencode übermittelt. Der Kunde findet den Code auf seinem Kontoauszug und gibt die vier Ziffern auf der PayPal-Website an. Erst dann ist sein Konto verifiziert und kann genutzt werden.

Für die Abwicklung des Zahlungsvorgangs benötigt PayPal schon vorher Guthaben vom Kunden auf dem Benutzerkonto oder es bucht den Zahlungsbetrag vom Bankkonto oder der Kreditkarte des Kunden ab.

Das PayPal-System funktioniert folgendermaßen:

- ➔ Der Verkäufer bietet im Internet eine Ware an.
  Verkäufer und Käufer schließen einen Kaufvertrag ab.
- ➔ PayPal zieht vom Käufer das Geld per Lastschrift ein.
- ➔ PayPal informiert den Verkäufer, dass das Geld da ist.
- ➔ Der Verkäufer verschickt die Ware an den Käufer.
- ➔ PayPal leitet das Geld an den Verkäufer weiter.

PayPal wirbt für sicheres Bezahlen im Internet. Dazu dienen der **PayPal-Käuferschutz** und der **PayPal-Verkäuferschutz**, die unter bestimmten Bedingungen in folgenden Fällen greifen können:

Käuferschutz	Verkäuferschutz
• Der Verkäufer hat den Artikel nicht versendet. • Der Artikel weicht erheblich von der Artikelbeschreibung ab.	• Käufer gibt Lastschriften zurück, hat keine Kontodeckung. • Käufer veranlasst Rückbuchung bei Kreditkartenzahlungen. • Käufer beschwert sich unberechtigt.

Der **Käufer** kann sich mit einer Beanstandung direkt an PayPal wenden und eine Klärung beantragen. Über PayPal kann der Käufer selbst zunächst Kontakt zum Verkäufer aufnehmen, um Missverständnisse zu klären. Sollte es zu keiner einvernehmlichen Lösung kommen, kann der **Käufer** die Klärung PayPal übertragen.

In Fällen, in denen der **Verkäufer** eine nicht vertragsgemäße Erfüllung des Käufers beanstandet (z. B. grundlose Bemängelung der Lieferung), stellt der Verkäufer PayPal alle Informationen dazu zur Verfügung (z. B. Versandnachweis), um zu ermöglichen, dass PayPal eine Klärung herbeiführt.

5.3 Zusammenfassung und Aufgaben

Zusammenfassung

Rechnungsprüfung
sachliche Prüfung: Art der Ware, Menge, Einzelpreis **rechnerische Prüfung:** Gesamtpreis, Rabatt, Umsatzsteuer
Zahlungsmittel und Zahlungsarten
Zahlungsmittel - gesetzliche Zahlungsmittel: Banknoten und Münzen - Buchgeld - Geldersatzmittel: Schecks, Girokarten und Kreditkarten **Zahlungsarten** - Barzahlung - halbbare Zahlung - bargeldlose Zahlung - elektronischer Zahlungsverkehr
Formen der Barzahlung
Zahlung **unmittelbar persönlich** besonders im Einzelhandel und Dienstleistungsbereich; Kassenbeleg oder Quittung als Beleg Zahlung **mittelbar durch Boten** oder **Versenden mit Western Union** oder Expressbrief (Haftung der Post bis höchstens 500,00 EUR)

LERNFELD 4

halbbare Zahlung durch Zahlschein und Postnachname
Zahlung mit Zahlschein: Bareinzahlung bei Kreditinstitut; Gutschrift auf dem Konto des Empfängers **Postnachnahme:** Auslieferung von z. B. Paketen durch Postzusteller nur gegen Zahlung der Rechnung; Betrag wird dem Konto des Empfängers gutgeschrieben.
bargeldlose Zahlung durch Überweisung
SEPA-Verordnung regelt den Überweisungsverkehr einheitlich nach internatio-nalen Standards für die Teilnehmerländer. **IBAN** (ehemalige Kontonummer) und **BIC** (ehemalige Bankleitzahl) dienen der Identifizierung eines Kontos im internationalen Zahlungsverkehr. **Ablauf einer Überweisung:** Auftrag des Zahlers an sein kontoführendes Geldinstitut, einen bestimmten Geldbetrag von seinem Konto auf das Konto des Empfängers zu übertragen. Dazu stellt das Geldinstitut einheitliche, elektronisch lesbare Vordrucke zur Verfügung. Überweisungen können auch online angewiesen werden. Der **Dauerauftrag** ist geeignet für Zahlungen, die regelmäßig und in gleicher Höhe wiederkehren. Die **Sammelüberweisung** ist geeignet für mehrere Einzelüberweisungen eines Kontoinhabers an unterschiedliche Zahlungsempfänger.
Lastschriftverfahren
Das **Lastschriftverfahren** ist geeignet für Zahlungen, die auch mit unterschiedlichen Beträgen oder unregelmäßigen Zahlungszeitpunkten anfallen. **Unterscheidung** nach **Basislastschrift** (Rückgabe ohne Angabe von Gründen bis zu 8 Wochen bzw. 13 Monaten möglich) und **Firmenlastschrift** **Voraussetzungen** für den Einzug von Lastschriften: **Gläubigeridentifikationsnummer** (vergeben durch die Deutsche Bundesbank); gültiges **Lastschriftmandat** (belegt die Zustimmung des Zahlers zum Einzug fälliger Forderungen und die Weisung an die Bank zur Belastung des Kontos.)
Halbbare und bargeldlose Zahlung mit Scheck
Verwendungsmöglichkeiten des Schecks: - Barabhebung (nur Barscheck) - Einreichung zur Gutschrift - Weitergabe als Zahlungsmittel **Scheckarten:** - nach Einlösungsmöglichkeit: **Barscheck – Verrechnungsscheck** - nach Übertragbarkeit: **Inhaberscheck – Orderscheck**

Einlösung von Bar- bzw. Verrechnungsscheck:
- Der **Barscheck** gehört zum halbbaren Zahlungsverkehr. Der Scheckbetrag wird dem Vorleger bar von dem bezogenen Kreditinstitut ausgezahlt.
- Der **Verrechnungsscheck** wird dem Einreicher auf seinem Konto gutgeschrieben. Der Verrechnungsscheck gehört zum bargeldlosen Zahlungsverkehr.

elektronischer Zahlungsverkehr

mit Karte: Girokarte, Geldkarte, Kreditkarte

ohne Karte: Online-Banking, Paypal, ...

elektronischer Zahlungsverkehr mit Karte

Electronic Cash:
Die Girokarte wird zur Zahlung bei einer Akzeptanzstelle (z. B. Händler, Tankstelle) genutzt. Der Zahler steckt seine **Karte** ins Terminal und gibt seine **PIN** ein. Das System autorisiert die Zahlung. Der Betrag wird unmittelbar dem Konto des Händlers gutgeschrieben und dem Konto des Kunden belastet.

Bargeldauszahlung mit Karte:
Bargeldauszahlung an Geldautomaten (z. T. auch bei Einzelhandelsketten) mittels Karte und PIN

Elektronisches Lastschriftverfahren (ELV):
Zahlung z. B. im Einzelhandel **mit Karte ohne PIN**: Der Quittungsbeleg wird vom Kunden unterschrieben und gilt als Ermächtigung für den Händler zum Lastschrifteinzug.

Zahlung mit Geldkarte:
Auf der Karte wird ein bestimmtes Guthaben z. B. vom kontoführenden Geldinstitut gespeichert, das sich durch jeden Einsatz verringert.

Zahlung mit Kreditkarte:
Kreditkarten können bei Kreditkartenanbietern (z. B. MasterCard, VISA) erworben werden und bei zahlreichen Akzeptanzstellen im Handel, auf Reisen, bei Tankstellen usw. zur Zahlung genutzt werden. Der Zahlungsvorgang geschieht durch elektronische Erfassung im Terminal. Der Kunde unterschreibt den Zahlungsbeleg, die Kreditkartenorganisation rechnet mit dem Händler und dem Kunden ab. Kreditkartenzahlungen sind inzwischen auch im Online-Handel weit verbreitet.

elektronischer Zahlungsverkehr ohne Karte

Online-Banking:
- Voraussetzung: Internetanschluss
- Zugriff auf Konto z. B. mit Benutzererkennung durch PIN
- Veranlassung einer Geldtransaktion z. B. mit TAN

PayPal:
- Online-Bezahlsystem mit Käufer- und Verkäuferschutz für Zahlungen im Online-Handel

Aufgaben

1. Prüfen Sie die folgenden Aussagen auf ihre Richtigkeit. Die Antwort ist jeweils zu begründen.
   (1) Zur Rechnungsfreigabe genügt die sachliche Prüfung der Eingangsrechnung.
   (2) Als gesetzliches Zahlungsmittel gelten nur Banknoten, die in jeder Höhe angenommen werden müssen.
   (3) Die Barzahlung hat im Wirtschaftsleben immer noch die größte Bedeutung.
   (4) Eine Zahlung mit Scheck kann sowohl eine halbbare als auch eine bargeldlose Zahlung darstellen.
   (5) Der Zahlschein ist eine halbbare Zahlungsart, die nur die Postbank anbietet.
   (6) Mit dem Barscheck kann bezahlt werden, wenn der Zahlungsempfänger kein Konto hat.
   (7) Für die Teilnahme am bargeldlosen Zahlungsverkehr müssen jeweils Zahler und Zahlungsempfänger ein Konto haben.
   (8) Die SEPA-Verordnung gilt ausschließlich für bargeldlose Zahlungen im Inland.
   (9) Einzelüberweisungen werden mit einem zweiteiligen Überweisungsvordruck bei dem kontoführenden Geldinstitut des Zahlers veranlasst.
   (10) SEPA-Sammelüberweisungen können in beleghafter oder elektronischer Form erfolgen.
   (11) Der Dauerauftrag eignet sich für Zahlungen in unterschiedlicher Höhe bzw. bei nicht regelmäßig wiederkehrenden Zahlungszeitpunkten.
   (12) Durch Datenträgeraustausch kann die Abwicklung des Zahlungsverkehrs sowohl beim Zahler als auch beim Zahlungsempfänger rationalisiert werden.
   (13) Ein Verrechnungsscheck wird dem Konto des Vorlegers gutgeschrieben.
   (14) Unter Electronic Cash versteht man sowohl Zahlungen mit einer Girokarte und PIN-Nummer als auch Zahlungen mit einer Kreditkarte.
   (15) Das Online-Banking ermöglicht es, Bankgeschäfte auch außerhalb der Geschäftszeiten vom Wohn- bzw. Geschäftssitz zu tätigen.
2. Geben Sie typische Zahlungsvorgänge Ihres Ausbildungsbetriebs an, und wählen Sie die dafür geeigneten Zahlungsarten aus.
3. Erklären Sie, welche Bedeutung die SEPA-Verordnung für den bargeldlosen Zahlungsverkehr hat.
4. Beschreiben Sie die Formen des SEPA-Lastschriftverfahrens.
5. Unterscheiden Sie: Zahlschein und Überweisung; Barscheck und Verrechnungsscheck.
6. Zeigen Sie Vorteile, aber auch Nachteile von Electronic Cash an Beispielen auf.
7. Schildern Sie den Ablauf einer Zahlung mit Kreditkarte.

J

K

L

M